一次OK！！！
社會工作直接服務

考試相關資訊＋7大章節

陳思緯◎編著

2025 最新試題

必勝！

考用出版股份有限公司

目錄 Contents

應考須知.....................004
上榜心得.....................011
本書使用說明.............012
100日讀書計畫.........015
歷屆試題分析...........017

第一章　個案工作直接服務（一）：基礎、實施理論 ★★★★

重點1　直接服務與個案工作之基礎概念、專業關係..........4
重點2　實施理論～功能學派、心理暨社會學派、問題解決學派..........19
重點3　實施理論～認知行為、任務中心、危機干預、焦點處置..........32
重點4　實施理論～增強權能（充權）、生態系統、優勢觀點..........56
重點5　個案管理、家庭壓力理論..........83

第二章　個案工作直接服務（二）：過程、技術 ★★★★★

重點1　個案工作之過程..........106
重點2　個案工作之技術..........136
重點3　社會資源、非自願性案主..........153

第三章　團體工作直接服務（一）：基礎、實施理論 ★★★★

重點1　基礎概念、團體工作理論..........176
重點2　團體模型、要素、結構、動力..........202
重點3　團體領導..........220

002

第四章 團體工作直接服務（二）：過程、技術 ★★★★

重點1　任務性團體與處遇性團體.................................. 248
重點2　團體工作計畫模式、團體發展模式與階段.......... 266
重點3　團體工作過程.. 292
重點4　團體工作技術.. 319

第五章 社區工作直接服務（一）：基礎、理論、實施模式 ★★★★

重點1　基礎概念.. 350
重點2　社區工作理論.. 366
重點3　社區工作模式.. 373

第六章 社區工作直接服務（二）：過程、技術、實務議題 ★★★

重點1　社區工作之過程.. 404
重點2　社區工作之技術與實務..................................... 426

第七章 社會工作價值與倫理 ★★★

重點1　社會工作價值與倫理... 462

附　錄　最新試題　　　　　　　　　　　490

應考須知

一、應考資格

考試名稱	類科	應考資格
專門職業及技術人員高等考試（續）	社會工作師（續）	一、公立或立案之私立專科以上學校或經教育部承認之國外專科以上學校社會工作科、系、組、所畢業，領有畢業證書者。 二、公立或立案之私立專科以上學校或經教育部承認之國外專科以上學校相當科、系、組、所畢業，領有畢業證書，曾修習社會工作（概論）或社會工作（福利）理論、人類行為（發展）與社會環境、社會個案工作、社會團體工作、社區組織與（社區）發展或社區工作、社會（工作）研究方法或社會及行為研究法或社會調查與研究、社會福利概論或社會福利通論、社會福利行政（與立法）或社會工作管理、社會政策與（社會）立法、社會工作（福利）實習或實地工作、社會工作方法或臨床社會工作或醫療社會工作、高等社會工作或高等社會個案工作或高等社會團體工作或高等社會社區工作或進階社會工作或進階社會個案工作或進階社會團體工作或進階社會社區工作、社會工作督導、非營利組織（經營）管理或社會服務機構（行政）管理或方案規劃與評估、社會政策分析或比較社會政策、家庭政策或家庭（福利）服務或家

考試名稱	類科	應考資格
專門職業及技術人員高等考試（續）	社會工作師（續）	庭社會工作、社會福利（服務）或兒童福利（服務）或青少年福利（服務）或老人福利（服務）或身心障礙者福利（服務）或婦女福利（服務）等學科至少7科，合計20學分以上，每學科至多採計3學分，其中須包括社會工作（福利）實習或實地工作，有證明文件者。 三、中華民國90年7月31日前，經公立或立案之私立專科以上學校或經教育部承認之國外專科以上學校社會政策與社會工作、青少年兒童福利、兒童福利、社會學、社會教育、社會福利、醫學社會學等科、系、組、所畢業，領有畢業證書者。 四、中華民國89年12月31日前，具有國內公立或立案之私立或經教育部承認之國外大學或獨立學院以上非社會工作相關學系畢業，有國內社會工作實務經驗2年以上，並領有中央主管機關審查合格之證明文件者。 五、中華民國95年7月31日前，具有國內已設立10年以上之宗教大學或獨立學院之社會工作相關科系畢業，有國內社會工作實務經驗2年以上，並領有中央主管機關審查合格之證明文件者。

考試名稱	類科	應考資格
專門職業及技術人員高等考試（續）	社會工作師（續）	自中華民國102年1月1日起，中華民國國民具有下列資格之一者，得應本考試： 一、公立或立案之私立專科以上學校或經教育部承認之國外專科以上學校社會工作相當科、系、組、所、學位學程畢業，曾修習社會工作（福利）實習或實地工作，領有畢業證書者。所稱社會工作相當科、系、組、所、學位學程係指開設之必修課程包括下列五領域各課程，每一學科至多採計3學分，合計15學科45學分以上，且經考選部審議通過並公告者： （一）社會工作概論領域課程2學科：包括 　　1. 社會工作概論。 　　2. 社會福利概論或社會工作倫理。 （二）社會工作直接服務方法領域課程3學科，包括 　　1. 社會個案工作。 　　2. 社會團體工作。 　　3. 社區工作或社區組織與（社區）發展。 （三）人類行為與社會環境領域課程4學科，包括 　　1. 人類行為與社會環境。 　　2. 社會學。 　　3. 心理學。 　　4. 社會心理學。

考試名稱	類科	應考資格
專門職業及技術人員高等考試	社會工作師	（四）社會政策立法與行政管理領域課程4學科，包括 　　1. 社會政策與社會立法。 　　2. 社會福利行政。 　　3. 方案設計與評估。 　　4. 社會工作管理或非營利組織管理。 （五）社會工作研究法領域課程2學科，包括 　　1. 社會工作研究法或社會研究法。 　　2. 社會統計。 二、公立或立案之私立專科以上學校或經教育部承認之國外專科以上學校社會工作相關科、系、組、所、學位學程畢業，曾修習社會工作（福利）實習或實地工作，領有畢業證書，且其修習之課程符合前款規定之五領域課程，有證明文件者。 三、前二項實習或實地工作認定標準由考選部另定之。具有第一項各款資格之一者，限於中華民國105年12月31日以前，得應本考試。 ※102年以後畢業者，實習以課堂外實習為限，應至少實習二次且合計400小時以上。

二、考試科目

考試名稱	類科	應考資格
專門職業及技術人員高等考試	社會工作師	國文（作文） ◎ 社會工作 ◎ 社會政策與社會立法 ◎ 社會工作管理 ◎ 社會工作直接服務 ◎ 人類行為與社會環境 ◎ 社會工作研究方法

備註：
科目前端有「※」符號者，係全部採測驗式試題。
科目前端有「◎」符號者，係採申論式及測驗式之混合式試題。

三、考試日期

考試名稱	類科	預定辦理日期
專門職業及技術人員高等考試	社會工作師	每年舉辦1次，並視需要舉辦1次 第1次：約於每年1~2月舉辦。 第2次：約於每年7~8月舉辦。

備註：正確考試日期以考選部公告為準。

四、及格率

專技社會工作師

年度	應考人數	到考人數	及格人數	及格率（及格人數／到考人數）
106年第一次	2,398	1,840	143	7.8%
106年第二次	3,384	2,340	497	21.2%
107年第一次	2,367	1,660	606	36.5%
107年第二次	3,606	2,817	486	17.3%
108年第一次	2,632	1,997	535	26.8%
108年第二次	3,546	2,730	451	16.5%

年度	應考人數	到考人數	及格人數	及格率 (及格人數 / 到考人數)
109 年第一次	2,794	2,085	260	12.5%
109 年第二次	4,262	3,191	790	24.8%
110 年第一次	2,891	2,068	282	13.6%
110 年第二次	4,402	2,848	557	19.6%
111 年第一次	2,742	1,759	530	30.1%
111 年第二次	4,337	3,059	399	13.0%
112 年第一次	2,956	2,050	703	34.3%
112 年第二次	4,191	2,978	702	23.6%
113 年第一次	3,344	2,368	355	15.0%
113 年第二次	4,390	3,116	1,112	35.7%
114 年第一次	3,371	2,388	836	35.0%

五、命題大綱

專門職業及技術人員高等考試 社會工作師考試
「社會工作直接服務」科目命題大綱

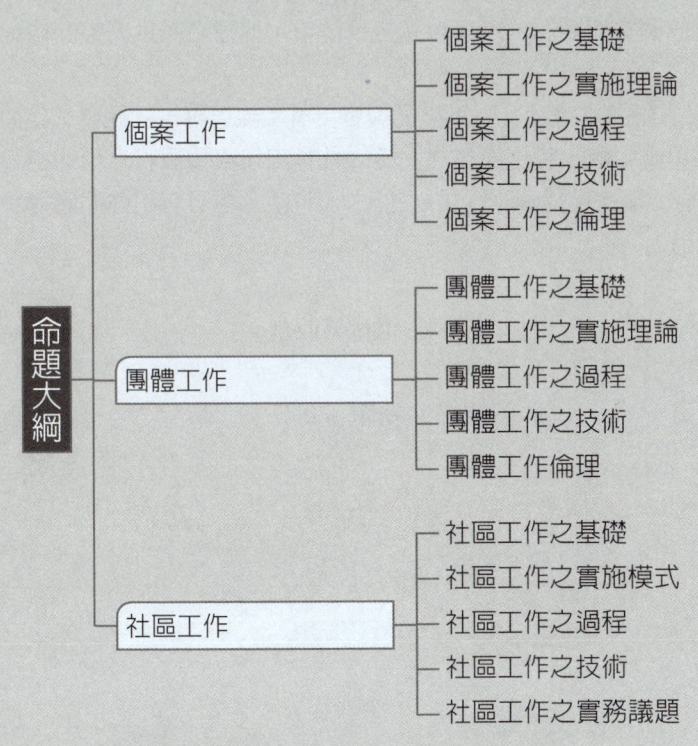

命題大綱
- 個案工作
  - 個案工作之基礎
  - 個案工作之實施理論
  - 個案工作之過程
  - 個案工作之技術
  - 個案工作之倫理
- 團體工作
  - 團體工作之基礎
  - 團體工作之實施理論
  - 團體工作之過程
  - 團體工作之技術
  - 團體工作倫理
- 社區工作
  - 社區工作之基礎
  - 社區工作之實施模式
  - 社區工作之過程
  - 社區工作之技術
  - 社區工作之實務議題

資料來源：考試院考選部網站 (http://wwwc.moex.gov.tw)

六、準備要領

　　本書為「社會工作直接服務」，以增強考生在社會工作直接服務的得分為主要撰寫目標，研讀本書，將使考生在本考科的申論題精闢論述、測驗題正確選答，榮登金榜。

　　「社會工作直接服務」與「社會工作」考科，其相同之處係二科均考社會工作的直接服務的三大方法：個案工作、團體工作、社區工作；但不同之處在於「社會工作直接服務」考科是針對這三種工作方法，展開有深度、廣度的理論與實務的命題，尤其是在測驗題的部分，更加注重細節。

　　本考科從98年度起，由原先的申論題4題，改為申論題2題、測驗題40題方式出題。本書編者按考選部公布的命題大綱，將三大工作方法分成六章，以有架構、內容充實、細節著重的方式編排，以及在上榜關鍵提示申論題準備方法與測驗題應注意的相關考點，使考生能完整準備，高下立判。

　　依照考選部公布本科之命題大綱，主要為社會工作直接服務的三大議題：個案工作、團體工作、社區工作之基礎、實施理論、過程、技術、倫理等，本書前六章的解析係以三大直接工作方法為主；但有關「倫理」部分，為建立考生整體的倫理概念，以便應用於個案與團體，所以單獨分章解析，俾建立考生完整的倫理架構與觀念。

　　編者建議考生研讀本書時，同步搭配編者另著：陳思緯，《社會工作直接服務搶分題庫》，考用出版社，將更能建立完整的社會工作直接服務考科的申論題解能力，以及提升測驗題區辨題意細微陷阱之能力，將使考生具有超強的應考實力，榮登社會工作師金榜

持續深耕，必歡喜收割

祝您 金榜題名！

編者　陳思緯　敬上

上榜心得

　　雖然是社會工作本科系畢業的我，也已進入社會工作實務界工作三年多了，更已經參加專技社工師考試二次，不過都一直未能順利考取社工師證照，每次收到考試成績單，就屬「社會工作直接服務」這科成績最差，實在是令人灰心的一科，也就是這科使得我與金榜擦身而過。

　　在去年我收到第二次專技社工師考試的成績單之後，我實在不解為何我在這科成績一直不佳，因為我有實務工作的經驗，應該在論述時有較大的發揮空間，反而考的不理想？這次我決定不恥下問，問了考上社會工作師的學姊，經過與她的討論後，我發現我雖有實務工作的經驗，但卻較缺乏對本考科的整體的觀念，致使每次看到考題時，無法提綱挈領的應答，因此在申論題失分不少，也是使得分數不理想的最大殺手。

　　前車之鑑可供借鏡，與學姊討論後，她建議我要加強這個考科的基礎觀念，在觀念建立後再建立有體系概念的論述能力；除了有論述的骨架，也要有豐富的論述內容，也就是「有骨有肉」。學姊的指點果真是一針見血，點出了我之前二次參加專技社工師考試的準備盲點，學姐特別叮嚀我，一定要加強這方面的準備，我也向學姊說非常感謝她的指點，讓我茅塞頓開，但我還是問了學姊一句話，哪一本考試書能夠讓我大幅提升應考實力，只見她從書架上拿出她之前準備考試時的考試書，告訴我去買這本來讀就對了，原來就是這一本陳思緯老師出的《社會工作直接服務》。

　　經過我詳加研讀陳思緯老師出的《社會工作直接服務》，而且我也持續的努力準備，終於夢想成真，我已順利考上專技社工師考試，而且在「社會工作直接服務」這門考科，成績較以往大幅進步，以往拖累我的成績的這科，這次反而是我致勝的考科（所以，請學姊去吃大餐一頓……）。學姊當初從書架上拿出來要我去買的陳思緯老師所出版的《社會工作直接服務》，我非常樂意與每位考生分享這本書對我考試上榜的幫助，也希望各位考生能快快上榜。

專技社工師上榜生　李○文

本書使用說明

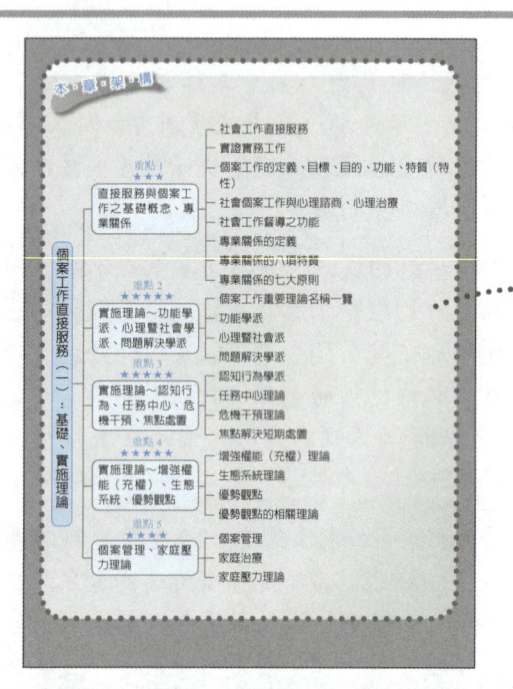

1. 本章架構
考生可以先了解本章概略的內容。

2. 關鍵焦點
提出本章最關鍵的考點，考生可以特別針對這個部分加強閱讀。

3. 榜首導讀
點出本章最關鍵的考點，考生可籍由前輩的提醒事項直接切入！

4. 命題趨勢
提出本章占各年度的考題數，考生可以依命題趨勢分配閱讀時間。

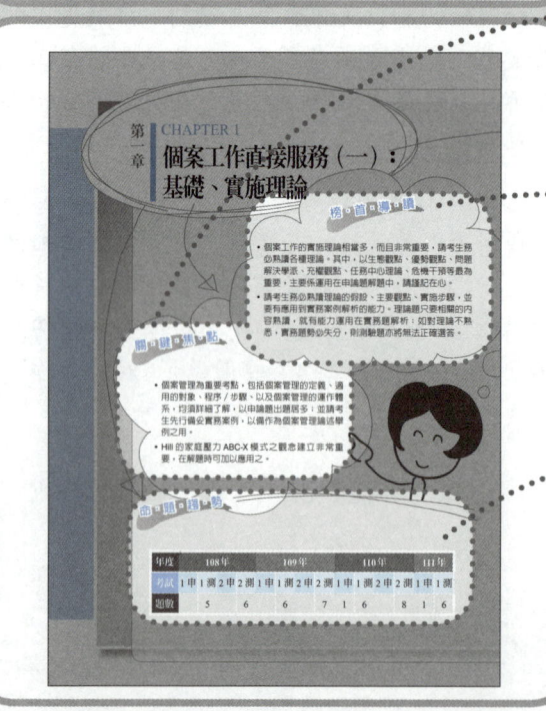

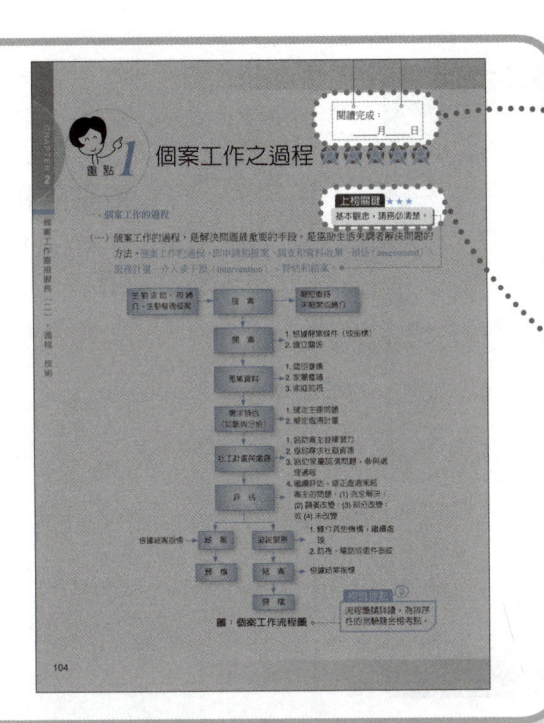

5. 閱讀完成日

可記錄唸完本章的時間，再複習時以供參考。

6. 上榜關鍵

針對內文延伸出的重要觀念，或是老師提醒考生應該注意的地方，增進實力。

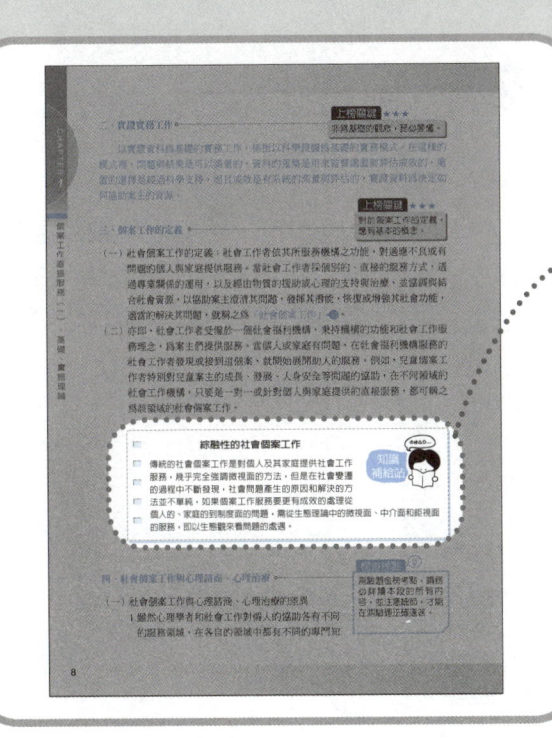

7. 知識補給站

針對內容較艱深的部分做例子補充或說明，考生一目瞭然。

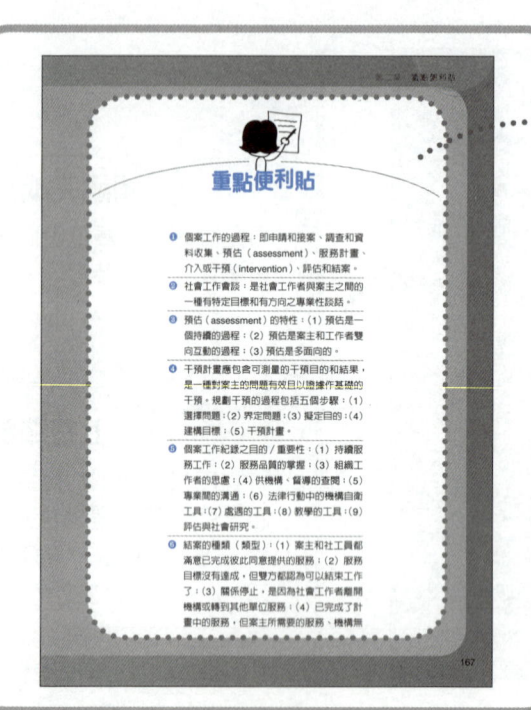

8. 重點便利貼
讀完本章，供考生最後再次瀏覽本章重點。

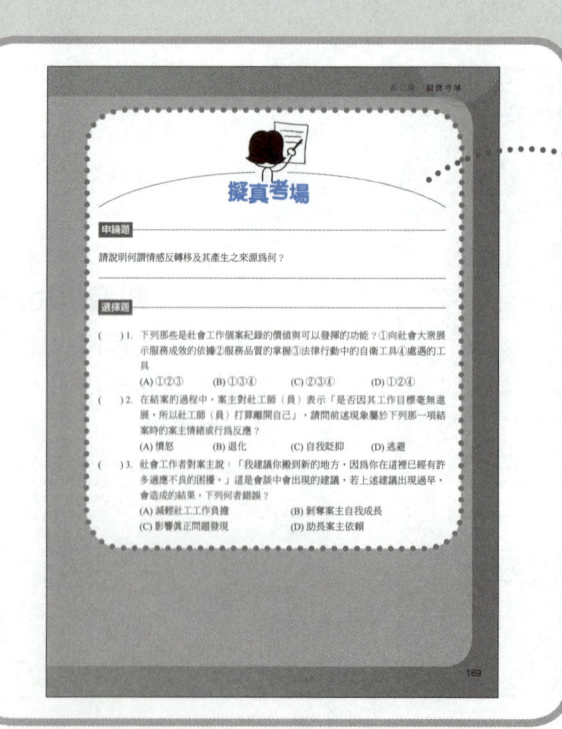

9. 擬真考場
章末附上相關試題，難題提供解析，加強記憶力。

100日讀書計畫

執行天數	範圍內容	重要性	時數	完成日期
第1天	第一章重點1	★★★	6	
第2-7天	第一章重點2	★★★★★	10	
第8-13天	第一章重點3	★★★★★	10	
第14-19天	第一章重點4	★★★★★	10	
第20-23天	第一章重點5	★★★★	8	
第24-29天	第二章重點1	★★★★★	10	
第30-35天	第二章重點2	★★★★★	10	
第36-41天	第二章重點3	★★★★★	10	
第42-45天	第三章重點1	★★★★	8	
第46-51天	第三章重點2	★★★★★	10	
第52-55天	第三章重點3	★★★★	8	
第56-61天	第四章重點1	★★★★★	10	
第62-65天	第四章重點2	★★★★	8	
第66-68天	第四章重點3	★★★	6	
第69-74天	第四章重點4	★★★★★	10	
第75-78天	第五章重點1	★★★★	8	
第79-80天	第五章重點2	★★	4	
第81-86天	第五章重點3	★★★★★	10	
第87-89天	第六章重點1	★★★	6	
第90-92天	第六章重點2	★★★	6	

執行天數	範圍內容	重要性	時數	完成日期
第93-95天	第七章重點1	★★★	12	
第96-100天	最新試題	★★★★★	10	

歷屆試題分析

※ 專技社會工作師考試

考試年度 章節	111 2申	111 2測	112 1申	112 1測	112 2申	112 2測	113 1申	113 1測	113 2申	113 2測	114 1申	114 1測	出題數合計 申論題	出題數合計 占申論題總出題數比率	出題數合計 測驗題	出題數合計 占測驗題總出題數比率	總計 總出題數	總計 占總出題數比率
第1章：個案工作直接服務(一)：基礎、實施理論	1	10	1	8	1	6	1	4	1	6	1	7	6	50%	41	17%	47	19%
第2章：個案工作直接服務(二)：過程、技術		4		6		7		11		6		5	0	0%	39	16%	39	15%
第3章：團體工作直接服務(一)：基礎、實施理論	1	6		7		7		5		4		4	1	8%	33	14%	34	13%
第4章：團體工作直接服務(二)：過程、技術		5		3	1	4	1	7		8		9	2	17%	36	15%	38	15%
第5章：社區工作直接服務(一)：基礎、實施模式		4		4		7		5	1	5		5	1	8%	30	13%	31	12%

考試年度 章節	111 2申	111 2測	112 1申	112 1測	112 2申	112 2測	113 1申	113 1測	113 2申	113 2測	114 1申	114 1測	出題數合計 申論題	出題數合計 占申論題總題出數比率	出題數合計 測驗題	出題數合計 占測驗題總題出數比率	總計 總出題數	總計 占總題出數比率
第6章：社區工作直接服務(二)：過程、技術、實務議題		8		10		6		6		8	1	8	1	8%	46	19%	47	19%
第7章：社會工作價值與倫理	3	1	2	3	2	3		2				1	1	8%	15	6%	16	6%
合計	2	40	2	40	2	40	2	40	2	40	2	40	12	100%	240	100%	252	100%

Note.

社會工作直接服務

第一章 CHAPTER 1
個案工作直接服務（一）：基礎、實施理論

榜・首・導・讀

- 個案工作的實施理論相當多，而且非常重要，請考生務必熟讀各種理論。其中，以生態觀點、優勢觀點、問題解決學派、充權觀點、任務中心理論、危機干預等最為重要，主要係運用在申論題解題中，請謹記在心。
- 請考生務必熟讀理論的假設、主要觀點、實施步驟，並要有應用到實務案例解析的能力。理論題只要相關的內容熟讀，就有能力運用在實務題解析；如對理論不熟悉，實務題勢必失分，則測驗題亦將無法正確選答。

關・鍵・焦・點

- 個案管理為重要考點，包括個案管理的定義、適用的對象、程序／步驟、以及個案管理的運作體系，均須詳細了解，以申論題出題居多；並請考生先行備妥實務案例，以備作為個案管理論述舉例之用。
- Hill 的家庭壓力 ABC-X 模式之觀念建立非常重要，在解題時可加以應用之。

命・題・趨・勢

年度	110年				111年				112年			
考試	1申	1測	2申	2測	1申	1測	2申	2測	1申	1測	2申	2測
題數	1	6		8	1	6	1	10	1	8	1	6

本·章·架·構

個案工作直接服務（一）：基礎、實施理論

- **重點 1** ★★★
  直接服務與個案工作之基礎概念、專業關係
  - 社會工作直接服務
  - 實證實務工作
  - 個案工作的定義、目標、目的、功能、特質（特性）
  - 社會個案工作與心理諮商、心理治療
  - 社會工作督導之功能
  - 專業關係的定義
  - 專業關係的八項特質
  - 專業關係的七大原則

- **重點 2** ★★★★★
  實施理論～功能學派、心理暨社會學派、問題解決學派
  - 個案工作重要理論名稱一覽
  - 功能學派
  - 心理暨社會派
  - 問題解決學派

- **重點 3** ★★★★★
  實施理論～認知行為、任務中心、危機干預、焦點處置
  - 認知行為學派
  - 任務中心理論
  - 危機干預理論
  - 焦點解決短期處置

- **重點 4** ★★★★★
  實施理論～增強權能（充權）、生態系統、優勢觀點
  - 增強權能（充權）理論
  - 生態系統理論
  - 優勢觀點
  - 優勢觀點的相關理論

- **重點 5** ★★★★
  個案管理、家庭壓力理論
  - 個案管理
  - 家庭治療
  - 家庭壓力理論

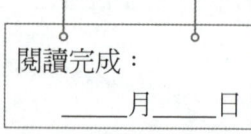

重點 1 直接服務與個案工作之基礎概念、專業關係 ★★★

一、社會工作直接服務

（一）社會工作直接服務的哲學

1. 社會工作案主所面臨的問題，可能是因為缺乏資源、知識或技巧所造成的（即社會的、系統的或個人的資源），這些缺乏可能是單獨存在，也可能是同時存在。
2. 通常社會工作的案主是遭遇到貧窮、種族主義。性別主義、歧視及缺乏資源等問題，社會工作者需協調社會系統與倡導改變，以確保案主在維護自尊的情況下，獲得所需要的權利、資源和治療。他們也試圖修正或發展資源系統，使更能回應案主需求。
3. 人都有能力做自己的選擇與決策。
4. 社會服務系統通常是基於案主的失功能而設立的。
5. 社會工作者常面臨各種非自願性案主。非自願性案主不會主動尋求協助，因此，通常是需要協商的。
6. 社會工作者須藉著接納和適當的自我揭露，能夠增進案主的自我覺察和現實感。
7. 社會工作者面對無論是自願性或非自願性案主，都必須以尊重和有尊嚴的方式對待案主，同時，促進案主的選擇。
8. 案主的行為是有目標的。雖然目標通常無法清楚看出來，社會工作者有責任協助案主發現自己的優勢與肯定他們成長和改變的能力。
9. 雖然案主目前的問題經常是受到過去的關係與想法的影響，但是有限度的討論過去，有時候是有益處的，因為大部分的困難都能夠以聚焦在目前的選擇與動員優勢及因應模式而獲得減輕。

（二）直接服務社會工作者的角色

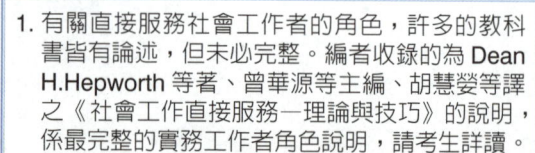

> **榜首提點**
> 1. 有關直接服務社會工作者的角色，許多的教科書皆有論述，但未必完整。編者收錄的為 Dean H.Hepworth 等著、曾華源等主編、胡慧嫈等譯之《社會工作直接服務—理論與技巧》的說明，係最完整的實務工作者角色說明，請考生詳讀。
> 2. 出題方式申論題與測驗題皆有，為金榜考點，考生切勿疏漏；尤其，在測驗題對各角色的說明務必清楚，建立區辨能力。

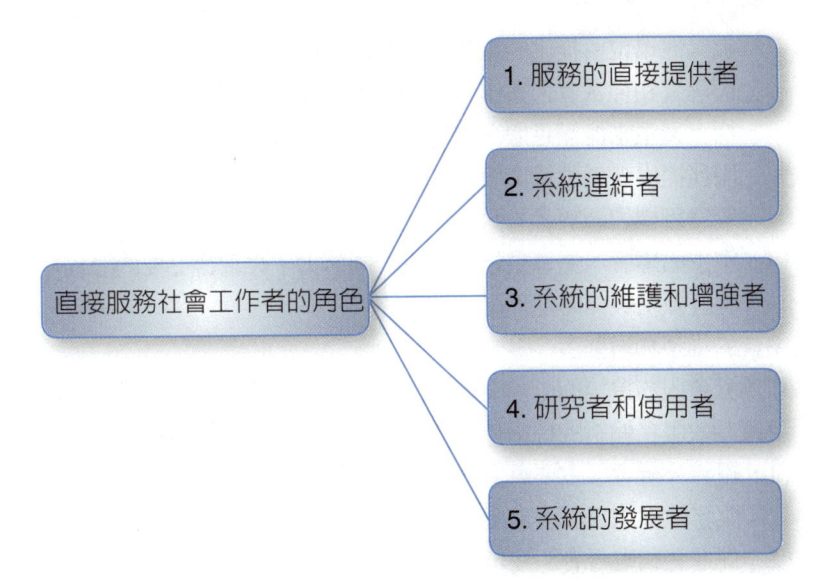

第一章　重點 1　直接服務與個案工作之基礎概念、專業關係

```
                                    1. 服務的直接提供者

                                    2. 系統連結者

直接服務社會工作者的角色              3. 系統的維護和增強者

                                    4. 研究者和使用者

                                    5. 系統的發展者
```

依據 Lister 提出的架構，直接服務社會工作者的角色在系統的不同層次中出現，分類如下：

1. 服務的直接提供者

   社會工作者以面對面的方式，提供服務給案主個人和團體，包括如下：
   （1）個別個案工作和諮商。
   （2）婚姻和家族治療（包括個人、夫妻、團體治療）。
   （3）團體工作服務（包括支持團體、治療團體、自助團體、任務團體和技巧發展團體）。
   （4）教育和資訊提供者：社會工作者可能對個人、夫妻、團體或大眾提供重要資訊，例如：提供有關親職技巧、美滿婚姻、壓力管理、心理或健康照顧等相關教育課程。

2. 系統連結者

   當機構並未提供案主所需要的資源，或案主缺乏相關的知識或能力使用其他相關資源時，社會工作者即須扮演連結案主和社會資源的角色。說明如下：
   （1）服務經紀人：社會工作者在扮演服務經紀人的角色時（亦即仲介者，將人們所需要的資源加以連結），須熟悉社區的資源系統，以便在案主需要時作適當的轉介。
   （2）個案管理者和協調者：有些案主因為缺乏適當的能力、技巧、知識或資源，造成無法依照社會工作者的轉介，完成與其他系統的連結。此時，社會工作者應扮演個案管理者的角色，負起評估案主的需求，安排與協

調其他單位所提供的重要物資與服務的主要角色。
（3）調解者和仲裁者：案主無法取得他們所需服務的原因很多，可能原因包括：案主未能滿足服務機構的要求或政策規定、未提供足夠的證據、與服務提供者產生衝突等。在遇到這些情況時，應扮演以消除服務輸送障礙為目標的調解者的角色。
（4）案主倡導者：倡導是指與案主一同努力，以取得必要的服務與資源；這些資源未經倡導是不可能取得的。

3. 系統的維護和增強者
作為社會服務機構的一員，社會工作者有責任評估組織結構、機構政策，與阻礙有效服務輸送的機構內部功能關係。這些相似的角色包括：
（1）組織分析者：主要負責分析組織結構、機構政策和行政程序，以瞭解對服務輸送的負面因素。
（2）促進者和監督者：在辨識出服務輸送的障礙後，有責任擬定並實施可提升服務輸送的計畫；這些工作包括提供相關建議給機構委員會與管理者、建議在同仁工作會議中討論問題、召開機構會議以討論相關的問題、協同其他同仁對反對的管理者施壓、鼓勵與參與重要的內部訓練課程與其他類似活動。
（3）團隊成員：在許多設施或安置機構中，社會工作者是臨床團隊（clinical teams）的一員，協同評估案主問題，提供有關家庭動力的專業知識、提供案主家庭成員治療性服務。
（4）提供諮詢者和尋求諮詢者：提供諮詢者透過諮詢的過程，以增加、發展、修正或釋放尋求諮詢者的知識、技巧、態度或目前問題有關的行為，使尋求諮詢者能夠更有效的協助案主。
（5）督導者：督導者在社會工作者的直接服務品質上扮演重要的角色。督導者指導同仁如何學習，經由督導、權威、要求與機構政策等途徑。

4. 研究者和使用者
不論在政府或私人機構中，社會工作者都有責任為案主選擇適當的干預、評估干預的結果，並且系統地監控案主的進步情況，執行這些過程，社會工作者需要進行研究，並且運用研究的結果。

5. 系統的發展者
社會工作者可以透過發現案主未滿足的需要、服務的斷層、預防性服務的需求，或研究指出其他的干預方式可能比現行的干預更有成效等事實，來促進機構的服務內容和功能，這類型的角色稱之為系統的發展者。相關角色說明如下：
（1）方案發展者：直接服務必須不斷地發展新的服務方案，以面對案主不斷

產生的需要，這些服務可能包括教育方案（例如對於未婚懷孕青少年或新住民）、支持團體（例如性侵害被害人、酗酒者的成年子女或亂倫被害人）與技巧發展方案（例如壓力管理、親職團體和自我肯定訓練團體）。

（2）計畫者：在小型或偏遠地區，常缺乏適當的社區計畫者，此時社會工作者就須扮演計畫者。社會工作者扮演這樣的角色時，須與非正式的社區領導者合作，共同擬定一份計畫，以回應社區未滿足的需求。這些需求可能包括：兒童照顧、老人及身心障礙者的交通和休閒與健康照顧。

（3）政策和行政的發展者：通常直接服務者所參與的政策和行政程序，僅限於他們所服務的機構內。直接服務者對政策的參與程度，決定機構管理者的風格。有遠見的管理者會邀請專業者提供建議，以使機構能更有效地提供服務。因為直接服務者是機構的第一線，有利於評估案主的需求，並瞭解政策和行政程序是否符合案主的最佳利益。因此，直接服務者應積極參與和政策與行政程序有關的機構決策過程。

（4）倡導者：如同為個別的案主倡導一樣，直接服務者也可能參與案主所組成的團體，聯合其他的社會工作者和專業人員共同倡導，以提供必須的資源和促進社會正義的立法與社會政策。

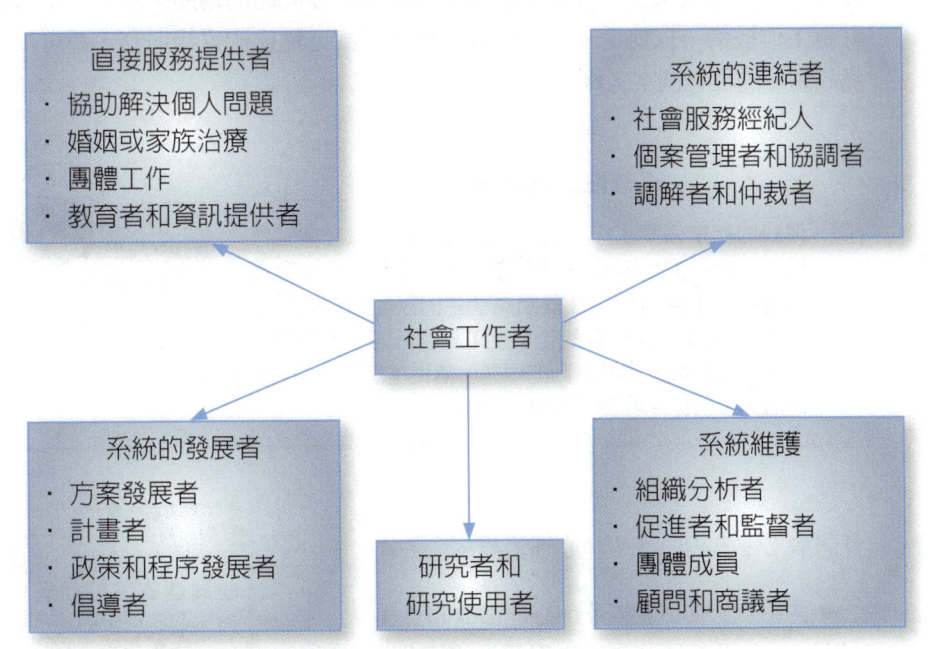

```
直接服務提供者                      系統的連結者
・協助解決個人問題                  ・社會服務經紀人
・婚姻或家族治療                    ・個案管理者和協調者
・團體工作                          ・調解者和仲裁者
・教育者和資訊提供者

                    社會工作者

系統的發展者        研究者和         系統維護
・方案發展者        研究使用者       ・組織分析者
・計畫者                            ・促進者和監督者
・政策和程序發展者                  ・團體成員
・倡導者                            ・顧問和商議者
```

圖：直接服務社會工作者扮演的角色

（引自：Dean H.Hepworth 等著、曾華源等主編、胡慧嫈等譯。《社會工作直接服務──理論與技巧》。洪葉。）

二、實證實務工作

> **上榜關鍵** ★★★
> 非常基礎的觀念，務必要懂。

以實證資料為基礎的實務工作，係指以科學證據為基礎的實務模式。在這樣的模式裡，問題與結果是可以測量的，資料的蒐集是用來監督處置與評估成效的，處置的選擇是經過科學支持，而且成效是有系統的測量與評估的，實證資料為決定如何協助案主的資源。

三、個案工作的定義

> **上榜關鍵** ★★★
> 對於個案工作的定義，應有基本的概念。

（一）社會個案工作的定義：社會工作者依其所服務機構之功能，對適應不良或有問題的個人與家庭提供服務。當社會工作者採個別的、直接的服務方式，透過專業關係的運用，以及經由物質的援助或心理的支持與治療，並協調與結合社會資源，以協助案主澄清其問題，發揮其潛能，恢復或增強其社會功能，適當的解決其問題，就稱之為「社會個案工作」。

（二）亦即，社會工作者受僱於一個社會福利機構，秉持機構的功能和社會工作服務理念，為案主們提供服務。當個人或家庭有問題，在社會福利機構服務的社會工作者發現或接到這個案，就開始展開助人的服務。例如，兒童個案工作者特別對兒童案主的成長、發展、人身安全等問題的協助，在不同領域的社會工作機構，只要是一對一或針對個人與家庭提供的直接服務，都可稱之為該領域的社會個案工作。

知識補給站

綜融性的社會個案工作

傳統的社會個案工作是對個人及其家庭提供社會工作服務，幾乎完全強調微視面的方法，但是在社會變遷的過程中不斷發現，社會問題產生的原因和解決的方法並不單純，如果個案工作服務要更有成效的處理從個人的、家庭的到制度面的問題，需從生態理論中的微視面、中介面和鉅視面的服務，即以生態觀來看問題的處遇。

四、社會個案工作與心理諮商、心理治療

> **榜首提點** 💡
> 測驗題金榜考點，請務必詳讀本段的所有內容，並注意細節，才能在測驗題正確選答。

（一）社會個案工作與心理諮商、心理治療的差異

1. 雖然心理學者和社會工作對個人的協助各有不同的服務領域，在各自的領域中都有不同的專門知

識和訓練，但是基本上助人之目的是沒有任何差異的。致力於解決個人的內在問題、家庭問題和社會環境的問題時，在助人工作上他們可說已成為一個團隊（team work），需要一起合作。

2. 臨床社會工作也常以精神分析的人格理論為基礎，也有許多和精神分析相同的原則。但是社會工作和精神分析的心理治療方式不同，社會工作有其獨立的知識、價值、責任和社會的地位，也發展成獨特綜合性的處遇。個案工作不分析和探討潛意識，也非精神分析的一部分，雖然有些工作者直接處理案主各種前意識（pre-conscious）的材料使案主領悟，但不企圖將潛意識的材料使之意識化。

3. 社會工作者和案主的關係與精神科醫生和患者的關係有很大的相似性，只是精神科醫生在其治療關係中常進入到患者的潛意識領域；而社會工作者是在於影響情緒有問題的案主應用其本身的優勢力量（如勇氣、希望、判斷力、進取精神或適應力等），並經由外在環境壓力的改善，重新建立身心的平衡發展。社會工作者主要是與正常人工作，認為行為的問題是對其情況的正常反應，著重情境的改變，重視社會角色，利用社會資源滿足案主的需求，強調個人的社會功能。至於心理諮商的著眼點是在意識層面上的人格問題，重視行為的改變，但是心理諮商者對於案主內在情緒要素的深入，又常不得不介入到潛意識的層面。

（二）社會個案工作與心理治療的關係

從個案的問題來看，凡是有關個人的情緒問題及社會情境所造成的問題，主要應該由社會工作者負責，而對於呈現顯著精神病症狀的個案，則是精神科醫生的職責。社會工作者著重環境的改變和協助社會計畫，並不企圖改變個人的基本人格。

（三）社會個案工作和心理諮商的異同

1. 個案工作和心理諮商的區別，在於個案工作者在協助案主的過程中，對於經濟的援助、收容所的安置、職業的介紹、教育機會的提升等的社會服務都加以處理，對此和其有相同協助過程的心理諮商，則沒有像個案工作這樣利用社會福利機構的資源，因此心理諮商可認為是沒有具體社會服務的個案工作。

2. 心理諮商解決一個問題，並不一定要在社會福利機構內才能給予服務，只要有特殊問題的人需要幫助，以及對處理問題有特殊知識、技術和經驗者存在的地方，該地方就可以心理諮商，如此心理諮商只集中於問題的一個特定類型。在實際問題解決過程中，多數的問題都是要從事環境調整（environmental modification）的工作，故阿布鐵卡（Apteker H.H.）表示，若需要將社會工作和心理諮商做出位階（hieraracy），社會工作大部分的情境是在具體的社

會服務中被要求對心理學的知識應有充分的理解，特別是包括心理學的技術，所以其所占的地位應該是比心理諮商高一層次的。因為人的問題不只是人本身的問題和人際互動的問題而已，有許多問題是來自外在家庭環境與社會環境的壓力和社會資源不足的影響。

3. 心理諮商和社會個案工作都需要理解精神醫學，並且和精神醫生所從事的心理治療一樣，也都需要有效的治療經驗，但是不能像心理治療能深入人格改變；心理治療的焦點是在個人的人格和個人內部關係各種動力的均衡，個人的恐懼、意志、愛情、憎惡相互的不同關係的改變。

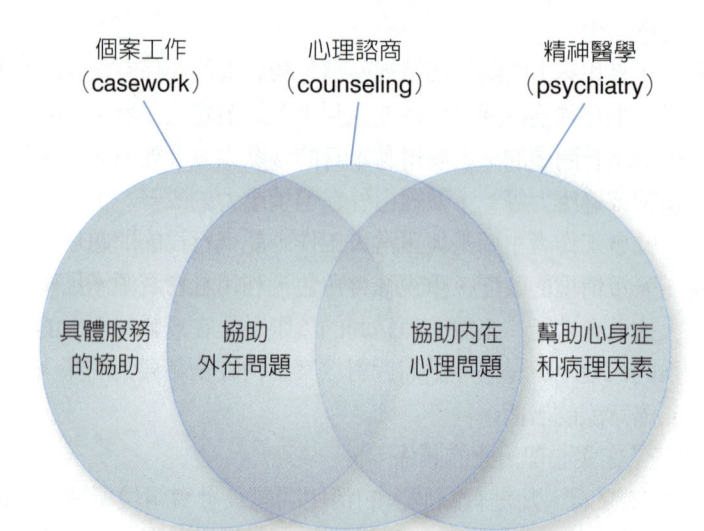

個案工作　　　心理諮商　　　精神醫學
（casework）　（counseling）　（psychiatry）

具體服務　　協助　　　協助內在　　幫助心身症
的協助　　　外在問題　心理問題　　和病理因素

圖：個案工作、心理諮商和精神醫學三者的關係和差異

結論：

　　社會個案工作、心理諮商和心理治療，三種助人事業各自從不同的途徑幫助人，但目標都是一致的，在使人能發揮良好的功能。心理諮商和心理治療以心理取向為主；社會工作以社會取向為主。社會工作從二個層面看問題，即個人本身和環境二方面。一個問題的產生不僅是來自個人的限制，個人必須對此問題負責外，社會環境也有限制之處，社會應負一部分的責任。心理諮商者或心理治療者以心理取向看問題，認為需由個人負責，所提供的服務是從個人的重建上著手，深入心理內在部分去處理，以增強對社會的適應力，並不關心環境的處理；但是社會工作者著重環境的調整與改變工作，使案主較能適應環境。雖然三者之間各有不同的獨自功能領域，但三者之間彼此也有密切的關連性及部分的重疊關係。

五、社會工作督導之功能

督導之功能	說明
1. 教育性功能	教育性功能側重於員工的專業發展，知識和概念性的模式提供社會工作者決策和行動的資源，若缺乏這些資源，可能會對社會工作者造成壓力。督導的部分角色即在評估社會工作者的知識需求，並協助提供必要的學習。藉由正式和非正式的訓練，督導要能確信員工對目前組織程序的瞭解，並讓員工能夠為變革作準備。督導也要能提供特殊的知識和技巧，以使得他們能不斷學習，以維持工作上的才能，進而協助員工理解並有效地處理機構和社會服務體系的複雜事務。
2. 行政性功能	行政督導是一種提供品質控制的功能，除了降低工作環境對員工產生的負面影響外，也是對工作上缺乏訓練和經驗的工作者，提供一種必要的行政支持或協助，並對工作者因人性的缺失、盲點及弱點等可能對工作造成的影響，進行必要的督導管理，以確保工作者所提供的服務符合機構的標準，所有的督導都有責任確保受督導者所提供的服務是適切的，且符合倫理標準。
3. 支持性功能	支持性功能提供心理和人際關係支持的一種反應方式，藉以提升工作者的士氣，並增進工作者的自尊、成就感及潛能發揮。
4. 調解性功能	儘管前述三種督導功能有助於描述一般督導的任務，並釐清督導者的責任，然而，它們並不是即適用於所有不同的情境，特別是涉及到個人和體系之間的互動。Shulman 從一種工作者和體系互動的觀點，認為督導的功能性角色或許可被稱之為「調解」，即調解工作者和體系之間的關係。

> **上榜關鍵** ★★★★
>
> 考選部公布的本考科命題大綱，督導議題雖未被明列在考試大綱中，但督導本來就是直接服務工作中的一環，所以考題有其合適性。督導的功能，傳統上以 Kadushin 之三種區分方法為主，為求周延，可再加上晚近國內學者黃源協引用 Shulman 提出的「調解」功能觀點，但論述時不必特別強調國內學者之姓名，以免國內學者倘有門戶之見之影響，惟國外學者如能寫出學者姓名，是較好的論述方式。

六、專業關係的定義

> **上榜關鍵** ★★★
> 基本觀念題，請建立具有簡述說明之實力。

（一）當案主遇到困難無法解決而前往助人機構尋求專業人員協助，此時助人者與受助者兩者便產生關係，這種關係稱之為「專業關係」（professional relationship）或「助人關係」（helping relationship）。換言之，專業關係建立之目的，是為了讓有適應困難的案主能以有效的方法解決其問題，或是讓當事人能善用自己的能力及社會資源，達成其目標。

（二）所謂「個案工作的專業關係」是一種動態的、持續的互動過程所產生的助人關係，它在助人過程中是必要的媒介，透過專業關係的建立，工作者得以運用助人的專業技巧，協助有困難的案主解決問題並對環境作較佳的適應。

七、專業關係的八項特質（Keith-Lucas 提出）

> **上榜關鍵** ★★★★
> 詳讀各項特質，預防測驗題出現混淆題，亦即，細節須注重。

（一）助人關係是一種雙向而非單向的關係，需要助人者與受助者兩方的投入。

（二）助人關係不一定是令人愉快的，因為在助人過程需要處理及解決問題，而對這些問題往往是令人沮喪、難以面對及充滿矛盾痛苦的。

（三）助人關係包括兩個同等重要的關係，工作者一方面要立基專業知識以分析受助者情況和規劃行動，另一方面需要情感反應與投入，使案主感受到同理與支持，而有意願改變。

（四）助人關係建立之目的是唯一的，那就是以受助者願意接受的方式予以協助。

（五）助人關係強調的是此時此地應該做的事，協助案主從過去的經驗抽離出來，避免責備個案的錯誤，也避免不斷地環繞在過去的挫折中。

（六）在助人關係發展的過程中，要能提供一些新的資源、思考方式和溝通技巧等，使案主有能力自行解決問題。

（七）助人關係是非批判的、接納的、尊重的關係，允許受助者表達負面的感受和情緒。

（八）助人關係必須提供受助者經驗選擇的自由，不剝奪受助者經歷失敗的機會，而工作者能從旁提醒，適時伸出援手。

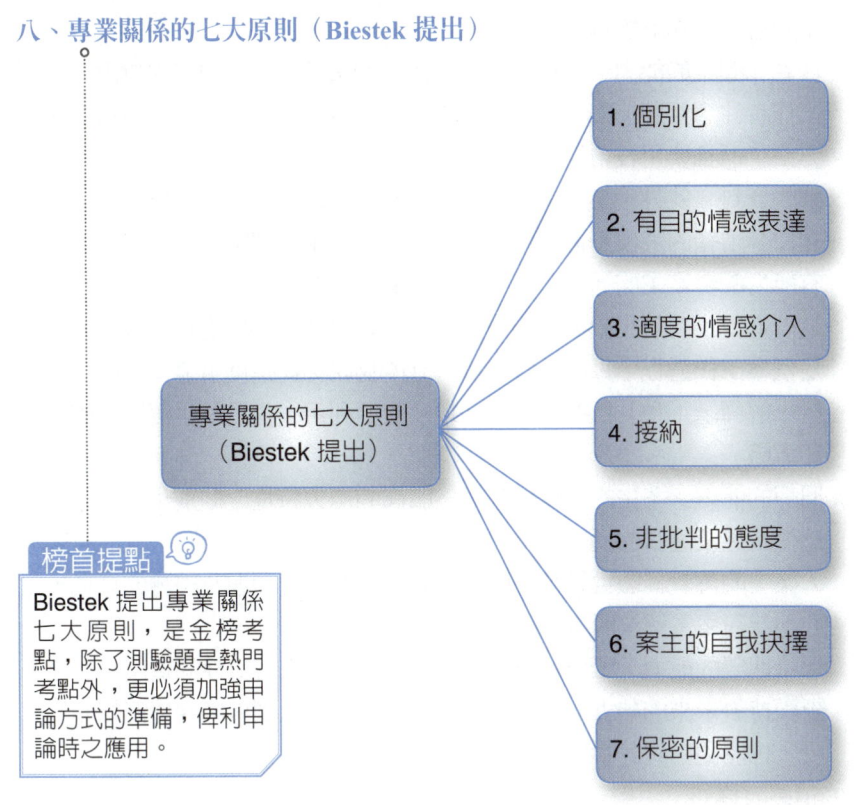

八、專業關係的七大原則（Biestek 提出）

專業關係的七大原則（Biestek 提出）：
1. 個別化
2. 有目的情感表達
3. 適度的情感介入
4. 接納
5. 非批判的態度
6. 案主的自我抉擇
7. 保密的原則

> **榜首提點**
> Biestek 提出專業關係七大原則，是金榜考點，除了測驗題是熱門考點外，更必須加強申論方式的準備，俾利申論時之應用。

（一）個別化

1. 案主希望被個別看待，不希望被比較或被歸類。個案工作者基本的精神即是重視個人心理上、生理上和社會環境上的獨特性。將每一個體當做與眾不同的個人看待，相信每一個人對其所遭遇到的情境、問題和困難必有不同於別人的看法與感受，故對每一個個體有不同的干預方式。

2. 個別化須具備的條件
   (1) 避免偏見：偏見會促使一個工作者在預估過程中，對案主的問題、因果關係有先入為主的看法；工作者如果將自己的感覺強加在案主身上，會嚴重誤解案主的情境與問題。個案工作者對自己的感情、需求、反轉移傾向等應誠實、坦白地自我覺察。事實上，我們每個人都有最好和最壞的動機，故對待他人的要件之一，是能夠先了解和面對自己。
   (2) 了解人類行為的知識：人類行為類型的知識是必備的，在此知識架構裡，人可被了解和幫助。個案工作者本身的生活經驗很有用，但不足以依此了解所有來求助的人。因此，須由科學的知識（knowledge）和內省（insight）來補充不足之處，例如：醫學、心理學、精神醫學、社會

學和哲學等知識的具備。

（3）傾聽和觀察的能力：聽和看是了解個人的重要途徑，由案主訴說，個案工作者注意傾聽。案主需要有人傾聽他的訴說，工作者不只是用親切的方法，而且要用技巧性的專業方法，細心的傾聽案主所言，才可得到有關的資料。此外，工作者可藉由觀察案主的臉部、眼睛、雙手、姿勢等非口語情緒的表現及言語中的遲疑及措辭，了解個別的案主。

（4）有能力配合案主的進度：個案工作者必須能夠由案主的處境出發，隨其進度進行。若無視於案主的進度，則會妨礙整個協助過程。適當的進度是個案工作過程中每個階段安排得宜的秘訣。此進度引導事實收集、分析、解釋、干預、目標的決定，以及資源利用。進度就是個別化的指針和考驗。

（5）同理的能力：案主的感受是其最為明顯的個人特性。個別化需要對這些感受敏感及適當的反應。工作者必須具備親近他人的天賦，且能自願進入案主的感覺經驗世界裡，願意傾聽案主對本身問題及經驗的意見，耐心地伴隨案主解決問題。

（6）保持期望的能力：工作者應該控制情緒，朝向整個事件的進展，且能不斷維持對未來的熱衷。此熱衷可幫助工作者注意到與客觀情況相關的感受，也能觀察到與家庭、社會情況相關的個人。

（二）有目的情感表達

案主希望社會工作者能夠了解自己的感受；能夠傾聽（例如對失業的感受；對失戀的感受）。有目的之情感表達可將問題表面化，是案主參與解決問題的一項原動力。工作者應該接納案主的敵意和消極性的情感。

（三）適度的情感介入

適度的情感介入是社會工作者對案主情緒的感受與案主表達之意義的了解，同時也是有目的的，是適度地對案主所表達的反應。同理的回應即是適度情感的介入，包含感受性、了解和反應。

（四）接納

工作者應視案主為一個有生命價值和人性尊嚴的人，有獨特的個性、氣質、特徵、態度、行為，接納案主表示承認其存在的事實。接納一個人並不等於贊同其不良的行為。兩者的分際在於贊同是一種價值判斷。

（五）非批判的態度

> **榜首提點**
> 著重在正確觀念的建立，因為在測驗題，通常是觀念的區辨。

非批判的態度是指工作者不僅不會批評案主是有罪或無辜，也不會對案主的情感、思想、行為的對錯、好壞或應負責之程度做價值的評斷，而是採中立的態度。幫助案主了解其弱點和失敗，但

加以評斷並非社會工作者的功能，社會工作者沒有評斷的權威。評斷的權利和權力是賦予特定的權威者如法官。評斷是不符合社工哲理的。但是可以評價案主的態度、規範和行為，評價不會讓案主覺得受傷或被譴責。

（六）案主的自我抉擇

1. 工作者應避免給予案主任何不合宜的承諾和建議，而誤做抉擇，也不要求案主依循工作者的指導行事。就助人專業而言，認為每個人都有自我做決定的權力和能力，相信唯有經個人不斷地自我省察，並且能夠對自己面臨的問題擔負起抉擇的責任，才能成長並管理自己。當案主求助時，並不意味他要放棄自決權。

2. 一般人對於自己要進行的方向都能夠自己下決定，但案主的自我決定權利必是基於案主的能力做積極建設的決定為限，否則在特殊的情況下，社會工作者就不得不代替案主做決定。工作者此種代替案主決定的行為，必須要在很明顯有此種必要性或者在專業判斷下，很肯定認為這樣做是最上策時才執行，否則工作者是不可以替案主做決定的。

3. 自我決定的實踐

確信自我決定的意義，或許會使人認為個案工作者是扮演著被動角色，是在逃避責任。事實上，工作者是將自助、自己訂定計畫的能力轉移到案主身上，以此來協助案主心理、社會功能的改善。通常案主到機構請求幫助時，常是沒有信心、希望聽取工作者的建議，或者要別人替自己出主意，顯出依賴現象。工作者為了最後能使案主自助發揮潛能，在整個助人過程中，要促使案主有積極參與活動的動機。

4. 案主自決的限制

讓案主自決並不表示案主可以放肆的為所欲為，個人有權利決定，但也必須尊重別人的權利，因此案主的自我決定不允許傷害自己，更不能傷害別人。案主所提出的要求不能逾越該機構功能的範圍或法律、道德所不容的服務。

榜首提點

金榜觀念，務必完整建立，在解析申論題時，可以加以應用，更有助於測驗題的正確選答。

案主的自決的四種限制：
1. 案主無能力做積極及建設性的決定。
2. 案主的決定違反法律和社會善良風俗。
3. 違反道德的行為。
4. 機構功能的限制。

（七）保密的原則
1. 工作者從案主所獲得的資料予以保密是非常重要的，對案主隱私權是絕對尊重的。保密原則是使案主願意並放心傾談的先決條件。即使案主沒有要求保密，工作者也應遵守社會工作倫理職責，對案主的一切資料予以保密。保密方式包括：不向他人透露案主的姓名及資料、不向他人提及會談之過程及談話之內容等。
2. 保密的限制

> **1. 與案主本身的權利衝突**
> ・亦即保密使案主的其他權利受到衝擊。當然，保守祕密的權益大於其他權益則不成問題；反之；保守祕密就值得商榷。

> **2. 與他人的權利衝突**
> ・這是案主的資料若被保密，會傷害到他人的權利時，工作者就需要考慮到二者之間的權利，除非個人的權利受到明顯的破壞，否則還是要以案主的權利為優先。

> **3. 與社會工作者的權利衝突**
> ・當案主將自己的祕密告訴工作者後，工作者如果保守這個祕密會喪失自己的權利，且其權利是比案主的權利更重要時，工作者不能因此喪失它自己的人權，這就是個明顯的限制。

> **4. 與社會機構的權利衝突**
> ・不論是公立或私立的福利機構，都有其服務的宗旨與目標，機構對個人、家庭對個人、家庭或社區居民都負有特殊的責任，為履行這些責任應享有特殊權利。若為了保守案主的祕密而可能違反機構的服務目的、權利和責任時，機構就不一定要為案主保守祕密。

榜首提點
直接服務的倫理實務案例題，常會面臨保密的原則應用，考生請熟讀本段內容，並融會貫通，加以應用到實務解題上。

5. 與整個社會權利衝突

・個人權利和社會大眾的福祉發生衝突，社會有維持和平、秩序和增進公眾福利的責任。個人是大眾社會的一分子，若是案主的權利影響到大眾的福利時，應該有責任和其他公民共同來維持和增進大眾的福利。雖然個人的權利不能被剝奪，但應在不危害大眾福利的原則下為之，否則此權利則應放棄。

練功坊

★ 社會工作直接服務之督導應扮演何種功能？

擬答

社會工作直接服務督導應扮演之功能：
茲引用 Kadushin 之三種區分方法，再加上晚近國內學者引用 Shulman 提出的「調解」功能觀點，說明督導的四種分類與功能如下：

(1) 教育性功能：教育性功能側重於員工的專業發展，知識和概念性的模式提供社會工作者決策和行動的資源，若缺乏這些資源，可能會對社會工作者造成壓力。督導的部分角色即在評估社會工作者的知識需求，並協助提供必要的學習。藉由正式和非正式的訓練，督導要能確信員工對目前組織程序的瞭解，並讓員工能夠為變革作準備。督導也要能提供特殊的知識和技巧，以使得他們能不斷學習，以維持工作上的才能，進而協助員工理解並有效地處理機構和社會服務體系的複雜事務。

(2) 行政性功能：行政督導是一種提供品質控制的功能，除了降低工作環境對員工產生的負面影響外，也是對工作上缺乏訓練和經驗的工作者，提供一種必要的行政支持或協助，並對工作者因人性的缺失、盲點及弱點等可能對工作造成的影響，進行必要的督導管理，以確保工作者所提供的服務符合機構的標準，所有的督導都有責任確保受督導者所提供的服務是適切的，且符合倫理標準。

(3) 支持性功能：支持性功能提供心理和人際關係支持的一種反應方式，藉以提升工作者的士氣，並增進工作者的自尊、成就感及潛能發揮。

(4) 調解性功能：儘管前述三種督導功能有助於描述一般督導的任務，並釐清督導者的責任，然而，它們並不是即適用於所有不同的情境，特別是涉及到個人和體系之間的互動。Shulman 從一種工作者和體系互動的觀點，認為督導的功能性角色或許可被稱之為「調解」，即調解工作者和體系之間的關係。

練功坊

★ ( ) 「身為社會福利機構的一員，社會工作者有責任評估組織結構、機構政策與阻礙有效服務輸送的機構內部功能關係，這些相關的角色包括團隊成員、督導者、組織分析者等」，上述是直接服務社會工作者多重角色中的那一類型角色？
(A) 研究者和研究使用者　　　　(B) 系統的維護與增強者
(C) 系統的發展者　　　　　　　(D) 系統的連結者

解析

(B)。系統的維護與增強者指的是在社會福利機構中，社會工作者可以藉著，評估機構的結構、政策、與其他機構的關係，來了解機構服務輸送的過程中，所會遇到的困難與阻礙。相關的角色包括組織分析者、促進者和監督者、團體成員、提供諮詢者和尋求諮詢者、督導者。

★ ( ) 「社工人員對於案主提出的問題，立基於案主的需要給予必要的協助，而不是依據案主的問題是否值得協助處理」這段話是社工人員與案主建立專業關係中的那一項原則？
(A) 非批判的態度　　　　　　　(B) 適度情感表達
(C) 尊重案主自決　　　　　　　(D) 對案主問題予以保密

解析

(A)。非批判的態度是指工作者不僅不會批評案主是有罪或無辜，也不會對案主的情感、思想、行為的對錯、好壞或應負責之程度，做價值的評斷，而是採取中立的態度。幫助案主了解其弱點和失敗，但加以評斷並非社會工作者的功能，社會工作者沒有評斷的權威。評斷的權利和權力是賦予特定的權威者，例如：法官。評斷是不符合社工哲理的，但是可以評價案主的態度、規範和行為，評價不會讓案主覺得受傷害或被譴責。

重點 2 實施理論～功能學派、心理暨社會學派、問題解決學派

閱讀完成：____月____日

一、個案工作重要理論名稱一覽

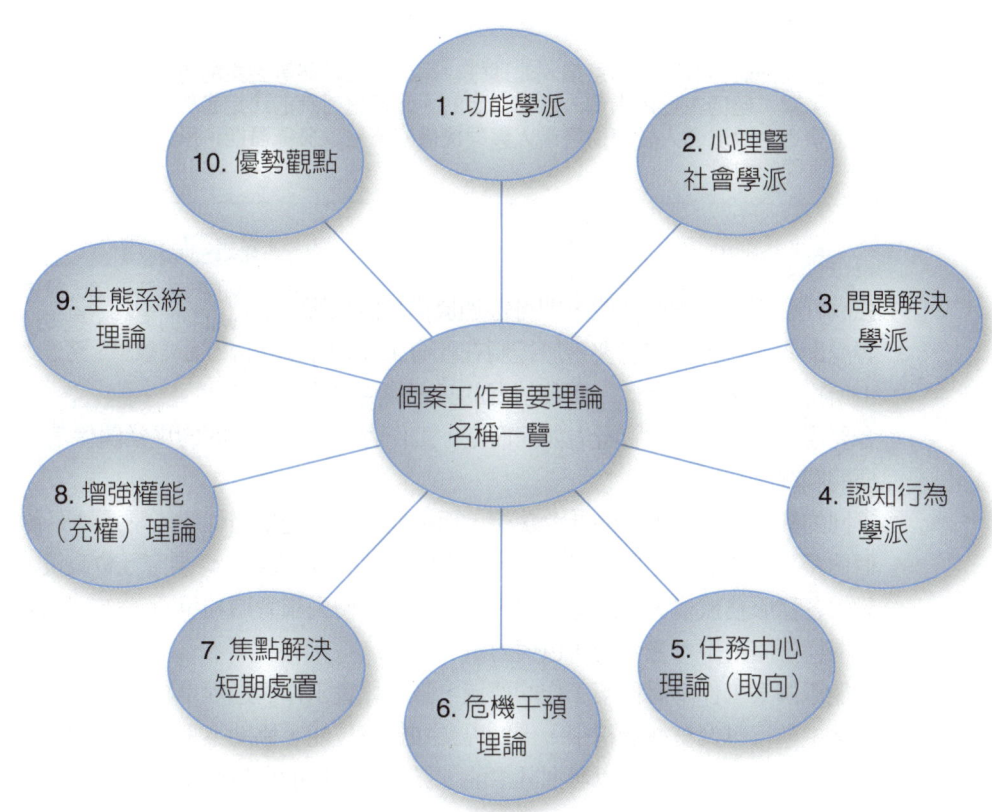

個案工作重要理論名稱一覽：

1. 功能學派
2. 心理暨社會學派
3. 問題解決學派
4. 認知行為學派
5. 任務中心理論（取向）
6. 危機干預理論
7. 焦點解決短期處置
8. 增強權能（充權）理論
9. 生態系統理論
10. 優勢觀點

榜首提點

1. 請先建立有關個案直接服務的重要理論名稱架構觀念，了解有哪些理論可以應用，再針對各理論細節詳加研讀，避免見樹不見林。
2. 各重要理論請分別於本章重點 2、3、4 說明，請務必費心準備。

二、功能學派

（一）起源

功能派個案工作理論，1920 年由佛洛依德的門徒蘭克（Otto Rank）倡導，塔夫脫（Taft）以及羅賓遜（Robinson）總其大成。

19

（二）基本假設

假設 1

・假設人的行為乃受個人意志（will）的影響，並認為個人的行為是其衝動力、智力、感受和意志力的平衡作用，其中意志力是主要動力。

假設 2

・假設個體行為雖受潛意識、非理性、早期生活經驗等因素的重大影響，但仍主要是由個人意志決定的。個體是行為的決定者與主宰者，所以個人能藉助專業人員與機構的幫忙以發揮潛能，解決面臨的問題。

（三）功能學派強調「機構功能」

1. 強調社會服務機構的功能，即可透過機構功能以影響受助者。社會工作者要善於控制在社會工作程序上所扮演的角色。因此，服務情況的良好與否，大多要視社會工作者的影響力如何而定，工作者與受助者之間的專業關係是重要的關鍵所在。

2. 不同的機構承擔著不同的社會功能，而這些功能正是整體社會正常運轉與各個個體良好發展所必要不可少的。例如：結構性大量失業，應制定社會政策，設置各種服務機構，以創造機會，提供資訊，使失業者順利重新工作，因此各機構扮演了不可替代的角色與力量。

3. 功能派個案工作本著個案工作的傳統，強調社會工作的過程是社會工作者在與案主進行專業交往過程中，借助專業知識與技能，協助案主發現自我的需求，瞭解自我的本質，以發揮其潛能，從而達到協助自我實現的過程。

> **榜首提點**
> 人的行為乃受個人意志（will）的影響，是本理論的重要觀念，務必清楚。

（四）功能派的特點

功能派的特點表現在對社會工作目標及社會工作功能的定位上。功能派個案工作認為社會工作目標在於發展；執行社會服務方案，以滿足一些單位由個人努力無法達成的需求，增進個人的成長與福利。社會工作機構是使個人與社會利益相互結合的地方，也是社會政策實施的處所。

> **榜首提點**
> 功能學派強調「機構功能」，是其特色，請在測驗題時正確選答。

三、心理暨社會派

上榜關鍵 ★★★
基礎的觀念，但易被忽略，請留意。

(一) 起源

1. 心理暨社會派（The Psychosocial Approach）稱為「診斷派」（Diagnostic Approach），強調要依研究（study）、診斷（diadnosis）和處遇（treatment）的「診斷程序」，提供對案主的服務，而與當時強調運用機構（use of agency function）、助人過程中工作者與案主間關係、不同時間階段之運用，以協助增強案主意志力的「功能派」分庭抗禮。

2. 心理暨社會派學派的起源，可追溯到社會工作的鼻祖 Mary Richmond 所著《社會診斷》（Social Diagnosis）一書，然而能有系統的闡明此派理論的觀點，則是 1937 年 Hamilton 的《個案工作基本概念》（Basic Concept in Social Casework）。1950 年代的心理暨社會派明確提出「人在情境中」（person-in-situation）的概念，成為透視問題的重要觀點，以及社會工作主要的核心概念。人在情境中包括人、情境、人與情境交互關係等三個面向。

榜首提點
非常重要的觀念，包括起源的鼻祖、專書名稱，以及「人在情境中」概念，建立正確觀念，測驗題就可正確選答。

(二) 基本假設

假設 1

・在某種範圍裡，人類行為是可以被瞭解和預測的。

假設 2

・個人行為並非內在因素所決定，要瞭解及預測人的行為必須從個人、環境和二者間的互動加以瞭解。

假設 3

・人類行為改變會受到生理、心理或情境等不同媒介和方式之影響。由於人所生活的環境是一個系統，系統內的成員透過互動彼此相互影響，並產生連鎖反應。面對外在人際互動及生活環境的要求，人會尋求各種方法加以因應。

假設 4

- 人性本質是好的、自由的，且深受其過往歷史之影響。因此，想要瞭解一個人目前的行為，必須瞭解這個人過去的生活經驗。

假設 5

- 個人對於影響其目前功能的過去經驗和潛意識，常無法有充分的瞭解，只有在特別的環境或依賴具有特殊技術的人，才能充分發現受其個人潛意識影響的經驗、態度、情緒和記憶。

假設 6

- 欲瞭解人的行為，除注意當事人是如何對他人反應，所呈現出外在的行為外，亦應重視其對環境的知覺、內在認知經驗和心理感受。個人對環境的認知，包括對環境的期待與事實二部分的統整。

假設 7

- 人格在個人發展的過程中，主要是受其內在驅力和自我成熟度，以及個人與環境互動等因素所影響。個人在出生時，即具有獨特的本能趨力和攻擊性，透過與環境的交互作用，形成獨特的人格特質和行為方式。如果案主的人格發展是呈現開放的體系，其自我是可以改變和不斷地成長。

（三）核心概念

1. 強調「人在情境中」
「人在情境中」為此派一個很重要的觀念，用此概念說明人和周遭環境的交互影響。本學派強調要瞭解一個人，必須從人、情境及兩者的交互關係著手。

   榜首提點
   強調「人在情境中」是本理論的核心概念。

2. 對「人的成長與發展之看法」
強調人類之生理與心理雙重需求，以及人類的心理面和社會面的整合力量。本學派認為人的成長與發展是受到生物、心理及社會三方面因素，以及此三因素交互的影響。

3. 對「人的行為」之觀點
   主張人的行為受過去經驗所影響。人在情境中的行為可由生理、心理與社會等三層面來分析和提出處遇計畫。
4. 自我功能與適應問題
   在對案主問題的界定上,本學派認為人之所以會發生適應的問題,致陷入困境,主要是來自社會適應失敗與自我功能不良。分為三方面說明如下:
5. 重視工作者與案主之間的專業關係
   在工作者與案主的助人關係中,常會涉及到情感轉移與反轉移的現象,工作者若忽略了這個現象,將會造成治療時的困難與問題。
6. 尊重個人的「重要性」及「價值」
   本學派認為有些信念,例如:個別化、接納、不批判的態度、案主自我決定、表裡一致、保密及能控制的情緒反應是很重要的工作原則。能否達到工作目標,有賴工作者是否可以遵守這些信念。
7. 強調力量間的平衡
   本學派認為要提供有效的服務,必須使人格系統和與人格系統互動的環境間建立一個平衡狀態。

(四)實施目標

實施過程的目標
- 1. 減低案主的焦慮不安及功能失調的現象。
- 2. 改善環境以解決當前的問題、修補或維繫社會系統,以恢復個人的社會功能。
- 3. 促進人們健全的成長,增強案主的自我適應及生活功能,增進案主自我實現和滿足感,以獲得心理暨社會適應的平衡與滿足。

（五）實施原則

> **上榜關鍵** ★★★
> 實施原則的要項，內容請詳加準備，為有潛力之考點。

1. 彈性原則
- 心理暨社會派實施的程序是有彈性的，配合工作者對案主瞭解程度，和「人與情境」的改變，隨時視情況需要加以修改，並採用新的計畫或策略。

2. 個別化原則
- 強調每個案主均有其獨特的需求、能力、人際關係和處境，應針對個別情形，持續作完整及適當的瞭解、需求研判與診斷，擬定執行正確的處遇計畫。

3. 重視個人早期生活經驗的原則
- 工作焦點是放在案主目前和過去生活功能與環境互動的關係。必須先瞭解影響案主性格的因素，以及案主幼小時的生活經驗與目前行為的關係。

4. 重視專業關係原則
- 專業關係的程度可以決定案主接受協助的功效。唯有當案主能在被協助的過程真正感到安全，才有可能使案主充分表達被壓抑的感受和扭曲的認知，透過情緒紓導，使案主有機會瞭解過去不良經驗對其所造成的影響。

5. 參與原則
- 重視案主參與問題研判和建構處遇計畫的過程，換言之，工作者把其所瞭解的反應給案主，並鼓勵案主也把自己的需求與期望、對問題的覺察及所理解的觀點說出來，共同列出問題處理的優先順序，以逐步達成處遇的目標。

6. 協助案主改變自己來影響環境
- 解決問題的焦點，不是直接滿足案主需求來協助案主，而是協助案主改變自己來影響環境。

（六）實施程序

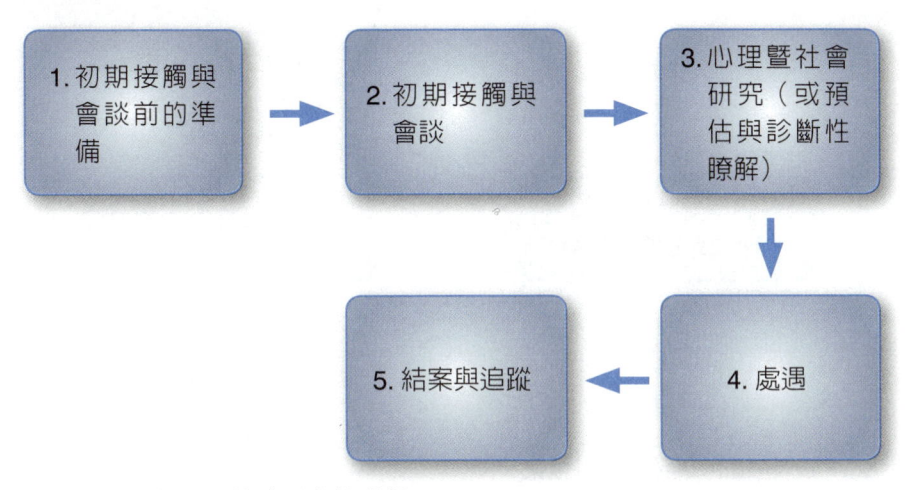

```
1.初期接觸與會談前的準備 → 2.初期接觸與會談 → 3.心理暨社會研究（或預估與診斷性瞭解）
                                                        ↓
5.結案與追蹤 ← 4.處遇
```

1. 初期接觸與會談前預先的準備
   （1）認知上的準備：主要是基於工作者對案主及其情況的想法。例如：工作者要與一位剛遭土石流摧毀的家庭成員會談，在尚未與案主碰面時，工作者也許會立刻想到這個家需要住屋的安置，以及哪裡可以提供這樣的資源。
   （2）情感上或同理的準備：是指如何站在案主的立場設身處地為案主著想。例如：因屋頂漏水卻沒錢修理，必須住在一間下雨天到處以水桶接水的屋子中，案主會有什麼樣的感受。
2. 初期接觸與會談
   （1）初期接觸與會談階段不僅要界定問題，同時也要蒐集有助於解決問題的相關資料，此外，也要協助案主瞭解在往後的會談中，其需要針對哪些事項多作一些思考和討論。
   （2）在初步蒐集資料的過程，應瞭解案主前來求助的原因，共同討論並初步確定需要解決的問題、案主的長處和內在資源、相關的人際和環境的支持網絡，以及案主的弱點和困難。此外，透過初次會談與互動，工作者可以觀察案主的人格特質，也可以透過案主對問題的回應，初步瞭解案主的自我功能、因應挑戰的能力和方式等。

3. 心理暨社會研究（或診斷要項與內容）

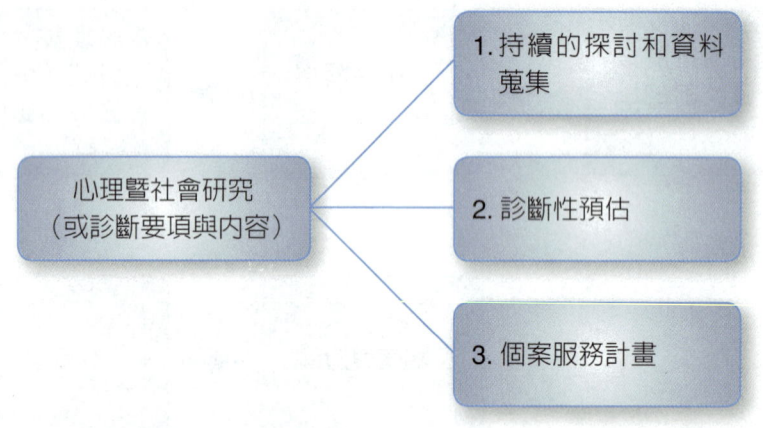

```
心理暨社會研究        1. 持續的探討和資料
(或診斷要項與內容)       蒐集

                    2. 診斷性預估

                    3. 個案服務計畫
```

(1) 持續的探討和資料蒐集

在第一次會談之後，社會研究和診斷性的瞭解及處遇將持續進行，每次的會談都會對案主的情況有新的瞭解，工作者也會面對不斷在改變的處遇過程，像是意義的改變、感受上的改變及新事件持續的發生，且隨著信任感的增加，案主會透露更多的資料，會使得工作者對案主逐漸有全貌的瞭解。

(2) 診斷性預估

心理暨社會學派強調案主心理社會資料或其成長與發展歷史進行調查，也強調對每位當事人依個別情形做完整及適當的瞭解。所謂「診斷性預估」，是透過在會談過程中所蒐集到的資料，配合對案主問題掌握程度的不同，不斷地加以整理、歸納和分析，持續修正的過程。

(3) 個案服務計畫

服務計畫必須以能減低當事人的焦慮不安及失功能的情況、改善當事人的適應能力、社會功能和生活環境，增進當事人自我力量和自我實現為目標。

4. 問題處遇

(1) 心理暨社會派處遇方向與策略，分為直接減除個人壓力和間接處理環境壓力二大類。本派認為個人適應問題來自於內外在壓力之間的相互影響，因此，解決問題就是減除這些壓力，一方面協助案主改善環境，另一方面也在環境中改變案主自己，以調整案主和環境間的互動。

(2) 治療程序

> **榜首提點**
> 在治療程序上，必須要有區辨直接處遇與間接處遇程序，以及所使用的技術之能力。

A. 直接處遇程序：對案主的直接治療有四種型式，其可分為非反映式（non-reflective）及反映式（reflective）兩種溝通動力，其中支持性的技術、直接影響的技術，以及探討、描述與宣洩的技術屬於非反映式；反映式則包括人與情境的討論、心理動態反映性討論。

B. 間接處遇程序：間接處理程序是針對案主的環境做改善或修正。環境改善術所指的是工作者考慮案主利益後，直接採取行動改變環境。主要技術包括運用直接處遇技巧影響案主環境中有關係的重要他人、重要系統及重要的環境等方面的工作。

5. 結案與追蹤

（1）心理暨社會學派很重視結案工作。助人關係結束意味著案主個人必須獨立面對未來的各種挑戰。工作者除要注意自己面對結束情境之感受外，更要注意案主有無退化行為的反應，要依案主的個別情況，為結案預先做不同期間及不同程度的準備，提醒案主結束期限。

（2）另為確保並維持案主的進步情形，可考慮定期或不定期以電話、書信或家庭訪問方式進行一段期間的追蹤。

（七）理論適用之實務情境

心理暨社會學派的實施，有短期性，也有長期治療，服務對象由個人擴展到夫妻、家庭和團體；在問題探討上，更加重視社會變遷和案主需求，關注到各種婦女族群和受壓迫團體成員之發展、角色、長處和因應策略，以更務實和充權的介入提供協助，並針對社會工作特殊人口群，例如家庭暴力、兒童虐待、性侵害、物質濫用、愛滋病人、遊民和慢性精神病患等提供服務。

四、問題解決學派

> **榜首提點**
> 4P所代表的意思務必清楚，測驗題考點。

（一）理論起源

1. 問題解決學派（problem-solving approach）的社會個案工作乃是由心理暨社會派（psychosocial approach）分支出來，又採借功能學派的實施觀點，成為一種綜合模式的社會個案工作，亦即，問題解決學派乃綜合傳統個案工作而形成的模式，是整合過去個案工作的知識與行動的新途徑。問題解決學派強調人類生活是一連串問題解決的過程。

2. 問題解決學派個案工作理論是1950的Perlman所提倡，她的《社會個案工作——問題解決的程序》一書，為該派的代表作。Perlman強調情境的四個面向：一起工作的人（person）、待處理的問題（problem）、工作的地方（place），以及工作過程（process）。這也就是著名之解決問題的四個「P」。

問題解決模型假設案主失去解決問題的能量，需要協助他們克服那些影響解決問題能力提升的障礙。

上榜關鍵 ★★★
基本假設各要項請熟讀，融會貫通，以測驗題方式準備為優先。

（二）基本假設

假設一：人類生活是一連串問題解決過程

- 人的一生其實就是一連串解決問題的過程，從出生到死亡，處處需要解決所面臨的問題，以獲得快樂、酬賞、安定或適應的生活，而儘量避免痛苦、懲罰或不能適應的情形發生。當人們每天自覺或不自覺地做出無數決定時，便是不斷地學著去適應各樣情境和所遭遇的問題，也是不斷地在練習其「自我功能」和「社會功能」的發揮。

假設二：個人的行為有其目的和意義

- 問題解決學派強調發揮自我功能，將「自我心理學」轉化為行動的原則，且認為人會受到環境的影響，但是個人也有其能力來處理自己問題。如果個人無法應付自己的問題，可能是因為缺乏動機、能力或是機會去運用適當的方法減除問題。

假設三：問題解決是成長和改變

- 個案工作所處理的問題，通常都是在影響一個人的社會功能內，Perlman認為個體任何一部分的問題都會有其連鎖反應。一個人要處理的任何問題，都包括有主觀和客觀成分；且外在和內在問題是同時存在的問題，而這些問題是相互影響的。由此可知，因為任何人都可能遭遇問題，生活中有問題，不代表是個人的錯誤或軟弱，反而可能是成長和改變的機會。

假設四：社會機構是一種表達社會責任的組織

- 公立或私立的社會福利（工作）機構聘用社會工作者，執行其服務社會的相關業務，達成其機構的服務目標。而工作者代表服務機構，對案主的特定問題解決提供協助和服務；同時，工作者不只是代表所服務的機構，也代表其所屬的專業。每一個社會福利機構都有一定的組織和任務，並應發展出一些服務的規則和程序。

（三）處遇目標
1. Perlman認為，社會個案工作的目標是「適應」（adaption），而不是「治癒」（cures）。因此，在考量案主的「想要（動機）」、能力和資源之後，機構的功能目標應在協助案主回復他先前的自我功能、社會功能和提升目前所能達到的功能。
2. 如果目前案主的功能已達到永遠的損傷，無法恢復以前的狀態，則必須設法使案主在現有的狀態中仍能適應。問題解決學派的最終目標，在培養及增強案主良好的問題解決態度及技術，以展開未來能適應、更富能力與創意的生活。

（四）處遇原則

處遇原則一
- 社工者應該去除案主自以為是「有問題的人」或是社會犧牲品的想法，然後引發案主之求助或解決問題之動機，鼓勵案主選擇比較有效的處事辦法。

處遇原則二
- 社工者應該肯定案主具有認出自己困難的能力，並減輕案主因無力感所帶來的焦慮、恐懼或逃避的行為；然後，社工者指引其方向，同時給予支持和安全感，使案主冀望成功，將自我的活力投注於應該、必須或可做到的事情之上。

處遇原則三
- 社工者與案主一起努力，激發案主的心智、情緒和行動之能力，並且經由重複練習，使案主的自我功能伸展（包括覺察、認知、理解、選擇、判斷和實行等多方面的能力），以應付現在和未來的問題情況。

處遇原則四
- 社工者協助尋找可消弭問題之資源及機會，使得案主能夠比較順利地完成所應該做的任務，以減輕或解決問題。

（五）實施過程（步驟）

1. Christensen、Todal 和 Barrett 認為，問題解決的過程包括：（1）確認問題類型；（2）瞭解高危險問題類型；（3）一步一步地朝向改變；以及（4）創造一個預防問題再發生的計畫。他們認為以上每一個部分都重要，而且彼此有關聯。所以，個案工作在診斷和處遇時，要確認案主何時在危險中；個人和環境的人如何早期覺察警訊；而避免、制止和避開危險環境的技巧，也是非常重要的任務。

2. Comptom 和 Gateway 則指出，問題解決應分為四個階段：（1）與案主初步接觸，瞭解案主所陳述的問題，和發展初步的目標：（2）蒐集資料、預估問題、訂定解決問題的目標和行動計畫；（3）執行介入的行動；（4）評估。而從這四個階段看來，在第 1 階段和第 2 階段都有「目標的擬定」，在初步接觸階段主要是案主的欲望，案主述說想要解決的問題，此可以增加其動機；尤其如果有強烈的欲望，其解決問題的動機會更強，也更易與社工者建立關係。而蒐集資料階段的目標，則表示案主與社工者已共同確定要解決問題，這是介入之前要有的目標。在案主與社工者的一連串動過程中，整合了感受、思考和行動之要素，朝向解決問題之目的，並達成協議之目標。

練功坊

★ 心理暨社會學派是許多臨床社會工作實施的基礎，試述該學派的基本假設。

擬答

心理暨社會學派的對人類行為與社會適應問題發生的基本假設有七點：

(1) 假設 1：在某種範圍裡，人類行為是可以被瞭解和預測的。

(2) 假設 2：個人行為並非內在因素所決定，要瞭解及預測人的行為必須從個人、環境和二者間的互動加以瞭解。

(3) 假設 3：人類行為改變會受到生理、心理或情境等不同媒介和方式之影響。由於人所生活的環境是一個系統，系統內的成員透過互動彼此相互影響，並產生連鎖反應。面對外在人際互動及生活環境的要求，人會尋求各種方法加以因應。

(4) 假設 4：人性本質是好的、自由的，且深受其過往歷史之影響。因此，想要瞭解一個人目前的行為，必須瞭解這個人過去的生活經驗。

(5) 假設 5：個人對於影響其目前功能的過去經驗和潛意識，常無法有充分的瞭解，只有在特別的環境或依賴具有特殊技術的人，才能充分發現受其個人潛意識影響的經驗、態度、情緒和記憶。

練功坊

(6) 假設6：欲瞭解人的行為，除注意當事人是如何對他人反應，所呈現出外在的行為外，亦應重視其對環境的知覺、內在認知經驗和心理感受。個人對環境的認知，包括對環境的期待與事實二部分的統整。

(7) 假設7：人格在個人發展的過程中，主要是受其內在驅力和自我成熟度，以及個人與環境互動等因素所影響。個人在出生時，即具有獨特的本能趨力和攻擊性，透過與環境的交互作用，形成獨特的人格特質和行為方式。如果案主的人格發展是呈現開放的體系，其自我是可以改變和不斷地成長。

★( ) 個案工作的實施理論有多種學派，其中問題解決學派特別強調處理案主當前的問題與處在環境中的困境，提出有名解決問題的四個「P」，是指：
(A)Person、Problem、Place、Profession
(B)Person、Problem、Provision、Process
(C)Person、Place、Process、Profession
(D)Person、Problem、Place、Process

解析

(D)。Perlman的問題解決學派有所謂的「4P」，包括「Person」指求助者、「Problem」指所遭遇的問題、「Place」指社會服務機構、「Process」指問題的解決過程。亦即，此派包含四個重要元素：當「個人」帶著「問題」前來「機構」協助，需經過專業人員協助的「過程」，以期增強個人解決問題的能力，並提供問題解決過程所需的資源，才得以解決其困難。

★( ) 下列那一種社會工作學派特別重視個案「意志」（will）的作用？
(A) 心理暨社會派　　　　　(B) 問題解決派
(C) 功能派　　　　　　　　(D) 行為修正派

解析

(C)。功能派的理論假設：（1）假設人的行為乃受個人意志（will）的影響，並認為個人的行為是其衝動力、智力、感受和意志力的平衡作用，其中意志力是主要動力。（2）假設個體行為雖受潛意識、非理性、早期生活經驗等因素的重大影響，但仍主要是由個人意志決定的。個體是行為的決定者與主宰者，所以個人能藉助專業人員與機構的幫忙以發揮潛能，解決面臨的問題。

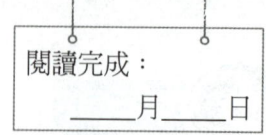

重點 3 實施理論～認知行為、任務中心、危機干預、焦點處置

一、認知行為學派

（一）理論起源

認知理論與行為主義原是兩個不同的學派和運動，後來兩者之所以結合可能是因為早期與醫療模式之連結有關。認知行為理論的綜合模式重視個體與環境之間的互動，即除強調個體生理、行為，認知和情緒因素，以及環境中如婚姻家庭、工作職場、學校、社會事件等因素本身的可能影響外，亦確認兩者之間的互動和循環影響，故亦重視外在環境因素對認知行為改變結果之支持與否，所可能產生的增強或減弱作用。

（二）理論的基本假定

> **上榜關鍵** ★★★
> 測驗考點。

1. 認知行為學派假定人不斷在處理由本身內在和環境外在所獲得的資訊，並將其解讀作為如何適應生活情境和追求個人生存意義或生活福祉的因應策略及行動之依據。

2. 個體的人格是有彈性的。儘管不免受到物質環境和社會因素的重要影響，然而仍可決定如何塑造和改變其內在和外在環境，或縱使人們不是自己生命或命運的主宰，不過卻可以選擇如何面對的姿態（posture）和因應方式。

3. 人的特性是協調的、平等的、人性的、合作的。一反傳統 Freud 觀點認為人的本質觀點是競爭的，強調同胞愛和夥伴在人生和生命中的重要性，倡導人是有創意和可以抉擇如何過一生，特別是運用思考以選擇人生目標和採取行動，藉以改變自己和周遭的環境。

4. 許多人類情緒乃是人們思考、自我告知、假定或相信他們自己本身及其所處情況的直接結果。因此，假定無法履行日常生活功能的情緒和行為，乃是錯誤想法（misconceptions）的直接結果，故只要改變此等錯誤或不理性的想法，即可改變彼等失能的情緒行為。又彼等錯誤或不理性的想法之形成，乃在於所謂「自動化思考」（automatic thinking）的機制下發生而不自覺，故改變之道仍須回歸理性和深思熟慮的意識層次，加以省思與檢討。

5. 行為學派認為所有行為均係學習而來，且可以被定義和改變。學習主要原則有三項，即古典制約或反應制約、操作制約和觀察學習。所謂問題即指不想

要的行為，可以透過系統性的探索和修正後，加以瞭解和改變，並透過增強和懲罰的機制，使不想要的行為消失，和使想要的行為形成或取代之。

(三) 理論主要觀點

1. 認知在其與情緒、行為三者之間，乃扮演中介或協調的關鍵角色。因此，認知或思考過程乃被認為是導致行為後果的肇因，包括足以影響個體可能具備社會互動能力以及如何因應彼等生活事件。

2. 認知的行程過程往往受到「自動化思考」機制的影響。許多錯誤的想法、不理性思考、荒謬信念、零散或錯置的認知等，可能存在於當事人的意識或察覺之外，即個體不知道或不自覺的思考、看法、信念或錯誤想法等如何形成及運作，以及如何導致不悅或失能的情緒結果。在認知或思考上，亦是如此，即所謂「自動化思考」。許多人類情緒失能狀況的發展過程，乃由於本身所形成的錯誤觀念、非理性想法和信念，長期以來往往係自動發生而不自覺，故改變之道即須將此導致失能的錯誤想法、不理性思考和荒謬信念，重新帶回人們理性和深思熟慮的意識層次中，加以省思與檢討。

    > 上榜關鍵 ★★★
    > 測驗題基本考點，請勿疏漏。

3. 對思考與情緒、行為之間的看法，Albert Ellis 提出認知的「ABC 情緒理論架構」：真實發生的事件（activating event），人們如何思考、相信、自我告知和評估其所遭遇的事件（belief），和人們思考、相信、自我告知和評估此一事件後的情緒結果（emotional consequence）。藉此說明若人們的思考、相信、自我告知，和評估是理性的，則情緒是正常功能運作的；反之，若人們的思考、相信、自我告知和評估是不理性的或扭曲的，則人們可能逐漸發展無法正常功能運作的情緒、情感和行為。

4. 解決認知扭曲的方法是透過「認知重建（組）」，也就是教導案主有關認知和情緒行為之間的關聯，然後直接指出或挑戰案主的非理性的認知，或要求案主檢驗自己認知的方式，以及這些方式是否能在生活上發揮功能，然後教導新的認知方式或資訊處理的模式。

5. 行為學派立基於社會學習理論所涵蓋 ABC 三個要素，即前置事件（antecedents）、標的行為（behavior）和結果（consequence），藉以瞭解和改變行為；同時，亦依據實驗心理學，認為正常行為和異常行為均是由學習而來，並透過三項主要學習原則，即古典或反應制約、操作制約和觀察學習而進行。

    > 榜首提點
    > 藍字全部的內容務必逐條研讀，尤其是 Albert Ellis 提出認知的「ABC 情緒理論架構」，非常重要，請紮實準備。

（四）處遇目標

1. 認知行為學派的處遇目標乃是具體明確和明顯可見的，且在各個處遇階段的具體標的亦均有精準的訂定，藉以進行客觀準確的問題測量和處遇成果評估。
2. 處遇目標
   （1）改變錯誤認知或不切實際的期待，以及其他偏頗或不理性的想法。
   （2）修正不理性的自我對話。
   （3）加強問題解決和對策抉擇的能力。
   （4）加強自我控制和自我管理。

（五）處遇步驟

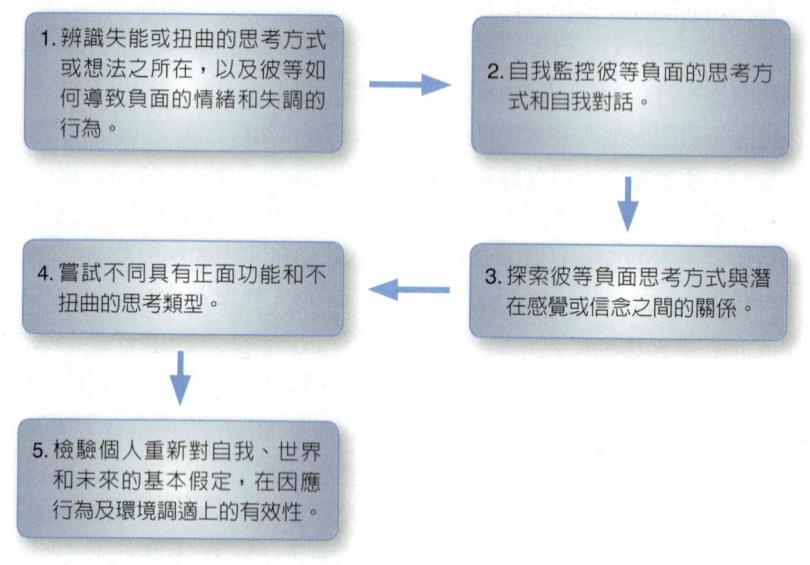

1. 辨識失能或扭曲的思考方式或想法之所在，以及彼等如何導致負面的情緒和失調的行為。
2. 自我監控彼等負面的思考方式和自我對話。
3. 探索彼等負面思考方式與潛在感覺或信念之間的關係。
4. 嘗試不同具有正面功能和不扭曲的思考類型。
5. 檢驗個人重新對自我、世界和未來的基本假定，在因應行為及環境調適上的有效性。

（六）理論適用之實務情境

1. 運用範疇
   （1）認知行為理論可以被廣泛的運用在各種社會工作實務上，例如一般諮詢、心理衛生、危機干預、社會救助、家庭服務、長期照護、保護服務等。除了適用於傳統個案工作模式外，還可運用於團體處遇、婚姻協談及家族治療等，特別是融入於主題性和結構性的支持團體，藉由團體發展過程及團體動力，以強化案主的認知學習和行為改變的結果。
   （2）目前認知行為理論的運用，在憂鬱症、身體虐待，以及人格異常等方面的處遇，顯得特別有效，同時對於具有錯誤觀念及不理性思考的個案，也有助益。甚至對各種暴力受害者，如果受害者可以離開施暴者的暴力

情境及威脅,且在審慎安全的庇護情況下,認知行為治療仍有適用的餘地,譬如消除制約刺激的不當影響,以協助案主重新發展正常的人際互動關係。

(七)理論之優缺點

1. 優點

(1)就人類行為的特質而言,認知、行為、情緒三者原是三位一體,故認知行為理論可以綜合認知理論和行為理論兩個各別理論的長處。

(2)認知行為理論不論在方法上或技術上,都頗具系統化、客觀化和操作化的特性,同時重視其具體可見的實際評量與驗證,不斷透過務實的臨床實證研究,開發和融合各種新的處遇知識和技能,使認知行為的理論知識與實務技巧均可以持續發展與進步,不致淪為一成不變的保守教條和拘泥儀式。特別是在處遇改變的歷程中,可以重視個別差異和掌握案主認知行為的細微與特殊部分,以及重視如何(how to)和像精神分析觀點追根究底的不強調(why)的處遇策略與取向,使臨床介入可以即時有效達到具體明確的改善目標。

(3)認知行為理論在處遇上由於適用的範疇或對象類別,可說是具有相當大的彈性和空間,故在實務上可以運用於許多的服務場域,同時處遇的時程不但符合短期治療的時勢所趨,而且亦可以展延成為較為長期的處遇模式。又在處遇策略上乃採取行動取向,即案主不再只是被動反應而已,而是必須主動地對自己的問題加以認知和學習如何改進的對策,故整個處遇過程不僅是協談而已,而是包含各種解決問題的實際執行任務和家庭作業,終得在日常生活的實際調適經驗中增加因應能力。特別是透過處遇契約的訂定,要求案主主動和必須對自己的行為負責,藉以培養自我學習和自我改變的自主能力和生活型態。

2. 缺點(限制)

(1)即使認知行為理論承認案主個體的自主心理功能乃由認知、行為與環境三者之間交互作用及影響而定,不過由於認知、行為與環境三者之間的交互作用及影響關係,顯然相當錯綜複雜,故事實上無論在理論上或臨床上都很難加以明確的釐清。因此,處遇所帶來的行為改變與環境修正的結果二者之間的互動關係,實際上並無法完全釐清,使認知行為處遇原來強調精確實證的長處與特徵,亦不免受到抑制或含混。

(2)在處遇對象上,認知行為處遇比較無法適用於缺乏認知能力的案主身上,例如:幼童、有心智疾病者。此外,認知行為處遇必須立基於案主本身處在較平穩的身心狀態下,否則一旦案主暴露在危機情境下,或因

案主本身因受重大創傷而造成身心及社會功能喪失或障礙，如性侵害的生存者，首先仍須針對問題的根源或創傷本身加以處理或治療。

（3）又將認知處遇的焦點切入到鉅視層次的團體或社區範疇，顯然是有困難的。蓋事實上無法將一個團體或機構或社區視為一個具有自主認知能力的個體，以協助其經驗及完成處遇的歷程。換言之，認知行為處遇僅能解決案主個人層次的問題，這儼然又成為這個理論在運用上不可避免的弱點。儘管如此，對團體和社區成員的認知改變，仍可透過社會教育和知識宣導等手段予以達成。

（4）案主本身是否具有「意願」與「能量」來做改變，亦是認知行為處遇上不易單獨克服的難題。案主是否會改變，特別是否改變長年累積之錯誤認知及偏差行為，事實上很需要案主本身產生極為強烈的改變意願，同時也具備足夠的「能量」去改變。

（5）又認知行為治療技術也許只能運用於改變或修正較為簡單的認知或行為，至若想發展創造能力、抽象思考判斷力，或從事較為複雜的學習活動，則可能較難達到預期的效果。此外，認知行為處遇的焦點乃須明確地界定問題及改變目標，然而案主所遭遇的許多問題卻是無法加以明確地界定或區分，例如：案主只是泛泛覺得人生乏味或迷失徬徨，即不容易下手。

（6）多元文化觀點的影響。案主持有不理性的信念、自我對話，與錯誤觀念，原是植基於或從社會與文化經驗中學習而來。因此，種族、階級，及性別的社會與文化經驗都可能對案主的信念產生影響，甚至行為與學習的增強或懲罰之形式和內涵，亦受不同文化風格和生活水準的影響，而可能有所殊異。認知行為取向的處遇歷程及焦點的調整與操作，實際上均有待加強文化經驗及影響的研究，以提高此一方面的敏銳性和洞察力。

二、任務中心理論

（一）理論起源

1. 任務中心理論（task-centered theory）／任務中心取向（task-centered approach），是由芝加哥大學 Rein 與 Epstein 在 1972 年出版的《任務中心個案工作》一書中，所提出一個以案主為中心，強調有時間限制、目標明確清楚、服務簡潔精要，及針對生活問題的介入模式。

2. 本理論從功能派借用「問題為本」之取向，從系統理論借用「部分—整體」之論調，從角色理論借用「社會互動」的概念，從學習理論借用「社會行為」之原則，遂充實整個理論的知識領域。

(二) 基本假設

假設 1：人之所以有問題是因為能力暫時受到限制，而非個人內在心理病理因素所致

- 任務中心取向模式對人類行為的基本假設是人類不受潛意識控制，也不受環境完全左右，而是認為人有心靈（mind）和意志（will）；亦即人是健康的、常態的、有自主性的、理性和解決問題能力的個人。人之所以產生問題，並不是人缺乏解決問題的能力，也不是人格病態所導致，只是能力暫時受到限制無法處理，才會陷入問題困境。

假設 2：解決問題之障礙來自於環境或資源不足

- 人的問題是來自於個人生活中內在的心理因素及外在的環境因素之交互作用，不是病理性或環境性的受害者，而是受問題解決資源因素之影響。所以解決問題之障礙來自於案主系統環境或可用資源之不足所致。要解決問題，就要探究問題整體脈絡為主：包括彼此相互影響因素，問題解決之阻礙和能用處理問題之資源。

假設 3：人陷入困境時就會有改變動力之產生，但人也有順應問題之本能

- 人會想辦法調和生活上的問題。所以陷入問題困境時會出現改變之動力，但是人也有適應問題之本能，一旦問題逐漸成為他們所熟悉的樣子時，他改變的趨力就會減弱。長期累積下來，問題的複雜化會使他們難以決定什麼是真正要解決的問題和協助。

假設 4：人有改變的動力，但只想減輕困難到可以忍受為止，而非根本改變

- 當人陷入困境時，會有改變動力，但是案主在尋求協助時，常常心裡只想減輕困難，將問題降至可以忍受之地步為止；亦即問題解決朝向的是問題的減除，而非根本改變。因此，任務中心派之前提強調針對案主想要處理的一小部分問題，因為將注意力集中在所欲解決的問題，可以讓案主有系統且實際的去解決問題，不僅結果可以有效率的恢復案主之平衡，也會使他對進一步改變有興趣，結果可能影響個人承認他有嚴重的問題，並願意繼續處理其他問題。

榜首提點

任務中心理論的準備，應以申論題的方式準備為優先，並要預為思考實務案例，俾利實務題之應用。另測驗題亦常命題，考驗考生對此理論的觀念是否清晰。

> 假設 5：當人意識到有問題，而且處於一種不平衡狀態下，個人就會採取行動解決

・案主之行動提供問題改變之重要手段，因案主有動機想要採取之行為是解決問題最有效的動力。案主的行動來自於個人與外在世界的複雜信念，案主會評價這些系統對他的反應而修正行為，問題處置的計畫和行動就包括社會系統。所以為能有效處理問題，案主應負有找出他自己要處理問題之責任。

（三）價值基礎

1. 任務中心取向模式並非將遭遇困難問題的人視為病態性的。此派認為人是健康的、有潛能的，只是能力暫時中斷，所以協助方式應該把主要服務焦點放在採行一種簡單而又有一定結構，可以短期內協助案主界定問題類型，與案主共同釐清問題和決定解決方法，使案主學習到有效解決問題的新方法和技巧，內化問題處理模式，實現與履行其自身的經約定任務，進而解決其問題和增進案主日後面對問題和解決問題的能力。

2. 任務中心取向相當重視案主對問題的認知與解決問題的動機。因此，社會工作者處置策略就是協助案主自覺和自決，讓案主清楚覺知自己的問題，並決定目標、策略和自己的行動。此模式強調改變的媒介是案主，而不是社會工作者。所以這一模式之基本精神是真正落實協助案主，而非替案主做事。

3. 任務中心取向是「案主中心」而非「專家中心」的工作模式，依循社會工作基本價值——尊重、自決和參與為基礎，透過協助案主探索問題與決定問題處置之任務，使案主自決與自我負責。強調要解決的問題是案主自己承認的問題，重視案主的自決並尊重案主的看法，其主張社會工作者與案主是建立在一種合作關係上，處置問題是一種短期性、有組織的、有計畫的、有實務性的基礎上進行，它不但符合社會工作者專業的基本假設，並且在社會工作者普遍個案量大的壓力下備受歡迎，也被用來作為家庭處置的引導方法。

（四）問題之類型

Rein 依照處置問題的困難度和範圍，將適合採取任務中心工作的心理社會問題歸納成下列八類：

> **榜首提點**
> 本段內文藍字的是重要的觀念，請加強研讀，俾利測驗題使用。

> **上榜關鍵** ★★★★
> 對於問題的類型，在測驗題曾以問題類型的描述，請考生選出正確類型的出題型態，請考生詳加準備。

項次	問題類型	說明
1	人際衝突	是指個人與個人之間的不協調，人際衝突通常是在兩個人發生互動時所引起的，當其中一個與另一個人的行為不協調或無法接受他人的行為時，更容易產生人際互動的難題。
2	社會關係中的不滿足	是指案主不滿意與他人的關係深度，這不是人際之間的衝突，而是屬於互動雙方某個人的問題。
3	與正式組織有關的問題	個人與特定組織或機構間的問題。例如：醫院、學校、照護機構之間的問題。
4	角色執行困難	個人在執行承續角色，例如：父母、學生、員工等角色有困難。
5	決策問題	通常要決定從一種社會情境或角色轉變至（角色或情境）另一個社會地位或角色，就會出現問題。
6	反應性情緒壓力	指的是個人問題由某一事件或情境中促發，而產生焦慮、沮喪、緊張或挫折等現象，其原因往往不只他對突發事件不知所措，這種突發事件是在他的能力控制之外。例如親人不幸辭世。
7	資源不足問題	金錢、食物、交通、照護、工作或其他實質資源不足。
8	其他未分類的心理或行為問題	包括習慣上的失調、成癮行為、恐懼反應、自我形象等問題。

（五）協助方式之特性

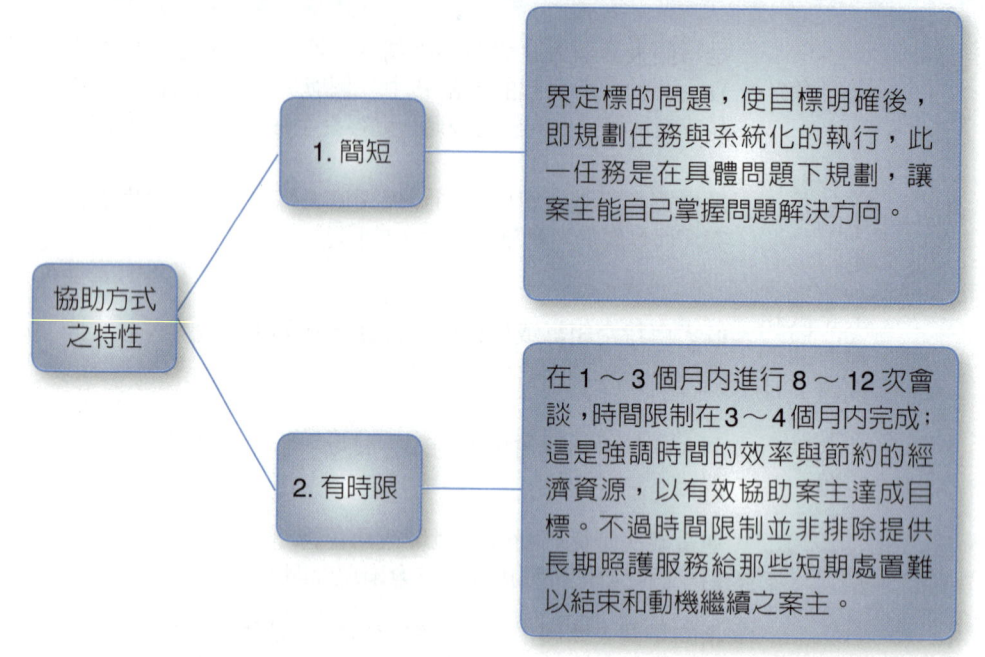

```
協助方式之特性
├── 1.簡短 ── 界定標的問題，使目標明確後，即規劃任務與系統化的執行，此一任務是在具體問題下規劃，讓案主能自己掌握問題解決方向。
└── 2.有時限 ── 在1～3個月內進行8～12次會談，時間限制在3～4個月內完成；這是強調時間的效率與節約的經濟資源，以有效協助案主達成目標。不過時間限制並非排除提供長期照護服務給那些短期處置難以結束和動機繼續之案主。
```

（六）工作步驟

任務中心的處置可歸納為個案規劃階段、執行階段和修正、結束與延長等。說明如下：

1. 工作規劃階段

   個案規劃階段旨在於研判案主是否適合接受減除問題之服務，主要工作包括轉介、指認案主之標的問題、擬定契約。

   （1）轉介

   　　在案主轉介機構接受協助後，必須與轉介機構取得處置目標和介入焦點之協議。若是非自願性案主，要聯合評估其轉介原因。

   （2）指認案主之標的問題

   　　A. 標的問題之意義與重要性

   　　　　標的問題之指認是實施此一模式之先決條件。標的問題是指案主能直

> **榜首提點** 💡
> 仔細紮實的研讀，請思考實務案例的申論解題時，該如何有結構性的將各步驟精要的加以論述，並將實務案例的情況融入論述中。

> **上榜關鍵** ★★★★
> 重要的觀念考點，詳加熟記。尤其是「在1～3個月內進行8～12次會談，時間限制在3～4個月內完成」是測驗題的關鍵題。

接自己表現的行為或採取行動,或間接透過社會工作者協助。
B. 研判標的問題四項原則

> **原則 1:標的問題必須是案主確認的,並表示願意處理的問題**
>
> ・社會工作者(或機構)所判斷的問題是不足以成立的,而是案主可藉由社會工作者的協助,以認清其困難之所在,即經由協助而認清自身的「標的問題」。
> ・在此步驟中,最重要的便是協助案主界定問題類型並將問題具體化,以便後續問題之處置,瞭解問題何時、何地發生等細節,對於問題類型之界定,社會工作者可以根據任務中心所界定的八大類型問題所設計的問題類型表,可由案主自行勾選,再和社會工作者一起討論。此一處置可以讓案主思考自己的問題,而社會工作者也可以發揮協調者的角色。

> **原則 2:標的問題之研判**
>
> ・標的問題是指案主在社會工作者的協助下,應有意願採取某些適當的行動,以緩和其問題之嚴重性。在此必須注意的是,案主所認定之問題必須為案主與社會工作者在現存可利用資源的範圍內,始可加以處理者為限,意即舒緩問題的關鍵在於案主身上。

> **原則 3:標的問題必須是案主所能處理的,並且依序排列出處理順序**
>
> ・當社會工作者要協助案主確認標的問題時,首先依案主顯現關心的程度,列出各問題。再依其問題和不同的層次,幫助案主澄清其問題。然後對問題重要性加以排列,也可以依案主自己的權力而定。

> **原則 4:標的問題必須「明確具體」**
>
> ・標的問題要有一定的範圍,不能是抽象又空洞的陳述。

(3)擬定契約

擬訂契約是共同確認所欲去除之問題。「契約之功能是提供案主與實務工作者一個彼此清楚雙方應該如何共同努力,去達成他們期待要有的改變」。所以案主必須參與決定。在任務中心取向中,強調短期處置與問題解決,因此必須透過簽約的程序,社會工作者與案主共同界定處置的期限與問題的處置程度,以明確協調雙方彼此期待的差距。

2. 執行階段

此一階段，社會工作者要視案主所獲得之資源，教導案主社會工作技巧，使他有能力執行任務；必要時，以良好態度和家庭成員與其他機構磋商。此外，回顧案主在解決問題上的進步情形，以及安排結束工作或契約的進行，都是此一階段的必要之工作。

3. 結案的決定標準、對追蹤的處理方式

（1）在結案的步驟中，社會工作者必須協助案主檢視自己在處遇過程中，問題是否已經有效減輕或解決？

（2）此一階段中，該進行的工作有描述過去和現在之標的問題，由與改變有關的社會工作者、案主及他人進行評估，以及計畫未來（例如：案主如何使用新學會的技巧或如何適應改變的環境）。如果為了能正確的結束或有新的問題，需要對任務再做定義並延長協助的過程，則需要額外契約，以便有一個明確的結束，或是朝向長期處遇的過程，或是轉介到其他機構，以接受額外或其他服務。

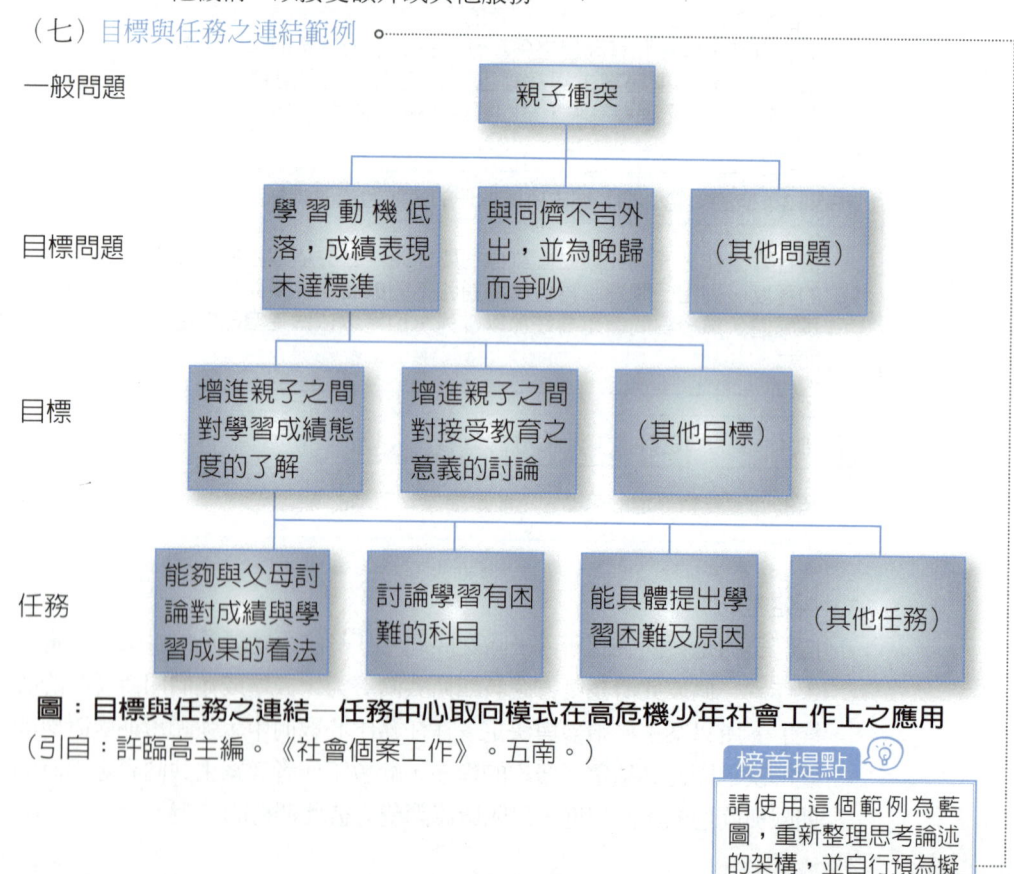

（七）目標與任務之連結範例

一般問題	親子衝突
目標問題	學習動機低落，成績表現未達標準 ／ 與同儕不告外出，並為晚歸而爭吵 ／ （其他問題）
目標	增進親子之間對學習成績態度的了解 ／ 增進親子之間對接受教育之意義的討論 ／ （其他目標）
任務	能夠與父母討論對成績與學習成果的看法 ／ 討論學習有困難的科目 ／ 能具體提出學習困難及原因 ／ （其他任務）

圖：目標與任務之連結—任務中心取向模式在高危機少年社會工作上之應用
（引自：許臨高主編。《社會個案工作》。五南。）

榜首提點
請使用這個範例為藍圖，重新整理思考論述的架構，並自行預為擬定實務案例備用。

(八)理論適用之實務情境

主要服務焦點放在採行一種簡單而又有一定結構,可以短期內協助案主界定問題類型,所以只要符合這類型的案主,均可使用。

(九)理論之優缺點

> **上榜關鍵** ★
> 申論題；測驗題考點。

優缺點	說明
優點	1. 短期、扼要的介入：此理論是一個短期、有時限性的處遇模式。它強調「短而精鍊」的介入,以及將解決問題聚焦於「此時此刻」的問題、期望及學習。 2. 重視案主的同意參與：本理論尊重案主的能力、趨力及潛能,並認為讓案主自主才能滿足案主的期望,從而積極參與解決問題。 3. 案主的問題與任務有相關聯：本理論係透過顯著的行動設計來幫助案主計畫與實現問題解決的任務。運用會談在不同的階段間,以確認及計畫適當的任務,故對於案主問題的解決有相當大的助益。 4. 理論多元化：本理論主張在不同的工作目的下,引用適當的理論體系,以達到最佳的治療效果。本理論要求工作者對各種有關理論須有廣泛的認識,並能有快速而正確的判斷,與社會工作教育吻合。 5. 人與環境的關係：本理論強調人與環境的協調,所稱環境是指實質之社區資源,以及案主之社會性環境。所以,案主在生活上面對的問題,不單只源於個人,亦須分析環境對人的負面影響。 6. 專業訓練：本理論亦兼顧到廣泛運用現有人力資源的問題,提及即使對行為理論認識較少的工作者,亦能夠有效地運用本理論來處理較為簡單的問題。
缺點	1. 契約的提供造成案主與工作者間的假平等,相同於專業霸權的概念。 2. 無法有效處理因社會結構不公平而帶來的不平等或社會問題。 3. 本理論之結構清晰及標的問題之取向,可能引發工作者原本應提供長期性服務,反而不當地使用此方法。 4. 本理論看似簡單,實則相當複雜,須有高度技巧及訓練方法方能勝任,並非每個工作者皆能使用。 5. 某些類型的案主不適用,包括並非要解決特定明確的問題、案主不能接受結構式的協助、案主不希望被幫助但是需要「保護理由」等類型之案主。

> **上榜關鍵** ★
> 測驗題考點。

三、危機干預理論

> **榜首提點**
> 危機理論的準備，必須以申論題為主，同時必須準備實務案例備用，例如：遇到重大事變之應用。

（一）理論起源

1. 危機干預理論／危機介入（處理）取向的發展，係因關懷經歷緊急壓力之衝擊，或無法因應發展性生命轉折與壓力事件的人們所產生，在發展的過程中，擷取各個專業的概念與原則融合而成其本身之理論。
2. 「危機介入」一詞始於 1944 年 Lindeman 醫師所發表的論文，危機介入是指針對生活危機狀況中的人施予短期性處遇的一種方法，透過提供個人急需的幫助，以協助他能克服危急情況，重回身心平衡。其被認為是一種費用少，且在短期內針對解決當前問題之治療方法。
3. Payne 定義危機介入為以心理動力的自我心理學為基礎，針對足以導致個人正常功能產生混亂的事件，所採行的阻止行動，以解決危機情境。重點是在個人對危機的情緒反應，及處理日常問題能力上的長期改變。危機介入不只預防嚴重長期的無能，也能讓個人有新的適應功能。因此，危機介入是經由教育訓練、資源提供等方法，提供短期性的處遇，協助個人可以恢復原來的適應功能，並增進及發揮生活適應功能的能力。
4. 簡言之，危機介入以廣泛的人類行為治療之理論為基礎，目標是在有限時間內，以密集式服務來提供支持性協助，使案主恢復以往的平衡狀態，甚至在處理日常問題能力上有長期的改善。

（二）危機之類型

類型	說明
發展性危機	指人生長過程中必須面對的各種轉捩階段，如入學、異性交往、結婚、生產、大專聯考、更年期、退休等。
意外性危機（情境性危機）	指無法預料的危機，如暴力傷害、致命性疾病、失業、離婚、家庭遭遇災難和親人意外死亡等；這是隨機、突然發生且具強烈性。
存在性危機	指個人面對人生重要問題而產生的嚴重困擾，如 40 歲的人突然覺得人生有何意義、離鄉背井的少年不知為何要離家，要去哪裡做什麼。這是人生價值與定位之追尋所產生之適應危機。
環境危機	從區位系統理論視角觀點分析，包括大自然災害，如颱風、洪流、瘟疫，或是政治性因素導致的災害，如種族屠殺或嚴重經濟蕭條。

> **上榜關鍵** ★★★★
> 測驗題的重要考點，請詳讀各種類型的危機之說明。

(三) 基本假設
1. 危機介入（處理）取向之基本假設
   (1) 當個人無力處理內在壓力或外在事件，而轉變成危險事件時，

   > **榜首提點**
   > 基本假設請詳讀，目的有二，其一為在申論時可融入應用，其二為因有完整的觀念，測驗題較易正確選答。

   將引發危機：危機通常由一些危險事件所引發，包括外在發生單一災難事件、一連串不幸事件或是個人無特定內在壓力在一段時間內累積而來。這些危險事件破壞個人之身心平衡，使他們處於易受傷害之狀態中。為了取得平衡，個人會透過一連串行動來因應。
   (2) 個人對危機情境之反應是反映出個人對目前壓力之認知經驗，而非個人病態：危機提供兩種機會，其一為解決目前的問題；其二可以對過去的困難重新加以克服。不過，要特別注意，有時案主看似已經度過危機，但其實是處於危機轉化狀態中，只是暫時性的壓抑在意識之外，個人相信已經解決危機，但是，有新的壓力或刺激會再度陷入危機，甚至引發更多問題。
   (3) 危機是暫時性的，而且有特定發展階段，但持續期間因人而異：由於危機迫使個人尋求和發展另一種新的因應方式，所以危機是有時間性的。一般來說，開始發生危機和最後解決問題之整個時間長度，視危機事件、個人反應特質和所需完成的任務之複雜與本質，以及環境中可用資源而定。危機會持續到某種不適應或不適應的解決問題形式建立起來為止。
   (4) 危機提供個人成長和發展機會，但是結果各不相同：危機介入之重要目標是在有限的時間內提供密集式的服務，包括提供支持性協助，使案主恢復以往的平衡狀態，並且能善用經驗促使個人成長，可使個人能直接面對此一經驗，反思從經驗中的學習。對於危機發生之後，社會工作介入之所以有效，是在於人在有危機狀態時，有比平常更高的動機求助他人，以及社會工作者可以減輕案主的困擾。

(四) 核心概念
1. 危機干預所處理的問題包括正常成長過程所面臨的轉變，與生活中所遭遇到的意外事件。
2. 危機干預的重點在於協助當事人回復到正常（或危機前）的狀態，因此，著重於探討各種可以降低壓力、平衡情緒、處理問題的方法，並將可行的方法實際付諸行動，而不試圖改變當事人的人格。
3. 當事人在危機干預過程中擔任重要角色。當事人在回顧、探究危機事件發生的歷程，可以產生認知上的瞭解；運用社會支持網絡可以協助自己度過難關，並強化支持網絡之功能；協助案主擔負起某些處理危機的實際任務，可以讓案主免於崩潰。

4. 工作者的角色為提供資訊、建議，在必要的時候採取主動，指導當事人採取一連串系統性的步驟，教導當事人將問題的解決劃分成小的、可達成的步驟，示範如何採取有效的解決方法。

（五）危機干預處遇目標

```
危機干預處遇目標
 ├─ 1. 增強個人處理問題的能力，讓人比危機出現前有更高的能力，並且可以預防類似危機發生。
 ├─ 2. 個人面對危機時，至少能恢復以往的處理問題。
 └─ 3. 個人在危機介入的過程中，本身處理問題的能力比以往差，需要主動提供協助，使其在有限度的範圍內盡可能地充分發揮。
```

榜首提點
要點及內容務必熟記，並思考融入實務案例解題中應用。

（六）危機干預基本原則

1. 原則一：危機介入社會工作者應盡快與案主建立信任與委託關係，以協助案主降低負面情緒

    危機介入模式需要在合作、信任與分享的專業關係下進行，並非由社會工作者或案主單方面的主導，以及有具體目標和有限時間內採取行動及評量與確認案主的危機狀態。社會工作者必須先協調案主處理情緒問題，恢復其能量，才能使案主正視自己的核心議題，也才能進行第二階段的處遇。

2. 原則二：危機介入是有時間限制的，要聚焦在目前問題上

    由於危機並非來自個人心理症狀，而且壓力來源很清楚，必須盡快處理直接造成問題的壓力。所以危機介入模式所需要的並非對個人與問題做完整的診斷，而是對危機問題與案主的需要做正確的評估，不處理與危機無直接相關的問題。

3. 原則三：透過澄清與協商過程來處理案主的核心問題

    危機介入最重要的是問題獲得解決，因此協助案主解決核心問題，才能使得案主得到幫助，但是必須清楚真正問題是什麼。然而，案主在思考混亂和情緒極度不穩的狀態下，社會工作者應透過協商與澄清的過程，積極傾聽和辨識案主需求，評量案主過去因應壓力使用的對策與行為，導致危機發生的近

因，社會生活功能損害及恢復的可能性，蒐集危機發生過程的完整訊息，瞭解心理系統與社會環境如何影響個案對危機的反應，並掌握案主在 24 小時內發生危機的壓迫事件，才能對案主核心問題和相關因素有正確的評量。

4. 原則四：不斷評估案主可能潛在受到的傷害或自我傷害，並提供保護性措施
   危機介入過程要不斷評估案主危機情境，並注意案主情緒與認知，是否有可能潛在的傷害和自我傷害，並運用案主社會環境中的資源，以提供積極性保護措施，預防發生更嚴重問題。

5. 原則五：擬定明確和可達成的目標，幫助案主回復社會生活功能
   為能盡快集中力量處理危機，對處置問題的計畫和目標，應該具有優先性、明確性和可行性，以便集中力量處置危機，判定案主功能的恢復或進步情形。

6. 原則六：危機介入社會工作者要扮演積極性角色，危機問題處置過程要富有彈性
   社會工作者要積極主動協助案主處置危機，並且依案主危機狀況和心理情緒，配合個案能力、動機，扮演各種角色，有時是資訊提供者，有時是資源聯絡者。除此之外，也要隨時讓案主表達改變原來計畫之想法，並調整計畫。案主在這方面之反應，可視為案主恢復社會生活功能之指標。

7. 原則七：要運用案主個人與環境的資源來處理危機
   過去危機介入以個人或家庭成員心理復健為重心，目前則重視環境資源在幫助案主度過危機上的影響力。由於專業人員無法提供隨時隨地之社會支持，因此，案主自己在環境中的資源，在協助案主度過危機初期的惡劣情緒、不安全感，以及危機解除所需要之各種實質資源，包括整合各相關單位之資源，均相當重要。

(七) 危機干預過程（階段）：三階段八步驟

> **榜首提點**
> 先把危機介入各階段的分項及步驟了解後，圖畫出來，再進行詳讀，會比較容易理解。

第一階段：開始階段
- 步驟一：建立良好溝通關係
- 步驟二：評量致命性與安全性需求

第二階段：危機問題指認與處置
- 步驟三：指認主要問題
- 步驟四：處理感受和提供協助
- 步驟五：探討可能的各種選擇
- 步驟六：協助列出處遇目標和行動計畫

第三階段：結束與追蹤
- 步驟七：結案的標準
- 步驟八：追蹤的處理方式

1. 第一階段：開始階段
   (1) 步驟一：建立良好溝通關係
       這是危機狀態下的接觸和瞭解。要向求助者表示他們向機構尋求協助是做對了事情，危機社會工作者也要傳達協助意願與能力，透過接納、關心、耐心和表達幫助性態度等積極傾聽，可以建立關係。
   (2) 步驟二：評量致命性與安全性需求
       要評量是否個人有自我傷害行為或他人暴力傷害，而導致嚴重受傷或是致死之可能性。評量受威脅之程度與嚴重性，以保障安全是相當必要的。
2. 第二階段：危機問題指認與處置
   (1) 步驟三：指認主要問題
       此一步驟主要目的是在找出引發危機狀態的主要情境，並加以說明評量相關影響因素。因為許多案主會面臨多元性問題，所以與案主討論促使案主前來協助之促發因素是很有用的。讓案主把焦點放在自己的問題上而非第三者身上是很重要的。要強調案主「此時此刻」（here and now）求助的原因。簡言之，經由協助而認清「核心問題」和是否為危機，包括案主對此生活事件的主觀性看法，以及它在該事件所扮演的角色。
   (2) 步驟四：處理感受和提供協助
       這階段的主要工作之一在透過同理心來表達支持、積極傾聽和溝通。也就是在對案主的危機狀態做認定後，社會工作者運用初步的處遇技巧，讓案主情緒穩定下來，恢復心理能量後，才能正視自己的核心問題。
   (3) 步驟五：探討可能的各種選擇
       此種探討包括檢驗過去適應與非適應的因應方法。危機介入關鍵要素包括指認修改案主意識上與前意識的問題因應型態。意即將案主沒意識到的不當因應方式，浮現到意識層面，並加以修改。為能有效因應案主無力與失望感，危機社會工作者應鼓勵案主思考其他想法、因應方法和解決方式等。社會工作者可以提出其他選擇方案和案主充分討論，包括可能潛在之障礙，以便案主能認識可能的陷阱。
   (4) 步驟六：協助列出處遇目標和行動計畫
       處遇目標的設定應依照案主實際需要，其目標層次要考慮多種因素，並且實際定出處遇任務。包括各種實際具體的解決方式。行動計畫另外一個重要部分就是認知上的掌控感，協助方式包括認知重建、家庭作業、轉介其他走過類似危機經驗者提供新訊息。當案主同意計畫時，要得到外力支持才會執行並完成計畫。
3. 第三階段：結束與追蹤

(1) 步驟七：結案的標準

在危機工作上，結案是一項非常重要的工作，因為一旦雙方同意這是有時間性的，就要去回顧案主的進步情形，到底完成哪些任務或達成目標為何，案主有了什麼改變或有何新的因應行為模式，個人與社區資源連結的情形，以及案主未來的計畫如何。通常在最後一或二次會談中，要檢視整個服務過程，並提醒案主會談剩餘的次數和時間，預做結案準備，也要注意並處理案主抗拒結案可能的情緒反應。當案主恢復或整合情況愈好，就越可能有自己的意見，會更積極的找尋解決問題之方法。此時，要相對降低社會工作者之積極主動性。

(2) 步驟八：追蹤的處理方式

要能確保案主度過危機，所以要和案主約定在某一特定時間內，以會面或電話方式聯繫而能評估案主進步情形。如果還有需要時，社會工作者可以轉介案主到其他機構尋求夠多處遇。

(八) 理論之優缺點

優缺點	說明
優點	1. 在有限時間內，集中焦點，協助案主解決問題，並重視非理性及情緒、潛意識行為。但是不適用非主動求助、防衛性大的案主，也不適合危機時間過長，要轉變認知或改變角色的案主。 2. 當人們無能力應付生活問題而遭逢危機時，將促使他們向外求援。因此，所有的案主都可以被當作「在危機狀態中」，危機介入也因而與整個社會工作發生關聯。危機介入的重心是讓案主可以達到一個新的平衡狀態，雖然社會工作者的角色是積極的和指導性的，但另一方面，他也需要鼓勵案主參與危機問題解決，以提升他們的能力並培養自主性。很明顯的，案主積極參與的能力受限於嚴重的精神壓力，但是當壓力減緩時，應可增加其參與力。
缺點	1. 不適用於非主動、防衛性大的案主，也不適合危機時間過長，要轉變認知或改變角色的案主。 2. 危機介入之處遇方式也常和社會文化背景有密切相關，以華人社會而言，個人與家庭關係之不可分割性，個人危機也是家庭危機。因此，在不同的社會文化中，現有理論假設和實務工作原則是否仍然有效，則需要更多實證研究。 3. 現有危機理論對個人困擾產生的討論中缺乏區位要素，也少有討論社會系統對個人危機的影響。因此，也缺乏納入適當的社區服務系統來處置危機。有關個人因應危機問題資源與社會結構和區位力量之間的潛在關聯，是需要更多研究的。

四、焦點解決短期處置

（一）理論起源

上榜關鍵 ★★★
觀念型的測驗題考點。

焦點解決短期處置（solution-focused brief treatment）是後現代、建構取向的方法，集中單一焦點解決案主所關注的事務。由 Steve de Shazer、Imsoo Kim Berg 及其同僚在威斯康辛州密爾瓦基短期家庭處置中心所創。他們受 Milton Erickson 的想法所影響，其相信人們的問題受制於社會建構。

（二）理論假設

榜首提點
測驗題多次出題，請熟讀，並提防申論題冷門出題。

1. 事出並非有因

   焦點解決短期諮商認為原因和結果間的關係很難認定，重要的是「做什麼可以讓問題不再繼續下去？」探究此時此刻可以做些什麼，勝於探討過去的原因。

2. 問題症狀有時具有功能

   一個問題的存在不見得只呈現出病態或弱點，有時也存有正向功能。例如：打架滋事雖然是個問題症狀，但隱藏在背後的卻是一個正向的期待，有它的功能存在。協助學生尋求更好的方法取代打架滋事，而又能保有其正向的期待，是問題解決的重要關鍵。焦點解決短期處遇的精神在於不僅看到問題症狀，更能看到其被背後的正向功能。

3. 合作的工作關係

   焦點解決短期處遇強調工作者與案主之間是合作與共融的，在會談過程中，工作者必須展現合作的態度與行為，工作者與案主互相尊重、彼此合作，合作協議會談的目標與任務，一起共同前進。

4. 不當解決方法常是問題

   問題本身不是問題，而是解決問題的方法不當導致問題的出現。有時，不當的解決方法還會帶來更大的問題，所以焦點解決短期處遇的策略不是解決問題導向（problem solving）而是發展解決導向（solution development）。

5. 案主是自己問題的專家

   認為案主才是其生活及經驗上的專家，需要對其選擇與所言所行負起責任，強調賦予案主力量，案主才是建構解決的能量主體，其主觀的經驗自身最了解。不以精神病理的觀點看待人類行為，不特別去探究問題行為的根源，而是強調案主是具有功能的個體，案主才能發揮解決問題的功能。

6. 正向思考

   不以病理的觀點看待案主的問題，乃是強調發現案主之能力的處遇取向。它認為朝向解決之道，必須發現與增進有關案主的長處及其特質中較正向的一

面，運用案主的優點、興趣或嗜好，可以使被困著的案主發現原來其存在是有價值的。

7. 小改變引發大改變

   重視小改變的影響力，當小的改變發生時，個案所處的環境、系統就和原先的狀態不一樣了。

8. 尋找例外成功經驗

   工作者的任務即在幫助案主找到過去成功或有效的經驗，建構解決問題的信心與力量，透過研究案主做了什麼而使例外情境發生，並加強這些例外的情境發生，並加強這些例外的情境變成改變的開始，逐步發展成更多的改變。

9. 重新建構個案的問題，創造改變

   運用焦點解決短期處遇會重新建構個案的問題。與個案談論他的需要，可以帶出行動的目標，改變才有可能發生。因此重新解構問題，就是邁向解決的一個方向。

10. 時間及空間的改變有助於問題的解決

    可以透過時間及空間的改變來引導問題焦點的轉變。

（三）理論架構

焦點解決取向基於社會建構主義，相信人們使用的語言來創建他們的現實。現實是由文化脈絡以及人生的看法和經驗所構建，因此，絕對真實是不存在的。例如：關於規範功能或真實（truths）是專業人士所強加案主身上的一個現象，與案主的情況無關的現實。所以要從案主的經驗和關係建構的意義來了解。

（四）處遇步驟

上榜關鍵 ★★★
處遇步驟的準備，請預為以申論題的方式準備。

焦點解決短期處遇方法是透過問話引導的方式，重點是讓案主探索自己的問題時，放在思考解決問題的圖像和方法上，而非問題如何形成的思考上，以聚集所有能量和內在資源，找出可能解決問題的方法和信心。流程與架構說明如下：

1. 建構解決的對話階段

   以工作者和案主的對話為主，時間約 40 分鐘。在對話過程中，工作者透過所選擇的方向、使用的語言而產生的暗示與教育作用，企圖影響案主改變他的認知，導引出正向解決的思考方向。這是一個著重「改變」的對話流程，而不是「探討問題」的對話流程。

2. 休息階段

   休息階段時間約 10 分鐘。工作者離開會談室，暫時跳脫會談的情境，回顧整個過程加以整理，並與幕後觀察會談的協同者討論，以準備在下個階段給案主回饋。

3. 正向回饋階段

   正向回饋階段時間約 10 分鐘，工作者以正向的回饋、讚美、有意義的訊息，以及家庭作業，提供介入策略供案主參考，以促進行動與改變的發生。

4. 結束階段

   進行成效評估。

(五) 焦點解決程序（技巧）

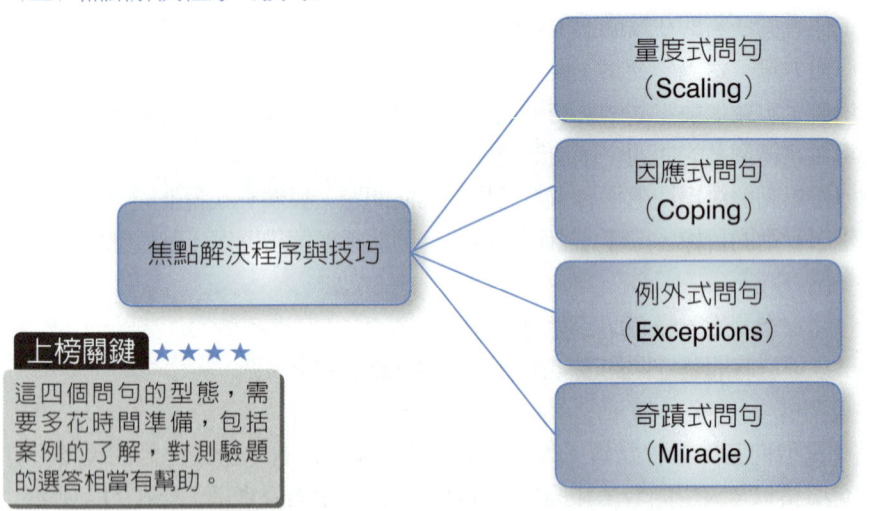

```
焦點解決程序與技巧 ─┬─ 量度式問句（Scaling）
                    ├─ 因應式問句（Coping）
                    ├─ 例外式問句（Exceptions）
                    └─ 奇蹟式問句（Miracle）
```

上榜關鍵 ★★★★
這四個問句的型態，需要多花時間準備，包括案例的了解，對測驗題的選答相當有幫助。

使用四種典型問題導引出評估、制定目標和干預的過程，使案主朝向特定目標，並思考焦點解決的問題。說明如下：

1. 量度式問句

   量度式問句（scaling questions）引出案主進步的評估或完成目標的準備情形。這可以幫助你和案主衡量嘗試離家目標的願意。例如：要 Corning 先生和夫人「1～10 之間指出搬出過渡房的準備程度？」量度式問句還可以識別實現的目標所需要的行為和資源。因為 Corning 先生的就業狀況，他們有資源需求，就意味著 Corning 女士將需要增加工作時間，才有錢支付租金。使用的量度式問句有助於確定那些類型的目標，有助於朝向到一個較低的風險和安全水平。

2. 因應式問句

   因應式問句（coping questions）掌握住案主過去使用處理問題的資源和優勢。例如：你可能會問 Corning 先生「過去你想找住房時，你曾做過些什麼？」因應式問句可以呈現案主過去努力，並試圖澄清和激勵他們的實力和能力。集中在優勢也能加強對案主的正向因應：「有鑑於你所說在庇護機構的情況

混亂，請告訴我你是如何設法抽出時間去看你的孩子？」
3. 例外式問句

例外式問句（exception questions）被認為是干預的核心，旨在消除問題的焦點。這些問句協助案主指出他們目前不存在的狀況。例如：問 Corning 先生和夫人「當你住在你自己選擇的家，那會是一個什麼樣的情況？」從本質上講，這是重新表述他的自我毀滅的聲明。例外式問句也可以鼓勵探索過去或當前的行為，有效地幫助案主在他們自己的經驗發現解決問題的線索。

4. 奇蹟式問句

最後，奇蹟式問句（miracle questions）把注意力放在可能有何不同，以及需要那些改變，以達到理想狀態。Koob 引用研究得出結論，認為對未來有一個正向視野（positive vision）是一種激勵的力量。如果案主有一個奇蹟，問題在一夜之間消失的話，他們想看到明天的自己或想像事情會是如何。Corning 先生的奇蹟式問句是「有一個全職工作」，而且「家庭將住在一個非白人的鄰里，孩子會感覺很舒服。」Corning 夫人開玩笑地說：「三間臥室的房子，以及白色柵欄和一個花園」時，他們都笑了。他們的反應，就是他們和社會工作者要完成的工作，形成彼此合作建構焦點解決導向。

（六）理論

優缺點	說明
優點	此一方法很容易學習實務技巧和程序，而且可以運用在各種情境中。
缺點	正向的切入方式會阻礙真正關注的事項，而影響探討問題解決和避免討論問題。把注意力限制在行為，而忽略情感認知之間的關聯性。

練功坊

★ 近年來社會工作處遇也被要求提出服務績效。因此，任務中心派的處遇模式受到重視，請說明任務中心派之基本假設。

擬答

(1) 假設1：人之所以有問題是因為能力暫時受到限制，而非個人內在心理病理因素所致。任務中心取向模式對人類行為的基本假設是人類不受潛意識控制，也不受環境完全左右，而是認為人有心靈（mind）和意志（will）；亦即人是健康的、常態的、有自主性的、理性和解決問題能力的個人。人之所以產生問題，並不是人缺乏解決問題的能力，也不是人格病態所導致，只是能力暫時受到限制無法處理，才會陷入問題困境。

(2) 假設2：解決問題之障礙來自於環境或資源不足。人的問題是來自於個人生活中內在的心理因素及外在的環境因素之交互作用，不是病理性或環境性的受害者，而是受問題解決資源因素之影響。所以解決問題之障礙來自於案主系統環境或可用資源之不足所致。要解決問題，就要探究問題整體脈絡為主：包括彼此相互影響因素，問題解決之阻礙和能用處理問題之資源。

(3) 假設3：人陷入困境時就會有改變動力之產生，但人也有順應問題之本能。人會想辦法調和生活上的問題。所以陷入問題困境時會出現改變之動力，但是人也有適應問題之本能，一旦問題逐漸成為他們所熟悉的樣子時，他改變的趨力就會減弱。長期累積下來，問題的複雜化會使他們難以決定什麼是真正要解決的問題和協助。

(4) 假設4：人有改變的動力，但只想減輕困難到可以忍受為止，而非根本改變。當人陷入困境時，會有改變動力，但是案主在尋求協助時，常常心裡只想減輕困難，將問題降至可以忍受之地步為止；亦即問題解決朝向的是問題的減除，而非根本改變。因此，任務中心派之前提強調針對案主想要處理的一小部分問題，因為將注意力集中在所欲解決的問題，可以讓案主有系統且實際的去解決問題，不僅結果可以有效率的恢復案主之平衡，也會使他對進一步改變有興趣，結果可能影響個人承認他有嚴重的問題，並願意繼續處理其他問題。

(5) 假設5：當人意識到有問題，而且處於一種不平衡狀態下，個人就會採取行動解決。案主之行動提供問題改變之重要手段，因案主有動機想要採取之行為是解決問題最有效的動力。案主的行動來自於個人與外在世界的複雜信念，案主會評價這些系統對他的反應而修正行為，問題處置的計畫和行動就包括社會系統。所以為能有效處理問題，案主應負有找出他自己要處理問題之責任。

練功坊

★ (　) 一位工作成就傑出的五十歲中年案主向社工師（員）抱怨說：「自從每個孩子離家獨立生活後，頓時覺得不知人生的目標與生活的意義為何？」，請問此述句就危機介入觀點而言，是屬於那一類危機？
(A) 意外性危機　　　　　　(B) 存在性危機
(C) 環境性危機　　　　　　(D) 角色混淆危機

解析

(B)。存在性危機是指個人面對人生重要問題而產生的嚴重困擾，例如：一個四十歲的人突然覺得人生有何意義、離鄉背井的少年不知道為何要離家，要去哪裡做什麼。這是人生價值與定位之追尋所產生之適應危機。

★ (　) 下列那一項說法並非焦點解決短期處遇（Solution-focused brief treatment）的基本假設？
(A) 問題症狀有時具有功能　　(B) 正向思考
(C) 問題解決方法藏在原因裡　(D) 案主是自己問題的專家

解析

(C)。焦點短期處遇的基本假設：
(1) 事出並非有因。
(2) 問題症狀有時具有功能。選項 (A) 屬之。
(3) 合作的工作關係。
(4) 不當解決方法常是問題。
(5) 案主是自己問題的專家。選項 (D) 屬之。
(6) 正向思考。選項 (B) 屬之。
(7) 小改變引發大改變。
(8) 尋找例外成功經驗。
(9) 重新建構個案的問題，創造改變。
(10) 時間及空間的改變有助於問題的解決。

閱讀完成：_____月_____日

重點 4 實施理論～增強權能（充權）、生態系統、優勢觀點

一、增強權能（充權）理論

（一）理論內涵

增強權能的實務工作歷程是依據個人所定義的生活藍圖而進行的一系列活動，並非依賴助人者的專家觀點，而這些活動包括：找出製造問題的權能障礙，發展與執行可以降低直接與間接權能障礙的特定策略，最終之目的在降低個人在標籤化或邊緣化的團體中所受到的負面價值貶低所導致的無力感。具體而言，要解放缺權化（disempowered）的案主以取得或促進其權能，社會工作的實施不僅要增進弱勢案主的高度自我價值感與自我主控能力外，尚須藉由倡導辯護、教育學習、政治參與、集體活動、社會運動等行動實踐以提升其意識覺醒，最後匯聚更鉅視的社會變遷發展，這和強調家長式干涉主義的社會工作傳統是截然不同的取向。

> **榜首提點**
> 藍字的部分是增強權能的基本概念題。

（二）基本假設

> **假設1**：個人經驗深切而全面性的無力感，以致無法與環境交流、實現自己
> ・當個人經常經驗到經濟的不安全、缺乏政治參與所需的才能與資訊、缺乏抽象及批判思考的訓練，使得個人逐漸對環境的要求感受到壓力與無力感。

> **榜首提點**
> 增強權能之理論的準備，從基本概念、基本假設、處遇的原則與過程，均須以申論題的方式準備，並請思考在個案工作中，如何進行案主的增權，並預為準備一個實務案例備用。增強權能在申論題是非常重要的考點，考生務必紮實準備。

假設2：周遭存在直接與間接的權能障礙，以致無法參與社會與政治、實現自己

- 個人或團體之所以缺乏權能或權能失靈，其實是因為所生活的環境中存在著直接與間接的權能障礙，阻撓了個人獲得權能、實現自己。「直接權能障礙」指的是取得物質資源的限制與不足，例如窮人所需要的生活扶助與醫療服務；「間接權能障礙」指的是缺少維持機會均等的資源結構和社會價值，例如：將窮人標籤化為福利依賴者或社會寄生蟲，持續地負向貶低或突顯弱勢族群的缺陷部分。

假設3：權能可以透過社會互動增加以衍生更多的個人及人際權能

- 其實權能不是一種剝削或稀少的資源，而是可以透過社會互動衍生更多的個人及人際權能。

假設4：案主應被視為有能力、有價值的個人

- 增強權能的歷程取決於個人本身，並非依賴助人者所為，增強權能即是社會工作者與案主進行的一系列活動，目的在降低個人在標籤團體中所受到的負向貶低所致的無力感。在反對干涉主義的取向下，不論案主經歷多少失利、無能、混亂或自毀的情況，增強權能觀點的實務人員應該強調案主是有能力的、有價值的個人與團體。

假設5：與案主建立一種協同的夥伴關係

- 增強權能觀點的社會工作者應與案主建立協同的夥伴關係，聚焦於檢視與訴求個人、團體和組織注意資源交流與分配的問題，特別是重視個人與其環境間的交換關係是否對稱？權能結構是否存在？接近與取得的障礙、與人為的社會標準或價值是否有落差等各項議題。

(三)增強權能觀點與傳統干預手段之比較

1. 社會工作者在干預之手段的抽象層次上大致有兩個方向，一是扮演施恩者的角色，二是扮演解放者。社會工作者扮演施恩者角色是參考醫療專業的觀點，將案者視為「受害者」，是一群因為有缺陷而無法因應環境要求的不幸者，社會工作者以自己本身的專家優勢來治療案主的缺陷與症狀。當扮演「解放者」的角色時，社會工作者也將案主視為「受害者」，所不同的是案

主被視為健全的個人，是因為環境的迫害或疏離限制了個人的發展，因而主張案主尋求完全的自主性，增進個人及其人際上的權能，並組織動員及倡導進行其所在環境條件的轉型或改革。

2. 增強權能取向的社工實務在本質上是反對施恩式的干涉主義，認為社會工作者的角色功能不是在拉抬案主的生活達到社會工作者預設的生活標準，干預方法也不是按照社會工作者的設計藍圖而行，增強權能取向是在鼓勵案主自己定義自己未來的藍圖，相信自己是有價值的，並在社會工作者的協助下共同朝向可預見的未來願景而努力。

> **榜首提點**
> 測驗題的金榜考點，主要觀念在於對於扮演施恩者或反對施恩式干涉主義的區辨。

(四) 傳統及長處觀點的社會工作實務取向比較

立基於醫療專業的觀點，傳統「施恩式」的社會工作處遇比較注意案主的缺陷或病因來建構其干預策略，但增強權能取向的實務則強調案主的「長處」作為案主增強權能歷程的建構。

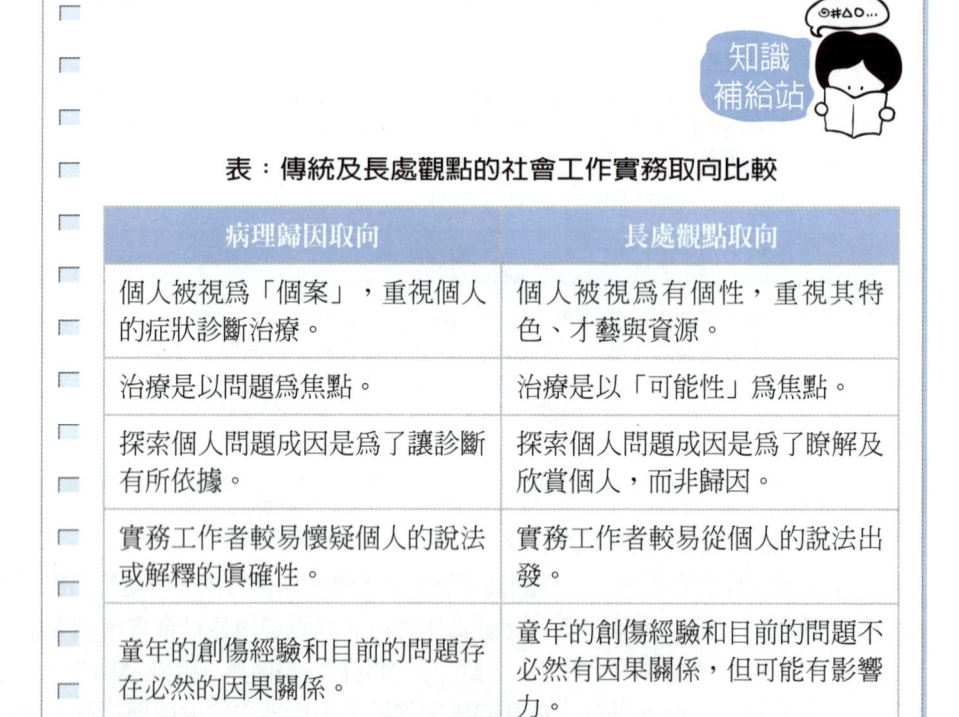

知識補給站

表：傳統及長處觀點的社會工作實務取向比較

病理歸因取向	長處觀點取向
個人被視為「個案」，重視個人的症狀診斷治療。	個人被視為有個性，重視其特色、才藝與資源。
治療是以問題為焦點。	治療是以「可能性」為焦點。
探索個人問題成因是為了讓診斷有所依據。	探索個人問題成因是為了瞭解及欣賞個人，而非歸因。
實務工作者較易懷疑個人的說法或解釋的真確性。	實務工作者較易從個人的說法出發。
童年的創傷經驗和目前的問題存在必然的因果關係。	童年的創傷經驗和目前的問題不必然有因果關係，但可能有影響力。

病理歸因取向	長處觀點取向
處遇計畫的主責是依據社會工作者的設計。	處遇的計畫是由個人及家庭來啟發。
實務工作員是問題解決的專家。	個人及家庭是問題解決的專家。
有限制的自決、自控、委任及個人發展。	完全開放的自決、自控、委任及個人發展。
資源的動員主要是經由專業人員的知識過程與技巧的運作。	資源的動員主要是靠個人及家庭的長處、能力及調適技巧的運作。
助人過程強調減少個人及家庭的病症及不良生活功能的負向影響。	助人過程強調找出及發展個人及家庭的價值、決心及歸屬的落腳處。

(引自：宋麗玉。《社會工作理論-處遇模式與案例分析》。洪葉。)

（五）處遇原則與過程

1. 干預焦點

一般而言，社會工作專業是同時重視干預個人及其環境的雙焦點體系。而增強權能取向的社工觀點也秉持著此一整合傳統。一方面強調透過教育與自助活動提升案主系統的意識覺醒、基變思考與倡導技巧，另一方面則建議透過集體性行動有關的系統制度進行示威、遊說與政策發展，以改進資源取得的機會。

2. 工作對象

就增強權能取向的工作對象來說，具有增強權能觀點的社會工作者堅信個人之所以無法回應環境的需求，主要是源於各個系統層次的限制與壓迫，以及長期性的負向評價對待，因而缺乏權能與資源發展或實現自己。受壓迫或標籤的案主經常感到疏離孤立，導致情緒上、智慧上和精神上的無力感而錯失實現自己的可能性。因此，主張增強權能觀點的社會工作認為唯有受到價值貶抑與標籤烙印的案主，才是增強能取向實務工作者的主要對象，應該有意識地選擇經歷「缺權」經驗的案主族群。

> **榜首提點**
> 準備處遇的原則與過程，務必思考如何在申論題完整答題，且能應用到實務案例中。

3. 增強權能的四項干預元素（Solomon 提出）
   （1）協助案主體認自己是自己問題的改變媒介。
   （2）協助案主體認社會工作者的知識與技巧是可以分享運用的。
   （3）協助案主體認社會工作者只是其努力解決問題的夥伴，自己才是主責者。
   （4）協助案主體認無力感其實是可以被影響而改變的。
4. 專業關係與角色
   （1）不同於合作關係的單項性協助，增強權能取向的工作關係，隱含著互相、互惠、權能共享及患難與共的意思。在此關係中，案主與社會工作者建立一種「平權關係」和「對等夥伴」的工作聯盟，也就是說案主和社會工作者都是可用的資源，個人的問題就是社會的問題，案主的長程目標就是社會工作者的目標，社會工作者必須盡可能避免採取權威角色和賣弄專業知識的策略。
   （2）增強權能取向的社工實務視助人的過程為權力的分享、共同增強權能及參與者主導的歷程，而專業人員被視為促進者或資源，而不是指導者。在協同的歷程中，社會工作者與案主展開「對話」，鼓勵案主「說自己的話」來描述經歷過的壓迫經驗，社會工作者鼓勵案主用基變的取向來檢視案主所經歷的情境，雙方都就彼此情境提出問題以分享彼此的基變反思與意識覺醒，營造一協同的關係促進行動的發展，使案主終能有效地、建設性地運用權能。
   （3）在增強權能的協同關係建構中，社會工作者則被視為案主的協同夥伴，會因應案主不同的問題需要與助人歷程的階段扮演不同的角色，例如：照會者、中介者、調解者、倡導者、諮商者、個案工作員、個管員、團體領導者、組織者、評估者、行政者、政策形成者等。由此可知，增強權能的社工角色並無固定的角色功能，完全視案主的需要與主動性來對待，但仍強調案主對其情境的主導性與主責性。
5. 干預策略
   社會工作者的干預策略主要是在增加案主的優勢，去平衡其所正視系統中的權能失利，所使用的技巧包括發掘與建立案主的自我力量、增進因應與適應環境的技巧、學習主導性的問題解決技巧，與提升改革社會的集體性技巧，最終轉由案主負擔起上述的協助角色來面對自己的情境。

（六）理論之優缺點

優缺點	說明
優點	「增強權能」的概念代表著全民參與和權力下放的民主歷程，非常符合社會工作專業哲學尊重案主自主性與主體性的核心思想，在社會工作專業的社會接納度相當的高。
缺點	1. 文獻上增強權能實務的策略多著墨於增進個人自我效能的心理諮商行動，甚少提及擴大參與的集體性或社區性增強權能的行動具體策略，似乎有待進一步的澄清與建構發展。增強權能實務的重點過於強調頓悟式的權能增加，卻並未直接建議對於壓迫與不正義的社會結構進行改革，有迂迴繞路的感覺。 2. 此觀點過於強調案主的正面思考策略，案主的真正苦痛可能還是沒能消失，只是被遮蓋或認知重構了。而強調信任案主、重視案主自決的取向，可能反為善於操縱、罪大惡極的案主所利用來脫責或脫罪。此觀點過於導向案主注意造成缺權的動力來源與脈絡，也可能忽略了案主目前所需的情緒性支持與治療。 3. 增強權能的效用問題引起討論，例如：增強權能的解決方法因為不同的機構和不同的需要類型，彼此相互衝突或競爭，很難以單一目標來決定增強權能的成功與否。而如果同時遇到需要不同利益的案主時，增強權能又應該以哪一位案主的利益為優先呢？而增強權能中強調案主「權利」和「需求」兩者之間如何決定？鉅視的系統如何影響社會工作者的服務？個人可以控制的範圍何在呢？這些問題都指向增強權能的評估具有多元性和流動性的性質，專業人員在此方面的思考仍存在很多的可能性。因此，增強權能的歷程是需要進一步的基變檢視，而不是視此名詞為理所當然。

二、生態系統理論

（一）理論內涵

1. 生態系統理論觀點是依據人與環境介面間之互動關係的特質為概念架構，理解個人所在的複雜網絡力量如何正向地影響個人與其行動的場域，也關心阻礙個人成長、健康與社會功能的負向生活情境。

2. 生態系統觀點認為案主所經歷的困境為「生活中的問題」（problem in living），並非個人病態或性格的缺陷所致，社會工作干預之標的是指個人、家庭、次文化、社區等各層次系統，其助人的實務模型則是綜合各種社會工作取向的方法，主張運用多元面向和多元系統的干預策略。

3. 雖然一般系統理論和生態系統理論都重視人與系統的互動現象，與社工實務所主張的不同系統層次之評量與干預並無差別，但生態系統觀點較聚焦於人與環境之間的相互調適或適應的調和能力，較少強調系統改變的能力。

(二) 生態系統的基本假設（Greene 和 Ephress 的歸納）

1. 一個人與生俱來就有能力與其所在環境互動，有能力和其他人發生關聯。
2. 基因及其他生物因素經常被視為是個人與環境交流的結果，而非原因。
3. 人在情境中是一個整合的交流系統，人類與環境在此系統中相互影響，並形成一個互惠性的關係。
4. 相互調和度是一個人與環境互惠性歷程的結果，指的是經由一個調適良好的個人在一個具有滋養環境中相互交流而獲得。
5. 個人的行動是目標取向的、是有目的的，人類為了適者生存而競爭，因此發展的關鍵取決於環境給個人的主觀意義內涵。

> **榜首提點**
> 1. 基本假設是申論題的重要考點，請紮實準備。
> 2. 生態理論的準備，請以申論題的方式準備，本理論在申論題是熱門考點，著重在實務案例之運用，故準備時，務必與實務案例併同思考準備，強化理論之應用為首要之務。
> 3. 研讀生態理論必須具有家系圖、家庭關係圖、生態圖理解與繪製之能力。

6. 要理解個人，必須將其置於其生長的自然環境及所在的情境之中。
7. 個人的人格是個人和環境經年交流的長期發展成果。
8. 所謂的問題指的是生活中的問題，要瞭解個人的問題應將個人置於其所生活的整理空間來理解。
9. 為了協助案主，社會工作者應隨時準備干預案主所在生活空間的各個層面。

(三) 生態系統觀點「問題」的類型

1. 困難的生活轉變與創傷的生活壓力事件

    「生活轉變」指的是個人或家庭生命週期階段的交替與演進，包含生理與社會的變動、預期與非預期的變動、長期或突發的變動，都會帶來個人地位及角色的改變。

2. 環境壓力

    是指個人由其所棲息的環境中取得資源增進自己的適應，但環境本身的結構組成也可能會干擾個人的適應發展。

3. 人際過程的失功能

    個人所經歷的「人際歷程」也會影響個人生活轉變的結果與環境壓力的因應。根據生態系統觀點的假設，個人的生活功能發揮受到阻礙或損傷，不純然是因為個人的偏差行為所致，而是出自於個人與其環境間相互支持或互賴

系統的不協調或功能不良所致。

(四) 生態系統主要觀點與概念

1. 生態系統核心概念（根據 Greene 和 Ephress 的歸納）。

> **榜首提點**
> 各概念在申論題及測驗題均為金榜考點，請加強對概念之理解。

1. 生命週期（life course）

・指的是影響個人發展的相關社會結構及歷史變遷之生活事件（life events），對個人的生活產生意義，因此運用時間線（life lines）方法可以重現案主所經歷集體歷史事件的可能。

2. 人際關聯

・指的是個人擁有與他人連結而建立關係的能力，此種人際關係的發展開始於親子關係間的依附關係之建立，並因此建構個人在未來生命週期中所發展出來的各種互惠性的照顧關係。

3. 勝任能力

・指的是透過個人與環境間的成功交流經驗，建立個人有效掌握環境的能力。具體而言，此種「勝任能力」涵蓋了嬰兒用哭、抓取、爬行等動作的自我效能感、能與他人建立有效而關懷的人際關係、有做決定的信心以獲得想要的結果、有能力動員環境資源及社會支持等。

4. 角色

・指的是角色表現，是一種互惠性期待的社會層面，非個人的角色期待，是個人在歷程及社會參與的橋樑，受到個人的感受、情感、知覺和信念的影響。

5. 位置與棲息地

・棲息地指的是個人所在文化脈絡中的物理及社會環境，位置指的是個人在其所在立即環境或社區中所擁有的成員地位。Bronfebbrenner提出生態位置（ecological niche）的概念，認為此種位置指的是個人所在的某種環境區域之特色，特別有利或不利於個人發展任務。然而，運用此概念並不在為個人進行社會分類，而是瞭解形成個人目前處境的發展歷程。

6. 適應力

- 在個人與環境的交流過程中，個人與環境間相互影響與反應以達到最佳的調和度。生態觀點認為適應良好非病態關係、偏差的成果，而是人時、地利、人和下的成功交流，而適應不良指的是個人的需求和環境所提供的資源、支持之間無法配搭調和。

2. 生態系統主要系統層面（Bronfenbrenner 提出）：

1. 微視系統（Microsystem）

- 指的是與案主生活關係密切的家庭成員，如配偶、父母、手足或學校、同儕等。微視系統的物質條件、系統內成員的關係與資源等，會造成系統功能的正常運作與否，直接影響案主的發展。例如：家中有個好哭的小孩，可能造成父母的緊張與壓力。

2. 中介系統（Mesosystem）

- 是指介於家庭的微視系統與外部系統之間的互動媒介。個人在其成長發展的過程中，藉由中介系統引領接觸真實的社會環境。學校的老師、鄰居、親友、甚至到宅訪視的公共衛生護士，都可能是重要的互動媒介，增強個人或家庭與外部系統的互動關係與能力。例如：一位青少年在同儕團體所發生的事件，會影響他在學校或家庭中的行為。因此，中觀系統的評估必須同時考量微觀系統中的相關問題。

3. 外部系統（Exosystem）

- 指的是對個人的發展有影響，但當事者在其間沒有一個直接參與角色的社會情境。如父母的工作單位、社區醫療服務體系、休閒娛樂設施與活動、學校行政體系等。例如：如學校決策系統、政府機構等。如同高等教育司刪減大型的教育補助方案，間而影響一般大專院校師生等校園生活，學生雖然沒有與之直接接觸，卻會承受高等教育司決策司決策人員刪減方案的影響。

4. 鉅視系統（Macrosystem）

- 指一個社會的文化風俗、價值規範與意識型態、政治經濟環境等。鉅視系統是型塑外部系統、中介系統、甚至微視系統的基礎，換句話說，它與個人之間雖然沒有具體的互動脈絡，卻架構交織了社會民眾的生活環境，深深影響個人的生存機會與活動。例如：像美式的班級文化與法國式的班級風氣就大不相同。另外，例如：對男性角色的期許、日常行為的文化規範等均是。

3.「生活模型」的互相關聯的概念（人與環境之間的互動動力）

1. 人與環境的調和程度

- 指的是人與環境之間的適應性、互惠性和調和度、壓力程度、因應策略和環境污染等情況，而社會工作者的實務目的就是在協助提升個人與其環境之間的調和度，以達到其順利適應和發展。

2. 環境的品質

- 指的是社會及物理兩種環境系統，物理環境指的是人們所棲息的自然世界，與人為世界是經由區位空間的組成與建構、自然的律動節奏與週期的改變，來影響人們的生活歷程發展。而此處的社會環境包括複雜的科層組織（經由使命任務的設定與系統結構的運作，例如衛生、教育及社會福利服務性的組織），以及人際間的社會網絡（指的是親屬、朋友、鄰居、同事及友人，提供網絡成員中各項工具性的、情感性的和資訊性的資源，以滿足其必要的需求與發展）。

3. 生活中的問題

- 指的是實務工作應聚焦於案主與環境交流時是否符合其生活任務和成熟需求，因此定義案主的問題、人格的發展和環境的需求為「生活中的問題」，而非行為病態或品德瑕疵的問題。生活模型的觀點認為，干預的目標應是一方面強調增進個人勝任能力而干預個人，二是聚焦於加強或建立社會支持而干預環境的層次，而兩個之層次目的都應該達成個人與環境之間的調和度。

（五）干預方法（策略）：Pardek 的處遇過程七步驟

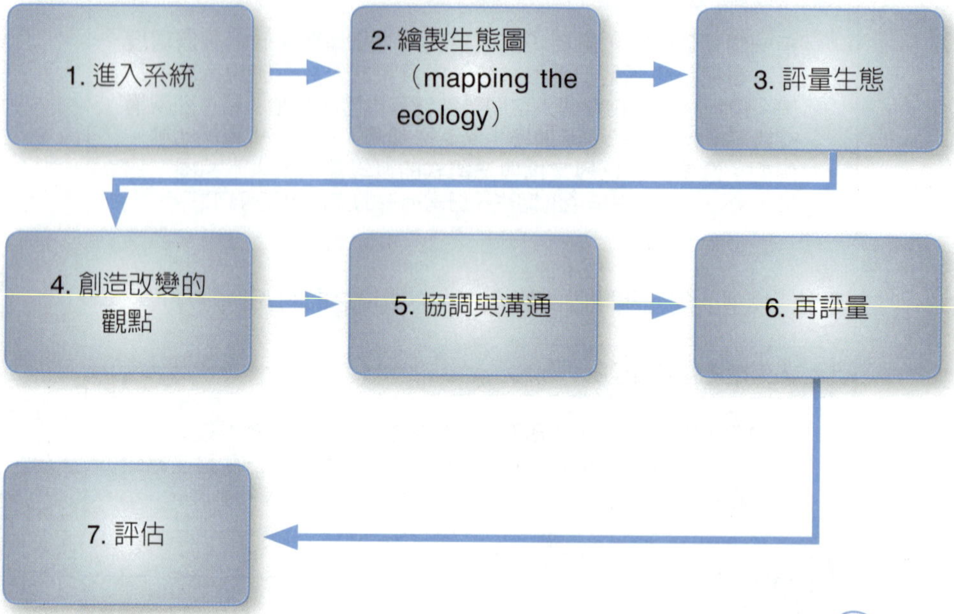

```
1.進入系統 → 2.繪製生態圖（mapping the ecology）→ 3.評量生態
                                                        ↓
4.創造改變的觀點 → 5.協調與溝通 → 6.再評量
        ↑
7.評估 ←──────────────────────────┘
```

1. 進入系統

   社會工作者透過與案主及相關人員的會談及其他系統的資料提供，並藉由評量案主所有的重要關係，找出案主與其環境不合的來源各自擁有的優勢之處，例如：某個案主的重要他人、某件案主有興趣談論之事件等，找出進入案主世界的入口。

   > **榜首提點**
   > 1. 步驟一定要清楚，且必須有申論題答題之能力。
   > 2. 在實務案例題中，在論述各步驟時，務必將案例的情形與處遇融入各階段中加以說明。

2. 繪製生態圖（mapping the ecology）

   一旦社會工作者進入案主的生活事件，就開始分析案主所在的各種系統並繪製成圖，較易掌握案主生態系統的流動方向和關係強弱。繪製生態圖主要是以案主系統中的人物和事件為重心，正的和負的行為和情感皆應包括在內，而人物指的是對案主或事件具有重大意義的個人或人際關係。在此收集資料的步驟，社會工作者可以善用結構式的會談、運用評量的工具及家庭重塑技術來進行。

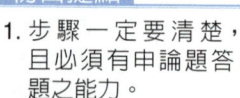

   > **榜首提點**
   > 非常重要，申論題如能繪製生態圖後再加以說明，有加分效果。

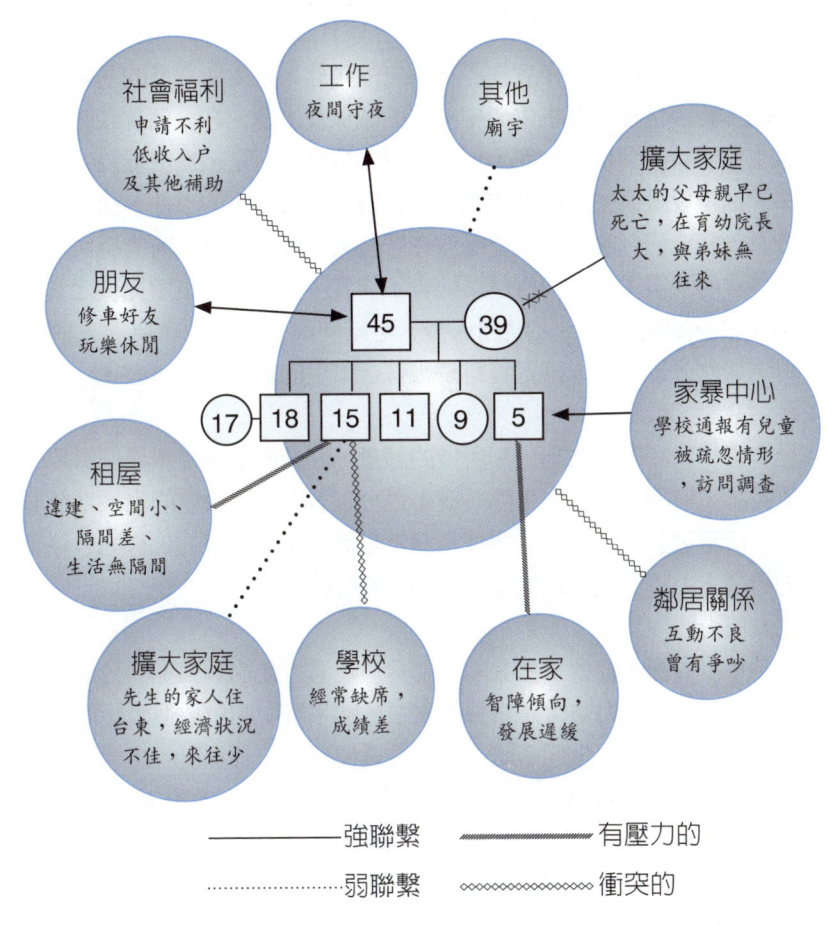

第一章　重點 4 實施理論～增強權能（充權）、生態系統、優勢觀點

```
社會福利                    工作
申請不利                  夜間守夜         其他
低收入戶                                   廟宇
及其他補助
                                                  擴大家庭
                                                太太的父母親早已
    朋友                                         死亡，在育幼院長
  修車好友                                        大，與弟妹無
  玩樂休閒              45        39              往來

          17  18  15  11  9   5             家暴中心
                                           學校通報有兒童
    租屋                                    被疏忽情形
  違建、空間小、                                ，訪問調查
  隔間差、
  生活無隔間
                                                鄰居關係
                                              互動不良
                                              曾有爭吵
    擴大家庭        學校         在家
  先生的家人住    經常缺席，    智障傾向，
  台東，經濟狀況    成績差      發展遲緩
  不佳，來往少
```

――――― 強聯繫　　　＝＝＝＝＝ 有壓力的
………… 弱聯繫　　　×××××× 衝突的

繪製生態圖的參考範例示意圖
（引自：宋麗玉。《社會工作理論─處遇模式與案例分析》。洪葉。）

67

3. 評量生態

在評量階段,社會工作者在尋找案主的生態系統中所經歷的基本問題及主要優點,特別是描述案主生命中重要的關係及主題。在一個會談時段中,雖然案主會想要談到很多主題,但根據學者觀察,若是被案主提及次數較多的事件,通常會是案主生態系統中最具影響力或最在乎的事件。而社會工作者的評量策略或研判的重點主要是放在哪些人物及事件會正向支持案主的行為?哪些會增強案主的負向行為?社會工作者一旦根據案主所提供之資訊評估其個人之優缺點及重要人際關係後,應該向案主或其他重要他人解釋這些資料,彼此分享回饋以確定資料是否符合案主的覺知。

4. 創造改變的觀點

社會工作者和案主共同分享所做的評量,開始向案主提議幾個需要改變的生態系統,特別是案主在生態系統中最可以著力產生改變的生態系統層次。當然,所有這些干預方法的選擇及訂定是需要案主同意的,否則只停留在專業的建議上,不一定可以促成案主的改變行動。

5. 協調與溝通

在干預步驟裡,社會工作者的重要角色在溝通及協調案主的各個生態系統。其實,改變的努力常常是掌握在案主生態系統中的重要他人。例如:社會工作者本身就是案主生態系統中的一位重要他人,其主要的功能在於支持與啟動案主改變的意願與行動。社會工作者透過電話、家訪及其他支持性行動(例如:資源轉介與連結)來完成改變的任務。由於生態系統是變動的,社會工作者的評量及干預行動也應時時檢查,給予轉折的空間。

6. 再評量

如果案主及重要他人所參與的干預過程可能進行的不順利,社會工作者應進行再評量的階段,再次尋找切口進入案主的生態系統中,再度與案主及其他相關的他人會談以取得更多的資料,進行再評量的工作。

7. 評估

干預最後的成果必須經由評估步驟加以確立的,而評估就是運用一些結構式的工具,由案主本身的角度來評估干預行動的連貫性。干預的歷程中也應該隨時評估干預行動的進行狀況,以指向未來干預方法應改進方向,以受惠其他類似的案主。

(六)理論之優缺點

優缺點	說明
優點	1. 生態系統理論觀點強調人的問題是來自於個人與環境間交流的失衡結果，轉移了社會工作專業過去重視醫療模式而責怪個人的傳統工作取向，增加了改善案主所在環境的工作份量，有助於社會工作實務回歸社會工作專業中有關「人在情境中」的知識典範，也整合了社會工作者專業的身分認同及助人承諾。就理論本身的觀點與社會工作實務的運作，此知識體系的確提供實務工作一個多元系統、多元層面的參考架構，有其實務取向方面的優點。 2. 在優點方面，生態系統觀點採用全人、整合及一統的思考架構來理解人類的行為，亦即從個人的生理、心理、社會、政治、法律等各個生態系統間的互動，說明影響人類行為的動力因素，比較完整而不會有所偏頗。正因此觀點重視多元因果關係的歸因方式，並非單一線性因果關係，其所牽涉的干預方法也因此非常多元而多層次，並無專屬特定的方法，提供社會工作者有更多的干預方法選擇。
缺點（限制）	1. 生態系統觀點過於抽象及描述性，雖然有助於理解人類行為的多元動力因素，但卻無法解釋這些動力因素的影響歷程。同時，基於生態系統觀點在理解服務對象與其環境互動的圖像方面提供一個很清晰的思考架構，但在社會工作的實施方面卻未能提出個人如何主動適應環境的具體動力與機制歷程，因此有學者提議應加入有關社會認知的知識體系，以加強生態系統中有關個人主動適應、形塑其與環境間的交流活動之行為歷程。 2. 生態系統觀點強調案主問題發生的多元性，也隱含社會工作者可以在案主的各個系統層次上著力或干預，皆會帶動案主生態系統的改變。此觀點建議如此多元而龐大的干預方法清單，其實等於沒有建議，降低生態觀點運用干預方法的獨特性，反而成為更抽象的觀點，沒有達到運用社會工作方法來統整社會工作專業之目的。 3. 生態系統觀點重視以人與環境間交流的協調程度為干預的目的，強調案主適應環境，顯得過於傳統及順從，忽略系統間交流所潛在的衝突與位差交流；而忽略案主作為人類具有的主動性與主控力，更忽略了人類社會中強調社會階級及種族歧視的固著性。 4. 生態系統觀點強調改變系統所產生的運作及透過資源的提供，來降低案主為了因應問題所產生的壓力，回歸系統的平衡，卻忽略了系統的改變可能帶來新的適應需求或新的壓力感，因應的歷程似乎永無休止的一天，而生態系統因此也永無平衡的一天。

三、優勢觀點

(一) 理論起源

優勢觀點取向之社會工作模式（簡稱優點模式）自 1980 年代於美國堪薩斯大學社會工作福利學院發展出來，乃直接挑戰二個議題：

1. 社會工作如何觀照案主？是失能和病態而需要被改變者，或是其儘管身處逆境和看似卑微，仍有其賴以存活的能力和資源？
2. 社會工作如何協助案主改變其困境？直接面對問題，或是由案主的熱望和想望著手？

(二) 優點模式的基礎觀點

> **榜首提點**
> 請先利用本階層圖建立本觀點研讀架構，才能井然有序掌握重點，俾利在申論題時能有架構且扼要的論述。

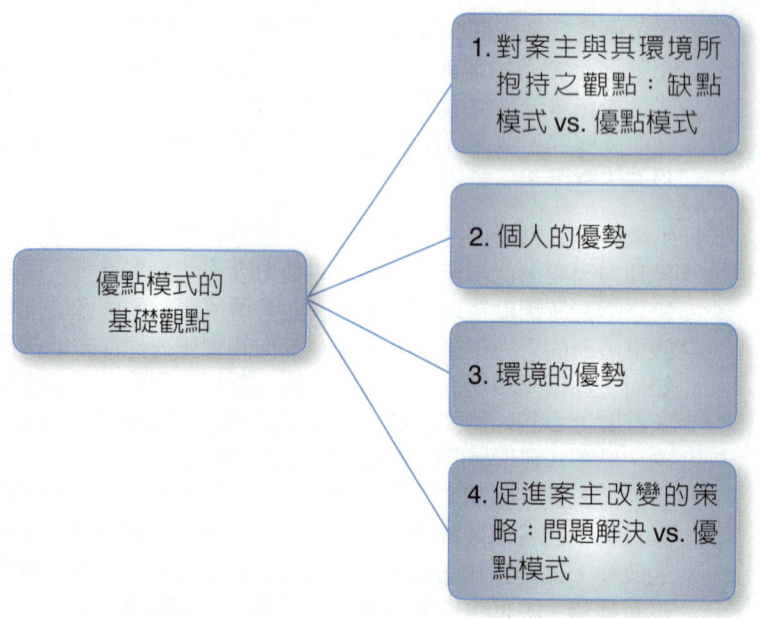

優點模式的基礎觀點：
1. 對案主與其環境所抱持之觀點：缺點模式 vs. 優點模式
2. 個人的優勢
3. 環境的優勢
4. 促進案主改變的策略：問題解決 vs. 優點模式

1. 對案主與其環境所抱持之觀點：缺點模式 vs. 優點模式

(1) 缺點模式與優點模式之概述

A. 聚焦優勢其實是對以往社會工作慣用的缺點模式的一種反動，那麼缺點或病理模式究竟為何？缺點模式（醫療模式）所指的為承襲佛洛依德的精神分析觀點，認為人類問題背後的根源為潛意識的影響，而潛意識乃是幼年成長過程中負面經驗或未被滿足之經驗的累積，因此處遇聚焦在解讀人類問題背後的潛意識，認為只要找到原因即可痊癒。

> **榜首提點**
> 重要概念題，請詳讀，可建立正確的觀念，提升測驗題區辨能力。

B. 優勢觀點所反對的是將心理病理視為社會、醫療和道德不可避免的事實，並駁斥凡經歷傷害和創傷的人必身處痛苦且個人的可能性因而減損。

知識補給站

病理觀點與優勢觀點哲學架構之比較

項　目	病理觀點	優勢觀點
對人的看法	人被視為case，重視個人的症狀診斷治療。	人被視為獨特的個體，重視其特色、能力與資源。
童年經驗的解讀	童年的創傷經驗和目前的問題存在必然的因果關係。	童年的創傷經驗和目前的問題不必然有因果關係，但可能有影響力。
問題評量的意義	探索個人的問題是為了要使診斷有所依據。	探索個人問題成因是為了瞭解及欣賞個人，而非歸因。
處遇的焦點	問題（problems）	可能性、展望與潛力
社會工作者與服務對象的關係	社會工作者容易懷疑個人的說法或解釋的真確性。	社會工作者較易從個人的說法出發。
社會工作者與服務對象的責任歸屬	1. 處遇計畫的主責是依據社會工作者的設計。 2. 有限制的自決、自控、委任及個人發展。 3. 資源的動員主要是經由專業人員的知識與技巧的運作。	1. 處遇計畫是由個人及家庭來啟發。 2. 完全開放的自決、自控、委任及個人發展。 3. 資源的動員主要是靠個人及家庭的優勢、能力及調適技巧的運作。
社會工作者與服務對象的角色	社會工作者是問題解決的專家。	服務對象本身是問題解決的專家。
處遇預期的結果	協助減少服務對象的病症、問題及不良生活功能的負向影響。	協助服務對象適應個人生活，並發展出自我肯定的價值與承諾，創造並找尋社區內的伙伴關係。

（2）缺點模式之問題

　　A. 負面標籤效應與責備受害者

　　　　診斷個人的心理病因不僅使優勢變得模糊隱晦，更賦予個人負面的標籤，於是「一個有病理的人」變成是「一個病態的人」，前者意涵病理只是個人的一部分，後者則是將個人與病理等同。如個人被賦予「被害者」名稱後，即承接創傷和無能的被害者角色，並與他人區隔，其已是受損的人，個人自我價值與對於未來展望因而受到影響，帶來負面的自我期待以致於降低正面改變的可能性。

　　B. 著重環境缺失

　　　　社區環境的缺失是社會工作指責的一環，包括社會的烙印、歧視、不友善、缺少機會給予弱勢者等，為修正這些社會的負面因素，於是訂定政策和創造各類服務方案，提供正式支持以彌補社會的不足，滿足案主需求。這些誠屬必要，然而正式服務網絡的支持僅能確保案主的生存，至於生活品質之顯著改善則須仰賴探索社區資源和能量，一味的責怪環境使人感到無力而喪志，著重社區資源優勢則可開創提升服務品質之新路徑。

　　C. 連續照顧理念之不切實際

　　　　缺失模式下的服務和照顧理念乃是根據專業人員對於診斷與病理嚴重度，設計不同程度或類型的照顧方案，強調服務內涵之連續性，其為一種線性思考下的產物，規範案主必需經過整個服務流程。此模式著重專業判斷與規劃，用意良善，然而忽略個人的特殊性與想望。

2. 個人的優勢

（1）優點模式有兩項基本假定：A. 有能力生活的人必然有能力發展自己的潛能，並且可以取得資源；B. 人類行為大多取決於個人所擁有的資源，此乃對人有絕對的相信與肯定。此模式肯定人類內在的智慧和蛻變的能力，儘管是在最卑微和受虐的人身上仍可以看這些屬性所散發的力量。關鍵在於看案主、其週遭與環境的視野改變，超越問題，由問題轉為看可能性，在創傷、痛苦和困擾中看到希望和改變的花朵。

（2）優勢觀點貫穿整個實務的第一個原則即是：案主有學習、成長和改變的潛能。此模式肯定每個人都具有優勢，就案主而言，只是暫時被問題掩蓋，如陽光隱藏烏雲背後，透過社會工作者這面鏡子，反映其優勢，給予讚賞以協助案主重新覺察自己，並得以提升內在自我權能，即自尊和自我效能之肯定。

(3) 個人的三大基本優勢（Rapp 提出）

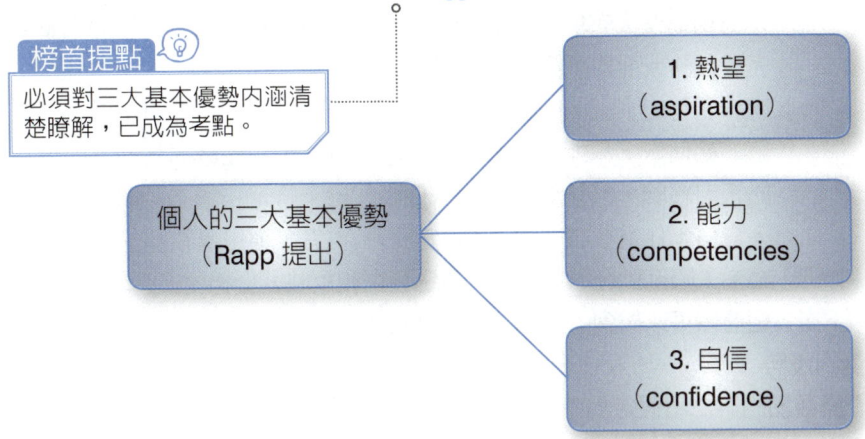

榜首提點
必須對三大基本優勢內涵清楚瞭解，已成為考點。

個人的三大基本優勢（Rapp 提出）
1. 熱望（aspiration）
2. 能力（competencies）
3. 自信（confidence）

A. 熱望（aspiration）
　a. 人是有目的的動物，熱望與想望啟動「可做什麼」的思維，進而激發個人的行動力量，人類的成長與成功皆有賴此熱望與隨之而來的目標。反之，聚焦在個人「不能之處」，此種思維有損士氣。
　b. 優勢觀點認為助人的終極目標在「復元」（recovery），亦即個人的主體性得到確認與發揮、自覺有權能、且能主動追求與達成目標、具有達成目標的方法和技巧、在社會獲得角色以展現自己、與自己和他人維持和諧的關係，即喜歡接納自己與他人，進而創造有意義與品質的生活；因此，問題解決乃達成這些目標的必要條件，但是非充分條件。問題解決為「不要某些負面狀態」，然而其背後真正「要什麼」才是更積極的目標。人生並非僅止於消極因應與解決問題，希望與夢想實踐才是積極的目標與動力來源；凡存活的人皆有其想望，儘管微不足道卻貼近個人且真實。

B. 能力（competencies）
　a. 每個人或多或少都擁有才能，才能的範圍相當廣泛，包括技巧、天賦、聰敏、熟練精通之事務、機智巧妙、特殊才藝等，這些能力可能已被表現，也可能尚被發掘，有的能力是個體與生俱來，有的是正在獲得的。
　b. 在優勢觀點中，無論案主為何，其能力都必須被瞭解及尊重，有意識的選擇著重人們生活中已擁有的，並促進其運用。

C. 自信（confidence）
　a. 當個人建立目標且有能力，能否付諸行動端賴其自信程度，即對於

個人能力、影響力、自我信念和自我效能的覺知。自信有兩個層次，一為相信個人有能力完成某項任務或某種行為，二為對於個人整體完成任務或面對挑戰能力的覺知。

b. 處於弱勢的案主，的確可能欠缺自信，社會工作者若聚焦在案主「應該」如何做，只能增強其不適當感，反之，若能發掘其過去與現在的正向經驗，無論如何小的一件事，給予肯定和讚美，則可增強個人自信，作為後續自發行動的基石。再者，運用專業關係發揮修正案主人際互動經驗的作用，透過發掘和反映其優勢，並不斷運用「我相信你可以做到」的語言，可增強案主的自信。

（三）環境的優勢

1. 優勢觀點的第二項假定為：人類行為大多數取決於個人所擁有的資源，此資源含括個人自身和環境資源。社區資源一旦被發現就能被啟動，Rapp 提出一個觀點──我們不是要去「整頓」個人和社區，而是去「擴大」個人與社區的優勢。

2. 環境的三大基本優勢（Rapp 提出）

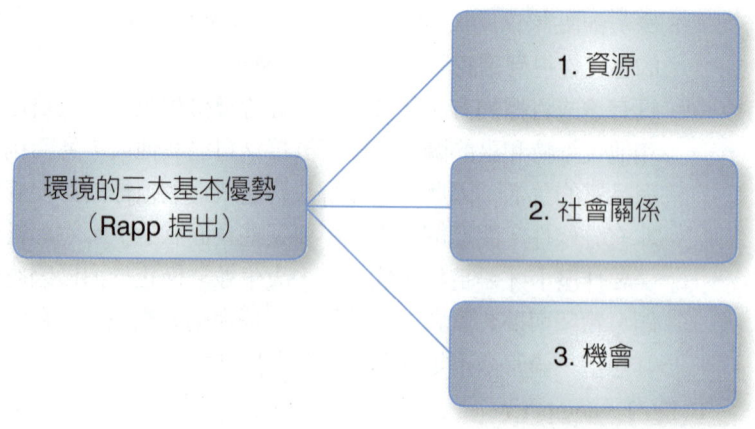

環境的三大基本優勢（Rapp 提出）
- 1. 資源
- 2. 社會關係
- 3. 機會

（1）資源：優勢觀點強調發掘與拓展案主本身已具有的自然環境（非正式）資源，並增強其運用資源的能力。相對於正式網絡所提供的資源：A. 自然資源存在於案主生活空間，較容易取得（可近性）；B. 自然資源一旦連結，若雙方交流關係良好，則往往可以持續一段長久時間，較沒有期限（持續性）；C. 自然資源的來源多元，包括親朋、同事、鄰里、教會、寺廟等，且能夠提供的潛在資源豐富（多樣性）；D. 案主願意運用的資源比較是感到可親與舒服的（可親性）；E. 自然資源之運用較無正式資源隱含的福利依賴與烙印（可接受性）。案主擁有的資源往往易被忽略，特別是非正式資源，然而只要用心觀察則可發現案主所擁有

的資源。

（2）社會關係：社會關係含括在生活空間的三個層次：親密伴侶、社會網絡、社區，他們提供個人表達性支持與工具性支持。因此，拓展案主之社會支持網絡，並促進網絡成員發揮更大的支持功能，使案主處於一個使能的位置，乃是重要的工作目標內涵之一。然而，儘管案主的社會網絡有限，其週遭必有幾條關係線與支持來源，端賴社會工作者努力探詢和運用。

（3）機會：儘管許多案主面臨社會的歧視和烙印，或是受限於市場機會與個人資源，優勢觀點倡導社會工作者建立一種心態，亦即認識到社區是資源的主要機會來源，有待根據案主的想望與個人才能去發掘、開創和媒合。

（四）促進案主改變的策略：問題解決 vs. 優點模式

> **榜首提點**
> 這是非常重要的策略使用觀念，在詳讀的過程中，必須思考在實務案例上加以融入應用。

1. 問題解決 vs. 優點模式

（1）問題解決學派強調案主對問題的界定，社會工作者處遇案家過程中，需求評定和目標訂定過程都相當以案主為中心，著重案主的想法。此學派的執行過程乃依循問題界定、評量、訂定行動計畫、執行評估結案的歷程。由此可見，在理論層次，問題解決學派在歸因方面並非聚焦在個人缺失，亦著重案主觀點參與。然而，在實務層次，則往往由專業人員評量問題所在，較傾向個人歸因，專業人員訂定處遇目標，過程中未必與案主討論或達成共識；在解決途徑方向傾向運用正式資源，且未必與案主討論各種可能的資源。整體而言，此取向之目標著重於問題的消弭，避免問題帶來的負面影響，處遇過程之運作較為理性和線性。

（2）優勢觀點的服務目標，則未必著重在問題的消弭，而是聚焦在案主面對此情境中展現的能力和自尊，甚至超越障礙和問題後的成長與復元。當負面情境為無法或難以消弭的狀態，如精神疾病和其他慢性疾病，個人可以學習因應的方法，與障礙和疾病共存；個人亦可能超越個人的苦難，仍能夠愛自己和關心他人的福祉。例如：受暴婦女在脫離暴力且重建生活之後，轉化自己的不幸遭遇為一種祝福，過程中重新肯定自己的能力，學習運用資源的方法，認識許多貴人，見證和感受世間的溫情，甚至轉而想要協助對其施暴的相對人。

（3）優勢觀點的服務過程要素是傾聽案主的聲音，發掘和充分運用其優勢達成想望，擴大運用個人資源與社區非正式資源；處遇過程中讓案主當指導者，社會工作者為其工作夥伴，扮演支持者、希望激發者、反映者、

諮詢者、資源連結者、促進者的角色。

（4）優勢觀點取向下，負面狀況的消弭，未必直接透過直接糾正引起問題的原因，而是採取系統觀點的途徑，即「條條道路通羅馬」或是「殊途同歸」，其中的機制在於人為一個整體，次系統之間乃是相互影響；當案主未能覺察其問題時，聚焦在問題之討論，可能引起案主之抗拒，亦帶給案主失能感；反之，若聚焦在案主「想要什麼？」之討論，並且以其擅長之方法達成想望，當個人某部分提升之後，亦能帶動其他方面的改變。

知識補給站

優勢觀點原則運用與問題解決取向之比較

優勢觀點原則	運用於社工實務	問題解決取向
每個個人、團體、家庭和社區都有其優勢	鼓勵尊重案主與社區的聲音	評量環境中的情境與個人
挑戰可能帶來威脅，但可能是機會來源	■ 案主被視為具有韌性和資源 ■ 面臨挑戰促使案主發現自己的能力和自尊	發現問題所在，並排定優先順序
個人、團體和社區的熱望應受到重視	■ 診斷、評量和服務方案不能限定案主的機會 ■ 案主和社區有能力重站立	發展實際的目標和干預計畫
透過專業人員和案主共同合作，案主方能獲得最好的服務	站在專家或專業角色位置可能無法發現案主的優勢	專業人員促進問題解決的過程
每個社區皆充滿資源	■ 社區是資源的綠洲 ■ 個人、家庭和團體的非正式資源可擴大社區的韌性。	著重在使用可用的資源

2. 優勢觀點對問題的看法
（1）將問題放置特定脈絡中，只有當問題成為個人追求目標之阻礙時加以處理。
（2）以簡單的方式討論問題，於是問題就不會那麼複雜和困難，且變得較容易處理。以簡單的語言描述問題，而非艱澀的心理學名詞，問題就不那麼可怕。
（3）給予較少的關注，將能量轉移到具體的正向行動。聚焦在人們的優勢和想望，幫助我們轉移注意力，透過別人的反映，個人得以看見另一種觀點，發現自己的能力和資源，並獲得力量克服進行改變可能面臨的困難。

四、優勢觀點的相關理論

榜首提點

優勢觀點不是一個單獨理論的名稱，其係指一個概念，只要使用的理論符合優勢觀點的核心理念，均係優勢觀點的相關理論，故其理論的類型繁多，此為研讀優勢觀點的必備觀念。各項相關的理論，請考生用心研讀，更重要的是，時時心中要有實務應用的思考。

優勢觀點的相關理論：
1. 復元
2. 增強權能
3. 生態觀點
4. 復原力
5. 療癒和圓整
6. 參與和社會支持網絡
7. 希望
8. 對話與合作

優勢觀點個案管理模式（簡稱優點個管模式）相關的理論觀點主要為：復元、增強權能、生態觀點、復原力、療癒和圓整、參與和社會支持網絡、希望、對話與合作等。說明如下：

（一）復元——處遇之終極目標

1. 復元為優勢觀點之終極目標。優勢觀點著重在「人」的復元，而非只是「事情」完成或問題解決。
2. 復元的定義：「一個改變態度、價值、感受、目標、技巧、與／或角色的深沉個人過程，無論疾病所造成的限制是否存在，個人能夠超越疾病，過著滿足、有希望、又有貢獻的生活」。這個定義隱含過程和結果，主觀感受與客觀結果。
3. 復元並非指恢復原狀或是創傷與障礙消失，而是指由現在出發，重新找到自己，即重新界定自己的價值並能體現主體性，重建具品質且滿意的生活。
4. 優勢觀點與復元的關係
   （1）復元是案主欲達到自我主體性的終極目標，所須經歷的過程與努力，優點是復元過程中案主可以發現及使用本身內外各種資源的潛能與力量。
   （2）復元的渴望，即可以激發優點的運用；優點乃是本著生態觀點，積極經營個體在情境中所具有的各種內外在資源，藉以發揮最大潛力和功效。
   （3）發掘與運用優點是方法（means），復元是生命經歷（process）與目標（end）。

（二）增強權能——處遇之中介目標

1. 個人之所以感到無力、絕望與壓迫，主要是源於環境加諸本身的壓迫與限制。增強權能之終極目的乃是促使個人主體性可以在不同的人生範疇與層面上能有所展現；因此，增強權能的使力與重要性，在於其為復元的中介目標。社會工作者不是要去增權人而是要幫助人充權自己，強調拓展案主的優勢及能力。
2. 「優勢取向」乃是欲協助案主認識自身能力的兩項重要策略之一；「優勢生信心」更是促進案主採取實際行動爭取權益的兩項重要策略之二。又在協助案主認識和提升內在能力以及瞭解自己可以作選擇的部分，促進再建構和激發思考等策略內涵，亦都符合優勢觀點提出「助人關係是基本且必要的」、「個人有學習、成長改變的能力」、「焦點在於優點而不是病理」、「案主是助人關係之指導者」等四項肯定案主能力和尊重案主自決原則的夥伴關係。至於提升案主內在能力和促進實際行動中，提升社會支持、資源生力量兩種策略均著重社區資源運用，則符合優勢觀點重視「社區是資源綠洲」之原則。整體而言，優勢觀點之運用相當能促進案主權能增強。

(三) 生態觀點——環境優勢蘊藏之處及處遇脈絡
 1. 生態觀點對於人的發展與生存抱持脈絡觀與交流觀，人的行為和所處的位置受到所處生態的資源和個體與資源之交流狀況影響。此觀點認為個人與環境相互依賴、共生共存的組織系統，個人與環境需維持正向交流關係以利生存發展。
 2. 個人所處的生態地位是由包含住所、朋友與同事關係、社區等交織形成的社會關係網絡，優點個管模式之目的在於善用社區資源，去除案主的孤立與隔離，協助案主運用資源並與環境中其他個體或組織發展正向的成員關係；在資源運用方面又特別著重在非正式資源，因為其存在於案主週遭，具有可親性、可近性、持續性、多元性的特性。另一方面，立基於生態觀點，優點模式強調專業人員需進入案主的生活世界，在其生態脈絡下瞭解其行為，並進行處遇，如此方能真正協案主與其生態網絡交流。

(四) 復原力、療遇和圓整——內在優勢
 1. 人與生俱來在面對失序、疾病和干擾時，即有一種自我療遇（healing）的能力和趨向圓整（wholeness）的趨勢，亦即系統觀點所提及的有機體藉由輸入的能量維持系統平衡，但是在沒有輸入能力的情況下，系統本身亦有自生力量或與外在系統協力共持的力量以維持系統的生存。然而，此種狀態也只能持續一段時間，長期的生存仍需要外界的資源。生態觀點則在平衡之外進一步提出調適和發展的觀點，系統有維持其完整性的趨力，因此生長過程中不斷運用資源以達致內在需求並因應外在的要求。
 2. 「復原力」（resilience，亦可翻譯為韌性）亦是個人內在自我修復的一種能力。復原力是可塑性的一種型態，可塑性是為適應而改變的潛力，涵蓋增進、維持與減少；前者則是維持及獲得正常發展的潛力。由此看來，復原力乃是個人發展歷程中逐漸成形的一種內在能力，它可以是一種復原過程的助力，但不同於復元，因為「復元」是一種全觀的概念，指涉過程與結果。
 3. 優勢觀點重視和肯定自我療遇能力，專業人員可以發揮支持的功能，評量和發掘個人內在的復原力程度，除了自身的支持之外，亦能拓展其周邊網絡的非正式支持功能，以增強其復原力，協助個人自創傷中獲得療癒，維持身、心、社會、靈的圓整性。

(五) 參與和社會支持網絡——環境優勢
 1. 社會安全網絡，是指經由個人接觸而維持其社會認同，並獲得情緒之支持、物質援助和服務、訊息與新的社會接觸。由此可知，社會支持網絡包括親友、鄰居、同事、社區等非正式體系，以及專業人員所提供服務的正式支持體系，支持的形式可分為工具性（有形或物質的協助、問題解決行動等）與情感性（心理與情緒支持、關心與鼓勵等）等面向。

2. 由此觀之，整合和歸屬乃是社會支持網絡外圍第一層的內涵，第二層為親友、鄰里、同事網絡；最內層則是個人的親密知己。然而，關係網絡未必發揮社會支持功能，需要個人付出與經營，以發展出互惠關係。有效的網絡能提供個人歸屬感，使個人有正向經驗和令人滿意的角色；再者社會支持在壓力事件下可發揮緩衝效應，避免負向心理效果。

3. 社會支持網絡包含正式與非正式兩部分，優勢觀點則特別著重在非正式支持網絡之運用，倡導案主在社區中獲得平等的參與，整合入社區，在當中獲得歸屬感，有機會發展適合生存的社會支持網絡，提升其生活品質和滿意度。

(六) 希望——點燃復元之光

優勢觀點處遇模式的最終目標是個人之復元，啟動復元和影響復元歷程的眾多因素中，最重要的是「希望的萌生」。希望為「意志力與方法能力總合」，意志力是一種心智能量，包含決心和投入度，個人可以加以運用以建立方向，並且抱持「我願、我嘗試、我能」的心念；方法能力則為一種規劃和訂定執行步驟的能力，以引導具希望的念頭，個人有信心可以找到方法達成目標。優勢觀點即強調運用專業友誼關係以激發案主復元的希望。

(七) 對話與合作——落實優勢觀點之途徑

1. 對話是達到整合與合作的途徑之一。對話是一種溝通，重要的是在過程中展現同理、對他人的認同和包容；惟有以謙虛態度和包含愛的對話方能超越人與人之間的不信任所帶來的障礙。社區必須提供一個開放的空間讓在其中的人有機會接觸，開啟對話，撫平傷痛並增強個人權能。

2. 合作則是在共同且平等參與的機制下進行，過程中需要對他人的觀點和熱望給予尊重，透過協商達成共識。

3. 優勢觀點強調社會工作者透過與案主的對話瞭解其優勢和想望，並且在工作目標上達成共識，共同商討細緻的行動方法；為了充分對話與合作，習慣於主導的社會工作者，有時必須靜默方能聽到案主的聲音，在傾聽中對案主獲致深度的瞭解，開啟合作的可能。

第一章 重點 4 實施理論～增強權能（充權）、生態系統、優勢觀點

基本假定：每個人都有學習、成長、改變之潛能
每個人都有優勢（能力與資源）

復原旅程——工作步驟

```
基本策略：運用優勢         接觸與建立關係          動力：激發希望
                              ↓
工作依據：案主想望         優點評量             基本要素：夥伴親善關
                        發掘想望                係、案主參與
                              ↓
工作目標：案主復元          建立目標            介入途徑：合作與對話
                              ↓
工作場域：案主生態       訂定個人工作計畫         中介目標：增強權能
                              ↓
                                              重建依歸
復元歷程：螺旋上升         鞏固優勢            非正式支持網絡建構
                          結案                  正常化
```

圖：優勢觀點典範架構圖

練功坊

★ 試說明生態觀點的基本假設。

擬答

生態系統的基本假設（Greene 和 Ephress 的歸納）：
(1) 一個人與生俱來就有能力與其所在環境互動，有能力和其他人發生關聯。
(2) 基因及其他生物因素經常被視為是個人與環境交流的結果，而非原因。
(3) 人在情境中是一個整合的交流系統，人類與環境在此系統中相互影響，並形成一個互惠性的關係。
(4) 相互調和度是一個人與環境互惠性歷程的結果，指的是經由一個調適良好的個人在一個具有滋養環境中相互交流而獲得。
(5) 個人的行動是目標取向的、是有目的的，人類為了適者生存而競爭，因此發展的關鍵取決於環境給個人的主觀意義內涵。
(6) 要理解個人，必須將其置於其生長的自然環境及所在的情境之中。
(7) 個人的人格是個人和環境經年交流的長期發展成果。

練功坊

(8) 所謂的問題指的是生活中的問題，要瞭解個人的問題應將個人置於其所生活的整理空間來理解。

(9) 為了協助案主，社會工作者應隨時準備干預案主所在生活空間的各個層面。

★（　） 下列何者不屬於對「充權或增強權能（empower）」的描述？
(A) 個人無法實現自己的理由，主要是因外在環境的壓迫與限制
(B) 鬆動壓迫環境的策略主要是依賴社工師（員）的倡導（advocacy）
(C) 不論案主經歷多少無能或失利經驗，應視案主是有能力且有價值的個人
(D) 藉由受壓迫的個人或團體的集體行動，促成壓迫環境的改善

解析

(B)。(1) 充權／增強權能取向的社工實務在本質上是反對施恩式的干涉主義，認為社會工作者的角色功能不是在拉抬案主的生活達到社會工作者預設的生活標準，干預方法也不是按照社會工作者的設計藍圖而行，充權／增強權能取向是在鼓勵案主自己定義自己未來的藍圖，相信自己是有價值的，並在社會工作者的協助下共同朝向可預見的未來願景而努力。

(2) 在增強權能的過程中，「倡導辯護」的策略在促使案主具有批判思考、建立集體互賴網絡、從壓迫情境中解放，對於案主的權能增加具有關鍵性的影響。「倡導辯護」是一種廣義的社會教育，因為所有的社會交換活動都具政治意涵，不是接受，就是否定現存的社會秩序。「批判思考」可以促進個人認知的轉型與權能增加的發生，可以在一個信賴的情境中，社會工作者運用團體或社區的取向協助案主與真誠的人士進行對話，透過實踐行動的投入以增進案主的基變思考與行動力，提升案主的意識覺醒，學習重新看待個人所在的社會、政治與經濟間的矛盾，並進而採取集體性的行動對抗現實中的壓迫元素。

★（　） 就生態系統觀點而言，個人在社區中所擁有的成員地位，係指下列何者？
(A) 人際關連（relatedness）　　(B) 棲息地（habitat）
(C) 適配程度（goodness of fit）　(D) 位置（niche）

解析

(D)。棲息地指的是指個人所在文化脈絡中的物理及社會環境，位置指的是個人在其所在立即環境或社區中所擁有的成員地位。

重點 5 個案管理、家庭壓力理論

一、個案管理

(一) 個案管理之意義

1. 社會工作辭典定義:「個案管理是一種過程,這個過程包括來自不同的機構與專業工作者,代表案主擬定計畫、尋找和督導服務,這些工作一般由一個機構負責,並指派一個個案管理員,由他整合服務,為案主倡導、控制資源及尋找服務,使服務提供的過程中有很多不同的機構及專業工作者共同協調,經由專業對團隊發展案主所需的服務。而個案管理的過程包括:發掘案例、通盤性多層面評估,以及定期性再評估等」。

2. 個案管理被許多領域所使用,特別在心理衛生,啟智教養,慢性精神疾病案主,身心發展障礙,老人長期照顧以及兒童福利之寄養與收容機構等。個案管理要連接案主到所需要之社會資源,要協調這些複雜之服務輸送網絡,要強調適時適地之輸送服務。個案管理師扮演各種角色,例如:仲介人、協助人、連接人、仲裁人、代言人、監測人、創新人等。

(二) 個案管理的整體內涵

1. 個案管理的整體內涵包含個案管理者、案主需求、福利服務體系等,整個系統涵蓋三項活動:

(1) 個案管理者與案主需求:首先個案管理者應對案主需求及所處情境予以評量後,提出服務方案規劃,對無法直接提供之服務則予以轉介相關機構。

(2) 個案管理者與福利服務體系:個案管理者透過服務方案之規劃、聯繫及協調案主所需資源、為案主倡導、整合一完整周延的服務網絡,並督導服務之進行。

> **榜首提點**
>
> 1. 個案管理是在準備過程中經典必備的重點內容。在申論題的出題頻率相當高,因此,個案管理之意義;運作體系、流程及步驟,社會工作者的角色等內容,沒有一項可以被忽略,請考生謹記在心;以申論題紮實準備,除在申論題可完整論述外,在測驗題亦將得心應手。
>
> 2. 個案管理的實務案例分析,必須搭配以上所說的內容進行分析,例如:家暴個案、兒虐個案或身障服務等各層面的個案管理應用,務必事先預為準備;但考生應對各類弱勢族群的基本內涵及社會工作、福利服務內容有清楚的了解,才能應用個案管理的內涵進行個案管理。

（3）福利服務體系與案主需求：各福利服務體系往往有不同的規定、服務程序與資格要求，案主可能不知道如何應付以獲取服務；再者，當許多機構介入對案主的服務，責信問題變得很難劃分，個案管理的實施即在於能夠整合整個服務的效益，服務之完整性與否可由可接受性、可及性、可近性及責信度等四個要素加以評量，以發揮服務之效果。

2. 個案管理之內涵圖

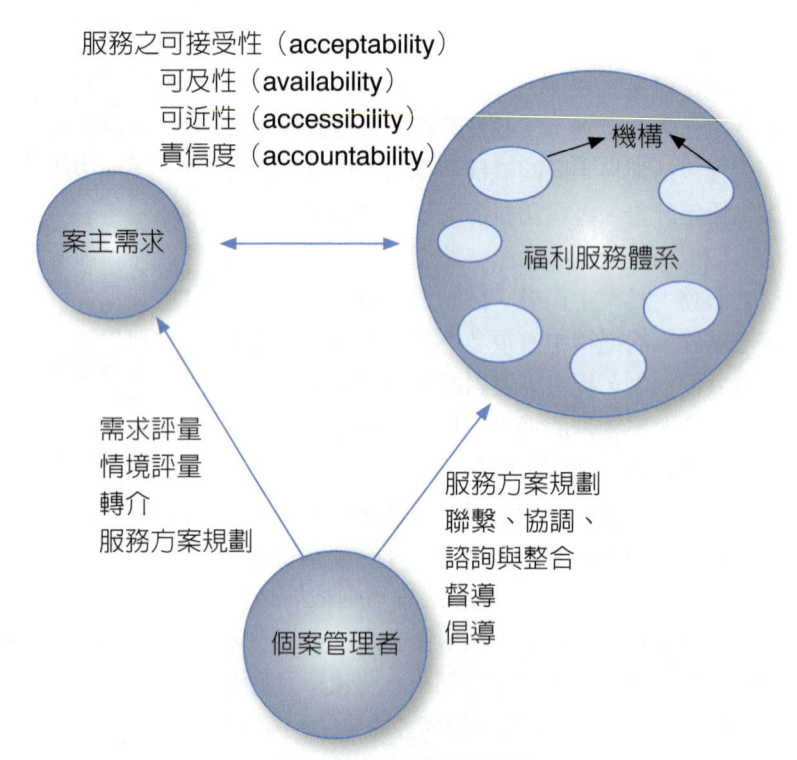

服務之可接受性（acceptability）
可及性（availability）
可近性（accessibility）
責信度（accountability）

機構

案主需求

福利服務體系

需求評量
情境評量
轉介
服務方案規劃

個案管理者

服務方案規劃
聯繫、協調、
諮詢與整合
督導
倡導

圖：個案管理之內涵

（三）個案管理運作體系

以活動體系之觀點為界定個案管理主要構成體系之工作要項或組成要素，個案管理之運作至少涉及五種不同的體系，且彼此之間有交互作用的關係。五個體系說明如下：

1. 目的體系（goal system）：其中包含三種不同的層面：價值理念、個案管理體系之目的、案主照應計畫之目的及目標。

2. 案主的體系（client system）：可以說是整個個案管理的重心，包括案主個人的能力及其面臨之問題與需求，個人能力所指的是案主本身具有之知識、生活技巧、處世態度，然而這些不一定是造成問題的原因或形成不滿足需求

之障礙，有時候能力也可能是代表案主之優點與長處。除此，一些與案主相關之重要他人，亦屬於案主體系。

3. 改變司體系（change agent system）：乃指在個案管理運作中參與協助過程之專業工作者及相關人員，而一般個案管理體系中之個案處理主管大多由專業社會工作者擔任。社會工作者藉由專業的訓練，培養應具備之知識、技巧、工作態度成為一個以實力為取向的司職改變者，以期在與案主之互動中能使案主瞭解如何去改變不理想之自我以及環境現狀，進而培養案主日後自行處理問題的意願能力，藉由此體系之運作，將案主體系與資源體系結合在

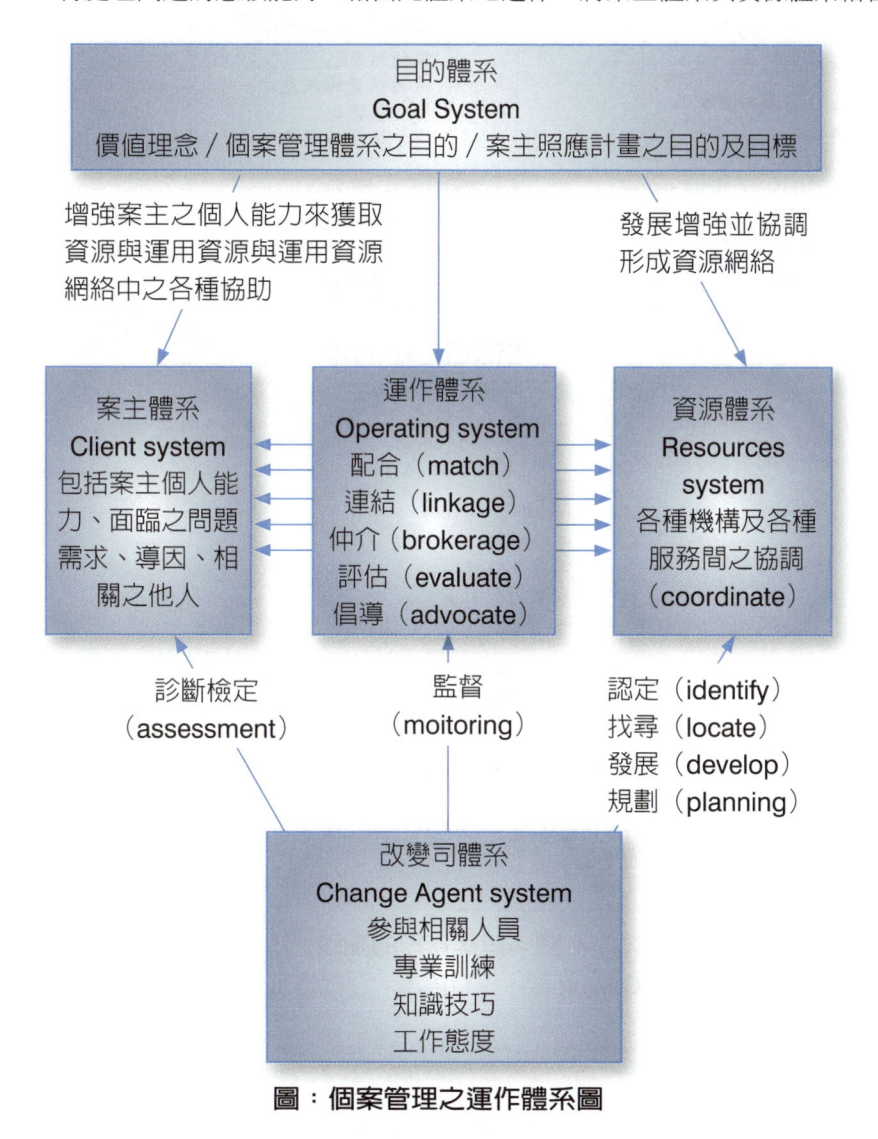

```
                    目的體系
                    Goal System
        價值理念／個案管理體系之目的／案主照應計畫之目的及目標
```

增強案主之個人能力來獲取資源與運用資源與運用資源網絡中之各種協助　　　　　　　　　發展增強並協調形成資源網絡

| 案主體系 Client system 包括案主個人能力、面臨之問題需求、導因、相關之他人 | 運作體系 Operating system 配合（match） 連結（linkage） 仲介（brokerage） 評估（evaluate） 倡導（advocate） | 資源體系 Resources system 各種機構及各種服務間之協調（coordinate） |

診斷檢定（assessment）　　　監督（moitoring）　　　認定（identify）
　　　　　　　　　　　　　　　　　　　　　　　找尋（locate）
　　　　　　　　　　　　　　　　　　　　　　　發展（develop）
　　　　　　　　　　　　　　　　　　　　　　　規劃（planning）

```
                改變司體系
            Change Agent system
                參與相關人員
                  專業訓練
                  知識技巧
                  工作態度
```

圖：**個案管理之運作體系圖**

一起，來達成目的體系。
4. 資源的體系（resources system）：指存在於案主週遭之各種相關的機構及其所提供之服務，此結合一切可能運用於解決案主問題時所需要的服務、財物、人力及資訊之一種非正式的串聯組合。
5. 運作的體系：指個案管理在付之於實現時採取的工作步驟和程序，有時亦稱為工作要領。

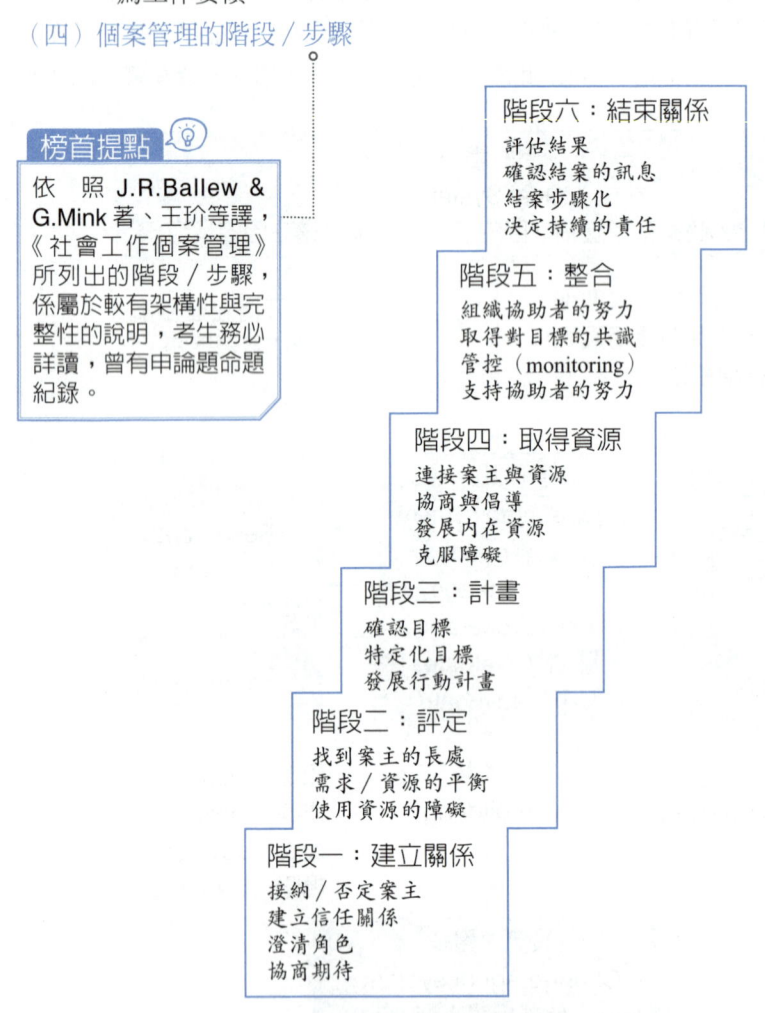

（四）個案管理的階段／步驟

> **榜首提點**
> 依照 J.R.Ballew & G.Mink 著、王玠等譯，《社會工作個案管理》所列出的階段／步驟，係屬於較有架構性與完整性的說明，考生務必詳讀，曾有申論題命題紀錄。

階段六：結束關係
評估結果
確認結案的訊息
結案步驟化
決定持續的責任

階段五：整合
組織協助者的努力
取得對目標的共識
管控（monitoring）
支持協助者的努力

階段四：取得資源
連接案主與資源
協商與倡導
發展內在資源
克服障礙

階段三：計畫
確認目標
特定化目標
發展行動計畫

階段二：評定
找到案主的長處
需求／資源的平衡
使用資源的障礙

階段一：建立關係
接納／否定案主
建立信任關係
澄清角色
協商期待

圖：個案管理的階段
（引自：J.R.Ballew & G.Mink 著、王玠等譯。《社會工作個案管理》。心理。）

1. 階段一：建立關係
   （1）建立關係是指建立一個有效工作關係的過程。這個關係之建立乃植基於案主對於你願意協助他，你有能力協助他，和很清楚你們彼此期待的這份信心上。我們已經說過需要個案管理的人們很可能在取得及使用資源上有困難。這些問題在他與你的關係中也會出現，並且你必須在作為他與其他協助者之間的橋樑之前，找到克服這些問題的方法。
   （2）建立關係的方法包括了介紹你自己及你的工作角色，收集有關問題的資料和處理你的案主對於接受幫助所產生的負向感覺等晤談技術。同時也包含了建立信賴關係和澄清彼此角色期待的其他一些特殊程序。
2. 階段二：評定
   （1）評定階段需要你確認三件事：（1）案主需要解決的問題，（2）案主可能認為對於解決這些問題有用的資源，（3）案主使用這些資源的障礙。需要解決的問題可能由案主自己提出來，或根據你自己的觀察所列出的問題清單。
   （2）確認了重要的關鍵性問題後，下一步工作是要確認協助解決問題所需的非正式與正式的資源。你的角色職責不是個人去解決這些問題。但是使案主與解決問題有關的資源連接上卻是你的工作。
3. 階段三：計畫
   （1）計畫是評定工作與採取行動之間的中介步驟，個案管理要採取的所有行動都由此展開。作計畫是一個理性思考的過程。它把在評定過程所累積的資料轉換成使案主可以得到協助的一系列行動。最後，作計畫亦將幫助案主發展出滿足自己需要及環境要求的能力。
   （2）正式有結構性的計畫有四個步驟。第一個步驟是形成目標。在這個過程中，形成了案主與個案管理師共同承諾要努力達到之特定的、實用的目標陳述。第二個步驟是，在各目標中排出優先順序。使一些關鍵性的需要可以優先被注意，而問題可以有順序的解決。這樣才可避免你和你的案主疲於奔命。第三個步驟是，選擇達到目標的方法。最後一個步驟是，確定評估成果的時間及程序。評估（evaluation）的結果可能導致需要作更多的評定（assessment）並且透過作計畫的過程，使整個個案管理的過程有時候需回到較前面的階段。
4. 階段四：取得資源
   （1）影響案主無法取得和使用資源是有三類型的障礙：外在障礙、恆久性失功能和內在障礙。
   （2）開始採取介入行動以克服與資源連接的障礙，並且使案主與所需的可用

的資源連接上。針對每一類型的障礙，我們有一些方法可以克服。
(3) 克服外在障礙的三個主要的策略
   A. 連接（Connecting）：與助人者開放一個新的關係所採取的所有行動。
   B. 協商（Negotiation）：為了改善案家與助人者之間現存的連接關係所設計的行動。
   C. 倡導（Advocacy）：當外在環境中某些因素看起來與案主處在衝突狀況下、對案主具脅迫性或有所保留不提供出來時，個案管理師站在案主的立場替案主提出請求所採取的行動。
(4) 克服恆久性失功能障礙的三個要素
   A. 從一位合格的專家處取得一份診斷證明書和服務計畫的諮商建議書。
   B. 發展一個不需案主積極參與而能自行運作的支持系統（這系統中的成員扮演案主或案家與外在環境的聯絡人。這支持系統是站在案主或案家的立場與外在環境溝通。）
   C. 當這個支持系統無法協助案主，而案主須被轉介至非自願性的服務，例如：兒童保護和精神病院時，對所有服務的過程要詳加記錄。
(5) 克服的內在障礙的四個步驟
   A. 找出內在障礙的本質。
   B. 找出案主可以對抗內在障礙的內在資源。
   C. 找出一組可以動員案主內在資源的過去經驗。
   D. 把所需要的過去經驗縮成一組可行的行動任務。

5. 階段五：整合
(1) 一旦與資源連接的工作完成，個案管理師有責任隨時檢視協助是否持續被提供且有效的被使用。必要時，可使用調停的策略以確保案主與資源保持有效的接觸。或許會使用約定（contracting）和任務達成順序化（task implementation sequence）的工作方法作為增進案主動機的技術。
(2) 任務達成的順序化是一種用來增加案主完成他自己所承諾要完成的任務的動機及可能性的一種技術。它是一種簡單易學的晤談程序。
(3) 約定是一種技術，以此方法來澄清和具體化在達成既定目標的過程中案主與個案管理者二者所要擔負的責任。只有在目標夠清楚，案主也有動機要完成的前提下，與案主在約定過程中所達到之共識的所有約定才可能是有效的。

6. 階段六：結束關係
(1) 當案家能取得協助且有效的使用它時，早先被確認待解決的問題就開始有一部分會被解決。當你觀察到問題已經陸續被解決，也觀察到案家具

備了取得和有效運用協助的能力時，你可考慮把這個個案轉成較不須積極介入的狀態。
（2）當案主能不在你的協助下，成功地與資源連接；或者當他為了維持與某一助人者的關係而解決了存在於那關係中的問題時，你就可以判斷出案主已經具備有資源連接的能力了。

二、家庭壓力理論

（一）Hill 的家庭壓力 ABC-X 模式（ABC-X model）

Reuben Hill 在 1958 年提出了「ABC－X 模式」，對於家庭壓力的科學調查提供一個實質的基礎。在 ABC-X 這個模式中，壓力是否會造成危機，壓力源事件本身、面對壓力的可用資源、對壓力事件的看法，及這三個因素交互作用，都影響對壓力事件處理的結果，處理得宜，壓力源事件只會形成壓力高低感受，但若處理不當，就會造成危機。

榜首提點
準備方式以申論題為主，測驗題為輔；「ABC－X 模式」所代表的意涵，務必清楚，如在申論題能畫出壓力 ABC-X 模式示意圖更佳；並請思考在弱勢家庭應用時之申論結構與內容。

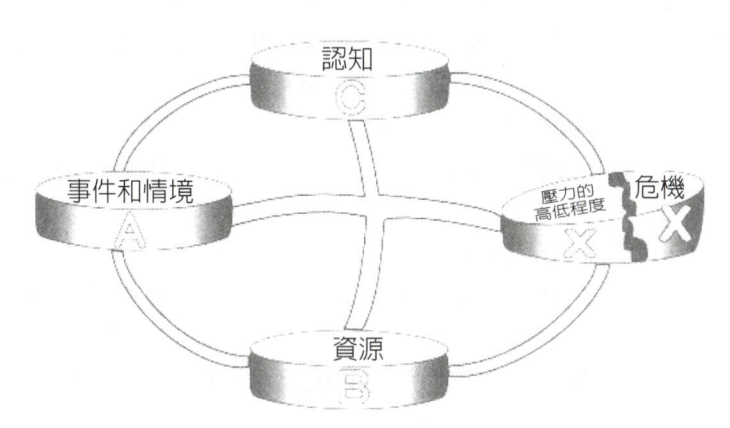

圖：壓力 ABC-X 模式

（二）「ABC－X 模式」變項內容說明

1. 壓力源事件（stressor event）—A 因素
（1）凡會造成系統中界域、結構、目標、角色、過程、價值等的改變都稱為壓力事件。所謂系統的改變可能為正向的改變，也可能為負面的改變，或兼具正負面影響。壓力事件可分成可預期（predictable）與不可預期（unpredictable）兩種。
（2）可預期的壓力事件是日常正常生活的一部分，如子女結婚或進入空巢的

家庭生命週期的改變、生命的誕生或死亡、子女的就學、退休等。這些可預期的壓力事件，雖然常在期待中到來，但仍會給靜止的系統帶來正面或負面的衝擊，而使得系統失去原有的平衡。例如：新生命的誕生，雖給家庭帶來無限的喜悅，但也常會造成家人的手忙腳亂與摩擦，使得原本平靜的家庭生活產生了改變。又如家中久病之老人家的辭世，可能帶給家人無限的感傷與哀痛，但同時也可能使得長期照顧的精神與金錢壓力得到舒緩。

（3）不可預期的壓力事件包括自然的災害、失業、交通事故、甚至中獎等事件，這些不可預期的壓力事件常給家庭造成比可預期的壓力事件更大的衝擊，而使得家庭系統失去平衡狀態。例如家人失業，立即造成家庭生活困難，甚至不得不搬離家園；但也可能因失業而積極自我充實，而找到更滿意的工作。

2. 擁有的資源（the family resources or strengths）—B因素

（1）當壓力事件產生時，若個人或家庭有足夠、適當的資源去面對壓力，那麼壓力事件較不會困擾這個系統；反之，則系統容易失去平衡而陷入混亂。資源若從提供者的角度，可分為下列三種：

　A. 個人資源（personal resources）：個人的財務狀況，如經濟能力；影響問題解決能力的教育背景；健康狀況，如生理及情緒的健康；心理資源，如自尊。

　B. 家庭系統資源（family system resources）：指家庭系統在應付壓力源的內在特質，如家庭的凝聚力、調適及溝通。愈是健康的家庭系統，愈有能力應付家庭壓力。

　C. 社會支持體系資源（social support）：所謂社會資源指提供家庭或家庭成員 a. 情緒上的支持，b. 自尊上的支持，c. 物質的支持，d. 其他支持網絡。社會資源的支持網絡，可提供家庭對抗壓力或協助家庭從壓力危機中復原。

（2）資源種類若從人力與非人力資源、經濟與非經濟角度分類，則可分成二類，詳述如下：

　A. 人力資源與物質資源

　　a.「人力資源」（human resources）意指個人與生俱來的特色及內在特質，在形式上是較抽象的，多半很難以客觀具體的方法來衡量。大致可以包括個人時間、精力、能力、知識、溝通技巧、態度、人格特質、專長等。

　　b.「物質資源」（material resources）是指個人及家庭所擁有的有形資

產,是供個人及家庭使用,形式上是較具體且可碰觸的,包括了個人、家庭及社會的資源。例如個人收入、股票、儲蓄等屬於「個人的資源」;家庭中的房屋、家具、電器設備、電腦、財務狀況等屬於「家庭的資源」;而各機關組織、人員、圖書館、公園、休閒設施等則屬於「社會資源」。

```
資源 ─┬─ 人力資源 ── 個人時間、精力、能力、知識、溝通技巧、態度、人格特質、專長等
      │
      └─ 物質資源 ─┬─ 個人資源 ── 個人收入、股票、儲蓄等
                    ├─ 家庭資源 ── 家庭中的房屋、家具等
                    └─ 社會資源 ── 圖書館、公園、休閒設施、相關法令規章等
```

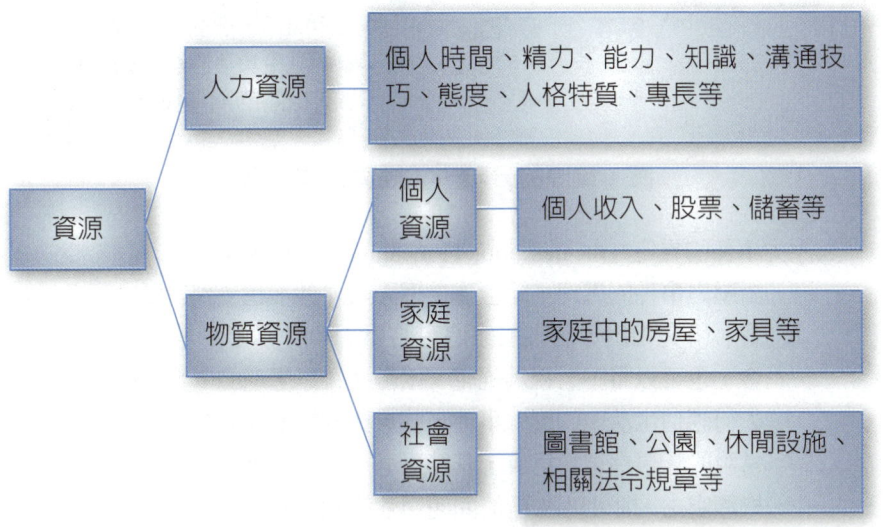

圖:資源的分類～「人力與物質」

B. 經濟資源與非經濟資源

「經濟資源」(economic resources)是指一些具有「生產」或「服務」目的之資源。例如:家務、土地、勞工、資本、資金及其他可貢獻個人及家庭「經濟生產」的資源皆視為經濟資源。這些資源具有可替換性及可衡量性,如以金錢收入換取勞務付出是屬於可替代性;又如計算個人勞力與個人薪資,可衡量出每人每小時的工作所得,此為可衡量性。而相對於「經濟資源」,「非經濟資源」(non-economic resources)則是指一些沒有具體形式,不直接具「生產」與「服務」目的相關的無形資源。例如:個人的能力、態度、價值觀、信念、信仰、忠誠度及自尊心等。然而「非經濟資源」卻會顯著的影響「經濟資源」的使用與分配,如一位態度積極的人,會盡力克服經濟資源的有限與困境,使資源發揮最大功效;反之,則可能困守於有限的資源中,自怨自哀。也因此在家庭資源與管理中,不因「非經濟資源」為抽象及無形的資源而忽略。

```
資源 ─┬─ 經濟資源 ── 如家務、土地、勞工、資本、資金等具有「生產」或「服務」目的的資源
      └─ 非經濟資源 ── 如個人的能力、態度、價值觀、信念等不直接具「生產」與「服務」目的相關的無形資源
```

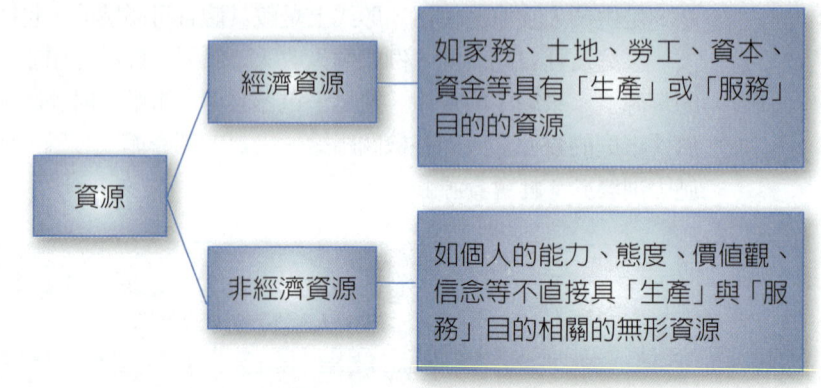

圖：資源的分類～「經濟與非經濟」

3. 壓力事件的界定（the definition or meaning）－C 因素
    （1）對壓力事件的處理，除上述二個因素之外，也受到對壓力事件界定的影響。研究指出，個人或家庭可將壓力事件界定為是一種挑戰與成長機會，也可以將壓力視為絕望、困難與難以處理的。實驗研究發現，個人如何評估生活中的壓力事件，將會影響其處理的結果，正如社會心理學常說的「事件被認為真，其結果必為真」。壓力事件發生時，家庭若以樂觀處之，則可以 A.澄清問題、困境與任務，可更容易面對壓力源；B.減少面對壓力源事件的心理負擔與焦慮的強度；C.激勵家庭成員完成個人任務，以提升成員的社會及情緒的發展。另外有學者指出，若事件發生時，家人感覺無助，則會因家人的無助感與低自尊，使得家庭更容易受傷害。
    （2）因而，壓力是一個中立的概念，它不一定是正向也不一定是負向。壓力對個人或家庭產生壓迫，給個人或家庭帶來的結果是有益的還是有害的，多半依賴對此情境的認定和評價。

4. 壓力的高低程度或危機（degree of stress or crisis）－X 因素
    （1）壓力既然是一個中立的概念，那麼它給家庭帶來的衝擊不一定是壞的，壓力會形成問題只有在壓力大到系統陷入混亂、個人感覺不滿或出現身心症狀時。因而壓力的高低程度，全憑家庭對壓力源事件的定義，及是否有足夠的資源去因應。
    （2）當處於危機狀態時，至少會在一段時間內失去功能、界域無法維持、角色和職責不再完成、個人也無法處於最佳的身心狀態。因此，壓力事件是否形成危機要看前三項因素互動的結果，如果家庭成員對認知到問題確已嚴重性的威脅到系統成功的運作，那麼壓力事件強到系統無法因應時危機就會產生。

練功坊

★ 何謂「個案管理」？在何種條件下，適合運用「個案管理」來處理社會工作案件？

擬答

(1) 社會工作辭典定義：「個案管理是一種過程，這個過程包括來自不同的機構與專業工作者，代表案主擬定計畫、尋找和督導服務，這些工作一般由一個機構負責，並指派一個個案管理員，由他整合服務，為案主倡導、控制資源及尋找服務，使服務提供的過程中有很多不同的機構及專業工作者共同協調，經由專業對團隊發展案主所需的服務。而個案管理的過程包括：發掘案例、通盤性多層面評估，以及定期性再評估等」。

(2) 個案管理被許多領域所使用，特別在心理衛生，啟智教養，慢性精神疾病案主，身心發展障礙，老人長期照顧以及兒童福利之寄養與收容機構等。個案管理要連接案主到所需要之社會資源，要協調這些複雜之服務輸送網絡，要強調適時適地之輸送服務。個案管理師扮演各種角色，例如：仲介人、協助人、連接人、仲裁人、代言人、監測人、創新人等。

★ （ ） 下列那一項有關個案管理的敘述是不正確的？
　(A) 個案管理運用在一個案主有多重問題，需要多元的專業或機構介入服務處理，並在過程中監督服務的輸送，才能解決案主問題的一個方法
　(B) 個案管理在服務的過程中會評估並管控服務的成本與品質
　(C) 個案管理是從傳統的個案工作者角色再發展出來的一種角色
　(D) 個案管理者只需幫案主連結外在資源，因此完全不需要扮演諮商者角色

解析

(D)。個案管理者扮演諮商者的角色，係因為個案管理者的工作在於瞭解案主的需求，以及教導案主如何為自己開發和維持一個資源網絡。案主有時可能需要新的知識或技巧，有時需要學習有關自己的新事務，個案管理者需要與案主建立信賴的關係，以便能檢視案主反功能的行為模式。

★ （ ） 個案管理並非：
　(A) 一種社會工作方法　　　　　(B) 連結案主及所需資源
　(C) 資源網絡的協同合作　　　　(D) 社工人力的增權發展

練功坊

解析

(D)。依據社會工作辭典定義:「個案管理是一種過程,這個過程包括來自不同的機構與專業工作者,代表案主擬定計畫、尋找和督導服務,這些工作一般由一個機構負責,並指派一個個案管理員,由他整合服務,為案主倡導、控制資源及尋找服務,使服務提供的過程中有很多不同的機構及專業工作者共同協調,經由專業對團隊發展案主所需的服務。而個案管理的過程包括:發掘案例、通盤性多層面評估,以及定期性再評估等」。選項(D)社工人力的增權發展,並非個案管理之意涵。

重點便利貼

❶ 社會工作督導之功能：教育性功能、行政性功能、支持性功能、調解性功能。

❷ 專業關係的七大原則（Biestek 提出）：(1) 個別化；(2) 有目的情感表達；(3) 適度的情感介入；(4) 接納；(5) 非批判的態度；(6) 案主的自我抉擇；(7) 保密的原則。

❸ 心理暨社會派之基本假設：(1) 在某種範圍裡，人類行為是可以被瞭解和預測的；(2) 個人行為並非內在因素所決定，要瞭解及預測人的行為必須從個人、環境和二者間的互動加以瞭解；(3) 人類行為改變會受到生理、心理或情境等不同媒介和方式之影響；(4) 人性本質是好的、自由的，且深受其過往歷史之影響。(5) 個人對於影響其目前功能的過去經驗和潛意識，常無法有充分的瞭解，只有在特別的環境或依賴具有特殊技術的人，才能充分發現受其個人潛意識影響的經驗、態度、情緒和記憶；(6) 欲瞭解人的行為，除注意當事人是如何對他人反應，所呈現出外在的行為外，亦應重視其對環境的知覺、內在認知經驗和心理感受；(7) 人格在個人發展的過程中，主要是受其內在驅力和自我成熟度，以及個人與環境互動等因素所影響。

❹ 任務中心理論之基本假設：(1) 人之所以有

問題是因為能力暫時受到限制，而非個人內在心理病理因素；（2）解決問題之障礙來自於環境或資源不足；（3）人陷入困境時就會有改變動力之產生，但人也有順應問題之本能；（4）有改變的動力，但只想減輕困難到可以忍受為止，而非根本改變；（5）當人意識到有問題，而且處於一種不平衡狀態下，個人就會採取行動解決。

❺ 危機干預理論之基本假設：（1）當個人無力處理內在壓力或外在事件，而轉變成危險事件時，將引發危機；（2）個人對危機情境之反應是反映出個人對目前壓力之認知經驗，而非個人病態；（3）危機是暫時性的，而且有特定發展階段，但持續期間因人而異；（4）危機提供個人成長和發展機會，但是結果各不相同。

❻ 增強權能（充權）理論之基本假設：（1）個人經驗深切而全面性的無力感，以致無法與環境交流、實現自己；（2）周遭存在直接與間接的權能障礙，以致無法參與社會與政治、實現自己；（3）權能可以透過社會互動增加以衍生更多的個人及人際權能；（4）案主應被視為有能力、有價值的個人；（5）與案主建立一種協同的夥伴關係。

❼ 生態系統之基本假設（1）一個人與生俱來就有能力與其所在環境互動，有能力和其他人發生關聯；（2）基因及其他生物因素經常被視為是個人與環境交流的結果，而非原因；（3）人在情境中是一個整合的交流系統，人類與環境在此系統中相互影響，並形成一個互惠性的關係；（4）相互調和度是一個人與環境互惠性歷程的結果，指的是經由一個調適良好的個人在一個具有滋養環境中相互交

流而獲得；(5) 個人的行動是目標取向的、是有目的的，人類為了適者生存而競爭，因此發展的關鍵取決於環境給個人的主觀意義內涵；(6) 要理解個人，必須將其置於其生長的自然環境及所在的情境之中；(7) 個人的人格是個人和環境經年交流的長期發展成果；(8) 所謂的問題指的是生活中的問題，要瞭解個人的問題應將個人置於其所生活的整理空間來理解；(9) 為了協助案主，社會工作者應隨時準備干預案主所在生活空間的各個層面。

❽ 個案管理運作體系：(1) 目的體系；(2) 案主的體系；(3) 改變司體系；(4) 資源的體系；(5) 運作的體系。

❾ Hill 的家庭壓力 ABC-X 模式（ABC-X model）：(1) 壓力源事件—A 因素；(2) 擁有的資源—B 因素；(3) 壓力事件的界定—C 因素；(4) 壓力的高低程度或危機－X 因素。

擬真考場

申論題

個案管理（case management）已是當前社會工作者經常運用的工作方法，請分析個案管理的步驟與各階段的工作重點。

選擇題

(　　) 1. 下列關於任務中心（task centered）取向的陳述，何者正確？
(A) 認為人有能力解決自己的問題，案主與社會工作者是夥伴
(B) 強調短時間聚焦處理問題，但長時間處遇（置）會更為有效
(C) 干預（介入）是基於案主情境的考量，而不是基於不同的理論
(D) 干預（介入）實施僅限於使用在健康照顧、家庭和社區的範疇

(　　) 2. 對於生態理論的敘述，下列何者錯誤？
(A) 個人與環境中的他人系統會維持一種持續性的交流
(B) 透過系統的交流過程，系統和個人也不斷彼此影響
(C) 社會中的每一個系統都有相同的情境，以利社會工作的處置
(D) 人面對環境的刺激是一個反應者，也會主動影響所處環境

(　　) 3. 針對服務對象優勢的評估，是社會工作重要的工作焦點，下列何者不是社會工作者應該進行優勢評估的原因？
(A) 透過優勢的評估，可以提高服務對象的自尊與自我價值感，使其相信自己有能量面對現有及未來的問題
(B) 社會工作者若只重視服務對象的限制、忽視優勢，則容易不自覺的阻礙服務對象成長的潛力
(C) 優勢觀點是社會工作較新的處遇理論，社會工作者應該運用新的觀點來協助服務對象，才符合專業倫理
(D) 進行優勢評估時，必須同時注意服務對象「個人」與「環境」層面的優勢

解析

申論題：

(一) 階段一：建立關係
　1. 建立關係是指建立一個有效工作關係的過程。這個關係之建立乃植基於案主對於你願意協助他，你有能力協助他，和很清楚你們彼此期待的這份信心上。我們已經說過需要個案管理的人們很可能在取得及使用資源上有困難。這些問題在他與你的關係中也會出現，並且你必須在作為他與其他協助者之間的橋樑之前，找到克服這些問題的方法。
　2. 建立關係的方法包括了介紹你自己及你的工作角色，收集有關問題的資料和處理你的案主對於接受幫助所產生的負向感覺等晤談技術。同時也包含了建立信賴關係和澄清彼此角色期待的其他一些特殊程序。

(二) 階段二：評定
　1. 評定階段需要你確認三件事：(1) 案主需要解決的問題，(2) 案主可能認為對於解決這些問題有用的資源，(3) 案主使用這些資源的障礙。需要解決的問題可能由案主自己提出來，或根據你自己的觀察所列出的問題清單。
　2. 確認了重要的關鍵性問題後，下一步工作是要確認協助解決問題所需的非正式與正式的資源。你的角色職責不是個人去解決這些問題。但是使案主與解決問題有關的資源連接上卻是你的工作。

(三) 階段三：計畫
　1. 計畫是評定工作與採取行動之間的中介步驟，個案管理要採取的所有行動都由此展開。作計畫是一個理性思考的過程。它把在評定過程所累積的資料轉換成使案主可以得到協助的一系列行動。最後，作計畫亦將幫助案主發展出滿足自己需要及環境要求的能力。
　2. 正式有結構性的計畫有四個步驟。第一個步驟是形成目標。在這個過程中，形成了案主與個案管理師共同承諾要努力達到之特定的、實用的目標陳述。第二個步驟是，在各目標中排出優先順序。使一些關鍵性的需要可以優先被注意，而問題可以有順序的解決。這樣才可避免你和你的案主疲於奔命。第三個步驟是，選擇達到目標的方法。最後一個步驟是，確定評估成果的時間及程序。評估（evaluation）的結果可能導致需要作更多的評定（assessment）並且透過作計畫的過程，使整個個案管理的過程有時候需回到較前面的階段。

解析

（四）階段四：取得資源
1. 影響案主無法取得和使用資源是有三類型的障礙：外在障礙、恆久性失功能和內在障礙。
2. 開始採取介入行動以克服與資源連接的障礙，並且使案主與所需的可用的資源連接上。針對每一類型的障礙，我們有一些方法可以克服。
3. 克服外在障礙的三個主要的策略
   （1）連接（Connecting）：與助人者開放一個新的關係所採取的所有行動。
   （2）協商（Negotiation）：為了改善案家與助人者之間現存的連接關係所設計的行動。
   （3）倡導（Advocacy）：當外在環境中某些因素看起來與案主處在衝突狀況下、對案主具脅迫性或有所保留不提供出來時，個案管理師站在案主的立場替案主提出請求所採取的行動。
4. 克服恆久性失功能障礙的三個要素
   （1）從一位合格的專家處取得一份診斷證明書和服務計畫的諮商建議書。
   （2）發展一個不需案主積極參與而能自行運作的支持系統（這系統中的成員扮演案主或案家與外在環境的聯絡人。這支持系統是站在案主或案家的立場與外在環境溝通。）
   （3）當這個支持系統無法協助案主，而案主須被轉介至非自願性的服務，例如：兒童保護和精神病院時，對所有服務的過程要詳加記錄。
5. 克服的內在障礙的四個步驟
   （1）找出內在障礙的本質。
   （2）找出案主可以對抗內在障礙的內在資源。
   （3）找出一組可以動員案主內在資源的過去經驗。
   （4）把所需要的過去經驗縮成一組可行的行動任務。

（五）階段五：整合
1. 一旦與資源連接的工作完成，個案管理師有責任隨時檢視協助是否持續被提供且有效的被使用。必要時，可使用調停的策略以確保案主與資源保持有效的接觸。或許會使用約定（contracting）和任務達成順序化（task implementation sequence）的工作方法作為增進案主動機的技術。

解析

2. 任務達成的順序化是一種用來增加案主完成他自己所承諾要完成的任務的動機及可能性的一種技術。它是一種簡單易學的晤談程序。
3. 約定是一種技術，以此方法來澄清和具體化在達成既定目標的過程中案主與個案管理者二者所要擔負的責任。只有在目標夠清楚，案主也有動機要完成的前提下，與案主在約定過程中所達到之共識的所有約定才可能是有效的。

(六) 階段六：結束關係

1. 當案家能取得協助且有效的使用它時，早先被確認待解決的問題就開始有一部分會被解決。當你觀察到問題已經陸續被解決，也觀察到案家具備了取得和有效運用協助的能力時，你可考慮把這個個案轉成較不須積極介入的狀態。
2. 當案主能不在你的協助下，成功地與資源連接；或者當他為了維持與某一助人者的關係而解決了存在於那關係中的問題時，你就可以判斷出案主已經具備有資源連接的能力了。

選擇題：

1. **A**
   1. 選項 (B)，任務中心是短期、扼要的介入：此理論是一個短期、有時限性的處遇模式。它強調「短而精鍊」的介入，以及將解決問題聚焦於「此時此刻」的問題、期望及學習。選項「長時間處遇（置）會更為有效」之描述有誤。
   2. 選項 (C) 有誤，本理論主張在不同的工作目的下，引用適當的理論體系，以達到最佳的治療效果，亦即干預之「理論多元化」。
   3. Rein 依照處置問題的困難度和範圍，將適合採取任務中心工作的心理社會問題歸納分成八類：(1) 人際衝突；(2) 社會關係中的不滿足；(3) 與正式組織有關的問題；(4) 角色執行困難；(5) 決策問題；(6) 反應性情緒壓力；(7) 資源不足問題；(8) 其他未分類的心理或行為問題。而非選項 (D) 所描述「僅限於使用在健康照顧、家庭和社區的範疇」。

2. **C** 生態系統觀點較聚焦於人與環境之間的相互調適或適應的調和能力，而每一位案主的生態系統都不相同，因此，牽涉的干預方法也因此非常多元而多層次，並無專屬特定的方法，提供社會工作者有更多的干預方法選擇。選項 (C) 有誤。

解析

3. C　優點模式有兩項基本假定：(1) 有能力生活的人必然有能力發展自己的潛能，並且可以取得資源；(2) 人類行為大多取決於個人所擁有的資源，此乃對人有絕對的相信與肯定。此模式肯定人類內在的智慧和蛻變的能力，儘管是在最卑微和受虐的人身上仍可以看這些屬性所散發的力量。關鍵在於看案主、其週遭與環境的視野改變，超越問題，由問題轉為看可能性，在創傷、痛苦和困擾中看到希望和改變的花朵。在處遇時應就案主之情形加以評估，選擇合適的理論加以應用，而非以理論之新舊作為選擇之依據。選項 (C) 有誤。

Note.

第二章 CHAPTER 2
個案工作直接服務（二）：過程、技術

榜・首・導・讀

- 轉移反應、反轉移反應，無論在申論題或測驗題，均是必備的重要考點，請考生勿將二者混淆，建立論述及區辨能力為首要之務。
- 非自願性案主的議題相當重要，其定義、及其相關的實施方式，請建立完整觀念，並要有進行個案處遇申論之能力。

關・鍵・焦・點

- 個案工作的過程中，從接案、會談、評估、干預、結案、轉介的各個過程，均是測驗題的重要考點；另過程中的實務技巧，更是不可忽略，例如：同理心、反映、面質、再建構等諸多技巧。另預估、紀錄等亦為重要的測驗題考點。
- 口語接續技巧為測驗的關鍵考點。

命・題・趨・勢

年度	110年				111年				112年			
考試	1申	1測	2申	2測	1申	1測	2申	2測	1申	1測	2申	2測
題數		6		1		7		8		4		6		7

本·章·架·構

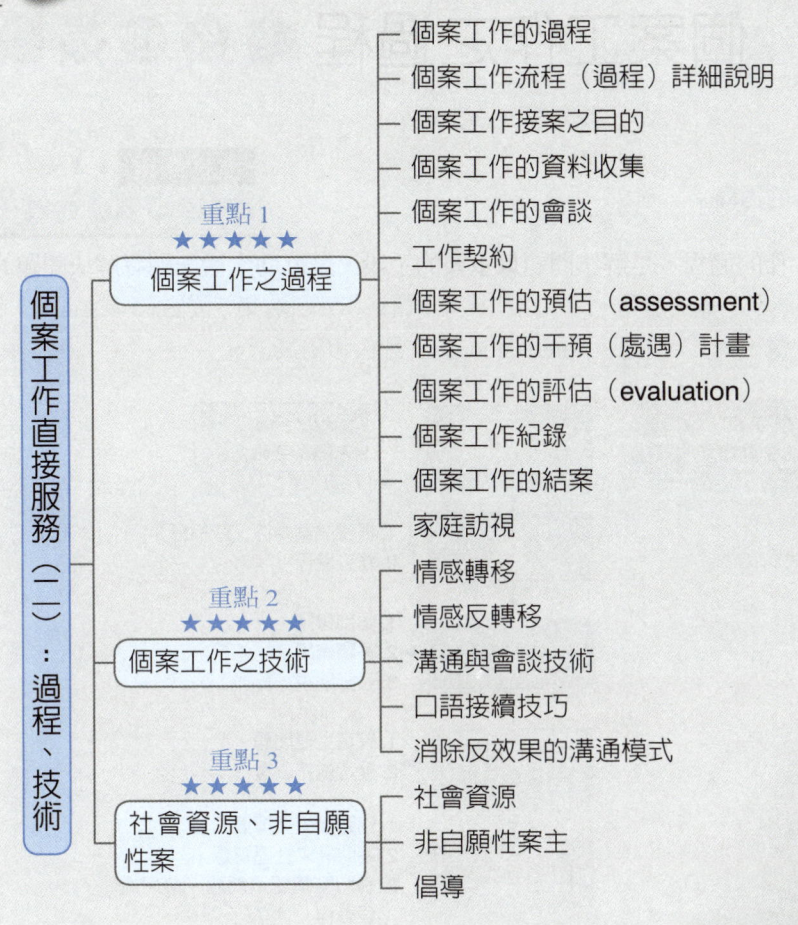

個案工作直接服務（二）：過程、技術

- 重點 1 ★★★★★ 個案工作之過程
  - 個案工作的過程
  - 個案工作流程（過程）詳細說明
  - 個案工作接案之目的
  - 個案工作的資料收集
  - 個案工作的會談
  - 工作契約
  - 個案工作的預估（assessment）
  - 個案工作的干預（處遇）計畫
  - 個案工作的評估（evaluation）
  - 個案工作紀錄
  - 個案工作的結案
  - 家庭訪視

- 重點 2 ★★★★★ 個案工作之技術
  - 情感轉移
  - 情感反轉移
  - 溝通與會談技術
  - 口語接續技巧
  - 消除反效果的溝通模式

- 重點 3 ★★★★★ 社會資源、非自願性案
  - 社會資源
  - 非自願性案主
  - 倡導

重點 1 個案工作之過程

上榜關鍵 ★★★
基本觀念，請務必清楚。

一、個案工作的過程

（一）個案工作的過程，是解決問題最重要的手段，是協助生活失調者解決問題的方法。個案工作的過程，即申請和接案、調查和資料收集、預估（assessment）、服務計畫、介入或干預（intervention）、評估和結案。

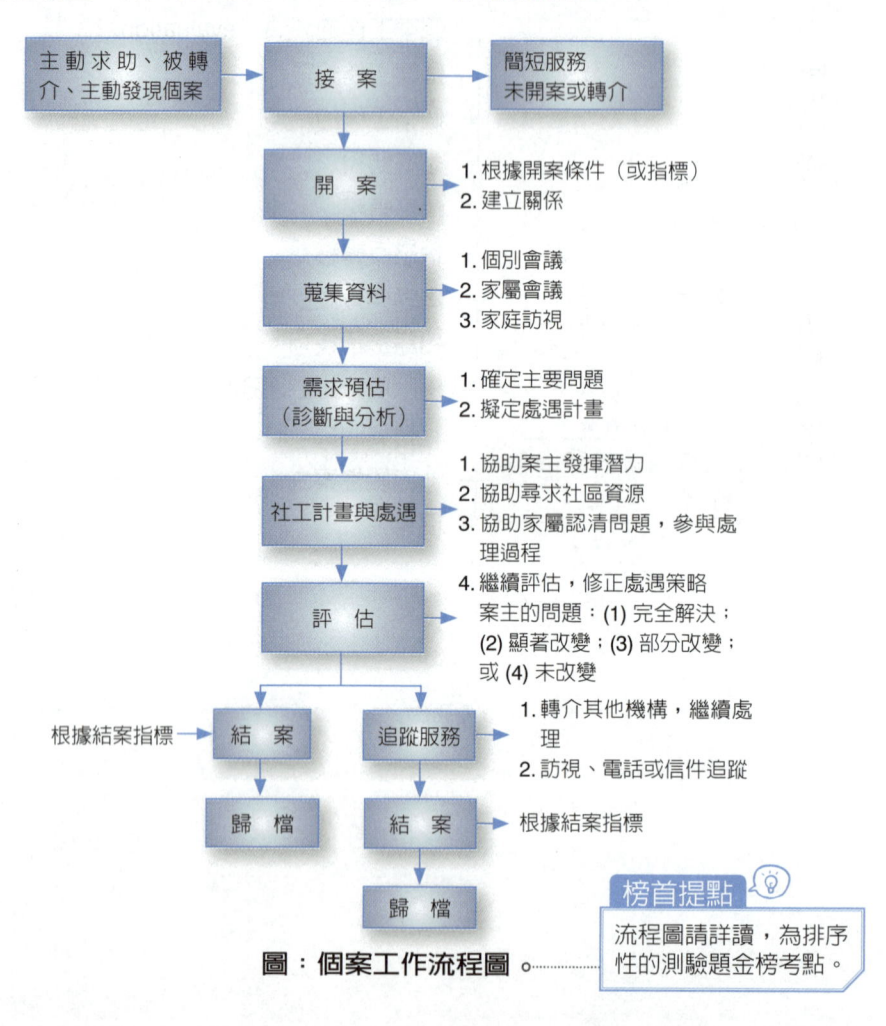

```
主動求助、被轉介、主動發現個案 → 接案 → 簡短服務未開案或轉介
                        ↓
                       開案 — 1.根據開案條件（或指標）
                              2.建立關係
                        ↓
                      蒐集資料 — 1.個別會議
                                2.家屬會議
                                3.家庭訪視
                        ↓
                   需求預估（診斷與分析）— 1.確定主要問題
                                          2.擬定處遇計畫
                        ↓
                  社工計畫與處遇 — 1.協助案主發揮潛力
                                  2.協助尋求社區資源
                                  3.協助家屬認清問題，參與處理過程
                                  4.繼續評估，修正處遇策略
                        ↓              案主的問題：(1) 完全解決；
                       評估            (2) 顯著改變；(3) 部分改變；
                        ↓              或 (4) 未改變
    根據結案指標 → 結案      追蹤服務 → 1.轉介其他機構，繼續處理
                  ↓           ↓         2.訪視、電話或信件追蹤
                 歸檔         結案 → 根據結案指標
                              ↓
                             歸檔
```

圖：個案工作流程圖

榜首提點
流程圖請詳讀，為排序性的測驗題金榜考點。

(二)個案工作的過程
　1.申請和開案
　　(1)個案的來源：案主求助的管道
　　　主動前來協助：個人或家庭帶著他們認為的問題，主動前來機構尋求幫助。Compton 和 Galaway 稱此時的他們為服務的「申請者」。社會工作者先瞭解潛在案主所提出的問題，以決定是否接案。
　　(2)以「外展社會工作」主動發現個案
　　　社會工作者看到一些需要幫助的個人或家庭面臨問題困境，主動去幫助。專業人員主動出擊，走出機構去接觸這些需要幫助的人。從事外展工作需要高超的溝通技術，也要非常有耐心。

> **上榜關鍵** ★★★
> 外展社會工作基本概念務必清楚，如何規劃外展方案，請預為思考，例如：街頭少年、遊民等議題。

　　(3)案主被其他機構轉介而來
　　　在實務經驗中，有機構或團體將需要幫助的個人或家庭轉介至可提供所需要服務的機構。「轉案」與「轉介」不同，轉案是有時社會工作者接到的是在同一機構另一社會工作者轉來的個案，可能因為這位社會工作者調離單位或離開機構，如此接到的個案稱為「轉案」。
　2.接案、開案或未開案
　　(1)接案會談

> **榜首提點**
> 本段內容藍字者，請詳加研讀，為測驗題的重要考點。

　　　A.當案主帶著問題前來機構申請幫助時，社會工作者和案主之間就開始建立起專業關係。機構對於初次申請幫助的人可設專門的「接案者」負責接案，或由該單位之社會工作者直接負責接案。
　　　B.「開案指標」指的是每一機構都要依其服務宗旨與服務功能，列出一些可以開案的條件或標準，其作用除了有開案的依據外，也可以讓新進社會工作者容易進入狀況；如不能開案，對案主也有交待，以免滋生困擾。
　　　C.接受轉介的機構也需設定開案指標，特別是需要排出輕重緩急的情況，確定哪些轉介必須立即處理，包括：a.立即行動；b.緊急行動；c.非緊急行動等三種情況。立即行動應是比緊急行動來得迫切。
　　(2)開案會談：開案會談就是在蒐集資料以瞭解案主的問題。主要任務包括邀請案主參與會談、瞭解案主此時的問題、瞭解案主希望什麼、釐清期待與初步的協議等。

（3）未開案的處理
　　A.經過接案會談，發現並不需要開案，而成為「未開案」的情況。原因可能是，最終發現其狀況不符合機構的開案條件因機構資源不足而無法提供服務，例如：經費匱乏或機構必須依照法令才能處理等。
　　B.社會工作者必須將此類「未開案」的情況做摘要紀錄，以備評鑑之查詢，或如果潛在案主將來再來時也可以查詢。

3. 蒐集資料
（1）獲得個案資料的來源：蒐集資料主要是透過會談的方式進行，個案資料依其來源可分為與案主本人的會談、與案主家人的會談、與其他相關人士的會談。

> **榜首提點**
> 加強對本段藍字的研讀，提升測驗題選答能力。

（2）社會工作會談：「社會工作會談」，是社會工作者與案主之間的一種有特定目標和有方向之專業性談話，主要是為了完成社會服務工作服務的目標，不是為了交換訊息或非正式閒聊。因此可知，社會工作會談是受到限制的，而且是有契約意涵的談話，因為要完成社會工作服務的目標就是契約。在整個服務過程中，會談是不可或缺的；會談是否有效，也直接影響服務的效果。

（3）家庭訪視或機構訪視：社會工作的會談有時可以在案主的家中舉行，此時稱之為「家庭訪視」。家庭訪視常構成個案工作的一項重要步驟，其主要功能在於證實案主的情形，瞭解其家庭生活與社會關係，並且從中確認可用的資源，探詢可行的解決方法。有時亦可能需至案主的工作地點、學校等地訪視，可稱為「機構訪視」。訪視前需確定具體的目標。

（4）蒐集資料的其他方法
　　A.社會工作者在與案主接觸時所做的觀察，有結構式與非結構式，參與觀察與非參與觀察。社會工作者也需要有事先的計畫和事後的紀錄，精確的做紀錄，能輔助我們口語會話所蒐集的資料，有助於將來的診斷與處遇計畫。
　　B.有時對不易表達個人意見的案主，社會工作者在蒐集資料時可以考慮以測驗或問卷方式讓案主填答或繪圖說故事的方式。

4. 需求預估（診斷與分析）
預估通常只是暫時性的假設，並與處遇形成循環性的歷程；也就是說，運用預估結果進行處遇計畫，處遇歷程與結果都會隨時修正原有的預估。

> **榜首提點**
> 重要的測驗題概念題，極易混淆。

5. 處遇（干預）計畫

處遇計畫在於協助案主解決困境及滿足需求。處遇計畫擬定的歷程，在於運用多面向評估所形成的整體性概念，釐清案主所面對的問題及所處情境，爾後與案主共同擬定符合其個別需求且具體可行計畫的歷程。預估與處遇於個案工作中為循環回饋的關係歷程。藉由預估結果擬定計畫，而在計畫擬定及執行過程中，又必須經常檢視生態系統，進一步修正或增強原有的預估，甚至大幅變更或調整原定的處遇計畫，因為不同的預估重點將導引出不同的處遇計畫。所以，社會工作者最初的預估通常不被視為定論，而「不斷地假設、不斷地修正」，成為工作者對案主進行預估及擬定計畫時應抱持的態度。

6. 評估與結案

（1）評估的意義

A. 社會工作者的評估是針對問題解決的服務之最後一個階段。透過評估，社會工作者和案主一起決定哪些任務達到目標，以及是否繼續執行處遇計畫等。在評估基礎上，社會工作者和案主可能需改變對問題的診斷、改變處遇目標、改變服務計畫或完全以一種不同的服務計畫進行處遇。

> **榜首提點**
> 本段藍字的部分，細節詳讀，注意勿忽略，在測驗題中往往會有要考生辨別細微差異的考題。

B. 社會工作者與其他助人專業一樣，必須確定服務的成果和其有效性。社會工作的評估是確保服務品質的必要措施，也是加強社會工作的責信（accountability）和服務品質的保證。所謂的責信，可以說是一種責任，是社會工作者負責達成對案主提出或同意的服務。評估是檢討整個個案進行過程的成功或失敗、有效或無效，以及社會工作者所使用的技巧為何，以作為日後處遇的參考。

（2）服務過程中的評估

個案工作的服務特別關心正在進行中的服務，每一個部分如何影響產出的結果，評估的重點在於藉此提出改進工作計畫的意見，以及具體積極的建議，協助個案工作服務的推展與改善。隨著時間的推移，問題情況和人的情況都可能不斷的改變，因此社會工作者應該不斷的檢視工作計畫，以符合改變中的問題和個人的需求。

（3）準備結案前的評估

A. 追蹤服務：有時案主可能因其問題減輕而離開機構，如住院病人出院、受暴婦女遷出緊急庇護中心、受虐兒童遷出安置機構等，此時尚不宜

結案，因其仍有需要協助的部分，社會工作者則繼續提供服務，稱之為「追蹤服務」。事實上，多數的個案應該都有一段追蹤服務時期後，才予以結案。

B. 結果評估：現代的社會工作服務輸送系統，受機構管理的趨勢和以量化評鑑的使用所影響，但是並非所有的社會工作服務資料都可以用量化方式來處理，其中仍有許多應以質化方式處理的因素。因為，社會工作者的服務輸送常需處理心理和情緒的問題，而即使「行為」可以被測量時，「感受」和「情緒」卻常常不能，這些是需要質化工具來處理較為妥當。

(4) 結案時的工作

結案（termination）是個案工作的最末一項程序，是指社會工作者與受助者專業關係結束的處理工作。當案主的問題解決了，或者案主已具有能力應付和解決他自己的問題時，就可以結案。因此，所謂「結」案，即表示該社會工作機構與社會工作者不再對某位案主提供任何服務，案子就此告一段落。

上榜關鍵 ★★★★
全段請詳讀，為核心概念。

三、個案工作接案之目的

(一) 接案主要的工作是包括對服務對象資格的確認、初步關係的建立、問題的探索、確定服務項目以及轉介等工作。

(二) 接案時對於「問題」的界定，並不是將案主視為個人的病症或失能，而是將問題界定為是服務對象本身的需求與環境資源之間產生分配錯誤或不均衡的情況，以及案主未發現自己可能具有解決目前狀態的資源或潛能，以了解案主的優勢。必須重視服務對象本身於事實及問題的了解與界定，而不是以工作者的專業立場來界定服務對象的問題，以及討論他為何會這樣看問題？

四、個案工作的資料收集

(一) 資料收集之目的

1. 經過接案後，若社會福利機構能夠對案主的問題提供服務，就真正進入協助的階段。在協助案主解決問題之前，當然須先對問題有充分的了解，才能對症下藥，故第二個步驟主要工作即是收集相關的資料及對問題的分析、研判。

2. 這個階段的主要目標是從各方面了解案主及其問題，且利用這些資料尋求對

問題的解決方法與途徑，

(二) 資料之來源

> **上榜關鍵** ★★★
> 請以申論題為主，測驗題為輔的方式準備。

1. 與案主本人的會談

- 有關資料的來源可從多方面收集，通常第一手資料是來自於案主本身。為何案主會如此感覺及表現，應該列入第一考慮。「與案主會談」在個案工作過程中最重要，也最常被使用，這是工作者接觸案主、了解案主、協助案主並與案主建立良好專業關係最直接與最方便的方法。

2. 與案主重要他人的會談

- 除了來自案主本身對自己問題的主觀看法外，能夠從案主家人或其周圍的關係人獲得客觀的資料也是很重要的。「重要他人」在案主的生活經驗當中，是第二手資料的來源，由此可看出案主的人際關係。

3. 紀錄、測驗報告及各種的評估資料

- 收集資料時亦可考慮收集案主過去的一些相關紀錄、測驗報告和各種的學習及評估資料。使用這些資料時，社會工作者須保持理性，而這些資料須具確實性、有效且方便機構使用。這也是社會工作者須花費很多時間收集資料的原因。

五、個案工作的會談

(一) 社會工作會談

1. 會談的定義

   會談是社會工作者與案主之間有目的、有計畫的談話，社會工作者運用人類行為與社會環境等相關知識為基礎，技巧性的運用語言、態度，進行有目的的溝通與交流，以達成協助之目的。

> **上榜關鍵** ★★★★
> 社會工作會談的定義務必清楚，再搭配會談與談話的差別表，詳細的研讀，切勿疏漏，在測驗題經常有混淆題型出現。

2.會談與談話的差別

比較層面	會談	談話
目標	有清楚的目標,任務取向。	沒有具體的目標、計畫。
角色	清楚的角色區分,社會工作者是會談者,受談者是被會談者。	沒有具體界定。
運作	在特定的場合、時間進行,有清楚的會談時間與次數。	以社會期待與社會規範進行互動。
互動方式	以專業互動的規則取代社會性的社交禮儀。	以社會期待與社會規範進行互動。
表達方式	正式、結構、有組織。	非正式(片斷、重複、迂迴)
溝通	單向的由受談者說給社會工作者為主,以受談者的利益為焦點。	均等的、單向的、互惠的。
責任	社會工作者有責任開啟會談,並讓會談持續下去,對受談者有後續責任直至目標達成為止。	談話雙方沒有責任去引發談話或讓談話持續下去,對彼此沒有後續責任。
權威與權力	社會工作者擁有較多的權威與權力。	雙方均等。

(二)會談的目的

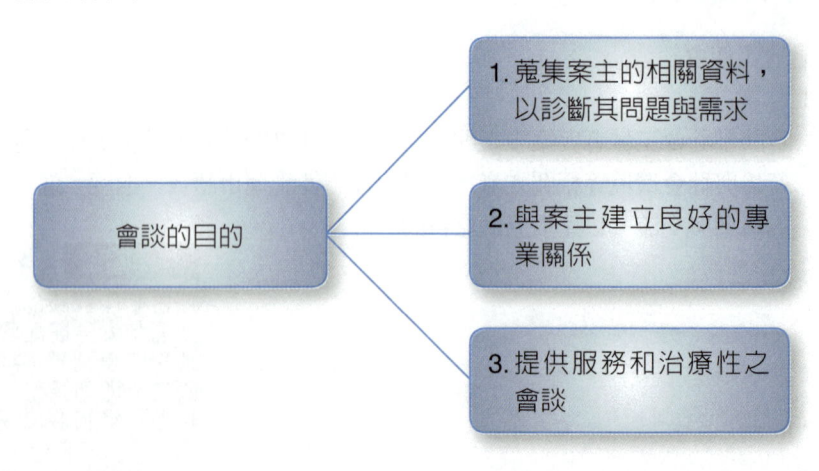

會談的目的
- 1.蒐集案主的相關資料,以診斷其問題與需求
- 2.與案主建立良好的專業關係
- 3.提供服務和治療性之會談

(三) 社會工作會談應注意事項
1. 會談前的準備和通知必須妥善計畫，尤其通知的口氣應盡量熱忱、和諧、親切，切勿以公式化的口氣要求其前來。
2. 會談場所安排要達到安靜、舒適及有隱密感（privacy），使案主能夠在安全、舒暢的環境中自由地表達自己的感受與想法。
3. 社會工作者的儀表應整潔、適稱，過分隨便的衣著會使案主懷疑社會工作者的成熟性，並使案主對社會工作者的專業能力失去信心。
4. 會談時間長短要適中，通常會談時間約在 45 分鐘左右，但在緊急或危險情況下，時間應有伸縮性。

> **榜首提點**
> 重要考點，常針對各注意事項以混淆視聽的方式出題。

(四) 社會工作會談的型式
1. 資訊或社會史會談（social history interviews）
又稱為資料性會談。資訊或社會史會談是為了得到案主個人或社會問題的背景或生命史，其目的不只是為了解案主的背景，而且也幫助社會工作者決定何種服務應該提供，何時提供。資訊包括客觀的事實與主觀的感受。

> **上榜關鍵** ★★★
> 除了各種社會工作會談的型式必須了解外，對於個人社會史所包含的幾個大項，請建立基本觀念，測驗題考點。

表：個人社會史

1. 個人基本資料
   (1) 姓名
   (2) 家庭
   (3) 教育與工作經驗
   (4) 特徵
   (5) 環境因素
2. 需求與問題
   (1) 尋求服務原因
   (2) 問題史（或需求史）、肇端、本質、結果、原因，以及解決企圖與經驗。
   (3) 能量
   (4) 一般需求
      A. 人類基本需求
      B. 特別需求
      C. 環境期待的需求
      D. 尋求服務的需求
3. 助力與限制

2. 預估會談（assessment interviews）

預估會談重點在於特定之目的，而非一般性資訊；也就是研判焦點問題已凸顯後，社會工作者針對決策或提供服務所需，而進行較特定目的之會談。

3. 治療會談（therapentic interviews）

治療性會談是以會談作為治療的手段，經由會談達到治療或個人改變的目的。

六、工作契約

上榜關鍵 ★★
曾為申論題的考點。

（引自曾華源等主編，《社會工作直接服務：理論與技巧》，洪葉）

形成契約的主要目的是在確認社會工作者與案主雙方明確瞭解即將進行的行動計劃與要完成的目標。因此，契約的內容至少包含以下項目：

（一）契約的完成

目標是可以修正的，只要情勢改變及有新的訊息進來時，也就是過程的參與都能根據改變的情況而有所調整。最初的契約只是初步的，爾後可根據案主的改變狀況進行修正。

（二）參與者的角色

包括案主與社會工作者的角色，尤其對於非自願性案主而言，澄清社會工作者與案主個別的角色在建立關係上更為重要。至於被法律強制託管的案主和公共機構的案主，這些應在契約過程中明確地寫下來。書面簽約提供案主各方面相互驗證的機會，社會工作者要說明社會工作者和機構所提供的服務。

（三）使用干預或技巧

契約要清楚記載達成目標所需執行的干預與技巧，在簽訂契約之初，可能只能寫下大概的干預程度。例如：團體或家庭課程，可能包括組合的策略。社會工作者可以寫明將在解決問題的過程中，會討論問題的情況及考慮各種補救行動。當社會工作者考慮執行干預時，最重要的是與個案討論提供干預的簡短綱要，以能引發案主的反應和獲取他們的同意為主。必須謹記在心的是，簽訂契約的主要目的是改變案主的困境，並且是持續不斷的。

（四）會談時間架構與頻率長度

契約的另一層面是助人過程的持續時間和會談時間的頻率與長度。就整體來說，案主較喜歡的是當他們有需要，以及有問題需要解決時，才接受服務的協助。這不是說案主不喜歡尋求協助，而是時間限制能讓他們在特別的時間架構內，得到明確的問題解決。但時間限制並不是對所有的案主群與情況都適用。

（五）會談的頻率和期間

大部分的機構，是以每週一次會談為主。有些案主因要有較多的支持與監控，故會談頻率會變得較密集。例如：兒童福利的兒童保護計畫、工作訓練方案、院外戒癮治療、行動不便的老人服務，以及逃學及年輕的遊民方案等。前述這些案主在整個協助過程中，必須要提供密集的會談直至結案。會談的時間也有限制，一般機構所設定的會談時間，大約一次是五十分鐘為主。但假設是在公立機構的條件下，有些兒童或是家庭的保護服務，為了能監控兒童與父母，不僅是單以會談時間為主，社會工作者還須挪用部分時間進行家訪、危機問題解決，以及教導親職技巧。另外，會談時間長短是視案主狀況決定。

（六）監控進步的方法

於契約中明確規定要如何監控進步，此舉可提供整個行動的思考方向，並能促進改變，尤其增強案主改變動機，及協助案主實現了正向的自我實現預言。監控的頻率也要與案主協商，許多案主通常會尋求建議，而每隔一次會談評估進步是很好的方式。有些案主可能喜歡在每一次會談時，花幾分鐘談進步。但有的案主可能不喜歡常常談。因此建議是可以有彈性，但不容許討論進步的間隔超過三次以上的會談。

（七）重新協商契約條文

因為契約維繫整個助人過程，所以要與案主澄清契約或在任何時間重新協商，如情況改變、新的事實出現及有進步時。這些和其他的改變因素都需要契約能經常更新，並維持其適切性。所以建議要跟任何參與者解釋，可在助人過程中要求修改契約。這樣的解釋進一步強調了預期的改變，以及增進過程中的相互性。當與非自願性案主簽訂契約時，要明確說明在違反法律的新證據出現的情況下，可單向更改契約。

（八）其他項目

形成契約的最後一個要素，包括建立開始時間、日期、取消或改變會談時間的規定，以及財務的安排（若需要費用時）。至於改變或約定時間，要強調案主應為保留給他們的時間負責。

七、個案工作的預估（assessment）

（一）預估（assessment）的起源

預估源自於1917年Mary Richmond的《社會診斷》（Social Diagnosis）一書中「診斷」的概念，決定了開案與否、問題歸因、處遇模式及資源提供等。

> **榜首提點**
> 考生應注意預估（assessment），許多的教科書亦翻譯為「評估」；而「evaluation」，則被翻譯成「評估」、「評鑑」。前述的專有名詞，因中文翻譯之不同，致容易混淆，請考生熟記英文名詞。

（二）預估之意涵
1. Max Siporin 定義預估為「一種瞭解的過程及結果，是行為的基礎」。個案服務過程是持續不斷的循環系統，從資訊的蒐集、預估、診斷到處遇，而處遇結果的回饋將成為深入預估的參考資訊。

> **榜首提點**
> 重要觀念請紮實準備。

2. 社會工作者必須透過對案主問題與需求的瞭解，提供案主必要的協助和治療，即稱為「預估」（assessment），亦稱為「評估」。預估在直接服務中是個相當重要且複雜的歷程，我們必須從案主本身及周遭生態環境系統中蒐集相關訊息，加以統整、思考、分析，提出暫時性診斷，再與案主及其重要他人共同思考，提出可行的處遇計畫。

（三）個案工作預估的特性

個案工作預估的特性	說明
1. 預估是一個持續的過程	「預估」雖是整個服務過程中的一個步驟，但事實上，從接案以後的各種會談資料都是預估階段所需要的；也可以說，從接案開始就在預估。若預估之後的干預成效不彰，也會使工作者有可能再重新預估。
2. 預估是案主和工作者雙向互動的過程	預估階段非全由工作者單方面收集資料及對資料做整理分析，而是需要案主參與整個預估過程。預估內容是由工作者和案主在會談中相互討論的結果，也是在會談中工作者觀察案主和案主所處的生活情境之互動而來。
3. 預估是多面向的	人類的問題看似簡單，但往往是關聯到許多因素的複雜交互反應作用。很少有問題的來源只存在於個體本身或個體環境的，一般都發生在人類和環境的互動和交互反應作用之中。預估案主系統（如個人、夫妻、家庭）的問題時，需要有廣泛的知識，尤其是有關衝擊案主的種種系統（如宗教、經濟、法律、教育）方面。所以預估一個個體的功能，同時也需要評估各方面功能的運作狀況。

（四）預估的資料來源

> **榜首提點**
> 要項請熟記，為記憶型申論題之考點。

1. 書面資料：個案於接受服務過程中各式紀錄、通報資料、測驗及預估報告等書面資料，都是主要的資料來源，包括：個案紀錄、轉介紀錄、通報單、測驗結果、學生基本資料表、個案研討會紀錄、病例、驗傷單、團體輔導紀錄等。
2. 語言訊息：社會工作者、案主及其他重要他人之間的互動歷程，常為蒐集訊息的主要管道，其中又以語言訊息為最主要的資訊來源。甚至有部分社會工作者僅能從案主語言中獲取訊息（例如，中途之家）。
3. 直接觀察非語言行為及互動情形：直接觀察非語言及互動訊息，亦為重要管道之一，而愈有經驗的社會工作者，愈有能力蒐集非語言訊息，並且正確詮釋出案主的想法與感覺。
4. 案主的自我監控記錄：「案主的自我監控」係由社會工作者協助案主記錄自己的生活事件，包含情緒、感想、行為、事件等。初期可藉由記錄提升其注意力於重要生活事件上，洞察事件的內涵及情境，來瞭解事件發生的基礎點。例如：記錄情緒週期的起伏與生活事件的時間脈絡，進而產生改變的動力、目標及建議，達到增權案主的目標。
5. 案主周邊資源的訪視：主要包含兩部分，其一為案主周圍非正式資源（包含朋友、鄰里、家屬等）提供重要訊息；其二則是視個案需求與相關社福機構協調聯繫及蒐集訊息，包含曾提供服務給案主或案家的教育、警政、司法、社福機構等。
6. 評量量表及心理測驗：社會福利機構為提高接案預估的專業性，多半會針對案主類型及開案指標設計預估表或檢核表，可能是由案主或其代理人自評填寫，或者是社會工作者、心理師、醫師、復健師等專業人員評量後填寫。例如：學前發展檢核表。
7. 個案研討：個案研討會常是社會工作者彙集相關資訊的重要管道之一，目標在於蒐集各領域的預估及建議，以期提供案主夠周延且專業的預估及處遇計畫。常見的成員組成包括跨領域專家學者、機構內專業團隊。
8. 社會工作者與案主系統互動經驗的體驗：社會工作者本身與案主系統直接互動的主觀體驗，也是蒐集案主訊息的管道之一。因為社會工作者在面對不同案主時，通常會自然呈現不同的行為模式，而透過自我省思將有助於社會工作者預估案主行為模式，推論或預估其他人對案主所可能產生的情緒及行為反應。

（五）多面向預估的內涵

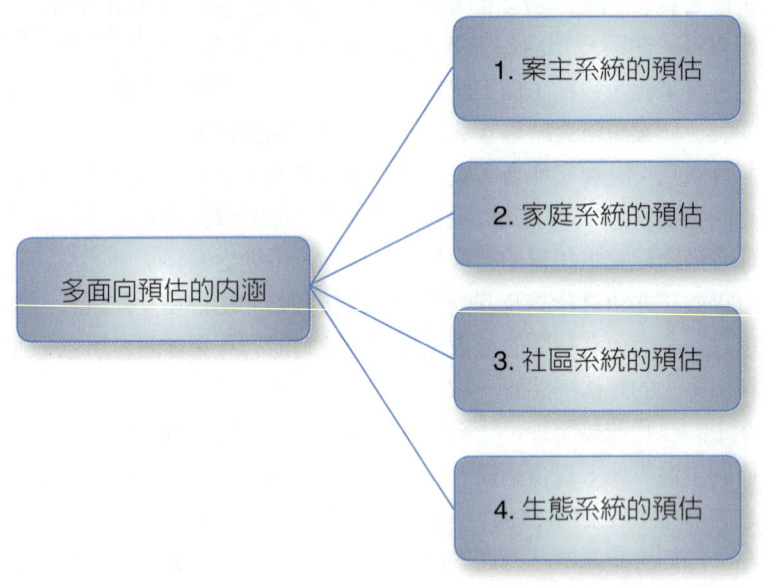

```
多面向預估的內涵
├─ 1. 案主系統的預估
├─ 2. 家庭系統的預估
├─ 3. 社區系統的預估
└─ 4. 生態系統的預估
```

1. 案主系統的預估
   （1）蒐集案主系統資訊是協助案主問題處遇的基礎，包括基本資料（年齡、性別、職業）、自我概念、優劣勢特質及能力、對問題的主觀詮釋、情緒情感、內外在改變動機及能力等、個人社會發展史、成長歷程關鍵事件及所帶來的影響、接受社會福利的經驗等。
   （2）對案主的助阻力的預估概念部分，Cowger從「環境與個人因素」及「優勢及挑戰」兩面向發展出一個預估的概念，其中第一區為個人因素的優勢及資源、第二區為環境中的優勢及資源、第三區為環境中的挑戰、第四區為個人的挑戰，有助於預估案主及其重要生態系統的助力及阻力，並考量擬定運用及增強案主助力及優勢的處遇計畫。

> **上榜關鍵** ★★★
> 各區的功能請建立基本的測驗題區辨能力。

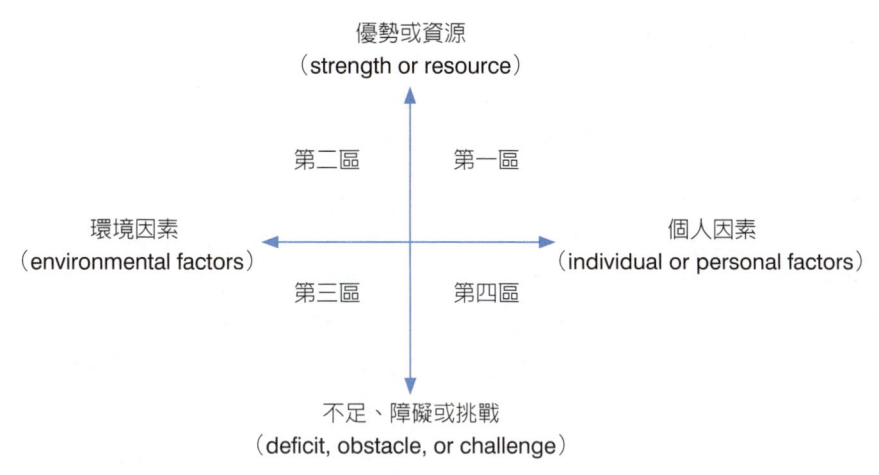

```
        優勢或資源
    （strength or resource）
              ↑
     第二區  |  第一區
              |
環境因素 ←————+————→ 個人因素
(environmental |    (individual or personal factors)
   factors)   |
     第三區  |  第四區
              ↓
      不足、障礙或挑戰
（deficit, obstacle, or challenge）
```

圖：助阻力預估架構圖

2. 家庭系統的預估
   （1）家系圖（genograms）：呈現家庭成員基本資料及相互關係，最好包含三代家庭成員。
   （2）家庭關係圖（fanily relationship）：說明成員親疏遠近關係，成為預估家庭動力的資料來源，主要以家庭成員於會談中所表達的看法和界定為主，輔以社會工作者之觀察。
   （3）家庭預估：社會工作者進行家庭預估時的重點問題，應包括生活環境、家庭組成及擴展網絡、家庭壓力、家庭優勢／資源、溝通型態及互動模式、規則、信念、價值及權利。
3. 社區系統的預估
   社區是指案主所居住的環境，社區環境直接影響家庭系統的運作，更深刻影響個別成員的成長歷程，因此觀察社區、瞭解社區，甚至更進一步影響社區都是社會工作者的工作重點之一。然而從個案工作的角色而言，必須從預估社區的脈絡中尋找潛在因素、有助於案主及家庭發展的助力或是相對的阻力，和增強潛在資源系統等，並進一步有效運用社區的力量協助案主。
4. 生態系統的預估
   預估生態系統的重點在於瞭解案主所處生態系統的本質、結構及生命週期（如：家庭發展週期及任務），並考量微視系統的能量、凝聚力及適應性的高低，預估系統內案主的需求、期望、資源及角色分配等，及其在鉅視環境下所可能產生的優勢及困境。另外，更從系統的觀點分析權力分配、系統界線、次系統與其他系統的關連。因此，案主家系圖及生態圖的繪製，成為預估生態系統的重要工具。

八、個案工作的干預（處遇）計畫

干預計畫應包含可測量的干預目的和結果，是一種對案主的問題有效且以證據作基礎的干預。規劃干預的過程包括以下五個步驟：

1. 選擇問題
以質化和量化的觀點了解問題，將家庭和社會環境的情況亦納入考量後選定問題。

→

2. 界定問題
將問題給予操作性定義，量化方法對界定和操作問題特別有幫助，使問題可以被測量和追蹤。

↓

3. 擬定目的
對每個問題都應該有一個目的，目的之宣告是對預期成效為何，目的也可是長遠的期望。

←

4. 建構目標
目標是可測量、可操作的步驟，為達成目的，必須實現這些步驟。每項目的必須具備至少兩項目標。

↓

5. 干預計畫
干預必須和各項目標搭配，選擇以短期、有證據為基礎，已證明對個人、家庭或問題有效的方法。

> **榜首提點**
> 1. 採用申論題的方式準備，在寫出規劃干預的過程步驟時，應預為思考實務案例的應用。
> 2. 干預（intervention），亦常被翻譯為「處置」、「處遇」、「介入」，請建立基本觀念，並熟記英文用詞。

（一）干預（處遇）計畫之內涵

1. **案主 vs. 處遇計畫**：好的處遇計畫應該以案主為中心，並能夠引發案主的改變動機。
2. **重要他人 vs. 處遇計畫**：重要他人是關鍵影響因素，因此應強調重要他人參與討論的重要性，以協助案主處遇計畫的執行。當然，也必須預估重要他人本身參與的阻礙，而仍應以案主最大利益為考量，特別是重要他人若為加害者時。
3. **社會工作者 vs. 處遇計畫**：社會工作者在擬定處遇計畫中是知識、技術及資源的專家，必須確實同理到案主的情境，並掌握改變目標及行動計畫、協助相關成員責任分工、適時掌握及運用資源、評估處遇計畫及成效等。

> **上榜關鍵** ★★★
> 本段藍字的部分，請加以留意細節，易在測驗題出題。

（二）擬定計畫之歷程分析

> **上榜關鍵** ★★★
> 擬定計畫之歷程分析，請利用流程圖建立順序架構概念。

```
1.擬定目標 → 2.具體化子目標
                    ↓
4.架構行動策略 ← 3.選擇介入的焦點系統
```

1. 擬定目標

   擬定目標歷程強調提出處遇目標、選擇可行性目標及確定長短期目標。社會工作者應協助案主提出或釐清處遇目標，特別是非自願性案主；同時，協助案主思考選擇可行性的目標，也協助案主刪減過多的目標；並協助案主建構短期的子目標，可以協助案主累積正向經驗，並逐步達到長期目標，因此，完整的處遇計畫應同時包含長短期計畫。

2. 具體化子目標

   具體化子目標的歷程，則是將目標延伸出明確、具體、可操作性的階段性子目標。目標管理有助於協助社會工作者及案主管理處遇目標。

3. 選擇介入的焦點系統

   （1）焦點系統（focal system）或是關注單位（units of attentions）係指處遇計畫介入的主要系統，預估結果仍是考量依據。Johnson 將其分為個人、家庭、小團體、組織、社區五系統論之。

   （2）除非案主對於一對一的協助關係產生排斥，否則問題源自於個案本身的需要或其內在心理議題時，應選擇「個人系統」為介入焦點，並著重在於增強案主獲取資源的技能、改變案主對自己或對他人的觀點、情緒管理或表達情感等各種技巧的學習訓練、個別諮商治療等重點。

   （3）當案主問題源自於家庭或需要透過家庭瞭解案主，或家庭成員對改變有關鍵性影響，或者問題涉及家庭選擇時，應選擇「家庭系統」為焦點，除非家庭功能嚴重受損或無法介入。家庭處遇的重點著重在家庭溝通型態、代間衝突、決策型態、家庭規則、提升家庭整體外在資源、增強共

同分享的家庭經驗等部分。
- （4）倘若案主問題為一般性、社會性、互動性議題且有適當的小團體可以協助時，運用「小團體」的處遇模式適時提供案主必要協助，介入重點在於社會化技巧的學習、增強社會支持及其他團體過程中所給予的協助；選擇介入「組織或社區系統」，多半源自於環境對案主及其家庭的重要影響，但是若處遇歷程對個案可能造成傷害則應該避免，而介入重點為文化及環境氣氛的改變、決策型態或規範、正式及非正式溝通系統、方案計畫與發展、排除服務提供障礙、增加組織或社區連結及其他環境的改變等。

4. 架構行動策略

目標及子目標協助案主發展出行動策略，包含：任務、責任與行動，並決定達成計畫所需的時間及方法，擬定行動計畫的歷程，其實也就是問題解決的循環性決策歷程，而計畫應該具有彈性並隨時依照案主情況做適度的調整。

九、個案工作的評估（evaluation）

（一）評估之意義

評估（evaluation）是用來找出預期發生的事是否真的已發生。評估是對已完成的服務工作與使用的方法策略，及為什麼如此決定進行評估。

> **榜首提點**
> 學界翻譯名詞未統一，「evaluation」，常被翻譯成「評估」、「評鑑」，英文用詞請熟記，並請建立基本觀念。

（二）評估的種類

1. 總結性評估與過程性評估

   總結性評估關心的是成果和效能；過程性評估關心的是工作的過程及各階段的工作如何影響最後的結果。

2. 質的評估與量的評估

   例如可以計算案主一天生氣次數或做家事負責任的次數，而資訊和紀錄的電腦化趨勢更推動了量的評估需要。行為雖然可以被測量，但人類的感情或情緒卻無法被量化，這便屬於質的層面。

> **榜首提點**
> 本段均為測驗題的重要考點。

（三）評估方法

1. 方案評估

   方案評估（program evaluation）主要之目的在於節省不必要的資源浪費；達成最大的效益；滿足最大的福利需求；能夠迅速達到預期目標。因此，評估的功能在於幫助機構做未來的規劃以及方案的管理；對捐款者的責信和對案

主提供高品質的服務。基本上，方案評估分為執行前、執行中以及執行後三類。

> **榜首提點**
> 基線測量在測驗題為多次出題考點。

2. 基線測量

(1) 所謂基線（baseline），是指干預之前的測量。因為有基線，干預之後或結案時才能比較干預前後之間的差異。而量化是指測量問題的次數或嚴重程度。基線可以測外顯或內隱的行為，如果以觀察就能計算次數，例如：一天生氣幾次，可以做為基線來看進步的情形，這樣把行為量化，案主也能感覺到變化。

(2) 至於內隱行為的基線，有如焦慮、自我貶抑的感受，案主可算出思考的次數或情緒的強弱。若是要改變的是憤怒或某種感受，則最好由案主指明內在狀況的不同程度——可用程度量表1至7度來代表感受的高低，並描述所經驗到的狀況。案主可用量表計算一星期中每天焦慮的內在狀況的程度，猶如外顯行為的計算方式，若能有10次分別的測量較能看出顯現的模式。

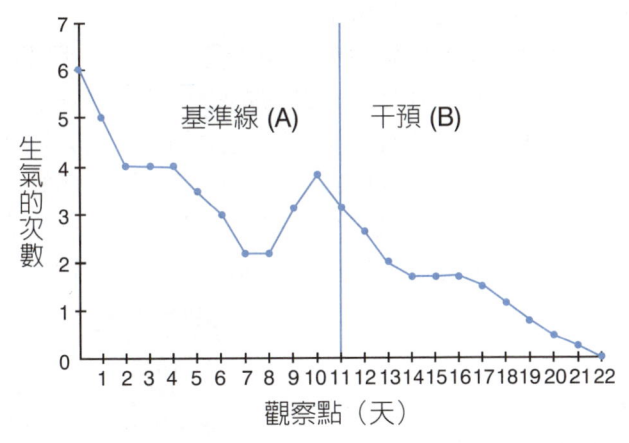

圖：基線進度趨勢圖

3. 自我定錨量表

> **榜首提點**
> 自我定錨量表 / 自我錨定量表從字面上，並不容易瞭解其意義，請搭配案例詳讀，是測驗題的重要考點。

案主可運用自我定錨量表 / 自我錨定量表來記錄某一段時間內（例如七天中每天記錄三次）煩惱的內在狀的程度，與計算外顯行為的次數相似。在這兩種情況中，案主保存標的行為之日誌，一般至少要有十次分別的測量才可看出資料顯現的模式，如急需開始干預，社會工作者要妥協可能低於十次的測量。

1	2	3	4	5	6	7
最少焦慮		中度		最高		
鎮靜、輕鬆、沉靜		緊張（但仍努力的發揮功能）		肌肉緊縮（無法集中精神或靜坐，可能會爬牆了）		

圖：焦慮的「自我定錨量表」範例

4. 目標達成測量（GAS）

> **榜首提點**
> 案例請看懂，並將內容了解，為測驗題考點。

(1) 目標達成測量是由社會工作者與案主指出一些問題行為或者改變目標。接著，社會工作者與案主一起給分數。-2 代表最不滿意的成果、0 則是期待中的成果、+2 則是最滿意的成果。-1 到 +1 之間則是代表較適度的期望。舉例來說，假設參與減重團體的案主，他的目標是一週內記錄所有食物和運動、衡量成果如下：

-2 ＝一週內幾乎是不完整的記錄
-1 ＝一週內有兩天有做食物、運動的記錄，以及卡路里記錄
0 ＝一週內有四天有做食物、運動的記錄，以及卡路里記錄
+1 ＝一週內有五到六天有做食物、運動的記錄，以及卡路里記錄
+2 ＝一週內每天都有做食物、運動的記錄，以及卡路里記錄

(2) GAS 很適合案主作為完成任務和記錄成果的方法，這方法可以協助案主和社會工作者追蹤進步的速度及服務成果，並且可以作為終止服務的指標之一。

十、個案工作紀錄

> **榜首提點**
> 在測驗題的考點上，社會工作的紀錄出題數，不勝枚舉，考生切勿疏漏；並請加強以申論題應答之能力，已有記憶型申論題的命題紀錄。

（一）個案工作紀錄之目的／重要性

記錄並不是將所有的服務過程鉅細靡遺的寫下，而是由受過專業訓練的工作者，經過思考與判斷，有組織、有目的之記載。對於記錄的價值與所能發揮的功能，威爾遜曾提出撰寫社會工作紀錄的目的，整理如下：

1. 持續服務工作

(1) 在社會工作提供案主服務的過程中，通常工作者是在一段時間內，定時或不定時的進行服務。為了下一次的服務能須順利接觸下去，不因間隔時間的拉長而對個案狀況產生遺忘或記憶不清，所以工作者必須將每一次會談的要點作明確的記錄。

（2）此外，當工作者有升遷、離職等職務變動或休長假，無法照常服務案主時，利用個案紀錄能讓銜接的工作者對案主有直接的了解，以持續原本的服務，不使案主的權益受損。

2. 服務品質的掌握

個案紀錄主要是呈現個案的問題及為尋求解決之道。記錄工作者從接案、了解案主的問題、問題的預算、到擬定處遇計畫，一步步地檢視服務過程的適當與否，不但能適時發現過程中工作者所遇到的障礙或不當的服務方式，及時改進；另一方面也能夠配合整個機構的行政需要，提供案主適切的服務，並達成機構目標。

3. 組織工作者的思慮

許多個案的問題是很複雜困難的，無法決定那一種解決方法最合乎案主的需要。所以工作者在每次會談過後，應立即將會談內容記錄下來，不僅能將腦海裡鮮明的記憶真實地陳述，還能有助其思考、分析、評估問題，看出問題前後脈絡的關聯性，與案主情緒、能力、面對問題解決動機等等的轉變。不僅有助工作者專業知能的提升，也有助於對案主問題準確的預估和干預。

4. 供機構、督導的查閱

機構與督導通常會在工作者工作每隔一段期間（每週或每月）查閱個案紀錄，確保工作者服務的品質，與案主是否得到良好的服務。當發現有違反機構原則或專業倫理的情況時，才能夠及時修正，並依工作者不足之處給予指教。

5. 專業間的溝通

有些案主的問題是跨越許多不同專業的。例如：一個兒童保護個案，可以同時涉及學校、警政、醫療衛生、社政體系的權責。所以，有時候工作者必須與其他專業的負責人員溝通協調，有必要時會轉介、召開個案研討會與團隊治療服務。另外，應注意避免各單位一再詢問案主同樣的問題，紀錄則可以避免造成案主的厭煩、氣憤或二度傷害。

6. 法律行動中的機構自衛工具

如同醫療糾紛一樣，在面對「人」的工作中，有時案主對服務不滿意可能會訴諸法律來控告服務提供者。尤其在當今民主意識抬頭的社會意識下，若提供服務的機構與工作者無法私下和案主和解，將可能走上法律審判一途。此時工作者就能以其詳載服務過程的個案紀錄，作為有力的佐證。

7. 處遇的工具

工作者能藉由個案紀錄的分析，讓案主了解他所面臨的問題為何、應如何處理改善，依循那些步驟等等，工作者與案主「一起」工作，以提供適合案主

的需求。

8. 教學的工具

在培養社會工作專業人員時，需要運用到實際案例的說明才能使學習更具體，以做為專業訓練的基礎。藉著紀錄可以累積更多的知能，對將來遇到真實對象的工作處遇時才會更有概念，不至於理論與實務無法連結而亂了陣腳。

9. 評估與社會研究

紀錄是公私部門、各個社會福利服務機構與學術單位專業評估研究的重要來源，服務不單只是為解決案主問題、對干預結果如何做評估而已，還要能夠透過研究與分析、更深入的了解案主情境、社會問題和部分的社會現象。又數據的報告可提供決策者訂定日後改進措施，或做為對所服務的案主群制定社會政策的參考。

(二) 紀錄的形式

> **榜首提點**
> 紀錄的型式，不同的學者有分類上的差異，但均必須詳讀各學者有關各種紀錄型式的說明，務必要能加以區辨，這部分是是非常重要測驗題考點，切勿失分。

1. 學者謝秀芬的分類

（引自：謝秀芬。《社會個案工作－理論與技巧》。雙葉。）

(1) 過程紀錄

過程紀錄（process recording）是與案主接觸時一份敘述性的報告，包括工作者的感情與對所發生的事情的想法。過程紀錄最常被使用於教育與督導的過程。

(2) 摘要紀錄

摘要紀錄（summary recording），主要包含記錄日、社會歷史、行動計畫、不定期地摘要有意義的訊息、社會工作者採取的行動及結案所完成的事項。摘要紀錄對長期服務的個案或正在進行接觸的工作者，是很重要的。這些紀錄對於一個特定案主來說，提供了過去經歷的畫面。

(3) 問題取向紀錄

問題取向紀錄（problem-oriented recording），通常被使用於記錄健康狀況。這個方法不僅被社會工作領域使用。使用這種方法會很容易將紀錄轉換成電腦數據而且簡潔易聚焦。問題取向紀錄包含四部分。第一部分是基礎資料，這一部分包括年齡、性別、婚姻狀況、功能限制、介入的人員（家庭及其他專業人員）、經濟狀況或其他測驗的結果。第二部分是初步問題敘述及相關人員預估的問題清單。第三部分是每一個被確認問題之計畫和目標。第四部分是接下來做了什麼行動及行動結果的紀錄。

（4）進度紀錄

工作者有義務將整個服務的步驟做記錄，在每個步驟中，能反應當初的預估目標達成的進度等都記錄下來。目標部分可記錄原始目標修正後的內容，而計畫可在確定的計畫旁寫想要採取改變措施的內容。SOAIGP 的格式是常被使用的方法。

- S-supplement：從案主或家人得到補充訊息。
- Observations：將觀察到的做記下。
- Activitie：工作者、案主及其他成員所從事的活動。
- Impressions：工作者的印象、假設、預估或評價。
- G-goals：現在的目標。
- P-plan，額外的活動或行動步驟的計畫。

榜首提點
請務必將 SOAIGP 各英文字母所代表的意義加以熟記，俾利測驗題正確選答。

2. Barry R. Cournoyer 的分類：「目標焦點」（goal-focused）的實驗性格式（GAAP）（引自萬育維譯，《社會工作實務手冊》。洪葉。）

項目	說明
1.G（目標，Goal）	將契約中的目標／目的進行摘要
2.A（活動，Activities）	將參與者（如社工人員、案主、他人）在為達成目標的過程中，其所從事的任務、活動和處遇加以形容。
3.A（預估，ssessment）	報告預估的結果和為達致目標之活動效果的評估步驟。
4.P（計畫，Plans）	基於預估與評估，描述與目標有關的任務即活動計畫。

上榜關鍵 ★★
測驗題考點。

十一、個案工作的結案

(一) 結案的種類（類型）

> **榜首提點**
> 測驗題基本題型，並請輔以申論題方式準備。

結案的種類（類型）

1. 案主和社會工作者都滿意已完成彼此同意提供的服務
2. 服務目標沒有達成，但雙方都認為可以結束工作了
3. 關係停止，是因為社會工作者離開機構或轉到其他單位服務
4. 已完成了計畫中的服務，但案主所需要的服務、機構無法提供，所以必須轉介

(二) 結案的指標

> **榜首提點**
> 在測驗題中，常有可結案指標之描述，請考生區辨何者為真或何者為誤，請詳讀，並輔以申論題方式準備。

1. 案主的問題已經獲得解決
2. 問題的解決已告一段落，案主或其家屬顯有能力自行解決問題
3. 所餘問題非屬社工部門的服務範圍，應由其他機構提供協助，且已經給予妥善安排者
4. 除 1-2 項因素外，考慮結案時需要與督導或主任商討

(三) 結案時的感受

> **榜首提點**
> 案主的情緒和行為反應，是常見的測驗題考點，尤其是否認和逃避、自我貶抑，務必加強準備。

1. 案主的情緒和行為反應

(1) 否認和逃避：當結案被提出時，案主的反應通常是否認、拒絕。否認是一種防衛機轉，用來避免受傷的感覺，這種防衛機轉是逃避。

（2）憤怒：結案有時會讓案主覺得被拋棄而感到憤怒，覺得被工作者傷害，因此以責罵的方式面對、傷害工作者，甚至批評工作者的專業能力，此時工作者的回應是重要的。

（3）沉默和害怕：沉默也是案主在面對與工作者即將結束專業關係時的一種反應。案主在當下可能什麼都不願意說，也不願表達任何感受，也可能是案主不希望表露出內心的害怕及焦慮或失落，而用沉默以對的方式反應。

（4）悲傷和退化：結案階段通常是情感的反應期，可能會出現失落的恐懼感或不了解的恐懼感覺和情緒。悲傷的感覺可能會超過失落感和生氣，亦會產生退化的情形，退化到原先行為的舊模式。

（5）自我貶抑：有時結案讓案主認為自己沒有價值，認為社會工作者並不在乎他們，尤其在機構生活的案主。例如：敬老院、仁愛之家或育幼院的院民們。

2. 工作者的分離反應

社會工作者亦會對分離產生痛苦的反應。故必須去檢視自己對分離產生的情緒。包括對特殊的個人、團體、家庭，或是自己因應失落壓力的模式。

（四）處理結案的方式

1. 處理案主的情緒

給案主充分的時間去抒發因為要結束關係所引發的各種情緒，並且幫助案主回顧以前的分離經驗和處理分離經驗的情形，經由工作者的同理接納以了解自己的反應。案主從這過程中將獲得成長，並增強自己的社會功能。

2. 回顧成果

在結案時，工作者應和案主一起回顧整個服務的過程，肯定案主的優點、所付出的努力及所獲得的成果，哪些對案主有幫助，和案主一起評估成效並討論還有哪些困難存在。

3. 計畫未來

當社會工作者發現是因為自己的生涯規劃而要離開他現在的崗位時，社會工作者應該讓案主說出其感覺，特別是痛苦的情緒。案主需要認知到工作者是會來來去去，但是機構卻是持續提供服務。

4. 結束關係

一般結案後，有些案主會希望與社會工作者維繫友誼或想送禮表示感謝，或要求社會工作者留下電話。應如何回應案主這樣的期望，要看機構的政策而定，沒有一定的處理方法，有些機構會禁止工作者接受案主的期望，但是對於案主這些需求，應表達了解的意思。

> **知識補給站**
>
> - 案主在結案階段，要求社會工作者在結案之後，非因追蹤計畫的持續接觸：
> - 案主要求社會工作者在結案後，能持續當朋友，維持聯繫或偶爾碰面，如喝咖啡、吃飯、加入個人臉書，希望能常與社會工作者接觸。非追蹤計畫的持續接觸，除涉及倫理規範的雙重角色，也阻礙案主發展其他支持網絡與社會關係。而追蹤計畫的會談、電訪與電子郵件的服務目的清楚，是服務過程的重要環節，社會工作者與案主維持的是專業關係。

（五）轉介 **榜首提點**（測驗題熱門考點）

1. 結案時轉介之原因

   機構的功能往往是有限的，有時機構的服務或社會工作者的能力無法有效協助案主，或案主的部分問題和需要必須再向其他機構申請服務時，就必須要透過轉介的程序，使案主能獲得問題的解決。轉介是以案主需要和有效資源的評估為基礎，而採取的一種聯絡和協調的服務，而非推諉責任的方式。

2. 有效的轉介應遵循之原則 **上榜關鍵** ★★★★（以申論題方式準備，建立有效轉介應遵循之原則的基本觀念。）

   （1）引導案主表達感受，以確定其準備好接受轉介。社會工作者應提供合理的解釋，讓案主放心，包括轉介的必要性、轉介的潛在利益、不轉介的成本，以及不得不轉介的必要性。

   （2）配合案主所需。案主需要轉介，意即本機構資源不足以提供最佳的服務。較有效的作法是先建立社區資源清單，並隨時聯繫更新。

   （3）尊重案主自決（self-determination）。案主有權利決定要不要接受轉介與轉介到哪一個機構或設施。不過，社會工作者有職責推介最有利於案主的待轉介資源，以及說明案主接受有利於其問題解決的轉介。若法律有強制，案主不可能拒絕轉介。但，社會工作者仍必須以案主的最佳利益來考量轉介資源。

   （4）避免虛假與非現實地承諾。社會工作者可以樂觀地說明轉介可能帶來的利益，但避免為了說服案主接受轉介而給予不可能實現的承諾。

   （5）避免先確定下一個服務者是誰。社會工作者可以告知轉介資源的服務者有哪些、他們的特色如何，但是，不可保證一定是誰會提供案主服務。

3. 轉介注意事項 **榜首提點**（除申論題的準備外，這部分是測驗題的重要考點，請勿疏漏。）

   （1）確認轉介的需要：評估案主的能力和動機，以誠懇的態度向案主說明轉介的必要；並確

定案主已經準備好要轉介。
（2）說明何種資源最能滿足案主的需要：尊重案主的自決，但亦要提出社會工作者對案主最佳利益的建議。
（3）協助案主與轉介機構的接觸：填寫轉介單，向被轉介機構說明轉介理由和案主的問題與需求。
（4）避免替被轉介機構做不確定的承諾或不實際的保證。
（5）要求被轉介機構填寫並寄回「轉介回覆單」。

十二、家庭訪視

（一）家庭訪視之目的
1. 增進與案主、案家及其他重要他人的良好人際關係。
2. 了解家庭對子女的管教態度、家庭的感情狀況、經濟情況。
3. 了解案主社會生活、交友及活動情形。
4. 了解環境對案主的要求，促使家人或重要他人與機構的合作。
5. 評估家庭生活品質。
6. 了解案主如何造成家人的壓力，家人如何影響案主的問題。
7. 確認隱藏的心理社會問題。
8. 評估家庭內外在家庭資源。
9. 了解問題在家庭、文化和倫理價值面向的情況。
10. 提供案主與家庭的服務，並了解服務運用狀況及困難處。

（二）家庭訪視的功能
1. 對受訪者
（1）減少到機構的心理壓力：工作者親自拜訪案主，不僅可以使受訪者心理較覺安全，比到機構不緊張，因以主人的身分來接待工作者。若受訪者為非自願性案主，則更需要工作者主動的拜訪。
（2）感受到機構的關心與尊重：受訪者對工作者的拜訪覺得受到重視，感覺到機構的誠意，感激機構不嫌棄他們居住環境差或他們的不良行為，將關心送到家對案主是很大的鼓勵。
（3）降低個人的壓力：家訪是重視個人成長與家庭的關係，個人的問題常與家庭有關，透過家庭訪視使案主降低自責，可以動員全家人的力量來協助。
2. 對工作者
（1）獲得正確的資料：家庭訪視可獲得家庭基本資料，如家中有哪些人、他們目前的狀況、彼此有什麼關係、他們的共同問題或個別問題及對問題的看法，當然居住環境及設備更能一覽無遺，有許多事情使案主無法隱

藏或說謊。

（2）了解家庭動力：家訪可讓工作者觀察到成員間的相互關係，及彼此的影響，在複雜的家庭系統中，找到問題的關鍵人物，觀察到家庭對受訪者的不利影響。

（3）正確診斷問題：藉著多次的家庭訪視所蒐集到的資料，了解其在家中的地位、角色及如何受家庭的影響，可幫助工作者獲得完整的資料，以正確評估案主的問題與需求。

（4）危機事件的處理：當家中發生意外時，家中成員一時無法適應，工作者的家訪不僅表達關懷支持，並能迅速協助、釐清狀況、應用資源以解決危機。

（三）家庭訪視內容

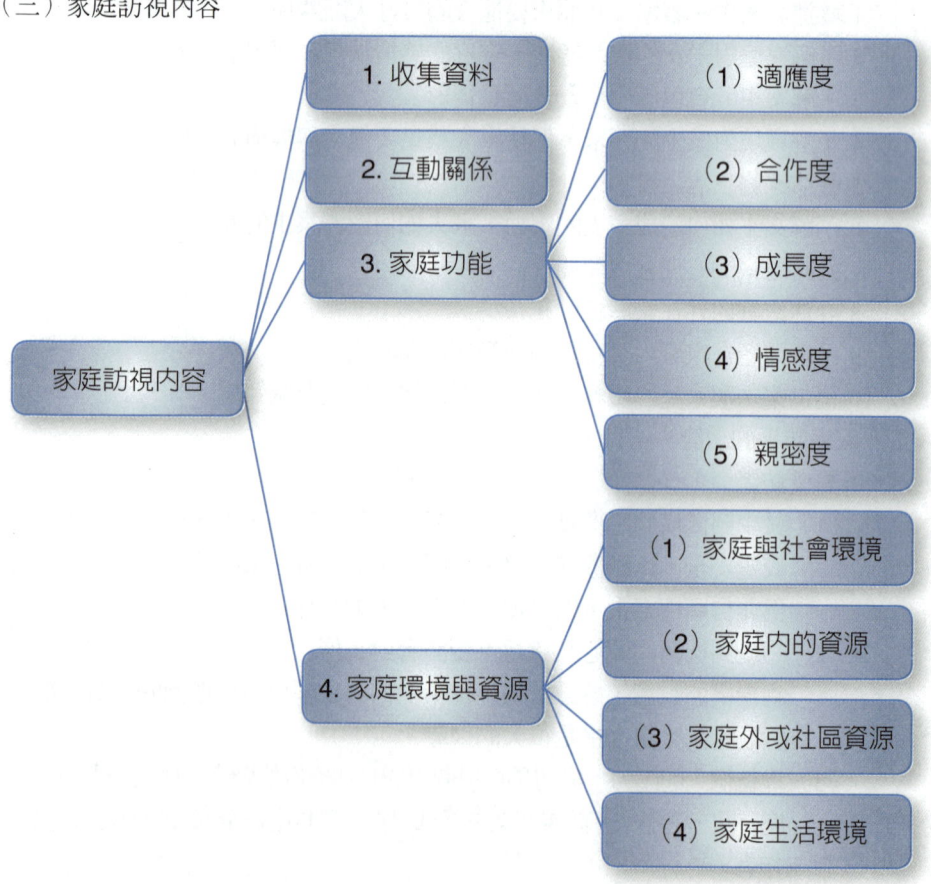

家庭訪視內容
- 1. 收集資料
- 2. 互動關係
- 3. 家庭功能
  - （1）適應度
  - （2）合作度
  - （3）成長度
  - （4）情感度
  - （5）親密度
- 4. 家庭環境與資源
  - （1）家庭與社會環境
  - （2）家庭內的資源
  - （3）家庭外或社區資源
  - （4）家庭生活環境

家庭功能面向

面向	說明
1. 適應度	當遇到困難或煩惱的事情時，家人提供多少幫助，是否覺得滿意，這種情形是時常發生還是很少？
2. 合作度	當遇到困難時，家人間討論事情和分擔問題的方式，是否感到滿意，這種情形是經常有還是很少？
3. 成長度	當想要做一些新的事情時，家人的接受和支持度，感到滿意情形有多少？
4. 情感度	生氣、悲傷、歡喜時，對家人的關心和愛護的方式，是否感到滿意？
5. 親密度	和家人能在一起，共同享受快樂時光的情形如何？

（四）家庭訪視會談原則

上榜關鍵 ★★★
基本的觀念，請以申論題的方式準備。

1. 訪視前
    （1）選定訪視的對象：訪視前要確定訪視的對象是何人，是祖父母、同學、父親、叔叔或阿姨等。
    （2）安排訪視行程：事先與受訪對象約定到訪日期時刻與訪談所需時間，讓對方有所安排，以免達不到目的空跑一趟。當然，對非自願性案主，有可能安排時間反而讓其知所迴避而無法找到人的情況，可以依其作息時間做適當的安排。
    （3）翻閱紀錄：通常國內每位社會工作者至少都服務50名以上的個案，要清楚記著每位案主情況並不容易，故訪視前最好先看看案主的紀錄，確認訪視目的，以避免張冠李戴的情況。
    （4）研究案主背景：研究案主與受訪者的背景，準備會談的內容。
    （5）擬定訪視計畫：計畫訪視目的及進行方式。
    （6）諮詢督導：遇到疑惑不確定處，應事先向督導諮詢。
2. 訪視時
    （1）在訪視詢問時，應該注意會談方法和技術。若是家庭訪視應該包括家人互動關係、家庭功能、家庭內資源、家庭外或社區資源、家庭生活環境等。還需了解居家環境狀況，例如：房屋型態、內部空間規格及空間利用情形等，並收集相關資料，包括主要問題、生活史和病史等。
    （2）若是訪視非自願性案主或施虐者要注意同理心的運用，建立良好關係，

讓受訪者減少防衛，了解訪談對他的益處和幫助。若訪視對象是案主的老闆、老師或朋友時，則應該注意他們和案主的關係，對案主問題的影響，對案主可能的協助，有否可提供的資源及如何提供。

3. 訪視後

訪視後為避免遺忘，應盡速撰寫訪視報告、進行評估、提供建議報告、實行評估，以了解服務成果，並安排定期追蹤和輔導時程。

練功坊

★ 「結案」是社會個案工作的最後階段，請詳述結案的判斷標準有那些？

擬答

茲將結案的判斷標準（指標）說明如下：

(1) 結案（termination）：是個案工作的最末一項程序，是指社會工作者與受助者專業關係結束的處理工作。當案主的問題解決了，或者案主已具有能力應付和解決他自己的問題時，就可以結案。因此，所謂「結」案，即表示該社會工作機構與社會工作者不再對某位案主提供任何服務，案子就此告一段落。

(2) 結案的類型：結案類型可分為四種類型：A. 案主和社會工作者都滿意已完成彼此同意提供的服務；B. 服務目標沒有達成，但雙方都認為可以結束工作；C. 關係停止，是因為社會工作者離開機構或轉到其他單位服務；D. 已完成計畫中的服務，但案主所需要的服務、機構無法提供，所以必須轉介。

(3) 結案的指標：結案前，社會工作者應依據案主情況仔細並審慎研判，事先與案主及其家屬討論，使其有心理準備，各個社會工作機構對於個案是否可以結案的考量，都應有具體的指標或條件，這也是社會工作的專業倫理。有下列情況時，可作為結案之指標：A. 案主的問題已經獲得解決；B. 問題的解決已告一段落，案主或其家屬顯有能力自行解決問題；C. 所餘問題非屬社會工作部門的服務範圍，應由其他機構提供協助且已經給予妥善安排者；D. 除 1-2 項因素外，考慮結案之社會工作者需要與督導或主任商討。

★ (　) 社會工作者在提供案主轉介服務時，連結案主與資源系統，必須追蹤和監督案主是否取得資源，及其取得資源之過程。然而有關社會工作者提供轉介服務之原則，下列敘述何者錯誤？

(A) 社會工作者在提供轉介服務時，須對案主說明接受轉介機構的功能和方法，而且要具體指明其可能採取的行動

練功坊

(B) 當案主決定接受轉介時，社會工作者須與案主一同討論希望得到的服務內容
(C) 社會工作者提供案主可供選擇的轉介機構名單和內容後，須以尊重案主的自我決定權利為前提，提供案主適當的建議
(D) 社會工作者須瞭解案主面對被轉介時的感受，以確認案主是否準備好接受轉介

解析

(A)。轉介注意事項：
(1) 確認轉介的需要：評估案主的能力和動機，以誠懇的態度向案主說明轉介的必要；並確定案主已經準備好要轉介。
(2) 說明何種資源最能滿足案主的需要：尊重案主的自決，但亦要提出社會工作者對案主最佳利益的建議。
(3) 協助案主與轉介機構的接觸：填寫轉介單，向被轉介機構說明轉介理由和案主的問題與需求。
(4) 避免替被轉介機構做不確定的承諾或不實際的保證。選項 (A) 所述要具體指明其可能採取的行動，與轉介注意事項不符。
(5) 要求被轉介機構填寫並寄回「轉介回覆單」。

★ ( ) 社會工作者撰寫個案紀錄時，必須注意保密事項，下列敘述何者為正確？①做個案紀錄時，不記錄超過機構所需要的資料②在個案的檔案資料中，必須放入會談的逐字紀錄稿或紀錄手稿③除非特殊狀況，而且經主管授權，否則不將個案紀錄攜出機構④記錄與案主隱私有關的內容時，儘量以一般字眼形容親密關係之問題
(A) ①②③ (B) ①③④
(C) ①②④ (D) ②③④

解析

(B)。在撰寫個案記錄時，必須掌握避免情緒化字詞、避免判斷性字詞、清楚明確、紀錄內容一致、正確描述等原則即可，不需將會談的逐字紀錄稿或紀錄手稿，故題意②所述「在個案的檔案資料中，必須放入會談的逐字紀錄稿或紀錄手稿」有誤。

重點 2　個案工作之技術

閱讀完成：＿＿＿月＿＿＿日

一、情感轉移（transference）

榜首提點：非常重要的申論題考點，各要項的全部內容，務必架構清楚、內容完整的準備；透過申論題的完整準備，多不勝數的測驗題出題，將可輕易正確選答。

（一）定義

「情感轉移」是指案主將早期所經驗到的特殊感受或情緒經驗投射到助人者或其他重要人等身上。就助人過程而言，受助者對助人者錯誤知覺，將會以許多形式呈現。例如：工作者可能被愛、被厭惡、被理想化或被依賴等，助人者與受訪者兩者間的關係可能呈現出過去案主所經驗到的類似情境。

（二）情感轉移的原因

1. 早期生活的情感轉移：意指案主將其幼年對原生家庭的經驗，投射到專業工作者身上，通常這種情感屬於一種前意識或潛意識的過程。一般而言，案主是無法覺察到自己的反應是源自於早年經驗到被剝奪的人際觀係之「非現實」的一種現象，還以為自己針對工作者真正的人格特質或行為之「自然反應」。
2. 替代的反應：會有早期生活情感轉移之類似情況發生，但工作者的對象由父母轉變為案主生命發展較後期之重要關係人，例如：太太或先生。
3. 被轉移的人格形式：與前述情感轉移一樣重要，但較為少見的特有現象，其亦被視為情感轉移反應的一種，例如：被帶入治療情境且源自於早期經驗與人互動之特殊行徑的行為方式，這些已經成為案主人格的一部分，不管案主是否將工作者直接與其早年家庭之重要人物加以連結。
4. 認同的情感轉移：在此情感轉移的過程，案主回應工作者是用早期生活重要核心人物對案主的反應方式。

（三）情感轉移的特徵

1. 高度依賴社會工作者。極度在意社會工作者的肯定，特別賣力的表現，期望獲得社會工作者的稱讚。
2. 特意誇讚社會工作者。誇大的讚美詞、超乎平常表達感謝的行為，如送午餐。
3. 詢問社會工作者許多私人性的問題與喜好，如欣賞的異性、喜歡的香水。
4. 挑釁、激怒社會工作者。
5. 希望和社會工作者有辦公室外的互動，如看電影、吃飯。

6. 告訴社會工作者自己做夢夢到他。
7. 過度解釋社會工作者的反應，表現防衛情緒，覺得被指責或拒絕。
8. 與平時會談表現不同，心神不寧、情緒低落。
9. 拖延會談結束時間，會談結束後仍在辦公室徘徊，不肯離開。
10. 穿著打扮和平時完全不同。

(四) 情感轉移的功能

案主對工作者的情緒反應與態度，可分為正向和負向兩種。情感轉移是有治療功能的，在個案工作過程中頗具意義，工作者應善加處理與運用。情感轉移若處理得當，會具有以下之功能：

1. 可以使案主表達其扭曲的情感，如果助人者能以非一般人因應的態度加以回應，將可使案主的防衛降低，減少不當的態度投射到工作者身上，有助於專業關係的強化。
2. 可以促使案主對工作者的信任，使關係的進展更為順利。
3. 可以使受助者洞察其情感轉移之起源及含意。

(五) 情感轉移處理的原則

1. 尋求適當機會處理：當案主出現非現實反應，經專業判斷案主若能對此情況有所理解，將有助於處遇的功效，則工作者可尋求適當機會進行處理。
2. 對案主的情感轉移表示接納：透過會議讓案主自由表達，協助案主瞭解情感轉移產生的主要原因係源自於案主本人。
3. 針對案主焦慮之處提出質問，使其明朗化：例如，「談完這些事情之後，感覺上你好像卸下重擔，你認為何以會如此呢？」
4. 針對案主情感轉移加以語意上的反映：例如，「你是否覺得這件事情可能會惹我生氣，所以認為不應該談它？」
5. 直接解釋情感轉移：例如，「有時人會覺得自己講太多，而陷入不安，你認為你現在的情形是否這樣？」
6. 治療者不重視「為何」，而重視「何事」：因為能夠瞭解「何事」，必然可以瞭解「為何」。

二、情感反轉移（counter-transference）

> **榜首提點**
> 為申論題與測驗題的金榜考點，請務必紮實準備。

(一) 定義

1. 「情感反轉移」為工作者對案主的非現實性反應，「情感反轉移」為「工作者將案主視為早期或目前生活中的人物，或是將與他人相處的不當方式，可能是其人格特質的一部分，帶入助人的關係中」。如從更寬廣的角度來看反

轉移，它可能只是一種兩個人之間剎那感覺的反應而已；它也可能是助人者投射的一種形式，換言之，它包含助人者面對真實存在或想像的案主態度，或明顯行為的任何態度。

2. 亦即，情感反轉移是助人者在治療或真實生活中，因過去重要關係中的某些事件而被激起的反應，他們可能在滿足自己的需求上，多於對案主提供服務上的努力。假如這種反應是負面的，這種被案主激起的負面反轉移所產生的態度，將對所有助人關係產生破壞性的效果；如果所產生的是正面的反轉移，諸如情愛的感覺，由於它們不易被確認，使得案主更顯混亂而造成更大的傷害。

(二) 情感反轉移的來源（Brammer 提出）

1. 源自於助人者個人過去未被解決的問題。
2. 自我期許和情境壓力：工作者自覺對案主情況的改善和問題的解決承擔相當大的責任；害怕因處遇上的失敗有損專業形象；或因過重的工作量、長久的工作時間，呈現出挫折、冷漠、沮喪和動機上的匱乏，形成所謂的倦怠效應。
3. 助人者對受助者過度的情感涉入：例如：助人者對受助者表現出強烈的同情心和過多的關切；受到案主焦慮情緒的影響，工作者也表現出相當程度的憤慨和擔心等。

(三) 情感反轉移的特徵

1. 對案主過度關心與保護。
2. 拖延或期望與案主會談。
3. 和案主討論特定議題時不自在。
4. 對案主有不自覺的敵意，或是特別的善意。
5. 經常性的延長，或是忘記某位案主的會談約定。
6. 希望自己的表現能讓案主印象深刻，或是完全不在意案主的感受。

(四) 調適與處理

1. 運用情感反轉移徵候的自我檢驗指引以自我察覺，以增進助人者對反轉移反應的覺察和掌控。
2. 欲改善專業工作的成效，必須先提升自我覺察的能力，找出造成「反治療」的來源，不斷地對自己所進行的工作加以檢討與批判，以測知自我專業的成熟度。
3. 除了自我檢測與省思外，也可以透過外力的協助，例如：尋求機構督導或相關專業人員的諮詢；接受心理治療；參加成長團體、專業訓練或在職訓練；運用同儕督導等方法以協助自己是否有反轉移的現象出現，並進一步釐清產生的原因，以去除個人專業關係中非現實之反應。如果經由努力仍無法消除

對專業關係的干擾，則應將案主轉介給其他合適之專業人員。

三、溝通與會談技術

（一）同理（心）（empathy）

> **榜首提點**
> 同理心的定義務必清楚；同理回應的五個層次，請瞭解各層次的內容，建立正確區辨各層次內容的能力，為非常重要且常見的測驗題考點。

1. 同理（心）是正確瞭解會談對象所說的內容及感受，並將此瞭解以符合案主當下感受的語言表達出來，以展現對會談對象的關切、溫暖、信任與尊重。
2. 同理回應的五個層次
   （1）最低層次的同理回應：回應者很少或甚至沒有覺察或了解到案主最外顯的感受。回應者表達的盡是些無關緊要的，且帶有磨損與阻擾溝通，而不是催化溝通。
   （2）低層次的同理回應：回應者針對表相的訊息回應，省略許多事實與感受；而且也表達不精確感受的質與量，如有點或某種、生氣或哀怨等。
   （3）中度的同理回應：回應者的語言與非語言表達是在傳遞一種對案主了解的訊息，精確的反映案主事實資訊的部分，以及表相的感受。中度的同理本質上是交互改變的（interchangeable）或相互的（reciprocal）。
   （4）中高層次的同理回應：回應者不只精確地認定暗含的深層感受或問題，也會揭開微妙或潛藏的面向，鼓動案主碰觸到深度的感受與未被探究的行為意義與目的。
   （5）高層次的同理回應：回應者反映每一個情緒的色調，使用聲調與密集的表達，正確地調音到與案主每一個此時此刻的經驗相搭調；同時，精確地回應所有表相與深層的感受與意義。

（二）真誠

> **榜首提點**
> 在測驗題的出題頻率中，真誠為重要考點，切勿疏漏，以免失分。

1. 真誠/真實性（authenticity）是藉由自然、誠實的、天然的、開放的，還有真誠的態度，來陳述分享自己真正的感覺和期待。真誠的態度表現在工作者的回饋成員的行為是以成員的行為來理解之，工作者不可依自己的偏見來判斷成員。真誠是透明與誠懇的結合。真誠是指自然、誠懇、從容、開放一致地分享自我。真誠的最核心內涵自我揭露，甚至可以用自我揭露來表達真誠。
2. 真誠的回應基本原則
   （1）以「我」、「『我』感覺」代替「你」來呈現個人訊息：工作者和案主在學習真實性反應時，常會犯使用「你」的錯誤，使用「你」，是傾向注意他人的反應，而不是發話者的反應。使用「我」，則是鼓勵發話者

對自我感想的負責。工作者使用「我」，不僅可表達自己的感受，也可影響案主使用「我」的訊息。案主喜歡追隨工作者的溝通模式，所以，工作者希望案主養成的技巧在示範時，必須是小心的。工作者也必須控制他們的真實性陳述和分享心靈經驗的程度。

（2）分享不同深度的感覺：工作者在協助的過程中要做立即性的反應，當案主有負面的情緒反應時，更應該使用這一技巧。工作者要了解案主更深層的看法，需要探索案主更深層的感受，以確定案主的感覺。如果只是停留在表面的感覺表達，會掩飾其他的感覺。

（3）中立的口吻陳述情況：案主也許會以責備的態度來表達訊息，是為了不願揭露自己。因此，工作者應該要幫助案主，了解他的行為表現。

（4）描述所出現的危機：注意案主在說明衝突情況方面的困難情況，以便立即性幫助案主表達。當案主表達確實訊息時，迫使他們使用真實性會談語言是重要的，以表達自己的感覺和看法。

3. 社會工作者真誠的感受

（1）揭露自己過去的經驗：但是別講得口沫橫飛，長篇大論，應與案主的議題相關，且是案主關心的。簡要表達即可，以後俟機再深度揭露。

（2）分享看法、理念、說法：其實就是回饋案主的資訊，包括協助案主概念化想法、修正意見、另類思考、補充意見、強調、提醒、分享感受、回饋等。

（3）開放地分享圖謀不軌的反應：例如：案主會逼問社會工作者：「妳覺得未婚懷孕好嗎？」這種試圖把社會工作者逼到牆角的問法。社會工作者不要輕易被激怒，應開放而技巧地回應，如「我很想多了解一些妳提出這個問題的感受」。

（4）分享案主不合理或令人苦惱的行為：案主可能會做出一些不合理要求、令人苦惱的行為，社會工作者應分享案主的感受，真誠地表達你的感受，讓案主了解，並分享他被拒絕後的挫折。

（5）分享案主正向的回饋：當案主給你正向的回饋時，應真誠的接納。

（三）自我揭（表）露

1. 自我揭（表）露（self disclouse）指的是社會工作者透過口語、非口語的方式，有意且有目的地透露自己的相關訊息讓案主知道。自我揭露分為二種類型：（1）與案主互動過程中所產生對案主的感覺、看法，一般稱之為「立即性」、「直接」或自我陳述；（2）社會工作者分享自己曾經有過或正在面臨的掙扎或問題，

> **榜首提點**
> 自我揭露在測驗題，出題數不勝枚舉，請紮實的準備；不過，另請考生務必留意以申論題型式出題的方式，預為準備。

而這些掙扎或問題與案主的問題類似，讓案主感覺到社會工作者的真實性，有助於拉近彼此之間的關係。

2. 自我揭露時的注意事項

自我表露如運用不當，可能造成的不良後果，包括案主對社會工作者失去信心、威脅到專業關係，讓專業關係的特質模糊掉，或讓案主感到困惑、無力。為了避免上述之不良影響，社會工作者在運用自我揭露時必須注意到以下的事項：

（1）為了案主的利益或需求而作自我揭露，不要為了自我的需求而作自我揭露。

（2）將自我揭露的重點放在由經驗中的體會、學習，避免揭露無法突破的困境。

（3）揭露簡短；揭露完之後，將焦點轉回到當事人身上。

（4）保持相當的空間讓案主檢核工作者之分享與其經驗的關聯性，避免使用「我知道你的經驗是怎麼回事」等確定性用話。

（5）注意自我揭露的時機。

3. 自我揭露的時機和強度

（1）工作者較溫和的自我揭露，可使案主在下次會談時，有更多的回報。

（2）工作者和案主的關係未達到信任之前，盡量避免分享個人感覺和經驗，因為過早的自我揭露，可能迫使案主情感避退。對於那些不習慣熱情陳述的案主，尤其危險。

（3）當案主表示信任你，工作者可適當地慢慢增加開放性和自發性，以確實反應案主的需要。

（4）當信任度夠強，工作者才可適度地自我揭露真實性反應。

（四）面質

1. 面質（confrontation）是挑戰案主去發展新觀點、改變內在或外在行為的負責任作法。工作者具體描述案主情緒、想法或行為方面的不一致、矛盾或混雜的訊息，協助案主用不同的觀點看自己、覺察自己的不一致，引發自我瞭解，進而教育、挑戰案主發展出新的、不同的行為表現，促成改變。簡單地說，面質就是協助案主克服自己的盲點，同時發展出新的策略來面對自己或處理問題。

> **榜首提點**
> 面質亦是測驗題的重要且常見的考點，題目內容相當多元，考生務必詳讀本段的內容，且要注意細節說明的部分。

2. 面質的情況

（1）口語和非口語表現不一致時：例如案主說不熱，可是不斷地擦汗；案主表示不趕時間，但頻頻看手錶。

(2) 口語和行為表現不一致時：例如案主說這星期他會拜訪孩子的老師，可是過了一星期他並未去拜訪。
(3) 口語前後不一致：例如案主說：「我再也不會管他（孩子）了」，但過沒多久要開始批評孩子。
(4) 事實與看法不一致時：例如案主屢次無法完成同學們的團體作業中自己被分配的工作，所以此次規劃分組時，沒把他包括在內，案主認為同學排擠他，不讓他參與。
(5) 自我概念與他人的印象不一致時：例如案主自認為 EQ 很高，和別人相處融洽，可以知道怎樣與人互動，但是家人卻認為他脾氣不好，情緒不穩定，常喜歡批評挑剔別人。

3. 提升面質效果的方法

工作者在會談中使用這項技巧時，要在已和案主有良好關係以後才使用，並以尊重的態度、堅定和溫和的方式介入，藉由先對案主運用同理心技巧，不咄咄逼人強迫案主承認，如此面質較易成功。面質後所產生的情緒，可以用同理心反應，將可降低案主的抗拒。不要使案主認為工作者是在說教、批評或攻擊自己。

榜首提點
重要的觀念，請務必詳讀，才能在測驗題的描述中，找出錯誤的細節。

知識補給站

運用面質的指南：
1. 準則 1：當案主出現違法行為或對自己、他人有急迫的危險時，可立刻使用面質。
2. 準則 2：除準則 1 狀況外，面質盡量要等到專業關係有進展時才使用。
3. 準則 3：應謹慎而小心地運用面質。
4. 準則 4：建構一個溫暖、照顧和關心的環境，更有利面質的傳達。
5. 準則 5：可行的話，多鼓勵案主進行自我面質。
6. 準則 6：避免在案主經歷極度的情緒負擔時使用面質。
7. 準則 7：伴隨同理心技巧使用面質效果更好。
8. 準則 8：預期案主在面質時會有一定程度的焦慮。
9. 準備 9：不要期望案主在面質之後會立即改變。

（五）再建構（reframing）

上榜關鍵 ★★★★
著重在對定義的瞭解，應用在測驗題選答。

用新的、正向積極的觀點重新描述負向的情境、想法、行為或問題，把「有問題的部分」賦予光明的意義，即為「再建構」，又稱之為「正向再詮釋」。再建構的過程會帶出原先案主忽略的

個人特質、資源優勢，有助於案主自我形象的調整與自信心的建立。

(六) 解析

1. 「解析」是諮商過程中不可或缺的部分，其論點係指由社會工作者的協助，對案主的表達予以聚焦並減少模糊及混淆，以發揮解析的功能。

   > 上榜關鍵 ★★★
   > 基本定義務必瞭解，是建立測驗題正確選答的第一步。

2. Claiborn 所謂的解析是要「向案主提出與他相異的觀點，以引導案主能依社會工作者所提觀點，從中思考可能的改變」。據此，解析將可協助案主以不同的角度來看自己的問題，以為後續的新行動開展新的可能。

3. 解析的類型（Levy 提出）

   > 上榜關鍵 ★
   > 有測驗題考點之潛力。

   語意解析（semantic）
   ・前者指的是以社會工作者的概念字彙（conceptual vocabulary）來描述案主的經驗，如「聽到『挫折』，我猜你指的是你有受到傷害的感覺，且覺得幾近幻滅」。此一說法顯示出語意的解析與附加同理技術密切相關。

   陳述解析（propositional）
   ・指的是解析與社會工作者的意見有關，由此等意見，可推敲出案主問題的情境與因果關係。

(七) 專注

社會工作者在助人過程中對案主的專注，可由非口語行為（例如：肢體動作、眼神、態度等）、積極傾聽（例如：觀察並解讀案主的口語、非口語訊息，及其所提到的環境背景等資訊，運用簡短的口語反應）讓案主知道正在專注傾聽。

(八) 傾聽

傾聽是一種選擇性、有目的之動態性主動歷程，是所有會談技巧的先決條件，也是良好溝通的重要基礎。任何一種會談，社會工作者在開始階段的首要工作就是傾聽。透過傾聽，社會工作者過濾、注意、區辨、瞭解、解釋受談者所表達的訊息，選擇性地注意對其有意義的訊息。

(九) 出聲思考

> 上榜關鍵 ★★
> 測驗題考點。

1. 出聲思考（thinking aloud）是指社會工作者所說的話語、所提出的問題背後的思考或緣由。

143

2. 出聲思考的功能：
（1）讓案主知道社工者的想法、考量，避免不必要的誤解。
（2）工作者不會讓自己難爲。
（3）對案主的表達起示範作用。
（4）促進工作者與案主之間的相互合作。

（十）解釋（explanation）
這個做法或稱之為詮釋，工作者以其所具備的人類行為與社會環境等相關學識、理論為基礎，針對當事人行為模式、想法或行為的內在意涵，提供暫時性的假設，讓當事人瞭解行為（或情緒、想法）下面的本質，這樣的做法以激盪出案主對自己更深的瞭解與認識。

（十一）澄清（clarification）

> 上榜關鍵 ★★
> 澄清不同於解釋，請瞭解二者之不同。

澄清包含二個層面的意涵，一個層面是針對案主的表達作澄清，以提升案主的自我瞭解；另一個層面是針對社會工作者的角色、社會工作者與案主的關係進行情境澄清，以化解期待落差。第一個層面是對案主表達內容的澄清，主要是對工作者為提升會談的效果，工作者把所敘述的內容作一個整理，邀起案主釐清社會工作者所整理的重點是否符合其原意；第二個層面是對情境澄清，主要是社會工作者針對其與案主在會談中的角色、期待、立場進行說明，以減輕期待落差，凝聚雙方的共識。

（十二）反應性／反映性討論技術

> 上榜關鍵 ★★
> 測驗題考點。

在會談中，為發展或增強案主洞察力，時常採用反應性討論。反應性討論可幫助案主了解現況與所處的環境，及其對現況和環境的反應，其反應又和情境間發生怎樣的相互影響的活動，這其中更可進一步發掘感受、態度與行為的內在心理根源，或過去生活經驗的影響怎樣妨礙目前的社會功能。

（十三）立即性技術

是指工作者與案主的互動關係，做立即、公開和坦誠的澄清和討論。通常是工作者發現與案主溝通曖昧、信任度降低、案主過分依賴、會談方向散漫、彼此人際吸引妨礙會談時，予以討論彼此關係的合理運作。

四、口語接續技巧

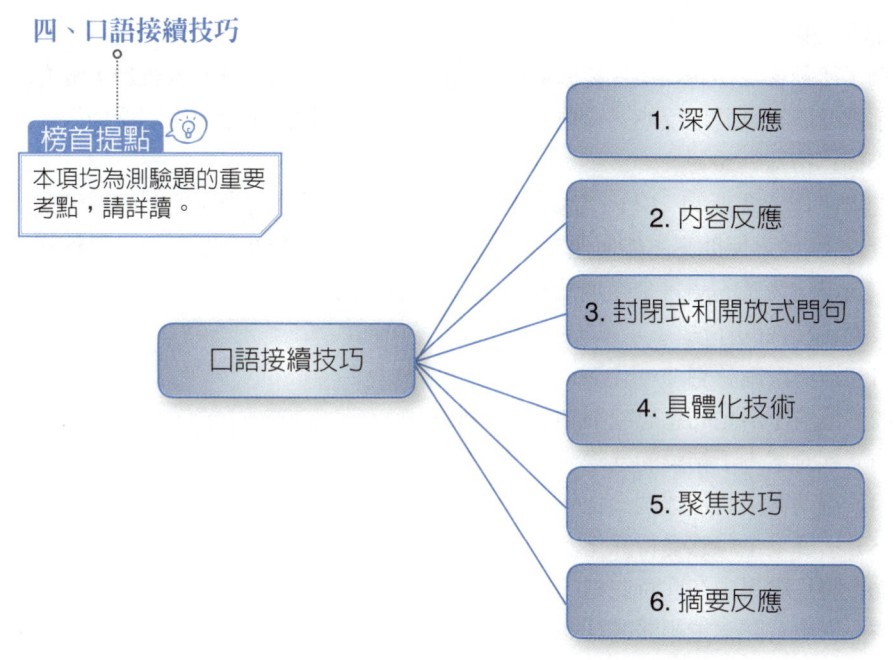

榜首提點
本項均為測驗題的重要考點，請詳讀。

口語接續技巧：
1. 深入反應
2. 內容反應
3. 封閉式和開放式問句
4. 具體化技術
5. 聚焦技巧
6. 摘要反應

（一）深入反應
　　1.深入反應：是指社會工作者積極的傾聽，並鼓勵案主將想法或感受表達出來。
　　2.深入反應的型式
　　（1）最小提示：可以分為非口語及口語兩部分，前者像是點頭、臉部表情或是身體姿勢，傳遞社會工作者對案主的接納、興趣和承諾，就像是在說：「我在聽，請繼續」；後者像是「嗯」、「是」、「這樣嗎？」、「我知道」、「但……」、「請繼續」，以及其他許多類似的簡短詞語，用以強調案主陳述的適合性，並提醒案主繼續陳述。
　　（2）強調回應：是指以重複、疑問／強調的口氣、一個字或短詞陳述。例如當案主說：「我真的受夠了工作上的督導對待我的方式」，社會工作者可以使用強調回應方式：「是這樣的喔？」，以提示案主進一步表達。

（二）內容反應
　　內容反應是指社會工作者以新的字眼，簡潔地重複案主陳述的內容。例如：情境、想法、物品或人物，要留意內容反應是強調案主陳述的認知部分，而非情緒。

（三）封閉式和開放式問句
　　1.封閉式問句定義了主題，並限制案主以幾個字或簡單的「是」或「否」來回答。
　　2.相對於封閉式問句，開放性問句邀請案主盡量表達，並讓案主自由表達最相關或最重要的部分。

(四) 具體化技術
1. 為了使社會工作者和案主能確實瞭解彼此所描述的行為、感覺或經驗，雙方都需要能夠具體地反應——也就是具特殊性。具體地回應指運用明確地術語來描述特殊經驗。
2. 社會工作者要能夠：（1）指認出案主以抽象與一般性的表達他們的感受與經驗；（2）協助案主如何能在與他人的關係中更具體的回應；（3）以精確的及描述清楚的語言來描述社會工作者自己的經驗。
3. 具體化技術的作法
   （1）澄清或確認想法。
   （2）澄清不清楚的意思或不熟悉的字眼。
   （3）探討案主下結論的基礎。
   （4）協助案主將陳述個人化。
   （5）引導案主將感受特殊化。
   （6）將焦點集中在此時此刻。
   （7）引出有關案主經驗的細節。
   （8）引出有關案主互動行為的細節。

(五) 聚焦技巧
1. 使用聚焦技巧的理由
   （1）第一是避免漫長而浪費會談時間。社會工作者有責任引導助人過程，並避免無目標。助人關係須具有明確的焦點與延續性，不是平常的社交關係。
   （2）第二是社會工作者需要協助案主更有深度持續聚焦在案主的問題上，直到完成案主想要的改變。社會工作者可以採用的相關技巧包括強調或澄清問題，與引導案主注意自己忽略的評論或是事件。
2. 聚焦技巧的功能
   包括（1）選擇探討主題；（2）深度探討主題；（3）繼續聚焦與持續在主題上。這三個功能的知識，能夠讓社會工作者精確地聚焦在相關的主題並引出充分的資訊，以形成正確的問題評估，這是稱職實務的前提。

(六) 摘要反應
摘要反應技巧包含四個雖然不同但卻彼此相關的部分，這四個部分包括：
1. 在改變討論焦點前，先強調特殊問題討論的重要面向。
2. 連結案主冗長的相關陳述。
3. 回顧會談的主要重點與案主在下一次會談前計畫要工作的任務。
4. 為了提供會談的焦點和會談間的連續性，社會工作者概述前一次會談的重點與回顧案主本週在任務上的進度狀況。

五、消除反效果的溝通模式

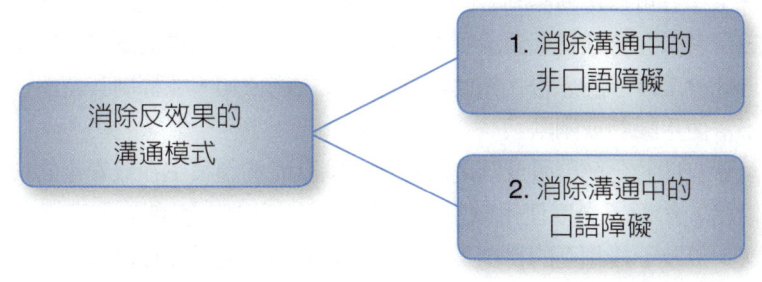

```
消除反效果的溝通模式 ── 1. 消除溝通中的非口語障礙
                    └─ 2. 消除溝通中的口語障礙
```

（一）消除溝通中的非口語障礙

1. 生理專注

    生理的專注是助人過程中一個基本且重要的技巧；是透過接納的行為來與人溝通，例如：面對案主、身體微向前傾、保持目光接觸與放鬆等。專注需要社會工作者全程地投入，與案主時時刻刻保持接觸。

2. 非口語線索中的文化意涵

    在跨文化關係中，社會工作者必須知道在不同的文化社會中，某些非口語行為有不同的意義。

3. 其他非口語上的行為

    在會談過程中，各種不被預期的非口語行為，將讓案主覺得受到社會工作者的忽視。例如：發呆地凝視、看著窗外、常常望著時鐘、打呵欠、侷促不安，或者是表達憤怒或手在發抖，甚或僵硬的姿勢。

（二）消除溝通中的口語障礙

抗拒理論指出案主會以行動來保護他們珍視的自由；包括表達自己意見與行動的傾向的自由。當這些自由遭受威脅時，案主會退縮、爭執或轉移至其他表面問題上。茲將一般的溝通口語障礙說明如下：

1. 再保證、同情、安慰、找藉口

    社會工作者的任務是探索案主心煩的感覺，並協助其瞭解令其痛苦的事，而非為避免不適而忽略案主的感受。例如以「事情會過去的」、「每個人都有問題」、「事情不如你所想的那麼糟」等，暗示避免探索案主絕望、生氣、無望或無助的感受。

2. 過早提供忠告、建議或解決方案

    案主常在尋求忠告，然而，時機不對的忠告常會引起反抗，因為依據表面資訊所給予的忠告未能真正符合他們的需求。社會工作者只有在

> **上榜關鍵** ★★★★
> 測驗題著重細節的考題，藍字者即是，考驗考生的細心度，題庫中既然有此題，亦表示在未出現題目中，尚有消除溝通中的口語障礙的考題，故其他各要項亦請詳讀。

探索問題及案主自己具有問題解決方式後，才能節制地提出忠告。此時，社會工作者可以扮演諮詢者的角色，嘗試與案主分享解決問題方案。如果社會工作者未在會談初期釐清雙方的角色與期待，可能會使案主期望早些得到來自社會工作者的忠告。如此可能造成案主的依賴，並抑制其創造性的思考。

3. 不當使用諷刺或幽默

幽默有助於化解緊張或沉悶的氣氛。幽默能夠讓案主在較安全的情境裡表達情緒。然而，過度使用幽默會導致分散注意力、使會談內容停留在表面層次，以及干擾相互的目標。社會工作者的諷刺通常從自己未察覺的敵意擴散出來，容易引發案主相對的敵意。當案主對社會工作者哭訴一週以來的不幸事件時，社會工作者說：「你真獲得了最糟的一週獎耶」，如此讓案主感到社會工作者並未重視他的困難。

4. 評斷、批評或歸咎責任

社會工作者若是批評的或教訓的，而不是溫暖的與尊重的，案主不會感到被支持。當案主感到社會工作者的批評時，通常會產生防衛、加以反擊，或切斷與社會工作者任何有意義的溝通。當社會工作者對案主做負面評斷時，已違反社會工作的基本價值——非評斷的態度與接納。

5. 透過邏輯、訓斥、教導與爭辯，試圖說服案主正確的觀點

（1）根據對抗理論的看法，當案主感到自由受到威脅時，便會採取防衛。對某些案主而言（尤其是在強調獨立思考的青少年發展階段），服從或同意社會工作者就等於放棄獨立性或自由。通常爭辯、教導或類似的行為不但無法說服案主，可能使他們更堅持自己的信念。面對這樣的案主，要學習如何傾聽與尊重他們的想法之外，同時也要確定他們知道替代的想法與可能的影響。為了強力說服案主接受另一觀點，通常會造成雙方權力競爭。

（2）當案主所要採取的行動與其原先所訂的目標相反，或將可能危及案主本人或他人時，我們反而應該要協助案主檢視各種選擇的優缺點（包括社會工作者不贊同的解釋）。因此，不應努力去說服案主，而應努力地去協助案主依據資訊來做決策。

6. 分析、診斷、能說善道的或戲劇化的解釋

當社會工作者以武斷的方式來解釋案主的行為（例如「我知道你怎麼了」、「我知道你的感受如何」、「我知道你真正的動機是什麼」），這對案主是一種威脅。一旦能言善道的解釋加在案主的身上，常會使案主為自己辯解或生氣地反駁，而非解決眼前主要的問題。再者，使用社會工作的專業用語，例如固著、情感轉移、抗拒、增強、抑制、被動或神經過敏的，及其他術語

描述案主的行為，對助人關係也是有傷害的。這將使得案主困惑或不知所措，並引發反抗改變。通常這些用語過度簡化了複雜現象與心理機制，且對案主形成刻板印象，因而忘卻他們的獨特性。案主亦可能會用社會工作者的用語來定義他們自己，例如：「我是一個消極的人」。諸如此類刻板標籤化的分類，常會讓案主認為他們自己是有病的，同時是沒希望的，也因而讓案主找到不去解決問題的藉口。

7. 威脅、警告、反擊

有時案主會考慮採取危害自己或他人、甚至違法的行為。在這些情況下，提醒案主行為可能的後果是一種合乎倫理且適當的干預行為。相反的，如用上述的威脅用語通常會產生某種反抗行為，更加重了已經緊張的狀況。然而，不論案主讓社會工作者感到生氣的行為原因是什麼，採取防衛性反應是反效果的，因為會引發案主複製破壞性的反應模式。因此，社會工作者學習能掌控自己的自然防衛反應，而且找出處理負面感受的有效方法。

8. 連續問話

在探索問題時，社會工作者應該使用有助益的問句，才能協助案主透露某一特殊問題的詳細資料。當社會工作者連續地問了好幾個問題時，使案主感到困惑及混亂，最後以表面的回應社會工作者諸多問題的詢問，並避開重要的訊息。連環問話在取得相關訊息上是無效的。因此，社會工作者應放慢腳步，每次問一個較想問的問題。假如你發現自己出現連續問話時，你可以用重複你較想問的問題來修正。

9. 以誘導性的問題進行詢問

所謂誘導性問題是指設計隱藏的或暗示性的問題，以誘導案主同意社會工作者的看法，或採用社會工作者認為對案主最好的方法。此類問題常會模糊了案主討論的焦點，例如：社會工作者會隱藏自己對這些問題的意見，拐彎抹角地表達（例如：「你不認為你應該……」），希望能藉由導引的問題詢問，引導案主達到其所希望的結論。案主為了避免與社會工作者產生衝突，可能會表達模糊的同意，或是將話題轉移至另一主題上。

10. 不當地或過度地打斷

為了確保能將焦點放在相關的問題上，有時社會工作者必須打斷案主。然而，有目的地、適時地及流暢地中斷話題，會是一種有效的干擾。社會工作者突如其來地中斷或改變案主目前關切的問題時，將有害於助人過程的進行。中斷的時機不當，將帶給案主困擾，阻礙其作自然的表達和對問題的探索。

11. 支配型的互動

    社會工作者支配型的行為，包括說太多話、問太多封閉式問題、引導討論、常常給予忠告、迫使案主進步、用長篇大論來說服案主、常常中斷會談的進行等等。有些社會工作者表現得好像他什麼都知道似的，未能表示尊重案主的觀點或解決問題的能力。這種支配性與權威性的行為會形成下對上的關係，讓案主感到處於劣勢，並對社會工作者感到憤恨。社會工作者應能夠在個別、家庭或是團體過程中充分掌控參與的相對分配，包括社會工作者自己的參與。

12. 培養安全性的社會互動

    （1）一直將討論的焦點放在安全主題上，而避開感受及最少的自我揭露，對助人過程是有害的。相對於案主社交關係，對案主有益的與促進案主成長的關係特徵是精準聚焦與高度特殊性的關係。

    （2）一般而言，在助人過程，應避免安全性的社交互動。這項原則有兩個例外：A. 討論不具威脅性（即安全的主題）可有效地幫助小孩或青少年降低防衛與開放的危險，對社會工作者營造類似朋友的角色有幫助；B. 在會談初期或後續會談的開始階段，簡短地以平常的話題作為相互認識或暖身，對助人過程會有所助益。暖身的階段對習慣以非正式談話開始是一種文化規範的案主族群而言，就特別重要了。

13. 反應次數太少

    社會工作者監控自己在個別、婚姻或團體會談時的回應次數是一項重要的任務。身為社會工作者有倫理的責任，在與案主接觸的有限時間內完成其實務目標，並促進案主的福祉。然而，行動力不足的社會工作者常會允許會談的焦點偏離至不適當或無效內容上。因此，為達到最大的協助效果，社會工作者須藉由與案主訂定契約，並將參與者雙方的責任具體化，促使案主投入確認與探索問題的過程，有系統地陳述目標與任務，以減輕案主的困難。

14. 鸚鵡式地或過度地使用某些語詞

    鸚鵡式或過度地使用某些訊息常會激怒案主，引來尖銳的回應：「是，我就是這樣說的」。社會工作者應該用能夠表達案主意思的新字句，更敏銳地表達，而不是重複案主的字句。

15. 停留在遙遠的過去

    社會工作者的口語反應可能會聚焦在過去、現在或未來。然而，重要的是大部分的焦點要放在現在，因為案主只能改變他們現在的情況、行為及感受。會談中容許個人、團體、夫婦或家庭停留在過去，會增強他們所用的轉移注

意策略來逃避處理他們當下需處理的痛苦及所需要的改變。
16. 進行釣魚式的探索

很多的社會工作者都面臨到一個危機，就是他要去探索想像案主問題、家庭安全或法律強制等問題有關的內容。這些內容對社會工作者或機構可能覺得是有必要，但卻可能對案主帶來困惑。因此，聰明的做法是，如果社會工作者無法充分辨解探索的理由，就應避免帶案主去探索這些領域。

練功坊

★ 在社會工作專業關係互動過程中，案主對於社會工作者往往會有所謂「轉移反應」現象發生。請說明何謂「轉移反應」？以及發生的原因。

解析

(1) 情感轉移／轉移反應的定義

「情感轉移」是指案主將早期所經驗到的特殊感受或情緒經驗投射到助人者或其他重要人等身上。就助人過程而言，受助者對助人者錯誤知覺，將會以許多形式呈現。例如：工作者可能被愛、被厭惡、被理想化或被依賴等，助人者與受訪者兩者間的關係可能呈現出過去案主所經驗到的類似情境。

(2) 情感轉移的原因

A. 早期生活的情感轉移：意指案主將其幼年對原生家庭的經驗，投射到專業工作者身上，通常這種情感屬於一種前意識或潛意識的過程。一般而言，案主是無法覺察到自己的反應是源自於早年經驗到被剝奪的人際關係之「非現實」的一種現象，還以為自己針對工作者真正的人格特質或行為之「自然反應」。

B. 替代的反應：會有早期生活情感轉移之類似情況發生，但工作者的對象由父母轉變為案主生命發展較後期之重要關係人，例如：太太或先生。

C. 被轉移的人格形式：與前述情感轉移一樣重要，但較為少見的特有現象，其亦被視為情感轉移反應的一種，例如，被帶入治療情境且源自於早期經驗與人互動之特殊行徑的行為方式，這些已經成為案主人格的一部分，不管案主是否將工作者直接與其早年家庭之重要人物加以連結。

D. 認同的情感轉移：在此情感轉移的過程，案主回應工作者是用早期生活重要核心人物對案主的反應方式。

★ (　) 社會工作者師（員）表示：「不曉得您有沒有注意到您對您父親有種愛恨交織的情結，一方面渴望父親的關懷與愛，另一方面卻又抱怨父親對您要求嚴苛。」此時社會工作者（師）員正在運用何種技巧？

151

練功坊

(A) 自我揭露　　　　　　　　(B) 面質
(C) 同理心　　　　　　　　　(D) 真誠（authenticity）

解析

(B)。(1) 面質就是挑戰案主去發展新觀點、改變內在或外在行為的負責任作法。工作者具體描述案主情緒、想法或行為方面的不一致、矛盾或混亂的訊息，協助案主用不同的觀點看自己、覺察自己的不一致，引發自我瞭解，進而教育、挑戰案主發展出新的、不同的行為表現，促成改變。簡單地說，面質就是協助案主克服自己的盲點，同時發展出新的策略來面對自己或處理問題。(2) 面質的範圍包括受談者正向、負向的言行表現。對正向行為表現的面質，可以挑戰案主看待其正向態度或成就的觀點，引導案主用正向的角度看自己；負向行為表現的面質，則挑戰案主看待其負向的態度、行為的觀點，引導案主看到自己的不一致。面質的重點是案主具體的行為、態度，而非其整體人格，因此，要以尊重的態度，具體提出所面質的行為、表現或想法，避免說教、批評，並給予案主充分的支持。

★ (　　) 在提供案主家庭有關問題解決能力的訓練時，下列敘述何者錯誤？
(A) 案主與家庭成員應共同參與契約訂定過程，以決定共同目標
(B) 社會工作者不宜積極介入，應允許案主與家庭有消極或非建設性的互動
(C) 思考範圍可儘量擴大，以腦力激盪方式來找出解決方案
(D) 社會工作者往往在會談較後期才能真正教會成員技巧的使用

解析

(B)。
(1) 在提供案主家庭有關問題解決能力的訓練時，可以利用干預來學習新的互動模式。
(2) 學習新的互動模式的二個要素：
　A. 工作者要積極地介入，阻止互動中消極的、敵對的及非建設性的互動模式，對於反功能的互動模式，工作者會把消極的訊息轉換成需求或感受的方式來解決。選項 (B) 有誤。
　B. 教導案主表現他們的需要，並仔細聆聽，使他們的情感個別化，工作者給予積極的回饋，增強案主這樣的互動行為，幫助他們學習新的行為模式，體驗到此互動行為的益處，使案主彼此在新行為的互動中，體驗到成功的方法及技巧的滿足感，因此，新行為的出現會更加頻繁。

重點 3　社會資源、非自願性案主

一、社會資源

(一) 社會資源之定義

1. 社會資源係指對社會環境不能適應的那些人，提供人力、物力、財力、社會制度或福利設施及個案工作者，提供使其過著正常的社會生活的事與物。
2. 社會資源係指協助案主發揮潛能、增進其適應力之相關資源。
3. 社會資源係指個案工者在提供專業服務的過程中，一切可動員的力量，這些力量可以進一步協助個案工作者完成助人的目標或任務。

(二) 社會資源的分類

上榜關鍵 ★★★
區辨內在、外在資源之不同，以及正式、非正式資源的定義，均請建立基本觀念。

社會資源的分類

- 以案主為主體
  - 內在資源：指個人潛力、人格特質與家庭中某些有助於解決問題或滿足需要的特性，包括：知識、能力或態度。
  - 外在資源：係指具體的物質或服務，通常指可以提供有關的物資或服務的人或機構。
    - 正式資源：分為政府與民間，政府的資源是指由稅收支持；民間資源則多以募款捐助
    - 非正式資源：包括自然助人者或助人者
- 以機構為主體
  - 有形社會資源：物質資源
  - 無形社會資源：精神資源

（三）社會資源運用的優點與限制

項目	說明
優點	1. 它可以透過家庭、學校與社區之間的密切聯繫與配合，以擴展案主全面性的處遇計畫。 2. 當社會缺乏案主所需要的資源體系時，個案工作者就需要扮演方案發展和推動者的角色，以協助案主創造和組織新的資源系統。 3. 個案工作者對於不是社會福利機關（機構）能力所及的服務範圍，可以予以轉介，俾能提供案主更完善的服務。 4. 社會資源可以紓解機關（機構）內部人力與經費不足的問題。
限制	1. 不可近性：國內社會福利機構所提供之服務方案，常常缺乏考慮案主的方便性，不是以案主所需要或方便作規劃，不僅是交通上的問題，也包括如資訊訊息提供不足，案主根本不知道要去哪裡申請等問題。尤其非主流團體缺乏可就近支持團體的管道，以獲取所需的社會資源，經常孤立於系統外。 2. 不連續性：目前國內社會福利各機構常不清楚彼此業務相關機構的情形，彼此互相不聯繫交換訊息、拒絕轉案，機構自己做自己的工作，以彰顯自己的服務績效，或是為了時效性與工作的方便性，缺乏整體計畫，常是想到就做，或自己想要怎麼做就怎麼做，致使案主所需的服務，出現片斷、重複和遺漏的情形，服務輸送體系間隙之問題比想像中的還大，甚至各自為政，造成資源浪費。 3. 不公平性：社會工作專業服務對象是以社會中被剝削的弱勢者為主，但整合方式才是對他們有真正的實際幫助，而非強化社會現存的不公平。由於福利輸送只照顧到少數人，真正教育程度低或無能為力為自己爭取權益者，常無法儘早獲得生活所需的資源，造成一種無公平正義的感覺。 4. 無責信性：專業服務講求品質和責任，非只在表達愛心、犧牲與奉獻。目前常出現工作者違反案主參與與自我負責之專業工作者，工作者常出現模仿或因襲過去的工作，無法看出是依照需要或為解決問題所作之規劃，這種情勢的發生在於國人在社會服務的認知中，仍存在改變即有改善，其實任何改變的用意是希望改善現況，但缺乏妥善規劃和品質的規劃，貿然推動服務的話，也有可能使情況變得更壞。

二、非自願性案主

(一) 非自願性案主的定義

「非自願性案主」，是指非出於個人意願前往機構接受專業工作人員協助的案主。

(二) 非自願性案主的類型

> **上榜關鍵** ★★★
> 基本觀念題，請將哪些對象屬於非自願性案主詳讀熟記。

類型	說明
第一類型	指被法庭命令要到機構接受幫助而被迫要找社會工作者協助的案主，此類型的案主人數一直在成長中。例如：酗酒者、藥癮者、假釋犯、兒童虐待等。
第二類型	被他們的配偶、老闆、學校的行政人員強迫來見社會工作者的案主，案主並不願意，但他們並不是被法庭命令來的。

(三) 非自願性案主常出現的行為特徵

> **榜首提點**
> 非自願性案主常出現的行為特徵的項目，為測驗題重要考點，請熟記，俾利正確選答；另亦為申論題之重要考點。

1. **拒絕合作與參與**

   對社會工作者的權威反應，案主是「身體」到，但是「內心」卻拒絕合作和阻斷任何社會工作者想要帶領進入互動的努力。因為沒有權力選擇被轉介、選擇治療者、選擇治療的方式或治療的時間，所以案主只能運用他們可運用的權力——拒絕參與。

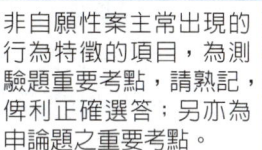

2. **自覺沒有問題**

   對案主來說，他們失去自主性的反應是憤怒和放任自己。案主對於他們的偏差行為、不合邏輯或是自我傷害的行為也有不同的定義。他們覺得自己沒有問題，別人認為他們有問題的行為，案主卻認為那是滿足需求的方式。例如：嗑藥時的愉悅、虐待他人或自己時的攻擊釋放或是性慾上的滿足等。

3. **維持現狀逃避改變**

   非自願性案主不確定要不要放棄舊有的行為模式，甚至當案主想要改變他們某些行為時，或是因為機構對他們沒有信心，也可能覺得需要付出的心理成本和危險會太高，因為他們必須承認自己的失敗，並且犧牲自己的自主性，而把自己的控制權交給別人，進入一個不熟悉的治療情境。若是以前有失敗治療經驗的案主，他們更害怕與機構的合作會帶來另一次的挫敗。

4. **將行為合理化**

   非自願案主可能表現出他們是無可指責的，他們否認責任並給許多的託詞。

例如：「當時我喝醉了」、「當時我病了」、「我當時很生氣」、「沒有人告訴我」、「他們激怒我」、「我的朋友強迫我」，非自願性案主並不認為自己是需要接受幫助的，反而認為他們是受到別人操弄的受害者。

5. 不願延遲需求的滿足

對非自願性案主來說，做計畫應沒有太大的意義，因為他們都已學習到未來是不可預測的，他們的基本需求之滿足方式都是「馬上滿足」。延遲馬上的滿足來保證將來有機會獲得更大的滿足，對他們來說是個沒有吸引力的成本效益方程式，因為他們對是否控制從目前到將來的這段時間實在沒有太大的信心，而他們這種致命的被動性，可能是從他們無法控制的剝奪環境的一種學習得來的適應方式，他們的反對是用漠視的方式來表達，如「那沒有什麼大不了」或是「我沒有受到任何干擾」。

6. 表面順從自承錯誤

有一些非自願性的案主，則會用承認錯誤的方式來敷衍，例如：「那只有一次」、「我很抱歉，我學習到了一個功課，那不會再發生了」。他們對看起來是抑鬱的，而且會自白認錯，保證一定會改變，相形之下，似乎社會工作者的會談變得沒有多大的必要。

7. 運用防衛性的技巧

非自願性案主會運用許多逃避或轉移的技巧來避免認真的談論他們的問題，他們可以喋喋不休一些無關緊要的事情或暫時拒絕談論。社會工作者的干預常會面對的是案主模糊的反應、簡短的回答、不確定的回答、缺乏注意力、轉移到不相關的話題或是冗長的沉默。雖然有些案主會公開承認「若是我不是必須來，我根本不會來」或「根本不想來」，但有些則是隱藏的抗拒者，他們可能會抱怨很多或出奇的合作，或逃避或不合作拒絕討論。

(四) 社會工作者面對非自願案主之感受和反應。

上榜關鍵 ★★★
詳讀本段，在有關自願性案主申論題解析時，相關的概念可適時帶入反思。

1. 焦慮與不安

非自願性案主被迫接受承認社會工作者是代表機構的「正式權威」，但並沒有接受社會工作者的「心理權威」，例如，法庭命令的案主挑戰專業權威並測試底線。社會工作者與非自願性案主工作時會顯得不安，他們會覺得被拒絕及能力不足，因為以往有效的會談技巧不管用了，他們會很容易「害怕」這類案主。

2. 面對倫理問題與實際問題

另外，社會賦予社會工作者的角色，很明顯地是社會工作者必須同時擔任幫助者和控制者，在此種期待之下，社會工作者得面對倫理與實際的問題。「倫

理問題」是當社會工作者代表法律體系控制案主時,是否否決了案主與機構接觸的自我決定權;「實際的問題」是指社會工作者的會談是否有用。

3. 心有餘而力未逮

社會工作者常會面對的問題是機構和社區所賦予的權威—那就是可以面談案主,但是社會工作者對案主的影響力卻顯得無力。權威並不能使社會工作者有權力來干預案主做他們選擇不做的事,社會工作者只能引導案主,緩和他們的抗拒而獲取一些影響的力量。

(五)有效協助非自願性案主的方式

```
┌─────────────────────┬─────────────────────┐
│ 1. 正確的角色澄清    │ 2. 社會工作者與案主關係 │
│         ┌──────────────────┐              │
│         │  有效協助非自願    │              │
│         │   性案主的方式     │              │
│         └──────────────────┘              │
│ 3. 示範與增強符合社會價值觀的│ 4. 採用問題解決模式   │
│    言談與行為              │                   │
└─────────────────────┴─────────────────────┘
```

1. 正確的角色澄清

正確的角色澄清
- 1. 社會工作者的雙重角色:社會控制與幫助
- 2. 案主的期望
- 3. 專業關係的本質
- 4. 什麼是可協商與什麼是不可協商
- 5. 保密

榜首提點

非自願性案主的實務案例解析,是非常重要的申論題考點,請考生建立基本的觀念架構,並詳讀其內容,在實務題問題時才能有系統的引用或論述;並請以某一類非自願性案主的為例,預為準備相當的處遇計畫備用,以免考場時間有限,致無法完整應答。另這部分亦是測驗題的重要考點,觀念務必正確清晰。

（1）社會工作者的雙重角色：社會控制與幫助。社會工作者的主要角色到底是執行法庭命令、調查反社會的行為，或是幫助案主解決問題？這個問題的答案通常是不清楚的。事實上，社會工作者的法律角色與幫助角色，通常在直接服務過程的不同階段中轉來轉去。Trotter 指出，事實上若社會工作者能採取平衡的社會控制角色與幫助角色，對非自願性案主的助益最大。換言之，社會工作者必須瞭解他們扮演社會控制與雙重幫助角色的困難，並且必須幫助案主瞭解這個雙重角色的本質，且經常與案主討論這件事。

（2）案主的期望：案主可能以前也有接受個案工作服務的經驗，他們可能已經對社會工作者角色的本質發展出一些期望，要探討案主的期望，才能幫助工作者及案主釐清社會工作者角色的本質。

（3）專業關係的本質：案主若分不清社會工作者是朋友或專業人員可能會造成問題。社會工作者常須與個人或家庭工作一段很長的時間，例如：兒保社會工作者得經常處理「依賴」的問題。社會工作者得清楚自己與案主的關係是有限制的，同時應與案主討論這個限制，例如：讓案主瞭解社會工作者是為達特定目的而為機構所僱用的；而社會工作者也有許多的案主，能分給案主的時間是有限制的。另外，社會工作者要讓案主瞭解干預的過程是有清楚的計畫與策略，並且有預定的結案時間，即使在長期的處遇中，工作亦應分成不同階段，例如：工作者可能在三個月中之針對藥物濫用的母親有特定的工作目標，三個月後社會工作者應評估進展並達成協議，要針對其他新的目標再工作三個月。對不適當的依賴案主，最好的方法就是定期與其討論有關角色的問題及用具體結構的方式解決問題。

（4）什麼是可協商與什麼是不可協商：非自願性的案主應該清楚對他們的要求是什麼？並知道如果他們不符要求時可能的後果，案主應清楚這些到底是法律的要求、機構的要求或是社會工作者的要求。例如，一個觀護人可能接到機構的要求必須處理案主的偏差行為，即使工作者無法處理案主藥物濫用的問題，也不會使案子回到法庭，但有可能被機構要求增加案主的報到次數。總而言之，在與非自願性案主工作時，案主必須瞭解可協商和不可協商的部分，和法律及非法律的干預。在許多情況下，案主可能很在意這些問題，但沒有足夠的瞭解或自信來談它，所以，在多數情況下應是由工作者自動提及並幫助案主瞭解。

（5）保密：在與非自願性案主工作時，保密可能會被誤導。比較有意義的應該是能知道或誰不應知道。案主的訊息有時會傳到別的地方去，例如：

上法庭或與工作人員的督導討論,或在個案會談中,或甚而傳到其他機構(例如:治療精神疾病或藥物濫用的機構);但有些訊息是應該保密的,例如,一個精神病的案主對社會工作者談論他的憂鬱、價值感和無法與任何女人建立關係等,工作者幫助他處理這些問題時,應該要瞭解到這是應該要保密的,或者至少在與其他工作人員討論前,要事先與案主討論並得到他的同意。到底誰能知道?應該與案主詳細的討論,開放的探討是與非自願案主工作的要件之一。

> **上榜關鍵** ★★★
> 結合同理心與角色澄清及增強社會認同、自我揭露的運用,為有潛力的測驗題與申論題考點。

2. 社會工作者與案主關係

1. 結合同理心與角色澄清及增強社會認同
2. 樂觀的態度
3. 適度的幽默
4. 自我揭露

(1) 結合同理心與角色澄清及增強社會認同:這個技巧認同了案主的感受,加強了案主願意談論其個人感覺的事實,也指出了工作人員的助人角色,並表明了社會工作者必須與案主一起為案主的行為找到一些替代的方法。

(2) 樂觀的態度:非自願性案主很少有理由覺得樂觀,一般人認為他們是偏差行為的一群,他們會自覺被污名化了,而對他們的未來覺得悲觀,甚至許多社會工作者也會對案主的未來持悲觀態度,然而在這樣的狀況下,社會工作者更應當灌輸希望與樂觀,社會工作者應當相信自己有助人的能力。一個有清楚理論和研究背景的社會工作者,應向案主表達他對自己能力的信心和他可以協助案主幫助自己,社會工作者可以簡單地表示,我想我可以釐清你的問題;而當案主對事情持悲觀的論點時,社會工作者則應挑戰他。

(3) 適度的幽默：幽默可以提供面質的動力基礎，可以刺激領悟，可以重新建構問題的整個狀況。建設性的幽默可使案主自覺被待為一個人，而不只是案主而已。
(4) 自我揭露：自我揭露應到什麼程度才能幫助非自性願案主，以下幾點原則可以幫助社會工作者決定是否做自我揭露：
　A. 如果不怎麼太私人的問題，例如：社會工作者是否結婚了？或有沒有小孩？通常是適當的。
　B. 社會工作者也可做個人的評斷，例如：「當我小孩還小的時候，我覺得日子很難過」、「當我失業的時候」、「當我與太太（先生）分居時」，來鼓勵案主說出更多有關私人的事。
　C. 太私密的事情則不宜透露，例如：社會工作者本身目前也婚姻失敗而患了憂鬱症。但如果是好幾年前的事，社會工作者說他發覺很難適應婚姻破裂的事，則是適當的。
　D. 一般來講社會工作者所經歷到的困難之自我揭露，比社會工作者的成就之自我揭露，對案主更有幫助。

3. 示範與增強符合社會價值觀的言談與行為

1. 指認出符合社會價值觀的言談與行為	2. 提供獎賞
3. 示範符合社會價值觀的行為	4. 挑戰反社會的言談與行為

中央：示範與增強符合社會價值觀的言談與行為

(1) 指認出符合社會價值觀的言談與行為：首先，在會談的過程中，社會工作者應該試著指認出案主符合社會價值觀的言談與行為，例如：兒虐父母承認他們的特定行為對孩童的傷害、陳述他們承認孩子有感覺及有發展需求、承認孩子有生理的需求（例如，孩子得經常換尿布）、承認社會工作者是以孩子的利益為第一優先、

榜首提點

示範與增強的技巧，請詳加準備，並充分運用實務案例解題；並請事先準備一個非自願性案主案例，就其示範與增強的方式預先練習，以備不時之需。

承認他們必須增強親職技巧或支持社會工作者對家庭的處遇計畫。
(2) 提供獎賞：第二步是對案主符合社會價值觀的言談與行動提供獎勵，社會工作者最有力的增強物是讚美。對從事兒保工作的社會工作者而言，有些獎賞是可用的，例如，依案主的期待，對案主做家訪而非要求案主到辦公室來會談，或減少見面或增加見面的次數等。另一種可用的獎賞是用記錄或書信，社會工作者可與案主分享他在紀錄上記下案主所做的正向事情，例如：案主都規律的參加會談。透過這些增強過程，案主可以學習到工作者所想提升的行為與態度。
(3) 示範符合社會價值觀的行為：社會工作者必須示範他想要案主做的行為，例如：一位從事兒保的社會工作者對案主的尊重，或臨時無法與案主會談時的事前電話通知等，透過社會工作者示範符合社會價值觀的行為，讓案主加以學習應用在問題的處理上。
(4) 挑戰反社會的言談與行為：反社會的言談包括案主合理化他們的反社會行為，例如：我只是在管教她。社會工作者應要指出這些行為合理化的說詞，並提供一些負增強。負增強可包括社會工作者不理會這些行為、指出社會工作者並不同意這些行為，或簡單地敘述這些只是對不接受行為的合理化說詞。

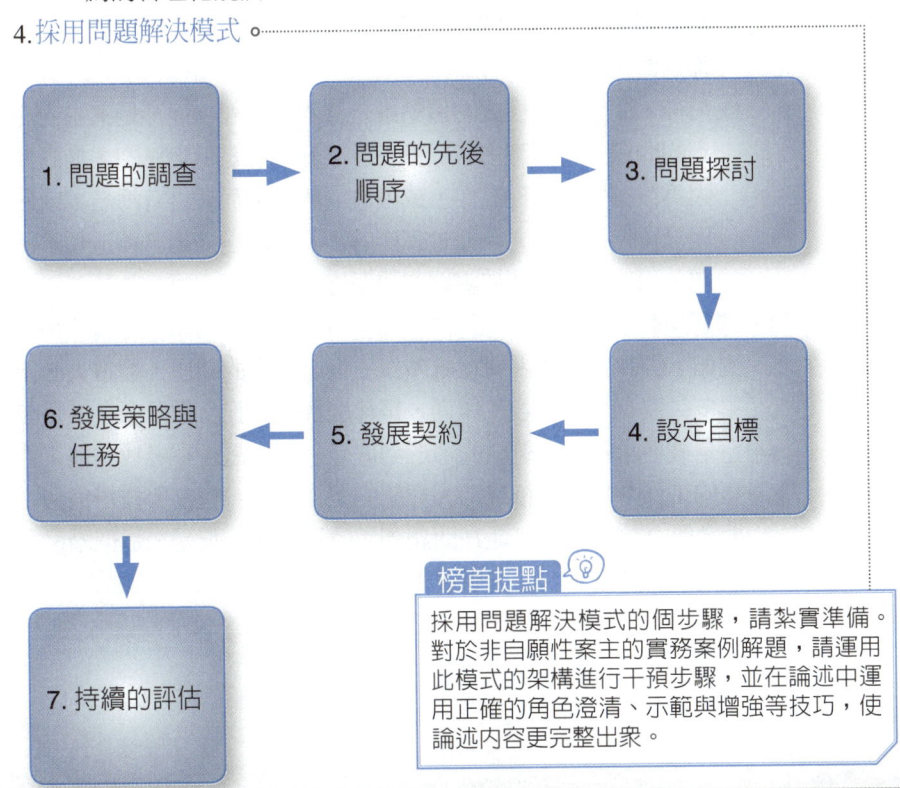

4. 採用問題解決模式

1. 問題的調查 → 2. 問題的先後順序 → 3. 問題探討
↓
6. 發展策略與任務 ← 5. 發展契約 ← 4. 設定目標
↓
7. 持續的評估

榜首提點
採用問題解決模式的個步驟，請紮實準備。對於非自願性案主的實務案例解題，請運用此模式的架構進行干預步驟，並在論述中運用正確的角色澄清、示範與增強等技巧，使論述內容更完整出眾。

（1）問題的調查

目標是要寫下案主不快樂或想要改變的問題清單，這些問題可能是就業、住屋、家庭狀況、醫藥、休閒與財務等。當案主在指認問題時，社會工作者要案主談每個問題，為什麼它是個問題？問題有多嚴重？問題有多久？必要時可將問題部分化。例如，一個案主說他很憂鬱，社會工作者則可將問題部分化分成不同層面，憂鬱是指與適應相關？或是缺乏人際關係？是否在早晨無法起床？案主是否想自殺等。

（2）問題的先後順序

A. 與非自願性案主工作須有些準則來決定哪個問題該先處理。首先，有些危機狀況是需要立即行動的介入，通常是在社會工作者有時間做問題調查或列出問題的先後順序之前。例如：對受虐兒進行立即性的住院或安置，當然這將是最優先處理的問題。

B. 其次，社會工作者可建議處理一些特定問題，並告訴案主理由，但最重要的是要案主同意這些問題是個問題，同時，最好應該先從較有機會完全解決的問題開始。

C. 如果社會工作者覺得案主所選的問題並不適合，社會工作者則可建議案主同時處理兩個問題。例如：案主與社會工作者可同意同時處理醫藥的問題與關係的問題，但是，最重要的還是案主要覺得這兩個問題都是真正的問題。

D. 最後，問題解決模式的焦點應是實際的問題，而不是案主內心所感受到的問題。一個案主若覺得自己不好並且是低自尊的，最好問他這是因為沒有朋友、沒工作，或因法庭的命令而覺得有污名，或是因沒錢而覺得自己沒能力。社會工作者不需要處理如低自尊這類不明確的問題，而應選擇一個較明確的問題處理之。

（3）問題探討

例如：觀護人與案主同意處理案主沒有工作的問題，觀護人必須知道案主多久沒有工作？若工作過，是什麼樣的工作？做了多久？是自願離職還是被要求離職？離職的情形到底是怎樣？是否在尋找其他工作？哪一類的工作？是由報紙或別人介紹的工作？教育程度與技巧為何？如何去面談等？這些資料可能在問題調查時已談過，但是在這個階段，仍需要盡量去得知這個問題與周遭相關的問題。

（4）設定目標

目標的發展是社會工作者與案主同意要一起達成的，社會工作者與案主可能對目標有不同的解釋，所以目標要有很清楚的定義，且不留有不同解釋的空間，這個清楚的目標應要寫下來，並且社會工作者與案主均要留有一份複本。例如：

A. 張先生要在 6 個星期內找到一份銷售員的兼職工作。
B. 張先生找到一個有二個房間的住處，並且必須在市中心。
C. 張先生每個星期要與住在附近的一個朋友固定聯絡。

（5）發展契約

一個契約應該寫出案主的問題與目標，通常是由社會工作者與案主一起寫出工作契約。契約內容包括：問題、目標、其他同意事項。

（6）發展策略與任務

目標是案主想達成的，而策略或任務是達成目標的方法，找新房子是目標，但是找廣告及看房子則是任務，當然策略或任務最好是由案主發展出來的，不然則是案主同意的，而任務必須是特定而且是清楚的，並且一個任務有沒有完成應很容易被看出。例如，社會工作者可幫助父母找出在什麼樣的情況下孩子會發脾氣？任務則是幫助父母指認出引發孩子發脾氣的因素，和應該如何改變這些因素。另外，社會工作者的任務是要代表案主和學校、保險、法庭或其他組織接觸。社會工作者也可能要轉介案主到其他機構，例如轉介到處理憤怒情緒的團體、婦女團體、親職教育團體，或是勒戒團體。

（7）持續的評估

當社會工作者與案主可能在為一個問題發展目標，或甚至而在執行某任務時，才發現另一個問題應先處理，這可能是案主處於否認的狀態直到新問題出現，在這種情形之下重新回到問題調查與排優先順序的階段是適當的。

三、倡導

（一）倡導基本概念

1. **倡導（advocacy）**：是一個與案主共同工作或代表案主工作的過程🔑。

> **倡導的條件（有必要從事倡導行動的情況）**
> 1. 當有機構或工作者拒絕提供服務或利益給案主時。
> 2. 當服務輸送缺乏人性化時。
> 3. 當案主因為種族、性別、宗教或其他因素被歧視時。
> 4. 當不良的服務引起困境或不良的後果時。
> 5. 當政府或機構政策對需要利益和資源的人有負面效果時。
> 6. 當案主不能有效地獲得自身利益時。
> 7. 當多數的群眾皆有共同需要但資源卻無法提供時。
> 8. 當案主在危急中需要特殊及立即性的服務時。
> 9. 當案主被否定合法的權力時。
> 10. 當組織的程序及設施對案主產生負面影響時。

（知識補給站）

2. **倡導之目的**

倡導之目的：
1. 取得案主以其他管道無法獲得的服務或資源。
2. 修正現有不利於案主的政策、程序或措施。
3. 催生新法案或政策，以帶動必須的資源或服務的發展。

3. **倡導層次**
   - （1）第一個層次：是社會工作者盡力使案主及其家庭能得到幫助及服務，此稱為個案倡導（case advocacy）。
   - （2）第二個層次：是一個特殊階層的團體或組織以行動去影響政策或法令的改變，稱為階級倡導（class advocacy），後者在本質上是屬社會行動。

> **上榜關鍵** ★★★★
> 測驗題的基本題款，要能區辨選項說明之正確性。

(二) 有效的社會行動之步驟

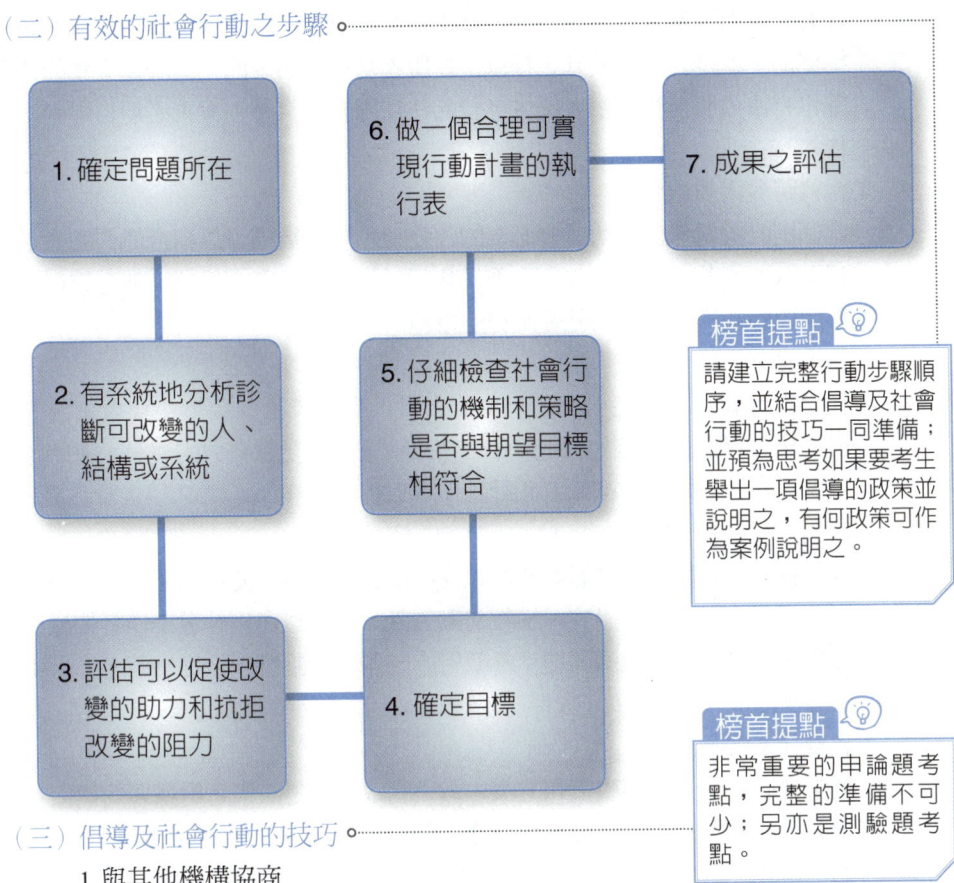

1. 確定問題所在
2. 有系統地分析診斷可改變的人、結構或系統
3. 評估可以促使改變的助力和抗拒改變的阻力
4. 確定目標
5. 仔細檢查社會行動的機制和策略是否與期望目標相符合
6. 做一個合理可實現行動計畫的執行表
7. 成果之評估

> **榜首提點**
> 請建立完整行動步驟順序,並結合倡導及社會行動的技巧一同準備;並預為思考如果要考生舉出一項倡導的政策並說明之,有何政策可作為案例說明之。

> **榜首提點**
> 非常重要的申論題考點,完整的準備不可少;另亦是測驗題考點。

(三) 倡導及社會行動的技巧

1. 與其他機構協商

   當問題牽涉到其他機構拒絕提供資源和不人性的對待時,社會工作者必須適當地主持會議以表達不滿。在這當中最好有案主陪伴,以避免社會工作者呈現事實時被認為是謠傳的訊息。案主時常可以從學習正向處理這種情況中獲得力量。一般而言,機構必須以謹慎的態度提出案主的事件,如果其他的參與者對於處理方法表現漠不關心或是非自願,社會工作者就要注意是什麼引起他們的不滿,並和較高職權者保持聯繫及追蹤這種抱怨的意向因何而來。

2. 訴諸評估會議

   社會工作者使用成果評估,使案主滿意度的調查有逐漸增加的趨勢。這種評量表有時能提供訊息,了解案主是否得到協助或是被拒絕服務。大部分的機構和政府機關團體都有這種程序,以檢視案主是否得到助益或服務。通常結果的呈現可提供程序和政策改變的方向。

3. 引發法律行動

   當案主的權力受到侵害,而這些介入又未能改正時,訴諸於法律行動是一個

好方針。然而案主通常缺乏雇用私人律師的費用，所以請求聯合法律服務機構協助，或是經由公共基金提供法律服務是相當必要的。有許多大學的法學院也有法律服務社，學者提供免費的法律服務。當然，案主必須自願到法庭作證。

4. 組織跨機構委員會

當個別的機構無法成功影響必要的改變時，幾個機構可以結合他們的力量一起爭取他們共同問題的改善。委員會可以直接計畫聯合行動，進行修正一個有問題的機構、組織或社區服務的措施。

5. 提供專家的證明

社會工作者可以產生一強而有力的力量，去影響公共政策和社會資源的發展。藉由專家針對案主的問題和公共政策下的需要做有力的演說，有時也可以寫信給傳播媒體的編輯者和社論作者以影響改變。

6. 收集相關具體資料

當社會工作者能提供具體的資料以支持他的意見時，此種公開做證的效力會因此提高。引用調查研究、檢視文獻的評論，可以作為社會工作者知識上的後盾，也可以用來理解問題；當敵對的問題在聽證會中被提出時，亦可用此知識來因應。

7. 教育社區大眾

通常發展一種先進的政策和方案，最大的敵人就是決策者對議題的無知和不熟悉。教育一般民眾和決策者，特別重要的是應該仔細考慮所有形式的媒體，包括新聞；有關公共議題的電視節目；地區性或全國性會議中的討論會；展覽；對有影響力的民間組織團體發展演說。其他如寫信給主編、報紙的社論、運用網路和電子郵件。

8. 和政府官員及立法者保持連繫

這是個能促進政策和方案計畫的有力方式。社會工作者可直接與立法委員及公眾官員接觸或在會議中提出一些訊息，讓立法者了解後提出評斷。社會工作者應該知道何種特殊利益團體會影響立法者。立法者的知識和概念，決定他們的行為傾向於何種利益團體，通常這種團體與立法者的角色概念相一致。了解立法者在其中的角色如何，所做的努力才有效。立法者的角色一般善於接納特殊利益團體的意見且明白他們的存在，這種類型的立法者是特殊利益團體最豐富的資源。提供技術上和政策上的資訊給立法委員，對立法者在決策過程的反應有很大的影響。社會工作者應該學習利用政府的出版品、文件及統計資料，並了解政策決定的過程及有效的評估相關政策與立法，方能影響立法者。

9. 組織機構聯盟

    此種技術乃是一個以特殊目標而組成的機構團體。這種介入的優點有兩方面：（1）當多數的機構呈現聯合的態度時，政策決策者較會被影響；（2）單一的機構容易有被攻擊的弱點，由許多機構所組成的聯盟較不會有此情形。

10. 組織案主團體

    這項技巧是將有同樣問題的案主組織成一個行動團體，以促進社會變遷。當成員有共同的問題，社會機構成立案主團體、鼓勵團體採取行動，並且提供諮詢的角色，幫助此團體獲得資訊，這個行動通常是要喚起決策者對議題的重視，並且表達選區選民的聲音及施加責任壓力來爭取權力。

11. 持續不斷地要求

    持續不斷地以信件和電話砲轟政府官員。這個方法是在法律範圍之內，但近似於一種施壓的侵擾，可能會引起反彈的效果。

練功坊

★ 社會工作者常須面對非自願性案主，請試述非自願性性案主常出現的行為特徵。

解析

(1) 拒絕合作與參與：對社會工作者的權威反應，案主是「身體」到，但是「內心」卻拒絕合作和阻斷任何社會工作者想要帶領進入互動的努力。因為沒有權力選擇被轉介、選擇治療者、選擇治療的方式或治療的時間，所以案主只能運用他們可運用得權力──拒絕參與。

(2) 自覺沒有問題：對案主來說，他們失去自主性的反應是憤怒和放任自己。案主對於他們的偏差行為、不合邏輯或是自我傷害得行為也有不同的定義。他們覺得自己沒有問題，別人認為他們有問題的行為，案主確認為那是滿足需求的方式。例如：嗑藥時的愉悅、虐待他人或自己時的攻擊釋放或是性慾上的滿足等。

(3) 維持現狀逃避改變：非自願性案主不確定要不要放棄舊有的行為模式，甚至當案主想要改變他們某些行為時，或是因為機構對他們沒有信心，也可能覺得需要付出的心理成本和危險會太高，因為他們必須承認自己的失敗，並且犧牲自己的自主性，而把自己的控制權交給別人，進入一個不熟悉的治療情境。若是以前有失敗治療經驗的案主，他們更害怕與機構的合作會帶來另一次的挫敗。

練功坊

(4) 將行為合理化：非自願性案主可能表現出他們是無可指責的，他們否認責任並給許多的託詞。例如，「當時我喝醉了」、「當時我病了」、「我當時很生氣」、「沒有人告訴我」、「他們激怒我」、「我的朋友強迫我」，非自願性案主並不認為自己是需要接受幫助的，反而認為他們是受到別人操弄的受害者。

(5) 不願延遲需求的滿足：對非自願性案主來說，做計畫應沒有太大的意義，因為他們都已學習到未來是不可預測的，他們的基本需求的滿足方式都是「馬上滿足」。延遲馬上的滿足來保證將來有機會獲得更大的滿足，對他們來說是個沒有吸引力的成本效益方程式，因為他們對是否控制從目前到將來的這段時間實在沒有太大的信心，而他們這種致命的被動性，可能是從他們無法控制的剝奪環境的一種學習得來的適應方式，他們的反對是用漠視的方式來表達，如「那沒有什麼大不了」或是「我沒有受到任何干擾」。

(6) 表面順從自誠錯誤：有一些非自願性的案主，則會用承認錯誤的方式來敷衍，例如：「那只有一次」、「我很抱歉，我學習到了一個功課，那不會再發生了」。他們對看起來是抑鬱的，而且會自白認錯，保證一定會改變，相形之下，似乎社會工作者的會談變得沒有多大的必要。

(7) 運用防衛性的技巧：非自願性案主會運用許多逃避或轉移的技巧來避免認真的談論他們的問題，他們可以喋喋不休一些無關緊要的事情或暫時拒絕談論。社會工作者的干預常會面對的是案主模糊的反應、簡短的回答、不確定的回答、缺乏注意力、轉移到不相關的話題，或是冗長的沉默。雖然有些案主會公開承認「若是我不是必須來，我根本不會來」或「根本不想來」，但有些則是隱藏的抗拒者，他們可能會抱怨很多或出奇的合作，或逃避或不合作拒絕討論。

★ (　) 面對非自願性案主時，下列何者較不易對社會工作人員造成兩難？
(A) 是幫助對方，或是成為社會控制的一環
(B) 是符合案主的期待，或是符合機構的期待
(C) 作為案主可依賴的朋友，或是受限於專業服務範圍的工作對象
(D) 基於法律，釐清不可協商或可協商的空間

解析

(D)。非志願性案主是指非出於個人意願前往機構接受專業工作人員協助的案主。在與案主建立專業關係時，應基於法律，釐清不可協商或可協商的空間等事項，向案主詳加說明，可減少社會工作者的兩難。

重點便利貼

❶ 個案工作的過程：即申請和接案、調查和資料收集、預估（assessment）、服務計畫、介入或干預（intervention）、評估和結案。

❷ 社會工作會談：是社會工作者與案主之間的一種有特定目標和有方向之專業性談話。

❸ 預估（assessment）的特性：(1) 預估是一個持續的過程；(2) 預估是案主和工作者雙向互動的過程；(3) 預估是多面向的。

❹ 干預計畫應包含可測量的干預目的和結果，是一種對案主的問題有效且以證據作基礎的干預。規劃干預的過程包括五個步驟：(1) 選擇問題；(2) 界定問題；(3) 擬定目的；(4) 建構目標；(5) 干預計畫。

❺ 個案工作紀錄之目的/重要性：(1) 持續服務工作；(2) 服務品質的掌握；(3) 組織工作者的思慮；(4) 供機構、督導的查閱；(5) 專業間的溝通；(6) 法律行動中的機構自衛工具；(7) 處遇的工具；(8) 教學的工具；(9) 評估與社會研究。

❻ 結案的種類（類型）：(1) 案主和社會工作者都滿意已完成彼此同意提供的服務；(2) 服務目標沒有達成，但雙方都認為可以結束工作了；(3) 關係停止，是因為社會工作者離開機構或轉到其他單位服務；(4) 已完成了計畫中的服務，但案主所需要的服務、機

構無法提供，所以必須轉介。

❼ 結案的指標：(1)案主的問題已經獲得解決；(2)問題的解決已告一段落，案主或其家屬顯有能力自行解決問題；(3)所餘問題非屬社工部門的服務範圍，應由其他機構提供協助，且已經給予妥善安排者；(4)除 1-2 項因素外，考慮結案時需要與督導或主任商討。

❽ 有效的轉介應遵循之原則：(1)引導案主表達感受，以確定其準備好接受轉介；(2)配合案主所需；(3)尊重案主自決；(4)避免虛假與非現實地承諾；(5)避免先確定下一個服務者是誰。

❾ 轉介注意事項：(1)確認轉介的需要；(2)說明何種資源最能滿足案主的需要；(3)協助案主與轉介機構的接觸；(4)避免替被轉介機構做不確定的承諾或不實際的保證；(5)要求被轉介機構填寫並寄回「轉介回覆單」。

❿ 情感轉移：是指案主將早期所經驗到的特殊感受或情緒經驗投射到助人者或其他重要人等身上。

⓫ 情感反轉移：為工作者對案主的非現實性反應，為工作者將案主視為早期或目前生活中的人物，或是將與他人相處的不當方式，可能是其人格特質的一部分，帶入助人的關係中。

擬真考場

申論題

請說明何謂情感反轉移及其產生之來源為何？

選擇題

( ) 1. 下列那些是社會工作個案紀錄的價值與可以發揮的功能？①向社會大眾展示服務成效的依據②服務品質的掌握③法律行動中的自衛工具④處遇的工具
(A) ①②③　　(B) ①③④　　(C) ②③④　　(D) ①②④

( ) 2. 在結案的過程中，案主對社工師（員）表示「是否因其工作目標毫無進展，所以社工師（員）打算離開自己」，請問前述現象屬於下列那一項結案時的案主情緒或行為反應？
(A) 憤怒　　(B) 退化　　(C) 自我貶抑　　(D) 逃避

( ) 3. 社會工作者對案主說：「我建議你搬到新的地方，因為你在這裡已經有許多適應不良的困擾。」這是會談中會出現的建議，若上述建議出現過早，會造成的結果，下列何者錯誤？
(A) 減輕社工工作負擔　　　　(B) 剝奪案主自我成長
(C) 影響真正問題發現　　　　(D) 助長案主依賴

解析

申論題：

(一)「情感反轉移」為工作者對案主的非現實性反應，「情感反轉移」為「工作者將案主視為早期或目前生活中的人物，或是將與他人相處的不當方式，可能是其人格特質的一部分，帶入助人的關係中」。如從更寬廣的角度來看反轉移，它可能只是一種兩個人之間剎那感覺的反應而已；它也可能是助人者投射的一種形式，換言之，它包含助人者面對真實存在或想像的案主態度，或明顯行為的任何態度。亦即，情感反轉移是助人者在治療或真實生活中，因過去重要關係中的某些事件而被激起的反應，他們可能在滿足自己的需求上，多於對案主提供服務上的努力。假如這種反應是負面的，這種被案主激起的負面反轉移所產生的態度，將對所有助人關係產生破壞性的效果；如果所產生的是正面的反轉移，諸如情愛的感覺，由於它們不易被確認，使得案主更顯混亂而造成更大的傷害。

(二)情感反轉移的來源（Brammer 提出）
1. 源自於助人者個人過去未被解決的問題。
2. 自我期許和情境壓力：工作者自覺對案主情況的改善和問題的解決承擔相當大的責任；害怕因處遇上的失敗有損專業形象；或因過重的工作量、長久的工作時間，呈現出挫折、冷漠、沮喪和動機上的匱乏，形成所謂的倦怠效應。
3. 助人者對受助者過度的情感涉入：例如，助人者對受助者表現出強烈的同情心和過多的關切；受到案主焦慮情緒的影響，工作者也表現出相當程度的憤慨和擔心等。

選擇題：

1. C 個案工作紀錄的目的／重要性：
    1. 持續服務工作。
    2. 服務品質的掌握。題意②屬之。
    3. 供機構、督導的查閱。
    4. 專業間的溝通。
    5. 法律行動中的機構自衛工具。題意③屬之。
    6. 處遇的工具。題意④屬之。
    7. 教學的工具。
    8. 評估與社會研究。

2. C 自我貶抑：有時結案讓案主認為自己沒有價值，認為社會工作者並不在乎他們，尤其在機構生活的案主如敬老院、仁愛之家或育幼院的院民們。

3. A 過早提供忠告、建議或解決方案，係指案主常在尋求忠告，然而，時機不對的忠告常會引起反抗，因為依據表面資訊所給予的忠告未能真正符合他們的需求，會造成剝奪案主自我成長、影響真正問題發現、助長案主依賴等結果。選項 (B)、(C)、(D) 屬之。

第三章 CHAPTER 3
團體工作直接服務（一）：基礎、實施理論

榜·首·導·讀

- 帕波爾與樓斯門（Papell and Rothman）的團體工作三大模型：（1）社會目標模型（social goals model）；（2）治療模型（remedial model）；（3）互惠模型（reciprocal model）是申論題與測驗題的經典考點，萬不可疏漏；尤其測驗題，更須加強各模型相異點觀念之建立。
- 社會團體工作的各種理論，請以申論題方式紮實準備，因理論有其一定的假設與架構，無法隨意自行發揮，往往是考場致勝的關鍵。

關·鍵·焦·點

- 團體的類型、團體生態體系要素、團體的外部結構、團體凝聚力等多為測驗題考點，請詳細研讀，以建立區辨細微錯誤之能力。

命·題·趨·勢

年度	110年				111年				112年			
考試	1申	1測	2申	2測	1申	1測	2申	2測	1申	1測	2申	2測
題數		6		6		4	1	6		7		7

本·章·架·構

團體工作直接服務（一）：基礎、實施理論

- 重點1 ★★★★ 基礎概念、團體工作理論
  - 團體工作的基本概念
  - 個案工作與團體工作的差異
  - 社會團體工作與其他專業助人取向團體之比較
  - 團體工作實務的價值觀
  - 團體的分類
  - 社會團體工作理論

- 重點2 ★★★★★ 團體模型、要素、結構、動力
  - Papell 和 Rothman 的團體工作三個模型
  - 團體生態體系要素
  - 團體的外部結構
  - 團體動力

- 重點點3 ★★★★ 團體領導
  - 領導
  - 團體領導理論
  - 領導角色
  - 團體中的權力基礎
  - 團體領導技巧
  - 協同領導

重點 1　基礎概念、團體工作理論

一、團體工作的基本概念

(一) 團體工作的起源

1. 社會個案工作（casework）起源於十九世紀末期英國及美國的慈善組織會社（charity organizations）；而團體工作（group work）則是興起於英國與美國的睦鄰服務中心（settlement houses）。睦鄰服務中心運用團體工作，提供居民教育、休閒、社會化及社區參與，其與慈善組織強調貧窮問題的診斷及處遇之不同處，是睦鄰服務中心運用團體工作，使居民有機會聚在一起分享觀點，增加彼此間的支持，運用共同合作的力量以促進社會變遷。

> **上榜關鍵 ★★★**
> 社會個案工作是起源於慈善組織會社，而團體工作則興起於睦鄰服務中心，兩者不同，請區辨清楚；另團體工作到1935年的社會工作全國會議才與社會工作有所連結。以上上均為測驗題重要考點。

2. 團體工作到 1935 年的社會工作全國會議（National Conference of Social Work）時，才正式地與社會工作有所連結。1940 年代，社會工作專業增加了對團體工作的認同（美國團體工作者協會，1947），團體工作者協會與其他六個專業團體一起組成了全美社會工作者協會（National Association of Social Workers, NASW）。

3. 早期我國社會團體工作的發展

> **上榜關鍵 ★★**
> 測驗題細微考點

   (1) 依據林萬億的觀點，我國社會團體工作發展是遠落後於社會個案工作，其認為長久以來受到歐美社會工作的發展是以社會個案工作為主流的影響，再加上國內社會團體工作師資與相關書籍缺乏，以及實務工作者因訓練不足且對團體工作的不熟悉，和以青年工作為主的社會服務機構使用了輔導取向的團體技巧，造成了團體工作與團體輔導概念及運用上的混淆，由於以上的因素相互影響，導致國內早期社會團體工作發展很緩慢的原因。

   (2) 有關團體工作的源起，在國民政府遷臺以前，臺灣設有基督教青年會（YMCA），主要是提供青少年團體活動服務為主。遷台後，於 1954 年救國團成立，在各縣市辦理寒暑假的青年育樂活動、平時不定期辦理

學校青年和社會青年休閒娛樂與才藝培養等活動。
（3）國內社工界有關團體工作的運作仍是從經驗摸索開始，早期基督教青年會及救國團的青年服務，對台灣的社會團體工作有催生的作用和貢獻。
（4）1969年救國團「張老師」成立，採用團體模式培訓義務張老師。根據紀錄資料顯示，國內社工界首先運用社會團體工作的專業方法，應該是1970年社區發展訓練中心訓練社區中的領導人才，及1971年彰化基督教醫院社會工作部為病人和家屬所辦的小型座談會。1976年救國團張老師舉辦「蘭陽育樂營」正式運用社會團體工作來協助虞犯青少年。在此時期所謂的專業方法，排除純粹以團康或育樂活動方式為主的團體工作。

（二）與團體工作的起源相關的機構
1. 社區睦鄰中心
第一個社區睦鄰中心湯恩比館（Toynbee Hall）於1884年成立於倫敦，社區睦鄰中心強調「環境的改革」（environmental reform），但是他們也「持續教導貧民一般中產階級的工作、節儉及節制等通往成功之路的價值」。除了透過社會行動來解決地方問題外，社區睦鄰中心也在社會政策與法令的起草方面扮演重要的影響角色。社區睦鄰中心運動時期最負盛名的領導者是芝加哥的Jane Addams，在芝加哥一個貧民區租了一棟兩層樓的房子，之後命名為赫爾館（Hull House）。

> **上榜關鍵 ★★★**
> 湯恩比館 vs. 赫爾館，分別代表不同的慈善運動，考生極容易混淆，請建立清晰觀念。

2. 基督教青年會
基督教青年會（Young Men's Christian Association, YMCA）的創立人George Williams。美國的基督教青年會創下了社區運動和體育活動，發明排球和籃球，教授水上安全及游泳者；它也設計了一個類似和平部隊（Peace Corps）的國際社會服務方案；它最先辦理團體的育樂營（recreational camping），發展夜校及成人教育，為大專學生提供廣泛的非單一宗教的基督教工作，並且擴展到對外國學生的協助。基督教青年會從一個以宗教為目標的組織，擴展成一個多元目標的組織。基督教青年會的成功案例，也刺激了1866年在波士頓的第一個基督教年會（Young Women's Christian Association, YMCA）的成立。

（三）團體工作的定義
1. 定義
1959年美國社會工作教育委員會：社會團體工作是社會工作的方法之一，它透過有目的之團體經驗來增進人們的社會功能。

榜首提點
1. 團體工作的定義，是基礎的觀念，必須要能獨立以論述方式說明；並請搭配團體工作定義描述分析。
2. 延伸思考為個案工作之定義、與個案工作之異同。

上榜關鍵 ★★
測驗題細微考點。

2. 定義描述之分析
（1）團體工作是目標導向的活動，其意指：在為人服務的專業範疇中，工作者有計畫、循序漸進地執行各種活動。目標導向活動有許多目的，例如：團體工作者也許將目標放在支持或教育成員，幫助他們社會化和促進個人成長，為成員的問題及其所關心的事情提供治療。
（2）團體工作是為小團體中的成員服務。「小團體」（small group）這個名意指成員有能力去認同自己是團體中的一份子，去參與互動，透過語言和非語言的溝通過程，彼此交換思想與感覺。團體工作定義也指出，工作者為處遇性團體及任務性團體提供服務。團體工作定義也強調，工作者在團體中應將注意力放在兩個方面：目標導向的活動設計與運用，不只為個別成員也為整個團體。
（3）團體工作是在強調團體的存在並非真空狀態，它的存在與社區中的服務輸送系統有關，其會對團體存在目的加以贊助，合法化及發生影響。

上榜關鍵 ★★
測驗題細微考點。

（四）團體工作的功能／目的／目標／工作焦點

項目	說明
社會團體工作的功能／目的（Klein，克萊恩提出）	1. 復健：包括對原有能力的復原，和對情緒、心理或行為困擾，以及態度或價值取向的復健。 2. 開展：發展面對問題與解決問題的能力，也就是學習適應危機情境的能力。 3. 矯正：協助犯罪者矯正行為與解決問題。 4. 社會化：協助人們滿足社會的期待及學習與他人相處，其中包括對部分特殊個案的再社會化。 5. 預防：預測問題的發生，提供有利的環境以滿足個人的需求；並協助培養處理偶發事件與危機處理的能力。 6. 社會行動：幫助人們學習如何改變環境及增加適應力。 7. 解決問題：協助人們運用團體力量達成任務，做成決策及解決問題。 8. 社會價值：協助成員發展適應於環境的社會價值體系。
團體工作的四種工作焦點（林萬億提出）	1. 個人內在功能：社會團體工作在於協助個人達成內在人格的改變與調適，以便增強其在各種社會角色下的社會生活功能，如扮演雙親、配偶、工人、朋友等。 2. 人際關係的功能：社會團體工作在於協助個人扮演新的社會角色，如進入新的環境或參與新的社會活動。 3. 環境的功能：社會團體工作在於提供一種物理與情緒的資源，以供應個人未經歷的生活經驗，如學習參與社區、學校、工廠等的功能，由團體提供經驗學習的情境。 4. 團體間的功能：社會團體工作在於增進體系間的溝通與互惠交流，如醫療團體對與病人之間、學校與家長之間、社區內團體間的溝通與交流。

> **榜首提點**
> 1. Klein 團體工作功能，在測驗題會就各細項內容進描述說明，請考生選出正確的項目；另林萬億團體工作的四種工作焦點亦同，故建立測驗題的正確選答能力不可少。
> 2. 另仍請將相關內容以申論題方式準備，以備出冷門基礎題之用。

二、個案工作與團體工作間的差異

> **上榜關鍵** ★★★
> 兩者之差異，請建立基本的觀念，並複習個案工作章節的相關內容。

（一）個案工作者比較傾向從心理動力觀點探討內在洞察力的發展，以及提供具體的資源；而團體工作者則依賴方案活動，以鼓勵成員採取行動，亦即所有類型的方案活動皆是團體完成其目標的媒介。

（二）個案工作主要將重點放在問題的解決與復健上；而團體工作則運用方案活動來分享快樂及解決問題。協助的關係中，個案工作者尋找在工業化過程中那些缺乏適當權益、弱勢貧困的受害者，加以診斷與治療，透過提供他們資源，教導這些案主成為有品德、勤奮工作的公民。

（三）團體工作者也為貧困者及受傷害者服務，但是他們不會只為貧窮者或有問題者工作，他們較喜歡用「成員」（members）這樣的字眼而非「案主」（clients），他們強調成員的長處（strengths）而非弱點。團體工作者被要求分享互動、分享權力及分享做決策的過程，這是個案工作者所未曾經驗的。

（四）Grace Coyle 是第一位撰寫團體教科書的社會工作者，其於 1930 年出版《組成團體的社會過程》（Social Process in Organized Groups）；而第一本個案的教科書，是於 1917 年由 Mary Richmond 出版的《社會診斷》（Social Diagnosis）。

> **上榜關鍵** ★★★
> 測驗題重要考點，人名、年代、著作均請詳記。

三、社會團體工作與其他專業助人取向團體之比較

> **上榜關鍵** ★★★
> 觀念的建立非常重要，申論題與測驗題的考點。

（一）團體輔導

在國內，團體輔導經常與團體諮商混為一談，事實上，團體諮商的層次較團體輔導深些。「團體輔導」指的是透過對學生提供教育、職業、個人及社會的訊息，協助其做適當的規劃和抉擇，有系統及有組織地預防問題的產生。「團體輔導」較屬於知性的傳導，是以班級為主的情境中，以小團體的方式，就某一主題進行資訊分享、意見交流，以達價值澄清等認知學習目的的一種教育活動。例如：生活輔導、學習輔導、生涯輔導，以及心理輔導等。

（二）團體諮商

「團體諮商」不只是知性的傳達，更著重於探索成員的經驗、感覺、想法或行為。其是在一種動態的人際關係團體，透過小團體中不同成員的個人特質及領導者催化帶領間的交互作用，孕育出一種容納、宣洩情緒、現實取向、

相互信任、關心、瞭解及支持的氣氛等具治療功能氣氛的團體,以增進成員的自我瞭解、自我接納、自我改變及自我肯定。

(三) 團體心理治療

「團體心理治療」與「團體諮商」最大的差異不是其實施過程,而是實施對象。團體的進行是透過接受過心理治療訓練的醫護人員或專業人員,其特別設計並且是在其控制之下,針對精神或情緒有嚴重障礙者,運用較深度的洞察、分析、重建及支持等方式,處理深層的緊張與衝突、人格問題或嚴重心理障礙,以協助減輕與改善個人症狀,促成行為及人格的改變。

表:社會團體工作與其他專業助人取向團體之比較

向度\團體	社會團體工作	團體輔導	團體諮商	團體心理治療
對象	正常人或弱勢族群	一般學生及社會大眾	適應困難或情緒困擾者	心理疾患者
目標	滿足案主、組織和社區的需求與任務的達成	增進獲得正確知識與資料,建立正確之觀念、認知及健康的態度與行為	促使想法、情緒、態度、行為之改變	協助個人症狀減輕與改善,行為及人他的改變
功能	預防、成長、復健、社會化、問題解決、社會或情緒的改變、促成團體行動的發生	預防、發展	發展、解決問題、補救(少許治療功能)	補救、矯治(治療)、重建
領導者	社會工作者	教師或輔導員	諮商員(師)	心理治療師
助人關係	強調助人者與當事人共同參與、平等、充權與夥伴關係	強調對當事人的觀念、認知、行為、態度等導引關係	強調陪伴當事人探索主體經驗的關係	強調與當事人共同面對疾病之治療(醫病)關係

團體　　向度	社會團體工作	團體輔導	團體諮商	團體心理治療
處遇焦點	社會、情緒、文化的調適：意識層面問題	意識的認知學習/強調資訊的提供與獲得	意識的思想、情緒和行為	意識及潛意識的思想、情緒和行為
工作特色	舉凡具有支持性、成長性、教育性、治療性、社會化及任務性等所有足以形成有目的的團體經驗皆是	較注重教育性	較注重催化探索之交互作用過程	較注重診斷、分析及解釋行為
涉及範疇	人與環境統整、成員的社會性功能、團隊及組織的行動力、社會變遷等	成長歷程中的發展性議題	心理及情緒的適應與成長、潛能的發揮	症狀的減輕與人格的深度處理

四、團體工作實務的價值觀

(一) 團體工作實務價值觀

1. 在社會工作中，團體工作實務的焦點深受個人和專業價值體系的影響。價值觀會影響工作者為案主提供服務時的介入風格及工作技巧，也會影響案主對工作者所提供之服務的反應。
2. 在團體中，工作者的行動會受周遭環境價值觀、案主價值系統和工作個人的價值系統所影響。團體功能的脈絡會影響團體所呈現出的價值。社會的價值觀、實務機構的價值觀及社會工作的價值觀，是周遭環境價值形成的來源。
3. 發起或贊助團體的組織和社區，其所擁有的價值觀是所謂的周遭環境價值系統（contextual value system）的一部分，將會影響團體工作者為對團體的立場。醫療服務和社會服務組織所贊助或發起的團體，在其所提供的服務中，可以看到該組織的歷史及傳統。

4. 工作者在計畫組織一個團體之前,必須要熟悉所服務機構正式及非正式的價值觀,使其能具體地融入到團體的任務、目標、政策、程序和實務中。

> **上榜關鍵** ★★★★
> 「工作者必須要熟悉所服務機構正式及非正式的價值觀」,這是在測驗題出題的重要觀念。

5. 團體的功能也會受其所在的社區影響,例如:社區的傳統與規則,以及社區中的種族、民族和社會經濟組成等因素,其間會有很大的差異。所以在策劃一個團體時,工作者必須考量社區的這些要素對團體及其成員的影響。

6. 工作者和團體也會受到專業價值觀的影響。Siporin 摘述重要的社會工作價值觀,包括:尊重個人的價值及尊嚴、尊重每一個人的自主性及自我引導、促進個人參與協助的過程、維持不批判的態度、保證平等地提供服務和使用社會資源,以及肯定個人與社會的互賴。

> **上榜關鍵** ★★★★
> 尊重每一個人的自主性、維持不批判的態度、保證平等關懷觀念,係測驗題重要考點。

(二) 團體工作的價值觀(Gisela Konopka 提出)

```
團體工作的價值觀           團體工作五項核心
(Gisela Konopka 提出)  ──  價值觀
                        └─ 團體工作四個基本的
                           價值觀
```

1. 團體工作五項核心價值觀
   (1) 不論膚色、信仰、年齡、國籍和社會階層,任何人都可以參與團體,並建立積極關係。
   (2) 在民主參與的原則下,合作與共同決策的重要性。
   (3) 團體中自主性的重要性。
   (4) 自由參與的重要性,包括對個別成員或整個團體事務表達思想與感受,且有權參與團體決策的過程。
   (5) 團體中的個別化應受到高度重視,任何一位成員所關切的事都會被處理。

> **榜首提點**
> 團體工作的價值觀要點務必熟記,並要有能力在測驗題中選出非屬團體工作價值觀項目之實力。

2. 團體工作四個基本的價值觀
   （1）尊重和尊嚴：無論成員在他的社會中如何受到歧視或貶抑，他在團體中的尊嚴和價值感是絕對受到尊重的，這包括了他在團體中一定會有貢獻，且會受到美國社會工作專業協會（National Association of Social Workers, NASW）倫理守則的保障。
   （2）團結和互助：我們深信團體中的互動關係可以幫助成員發展和成長，可以協助成員治癒自己，人際連結的需求獲得滿足，進而形成一種團體和聯盟的感受。
   （3）增權（empowerment）：我們深信團體有能力賦予人們力量，幫助成員覺得自己很好，有能力對自己的生活和社區做些改變。
   （4）了解、尊重和友情：我們深信透過團體的力量，可以促進來自不同背景成員間的了解，和彼此間的尊敬及欣賞，可以使人成長及建立更深的關係。所以，社會團體工作力量的發揮，可以為現代社會不同背景的人，搭建一道橋樑，減少忽視、誤解和成見。

（三）團體工作實務原則（Gisela Konopka 提出）

上榜關鍵 ★★
屬於測驗題的細微考點，詳記各實務要點的原則，並注意要點文字陳述的細節。

1. 認識每個個體獨自的差異性，並依此來工作（團體內的個別化）。
2. 認識團體的獨自特性，並依此來工作（團體的個別化）。
3. 真誠的接納每個個體獨特的優點和缺點。
4. 建立團體工作員和團體成員之間意圖性的援助關係。
5. 鼓勵團體成員間有好的合作關係，並且加強此關係的實現。
6. 對團體過程做必要性的變更。
7. 鼓勵成員以自己目前的能力來參與團體，並且提升此能力的援助。
8. 援助成員參與解決問題的過程。
9. 援助成員能夠經驗解決衝突更好的方法。
10. 提供更多人際關係或成就感等，新的且不同的經驗。
11. 基於對每個個體及團體全體狀況的了解，巧妙地運用限制。
12. 基於對各個成員、團體目的及社會性目標的診斷性評價，依著各個不同狀況，意圖性地運用適切地活動方案。
13. 不斷的、繼續的對個人及團體過程做評價。
14. 團體工作員是以溫暖的、人性的，依照被訓練過的方法來活用自己。

五、團體的分類

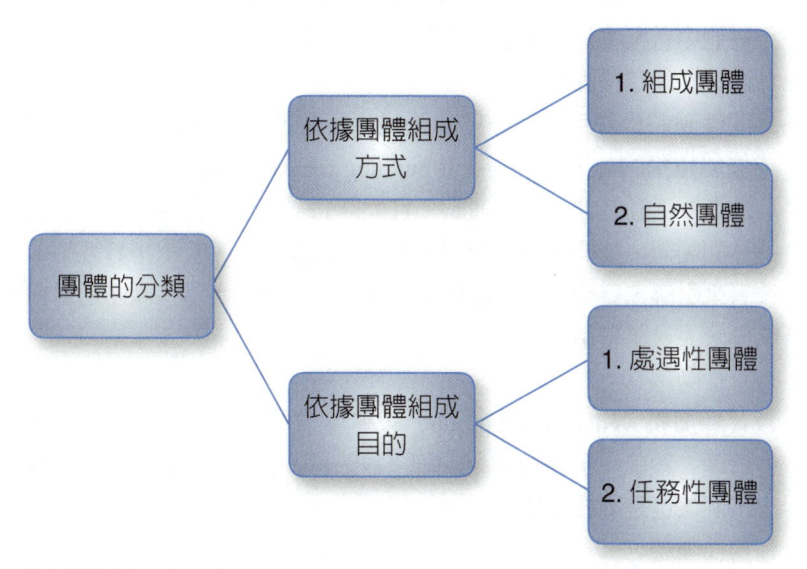

> **榜首提點**：請先透過階層圖建立團體分類的架構觀念後，並對團體的類型加以詳讀，為測驗題重要考點。

（一）團體的分類（Toseland & Rivas 的分類）

```
團體的分類
├── 依據團體組成方式
│   ├── 1. 組成團體
│   └── 2. 自然團體
└── 依據團體組成目的
    ├── 1. 處遇性團體
    └── 2. 任務性團體
```

1. 依據團體組成方式
   （1）組成團體（formed groups）：是指透過某些外在影響或介入而聚在一起的團體。通常是為了一個特殊之目的，經由發起或加入而聚集在一起的團體，例如：治療性團體、教育性團體、委員會、社會行動團體和工作小組。
   （2）自然團體（natural groups）：是指基於自然發生的事件、人際間的吸引力或成員相互覺察到的需求，通常未經正式的發起或贊助而聚集在一起，例如：家庭團體、同儕團體、友誼網絡、街頭幫派及朋黨。
2. 依據團體組成目的
   （1）處遇性團體（treatment group）：團體主要之目的是在滿足成員社會情緒的需求。組成處遇性團體之目的，包括滿足成員支持性、教育性、治療性、成長性或社會化的需求。
   （2）任務性團體（task group）：團體最重要之目的在達成團體目標，而不是與團體成員的需求作較內在或直接的連結。任務性團體的主要目的是達成足以影響較多相關人等的目標，而非只限於團體成員之目標而已。

（二）團體工作的類型（Charles H.Zastrow 的分類）

> **榜首提點**：請把所有的團體類型內容詳細研讀，測驗題出題數不勝枚舉。編者再次叮嚀，為金榜考點，請注重細節，切勿疏漏。

1. 社會性對話團體

   社會性對話（social conversation）常被用來判定與不熟識的人可能發展出來何種關係。在社會工作裡，與其他專業人員進行社會性對話是經常的。但如果團體中有案主加入，通常都有目標，像解決個人問題，而非只是對話。

2. 休閒／技能建構團體

   休閒性團體也許可以歸類為非正式休閒團體（informal recreational groups）或技能建構的休閒團體（skill-building recreational groups）。活動經常是自發的遊戲活動及非正式的運動，且此團體常是沒有領導者的。相較於非正式的休閒團體，技能建構團體則把焦點放在任務上，且由指導教師、教練及教學者來引導，目標是運用愉悅的方式來提升技能，這些團體通常由休閒訓練的專業人員來帶領。

3. 教育性團體

   教育性團體（educational group）教導專業技能與知識，如：育兒課程、壓力管理、親職、英語及肯定訓練（assertiveness training），社會服務組織的志工訓練也是屬於此類。

4. 任務性團體

   任務性團體（task group）之目的在於完成特定的任務或目標，指導委員會（board of directors）是屬於負責訂定方案管理政策的行政團體；特別小組（task force）是因特別目的而形成的團體，任務結束後就解散；機構或組織委員會（committee）是為了處理特別任務或事務而成立的團體；專門委員會（adhoc committee）與特別小組類似，是為特定目的而設立，在任務完成後就停止運作。

5. 問題解決與決策團體

   社會服務提供者運用團體聚會來訂定目標，例如：發展個案或團體的治療計畫，或決定如何分配有限的資源。社會工作者在這些團體的設立上扮演激勵者或組織者的角色。

6. 問題解決與決策團體：家庭團體會議

   家庭團體會議（family group conferencing），當兒童保護服務或警政單位提出兒童受虐的證據時，一些兒童保護服務機構提供家庭團體會議的服務方式給父母，用以改善親職技巧，並終結未來的受虐事件。

7. 焦點團體

   （1）焦點團體（focus group）與任務團體、問題解決、決策團體非常類似，其成立主要是為了各種不同之目的，包括：A. 確認需求與議題；B. 提出可能的解決計畫或策略；C. 了解各種問題解決策略的可能效果。

（2）焦點團體定義：為了特定議題或單一主題的討論而形成的團體，輔以問卷，有一位主席讓討論聚焦而不至於離題。焦點團體設立之目的通常是為了獲得難以透過個別訪談而取得的資訊及想法。
（3）焦點團體的類型包括名義團體（nominal group）、腦力激盪（brainstorming）。
　　A. 名義團體：Delbecq 和 Van de Ven 所發展出名義團體取向（nominal group approach），用在輔助形成團體目標，此取向是確認問題的技術，以計畫或變更方案，並接觸潛在使用者以評估其需求。名義團體是「個人與其他人沒有口語上互動的團體」團體成員無須團體討論，只需要在紙上列舉其需求，以獲得每位成員的觀點。
　　B. 腦力激盪（brainstorming）：主要目的在增加成員產出意見的數量，其主要元素最初是在暫時停止對意見的批判。在腦力激盪時，大家一起致力於創造性的思考，而非分析或批判思考，因為後者會減低創造性的思考。
（4）代表團體（representative group）是焦點團體的另一種形式，它的特色是團體成員從社區中被選出，以代表不同的觀點及意見。

8. 自助團體
（1）自助團體（self-help group）定義：透過社會工作者的推動而自行組成，且靠團體的力量而維持，以達成團體自身的目標。例如酗酒者匿名團體（Alcoholics Anonymous, AA）、家長會、病人家屬團體、寄養父母團體、收養父母團體等。
（2）自助團體的特徵（Riessman 提出）
　　A. 非競爭的、合作導向的。
　　B. 反菁英、反科層體制。
　　C. 強調與生俱來——有問題的人以及從內在及體驗與深入了解有問題的人。
　　D. 盡力而為、按部就班的態度，你無法一次解決所有的問題。
　　E. 共享的、循環的領導。
　　F. 經由助人而獲得幫助的態度（助人治療原則）
　　G. 了解助人不是買賣的商品。
　　H. 對於有能力改變抱持者強烈的樂觀主義。
　　I. 理解小雖不是必然的美，但它是開始的起點和建立的基石。
　　J. 對專業主義抱持批評的立場，常常被視為狂妄的、純粹主義（purist）、有距離的與神秘的，自助者喜歡簡單與非正式。重視消費者或 Alvin Toffler 說法「參與產品製造的消費者（prosumer）」之說法，消費者

是助人與服務的生產者。
　　K. 理解助人是核心——知道如何接受幫助、提供幫助和自助。
　　L. 強調充權。
（3）自助團體的好處（Hepworth & Larsen 提出）

1. 擁有參考團體，每個人與其他人分享共同的問題與擔心，並且為人所接納。	2. 基於知道其他成員已經歷相同的困難，並成功地因應問題而獲得希望。
3. 面質迎面而來的問題，並且因其他人的面質而承擔問題的責任。	4. 從另一個角度看待他們的問題，並運用來自他人經驗的知識與技巧。

自助團體的好處（Hepworth & Larsen 提出）

（4）自助團體的五項心理治療因子（Borman 提出）。

1. 認知重建
・成員發現新的角度看待自己及他們的問題。

2. 希望
・當成員看見其他有相同問題者的生活獲得改善時，成員的生活將愈來愈好，如此一來他們發展出希望。

3. 利他主義
・成員因為協助他人而自我感覺良好。

4. 接納
・成員覺得不會因為自己的問題而被拒絕或責備。

5. 普遍性
・成員覺察到自己並非單獨面對問題。

上榜關鍵 ★★★
請把五項心理治療因素的項目熟記，以利測驗題選答。

（5）線上自助團體

線上自助團體可以藉由個人電腦產生連結。個人電腦藉由提供資訊給障礙者與有興趣的專業人員成為教育的資源，常常被遺忘的人口群、家庭主要照顧者，皆可利用電腦找到特定的訊息與立即性的支持。

9. 社會化團體

社會化團體（socialization group）的基本目標在於協助團體成員發展社會能夠接納的態度與行為，其他焦點則包括：發展社會技巧、提升自信心、為未來做規劃。社會化團體經常由社會工作者來領導。

10. 處遇性團體

處遇性團體（treatment group）的組成成員通常都有嚴重的情緒、行為或個人問題，治療性團體的領導者必須具有優異的諮商及團體帶領技巧，包括正確覺察成員反應行為的意義，也要具備發展與維持團體建設性氣氛的能力。在一對一的諮商情境中，治療性團體之目標是要激勵成員深入探究本身的問題，並且發展解決問題的策略。

11. 敏感度及會心訓練團體

（1）會心團體（encounter group）、敏感度訓練及 T（training）團體的成員是具有親近人際互動及自我揭露的團體，主要之目標在於改善人際覺察。

（2）敏感度團體之定義／界定（Barker 提出）：訓練與意識提升的團體並非是要解決社會心理或精神障礙的問題，這一類團體由十至二十名的成員及一個領導者（稱為訓練者或催化者）所組成。成員參與討論與體驗活動來顯示團體功能的運作，顯示團體成員彼此間如何互相影響及協助成員更能夠覺察到他們自己及他人的感受與行為。

（3）會心團體可能維持數小時或數天的聚會，一旦人際覺察有所提升，態度及行為亦將隨之改變。成員的行為及態度的改變歷經三個階段：解凍（unfreezing）、改變（change）和再定型（refreezing）：

> **上榜關鍵** ★★★★
> 加強準備為成員的行為及態度的改變歷經三個階段：解凍（unfreezing）、改變（change）和再定型（refreezing），內容請詳讀，並建立進行次序之正確觀念，為測驗題考點。

A. 解凍（unfreezing）：解凍透過互動的慎思歷程而產生，是一種非傳統的方式。個人的態度及行為模式是經過多年的社會經驗發展而成，這類的行為模式經過多年的驗證及修正，幾乎是自動化的。此種經過長年實務所發展的人際風格通常在日常生活中是可行的，進一步而言，我們可能意識到一些需要改進的需求，但卻較難有成果，部分原因是因為我們目前的人際風格是具有功能性的，另一部分是因為我們害怕把自己的事情揭露

出來。當我們覺察及決定要改變目前的行為，且心理上已經準備好探究改變的方式時，解凍即開始。

B. 改變（change）：第二階段的歷程包括態度及行為的改變，通常藉由成員如何願意「走向」他人的自發性回饋（spontaneous feedback）而促成。在每天的互動中，自發性的回饋較少發生，所以無效的互動模式會不斷地重複。在敏感度訓練團體中，回饋是被積極鼓勵的。

C. 再定型（refreezing）：第三階段，也是最後一個階段「再定型」，這個詞並不是最適切的描述，因為它意味著一組新的反應模式的僵化性（rigidity）。事實上，藉著嘗試新的行為模式，小組成員成為一個持續成長改變的個體，且漸漸地可以有效與他人互動。在敏感性訓練的團體結束時，領導者會特別注意參與者的行為，以防止舊的行為再回復。

D. 敏感度團體像治療性團體一樣，會有許多情緒的傾瀉情形產生，不過敏感度團體與治療性團體仍有些不同。在治療性團體中，每一個成員會深入的探究自己的個人及情緒問題，並且發展解決的策略。但是敏感度團體並沒有直接試著去確認問題及改變特定的情緒或個人問題，像飲酒或消沉的感覺或性功能異常問題。敏感度團體背後的哲學只是想提升個人與人際的覺察能力，成員們可能因此訓練而更能避免、處理及掌控個人引起的特定問題。

（三）其他類型團體

團體類型	說明
會員團體（membership group）	是一個人屬於或不屬於的團體，有些成員是團體的邊緣分子，例如：任何一個人參與校園的活動就是學生團體的一個成員，但是有些學生因為並沒有參與所有的校園活動，所以只能算是邊緣分子。
非自願團體	自願成員（voluntary membership）是自由選擇的，而非自願成員（involuntary membership）是被強制參加的。社會工作者通常與矯治機構、精神醫療院所、住宿型的治療機構及學校中的非志願團體一起工作，而這些成員通常都是沒有興趣的、敵意的及具破壞性的。
參考團體（reference group）	是我們接受它的影響及認同的團體。例如：Carol 是學生團體的成員，也是一個工作團體的成員。因為她主要認同的是她的工作團體，所以工作團體就是她的參考團體，但學生團體則不是。

榜首提點
這部分的考點，亦常在測驗題出現，請勿疏漏。

團體類型	說明
性別團體	1. 單一性別團體（uniform group）：由男性、女性或同性（志）單獨組成的團體。 2. 混合性別團體（mixed group）：由不同性別的成員組成的團體。 （1）性別懸殊團體（skewed group）：指某一種性別比例偏低，大致上是 15% 對 85%。 （2）性別傾斜團體（tilted group）：指團體的性別比例不是均衡，但也不是非常懸殊，如 25% 比 75%。 （3）性別均衡團體（balanced group）：男女性別比例相近，但並非絕對相等，而是相差不多即可，如 40% 到 60%。
初級／次級團體	1. 初級團體：小到容許成員面對面接觸，而且接觸的時間長到足以建立恆久關係，這種關係使成員交互認同與影響，例如：家庭或朋輩團體。 2. 次級團體，這種團體提供或多或少的親近關係，但成員間不一定必須見面或認識，主要是因為共同利益或旨趣的結合，例如：社團或各種會社。
馬拉松團體	1. 馬拉松團體經常將團體會期展延由二個小時到二至三天不等，甚至可以達到三、五天，因為它是將團體會期延長，所以被稱為「時間展延團體」。這種團體通常發生於當團體的改變過程出現僵局高原狀態時，也就是當每個成員對治療的付出最少時。這種變遷過程的結凍狀態通常被比擬成「法庭過程」，也就是一種僵持在「告訴我，我是對的，他是錯的」的僵局。 2. 例如：一個夫妻治療團體已有二十五個禮拜的聚會期了，但是一直僵持在「法庭過程」，治療者決定採取馬拉松來打破僵局。馬拉松之目的是透過延展聚會時間來解凍，因此，在馬拉松過程中做最常見的是溝通、澄清的技巧。
電腦中介團體	電腦中介團體主要係透過電腦網路佈告欄（bbs）在網路系統中連結個人、機構，形成非面對面的團體。不但提供資訊、檔案、軟體，也提供回應討論，團體成員可以在此參加特定議題的討論。隨著科技日新月異，電腦中介團體的形式與種類亦日益多樣化。

六、社會團體工作理論

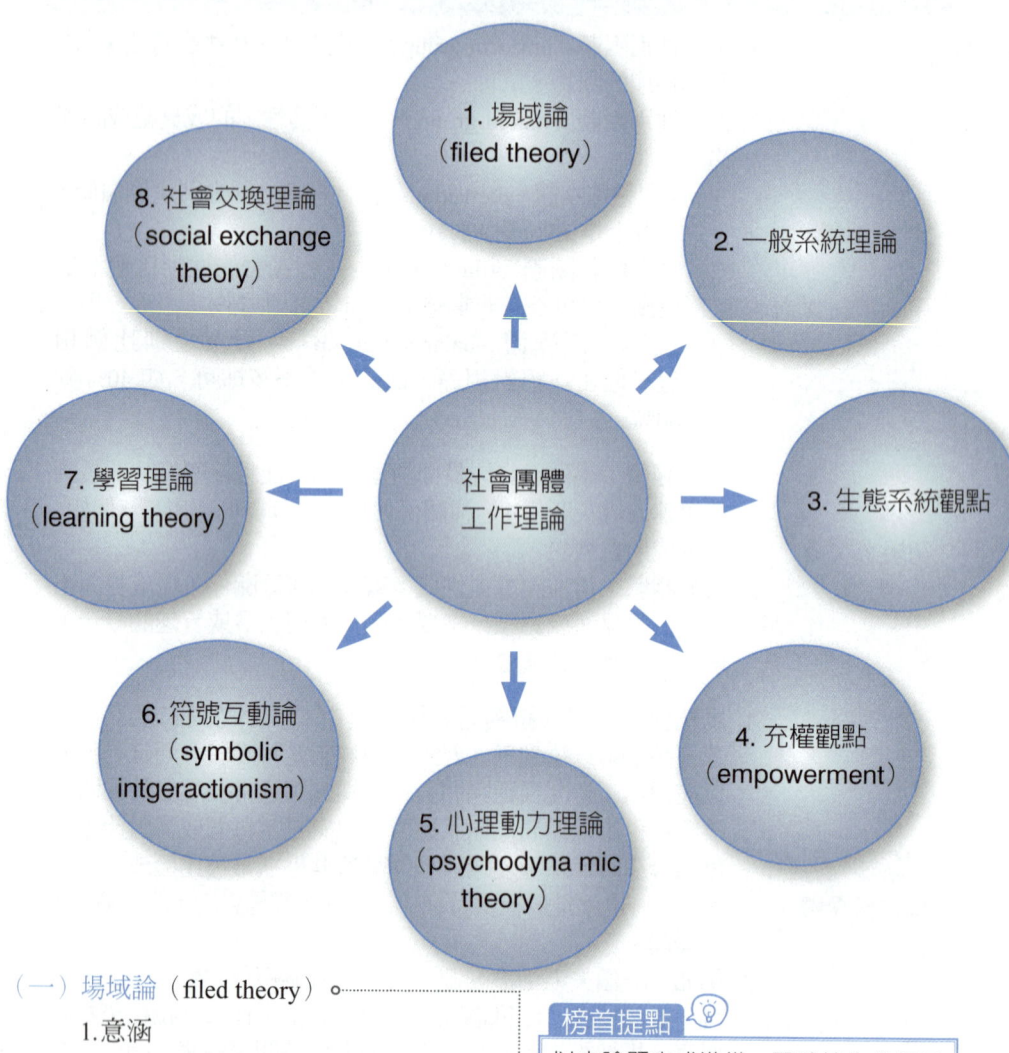

```
                    1. 場域論
                    （filed theory）

    8. 社會交換理論                    2. 一般系統理論
    （social exchange
      theory）

    7. 學習理論      社會團體        3. 生態系統觀點
    （learning theory）  工作理論

    6. 符號互動論                    4. 充權觀點
    （symbolic                    （empowerment）
     intgeractionism）
                    5. 心理動力理論
                    （psychodynamic
                      theory）
```

（一）場域論（filed theory）

1. 意涵

   (1) 場域論是社會心理學的主要理論之一，是由黎文（Lewin）所初創。其基本假設是「任何事件的性質決定於包含此一事件之事件體系的關係」。簡單的說即「人類行為是個人與其環境的函數」。B = f (life space) = f (P・E) 個人行為由個人內在（即公式中的 P）與個人所存在的社會情境（公式中的 E）所決定。

   (2) 依 Lewin 的場域理論（field theory），「每一個團體均有一個生命空間

> **榜首提點**
> 以申論題方式準備。理論核心必須了解清楚；另本理論的創設學者姓名及主要概念的四個項目，請詳加研讀，為測驗題重要考點。

（life space），其占有一個位置，它朝向目標前進，而努力向這個目標移動的過程中可能會遭遇障礙」。場域理論獨特的貢獻是其將團體視為完全形態，亦即團體發展出相對立的力量實體，團體成員在其中可以相互支撐，並朝向達成目標的路徑前進。

2. 主要概念。

> **上榜關鍵** ★★
> 包括哪三種主要概念，必須清楚。

(1) 生活空間（life space）
生活空間是場域論的基本結構，指我們所經驗的主觀環境。所有的心理事件，包括思考、行動、夢都是生活空間的函數，人與環境被視為互賴因素的組合體，為了分析方便，個人與環境是可以暫時區分開來的，但是，我們必須切記人與環境是相互關聯的。

(2) 此時此地（here and now）
任何心理事件必然被現有生活空間的特質所決定，因此，心理分析理論所主張的歷史因素是不被場域論接受的，場域論只承認過去的經驗會對現在事件產生間接影響，而不是導致現在的行為。

(3) 緊張體系（tension system）
尚未被滿足但已經升起的心理需求創造了一種未解決的緊張體系。一個人的行動朝向目標，未完成的任務使未解決的緊張體系永存；當任務完成後，相關的緊張體系即消散，此任務即很少再被憶起。

3. 場域論與社會團體工作
場域論幫助團體工作者理解團體成員特質與團體的社會情境的互動決定了成員的行為。據此，經營團體的社會情境可作為改變個人行為的一部分；改變團體的社會情境也將帶來個人行為改變的可能性。

4. Lewin 有關團體中運作的力量的概念。

> **上榜關鍵** ★
> 測驗命題考點。

(1) 角色（roles）：其與團體成員的地位、權利與責任有關。
(2) 規範（norms）：指管理團體成員行為的規則。
(3) 權力（power）：是指成員相互影響的能力。
(4) 凝聚力（cohesion）：是指團體成員彼此之間或成員對團體所感受到吸引力的多寡。
(5) 一致性（consensus）：對目標和其他團體現象同意的程度。
(6) 能量（valence）：是指團體的生命空間中，達成目的和目標的潛力。

(二) 一般系統理論

1. 系統理論（system theory）對 Parsons 而言，團體是由數個相互依賴的成員發揮整體統合的功能，使團體能處於一個有秩序及穩定的平衡狀態。團體為

了尋求目標之達成及維持一個穩定的平衡狀態，會不停地面對改變的需求；而團體為了生存，必須動員資源、採取行動以配合改變的需求。

2. 團體體系四個主要功能性任務（Parsons、Bales 及 Shils 的觀點）

上榜關鍵 ★★★
團體體系四個主要功能性任務，要點項目請熟記，內容請詳讀，為測驗題考點。

（1）整合（intergration）：保證團體的成員可以融合在一起。

（2）適應（adaptation）：保證團體的改變可以因應環境的要求。

（3）模式維持（pattern maintenance）：保證團體能界定及持續他們基本之目的、認同及程序。

（4）目標達成（goal attainment）：保證團體能追求及完成他們的任務。

3. 團體必須完成以上四個功能性任務並維持其平衡狀態。而這些任務是交由團體的領導者及成員共同執行，領導者與成員共同採取行動以利團體的生存，當團體達成其目標時，能共同享有滿足感。為了達成這些目的，團體成員得觀察其目標並評鑑團體的進度，採取行動避免發生問題。另外，團體要生存，可能要依賴環境的需求、成員對團體目標認同的程度，以及成員相信目標可達成的程度。為了克服障礙以成功地處理成員所面對的功能性任務，團體非常努力地維持在平衡狀態。

4. 系統理論與團體工作者有關的部分

工作者可以使用以下這些概念催化團體過程的發展，以協助處遇性及任務性團體達成其目標，並幫助成員滿足其社會情緒的需求。說明如下：

（1）團體被視為一個整體的特質，主要是源自於個別成員之間的互動。

（2）團體對成員行為有強大的影響力。

（3）當面對衝突時，團體會努力維持自己成為一個獨立存在的實體。

（4）對團體的覺察必須包括外在環境及內在功能兩部分。

（5）團體經常處在形成、發展及改變的狀態，這些重複出現的情況會影響團體的平衡及持續存在。

（6）主張團體擁有發展性的生命週期。

（三）生態系統觀點

榜首提點
重要考點，請以申論題為主，測驗題為輔進行準備。請搭配第一章有關本理論之詳細說明一同研讀。

1. 生態觀點

社會工作的生態觀點強調案主或案主體系與其環境間的互賴。重點如下：

（1）結構影響

團體的生態受到團體外部變數影響其活動，某些變數是結構性的。例如：

團體在社區中的地位、團體與其他團體間的地位關係。又例如：學校社會工作師所帶領的中輟生復學適應團體也可能與學校老師、學務處、教務處、家長會等立場不同而受到影響。

(2) 社會文化影響

社會文化是另一個影響團體的變數，團體外社區的其他團體的信仰、價值都可能影響本團體的發展。團體所屬機構的政策會影響團體之目標與與進行方向，這屬於結構影響；而機構的價值、信仰、規範對本團體的影響則是文化的影響；同時，同一機構內的其他團體或是社區的價值、信仰、規範，也會影響本團體。

2. 系統觀點

(1) 系統觀點認為團體是一個真實的結構，雖然它是由個體組成，但是團體是一個特有種，有其自己的歷史與演進，也別於當下的成員與參與者。亦即，團體雖然衍生自其所賴以滋長的大體系的一部分，且仍寄生於此大體系，但是團體有其自己的現實，不能以其所寄存的大體系的組成要素和脈絡來解釋之。

(2) 團體的互動與生產可能是具建設性的、健康的，或是具毀滅性的、不健康的。例如幫派殺人越貨，但是經由社會工作者的介入而改變某些成員的行為，產生較健康的互動。

(3) 所有的系統，包括團體在內，都包含流動、交換、轉型的過程。流動是到進入或穿透系統的資源、資訊、觀點、能量的影響。上述資源進入系統稱為輸入（input），其在體系內運作稱為處理過程（processing），經系統處理後得出的結果稱為產出（output）。處理人的系統稱為人的處理系統，其目的是改變人的行為，有時稱為人的變遷系統。交換指涉的是藉由前述的影響而獲得某些系統目標。轉型則是指資源與系統發生交換關係而改變，所產生的系統產物，就人的處理系統而言，稱為成果（outcomes），也就是改變的狀態。

3. 生態系統的觀點

系統本身是鑲嵌在另一個大體系的生態裡。亦即，團體也是另一個較大體系的一個次體系。而任何團體皆有五個共要的構成要素，簡稱 5 C's：

榜首提點

5 C's 是非常重要的考點，各要項的定義，務必非常清楚，相關舉例亦請熟悉。

(1) 團體特性（group cjaracteristics）

是指團體組成的特性，如性別、種族、年齡等，有時也包括團體的氣氛。例如，某些團體屬於任務取向，例如：抗爭團體；有些團體屬於過程取向，例如：病友自主團體；有些需要與外團體接觸頻繁，例如：倡導團體。

195

(2) 團體能力（group competencies）
團體能力是指團體處理某些議題、問題、任務的知識與技巧，並非所有團體均擁有相同的技巧。例如，少奶奶病友支持團體專長處理乳癌的議題，老人懷舊團體擅長處理失智老人的記憶問題。

(3) 團體條件（group condition）
團體條件是指團體的結構、文化與價值。結構是指團體的組成之道，包括正式、非正式的結構。正式結構是指團體的行政、任務指派、選舉、罷免等；非正式結構是指團體未規定，但卻相互接受的秩序。

(4) 團體變遷（group change）
團體變遷是指團體跨時的改變，亦即團體的發展。團體目標則是構成團體變遷很重要的條件，團體為了追求目標就會往目標的方向前進。從系統觀點來說，團體變遷就是過程，其介於投入與產出之間的決策、行動等。為了達成團體的目標，團體成員可能會達成改變團體的過程，例如：程序、溝通、互動方式、領導、決策、期程等。於是，團體的變遷就包括目標、方向、階段、期程等的改變。

(5) 團體脈絡（group context）
團體脈絡是指團體存在的環境，包括四方面：他團體、組織脈絡、社區脈絡、社會脈絡等，如果國際性團體包括全球脈絡。每一個單位都是整個生態的一部分，而每個部分都可能影響團體本身。

(四) 充權觀點（empowerment）
1. 充權觀點已是社會工作界普遍接受的一種理論依據，尤其針對弱勢者的服務，如性侵害者，受家庭暴力者，少數族群、窮人、被社會排除者。在台灣充權有被譯為賦權、增權、或培力。但不若譯為充權來得傳神。
2. 對社會工作者來說，充權指涉的範圍包括過程與目的。過程是指意識覺醒或意識化。亦即，人們透過議題與方法的連結，使個人議題變成人際的、政治的、社會的、經濟的或文化的議題；進而由於個人與政治的連結，使得在個人所處世界的權力安排產生變化。目的是指經由集體行動達到所需資源的取得。充權所強調的是如果不進行社會——政治層次的變遷，就無法達成個人——人際層次的變遷，而帶來充權的效果。

(五) 心理動力理論（psychodynamic theory）
1. 依據心理動力理論的看法，團體成員在團體中所表現出來的行為，是源自於早期生活經驗未被解決的衝突。在很多情況下，團體會重新呈現家庭的情境。舉例來說，Freud 描述團體的領導者像是具有家庭最高權力形象的父親，其統治整個團體成員，擁有至高無上的權威，團體成員將此領導者視為「理

想的自我」（ego ideal）。成員在團體互動的過程中，會對團體領導者及其他成員產生情感轉移的現象，其所反映出的人格結構及防衛機轉的現象，均代表成員早期生活發展情況的呈現。

2. 團體領導者使用情感轉移及反轉移現象，協助成員探討過去的行為模式，及這些模式與現在行為模式的關聯，以處理未被解決的衝突。當團體工作者可以對成員行為適切地加以解釋，則可增加成員對自己行為的洞察力。依據心理動力理論，不論在團體內或團體外，洞察力對行為模式的修正和改變，均是不可或缺的要素。

> **上榜關鍵** ★
> 這是心理動力理論的觀點，測驗題考點。

3. 對團體成員「此時此地」經驗的重視，將有助於成員立刻面對並處理其所關切的事物。透過對團體這個小世界「此時此地」行為模式的分析，領導者可以協助成員重建其孩童時代未被解決的衝突，而達到矯治其情緒經驗之目的。經由直接、相互的人際間溝通，成員建立與人互動的技巧、適應的能力、自我的強度及對自己行為的洞察力。團體的凝聚力會鼓勵成員在一個安全支持的環境下，透露、描繪及呈現出其個人生活中比較不為人知的內在細節。

> **上榜關鍵** ★★★
> 「此時此地」是測驗題重要觀念。

（六）符號互動論（symbolic interactionism）

又稱為互動論，原為社會心理學的一支，最先由米德（Mead）在芝加哥大學提出這個理論的概念，又被稱為「芝加哥社會心理學派」。布魯默（Blumer）是當代符號互動論的主導者，本理論的系統化，布魯默居功厥偉。

> **榜首提點**
> 以申論題方式準備，主要基本概念、假設、在團體工作之應用等，均須明瞭。另代表學者、概念、假設亦為測驗題之考點，請留意細節。

1. 基本概念
   （1）這個學派主要受到實用學派的影響，強調個人行為的態度與意義。其焦點在於個人或人格是被社會互動所影響。這個觀點是從社會學與心理學來解釋個人。
   （2）符號互動被界定為：「發生於人群間互動的特殊且獨異的性質。這種特殊性是由人們解釋或界定他人的行動而非反應他人的行動所組成」。

2. 基本假設
   （1）不同的人類行為與互動經由服務與其意義為媒介而履行：這個假設隱含著人類不是典型地對刺激做反應，而是對刺激賦予意義且依此意義而行動。
   （2）個人經由與他人互動而人性化：人類唯有經由與他人的交往才能區分人

類行為。思考、自我引導與所有其他屬性使得人類得以與其他生物不同。

(3) 人類社會是由互動的人們所組成的最佳結構：這個假設強調人類社會的過程本質，而較不是隱喻著社會結構、社會組織與社會體系。這個理論取向認知個人行動與其他個人和團體所組成的大網絡互動。任何社會的組織是一種架構，在這架構中社會行動得以發生，而不是一組決定社會行動的完整因素。這種結構的面向是社會角色、社會階級及像是人類行為與互動所設的條件，但不是完全決定行為與互動。

(4) 人類是積極地在塑造自己的行為：依據符號互動論的觀點，人類是有某種選擇其行為的自由。由於有能力去選擇闡釋刺激，而非即刻與直接地反應當時的刺激及有能力去自我互動，人類有能力去形成新的意義與新的行動路線。

(5) 意識或思考涉入與自我的互動：當個人進行思考或心靈工作時，必須執行內在的對話。一個人對自我產生事物的指標時，有時是預演備選的行動路線。

(6) 人類在執行的過程中建構其行為：從個人內在互動所產生的行為，依據許多符號互動學者的看法，那些行為不必然是過去事件與經驗的產物。

(7) 人類行為的瞭解必須透過研究隱藏著行為的行動者：如果人類立基其解釋或意義而行動，則為了瞭解與解釋他們的行為而去獲知行動者的意思是必要的。我們必須認識到，不可能只透過外在的行為觀察而能瞭解行動者眼中的社會世界及藉此而瞭解行動者的行為。

3. 符號互動論與社會團體工作

(1) 符號互動論的主要理論概念是社會過程，這在瞭解個人與其環境的互動間有顯著的意義。

(2) 參考團體在符號互動論中的地位相當重要。團體工作者瞭解成員在團體脈絡中互動的意義，應該重視所屬各種參考團體，以及其成為成員的本質。

(3) 符號互動論有一個啟發式的價值，是其提供了一個瞭解行為與團體過程的分析方法論。此外，符號互動論也使團體工作者瞭解個人行為是其與他人互動的結果。意義不先存於個人或從一個人與他人的互動中分離，意義經由小團體的互動而產生。

(4) 另一個符號互動論的主要概念是自我身分，一個人的身分是其對自己的理解，自我身分被視為是社會目標。身分不只是安頓個人在他人社會世界中的位置，而且也是涉及在社會網絡中角色與行動的安置。個人身分

訊息持續地被其他重要他人影響。在這脈絡內，發生於團體的過程能循著符號互動論的參考團體加以分析，將帶給我們一種理解，那就是社會工作者如何去理解特殊的個人之所以被其同伴所理解。他人的理解將有效地運用於個人得到自我瞭解與對他人的理解上。

(七) 學習理論（learning theory）
 1. 學習理論對目前團體工作實務的方法包括強調清楚及特定目標的設立、契約訂定、環境對於團體和其他成員的影響、按部就班的治療計畫、可測量的治療結果和可被追究探索的評估等。
 2. 社會學習理論有關團體成員的行為之三種學習方法。

> **上榜關鍵** ★★★★
> 三種學習方法之內涵請詳讀，尤其是操作制約，易在測驗題出題。

　(1) 古典學派的觀點：行為反應是由刺激所引發。舉例來說，當工作者或其他團體成員在說話時，團體中有成員與另一位成員竊竊私語，每當此種情況發生時，工作者以負向批評的語言加以反應，若干次之後，即使成員只是轉頭，但未說話，均足以使工作者以負向言語加以回應。

　(2) 操作制約（operant conditioning）：在這個取向之下，團體成員及工作者的行為均是由他們行動的結果所左右。所以假使成員 A 有某種行為出現，而成員 B 予以正向的回應，會使成員 A 傾向繼續此種行為；同樣的，假使團體工作者的某項特別行為獲得團體成員負向的回饋，工作者未來將會減少此種行為。在團體中，工作者可能會運用稱讚的方式增加成員與成員之間的溝通；而負向口語意見會減少成員與領導者間的溝通。

　(3) 社會學習理論（social learning theory）：假使團體成員或團體工作者等待古典或操作制約的出現，團體行為的學習將會非常緩慢，Bandura 認為大多數的學習，可以經由觀察及替代性的增強或處罰而產生。舉例來說，當團體成員因為某種行為而獲得稱讚，稍後，這位團體成員或其他團體成員為了希望獲得類似的讚賞，而會有相同的行為出現；若團體中某位成員因為某項行為受到懲罰或被忽略，其他成員也會因此種行為所引發的負向結果而止學習此種行為。

(八) 社會交換理論（social exchange theory）
 1. 場域理論強調團體是一個整體，而社會交換理論（social exchange theory）是將焦點著重在個別成員的行為上。
 2. 社會交換理論（social exchange theory）是將焦點著重在個別成員的行為上，Blau、Homans、Thibaut 和 Kelly 等學者是採此種取向原則來發展團體。社

會交換理論源自於動物心理學、經濟分析和遊戲理論的觀點，認為當人們在團體互動時，每一個成員都會試圖表現出能獲得最高酬賞與最少懲罰的行為。團體成員彼此開始互動，是因為社會交換的過程中提供某些價值觀，例如：認可。依據社會交換理論學者的觀點，除非能相互交換給予，否則不會增加任何東西，事實上，在所有人際關係中均隱含著交換。

3. 在社會交換理論中，團體行為是透過觀察個別成員如何面對團體持續性的社會互動，並在其中尋找酬賞。對團體中的一個成員而言，決定表現出某種行為之前，會先對該行為所可能導致的酬賞及懲罰加以比較考量，而團體成員均會期望其行動能增加正向結果、減少負向結果。社會交換理論也聚焦在社會互動過程中，成員彼此間影響的方法；任何社會交換的結果均是基於特定互動過程中，社會支配力和社會依賴程度的多寡而定。

> **上榜關鍵** ★★★★
> 這是測驗題用來測驗考生觀念是否正確的重要考點。

練功坊

★ (　) 下列何者不是理想的自助團體？
(A) 接受政府經費贊助　　　(B) 同儕的團結與分享
(C) 重視自主性與本土性　　(D) 反菁英、反專業的團體文化

解析

(A)。自助團體是一個人群服務取向的志願性結合，由一群共同分享問題與結合在一起的成員所組成，經由互助來解決共同的問題，例如，戒酒團體、家長討論團體、老人團體、案主辯護團體、幕僚間的自助團體等，均是自助團體的種類。由政府提供經費贊助的自助團體，因有政府的力量介入，並非理想的自助團體，尤其在團體立場與有政府立場不同時。

★ (　) 依據下列那個社會團體工作理論，團體運作時，團體成員在團體中所表現出來的行為，被解釋為源自於早期經驗沒有被解決的衝突，在許多情況下，團體會重新呈現家庭的情境，而團體的領導者被描述為像是具有家庭最高權力形象的父親，其擁有至高無上的權威統治整個團體成員。成員會對領導者及其他成員產生情感轉移的現象，此代表成員早期生活發展情況的呈現？
(A) 社會學習理論　　　(B) 心理動力理論
(C) 社會交換理論　　　(D) 場域理論

練功坊

解析

(B)。依據心理動力論的看法，團體成員在團體中所表現出來的行為，被解釋為源自於早期經驗沒有被解決的衝突，在許多情況下，團體會重新呈現家庭的情境。舉例來說，Freud 描述團體領導者像是具有家庭最高權力形象的父親，其擁有至高無上的權威，團體成員將此領導者視為「理想的自我」（ego ideal）。成員在團體互動的過程中，會對團體領導者及其他成員產生情感轉移的現象，其所反映出的人格結構及防衛機轉的現象，均代表成員早期生活發展情況的呈現。

★（　） 下列何者並非團體工作的核心價值觀？
(A) 不論膚色、信仰、年齡、國籍和社會階層，任何人都可以參與團體，並建立積極關係
(B) 在民主參與的原則下，合作與共同決策的重要性
(C) 團體中只有團體，沒有個人的自主性
(D) 團體中的個別化應受到重視，任何一位成員所關切的事都會被處理

解析

(C)。團體工作的價值觀：
(1) 不論膚色、信仰、年齡、國籍和社會階層，任何人都可以參與團體，並建立積極關係。
(2) 在民主參與的原則下，合作與共同決策的重要性。
(3) 團體中個人自主性的重要性。選項 (C) 所述有誤。
(4) 自由參與的重要性，包括對個別成員或整個團體事務表達思想與感受，而且有權參與團體決策的過程。
(5) 團體中的個別化應受到重視，任何一位成員所關切的事都會被處理。

重點 2 團體模型、要素、結構、動力

一、Papell 和 Rothman 的團體工作三個模型

（一）團體工作的三個模型

```
團體工作的三大模型
（Papell 和 Rothman 提出）
├── 社會目標模型（social goals model）
├── 治療模型（remedial model）
└── 交互模型（reciprocal model）
```

Papell 和 Rothman 提出之團體工作的三大模型，依其發展先後為社會目標模型、治療模型、交互模型。說明如下：

1. 社會目標模型（social goals model）
   (1) 主要概念
      A. 社會目標模型主要是將民主的社會價值觀，在社會化的過程深植在成員心中。社會目標模型重視文化的差異性及團體行動的力量。工作者扮演使能者（enabler）的角色，運用方案活動如：露營、討論及教導民主過程的方式，透過社會化的過程，讓成員了解民主的觀念。
      B. 工作者也扮演增強成員權能（empower）的角色，透過協助成員共同做決策，運用成員彼此的力量，使社會更能滿足他們的需求。

> **榜首提點**
> 1. Papell 和 Rothman 提出團體工作的三大模型為金榜考點，完整準備是考生務必謹記在心的。
> 2. 各模型務必以申論題的方式準備，並思考在實務案例之應用方式，歷屆試題已有出題紀錄。
> 3. 測驗題著重在各模型之內容描述，請考生選出正確或不正確的選項。
> 4. 另三個模型的相互比較，亦為測驗題的重要考點。

（2）社會目標模型重點摘要

項目	內容
團體工作的功能	中心概念是「社會意識」與「社會責任」，社會團體工作的功能是在增加市民更廣泛的知識與技巧。
對成員的看法	這個模型假設社會行動與個人心理健康是一致的，每個個人都有其潛能在社會的主流中從事某種有意義的參與形式。因此，社會目標模型視個人為在一種共同的主張下，有機會與有求助的意識去復活他的動機與轉換自我追尋成為社會貢獻；而社會參與隱含著對各種疾病的治療。
對團體的看法	認為每一個團體都是一個潛在的財產擁有，以便影響社會變遷。在一種社會行動被認為可以祈求的情況下，藉著方案的發展，有助於團體的增強，而個人的潛能來自假設「集體的團體行動代表個人的社會能力」。
工作者的角色	工作者是一個「影響者」。工作者基於本身的社會職責感，而鼓勵、增強案主的行為模式，以合乎公民的責任，進而導向社會變遷。
理論基礎	基於個人與團體失功能的顯著程度表現於社會體系的失功能，新的社會學理論中，社會目標模型已經吸收了機會理論及「無力感」（powerlessness）、文化剝奪、代間疏離等重要概念。現代心理治療理論，如危機理論、初級預防及社會正義等觀念也被納入。
工作原則	對於外在環境而言，社會目標模型產生很多團體與機構及社區間關係的原則，如機構政策的澄清，認定機構目標，決定集體行動的優先性，衡量行動的可選擇性等，都是本模型耳熟能詳的原則。
限制	1. 未能產生配合問題的適切理論設計，它不強調個人動力，在離開實施者的引導之後，它就缺乏對個人需求的瞭解。 2. 但社會目標模型已相當接近社區組織工作，尤其是利用草根領導來解決社區問題。這個模型使得團體過程的民主化原則，成為團體工作實施的註冊商標。

2. 治療模型（remedial model）

　（1）主要概念

　　　A. 治療模型主要係在透過協助成員改變他們的行為，使個人恢復原狀或使個人得以復健。工作者在團體中扮演改變的媒介（change agent），以達成團體成員、團體工作者及社會所決定的特殊目的。治療模型是運用團體工作領導者為中心的取向，按部就班解決問題或以行為為焦點，積極介入團體的過程。

B. 此種模型被廣泛地運用在住院病患或社區機構中有嚴重行為問題及社會技巧不足的人身上，亦逐漸運用在一些長期照護機構中的心理治療團體。

（2）治療模型重點摘要

項目	內容
團體工作的功能	本模型是以治療個人作為團體工作的功能；同時，也提供個人的復健。
對成員的看法	案主被認為是接受「社會化與消費性的服務」，因此，案主的形象就是受苦於某種社會適應不良或不滿足。治療模型基本上是一種臨床模型，在於協助適應不良的個人達到更可預期的社會生活功能。
對團體的看法	透過團體經驗來治療個人心理、社會與文化適應的問題。團體被視為是一種治療的工具。工作者的團體目標是診斷每個個人，改變團體結構與團體過程，而最後則是以達到個人的改變為目的。
工作者的角色	1. 工作者在治療團體中是扮演「變遷媒介」，而不是「使能者」。工作者運用問題解決的途徑，強調其活動前提是研究、診斷與治療。工作者的引導是臨床優勢的與權威的。工作者的權威表現於設計任務、角色、活動篩選，以達到自己的專業目標。其權威來自於機構與專業所賦予的。權威不是被團體所形成，而是被認定。 2. 工作者診斷案主的需求與形成治療目標過程中很少強調「與案主一起工作」，而較強調「為案主」工作。
理論基礎	1. 需要對心理學知識的瞭解，並且本模型依賴個案工作所採行的理論依據，例如：精神分析理論提供工作者在團體中可能碰到「抗拒」、「轉移」現象，以及視團體為一個家庭的象徵等概念。 2. 社會角色理論可以瞭解與處理個人在團體中的行為；對小團體動力學的瞭解，可以協助團體工作者有機會成為團體中的變遷媒體角色。

項目	內容
工作原則	1. 特定的治療目標必須被建立作為案主團體中每一個成員的目標。 2. 工作者經由每個個人治療目標的總和試圖來界定團體目標。 3. 工作者依照治療目標來協助團體發展規範系統與價值。 4. 工作者對團體會期內容的先設是立基於個人治療目標的表達，以及發生於團體內的結構特性等知識。
限制	模型的重點知識在診斷與治療，它假設這些知識是可用的，且工作者將知道如何去行動。事實上，這是不切實際的，知識不一定是可用的，知識經常是說與做分離的。現實世界的一切並未被考慮到這個模型裡，這是一個很大的限制。機械化的特性使得這個模型缺乏人際互動中的創造性與動態性。

3. 交互模型／互惠模型（reciprocal model）
　（1）主要概念
　　　A. 有時被稱之為「互動模型」或「中介模型（mediating model）」。此模型名稱源自於其強調團體成員及社會間所存在的互惠關係，成員影響環境，也被環境影響。工作者扮演調解者（mediator）的角色，協助團體成員發現他們的需求與社會的需要二者間共通的部分；工作者也扮演提供資源者（resource person）的角色，促進團體的功能，從互助的體系協助成員，探討因應及適應環境要求的新方式。
　　　B. 交互模型與治療模型正好相反，後者的團體工作著重在協助個別成員特別問題的處理；前者則鼓勵工作者運用團體的過程，使團體營造出治療的環境。交互模型也鼓勵工作者去協助機構及廣大的社區，更了解及配合個別成員的需求。
　（2）交互模型重點摘要

項目	內容
團體的功能	包含了預防、儲備與復元，亦即，試圖打破成員可能發生於健康與病理的連續體上任何點的系統間互賴。
對成員的看法	個人有其互惠的動機與能力，行為關係的焦點被此刻的團體體系所決定，個人是被社會所定義，而社會網絡是成員、團體與工作員互動的結果，對個人的診斷或對結構的描述不被視為是在團體中行為的顯著預測器。所以，也就不成為工作者在評估或選擇團體成員的基石。

項目	內容
對團體的看法	在邏輯關係上，團體是這個模型的中心，團體是優勢的，也可以說團體才是團體工作者心中的案主。互惠模型是一個互助的體系，不像治療模型一般，先有預設的產出，它認為團體的理想狀態是互助，這種團體的體系不是依據團體中心有特定的問題解決，而是團體體系本身就是一個問題解決的必備情境。換句話說，互惠模型沒有治療目標，沒有政治、社會變遷的方案，交互團體體系中的方向與問題唯有從個體的會心（encounter）來決定。因此，強調「約定」（engagement）在人際關係中的過程。
工作者的角色	1. 工作者的角色是「中介者」（mediator）或是使能者（enabler），工作者是「工作者與案主體系」的一部分，既被影響，也能影響別人。在社會工作的術語中，工作者既不是針對案主，也不是為了案主，而是「與案主一起工作」。 2. 互惠模型不偏好機構的預設參考，而假定任何機構都希望建立互惠的契約，機構即已接受一種互惠體系的安排，所以，機構的權威並不能強加於此一模型中。
理論基礎	理論基礎是「社會體系論」與「場域理論」。在分析團體工作的方法與結構時，結構功能途徑被使用。另外，社會心理學的人格理論、社會正義等觀點也被納入。
工作原則	1. 透過對成員尋求共通性的思考，工作者協助案主增強目標。 2. 經由澄清團體成員所期待的及所建構同意的來澄清工作者的角色。 3. 工作者進行工作焦點的保護，以免被侵犯。
評論	1. 貢獻：是一致化的抽象；在小團體中個人與社會焦點的平衡；以及提供進一步理論發展的基礎。 2. 限制：Schwartz（史華茲）所建構的理論漏洞多於不一致。連中程理論都不能滿足。

(二) 團體工作三個模型之分類表（Papell 和 Rothman 提出）

特質	社會目標模型	治療模型	交互模型
目的和目標	社會意識、社會責任、告知公民權，鼓吹政治及社會行動。	針對行為失功能的團體成員，協助其修復及復健。	在團體成員形成一個互助體系，以達到最佳的適應和社會化。
機構	社區活動中心和鄰里中心設施。	正式機構設施、臨床門診或住院設施。	臨床住院、門診設施及鄰里和社區中心是彼此相容共存的。
工作聚焦	較大的社會、鄰里和社會環境脈絡中的個人。	1. 減輕問題或關切的事。 2. 改善因應技巧。	在團體成員間創造一個自助、互助的體系。
團體工作者的角色	角色示範者和使能者，以觸發有責任的公民。	改變的媒介，從事研究、診斷和治療，以協助團體成員達到個別治療目標。	1. 在成員需求和團體及較大社會的需要間扮演調解者。 2. 協助成員取得其無法獲得的資料或資源。
團體的類型	公民、鄰里和社區居民。	針對無法適當發揮功能且需要協助因應生活任務的案主。	一起工作，分擔彼此共同關心事務的夥伴。
團體中所運用的方法	討論、參與、一致同意、發展和執行團體任務、社區組織和其他方案及行動技巧，協助團體成員習得有關社會行動、社區生活和改變的技巧。	結構的練習，在團體內外發揮直接及非直接的影響，以協助成員改變行為模式。	成員共同討論所關心的問題時，共享權威、相互支持，建構一個有凝聚力的社會系統，使彼此均能獲益。

(引自：莫藜藜譯。《團體工作實務》。雙葉。)

二、團體生態體系要素

榜首提點：四要素為測驗題考點。

團體生態體系要素：
1. 團體成員
2. 團體
3. 團體工作者
4. 團體的設施與環境

（一）團體成員

個人是組成團體的基本單位。團體的組成要考慮到兩方面的因素，一是人口學的特性，其次是行為變數。說明如下：

1. 年齡因素：年齡增加、社會關係、互動模式、社會敏感度及社會經驗都會相對增加，所以，每一個年齡層有其適合的團體工作模式。
2. 性別因素：團體的性別組成是指團體成員性別關係的比例。通常區分為單一性別團體及混合性別團體二類。一個單一的成員面對異性的其他成員來說，經常會落入「唱獨角戲」或者成為「代幣」，尤其在地位不均的團體中，此種情形更明顯。
3. 問題的性質：一個團體的組成標準包括問題的同質性、內在控制的程度、外在控制的順服性、社會年齡及社會經濟背景。例如：治療團體最好是問題同質性，教育團體則要求資訊多元化，任務團體則以技巧、能力、知識、經驗越多元越理想。
4. 成員行為特質：團體成員行為特質的考量將有助於團體目標的擬定與團體結構的分析，對社會工作者來說，對於某些行為性質殊異的成員，也可適當地採行介入策略。團體中行為特殊的成員可能被團體視為是「偏差行為」。這些被視為偏差者不與他人溝通而孤立於團體之外，或被團體當成「代罪羔羊」而產生「負面感受」。

（二）團體

社會工作對團體的界定，哈佛德認為：「至少二人以上，為了共同目的或相近的旨趣所組成，經過一次或多次的會面，成員之間產生認識、情感與社會交流，為了實現目的而出現一系列規範，發展集體目標，形成凝聚力」。這個定義涵蓋團體的大小、地點、會面頻率、目標和互動。

（三）團體工作者

1. 社會工作者在帶領團體的過程中，隨著團體的進展，其所在位置也隨之改變，從開始屬於核心（或中心）的位置，逐漸過渡到軸承（pivotal）的位置（即承接轉合），再到邊陲的位置，再回到核心的位置；其所展現的角色也由引導的角色，轉變為隨情境而變化的角色，再到催化的角色，最後又回到引導的角色。

   > **榜首提點**
   > 團體工作者角色的變化，請詳讀熟記，測驗題易有混淆題。

2. 社會團體中的團體工作者，通常是由社會工作者來擔任。工作者在社會工作的團體中，其角色與地位不同於成員。

工作者與成員角色不同之理由

1. 工作者與成員的責任不同：工作者有設計機構任務、進行專業判斷與活動及聚集、組合、服務的責任。成員卻沒有被指定去履行這些職責。
2. 工作者可以選擇成員，而成員卻沒有資格選擇工作者。
3. 工作者的功能不在於因團體而獲得成長，改變或達成專業目標，但可以分享這些附帶成果，而成員卻是完全可由團體獲益。因此，工作者的行為屬於專業行為，成員的行為為一般人類行為。

（四）團體的設施與環境

團體工作通常是由機構的社會工作者來執行。因此，機構對團體工作的過程有相當的影響力。包括：

1. 為何機構要採行團體工作方法。
2. 機構對成員資格的認定。
3. 團體工作者的地位與角色。
4. 機構提供團體工作的資源。
5. 機構對目標的決定與修正。
6. 機構對團體社會與物理環境的影響。
7. 機構與團體草根領導人才的互動。

8.機構影響團體服務的意識型態與技術。
9.內部組織關係對團體的影響。

三、團體的外部結構

團體的外部結構，指的是團體的規模、空間、時間等三個因素。這三個因素會影響團體目標的達成與互動的內涵。說明如下：

(一)團體的規模

1. 團體規模愈大，則溝通愈困難，個人分享的溝通頻率愈低，組織愈不易堅實，參與機會愈少，匿名性愈高，但是，緊張較少，吸引力大、資源較豐富、意見較多。反之，團體愈小，則利弊互見。至於團體人數多少才適量？不同的學者有不同看法；不同的團體目標，也有不同的適用性。

   > **上榜關鍵 ★★★**
   > 看似簡單的概念，但卻是必須要仔細建立正確的測驗題觀念。

2. 決定團體規模的參考原則
   (1)團體要能以圍坐而互相看得到對方且聽得到對方的聲音。
   (2)團體大到使成員均能得到刺激，小到足夠參與個人認知工作。
   (3)團體以小到能產生工作效果，大到能被工作者掌握。
   (4)如果團體必須增大時，就要將結構分化，使每一個次結構仍有足夠的參與，且團體必須容忍領導者中心。
   (5)封閉性團體可以不太重視團體成員的多寡；但是，開放性團體的大小卻很重要，以免因成員的流失而解散。

   > **榜首提點**
   > 金榜考點，通常以混淆題型之測驗題出現，例如：考題為「團體以大到能產生工作效果，小到能被工作者掌握。」，顯然與工作原則相反；其餘的各項參考原則，出題方式亦同。

(二)團體空間

柯義爾（Coyle）認為團體空間可以產生限制，使團體成員在一個特定的場地內集中焦點於團體，同時達到心理內涵的形成。團體的空間因素可以透過以下三個向度來分析：

1. 活動場域：這是指個人或團體對地理區域的占有傾向。空間場域與禮讓影響到團體的衝突與互動。活動場域也是一種「生態空間」，對其團體成員的參與有直接的影響。活動場域又可分為個體活動場域與團體活動場域二種，前者是指個人占有的桌椅、床褥、房間等；後者意謂個人對他人的防衛與對抗。空間的擁有提供個人一個保護與安全感。團體活動場域是指團體的位置與地

點。團體的空間占有通常很大，建立較大的活動範圍用以保護團體，防止入侵，例如：幫派的勢力範圍。
2. 個人空間：指個人與他人互動的主要環境，不侷限於地理界限，個人認為那是私有的，不可私闖的。若被侵入，則人際關係會產生負向反應。個人空間有數不清的互動距離，人與人由陌生到認識，接著成為朋友，更進而知交，互動距離縮短。
3. 空間安排。
　（1）物理距離會影響心理距離，而空間的安排也會影響團體動力。空間安排給每一個人一種安全與歸屬感。通常每個人都會有座位偏好，座位表現了互動特徵與領導關係。工作者在安排時，工作者應該選擇成員都能看到你的位置，尤其是團體的初期與結束前。

> **榜首提點**
> 空間安排著重細節的研讀，本段藍字的部分務必加強研讀，才能在測驗題正確選答，非常重要。

　（2）椅子的安排常是以圍成圓圈為多，擺成一個同心圓向內的座位稱之為「社會花瓣」；反之，如果每一張椅子都各自分開，則稱之為「社會遁走」。
　（3）桌子可能會影響成員的溝通，因為，它使人可以隱藏自己的部分身體，但是卻是個「安全區」。在團體初期可以擺設桌子以減除不安與緊張，到了第（二）三次會期後就可以不用桌子了，除非為了記錄的方便，可以繼續保留桌椅。
　（4）房間的大小應大到足以供應團體的活動之用，不論如何的安排，工作者應該選擇成員都能看得到你的位置，尤其是成員初期與結束前。
　（5）團體由於成員間的互動而產生力量，稱之為團體動力（group dynamics）。這種力量可以改變成員的行為，引導團體的走向，決定團體的目標，左右團體的行程。團體動力具體地說，包括團體成員的溝通與互動、團體凝聚力、團體規範、團體文化等。而這些團體力量的運行隨著團體的成長與發展而改變；反過來，也決定團體的成長與發展。

（三）團體時間。
1. 團體時間因素包含四個層面：團體的期間、會期的長短、聚會的頻率與聚會的時間等。一個團體的每一聚會期（sesseion）以 45 分鐘到一小時是最為適合。

> **上榜關鍵** ★★★
> 團體時間包括每一聚會期的時間長度、聚會的頻率等，為測驗題基本考點。

2. 團體的期間長短配合團體目標，治療性團體通常較長，而任務性團體較短；長程團體可以加以階段化。團體聚會的頻率，原則上以一週一次為準，再視

211

團體的情境而調整。團體每次聚會的時間，最好以每一成員能分配到的時間為計算基準。

四、團體動力

> **榜首提點**
> 團體動力之定義請以申論題方式準備。

(一) 團體動力（group dynamic）之定義
 1. 源自於團體成員間互動所產生的力量，通常被稱為「團體動力」，團體動力會影響個別成員及團體整體的行為。工作者最重要的任務之一是協助團體發展動力，以便在促成團體任務完成時，能增進成員社會情緒需求上的滿足。
 2. 團體為一個變動或發展過程之體系，成員之間的互動受團體結構強而有力的影響，且團體動力亦受團體規模所影響。故 Lewin 以團體動力（group dynamic）之概念來代表此一現象，強調團體成員之間互動過程有一股力量存在，形成對團體成員的強力衝擊。
 3. Cartwright & Zander 則指出，團體動力是一門探求團體發展法則，以及個人之間、與團體之間及與更大團體之間的相互關係之知識。
 4. 團體動力分析的觀點有二，一為著重分析團體中的人、團體如何被社會力所影響及團體社會力之運用；另一角度是著重個人在團體中，而非獨處時的想法、情緒和行為，如對群眾心理之探討。

(二) 促進有效的團體動力之策略
 1. 團體一開始聚會，成員持續互動時就留意各種可能的團體動力現象。
 2. 評估個別成員和整個團體對團體動力的影響。
 3. 評估團體動力對該團體未來功能的影響。
 4. 檢視團體動力來自不同種族、文化和社經地位的個別成員之影響。
 5. 提供並引導團體動力發展的機會，使成員獲得參與團體的滿足及促使團體達成其目標。

（三）團體動力的四個向度

```
                    ┌─────────────────────────┐
                    │ 1. 溝通與互動模式         │
                    │ （communication and      │
                    │ interaction patterns）   │
                    └─────────────────────────┘
                    ┌─────────────────────────┐
                    │ 2. 團體凝聚力            │
   ┌──────────┐     │ （group cohesion）      │
   │ 團體動力 │     └─────────────────────────┘
   │ 的四個向度│────
   └──────────┘     ┌─────────────────────────┐
                    │ 3. 社會整合和影響        │
                    │ （social integration and │
                    │ influence）             │
                    └─────────────────────────┘
                    ┌─────────────────────────┐
                    │ 4. 團體文化             │
                    │ （group culture）       │
                    └─────────────────────────┘
```

榜首提點
團體動力的四個向度內容較為龐雜，但為非常重要的考點，萬不可疏漏。準備的第一步係將四個向度的要項熟記，再展開內容之研讀，才能在測驗題正確選答。

1. 溝通與互動模式（communication and interaction patterns）
 （1）溝通
    溝通是一種過程，人們使用符號在彼此間傳遞訊息。溝通必須包括：a.將一個人的知覺、思想和感覺譯出（encoding）成語言和其他符號；b.傳遞這些符號或語言；c.另一個人將所接收的訊息加以譯入（decoding）。當團體中的成員彼此溝通時，會出現互動模式，而所發展出的互動模式可能是對團體有益的，也可能是有害的。一位團體工作者若能熟知有助於干預的溝通和互動模式，將可幫助團體達成期待中的目標，並保證成員社會情緒上的滿足。

（2）影響溝通的要素

因素	要項
1. 個人的因素	（1）溝通慣性：外向活潑的成員有較多的機會與其他成員溝通，而容易成為溝通互動的焦點；較被動安靜的成員容易成為溝通互動的邊緣人。 （2）口語及非口語的暗示：讚美、鼓勵等正向口語表達或眼神接觸、微笑點頭等非口語表達會促使較多的溝通表達；否定、批評等負向口語表達及皺眉、搖頭等非口語表達則會減少成員的溝通表達。 （3）溝通表達的用詞：習慣性地運用「應該」、「不應該」、「必須」等字眼表達，容易讓成員感受到壓力而引發防衛氛圍。 （4）溝通表達的方式：採用間接表達容易降低成員參與團體溝通的意願，因而降低團體溝通表達的成效。例如：缺席的人成為大家議論的對象、視某成員不存在似地在他面前議論他、不直接針對重點具體談論，採用一般化的方式泛泛而談，以及為別人發言等。
2. 團體結構因素	（1）團體中的地位與權力關係：擁有較高地位或較多權力的成員往往會成為團體溝通的核心，較會自由地與其他成員溝通；地位較低的成員在往上的溝通上就顯得較保守。 （2）團體中的人際吸引力與情感連結：次團體的成員彼此之間有較多的交談，人緣好的人容易成為大家溝通對話的焦點。 （3）團體成員的多寡：團體越小，團體成員越有參與溝通的機會。
3. 物理環境的因素	影響團體溝通的物理環境因素包括聚會場所的氛圍、桌椅的性質與擺設方式，都會影響成員的溝通表達。正式會議的圓桌讓成員傾向於用正式的態度與口吻做理性表達，休閒式的椅子圍成圓圈讓成員有非正式的感覺，容易進行情感交流。

上榜關鍵 ★★

影響溝通的三種因素，包括個人的因素、結構的因素、物理環境的因素。其中，在個人的因素、結構的因素的各要項，務必區辨清楚，測驗題極容易混淆。

（3）團體互動模式。

> **榜首提點**
> 了解團體互動模式的類型及其內容，才有區辨測驗題正確選項的能力。

團體互動模式	說明	溝通模式
1. 輻射型（maypole）	團體領導者是中心人物，溝通是以領導者為中心向其他成員傳送，其他成員也對著領導者溝通。	是以「領導者為中心」的溝通模式。
2. 圓圈型（round robin）	每個成員輪流講話。	是以「領導者為中心」的溝通模式。
3. 熱椅子（hot seat）	團體領導者與某位成員一來一往地交換角色，而其他的成員則在一旁觀看。	是以「領導者為中心」的溝通模式。
4. 自由漂浮型（free floating）	所有成員都有責任依據團體中已經說過或尚未說過的話加以溝通。	是以「團體為中心」的溝通模式，因為它是團體成員自發的溝通行為。

2. 團體凝聚力（group cohesion）

（1）團體凝聚力（group cohesion）：是指吸引成員留在團體中所有力量與行動的結果。團體凝聚力（group cohesion）是所有影響團體成員留在團體中的變項之總和，當一個團體的正向吸引力比負向的部分還要多時，團體凝聚力就會產生。

> **榜首提點**
> 團體凝聚力的定義，考生必須要能以申論方式答題，另亦為測驗題考點。

（2）凝聚力對團體的影響

　　A. 正向和負向感受的表達。
　　B. 願意傾聽。
　　C. 有效運用其他成員的回饋和評估。
　　D. 彼此相互影響。
　　E. 自信、自尊和個人適應上的感受。
　　F. 對團體經驗感到滿意。
　　G. 堅持目標的達成。
　　H. 願意為團體的功能承擔責任。
　　I. 目標的達成、個人和團體的表現、組織的承諾。

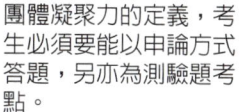

J. 出席情況、成員人數的維持和參與的期間。
(3) 凝聚力也會對團體的功能產生一些負面的影響。對於團體思考（group think）的發生，凝聚力是必要的（但不是充分的）構成條件。根據 Janis 的說法，「團體思考」是一群人非常強烈地投入在一個高度凝聚力的團體內，這群人對所從事任務的思考模式，經常是竭力爭取全體一致的同意，勝於實際地評估多種可能方向並從中挑選出符合真正目的之行動。

> **上榜關鍵** ★★★★
> 團體思考的定義，請建立測驗題選答的基本能力。

(4) 對於參與密集性治療團體，帶著嚴重問題和低落自我形象的成員來說，如果在展開其團體經驗時產生了依賴性，將會是一個令人困擾的問題。所以，在促進團體發展出凝聚力的同時，工作者應該要確保不會犧牲成員的個別差異性。我們應該鼓勵成員表達不同的意見，並尊重其他團體成員的不同觀點。

> **上榜關鍵** ★★★
> 測驗題的觀念題。

(5) 團體凝聚力可用社會關係量表（sociometric scale）、差別語意（semantic differential）、團體多層次系統觀察（Systematic Multiple Level Observation of Groups, SYMLOG）等方法來測量。

> **上榜關鍵** ★★★
> 團體凝聚力可使用之量表，請把量表名稱熟記。

3. 社會整合和影響（social integration and influence）
(1) 社會整合（social integration）：意指成員如何在團體中被接納，並融合在一起。只有在成員之間能達到高度的社會整合時，團體才能有效運作。社會規則和社會秩序能形成和維持團體的凝聚力社會整合使團體目標和目的具有共識，讓成員們的行動能有秩序、有效率地走向任務的完成和目標的達成。規範、角色和階層式的地位對社會整合有影響，讓成員知道團體間如何互動，也讓成員知道自己在團體中的位置。這可幫助成員逐漸熟悉團體的過程，容易預測團體間的行為，自在的相處和互相接納。
(2) 規範：規範（norms）是指在團體中對於適當的行動方式之共同的期待與信念，其主要是指團體可以接受的特定成員之行為和所有的行為模式。規範可以穩定和規定團體的行為。對成員而言，規範藉著提供可以被接受及適當的行為準則，增加了可預測性、穩定性和安全性，同時也鼓勵有組織、協調的行動，有助於達成目標。
(3) 角色：規範是對團體中任何一個人的期待；角色則是對團體中個別成員功能的期待。兩者不同之處在於：規範在廣泛界定整個團體的行為；

而角色則是在定義期待團體成員發揮特殊的功能或與從事任務有關的行為。角色的改變或修正，最好的處理方式是透過在團體中對成員角色進行討論、澄清現在角色的責任和特權、詢問成員對新角色的猜測或依照偏好上的表達增加新角色。

(4) 地位：地位（status）是指每一個成員，相對於其他成員在團體中的等級和評價。一個人在團體中的地位，部分是決定於他（或她）在團體外的聲望、職位及通過驗證的專門技術或知識能力。

4. 團體文化（group culture）

團體文化（group culture）：是團體成員共同信守的價值、信念、風俗、習慣和傳統。當團體是由互異的成員所組成時，團體文化的形成會較為緩慢。源自於過去的經驗和所繼承的倫理，經由團體的溝通和互動而融合在一起。在團體聚會的初期，成員會探索彼此獨特的價值系統，並試著去發現彼此相關或共通的部分；在稍後的聚會中，成員會利用機會分享並瞭解彼此的價值系統；最後發展出一套共同的價值系統，形成團體的文化，此團體文化會在整個團體生命過程中持續地進展。同質性的成員所組成的團體，通常會較快出現團體文化。

上榜關鍵 ★★★
測驗題基本觀念題。

練功坊

★ Papell 和 Rothman 提出團體工作的三個模型，請選擇一種團體工作的模式加以說明其主要涵義。

解析

茲以治療模型（remedial model）為例，說明其涵義如下：

(1) 治療模型主要係在透過協助成員改變他們的行為，使個人恢復原狀或使個人得以復健。工作者在團體中扮演改變的媒介（change agent），以達成團體成員、團體工作者及社會所決定的特殊目的。治療模型是運用團體工作領導者為中心的取向，按部就班解決問題或以行為為焦點，積極介入團體的過程。此種模型被廣泛地運用在住院病患或社區機構中有嚴重行為問題及社會技巧不足的人身上，亦逐漸運用在一些長期照護機構中的心理治療團體。

(2) 治療模型重點摘要

A. 團體工作的功能：本模型是以治療個人作為團體工作的功能；同時，也提供個人的復健。

> 練功坊

B. 對成員的看法：案主被認為是接受「社會化與消費性的服務」，因此，案主的形象就是受苦於某種社會適應不良或不滿足。治療模型基本上是一種臨床模型，在於協助適應不良的個人達到更可預期的社會生活功能。

C. 對團體的看法：透過團體經驗來治療個人心理、社會與文化適應的問題。團體被視為是一種治療的工具。工作者的團體目標是診斷每個個人，改變團體結構與團體過程，而最後則是以達到個人的改變為目的。

D. 工作者的角色：工作者在治療團體中是扮演「變遷媒介」，而不是「使能者」。工作者運用問題解決的途徑，強調其活動前提是研究、診斷與治療。工作者的引導是臨床優勢的與權威的。工作者的權威表現於設計任務、角色、活動篩選，以達到自己的專業目標。其權威來自於機構與專業所賦予的。權威不是被團體所形成，而是被認定。工作者診斷案主的需求與形成治療目標過程中很少強調「與案主一起工作」，而較強調「為案主」工作。

E. 理論基礎：需要對心理學知識的瞭解，並且本模型依賴個案工作所採行的理論依據，例如：精神分析理論提供工作者在團體中可能碰到「抗拒」、「轉移」現象，以及視團體為一個家庭的象徵等概念。社會角色理論可以瞭解與處理個人在團體中的行為；對小團體動力學的瞭解，可以協助團體工作者有機會成為團體中的變遷媒體角色。

F. 工作原則：
a. 特定的治療目標必須被建立作為案主團體中每一個成員的目標。
b. 工作者經由每個個人治療目標的總和試圖來界定團體目標。
c. 工作者依照治療目標來協助團體發展規範系統與價值。
d. 工作者對團體會期內容的先設是立基於個人治療目標的表達，以及發生於團體內的結構特性等知識。

G. 限制：模型的重點知識在診斷與治療，它假設這些知識是可用的，且工作者將知道如何去行動。事實上，這是不切實際的，知識不一定是可用的，知識經常是說與做分離的。現實世界的一切並未被考慮到這個模型裡，這是一個很大的限制。機械化的特性使得這個模型缺乏人際互動中的創造性與動態性。

練功坊

★ (　) 有關團體工作模型的敘述，何者正確？
(A) 三個主要實施模型依其提出的先後順序是：交互模型、治療模型、社會目標模型
(B) 交互模型工作者主要角色是「變遷媒介者」
(C) 社會目標模型工作者主要角色是「影響者」
(D) 治療模型工作者主要角色是「使能者」

解析

(C)。（1）Papell 和 Rothman 提出之團體工作的三大模型，依其發展先後為社會目標模型、治療模型、交互模型。選項 (A) 所述有誤。（2）交互／互惠模型工作者工作者的角色是「中介者」（mediator），或是使能者（enabler），工作者是「工作者與案主體系」的一部分，既被影響，也能影響別人。選項 (B) 所述有誤。（3）治療模型工作者在治療團體中是扮演「變遷媒介」，而不是「使能者」。選項 (D) 所述有誤。

★ (　) 一群人非常強烈的投入在一個高度凝聚力的團體，其成員的想法經常是全體一致，這種現象稱為：
(A) 團體凝聚　　　　　　(B) 團體動力
(C) 團體思考　　　　　　(D) 團體依賴

解析

(C)。「團體思考」是一群人非常強烈的投入在一個高度凝聚力的團體，這群人對所從事任務的思考模式，經常是竭力爭取全體一致的同意，勝於實際地評估多種可能方案並從中挑選出符合真正目的之行動。

重點 3　團體領導

閱讀完成：＿＿＿月＿＿＿日

一、領導

（一）領導（leadership）
　　領導（leadership）：是引導團體及其成員發展的過程。
（二）有效領導之目標
　　1.能採行與社會工作實務基本價值一致的觀點來協助整個團體和每位成員達成目標。
　　2.要能滿足成員社會情緒的需求。

二、團體領導理論

（一）領導取向理論

上榜關鍵 ★★★
請先以階層圖建立理論的四項取向觀念。

領導取向理論
1. 特質取向（trait）
2. 位置取向（position）
3. 領導風格取向（leadership style）
4. 分配的功能取向（distributed function）

1.特質取向（trait）
　（1）魅力型的領導
　　　魅力型（charisma）的領導界定為「超人的權力，有神奇的效果」，魅

力型的領導者有使命感，社會變革的信念，相信自己身為領導者可以達成目標。領導者應有高度自信，激勵他人相信他所領導的運動必能成功。魅力型領導的矛盾之處是，被視為具有魅力的領導者以不同的方式展現他的魅力特質。第二個矛盾是許多人不被視為魅力型領導者，但卻是好的領導者，例如，許多團體治療師在團體領導相當有效力，但並不被視為魅力型領導。

2. 位置取向（position）

在多數大型組織中，有許多層次的領導，如總裁、副總裁、經理、督導、領班，位置取向（position approach）是依據特殊位置的權威界定領導，焦點在研究高階領導者的行為、訓練和個人背景。

3. 領導風格取向

> **上榜關鍵 ★★★**
> 三種風格的內容請詳讀，俾利正確選答。

（1）權威／獨裁領導者（autocratic）：此種型態領導者比民主領導者握有絕對的權威，建立目標和政策，命令成員行動和發展重要計畫，領導者單獨提供獎懲，了解團體活動的未來系列步驟。獨裁式團體中的成員與民主式團體相較，前者較具攻擊性、敵意和易出現代罪羔羊。團體成員比較喜歡民主式的團體過程，即其喜歡能給予成員較多自由度、彈性及樂於提供建議的領導者。

（2）民主領導者（democratic）：民主領導者尋求最大的投入與所有成員參與影響團體的決定，並企圖分權，而不是集權。

（3）放任領導者（laissez-faire）：領導者幾乎不參與，團體成員通常沒有功能（或亂做事）、也沒有投入，團體成員在放任下不具功能，只有當成員投入行動的過程，有資源可以執行行動，需要最低程度的領導達到目標時，才有可能展現功效。

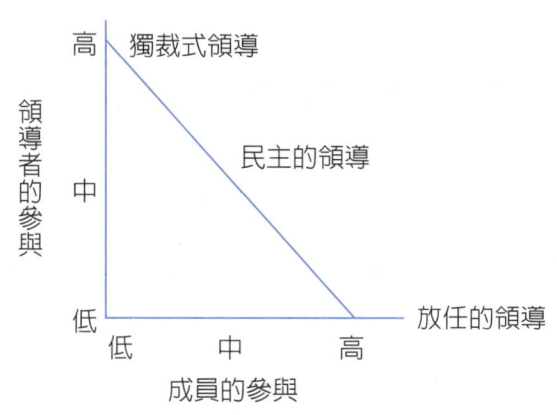

圖：領導者和成員共同參與團體決策的三種領導風格

4.分配功能取向

分配功能取向（distributed-functions approach）不同意「偉人論」或領導的特質理論，而主張藉由採取執行團體功能的行動，團體每個成員都可以成為領導者。以此取向，領導的需求取決於特定情境下的特定團體，例如，說笑話可能在某情境是解除緊張的有用領導策略，但是當其他成員在治療中顯示其個人壓力訊息時，幽默可能產生不良後果，變成不適當的領導行為。

三、領導角色

> **上榜關鍵 ★★★**
> 請加強各角色類型之了解，提升選答能力，測驗題考點。

（一）任務角色（task roles）：是需要團體完成特定的任務。

領導者角色類型	說明
1. 資訊與觀點的提供者（information and opinion giver）	提供事實、概念、建議和協助團體決定的相關資訊。
2. 資訊與觀點的尋求者（information and opinion seeker）	尋求來自他人有助於團體決定的事實、資訊、觀點、概念和感受。
3. 啟動者（starter）	提出目標與任務，以啟動團體內的作為。
4. 方向提供者（direction giver）	發展如何進展的計畫及聚焦在任務的完成。
5. 總結者（summarizer）	統整相關的概念、建議、再陳述、總結已討論的。
6. 協調者（coordinator）	統整不同的觀點，凝聚彼此的關係，協調各種次團體和成員的活動。

領導者角色類型	說明
1. 診斷者（diagnoser）	指出團體有效運作過程中困難及阻礙前進的來源，以完成團體目標。
2. 充電者（energizer）	刺激團體高品質的運作。
3. 實驗檢驗者（reality tester）	檢驗概念的特殊性與運作能力，評估解決的替代方案，將之運用於實際情境以了解如何運作。
4. 評鑑者（evaluator）	把團體決定與達成狀況和團體標準與目標做比較。

（二）團體維持角色（group maintenance roles）：在團體中強化社會/情緒的連結。

領導者角色類型	說明
1. 參與激勵者（encourager of participation）	溫馨的鼓勵每一位參加者，認定每個人的貢獻，接納、開放其他人的看法，友善回應團體成員。
2. 調和者和妥協者（harmonizer and compromiser）	遊說成員分析觀點的差異，異中求同，調解分歧點。
3. 緊張解除者（tension reliever）	以說笑話、建議休息、提議尋求團體工作樂趣，舒緩緊張，增加團體成員的樂趣。
4. 溝通助人者（communication helper）	展示良好的溝通技巧，確認每一位團體成員了解其他成員所說的。
5. 情緒氣氛評估者（evaluator of emotional climate）	詢問成員對團體運作和其他人的感受如何，並彼此分享感受。
6. 過程觀察者（process observer）	觀察團體運作的過程，利用觀察協助檢驗團體效能。

領導者角色類型	說明
7. 標準制訂者 （standard setter）	表達團體標準和目標，以利成員覺察到運作方向與朝向目標的進步，且廣為接納團體規範程序。
8. 積極聆聽者 （active listener）	傾聽，如同其他成員的聽眾，接納他人的想法，觀念不一致時陪伴著他們。
9. 信賴建立者 （trust builder）	廣為接納、支持其他團體成員，增強冒險和鼓勵個別性。
10. 人際問題解決者 （interpersonal problem solver）	促進開放討論團體成員之間的衝突，以解決衝突和增進彼此的團結。

四、團體中的權力基礎

（一）領導權力之類型

> **上榜關鍵** ★★★
> 請區別二者之不同點，強化測驗題選答能力。

先賦權力（attributed power）

- 是來自於團體成員或團體外的他人，對領導角色工作者能力上的認定與知覺。對帶領團體的工作者而言，他（她）必須承擔一些責任，相對的也被賦予影響及帶領的權力。此種權力，是團體成員、同儕、上司、贊助機構和較大的社會體系所賦予領導者的權力。

實際權力（actual power）

- 實際權力指的是工作者用來改變團體內和團體外情況所具有的資源。實際權力的來源是工作者的影響力。

（二）團體中的權力基礎（French 和 Raven 提出）
（引自鄭凱芸等。《社會團體工作》。雙葉。）

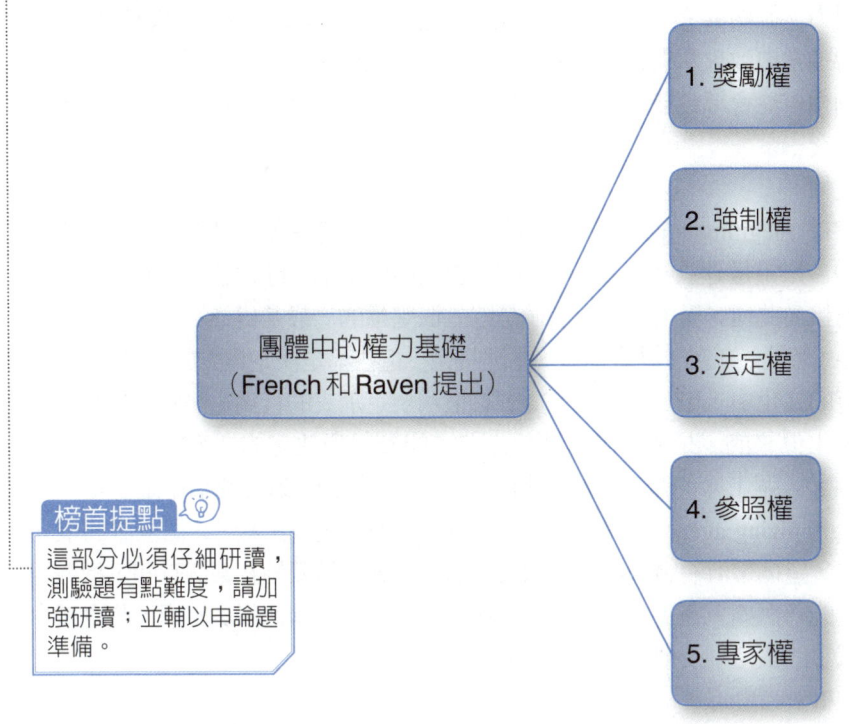

團體中的權力基礎（French 和 Raven 提出）
1. 獎勵權
2. 強制權
3. 法定權
4. 參照權
5. 專家權

> **榜首提點**
> 這部分必須仔細研讀，測驗題有點難度，請加強研讀；並輔以申論題準備。

　　French 和 Raven 發展出了解團體成員影響他人的五種權力：獎勵權、強制權、法定權、參照權、專家權〔知〕，此架構讓團體成員可以分析權力來源，和提供何時可以及不可以使用他們的權力影響別人的建議。說明如下：

1. 獎勵權

　　獎勵權（reward power）包括升遷、加薪、休假、表揚，獎勵權是基於 B（一個人）知覺到在回應 B 行為時，A（其他人或團體）有能力分配獎勵或撤除負向結果。假如團體成員珍惜獎勵價值，相信是無法從他人處獲得，此權力將更大。團體成員常常會為了擁有高獎勵權的人及與他有效溝通的人努力工作。然而，假如成員覺得被欺騙或行賄，獎勵權可能就會失去作用。假如：獎勵權被 A 使用在與 B 的衝突情境時，B 會覺得被賄賂或控制，可能最後就會拒絕合作。

2. 強制權

　　工作者工程不力而被開除，這是強制權（coercive power）的普通例子。此權力建立在 B 感受到 A 可以撤除懲罰或正向的結果，強制權來自 B 未能遵

照 A 所訂定標準而將受罰的期待。獎勵權與強制權間的差異是很重要的。French 和 Raven 指出，獎勵權將增加 B 對 A 的吸引力，強制權將減少此種吸引力。假如 A 運用強制權解決衝突，通常會增加 B 的敵意、憤怒與生氣，威脅通常導致攻擊與相對的威脅，例如：軍隊威脅通常導致競爭團體的衝突。強制權可能會導致雙方彼此的不信任並報復彼此，因此盡可能少用強制權解決衝突。

3. 法定權

法定權（legitimate power）與直接內在價值、規範有關，是五種權力中最複雜的。法定權建立在 B 知覺到 A 有建構其適當行為的法定權利，並且 B 有義務接受此種影響力。文化價值是建立法定權的一般基礎（第一個基礎），包括：智能、年齡、社會地位、生理特徵，這些都是決定權力的因素，例如：在有的文化中，年長者極受尊重，有權利規定別人的行為。法定權是正式組織與生俱來的，是依其地位關係而非人際關係所決定的（第二個基礎），例如，一個工廠的督導有權利指派工作。法定權的第三個基礎是法定代理（legitimizing agent），例如：選舉，選舉過程使一個人到某個位置的權利合法，這個位置有合法範圍的權力。法定權通常被限制在某個時間，權力是指派的（例如，在工作說明中），在指派以外的範圍使用法定權，將會減少權威者的法定權及他的吸引力與影響力。

4. 參照權

當 A 影響 B 時，因為 B 的認同，參照權（referent power）就發生了。在這個脈絡中，認同指的是對 A 的一體感（oneness）或對 A 身分的想望。B 對 A 的認同愈強，受到 A 的吸引就愈強，A 的參照權就愈強。參照權在口語上的意義是：「我像 A，所以我相信 A 所言或我將如 A 所行」在一個模糊的情境中（也就是說，沒有客觀的對錯信念、觀點時），B 將依據 A 所思考、相信和價值，以評估他的思想、信念和價值。在模糊的情境中，B 容易採用他所認同的個人或團體的思想、信念和價值。French 和 Raven 指出，B 通常並沒有意識到他是認同 A 所行使的參照權。

5. 專家權

在醫療事件上接受醫生的建議，是專家影響最普通的例子。此影響力是建立在對一個人知識或專業知覺之上，而這些知識與專業是權力的來源，另一個例子是接受諮商師的建議。專家能影響 B（回應者），唯有當 B 認為 A（專家）有正確的答案，B 才會相信 A。比起參照權，專家權（expert power）的範圍更受限制，因為專家只有在特定的領域才有比較優異的知識或能力。French 和 Raven 指出，因為對專家的信任逐漸薄弱，專家權的行使將減少。

> - 權力的基礎（引自：莫藜藜譯。《團體工作實務》。雙葉。）
> 1. 連結的權力（connection power）：能夠動員和運用有影響力的人或資源。
> 2. 專家的權力（expert power）：要具備知識或技巧，以促進團體工作的進行。
> 3. 資訊的權力（information power）：擁有對他人而言有價值及所需要的資訊。
> 4. 合法的權力（legitimate power）：在組織或較大的社會體系中，因佔有某種職位而擁有這個位置上的權威和權力。
> 5. 參照的權力：（reference power）深受喜愛和欽佩，團體成員會想認同工作者。
> 6. 酬賞的權力（reward power）：能提供社會性或實質具體的獎賞。
> 7. 強制的權力（coercive power）：能給予制裁、處罰，或拒絕給予資源和特權。

知識補給站

五、團體領導技巧

（一）團體領導技巧

團體領導技巧：是一套協助團體達成目的、完成任務與幫助成員達成個人目標的行為或活動。

（二）團體領導技巧功能分類

榜首提點：請建立基本分類觀念，準備上請先建立催化團體過程、資料蒐集與評估、行動的技巧等三個類別基礎，再詳讀表格內容之項目；在測驗題的考點上，常將各項目與類別混淆出題，因此，建立正確分辨之能力非常重要。

催化團體過程	資料蒐集與評估	行動的技巧
1. 囊括所有的團體成員的經驗 2. 對他人的專注 3. 自我表達 4. 對他人的回應 5. 聚焦團體溝通的內容 6. 使團體過程清楚明確 7. 澄清內容 8. 引導團體互動	1. 思想、感受和行為的確認和描述 2. 要求提供資料、問題和探究 3. 資料的摘述和部分化 4. 綜合思想、感受和行動 5. 資料分析	1. 支持 2. 再建構和再界定 3. 連接成員間的溝通 4. 指導 5. 給予忠告、建議或教導 6. 提供資源 7. 示範、角色扮演、預演和指導訓練 8. 面質 9. 解決衝突

1. 催化團體過程

   (1) 囊括所有團體成員的經驗

   > **榜首提點**
   > 申論題的重要考點，請建立完整觀念；另要點亦請加強在測驗題之選答能力。

   理想上，團體的任何一位成員所關心的事，均應被考慮在內，且所有成員都能對團體討論的任何事情有參與的興趣，Yalom 曾將此稱為團體成員的經驗普遍化。囊括所有成員關心的事，可以在無形中協助我們確認他們生活經驗中的共通性和差異性。當成員願意積極參與投入時，他們便可以了解這些特定的問題是如何對自己產生影響，以及當解決了某位成員參與，在建立團體凝聚力、發展互動的意識及鼓勵分享做成決策方面，也是不可或缺的要件。

   (2) 專注的技巧

   A. 專注的技巧（attending skills）包括非語言的行為，如：眼神接觸、身體的姿勢；也包括語言的行為，如：傳遞同理心、尊重、溫暖、信賴、真誠和誠實等。專注技巧對團體成員建立親密和諧關係、接納及凝聚氣氛十分有用。研究顯示，有效的專注技巧是成功領導者所需具備的重要特質。

   B. 有效的專注技巧包括重複和解釋成員所說的話，且同理、全神貫注地回應隱藏在成員溝通之中的意義。也包括 Middleman 曾經提到的「掃描」（scanning）技巧，當工作者對所有的團體成員進行眼神接觸時，環視整個團體，可以讓成員知道工作者對每一位成員所付出的關懷；同時，環視整個團體也可以協助工作者減少只關注在一兩個團體成員的傾向。

   (3) 表達的技巧

   A. 表達的技巧對催化團體的過程也很重要。工作者應該要能夠協助參與者對團體所面對的重要問題、任務或事情，表達其想法和感受，並於必要時將其重複摘述說明。此外，成員可以在適當和目標取向的態度下，盡可能自由地表達他們的想法程感受。對任務性團體和處遇性團體成員而言，透過對以往足以影響團體和成員的禁忌議題，作開放式的討論，將可從中獲益。

   B. 自我揭露（self-disclosure）也是一種表達的技巧，其可被有效地運用以達成目的。在使用自我揭露時應該要審慎，若在特定的情況下善加運用，則對協助工作者促成團體開放討論一些困難的主題會有相當的助益。

   (4) 回應的技巧

工作者如能有巧妙地回應，可以協助整個團體和個別成員完成任務。舉例來說，工作者也許可以加強說明讓人難以了解的訊息。工作者也能更改一些資訊，使其更適用某一特定的成員或整個團體的情況。工作者可以選擇性地使用回應的技巧，以誘導出足以影響未來團體過程的特殊反應。

(5) 聚焦的技巧

工作者經由聚焦在一個特定的方向，可以催化團體的過程。工作者也可以運用澄清、要求成員詳加說明、重覆一個特定的溝通或溝通順序，或建議團體成員限制他們對某一個特定的主題之討論，來催化團體的過程。工作者需要知道，減少無關聯的溝通，鼓勵全力探索所關心的事件和問題，以協助團體維持它的焦點，如此才能促進團體有效完成工作。

(6) 使團體過程明確清楚

A. 工作者使用的技巧如果可以讓團體過程明確清楚，可協助成員更了解他們彼此之間是如何互動。例如：工作者可以指出未被言明的團體規範、特定的成員角色或特殊的互動模式。Middleman 和 Wood 指出，工作者將治療團體之規範口語化及鼓勵傳統和儀式的發展是很重要的。例如：團體聚會的初期，成員們似乎在輪流「說他們的故事」，並由他人回饋中得知該如何處理某特定情境，鼓勵成員去思考是否願意繼續此種互動模式。

B. 當工作者在指導團體的過程有困難產生時，可運用此時此地（here-and-now）的技巧，藉著在團體聚會開始或結束時，利用幾分鐘討論團體過程或透過有意識的努力，將團體過程在聚會時利用空檔作摘述或簡要的說明。

(7) 澄清內容

此技巧如同使團體過程明確清楚的技巧一樣，它能指出團體成員互動的內容，對團體的催化會有所助益。工作者之目的在澄清互動的內容，以協助成員彼此能有效地溝通。澄清內容的技巧包括協助成員更清楚表達，以檢視成員們是否了解一項特定的消息，也包括指出未被聚焦的團體互動或被不相關的問題岔開的重要議題。

(8) 引導團體互動

工作者時常會發現，此種技巧對團體完成其所設定的目標有助益。透過設限或阻止一位團體成員的溝通、鼓勵另一位成員表達，或將某位成員的溝通內容與其他團體成員的表達內容加以連接，工作者可以引導團體互動模式。此種方法可說是有目的地選擇溝通模式。

2.資料蒐集和評估

> **上榜關鍵** ★★★★
> 綜合技巧、摘述和部分化技巧等，請加強研讀，俾利測驗題使用。

資料蒐集和評估技巧是十分有用的，因為其可以影響溝通模式，並決定使用何種行動技巧，以發展出用來完成團體目的之計畫。缺乏有效的資料蒐集和評估技巧，工作者將無法在完全了解所有情況的情形下進行干預，其結果將會導致草率、過於單純化、過早地嘗試用那些未經仔細分析和考量的資料來解決問題。說明如下：

（1）確認和描述的技巧

大多數基本的資料蒐集技巧是用來協助成員確認和描述某一特定的情況，這個技巧允許我們精細地了解所有會影響團體所要面對的問題或任務之相關因素。在運用這項技巧時，工作者應設法誘導出對指定問題的描述，且盡可能清楚和具體。

（2）要求資料、提問題和探究

確認和描述的技巧，對工作者以要求提供資料、提問題和進行問題探究方式來蒐集資料時，是不可或缺的要件。運用這些技巧，工作者可以藉由獲得額外資料而澄清問題或相關事務，並擴大團體工作的範圍。

（3）摘述和部分化

當團體所面臨的問題或所關切的事情已經被討論過，工作者可使用摘述和部分化的技巧。摘述的技巧能讓工作者將團體討論過的內容精髓做一簡要陳述。部分化也可促使成員較有動機地逐步針對問題的不同層面進行處理。

（4）綜合的技巧

綜合（synthesizing）的技巧包括：連結隱藏在成員行動或語言背後的意義、團體所表達的隱含議程、將內隱不明的感受或思想明確化及將溝通過程中所點出的主題和成員行動或語言表達的意涵和傾向，二者間作一個連結。綜合的技巧有助於成員在提供回饋的過程中，了解他人是如何理解自己的意思。

（5）分析的技巧

一旦完成資料的蒐集並且加以組織以後，工作者可以運用分析的技巧去綜合相關的訊息，並評估如何著手進行下一個步驟。分析的技巧包括：指出資料的模式、確認資料間的差異，建立獲得資料的機制或計畫以完成一個評估。

3.行動技巧

> **榜首提點**
> 各技巧均請詳加準備，以備測驗使用；其中，再建構及再界定技巧、連接成員的溝通技巧面質技巧、忠告、建議和教導等，請更加留意。

（1）支持團體成員

支持團體成員自助及互助，要讓成員感覺到團體是一個安全的地方，他們的想法和感受在此可以被接納，唯有如此運用技巧去支持團體成員才能產生效果。支持成員的技巧也意謂著能協助成員彼此間同理地反應、確認和肯定所分享的經驗。此技巧包括：指出成員的長處及該如何參與團體才有助於解決他們的問題。

(2) 再建構及再界定

對團體個人來說，最大的障礙之一是無法由不同的角度看問題，以發現一個創造性的解決之道。再界定及再建構問題，可以協助成員從一個新的觀點來檢視問題，所以工作者會想要再建構或再界定團體所面對的問題或所關心的事情。例如：在一個團體中，某位成員常被視為代罪羔羊，此時，工作者可能要協助成員重新定義他們與這位成員間的關係，藉由成員談論他們與代罪羔羊者的關係，討論如何改善與這位成員的關係，完成重新界定的工作。

(3) 連接成員間的溝通

A. 連接成員間溝通的技巧，包括要求成員分享自己對團體中其他人所傳遞的訊息之反應。Middleman 和 Wood 提出此種技巧的目的，是在為成員的感受或所提供的資料作連結。

B. 連接成員溝通的技巧也包括要求成員對其他成員的請求協助能加以反應，因為協助成員彼此回應可促進資料的分享、互助和建立處理某特定問題的共識。

(4) 指導

無論是團體目標的澄清、協助成員參加一個特定的方案活動、帶領一項討論、分享新的資訊，還是對某一特定問題的評估，工作者是扮演指導團體行動的角色。工作者在沒有獲得成員的贊同或沒有和成員共同決定團體應該要完成目標的方向時，不可以使用指導的技巧。

(5) 忠告、建議和教導

A. 工作者給予忠告、建議和教導，以協助成員習得新的行為、了解問題，或是改變問題的情況。

B. 給予忠告、建議和教導之方式

a. 必須在適當的時機。

b. 必須讓所有成員都清楚了解。

c. 必須對成員的語言和文化敏感。

d. 必須鼓勵成員在過程中分享。

e. 必須讓成員之間能互相提供協助的網路。

C. 忠告、建議或教導的給予，時機的掌握必須要正確，如此成員才願意加以接納。工作者必須要敏銳覺察團體成員的語言與文化內涵。工作者不宜單獨地給予忠告、建議和教導，過於傾向指導方式的工作者會讓成員覺得他像是一個專家，工作者應該鼓勵成員彼此分享資訊、忠告和教導。工作者應該要催化協助網絡的發展，以利成員分享他們的生活經驗、訊息和資源及意見和觀點。

（6）提供資源

贊助團體的組織常有機會接觸各種不同的資源，工作者可將其適時提供給有需要的成員，透過正確的評估和轉介，熟練地運用這些資源，才能真正幫助到團體成員。

（7）示範、角色扮演、預演和指導訓練

A. 示範（modeling）：是指工作者或某位成員在一個特定情境中示範行為方式，使團體中其他人觀察到能做什麼和如何做。

B. 角色扮演（role playing）：是指團體成員在彼此協助下，演出一個情境所可能出現的狀況。角色扮演有兩個主要目的，一為評估成員對人與人交往情況的反應技巧；二是協助成員改善特定的反應。

C. 預演（rehearsing）：是指在角色扮演之後，根據所收到的回饋來練習新的行為或反應。由於學習新的行為或減少較不適宜但卻習以為常的行為是很不容易的一件事，所以對所習得的新行為必須要時常練習。

D. 指導訓練（coaching）：指的是用語言和身體的指導以協助成員複製出一個特定反應。例如：在智能障礙者的團體中，成員或許會被教導如何在人際互動過程中表達他們的感受。

（8）面質技巧

在克服抗拒和激起成員的動機方面，面質是一項非常有用的行動技巧。面質（confrontation）是一種用來澄清、檢視和挑戰行為的能力，可以協助成員克服行為、思考和感受之間的扭曲和矛盾。面質技巧應該在工作者謹慎地評估情況，並決定成員不會排斥抗拒時才可使用。假使成員尚未準備好檢視其思考、行為或感受時，使用面質技巧將會導致成員消極、憤怒或敵意的負向反應。

（9）解決衝突

當團體成員中出現衝突時，工作者或可運用緩和的（moderating）、協商的（negotiating）、調解的（mediating）或是仲裁的（arbitrating）技巧，在成員未演變成爭吵之前解決彼此的歧見。緩和的技巧是指讓團體聚會

在特定的範圍內進行，以避免衝突的發生；協商的技巧是在最初出現不同意見時，協助成員達成一致或增進彼此間的相互了解；調解的技巧是在兩個或更多成員發生衝突時，使用該技巧以採取某些必要的行動，以協助成員達成意見上的一致和解決爭吵辯論；仲裁的技巧表示，配合團體的需要有一個權威的第三者，這位仲裁者聆聽雙方的爭論，其對衝突的和解具有約束力。

> **上榜關鍵** ★★★
> 著重在團體工作的領導技巧內容的區辨，為測驗題準備的重點。

（三）團體工作者的領導技巧

領導技巧	內容
自我揭露	是領導者有目的地針對團體的過程與內容表達個人的經驗。自我揭露最顯著的地方是表達「此時此地」的感受及表達對他人的瞭解。
面質	是領導者挑戰成員或團體，以確認那些無作用的重複行為及言行不一致的地方，或者面對思考、感受與行動上的逃避等。
幽默	是使用輕鬆的語言或動作引起成員的興趣，目的是在於協助個人與他人接近及克服困難。
探索	是透過措辭與引導問題以澄清問題的範圍及刺激溝通與增加團體參與的互動。
摘述	是使團體會期中主要的觀點能被精確與扣緊地提出。
支持	通常是再整理與增強成員的團體能力。
認知重建	是在於改變理解或情緒重組，而這些理解與情緒足以影響成員的能力去改變或觀察自己的行為，或者有其他建設性或可理解的行為。
角色扮演	在於使參與者瞭解自己的角色、他人的角色或發展新的角色。角色扮演允許扮演者打破自己的性格而從別人的位置來表達自己的思考、感受與行動。
方案使用	使用活動方案以增加、發展與履行新的角色或增強當前的行為模式。
前後關連	是一種持續的單位秩序，隨著成長的感覺而有的連續與運動。
時間掌握	領導者在最適當的時機採取行動，達到最大的效果。

領導技巧	內容
部分化	是使問題被切割成比較容易解決的部分。領導者在處理決策、衝突或複雜的問題時，部分化是有必要的，使理念與任務被澄清。
澄清	是使溝通的訊息能清晰，澄清也使成員能自我瞭解。澄清之目的在於激發成員朝向目標，針對成員的需求滿足及成員對特定的論題與感受有混淆而產生抗拒時所使用的一種技巧。
普遍化	每一個團體成員早期都有其特別的問題與經驗，而普遍化是指每一個成員從其經驗中抽離與他人共同可以接受的經驗，以成為團體整體的經驗。普遍化可以整合、擴大與運用團體經驗到團體外的情境中，也可以減除特殊個人的恐懼、焦慮與害羞。
示範	是由領導者本身行為的表現來鼓舞成員達到同樣的行為產生，如領導者希望使團體中多一些同理心，他本身就得經常表高度的同理態度。

（四）團體領導者的潛在陷阱

潛在陷阱	內容
過度方案活動化	有時團體工作者為了熱鬧、有趣、打發時間，就大量使用活動方案，使得團體成員印象中都是在進行活動。團體活動應是媒介而非主體，是小菜而非主食，不宜喧賓奪主，更不宜為活動而活動。
壓抑差異	由於時間、目標達成、團體凝聚力等壓力，團體工作者常會不自覺地壓抑差異的表達，及早結束爭論，使團體表面和諧或是過早獲得結論。團體成員也會因聞出團體領導者的意圖而修正表達方式，自我壓抑表達的態度與範圍。倘若團體成員急切地自動調整進入安全表達圈內，代表團體不會有豐富的內涵，也不會有多元的價值出現。這是團體進入不真實、虛情假意、外熱內冷、行禮如儀、虛應故事的情境，已脫離團體之目的。
自我中心	團體工作者，特別是新進的社會工作者，或是主觀意識比較強的領導者，常會過度在乎自己的感受與表現，忘了團體是大家的，每個成員都有溝通、表現、被瞭解、被關注、被包容的需求。因此，協同領導者是一面不錯的鏡子。

上榜關鍵 ★★★★
著重在團體領導者的潛在陷阱的類型，其次為各種陷阱的內容說明瞭解。均測驗題考點。

潛在陷阱	內容
單面判斷	有時團體領導者會陷入以當下的感覺來推演普遍的經驗。團體領導者不妨多面思考，而非自陷於單面判斷之中。
總接接線	團體領導者只顧著把成員傳過來的訊息轉接給另一個成員，而不加上任何回應，這就是扮演總機的角色。團體是需要多向互動的，如果團體領導者一直扮演總機的角色，那表示團體始終只是一個人的總和而已。
低估時間壓力	團體是有時間性的，不可能無限延長，因此，在一定期間內要完成多少任務，團體成員自有期待，團體契約也早有訂定。作為一個領導者就必須掌握時間管理。
獨秀演出	主要是領導者常常忘了身邊還有位工作夥伴，就大演個人獨秀。因此，慎選協同領導者是必要的，相似或互補是較佳的選擇，此外，事前溝通、培養默契也是兩人職責所在。
忘了外在世界	固然團體成員暫時為了達成任務而忘卻外部環境的壓力，但是家庭、學校、職場、社區、社會的影響也一直存在成員心中。因此，團體領導者覺不能誤判外在世界的影響力。

七、協同領導

（一）協同領導（co-leadership）的意義 ……… **上榜關鍵** ★★ 基礎觀念。

在一個團體帶領上，會有兩個以上共同的帶領者，稱為協同領導（co-leadership），擔任協同領導的工作者稱為協同工作者（co-worker）。

（二）協同領導的必要性 ……… **上榜關鍵** ★★★★ 測驗題重要考點。

考慮協同領導的要素是團體的需求，如果協同領導有利於團體目標的達成與團體的運作，就可以考慮協同領導。相關的考量包括下列幾種：

1. 團體的目的要呈現不同角度的思考。有兩位協同領導者共同帶領團體，可以呈現不同的觀點與思考，而豐富團體的學習。
2. 團體的主題與兩性無關。由男性工作者與女性工作者協同領導帶領，可以呈現與性別有關的觀點、經驗或情感等。
3. 團體的大小。團體越大就需要越多的工作人員。
4. 團體活動性質。戶外追蹤活動或冒險活動，基於安全考量需要較多的工作人員。

5. 團體有高風險。例如：施暴者團體，基於安全考量可安排協同領導。
6. 團體任務性質。團體的任務較複雜，需要高度的創意才能發揮功效，就需要偕同領導。

(三) 支持／不支持協同領導的理由（優缺點）、協同領導的好處／不利之處。

1. 支持／不支持協同領導的理由（優缺點）

（引自：林萬億著《團體工作──理論與技術》第 13 章「團體領導技巧」）

理由	內容
支持 （優點）	1. 經驗傳遞的理由：對於機構而言，由有經驗的社會工作者來帶領新進工作者，協助他得到工作經驗。擔任協同領導的經驗是新進社會工作者透過團體成員回饋而達到自我覺察的最佳機會。 2. 示範模仿的理由：由於協同工作者與工作者的溝通而讓成員學習到平等地位與位置及角色與責任的人際關係。成員們看到兩位領導者如何溝通、決策、分化與解決歧見，以及相互支持與接納對方的特性，而發展出自己的行為。 3. 工作分擔的理由：由於相容的協同工作者的存在，而使工作者感到安全，減少焦慮，鬆弛緊張，尤其當團體衝突時，成員將工作者推上火線時，如果沒有人分擔或補給，工作者感到孤立無援而恐懼失措。團體的雙領導者既可以相互支持對方，一旦領導者因故缺席，協同領導者又可替補領導者缺席時的空檔。 4. 互補的理由：兩位工作者的特質，尤其是性別不同的兩位領導者，對成員而言，有一種「父母形象」的認同作用。
不支持 （缺點）	1. 始終如一：在團體發展過程中，工作者要擔任從工具到情感表達的行為及扮演「缺席者角色的替補者」，如果在團體中有兩位工作者，萬一兩人不能搭配得很好，會使團體不能有整合與平衡的發展。 2. 權責純化：在團體的角色分化中，成員與工作者的地位與權力不同，工作者企圖去減少或否認這種差異是不可能的。兩位領導者的權力分配，必然產生集中而壓倒成員的努力與投注。因此，由單一工作者來帶領團體可以使工作者在團體的角色分化中清晰而均衡。 3. 成本考量：若考慮到成本效益的問題，單一工作者既省時又省錢，對於機構的預算來說，是絕對有利，任何機構均希望聘任的社會工作者本身能獨當一面。

> **榜首提點**
>
> 不同學者對於協同領導的支持／不支持或好處／不利之處，有不同的分類，請考生詳讀，均為申論題及測驗題之金榜考點。

2. 協同領導的好處、不利之處
（引自：許臨高主編《社會團體工作──理論與實務》第 3 章「團體領導」）
（1）協同領導的好處

對團體的好處	A. 提供豐富的催化資源：協同領導的領導風格、人格特質、經驗與知識等方面都有個人特色，可以提供豐富的觀點、擴大處理問題的能量，比單獨領導更能提供豐富的催化資源。有時候，社工者會與護理師、心理師、特教師等其他領域工作者協同帶領團體，不同的專業背景可以讓成員從不同的觀點與專業來思考。 B. 提升預估的正確性：協同領導者對團體及個人的觀察有不同的角色與見解，彼此相互核對可以修正或補充原先的解讀，使得預估較貼近真實。 C. 個體動力與團體動力可獲得較周延的照顧：對於同一個人，不同的領導者所關照、留意的面向不同，可以對個別成員有較周延的認識，另外，兩位協同領導者可以因為多一雙眼睛而對錯綜複雜的團體動力有較清楚的看見。 D. 治療性處遇的進行可以獲得協助與支撐：領導者在進行角色扮演、模擬或方案活動時，協同領導者可以協助作示範、觀察、引導或回應、對話，讓治療性處遇的進行較具體、細緻，發揮較佳的功能。當一位領導者以某位成員為主角進行處遇時，另一位領導者可以照顧現場的情緒氛圍，或觀察留意這個事情對團體的影響，在必要的時間點對團體作回應。 E. 成員可以看到適切互動合作的示範：協同領導者無可避免地要在團體成員面前對話互動，他們的態度、表達方式以及彼此的關係都是具體的示範，讓成員看到成熟、尊重的人際互動而受益。兩位領導者可能會有意見分歧、各有堅持或認定的時候，他們如何面對、化解彼此之間的爭論也是具體的示範與展現。
對領導者的好處	A. 分擔領導責任：協同領導讓兩位領導者可以分工合作、分擔壓力與責任。例如：一個領導者專注於團體內容的照顧，另一位領導著重於團體歷程的課題；一個負責著重團體任務的執行，另一個著重情緒與關係的照顧。這樣在減輕責任負擔的同時，又可以專注把自己所負擔的任務做好。 B. 獲得支持：兩位協同領導者共同經歷團體的高低起伏、風風雨雨，深知其中的甘苦，有個人可以瞭解自己的辛苦、努力或成就，能夠激發出再持續前往的堅持信念與心力，在相互信任、共同分享之下，可以作為彼此的支持。

對領導者的好處

C. 獲得回饋及專業成長的機會：兩位領導者可以在合作的過程中瞭解彼此的態度、作法、特色與優缺點，有助於專業成長與提升。例如：兩個工作者搭配成一個團隊，其中一個帶領團體，另一個作觀察，接著再角色對調，這樣的作法對於工作者的專業發展有很大的幫助，成效甚至大過由資深工作者所提供的個別督導。

D. 提升客觀性：工作者對於團體現象的觀察、解讀與處理具有相當的主觀性，藉由彼此的分享進行反思、擴展自己的視框，提升客觀性。

E. 可以相互支撐補位：兩位協同領導者一起工作，可以相互支撐補位。例如：當一位領導者狀況不佳時，另一位領導者可以立即接手，承擔起帶領團體的任務。當領導者之一對於團體正在討論的議題不知道該說些什麼或怎麼處理的時候，另一位領導者就可以接手處理，讓該領導者有緩衝的空間。

F. 新進領導者可以獲得豐富的學習：跟資深領導工作者帶領團體有許多的好處，在情感上，資深工作者的瞭解、接納與支持是新進領導者最重要的加持力量。在專業學習上，新進領導者在老手的庇護下，不必全然承擔帶領團體的責任，又可以練習，同時可以從團體會前與團體會後的討論、實際參與實作、觀察中學到很多專業知識與方法。

（2）協同領導的不利之處

不利之處

A. 成本較昂貴：協同領導需要兩位領導者都把時間精力花在同一團體上，在團體外需要規劃出共同討論的時間，所需要的人力成本與時間成本要比一位領導者高。

B. 理論取向差異造成團體的困擾：兩位協同領導者的理論取向無法整合會造成團體帶領的困擾，讓團體的進行片段無法連結，甚至相互衝突矛盾。例如：一位帶領者傾向以無結構的方式帶領團體，另一位則熟悉以高度結構的方式帶領團體，兩位的取向落差造成團體進行的困擾，讓成員無所適從。

C. 成員所需要因應的關係與溝通變得較複雜：每一位成員要分別與兩位工作者發展關係、因應自己與該工作者的關係，這麼一來，工作者、個別成員及團體的關係就被淡化，成員也需要瞭解不同工作者的期待。兩位協同工作者的角色定位也會影響成員之相處互動的方式，而使得成員所需要因應的情境較為複雜。

> 不利之處
>
> D. 領導者之間的衝突可能會團體造成負向影響：協同領導者可能相互爭奪對團體的掌控、不贊同對方對團體某一個情境的處理作法，或對彼此的任務角色有不同的認知，這些衝突會對團體產生破壞性的影響，成員很容易覺察到領導者之間的衝突，而感到不安、不知道如何是好，或逃避某些困難的議題；有些成員會支持某一位領導者來制衡另一位領導者，而形成拉扯或對立。

（四）協同工作模式的使用

1. 溝通
  （1）溝通計畫：不只是單一工作者需要計畫，如果有協同工作者，他也要參與團體的工作計畫，包括初期的招募成員、建立工作目標。最好是讓協同工作者協助承擔每一階段的工作，而不只是到了團體會期開始才找個助手來撐場。
  （2）溝通評估：對團體工作評估的標準也要協商，進行評估時要能事先溝通，以免重複而費力。
  （3）工作者的關係：每一位工作者要了解本身的工作特點，也要了解同事的特點。分享每個人的行為模式與處理事件的折衝點及如何使用暗語。

2. 配對
  配對（matching）要考慮年齡、性別、種族、訓練背景、經驗層次、生理條件、理論取向、風格、合作經驗、對他人的感受及對團體工作的態度等。

3. 陷阱與圈套
  （1）協同工作者間的分化與競爭：如果某些成員過度認同某位工作者，而另外一些成員則認同另外一位工作者，則雙方勢必扮演對抗的角色。
  （2）處理其中一位工作者缺席：在團體會期間，有某一位工作者缺席是很難預料的。當知道某一位工作者缺席時，另一位工作者應提出澄清，以免成員抗議或排斥。此時，工作者必須轉變態度，以單一工作者的角色來處理團體。
  （3）成員把重點放在協同工作者身上：這是成員把討論的焦點擺在兩位工作者的關係與動力上，而忽視了團體的焦點。
  （4）性別角色的刻板印象：很多機構以為男女工作者一起工作就容易被懷疑協同工作者間的男女關係。其實，讓成員習得正常的性別關係是有必要的，雖然成員會對不同性別的協同工作者有些羨慕或遐思，但是，那究竟可以透過澄清而消除。如果一味地逃避性別的芥蒂，反而有害於團體

的功能。
(5) 錯把協同工作者當成安全氈：理想上，協同工作者是將對方視為一種朋友或夥伴，與他一起工作會感到舒坦與自信。千萬別把協同工作者當成是一張「安全氈」或是督導者。合作而非依賴，互補而非競爭。如此，才能避開團體中協同工作者的陷阱與圈套。

練功坊

★ 協同領導在團體工作之定義與優缺點為何？試說明之。

解析

(1) 協同領導的定義：在一個團體帶領上，會有兩個以上共同的帶領者，稱為協同領導（co-leadership），擔任協同領導的工作者稱為協同工作者（co-worker）。

(2) 支持協同領導的理由（優點）
   A. 經驗傳遞的理由：對於機構而言，由有經驗的社會工作者來帶領新進工作者，協助他得到工作經驗。擔任協同領導的經驗是新進社會工作者透過團體成員回饋而達到自我覺察的最佳機會。
   B. 示範模仿的理由：由於協同工作者與工作者的溝通而讓成員學習到平等地位與位置及角色與責任的人際關係。成員們看到兩位領導者如何溝通、決策、分化與解決歧見，以及相互支持與接納對方的特性，而發展出自己的行為。
   C. 工作分擔的理由：由於相容的協同工作者的存在，而使工作者感到安全，減少焦慮，鬆弛緊張，尤其當團體衝突時，成員將工作者推上火線時，如果沒有人分擔或補給，工作者感到孤立無援而恐懼失措。團體的雙領導者既可以相互支持對方，一旦領導者因故缺席，協同領導者又可替補領導者缺席時的空檔。
   D. 互補的理由：兩位工作者的特質，尤其是性別不同的兩位領導者，對成員而言，有一種「父母形象」的認同作用。

(3) 不支持協同領導的理由（缺點）
   A. 始終如一：在團體發展過程中，工作者要擔任從工具到情感表達的行為及扮演「缺席者角色的替補者」，如果在團體中有兩位工作者，萬一兩人不能搭配得很好，會使團體不能有整合與平衡的發展。
   B. 權責純化：在團體的角色分化中，成員與工作者的地位與權力不同，工作者企圖去減少或否認這種差異是不可能的。兩位領導者的權力分配，必然產生集中而壓倒成員的努力與投注。因此，由單一工作者來帶領團體可以使工作者在團體的角色分化中清晰而均衡。

練功坊

C. 成本考量：若考慮到成本效益的問題，單一工作者既省時又省錢，對於機構的預算來說，是絕對有利，任何機構均希望聘任的社會工作者本身能獨當一面。

★ (　) 以下有關團體領導行為之角色，何者敘述錯誤？
(A) 廣為接納、支持其他團體成員的建立信賴者
(B) 統整不同觀點，凝聚彼此關係的協調者
(C) 溫馨鼓勵團體內的每位成員，友善回應團體成員的評鑑者
(D) 指出團體有效運作過程困難來源的診斷者

解析

(C)。(1)選項(A)正確，信賴建立者（trust builder）：廣為接納、支持其他團體成員，增強冒險和鼓勵個別性。(2)選項(B)正確，協調者（coordinator）：統整不同的觀點，凝聚彼此的關係，協調各種次團體和成員的活動。(3)選項(C)有誤，應為參與激勵者（encourager of participation）：溫馨的鼓勵每一位參加者，認定每個人的貢獻，接納、開放其他人的看法，友善回應團體成員。而非「評鑑者」。(4)選項(D)正確，診斷者（diagnoser）：指出團體有效運作過程中困難及阻礙前進的來源，以完成團體目標。

重點便利貼

1. 生態系統的觀點：系統本身是鑲嵌在另一個大體系的生態裡。亦即，團體也是另一個較大體系的一個次體系。而任何團體皆有五個共要的構成要素，簡稱 5 C's（團體特性、團體能力、團體條件、團體變遷、團體脈絡）。

2. 社會目標模型：主要是將民主的社會價值觀，在社會化的過程深植在成員心中。社會目標模型重視文化的差異性及團體行動的力量。

3. 治療模型：主要係在透過協助成員改變他們的行為，使個人恢復原狀或使個人得以復健。

4. 交互模型：強調團體成員及社會間所存在的互惠關係，成員影響環境，也被環境影響。

5. 團體生態體系要素：(1) 團體成員；(2) 團體；(3) 團體工作者；(4) 團體的設施與環境。

擬真考場

申論題

在進行團體工作時，協同領導應有那些實務上之考量？

選擇題

(　　) 1. 社會工作對團體的界定重視實施的運作，所以不同目標的團體有其人數的偏好。下列有關決定團體規模的原則何者錯誤？
(A) 團體大到使成員均能得到刺激，小到足夠參與個人認知
(B) 團體以小到能產生工作效果，大到能被社會工作者掌握
(C) 團體要以能圍坐而相互看得到對方或聽得到對方的聲音
(D) 開放性團體可以不太重視團體成員的多寡，但封閉性團體的大小卻很重要

(　　) 2. 根據社會團體工作主要三個工作模型的分析，下列敘述何者錯誤？
(A) 社會目標模型強調團體過程的民主性，是屬於過程模型
(B) 治療模型是臨床與個別取向，是屬於目標模型
(C) 交互模型是中介協調與團體導向，是屬於過程模型
(D) 治療模型與交互模型都是屬於治療取向的模型

(　　) 3. 關於凝聚力對團體影響，下列敘述何者正確？①使成員願意傾聽②團體凝聚力高，可以滿足成員對親密關係的需求③正向和負向情緒的表達④願意為團體的功能承擔責任⑤對團體的功能不會產生負面影響
(A) ①②③④⑤　　(B) ①②③④　　(C) ②③⑤　　(D) ①④⑤

243

解析

申論題：

在進行團體工作時，協同領導者應有之實務考量，說明如下：

(一) 溝通
1. 溝通計畫：不只是單一工作者需要計畫，如果有協同工作者，他也要參與團體的工作計畫，包括初期的招募成員、建立工作目標。最好是讓協同工作者協助承擔每一階段的工作，而不只是到了團體會期開始才找個助手來撐場。
2. 溝通評估：對團體工作評估的標準也要協商，進行評估時要能事先溝通，以免重複而費力。
3. 工作者的關係：每一位工作者要了解本身的工作特點，也要了解同事的特點。分享每個人的行為模式與處理事件的折衝點及如何使用暗語。

(二) 配對
配對（matching）要考慮年齡、性別、種族、訓練背景、經驗層次、生理條件、理論取向、風格、合作經驗、對他人的感受及對團體工作的態度等。

(三) 陷阱與圈套
1. 協同工作者間的分化與競爭：如果某些成員過度認同某位工作者，而另外一些成員則認同另外一位工作者，則雙方勢必扮演對抗的角色。
2. 處理其中一位工作者缺席：在團體會期間，有某一位工作者缺席是很難預料的。當知道某一位工作者缺席時，另一位工作者應提出澄清，以免成員抗議或排斥。此時，工作者必須轉變態度，以單一工作者的角色來處理團體。
3. 成員把重點放在協同工作者身上：這是成員把討論的焦點擺在兩位工作者的關係與動力上，而忽視了團體的焦點。
4. 性別角色的刻板印象：很多機構以為男女工作者一起工作就容易被懷疑協同工作者間的男女關係。其實，讓成員習得正常的性別關係是有必要的，雖然成員會對不同性別的協同工作者有些羨慕或遐思，但是，那究竟可以透過澄清而消除。如果一味地逃避性別的芥蒂，反而有害於團體的功能。
5. 錯把協同工作者當成安全氈：理想上，協同工作者是將對方視為一種朋友或夥伴，與他一起工作會感到舒坦與自信。千萬別把協同工作者當成是一張「安全氈」或是督導者。合作而非依賴，互補而非競爭。如此，才能避開團體中協同工作者的陷阱與圈套。

選擇題：

1. D 封閉性團體可以不太重視團體成員的多寡；但是，開放性團體的大小卻很重要，以免因成員的流失而解散。選項 (D) 有誤。

2. A 社會目標模型之目的和目標強調社會意識、社會責任、告知公民權，鼓吹政治及社會行動，並強調團體過程的民主性，是屬於目標模型。選項 (A) 有誤。

3. B
   1. 團體凝聚力（group cohesion）是指吸引成員留在團體中所有力量與行動的結果。團體凝聚力（group cohesion）是所有影響團體成員留在團體中的變項之總和，當一個團體的正向吸引力比負向的部分還要多時，團體凝聚力就會產生。
   2. 凝聚力對團體的影響：
      (1) 正向和負向感受的表達。
      (2) 願意傾聽。
      (3) 有效運用其他成員的回饋和評估。
      (4) 彼此相互影響。
      (5) 自信、自尊和個人適應上的感受。
      (6) 對團體經驗感到滿意。
      (7) 堅持目標的達成。
      (8) 願意為團體的功能承擔責任。
      (9) 目標的達成、個人和團體的表現、組織的承諾。
      (10) 出席情況、成員人數的維持和參與的期間。
   3. 但凝聚力也會對團體的功能產生一些負面的影響，例如產生團體思考（group think）的發生，亦即一群人非常強烈地投入在一個高度凝聚力的團體內，這群人對所從事任務的思考模式，經常是竭力爭取全體一致的同意，勝於實際地評估多種可能方向並從中挑選出符合真正目的之行動。題意⑤「對團體的功能不會產生負面影響」所述有誤。

第四章

CHAPTER 4
團體工作直接服務（二）：過程、技術

榜・首・導・讀

- 團體工作的申論題，常以請考生設計團體方案的方式命題，請建立設計團體方案之能力。
- 本章的考點以測驗題型居多，且考題出題非常細緻，準備時務必注意細節；另任務性團體、處遇性團體、團體討論技術等請加強準備。

關・鍵・焦・點

- 團體衝突處理的技巧、團體的發展過程等均為基本概念題，建立紮實觀念不可少。
- 團體工作者在社會團體工作過程中的位置及角色，請詳加區辨極易混淆。

命・題・趨・勢

年度	110年				111年				112年			
考試	1申	1測	2申	2測	1申	1測	2申	2測	1申	1測	2申	2測
題數	1	6		5	1	8		5		3	1	4

本·章·架·構

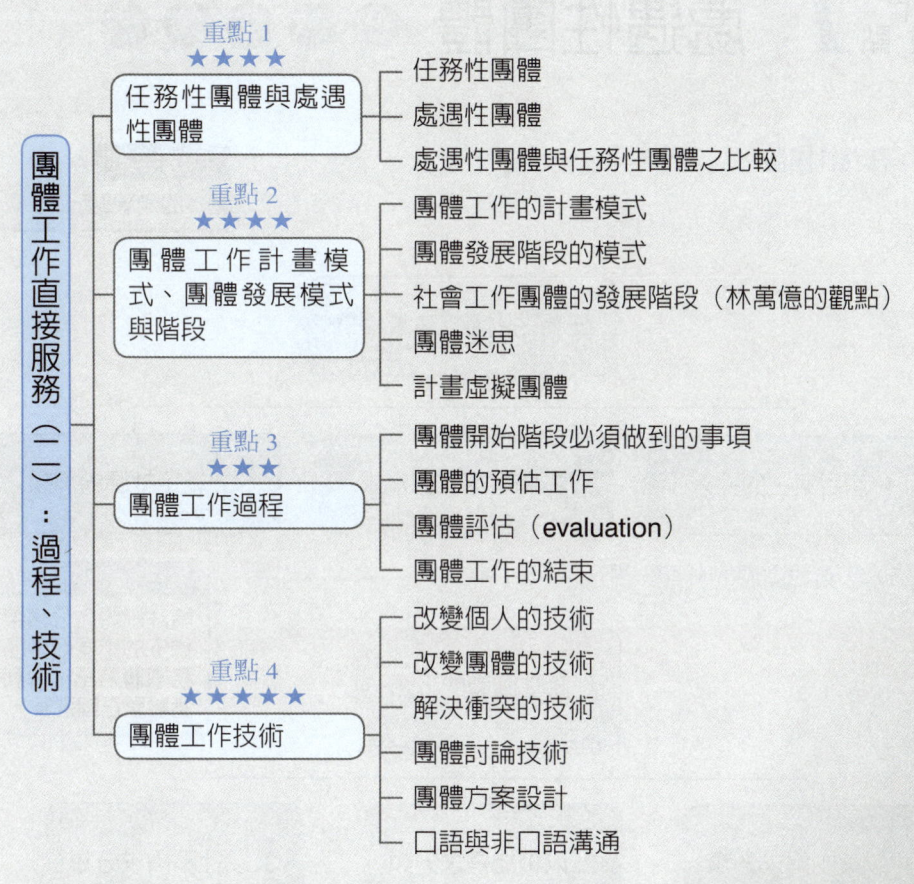

團體工作直接服務（二）：過程、技術

重點 1 ★★★★ 任務性團體與處遇性團體
- 任務性團體
- 處遇性團體
- 處遇性團體與任務性團體之比較

重點 2 ★★★★ 團體工作計畫模式、團體發展模式與階段
- 團體工作的計畫模式
- 團體發展階段的模式
- 社會工作團體的發展階段（林萬億的觀點）
- 團體迷思
- 計畫虛擬團體

重點 3 ★★★ 團體工作過程
- 團體開始階段必須做到的事項
- 團體的預估工作
- 團體評估（evaluation）
- 團體工作的結束

重點 4 ★★★★★ 團體工作技術
- 改變個人的技術
- 改變團體的技術
- 解決衝突的技術
- 團體討論技術
- 團體方案設計
- 口語與非口語溝通

重點 1 任務性團體與處遇性團體

閱讀完成：_____月_____日

一、任務性團體

上榜關鍵 ★★★
基本的測驗題型。

（一）任務性團體之主要目的

```
         任務性團體之主要目的
    ┌────────────┼────────────┐
1.滿足案主的需求  2.滿足組織的需求  3.滿足社區的需求
```

（二）任務性團體的分類一覽

榜首提點
請詳細將各分類架構下的不同類型任務團體熟記，俾利測驗題正確選答。

```
              任務性團體的分類
    ┌──────────────┼──────────────┐
1.以案主需求分類  2.以組織需求分類  3.以社區需求分類
    │              │              │
 工作小組         委員會         社會行動團體
 （teams）      （committees）  （social action groups）
    │              │              │
 治療會議        顧問團           聯盟
 （treatment    （cabinets）    （coalitions）
 conferences）
    │              │              │
 員工發展團體     董事會          代表會議
 （staff-       （boards of    （delegate
 development    directors）    councils）
 groups）
```

(三) 任務團體的類型：以案主需求分類

特質	工作小組	治療會議	員工發展團體
目的	為了案主系統的利益而同心協力	發展、協調及監督治療計畫	為對案主提供更好的服務而教育成員
領導	贊助機構委派	自然產生的領導者或由負最多責任的成員擔任	領導者、督導諮詢者或教育者
焦點	■ 建立團隊以使功能發揮更順利 ■ 高度聚焦在成員	■ 決策取向 ■ 主要焦點在案主而非成員	焦點放在職工需求及對案主服務的表現
連結	■ 團隊精神 ■ 組織及案主的需求	■ 案主系統 ■ 治療計畫 ■ 機構間及機構內意見一致	■ 持續教育的需求 ■ 對案主福利的興趣 ■ 專業的發展
組成	通常是異質性	功能、特殊能力及專長有差異	具類似教育需求的個人
溝通	■ 理論上是親密的，有時是人為的或鼓舞性的 ■ 低度至中度的自我揭露	■ 考慮所有案主系統的觀點 ■ 高度揭露	■ 領導者對成員 ■ 教導式及經驗式的指導 ■ 成員對成員

> **榜首提點**
> 請建立區辨的能力，避免測驗題選答時舉棋不定。

1. 工作小組
   （1）主要目標：為了達成某一特定目的，由數位各具有特殊知識及技巧的工作人員聚在一起，相互分享彼此的專長。工作小組成員為了某特定案主群的利益，一起努力協調與工作。
   （2）工作小組的案例
      A. 復健醫院為中風患者及家面服務而組成的一個專業團體。
      B. 提供居家安寧照顧的專業人員團隊。
      C. 縣立心理衛生中心贊助專業與半專業的協助人員，接受危機介入的訓練。
      D. 為精神病醫院患者提供服務的專業人員與助理團體。

2. 治療會議（treatment conferences）
　（1）主要目標：是為了達到針對特定的案主或案主體系發展、監控與協調治療計畫之目的，會議中的成員得考慮案主的情況，以決定為案主工作的計畫。
　（2）治療會議的案例
　　　A. 不同專業人員組成團體，討論如何為心理衛生機構設計及執行對病患的治療服務。
　　　B. 兒童照顧工作者、社會工作者、護士與精神科醫生組成一個團體，為社區式治療（residential treatment）中心的兒童決定一個治療計畫。
　　　C. 假釋委員會討論如何為一位在矯治機構服刑的犯人作證，使其獲准釋放。
　　　D. 社區心理衛生中心專業工作人員的團體，討論針對一位患有嚴重憂鬱症年輕人的治療方法。
3. 員工發展團體（staff development groups）
　（1）主要目標：是針對機構員工而設立的團體，希望透過發展、更新喚起工作者的技巧，以改善對案主的服務。
　（2）員工發展團體的案例
　　　A. 專業人員參加一系列由地方性精神醫學中心提供的藥理學研討會。
　　　B. 酒癮治療機構為其工作人員舉辦在職訓練與研討會。
　　　C. 為某些沒有督導的學區社會工作者，找一位有經驗的社會工作者擔任團體督導。
　　　D. 服務方案負責人為在社區中擔任獨居老人外展服務的半專業人員，召開每週一次的團體督導。

（四）任務團體的類型：以組織需求分類。

上榜關鍵 ★★★★
請強化在測驗題的選答判斷能力。

特質	委員會	顧問團	董事會
目的	討論問題及完成任務	對行政主管提供有關未來方向或目前的政策與程序	管理組織
領導	被指派或被選出	組織中最高行政主管所指派	由小組委員會依規章提名並經由會員投票贊同

特質	委員會	顧問團	董事會
焦點	特殊的任務或指示	為了管理組織所發展的程序與政策	■ 政策制訂 ■ 管理 ■ 監控 ■ 財務控制 ■ 基金募集
連結	對任務的興趣	對組織及最高行政主管的忠誠	對組織任務的承諾服務取向
組成	多元化以協助決策制定及分工	基於行政責任及專長而被委派	依地位、權力、專長、對社區的影響、特定利益團體及選區的代表來挑選不同的成員
溝通	■ 與任務有關 ■ 低度自我揭露	■ 依據其在組織的地位提出個人觀點 ■ 建立在權力基礎上	■ 正式溝通 ■ 議事程序 ■ 小組委員較不正式 ■ 成員低度自我揭露

1. 委員會（committee）
    （1）主要目標：是由一群人透過指派或經由選舉而組成的團體，任務是在「完成一項指示」，而這項工作是來自上級單位的委派，例如：組織的規章法令或機構主管對委員會的委派。委員會可能是臨時組成的或是組織結構中的常設委員會。
    （2）委員會的案例
        A. 一個年輕人的團體，負責為社區中心推薦社區活動。
        B. 一個員工團體被指派研究及推薦改善機構的人事政策。
        C. 一個社會工作人員團體，研究如何改善對青少年懷孕的服務輸送管道。
        D. 某員工團體，負責發展一項「員工協助方案」的建議。
2. 顧問團（cabinets）
    （1）主要目標：是針對政策問題提供忠告，並將專家的調查和報告提供最高執行者或其他高階行政人員。在高階的行政長官宣布前，顧問團會針

足以影響整個組織的政策、程序與實務，加以討論、研發及修正。顧問團也能夠促使組織資深行政主管間正式的溝通，協助取得高階與中階行政人員對特殊政策的支持。
　　（2）顧問團的案例
　　　　A. 在一所大型的州立衛生部門召開地區主管會議，討論長期照顧的補償政策。
　　　　B. 在一間大型市立醫院召開每週一次的社會工作督導及社會服務主任的會議。
　　　　C. 聯合勸募協會的資深工作人員，透過一系列的會議來討論機構間募款資源分配方法的可能改變。
　　　　D. 縣政府社會局各單位主管的會議。
　3. 董事會（boards of directors）
　　（1）類型
　　　　A. 管理委員會（governing board）：管理委員會的成員是公眾信託財產的管理人。
　　　　B. 諮詢委員會（advisory board）：諮詢委員會的成員對組織的管理提供建議與指導。
　　（2）董事會的案例
　　　　A. 一間大醫院的信託管理委員會成員。
　　　　B. 家庭服務機構管理委員會的成員。
　　　　C. 縣政府社會局公民諮詢委員會的一員。
　　　　D. 社會服務與衛生單位聯合成立的財團法人委員會的成員。

上榜關鍵 ★★★
請建立基本的區辨觀念。

（五）任務團體的類型：以社區需求分類。

特質	社會行動團體	聯盟	代表會議
目的	設計及執行社會變遷的個別戰術及整體策略	透過資源、專長及力量的分享，具共同目標的社會行動團體，足以產生較大的影響力	代表不同的組織、分支單位或其他單位
領導	■ 由團體中產生草根領導 ■ 執行者通常是職員或顧問	通常是天生具有領袖魅力或特別貢獻的個人，經由成員一致同意或投票選出	由發起機構所任命的代表

特質	社會行動團體	聯盟	代表會議
焦點	消費者、社區、社會正義	建立全體共識及夥伴關係,以產生最大的影響	■ 集體投入和行動 ■ 代表間的平等 ■ 集中在較大的議題、重要事件及立場
連結	不正義、不平等或需要改變的概念	■ 對問題的興趣 ■ 對意識型態立場的承諾	較大之目的或社區所關心的,而非個別或機構所關心的
組成	基於共同興趣、共享之目的及社區投資	團體聯盟是鬆散、暫時的,或組織間形成工作夥伴的關係以達成共同目標	■ 成員異質性 ■ 發起組織所代表的主張
溝通	■ 非正式成員與成員的討論 ■ 形成及執行改變的戰術與策略 ■ 對於相關社會問題,成員具有高度的自我揭露	■ 依據聯盟的類型分為正式與非正式 ■ 幹部及次團體較不正式 ■ 代表團體利益的成員中度自我揭露	■ 提供組織間溝通公開討論的場所 ■ 代表成為協調會與組織溝通的橋樑 ■ 成員低度自我揭露

1. 社會行動團體（social action groups）
   （1）主要目標：藉著成員參與集體行動而增強其能力,並對社會或物理環境作有計畫的變遷之努力。社會行動團體通常被視為「草根性」的組織,因為其源自於社區中較無權力或地位,但共同關心某些問題的個人。
   （2）社會行動團體的案例
      A. 為了鄰里老人們的利益,某個公民團體希望倡導增加警察保護的措施。
      B. 一個社會工作人員團體,企圖遊說市議員增加社會服務經費。
      C. 居民團體尋求在其住宅社區規劃兒童遊樂設施。
      D. 一個社區領導者的團體,為增加非裔美人利用心理衛生機構的機會而努力。
2. 聯盟（coalitions）
   （1）主要目標：聯盟（coalitions）或同盟（alliances）,是指所有組織、社

會行動團體或個人集合在一起的團體,透過資源與專長的分享而產生影響力。聯盟的成員同意去追隨共同的目標,因為他們相信只靠任何一位成員的力量無法達成該項目標。

(2) 聯盟的案例

A. 家庭計畫及社區健康照顧門診團體組成一個「贊成有選擇」（prochoice）的聯盟,以影響州政府及聯邦政府將墮胎合法化。

B. 非營利居家照護機構一起去遊說社區,希望能有更多的管道照顧慢性疾病老人。

C. 社區機構想要喚起大眾注意到對社區青少年中心的需求。

D. 企業、社區及城市的領導者成為一個團隊,希望能找出方法來減輕大都會地區種族間的緊張關係。

3. 代表會議（delegate councils）

(1) 主要目標：代表會議的組成,主要目的是為了催化機構間的溝通與合作,研究與社區有關的社會議題或社會問題,參與集體的社會行動或支配及影響較大的組織。代表會議的成員是由其所屬機構委派或選出,其主要功能是在會議進行的過程中,代表其委託單位利益的立場。代表會議的差別主要是代表機構與會者是為了特殊目的而聚在一起開會,通常是比較大型的會議。

(2) 代表會議的案例

A. 一群機構的代表每個月固定聚會,目的是為改善機構間的溝通。

B. 一個專業組織的各地方分會代表聚在一起,批准該組織的預算。

C. 由各郡指派的成員所組成的州立任務小組,目的是研究家庭暴力。

D. 各處的家庭服務機構代表,每年聚會一次。

二、處遇性團體

> **上榜關鍵 ★★★**
> 測驗題的基本考點。

(一) 處遇性團體之主要目的

處遇性團體之主要目的
- 1. 支持
- 2. 教育
- 3. 成長
- 4. 治療
- 5. 社會化

（二）處遇性團體的分類表

> **榜首提點**
> 分類表請詳讀，並將所展開之各類型團體內容及案例詳加準備，對於測驗題之正確選答非常有幫助。

特質	團體目的				
	支持	教育	成長	治療	社會化
目的	協助成員因應充滿壓力生活事件，並恢復現存因應的能力	透過報告、討論與經驗來教育。	發展成員的潛能、覺察與洞察力。	■ 改變行為。 ■ 矯治、復健，藉由行為改變解決問題。	■ 增加溝通及社交技巧。 ■ 透過方案活動、結構化演練及角色扮演等來改善人際關係。
領導	同理了解及相互協助的催化者角色。	團體討論中，領導者如同老師及架構提供者。	領導者充當催化者及角色典範。	以不同取向的領導者擔任專家、權威人物或催化者。	領導者是團體行動或方案的指出者。
焦點	■ 個人因應壓力生活經驗的能力。 ■ 溝通及相互幫助。	■ 個別學習。 ■ 團體結構化的學習。	■ 依照取向不同，以成員或團體為中心。 ■ 透過團體經驗促成個人成長。	集中在個別成員問題、關心的事或目標。	團體為活動、參與及涉入的媒介。
連結	分享有壓力的經驗，通常是受創經驗。	共同興趣在學習及發展技巧。	■ 成員間共同的目標。 ■ 運用團體，以達成長的契約。	■ 成員各自有目標，但具共同之目的。 ■ 成員與工作者、團體或其他成員的關係。	共同的活動、進取心或情境。

特質	團體目的				
	支持	教育	成長	治療	社會化
組成	■ 基於共有的生活經驗。 ■ 通常是不同的。	教育或技巧程度的相似性。	■ 可以是異質性的。 ■ 基於成員朝向成長與發展的能力。	可以是相異的,也可以是由具有類似問題及共同關心事物的人們所組成。	依據團體的地點及目的,可以是同質性或異質性的。
溝通	■ 分享許多消息、經驗及因應策略。 ■ 經常自我揭露與情緒有關的材料。	■ 經常是領導者對成員教育式的。 ■ 在討論時,有時是成員對成員。 ■ 低度自我揭露。	■ 高度互動的。 ■ 成員通常要為團體溝通承擔責任。 ■ 中度至高度的自我揭露。	■ 依照取向不同而由領導者對成員,或成員對成員。 ■ 中度至高度的自我揭露。	■ 時常在活動或非語言行為中呈現。 ■ 低度至中度的自我揭露,經常是非語言的。

1. 支持性團體（support groups）
   （1）基本目標：協助成員互助、幫助成員處理生活中的壓力事件及恢復和增強成員的因應能力,使他們在未來能有效地適應和應付生命中的危機事件。
   （2）支持性團體的案例
      A. 孩童團體在學校聚會,討論父母離婚對其生活的影響。
      B. 患有癌症的病人及其家人一起討論疾病對其產生的影響,以及如何去面對。
      C. 由最近出院的精神病患者所組成的團體,討論他們對社區生活的適應。
      D. 單親父母團體討論獨自養育孩子的辛苦。
2. 教育性團體（educational group）
   （1）主要目標：是幫助成員學習新的資訊與技巧。教育性團體可應用在許多地方,包括：治療機構、學校、護理之家、矯治機構與醫院。

（2）教育性團體的案例
　　A.家庭計畫機構贊助或發起的青少年性教育團體。
　　B.社會工作者指導員工協助方案（employee assistance program）所設計的「職業適應」團體（wellness-in-the-workplace group）。
　　C.兒童福利機構為未來將成為寄養家庭的父母所成立的團體。
　　D.社區計畫機構為幫助董事會成員更有效運作所成立的團體。

3. 成長性團體（growth groups）
（1）主要目標：成長取向的團體是在提供讓成員了解、擴大與改變其對自己及他人思想、感覺與行為的機會。團體成為協助成員發展最佳能力的工具。成長性團體（growth groups）著重在促進社會情緒上的健康，而非治療社會情緒方面的疾病。
（2）成長團體的案例
　　A.夫妻會心團體。
　　B.青少年的價值澄清團體。
　　C.婦女社區中心所發起的「意識提升」團體。
　　D.由社區健康中心成立的同志團體，服務某都會區的同性戀社群。

4. 治療團體（therapy groups）
（1）主要目標：治療團體係協助成員改變行為、因應及改善個人問題或是生理、心理或社會創傷後的復健。
（2）治療團體的案例
　　A.社區心理衛生中心為門診病人所組的心理治療團體。
　　B.志願健康協會為想要戒菸的人所組成的團體。
　　C.觀護部門的贊助少年轉向方案為初犯少年所組成的團體。
　　D.醫院為有藥癮的人所組成的團體。
（3）接受團體治療／處遇個案的正向改變因素：治癒的面向（Yalom 提出）

> **榜首提點**
> Yalom 提的治療因素，係重要的測驗題考點，請將因素與說明詳讀。

治療／處遇的因素	說明
1. 注入希望（instillation of hope）	成員因為與其他有類似經驗的團體成員接觸而受到啟發、產生期望，然後改善他們的生活。

治療/處遇的因素	說明
2. 普遍性（universality）	許多成員帶著錯誤的概念進入團體，以為只有他們痛苦與受難。團體治療協助成員發現其他人有類似的問題，而且已經藉由團體治療解決問題、改善生活，獲得進步。
3. 給予訊息（imparting information）	成員從團體領導者或其他成員那裡得到有用的訊息（包括忠告、建議及直接的指導），成員學習心理的運作、症狀的意義、人際與團體動力、治療的歷程及如何更有效地解決他們的問題。
4. 利他主義（altruism）	成員間有時會互換角色，成為其他人的協助者，協助成員用另一種眼光看待他們的問題。助人使人自我感覺良好，並覺得有價值，另一個利他行為的優點是，提供生活其他的意義，特別是那些抱怨生活缺乏意義的人。
5. 原生家庭的重現（the corrective recapitulation of the primary family group）	許多團體治療中的成員都對原生家庭有不滿意的經驗，團體治療使成員更了解過去原生家庭所造成的創傷，成員可以與領導者及其他成員互動，以回想他們曾經如何與父母及手足互動，團體治療對於早期的家庭衝突提供了重生與療癒的機會。
6. 社會化技術的發展（development of socializing techniques）	社會學習發生在所有治療性團體中，成員從其他成員那裡得到有關他們的優點及需要解決的問題之回饋。例如：有機會嘗試更有功能的行為，更有自信而非攻擊或缺乏自信，或更能溝通自己的想法與感覺，特別是對那些不願溝通的人有助益。成員也學習如何有效地傾聽及更有幫助地回應其他人，許多成員也學習解決衝突的方法，成員有機會經驗與表達同理。
7. 模仿的行為（imitative behavior）	團體領導者與其他團體成員示範建設性的行為（如問題解決技巧、自信、同理、支持），常常提供有這些問題的成員模仿的機會。此現象有時稱之為替代性治療（vicarious treatment）或旁觀者治療（spectator treatment）。
8. 淨化（catharsis）	團體治療提供成員宣洩的機會，透過宣洩感覺、恐懼、過去的創傷事件及擔心，成員釋放了焦慮與緊張，進而改善他們的功能。在團體中，強烈的情緒表達總是能增強團體凝聚力的發展。

治療／處遇的因素	說明
9. 存在的因素（existential factors）	成員了解到，從他人那裡得到的引導是有限的，而且他們對自己的生活負有最終的責任。他們知道每一個人都是獨自來到這個世界，也必須獨自死亡。這種孤獨的感覺可以透過學習來克服，學習透過親密地與世界上其他的旅遊者連結，來得到深度的滿足。
10. 團體凝聚力（group cohesiveness）	許多的研究顯示，成員的正向改變最可能發生在治療性團體，創造出信心。溫暖、同理的了解及接納的氣氛時。為了讓成員在揭露（與解決）他們的問題時覺得自在，成員應該信任其他成員，不會把他在團體中揭露的問題帶到團體外談論。
11. 人際學習（interpersonal learning）	與其他人建立親近的關係與其他的生物需求一樣基本，也與生存同等重要。許多成員的治療目標是改善他們的人際關係，團體治療經常促進成員學習更有效地與他人溝通，學習更信任與更誠實對人，並學習愛他人。
12. 團體如同社會的縮影（the group as social microcosm）	團體逐漸成為參與者所在世界的縮影。隨著時間，團體成員開始做自己，他們逐漸地與其他團體成員互動，如同他們在社會場域中與其他人的互動一樣。成員不可避免地開始在治療性團體中展現他們適應不良的人際行為，給予領導者與其他團體成員機會，去幫助那個成員意識到自己適應不良的行為。此外，其他的團體成員與領導者可以協助那個成員解決問題，並探索與其他人更有功能的互動方法。

(4) 影響個人改變的團體治療因素（林萬億分類）

榜首提點

林萬億提出的治療因素，與 Yalom 提出的有部分相同，請詳加準備，尤其是代償學習因素。

團體治療因素	說明
1. 灌輸希望（hope）	從團體中獲得一種樂觀的感覺，經驗到自己的成長或進步的可能性。
2. 普遍性	普遍性是指成員有相似的關注與感受，不會覺得有疏離感。
3. 引導	引導或輔導是指直接提供資訊或建議。

團體治療因素	說明
4. 利他主義	指團體成員感覺到有責任協助他人。
5. 從人際行動中學習	當團體成員開始以建設性與適應性行動與他人產生關聯，不論是模仿他人行為或回應他人的行動，都是人際學習的開始。
6. 代償學習（vicarious learning）	團體提供成員許多機會經由模仿觀察而學習到新的行為。模仿既可以從成員在團體中表現的，也可以從成員在團體外表現的學習到。
7. 領悟（insight）	領悟在團體裡指的是成員學到一些對自己很重要的東西，很像我們常說的悟道、頓悟。這裡面包含了成員知道自己做什麼，為什麼要那樣做。
8. 接納	接納在團體中是一種團體凝聚力的表現或是一種歸屬感。
9. 滌清（catharsis）	滌清包括情緒與思考的釋放，尤其是以前曾經被壓制的。
10. 自我揭露	自我揭露（self-disclosure）是成員把自己的感受、思考、資訊、物資分享給其他成員，特別是一些隱藏已久。

5. 社會化團體（socialization groups）
   （1）主要目標：幫助成員學習社會化技巧，以及社會可以接受的行為模式，使他們能夠在社區中有效地發揮其功能。成員個人的需求和團體目標的達成，經常是透過方案活動而非只有團體討論的方式。所以，社會化團體以「從做中學」的取向（learning-through-doing approach）為特色，透過方案活動的參與，幫助成員改善人際互動的技巧。
   （2）社會化團體的案例
      A. 天主教青年組織活動團體。
      B. 精神醫學中心為門診病人成立社會俱樂部。
      C. 「國外戰役退伍軍人」的一個鄉村分會，為越戰老兵舉辦每月一次的晚間社交聚會。
      D. 單親家長團體，舉辦郊遊、跳舞和其他的社交活動。

三、處遇性團體與任務性團體之比較

(一) 處遇性團體與任務性團體之特質差異比較

1. 團體出現的連結（bond）是基於其聚會之目的。處遇性團體是因成員共同的需要及處於共通的情境而產生之連結；任務性團體成員則是因為需一起達成任務、執行一項命令或生產一個產品而創造出共同的連結。在這兩種類型的團體中，共同的文化、性別、種族或倫理的特質，也有助於形成團體成員的連結。

2. 在處遇性團體中，團體形成前，角色是無法設定的，須透過成員互動而發展；任務性團體中的成員則是透過彼此間的互動過程而獲得角色，也經常是由團體指派，例如：主席、團隊領導者或祕書。

3. 處遇性團體的溝通模式是開放的，鼓勵成員彼此互動；任務性團體的成員較傾向與領導者溝通，並將他們的溝通放在團體的任務上。在某些任務性團體，工作者會限制成員的討論集中在某特定議題；另在某些任務性團體中，成員卻會彼此限制溝通的重點，因為他們相信團體不會接受成員間不設限地討論。

4. 處遇性團體的聚會程序往往比較有彈性，例如：暖身階段之後，花一段時間處理成員所關心的問題，或花一些時間為團體工作做摘要評述。任務性團體則比較傾向有正式化的規則，例如：透過議事程序，規範成員如何管理團體的事務及達成決策。

5. 處遇性團體成員之間，往往會有共同關心的事件、問題及能力；而任務性團體則常會由必須具有資源與專長的成員組成，以利團體任務達成。

6. 處遇性團體的成員，通常會被期待要揭露自己的問題與關心的事情；自我揭露包含了情緒管理及個人的考量。任務性團體成員則少作自我揭露，通常會期待成員將討論的重點放在團體任務的達成，而非彼此分享較親密、屬於個人關心的話題。

7. 處遇性團體的聚會經常是保密的，而某些任務性團體聚會，如治療性會議與內閣會議，也可能是保密的；但其他任務性團體的聚會，如委員會與代表會議的成員是流通的，開放給有興趣的個人與組織參與。

8. 處遇性團體與任務性團體評價成功與否的標準也有差異。處遇性團體成功與否，主要是看協助成員達成個人治療目標的程度；任務性團體則是視團體目標完成與否，例如：是否產生問題解決的方法與達成決策或發展出團體的產品，如：報告、一套規則或對社區事件提出一系列建議。

> **榜首提點**
> 請以申論題的方式準備，為有潛力之考點；另輔以細節研讀，強化測驗題之區辨能力。

任務性團體與處遇性團體的比較表

特質	團體類型	
	處遇性／治療性	任務性
連結	成員個人需求	應被完成的任務
角色	透過互動發展	透過互動發展或被指派
溝通模式	開放	著重在特殊任務的討論
程序	由團體決定是彈性或正式	正式的議程和規則
組成	基於共同關心的問題或特質	基於能力、專才或人力分工
自我揭露	高期待	低期待
保密	隱私程序不對外公開	具隱私性，但有時可對外公開
評估	成員治療目標達成與否	成員是否可以達成任務、命令或產出成果

（二）處遇性團體的優缺點

1. 處遇性團體的優點

優點	（1）多面向的同理心：來自成員彼此間和工作者的相互了解與認同。 （2）回饋：團體成員分享不同意見或觀點。 （3）助人者治療：分享經驗、互相提供協助和支持，具有治療效果。 （4）灌輸希望：由曾有相似處境，但現已突破困境者來分享經驗，讓其他成員感到有希望。 （5）互相幫助：在團體中，成員之間可以互相提供幫助和接受幫助。

優點	（6）常態化（normalization）：在團體中有機會移除不被社會接納的烙印（stigma）。 （7）練習新的行為：在安全的團體環境中嘗試新的行為，並被其他成員接納。 （8）試探現實：分享觀點、交換意見，並嘗試以社會能接受的方式重新面對問題。 （9）複製（recapitulation）：在團體中學習到的人際互動技巧，能運用在真實生產力中的家人與同儕關係上。 （10）彷如原生家庭：團體成員如同家庭成員般互動，體現家庭感受，發揮家庭的作用。 （11）資源：團體中可能提供各項可採用的資訊和資源。 （12）角色示範：成員和領導者都能提供角色示範。 （13）團結一致：與團體成員密切的聯繫和連結。 （14）社會化：有機會消除隔離和學習社交技巧。 （15）社會支持：來自其他團體成員的支持與肯定。 （16）學習克服障礙：成員分享如何排除萬難、適應環境的經驗。 （17）相似感：團體之間會有相似經驗、問題與關心的事情，亦即團體可以協助成員了解他們不是唯一遭遇此問題的人，團體讓成員有機會去聽取其他成員對類似問題的考量。 （18）模仿學習：觀察和學習其他人處理問題的技巧。

2.處遇性團體的缺點（限制）

缺點	（1）團體會鼓勵成員的一致性與依賴性。當成員透過自我揭露對其他成員開放自己，可能會因某成員違反保密原則或因他人不當的反應而受到傷害。團體能讓個別成員成為代罪羔羊。團體有時會將注意力放在那些會製造問題、較獨斷或好說話的成員身上；反之，較不獨斷或少發言的成員則會得到較少幫助。 （2）當成員有能力與他人溝通，且他們關心的問題能提供團體討論時，比較能從團體中獲益；但對某些成員而言，例如自閉症患者或精神分裂患者，因其缺乏有效的溝通能力，此時工作者必須將團體方案作些修正，提供非語言的方案活動及適當、簡單與簡要的語言活動，以配合團體的程度。若有成員特別需要隱私與保密，就較不能由參與團體處遇的過程中，獲得想要的支持與安慰。對於那些行徑與他人大不相同者，通常會與其他成員產生負向的互動，並可能影響團體的持續運作，此時團體處遇對此種人可能是不適合的。

（三）任務性團體的優缺點

1. 任務性團體的優點

優點	（1）參與團體互動可以使成員感覺自己與組織和社區有關聯；而參與團體討論與分享作決策之機會，可以將抗拒改變的情況降至最低。 （2）團體討論、深思熟慮和參與決策增加團體資訊的流通，對於多元行動計畫的擬定、解決問題與制訂決策很有助益。某些任務是很複雜的，需要集合有才能者與專家們的意見，才可能在令人滿意的情況下齊心合力分工，也可以幫助成員迅速有效率地完成任務。運用任務性團體來解決問題及做決策會是優點或缺點，必須視特別的情況及所欲完成目標的類型而定。

2. 任務性團體的缺點

缺點	（1）解決團體問題可能會比個人問題花較多的時間。他人的意見可能會對具有最佳解決能力者產生干擾。 （2）Nepier 和 Gershefeld 注意到，運作不佳的團體會使成員感到挫折、無聊與不受重視；此外，這種團體的達成度也十分有限。團體有時也會用來做簡單的決策或解決簡單的問題，勞師動眾將會帶給團體挫折感，此時若個人自行處理可能更容易些。

練功坊

★（　） 下列那一個組合是屬於任務性團體？①大樓管理委員會②聯合工會③病友支持團體④父母效能訓練團體⑤董事會
(A) ③④⑤　　　　　　　　　　(B) ②④⑤
(C) ①③④　　　　　　　　　　(D) ①②⑤

解析

(D)。
(1) 任務團體：任務團體之目的為達成特定目標，待團體目標完成後即會解散。例如：大樓管委會、聯合工會、董事會。

練功坊

（2）支持團體：是指一群有部分共同遭遇的人組成的團體，其主要之目的是藉由經驗的分享來使成員能夠更加有效的適應和處理生活中各種危機事件，並進一步恢復成員的應變能力，甚至使其在面對壓力事件時能有所成長。例如，病友支持團體。

（3）訓練團體：是用來訓練人際關係的技巧，個人被教導在團體中觀察成員互動的性質，藉此來自我了解及更能處理複雜的人際關係。例如：父母效能訓練團體。

★（　）和社會工作實務有關的團體工作大致上可以分為兩類，即任務性團體與治療性團體，這兩類團體的運作方式有其差異存在，以下那一個敘述並非是對任務性團體運作方式的描述？
(A) 溝通是聚焦在某一特殊任務與議題上
(B) 團體中的成員的角色是可以被指定的
(C) 鼓勵成員自我揭露情感的問題
(D) 團體中的程序經常有正式的議程與規則安排

解析

(C)。任務性團體係指為了達成某一特定之目的，由數位各自具有特殊知識及技巧的工作人員聚集在一起，相互分享彼此的專長。鼓勵成員自我揭露情感的問題，是屬於治療性團體。選項 (C) 有誤。

★（　）下列那些敘述並非是對於治療性團體的特質之描述？
(A) 團體成員通常會被期待要自我揭露自己的問題與關心的事情
(B) 團體通常會由具有必要的資源與專長的成員組成
(C) 團體運作的成功與否主要是看團體協助個人達成個人治療目標的程度
(D) 團體的聚會經常是保密的

解析

(B)。團體通常會由具有必要的資源與專長的成員組成，是屬於任務性團體。選項 (B) 有誤。

重點 2 團體工作計畫模式、團體發展模式與階段

一、團體工作的計畫模式

(一) 計畫的焦點

計畫（planning）是工作者開始涉入團體的一項行動。計畫的過程有兩個主要概念：一是計畫組織一個團體，二是領導者和成員為了進行團體，在團體開始階段、中間階段和結束階段進行一些調整和預先安排的計畫活動。

(二) 工作者計畫組織團體應注意之因素

> **上榜關鍵 ★★★★**
> 工作者計畫組織團體應注意之因素共有三項，請熟記其項目，俾利測驗題正確選答。

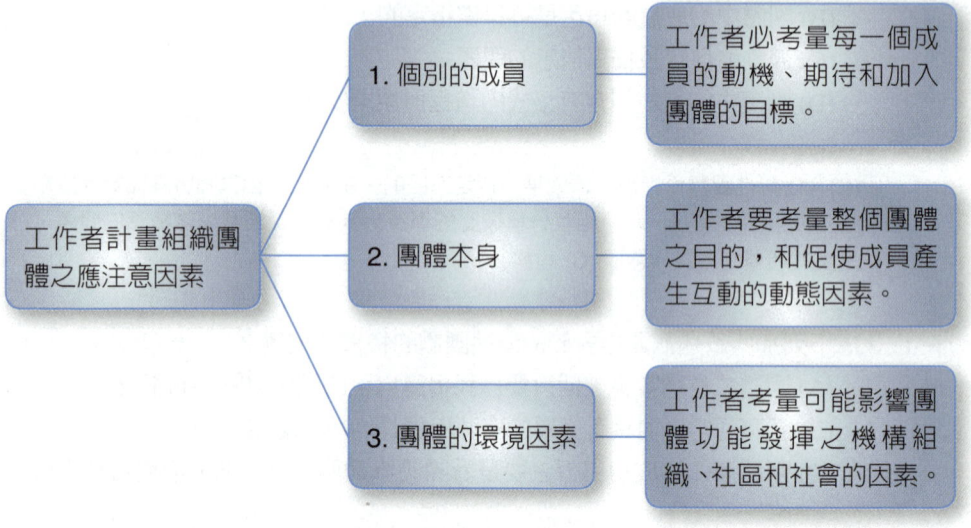

工作者計畫組織團體之應注意因素：

1. **個別的成員**：工作者必考量每一個成員的動機、期待和加入團體的目標。
2. **團體本身**：工作者要考量整個團體之目的，和促使成員產生互動的動態因素。
3. **團體的環境因素**：工作者考量可能影響團體功能發揮之機構組織、社區和社會的因素。

(三) 團體工作的計畫模式（處遇性團體和任務性團體）

（引自：莫藜藜等譯。《團體工作實務》。雙葉。）

> **上榜關鍵 ★★★★**
> 請利用下圖的展開圖形，建立分項的觀念，再詳讀其內容，有相當多的測驗題出題考點。

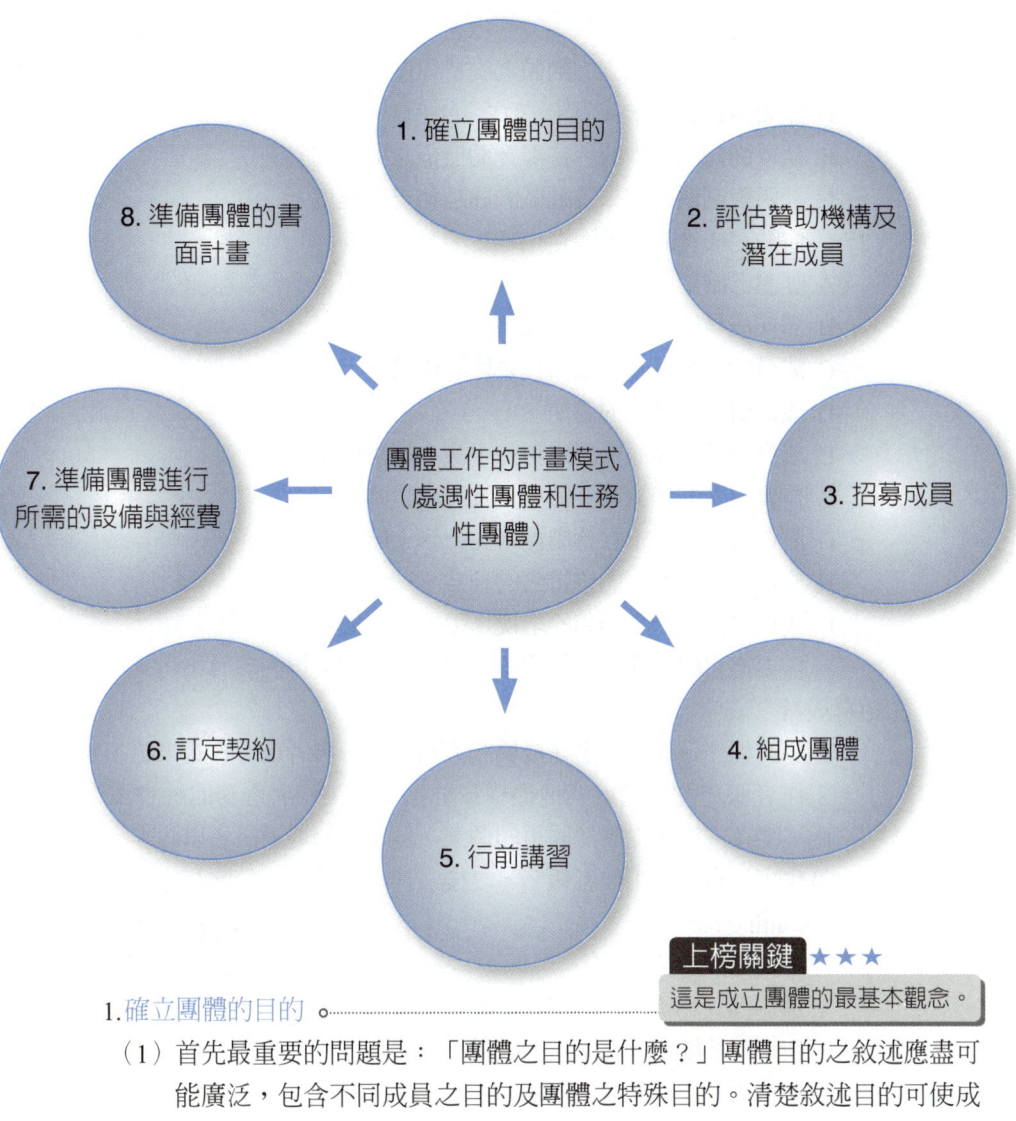

第四章 重點2 團體工作計畫模式、團體發展模式與階段

```
                    1. 確立團體的目的

8. 準備團體的書                          2. 評估贊助機構及
   面計畫                                   潛在成員

                 團體工作的計畫模式
7. 準備團體進行   （處遇性團體和任務    3. 招募成員
   所需的設備與經費      性團體）

6. 訂定契約                              4. 組成團體

                    5. 行前講習
```

1. 確立團體的目的　**上榜關鍵 ★★★**　這是成立團體的最基本觀念。

　（1）首先最重要的問題是：「團體之目的是什麼？」團體目的之敘述應盡可能廣泛，包含不同成員之目的及團體之特殊目的。清楚敘述目的可使成員容易回答「我們聚在這裡做什麼？」；也可以預防因缺乏團體方向，而讓成員產生挫折感或沒有成就感的團體經驗。

　（2）團體的目的通常可由如何開始建立一個團體的想法來看，這些想法可能來自幾方面，如：團體工作者、機構員工、潛在成員或當地社區。

2. 評估贊助機構及潛在成員　**上榜關鍵 ★★★★**　各要項請熟讀，以建立能區辨測驗題所列出何者為是或何者為非之選項為準備目標。

　（1）評估贊助機構的考量因素
　　　A. 該組織的使命、目標、目的和資源。
　　　B. 組織政策和其對團體提出之目標之適

267

合程度。
C. 組織內部對將成立的團體之支持程度。
D. 團體持續的需求或尚未被了解的特質。
E. 執行團體的成本或利益與贊助機構之間的關聯。
F. 社區對團體的需求及社區的興趣和支持程度。

(2) 評估潛在成員的考慮因素
A. 團體已確認的潛在成員之需求或問題範圍。
B. 潛在成員能認可和分享團體之目的。
C. 成員的文化背景和差異性會影響團體之目的。
D. 成員對贊助機構的看法。
E. 成員對參與團體表現出猶豫不決、抗拒或不情願。
F. 需要特殊的知識來了解成員及與成員合作。
G. 潛在成員在基本社會屬性或人口學上的相同和差異。
H. 成員參與團體可能會得到的利益。
I. 成員參加團體會遇到的阻撓、障礙或困擾。
J. 需要來自組織或社區的資源，以確保團體成員的參與和利益。

3. 招募成員
(1) 招募的程序是先確定潛在成員的大約人數，再考慮轉介的來源，如來自工作者服務的機構或其他機構或社區。在工作者服務的社會工作機構內，潛在成員可從其他同事的個案、個別紀錄或通訊名單而來。潛在成員也可以自己向工作者報名，之後工作者會整理一份潛在成員等候名單（waiting list）。

(2) 招募成員的方法 ★★★
基本的觀念題。
A. 透過面談和電話，直接邀請潛在成員。
B. 與可以接觸到潛在案主的關鍵人物接觸。
C. 直接寄發團體的邀請通知。
D. 於社區公布欄張貼團體活動的廣告。
E. 準備網際網路廣告，加以宣傳。
F. 準備電視和電台的廣告，參加節目加以宣傳。
G. 召開記者會和接受報章雜誌專訪。

4. 組成團體
(1) 團體組成的原則 ★★★★
請以申論題方式準備為主，測驗題為輔。

```
團體組成原則
├─ 1. 成員個別目的和特質的同質性
├─ 2. 成員的因應技巧、生活經驗和專長的異質性
├─ 3. 整體的結構,包括成員的身分、地位、技術和專長等特質
├─ 4. 團體成員的多樣性
├─ 5. 團體大小
└─ 6. 團體的封閉性和開放性
```

A. 同質性因素：成員在參與團體之目的和個別特質方面，往往有其相似性。亦即，同質性（homogeneity）因素將使成員容易溝通、彼此有連結，所關懷之事亦可能是相關聯的。
B. 異質性因素：多數團體會發現成員在因應技巧、生活經驗和專業水準方面有其差異特質；但不同的因應技巧「可能會開啟彼此互相學習的心智」。
C. 團體結構：工作者選擇成員以組成團體，使成員能滿足需求並完成團體的目的。
D. 多樣性和人口學上的特質：雖然人口學上的特質不能預測團體是否會有成功的結果，但仍是團體組成時要考慮的重要因素。在選擇成員時，工作者通常會考慮：年齡、性別和文化因素等三個主要特質。
E. 團體的大小：不論處遇性或任務性團體都沒有一個理想的團體人數，工作者在決定團體大小時會根據一些指標。Bertcher 和 Maple 建議團

體的小大要「根據團體之目的和成員的特質」；團體必須是小到足夠讓它完成團體之目的，而大到足夠容許成員有滿意的經驗。

F. 開放式和封閉式團體：開放式團體（open groups）要保持一定的人數，當有人退出則需有人遞補。整個團體的生命期中，成員有加入、有退出，確保團體可以一直持續。封閉式團體（closed groups）開始和結束時都是同一批人，且已先決定聚會的次數。通常可以團體的目的或一些現實條件，來決定團體是開放式或封閉式。

5. 行前講習

(1) 在招募了團體的潛在成員後，工作者要篩選適當的人予以行前講習。處遇性團體最主要的行前講習是接案會談（intake interview）。處遇性團體成員之行前講習也可以用團體方式，團體前的訓練（pregroup training），可以用半小時或連續數小時的時間來進行。團體前的訓練可以增強團體的產出，減少退出率，也增加成員對一連串團體活動的滿意度。

6. 訂定契約

在團體的計畫階段，工作者就開始了訂團體契約的過程。團體發展初期的契約有兩種形式：一是有關團體的程序，一是有關個別成員之目標。契約（contract）是由團體中二或三個成員口頭或書面的同意，有法定效力，註明團體成員與領導者雙方都同意付出或遵守的事項。

7. 準備團體進行所需的設備

(1) 準備聚會場所：聚會場所對團體成員的行為和團體進行有很深的影響，要考量的包括場地大小、空間、氣氛、座位安排和傢俱擺置等。聚會場地的大小，會影響成員在團體活動中活躍或投入的程度，通常一個小房間會讓成員間感覺積極、彼此接近，因而減少注意力分散。此外，一個房間可能因過小，讓成員彼此沒有足夠空間，而覺得不舒服、不自在、焦慮和暴躁。

(2) 特殊的安排：工作者要敏銳察覺成員的任何需求，要確定成員不來參加聚會的原因。例如：對行動不方便的人，工作者則應計畫場地的無障礙空間與設施。

(3) 確定經費安排：工作者也應關心團體進行可能的花費。工作者要評估機構的財力狀況，來與機構討論經費的問題。

8. 準備團體的書面計畫

在計畫團體時，工作者準備一份書面計畫包括機構贊助或費用來源等；也可用計畫書通知潛在成員。組織團體需要時間，計畫書可提醒工作者按時準備會議。

二、團體發展階段的模式

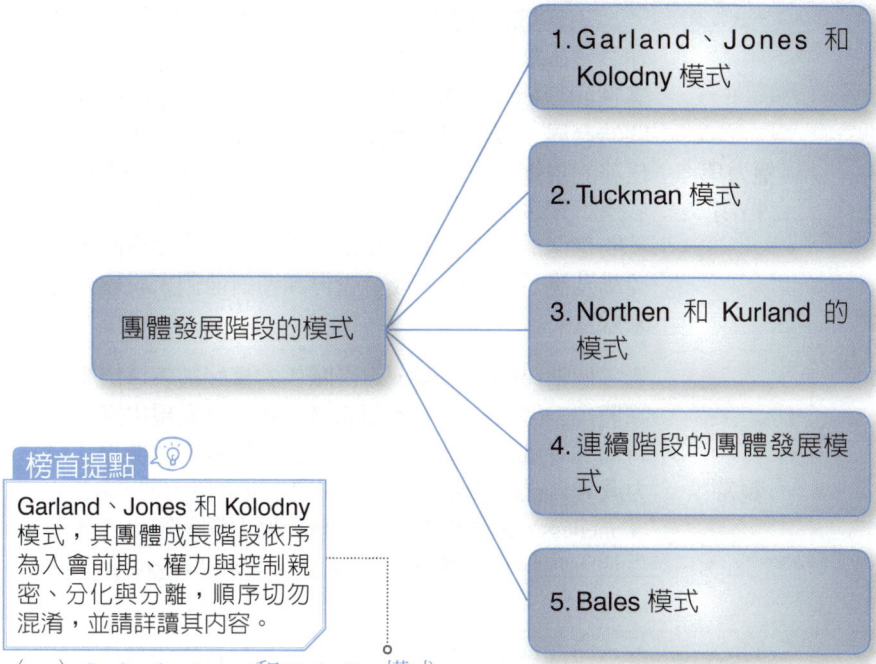

團體發展階段的模式
1. Garland、Jones 和 Kolodny 模式
2. Tuckman 模式
3. Northen 和 Kurland 的模式
4. 連續階段的團體發展模式
5. Bales 模式

> **榜首提點**
> Garland、Jones 和 Kolodny 模式，其團體成長階段依序為入會前期、權力與控制親密、分化與分離，順序切勿混淆，並請詳讀其內容。

（一）Garland、Jones 和 Kolodny 模式

1. Garland、Jones 和 Kolodny 發展了一個五階段的模式。藉由描述與了解團體中的各種發展問題，領導者能夠更有效地針對團體成員的反應預先思考及回應。Garland 等人的概念特別能應用在社會化、治療性及會心團體，其次可以應用在自助、任務性、問題解決、決策及教育性與休閒／技能的團體。
2. 成員之間的情緒緊密性是此模式的重要焦點，而且反應在整個團體成長階段中的拉扯（struggles）：入會前期（preaffiliation）、權力與控制（power and control）、親密（intimacy）、分化（differentiation）與分離（separation）。

順序	團體成長階段別	說明
1	入會前期	在第一個入會前期階段，成員對於參加團體與否有些不確定的感覺，而且互動顯得較為謹慎。成員常常透過接近及避免等行為，來試探他們是否真正想要加入此團體。因為新情境對成員來說總是有些威脅性，成員會試著保護自己不受到傷害或能從團體中有所收穫，成員會保持一定的距離，以及試著在沒有太多風險的情況下，從團體中得到他們想得到的。

順序	團體成長階段別	說明
2	權力與控制	在第二個階段的權力與控制，團體的特質逐漸形成，溝通的型態、結盟（alliance）及次團體（subgroup）開始發展。成員自己承擔角色及責任，建立管理團體任務的規範及方法，會開始問問題。雖然這些歷程對於進行聚會是需要的，但是它們也會導向權力鬥爭。其間每個成員都希望能獲得最大的權力來獲取團體的獎勵及滿足。此時，成員覺得團體對他們來說變得愈來愈重要。
3	親密	第三個階段的親密期，親密關係的喜好被表達出來。團體像一個家庭，手足間的競爭關係會顯現出來，有時領導者就像父母親一樣。成員可以自由地檢視及努力改變自己的態度、關注與問題，也會有一種「合一」（oneness）或凝聚的感覺。成員努力探索與改變個人生活，也檢視「團體的內涵」（what this group is all about）。
4	分化	在第四個分化的階段，成員可以嘗試新的或替代的行為模式，因為他們了解自己的權利與需求，而且可以更有效溝通。領導是共享的，角色更具功能性，組織本身更有效能。權力問題變得比較小，決定的確認比較少情緒化且更客觀。
5	分離	最後一個階段是分離，團體的目標已經達成，成員也學到新的行為模式，使他們推進到其他的社會經驗。成員可能在團體試圖終止時，表達出他們的不悅及心理的否定。

(二) Tuckman 模式

Tuckman 發現這些團體都經過五個可預測的發展階段：形成期（forming）、風暴期（storming）、規範期（norming）、執行期（performing）與終止期（adjourning）。

> **榜首提點**
> Tuckman 模式團體發展階段依序為形成期、風暴期、規範期、執行期與終止期，順序切勿混淆，並請詳讀其內容。

順序	團體的發展階段	說明
1	形成期	成員變得以彼此為目標,在團體中工作且從團體中學習。此階段是一個不確定性的階段,成員試著找到自己在團體中的定位及學習團體的規則與程序。
2	風暴期	此階段,許多衝突開始出現,因為成員拒絕接受團體的影響,而且抗拒完成本身任務。成員面對各種差異,管理成為注意的焦點。
3	規範期	團體建立起一致性及努力的方向,在此歷程中,成員發現一起工作的新方法,也建立適當的行為規範。
4	執行期	團體作為達成團體目標的單位,成員發展出達成目標的準確度(proficiency),一起工作的模式也變得更有彈性。
5	終止期	團體解散,成員的經驗及感受像 Garland、Jones 和 Kolodny 的模式中的「分離階段」。

(三)Northen 和 Kurland 的模式

Northen 和 Kurland 的模式關注團體發展的階段,並指出每一個階段都有它必須面對及解決的發展議題,才會再進展到另一個階段。此模式提出一個強調社會情緒主題(socio-emotional themes)的四段模式。

上榜關鍵 ★★★★
Northen 和 Kurland 的社會情緒主題的四段模式,項目與內容請詳讀,為測驗題考點。

順序	社會情緒主題的四段模式	說明
1	包含──定向(inclusion-orientation)	這個階段的社會情緒主題如標題所指出,乃成員是否覺得自己被團體接納。這個階段是焦慮和不確定的時期,尤其成員與領導者及成員彼此間變得熟悉,「成員的主要任務是轉化成認同團體,決定參與團體,成為團體的一分子」。
2	不確定──探索(uncertainty-exploration)	這個階段的重要議題是成員對權力與控制問題的不確定性,社會情緒的主要問題是衝突,特別是與領導者的關係。此階段,成員探索及試驗他們與領導者及成員彼此間的關係,以確認角色與發展信任和接納。

順序	社會情緒主題的四段模式	說明
3	相互性——目標的達成（mutuality-goal achievement）	此階段，團體能互相幫助與解決問題。團體成員間的社會情緒模式會呈現比較多的自我揭露、同理與互相接納。衝突與差異會被處理，以達成個人與團體目標。
4	分離——結束（separation-termination）	最後一個階段聚焦在分離與結束的社會情緒議題上，成員在此時間不願離開領導者與團體，此階段的任務在於協助成員為結果做準備，處理尚未完成的事情。更重要的是，要幫助團體成員將他們在團體中所學的遷移到團體外的生活中。

(四) 連續階段的團體發展模式。

1. 前述介紹的三種團體發展模式（Garland、Jones 和 Kolodny 模式、Tuckman 模式、Northen 和 Kurland 模式）皆是連續階段的模式（sequential stage model），除了此三種模式所描述的團體發展階段的變異本質外，這些模式具有類似的階段，各種團體發展的階段皆可以分為三個階段：開始期、中期、結束期。

上榜關鍵 ★★
測驗題細微考點，請詳讀。

表：連續階段的團體發展模式

發展階段	Garland、Jones 和 Kolodny	Tuckman	Northen 和 Kurland
開始期	入會前期 權力與控制	形成期	包含—定向 不確定—探索
中期	親密 分化	風暴期 規範期 執行期	相互性—目標的達成
結束期	分離	終止期	分離—結

2. 在連續模式中，團體的開始階段關心計畫、組織、召集與定位。團體的開始期以團體感（group feeling）的出現來界定，團體感的出現總是免不了有一些衝突，成員之間的權力議題及衝突經常出現，領導者藉由鼓勵成員討論解決權力議題及衝突的方法，來協助解決權力議題與衝突。

3. 雖然一些工作在團體發展的所有階段裡完成，但是主要還是在中期。在中期的一開始，有許多角色及規範所引起的衝突。而在初期階段末期的權力議題，讓成員有機會學習有效的合作模式。此時，較佳的團體統整出現，成員開始關心他們自己在團體中同意之任務的完成（及達成目標）。

4. 團體結束期的主要特徵是團體目標的完成與評鑑，以及成員結束他們在特定團體中的彼此接觸。

（五）Bales 模式

團體發展的連續發展模式，有特定的發展階段。但是 Rober F. Bales 發展出一種重複階段的模式（recurring-phase model）。Bales 認為，團體持續在任務導向工作與情緒表達間尋求平衡，以便建立成員間的良好關係。Bales 指出，團體傾向於在此兩種關注間擺盪，有時候，聚焦於確認與執行任務會導向目標的達成。但在其他時候，團體會聚焦於團體的道德部分及社會情緒氣氛的改善。此一連續階段觀點及重複階段觀點並非互相排斥，兩者都有助於對團體發展的了解。<u>連續階段觀點假設，團體在處理對團體重要的工作時是經過各種階段的；而重複階段觀點則認為，那些主題背後的議題是不可能完全被解決，且後續會再出現。</u>

> **上榜關鍵** ★★
> 畫底線為測驗題的觀念題，勿混淆；並請留意與連續發展模式的觀念區辨。

三、社會工作團體的發展階段（林萬億的觀點）

> **榜首提點** 💡
> 林萬億老師的團體發展階段之演進過程，為基本觀念題，在申論題時經常會用到，請務必詳加準備，各階段內容亦不可疏漏。

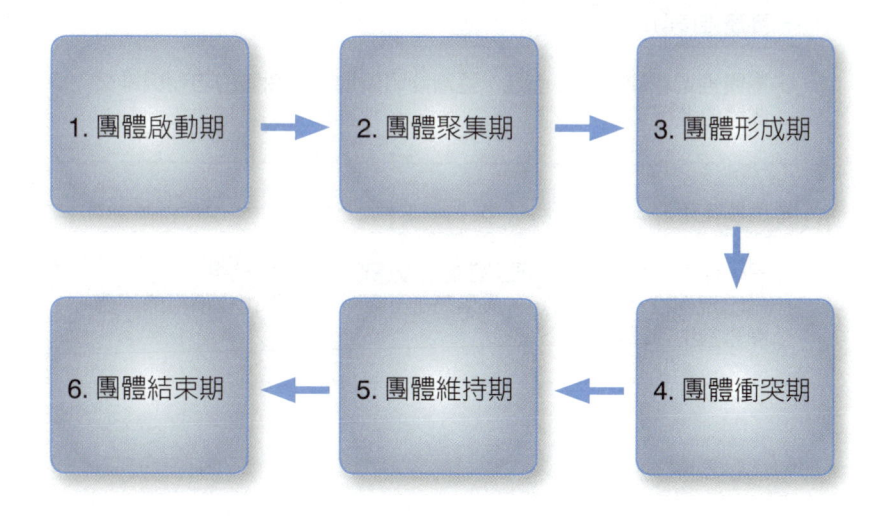

（一）社會工作團體的發展階段

1. 團體啟動期 → 2. 團體聚集期 → 3. 團體形成期 → 4. 團體衝突期 → 5. 團體維持期 → 6. 團體結束期

（二）社會工作團體的過程

1. 團體啟動期
- 亦稱為團體前期。本階段兩件主要任務，一是啟動任務，一是接案過程。
- 決定團體目標與內容，完成契約與提供服務的開始。

2. 團體聚集期
- 從第一次見面開始，團體成員進入新的情境。趨避困境、判斷情勢或試探水流。
- 領導者聚集成員心理與情緒，而成為團體過程與動力的代理。

3. 團體形成期
- 成員與他人互動、建立其人際關係連結，扮演團體角色，產生團體的規範體系，採取團體的共同目標及開始行動，則稱之為團體開始形成。

4. 團體衝突期
- 亦稱之為整合、分化與再整合時期。意指團體形成後隨即進入整合階段，但並非整合之後就不再分化。

5. 團體維持期
- 團體經過輾轉掙扎與前進，逐漸能明顯地表現團體的功能與維繫團體的進行。

6. 團體結束期
- 是一種個別性的獲得，個別性是治療團體最理想的結果。
- 常出現兩極情感、否定、失落感與悲傷等。另外也會積極的回憶團體的生活經驗等。

（三）社會團體工作的過程

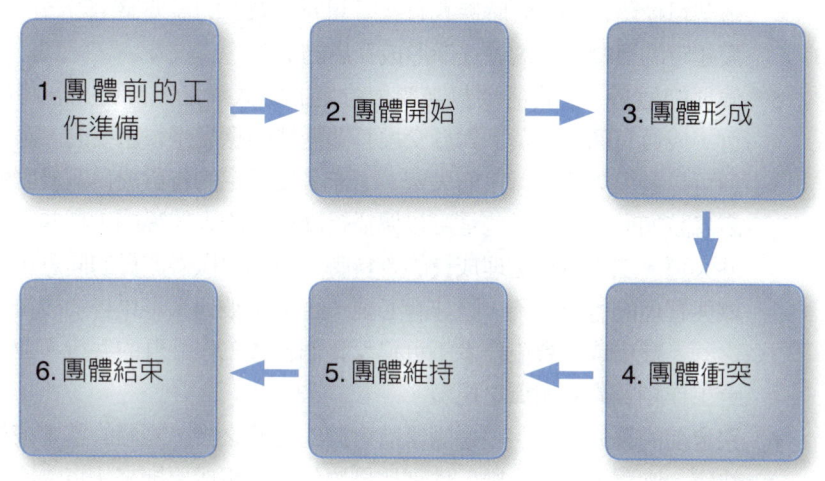

```
1.團體前的工作準備 → 2.團體開始 → 3.團體形成
                                      ↓
6.團體結束 ← 5.團體維持 ← 4.團體衝突
```

1. 團體前的工作準備

    團體前的工作主要是設計、評估、會談與成員選擇，而這些事情都是工作者要去做的。

    （1）採行團體工作的構思：採行團體工作前，一定要評估三件事：一是社會工作者的自我評估，二是評估機構過去與現在的經驗，三是評估案主的需求與機構的能耐。自我評估包括自己覺得被指派帶團體是否可以完成任務嗎？自己的經驗與能力承擔起帶領團體？自己帶領團體的經驗與知識是哪一種途徑？我還要為這個工作指派準備些什麼？機構採行團體工作的評估，包括機構慣用的治療方式、生命循環的觀點、社區文化的影響、工作者認為有必要的程度及有無自然存在的團體等。另外，對於服務對象的評估包括年齡、性別、種族、需求、問題特性等。

    （2）召募與選擇成員：社會工作通常透過網路、公告、新聞刊物、簡介、廣播媒體、個別通知、傳單夾報等方式來宣傳團體組成的構想。團體組成消息所要傳播的對象應以潛在案主或預期的成員為範圍，而不宜太早限定精確的人數，以免因淘汰率太高而成員不足。

    （3）團體前的會談：團體前的會談主要是在評估成員的期望與能量、問題的同質性及成員的目標；同時，以可以達成角色引導、溝通目標、建立契約，以及公布團體時間、地點、第一次會期的功能。至於團體前的會談型式，基本上是一種社會診斷的會談，在於建立良好的專業關係、分析及評估案主的需求與參與意願。

    （4）協商互惠的契約：在團體會談前，工作者也同時開始將團體工作契約由

個別契約轉換到互惠契約。當成員揭露與討論到其個人的生活目標時，這些目標隱含著「到時候我有些事想要去做」的需要感；若再配合團體發起時的目標，則團體逐漸形成互惠的契約。

（5）倫理的考量：工作者要以誠懇與肯定的方式溝通，解釋團體將如何進行，成員有哪些期待。對於交換有關期待的意見是很重要的，事先的溝通可以避免團體進行後的失望。工作者要肯定的告訴成員關於團體中的訊息該如何處理，哪些是可以傳播給團體外的人知曉的，哪些不可以為外人道。工作員在處理成員的資料時，也必須徵得成員的同意，機構組織與管理的行政事務，除非有必要，否則少被列入可以告知成員的訊息之一。機構或社會工作者不可違反整個社會工作社群的共識。並遵從社會工作相關專業組織之規範。

（6）聚會前的籌備工作：經過團體前會談的過濾之後，團體的基本成員可以決定，團體成員的人數、性別比例應依團體組成原則來決定。因為團體的大小將影響到溝通、互動的進行，所以，工作者最好慎重地思考自己即將所面臨的團體目標，作為團體大小抉擇的參考。接著，工作者要仔細地考慮聚會地點與人事安排，儘可能有一個固定的聚會場所，而且時間也要固定。場地的安排讓團體成員能有認同的象徵。

（7）克服心理障礙：

> **上榜關鍵** ★★★
> Wayne 和 Cohen 所指出的團體工作實習生或新進的工作者，對帶領團體會有一些恐懼感，以及克服帶領團體的障礙，請詳加準備，申論題考點。

A. 大部分的團體工作實習生或新進的工作者，對帶領團體會有一些恐懼感，Wayne 和 Cohen 指出，這些恐懼包括：擔心團體失控、擔心成員表現敵意、擔心成員抗拒、擔心成員過度依賴、擔心團體解體、擔心被機構員工批評不適任。這是正常的現象，團體工作不像個案工作，在一個封閉的會談室中只有你和案主，即使稍許閃失，很容易補救，也沒人知道，案主更不容易察覺出來。團體在一起經由團體互動產生團體動力，倘若團體工作者沒有經驗，往往無法靠經驗法則來判斷團體的動力方向與力道，一旦沒能抓到團體的動向，的確有可能使團體失控、拆夥或僵住。

B. Wayne 和 Cohen 指出，要協助新進員工，克服帶領團體的障礙
  a. 面對擔心與恐懼：雖然學生或新進員工會對初次帶領團體有莫名的恐懼，有些恐懼來自於沒經驗、不熟悉，有些來自學長或前輩的經驗傳言，有些是對自己的沒信心。總之，心理怕怕總是免不了的。如有新進員工或學生什麼都不怕，督導也會擔心該學生或員工是不

知還是真不怕，不宜只一再強調「免緊張啦！」、「我以前也是這樣走過來的」等不痛不癢的同理，無法真正消除緊張。此時，優勢觀點可以用來增強學生或新進員工的信心。督導者可與初學者討論其優點，例如：其對成員問題的解決與需求滿足的強烈承諾、口才不好但有人緣、恬靜中帶有活力、觀察力很敏銳、讓人很有信賴感等。

b. 平衡期待、恐懼與失望：如同案主來找社會工作機構是為了滿足其期待一樣，社會工作者對團體也會有期待，期待團體成員能滿足其需求，期待自己能善盡責把團體帶好，期待成員能配合演出。但是，猶如愛情初體驗般「既期待又怕被傷害」，怕嘗到的是苦澀的，而不是甜蜜的，又怕被譏笑錯失良機。督導者要協助學生或新進員工平衡期待與失望。不必對團體的功能過度期待，也不要把自己過度涉入不確定的新經驗中，更不宜攬下所有經驗美好與否的成敗責任。也就是不必讓自己過早陷入當局中（self in situation），那會使自己對初體驗有太多的遐思、嚮往、期待及責任，造成對新經驗的誤解。平衡的方式回到現實，分擔責任。團體動力的分享是甜蜜的，但帶領團體有其風險；領導者的角色是重要的，但絕非單靠領導者一人的力量來推動團體動力，要相信成員也都會有推動團體的強烈動機。

c. 將恐懼看作是提醒的信號：如前所述，有些學生或新進員工初生之犢不畏虎，對於帶領團體一點緊張也沒有。這反而會讓督導心生狐疑，到底這些人是真不怕，還是根本不知道怕。與其到了團體中才怕了起來，不如事先就把怕的感覺講出來。讓擔心成為一種提醒的信號，提醒學生或新進員工做更多的準備。例如：閱讀、找人討論、準備器材、回顧經驗等。

d. 從經驗中學習：不論實習生或新進員工至少有一點點經驗，例如：在學校上課時的團體工作過程訓練或參訪。而實習生或新進員工在進入機構後，透過對接觸團體工作的機會，是培養其成為有信心團體帶領者的不二法門。

e. 學習正確的團體工作實務：實習學生或新進員工之所以對團體帶領產生恐懼，部分原因是來自於對團體工作的誤解。例如：認為社會工作者要掌控團體動力，或是任由團體自然發展，萬一自己無法善用權威必然導致團體崩盤或散股。這些想像往往是因為所接觸到的團體工作模式的不同。學習團體的不同經驗會影響到團體工作的認

知，例如：在治療性團體中，團體工作者的確有很高的權威，可以控制團體的走向；但是，社會目標團體、互惠團體則不然，團體工作者不需預設掌控團體，才不會使團體失控。如果一直擔心無法掌控團體，就會有過度介入之嫌，反而使自己猶如走高空鋼索中，戒慎恐懼，不能放鬆自己，就很難優遊於團體動力中，借力使力。督導者必須理解實習學生或新進員工所學習的團體工作是完整、正確的嘛？若不正確，應該指導其重新認識團體工作。

2. 團體開始

（1）聚會開始的團體動力 ★★★

> 上榜關鍵：首先要建立聚會開始的團體動力包括哪些項目的基本架構，再研讀各項的細項說明。

項目	說明
兩極情感	Garland 認為團體開始時情緒一方面受到團體的吸引，同時又充滿焦慮，簡單地說，這是一種「欲拒還迎」的心情。這種心情是矛盾的、衝突的。它表現於「趨避」的困境中，進退兩難。「趨求」，是對新經驗的好奇，希望從團體中獲得滿足，期待他人或工作員建立良好的互動關係，盡量去包容別人，同時也期待他人的包容。相反地，成員也極力在「避免」一些什麼，例如：要小心面對別人，感到陌生與害羞，不敢正面接觸或交談，不願主動交談，總之，有太多的顧忌，猶豫與害怕會湧上心頭。
探索	在第一次會期裡存在著過多的未知可知世界，除非團體成員有團體的經驗，否則他們很難掌握團體將會發生什麼，也很難肯定自己的應變模式。通常成員會以不確定性來面對未知。團員對於未知的團體世界，成員會以謹慎而小心的試探去面對，每個人都在評估他人，做些無害的或擴散的交談。例如：你家住哪裡？在哪裡工作等。
推磨	成員開始會像推磨子一樣，兜著圈子繞，談一些無關緊要的話題，誰也不願意先掀開自己的面具，直到當他人發現某位或幾位成員似乎能對準自己的情緒頻道，他才開始試探深入的話題。

（2）團體與成員的關係 ★★★

> 上榜關鍵：團體與成員的關係仍以建立包括哪些項目為主要架構，且必須記得這個階段為「團體開始期」；詳細的內容說明亦須將案例加以融會貫通，俾利實務題之應用。

A. 尋找相似性：工作者要協助成員尋找生活經驗、困難與解決問題方向相近的成員；也可以鼓勵成員彼此交談，但是，決不可因為協助成員尋找相似性而遺漏了對其他孤獨個人的照顧，而使其對團體失去興

趣。尋找相似性的話題最普遍的話題就是「談談你為什麼來參加這個團體」。
        B. 彼此交談：在第一次會其中，成員傾向於工作者談話；然而，工作者也要試圖提供資料給成員做為相互討論的話題。
        C. 減除曲解：成員應該互相協助對方釐清對現實的曲解，這種做法一直要持續到整個團體的生命週期，然而在團體開始時最為重要。工作者可以透過各種方式來練習澄清曲解部分的技巧與態度。
        D. 細心聆聽：工作者應要求成員注意他人的表達內容，學習聆聽他人的心聲。工作員本身也要用傾聽的技巧來協助成員溝通。
    （3）團體的互惠契約型態
        團體互惠契約的主要包括七項：
        A. 時間：每一會期的時間耗用量、多久一次會期、總計團體會期多長、每一會期的開場與結尾要花掉多少時間。
        B. 地點：詳細地址與房間號碼。
        C. 請假規則：書面假條、口頭表示、代理角色的安排及請假次數限制。
        D. 費用：報名費、活動費、付款方式、補助辦法。
        E. 行為準則：工作者與成員被要求的行為標準，如守密、真誠、角色分工、獎懲與專業關係。
        F. 方案活動：預定使用的方案活動與工具準備。

> **榜首提點** 重要的測驗觀念題。

        G. 其他未盡事宜。
    （4）工作者的角色與位置：在團體開始階段，工作者在團體中心的位置是「中心的」，扮演角色則是「初級的」。所說中心的位置是工作者成為團體的核心，分別對團體成員互動，具有主導團體方面的作用。而初級的角色或是基本的角色是指工作者有固定而必須的任務去達成。較不受團體變遷影響而改變的。
    （5）工作者的態度與技巧
        A. 工作者的態度：帕樂夫等人認為工作者在團體初期的最主要行為是同理、真誠與溫暖。
        B. 工作者的技巧：包括評估與觀察、模塑或示範、催化連結等技巧。
    （6）打破僵局的方案活動
        透過方案媒介來打破僵局、增進認識、製造氣氛、解除緊張與建構團體是有必要的。所以，團體初期的活動方案應是坦誠的、真實的、可信賴的與非競爭的。包括評估與相互認識的活動、創造熱絡氣氛的活動等。

3.團體形成
  （1）團體形成期的團體動力
    A.團體規範的出現：團體規範是指語言與非語言的溝通規則與影響他人行為的方式，也表示團體獨特的行事方式與展現團體異於外界的特性。具體而言，團體規範包括守密、責任、參與、開放、誠懇、非評判地接納對方、高度的自我揭露、自我瞭解、不滿行為的表達及勇於接受改變等。
    B.團體結構形成：所謂團體結構是指由成員關係的模式所組成，包括溝通結構、社會計量結構、權力結構、領導結構、角色結構等。
    C.角色分化：進入團體是個人建立其行為模式的理想環境。每個的行為會受到環境的影響，尤其是環境中的顯著他人。團體中的角色可分為內在與外在。內在角色傾向於處理使自己納入團體的角色扮演，所以是「社會情緒的」；而外在角色屬於完成任務的角色，所以屬於「任務的」。意即每一成員可能扮演兩種角色的次體系。
  （2）從互惠到互助的契約型態
    A.互助契約的特徵是抽象與外推的。所謂抽象與外推的意思是，在早期的互惠契約裡，個人尋求一個自我目標在團體生命中的可行性，工作者儘量讓個人去瞭解他們所追求的是什麼。所以，針對他們的個別性加以概化或普及化，以及發現個人目標與他人的相關連。而在團體形成階段，工作者就要努力去發現高層次的陳述方式，以說明團體的前途及如何達到團體目標。高層次的表達是成員有效表達需求與需要，而不是個人特殊的狀況表示。
    B.互助契約的相對稱是團體決策達到均衡點。意即每一個人所帶來的潛在決策區域的重疊，也有差異，而從這些決策同意範圍內尋找到一個最適當的點，也就是以上所述的抽象化與外推的意義。
  （3）工作者的角色、位置與技巧：團體形成期，工作者的地位是軸承的位置，角色則是可變的角色。軸承的位置指的是有時工作者站在中心位置，但是，如果團體已不需如此時，工作者可以退到「邊陲的地位」，端視團體的過程而定。而可變的角色是指如果團體活動上的需要，工作者可以是個催化者，如果團體允許的話，工作者改擔任「缺席角色的接替者」，而較不是催化者。由此可見，工作者在團體形成期所扮演的角色還是在過渡的情況下。工作者常用的技巧，包括支持與鼓舞參與、協助綜合過程等技巧。

> 榜首提點
> 請著重在角色為位置改變過程的準備。

（4）團體建構與維持的活動方案

　　團體形成期的活動方主要在於加強團體實質感。活動設計就應考量成員的需求與能量，包括達成何種目標與達成目標的步驟。成員的能力隱含著團體成員所能意識到未來要做什麼，能與他人認同，他們的歸屬及表達他們所期望的是什麼。因此，工作者所設計的活動應以能達成團體的自我引導為優先。

4.團體衝突

（1）團體發展的衝突動力

　　A.衝突的來源是什麼？主要是因為成員們在爭取誰掌理團體，亦稱為「權力與控制」。工作者對衝突的介入是包容，靠著非防衛性的回應與解除壓力來達成。非防衛性的回應是工作者必須涉入摩擦之中，同時協助成員處理此時的感受，工作者的態度必須是平靜且合理的及不勉強的接受衝突的事實。

　　B.工作者對成員的批評應有兩種態度：冷靜與理性。所謂冷靜就是不做衝動的反應；而理性是指無偏見、客觀地面對批評的主題。

（2）互助的契約型態：互助契約是成員彼此同意且與工作者同意為了達到目標的行動。這個同意在衝突階段裡表現最是強烈。成員可以去反省、協商、採行以前所訂的契約。成員挑戰與質詢工作者。他們要往哪裡去，如何達成及由誰協助契約的達成。契約審視的範圍包括可行性與可存在性。所以，工作者應協助成員去探求契約的新觀點及保持暢通的討論。工作者協助成員修正其原先所承諾的一切；也經由成員幾次聚會的經驗，判斷什麼才是他們所共同祈求的。然而，工作者一定要堅持團體組成的目標範圍，可以提升原有目標的層次，但不宜改變原始目標。

（3）工作者的角色、位置與技巧：團體衝突期，工作者必須體認到團體已有自治的能力，只是尚未達到完全自治的狀態。工作者的工作是去引導以團體為焦點的互動。主要的使用技巧包括穩定系統、把議題拋回團體、善於利用衝突等。工作者應協助成員澄清與確認引起衝突的話題，且去面對它。如果衝突被及早稀釋掉，則只是代表轉入地下，或是換個時間爆發而已。重要的是，工作者應協助成員發展解決衝突的技巧。

（4）團體衝突管理的方案活動

　　衝突階段主要學習的重點是容忍與解決衝突的技巧。適用於衝突階段的團體活動，包括價值澄清、角色扮演等，因此，選擇方案活動應考慮幾點：

上榜關鍵 ★★★

在準備工作者角色改變的過程中，切勿與團體其他階段的工作者角色轉換混淆。

A. 每個人都有機會表達自己的偏好與觀點。
B. 每個人在團體中均擁有同等的時間與空間。
C. 採行具有規範行為效果的工具。
D. 團體需要有團體擁有感。
E. 活動最好是熟悉的且能提供穩定與持續性。
F. 適合衝突階段所需要的一致性行為或分化行為。

5. 團體維持

(1) 維持階段的團體動力：一旦過了衝突階段，團體的情境則演變為工作、技術交流、安全感、自由、互惠、親密、同理、經驗、接納個人歧異性、肯定個人位置、權利與義務的履行等。團體經過修正期之後，會顯現出高度的凝聚力，對目標的承諾，以及結構的適當性。由於成員增加親近，表達共同性超過差異性，如此易於導引成員放棄追求個人目標。工作者應支持個別成員表達其個別性與共通性。

(2) 從互助到互賴契約的型態：團體到達成熟的功能時，能達成與保持計畫的進展，契約形成的改變，決策、檢定、督促、再協商等成為秩序化。促使檢驗與再協商的過程可能來自於工作者；不過，更適當的方式是來自於成員。契約形成的新因素是工作者參與同意，工作者參與在互賴之中，工作者是依據成員們集體能力去管理與維持團體體系的事務。在維持階段，由於角色分化而使成員成為團體中的勞力，由他們集體來完成團體的任務或維持團體。

(3) 工作者的角色、位置和技巧：在維持階段，工作者趨向於催化的角色與邊緣位置。由於團體在此時已有自決、自理、自我修正與自我導引的功能，所以，工作者在此時適合擔任「非掌控的位子」的角色。催化的角色是要讓團體運作順暢、讓團體自我管理、自我引導，因此，導引與支持是最重要的催化技巧。另，鼓勵表達差異性也是重要的一環。

> **上榜關鍵** ★★★
> 團體維持期角色的轉換，基本觀念建立持續重要；請建立與團體其他階段角色的區辨能力。

(4) 團體維持的方案活動：到這個時候，團體已趨於成熟，應由團體本身來操作活動。活動的選擇最好有利於團體的共識與整合，提供安全感與歸屬感，角色分化與履行，增強規範的服從等。適合團體維持期的活動相當多，不過，也正因為團體已能自我維持且有其預定的目標要去達成，因此，除非方案活動本身具有治療性或個人成長效果，否則，團體實不需要活動來維持。如果真的要進行活動，可以採信賴訓練、探索自我、感受表白等活動類型。

6. 團體結束

> **上榜關鍵** ★★★
> 請著重在團體結束時的情感反應情形的現象的準備。

（1）團體結束的動力

團體結束對成員來說是分離，但又何嘗不是一種痊癒、成長與任務的達成。工作者也是一面感染到分離的情緒，同時，也滿足於大功告成之喜悅。在團體結束時，應考慮到下列的情形：

A. 成員的反應：分離的情境中，關係的解除被表現於一連串強烈的情緒中，有時是積極的肯定，有時是消極的否定，情緒上的表達主要是一種「兩極情感」。團體成員的心理感受，包括拒絕、憤怒、討價還價、壓抑、接受等心理歷程。

B. 在團體整體行為：團體也陷入兩極情感中，凝聚力增強，成員變得更參與、更互助、更能支持他人，似乎團體的分離將帶給團體好的感受及每一位成員也很樂於協助他人。成員開始或多或少有分離的預感，團體發展也受到波及，角色分化行為也被個別導向（自我導向）的行為所取代，以往個人成為團體的勞動力的感覺也逐漸消失。這時成員充滿退化的行為，如 Garland 所說的「退化的朦朧」。

C. 工作者的反應：工作者也會有某種程度的退化，工作者應留意自己的情緒是否表面化了。在團體結束階段，要對團體經驗中自然發生的現象，如人、關係、系統等的評鑑與摘要。

D. 計畫變遷：是由工作者協助成員概化與穩定變遷而產生的，是團體結束不可或缺的部分。穩定化的變遷是結案階段的初期開始。變遷的概化是工作者協助成員投射到未來關聯事件與情境中。變遷的概化也包含使成員成為他人的資源，化為成長與變遷的最佳例證。變遷的穩定是工作者協助成員肯定他們在團體中已有的成長與改變。

E. 個別性：個別性是團體結束期動力特徵的最後一項，這是指每一成員已發現他們有感受與信心去面對未來的情境，且認知到分化團體系統的方式是團體經驗的一部分。個別性動力是讓一個人進入新的情境中不再退回到個人以往經驗的牽扯。也就是透過摘要與評鑑以擴大變遷的穩定性與經驗的概化，進而增強其面對未來的能力。

（2）從互賴到獨立的契約型態：若依系統理論的說法，獨立契約是一種產出，而個別契約是一種輸入，團體經驗則包含了處理互惠、互助與互賴的過程。獨立契約的契約同意部分，其同意者是成員本身，他們同意以變遷為基礎方案，來面對未來的顯著他人、價值、制度，以及社會環境與社區居民。

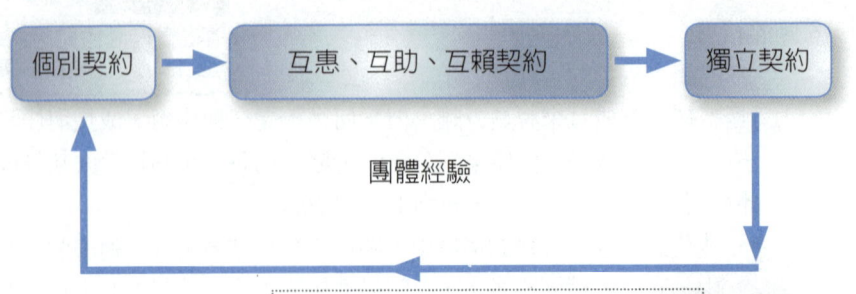

```
個別契約 → 互惠、互助、互賴契約 → 獨立契約
                    ↑                              ↓
                    └──────── 團體經驗 ────────────┘
```

(3) 工作者的角色、位置與技巧：結案時工作者的角色回到初級的角色，而位置亦回到中心的位置。這是因為每個成員分別有其分離的感受與預設，如同開始進入團體時，每個人有自己的期待般，工作者的角色在彼時是很精確地指出團體如何來協助成員。工作者在履行角色上，以引導成員從團中分離，引導表達分離的感受及協助未完成事務能處理完畢等技巧著手進行。

上榜關鍵 ★★★★
團體結束期，工作者角色回到初級的角色，請複習團體發展過程中各階段工作者的角色變化情形。

(4) 團體結束的方案活動：團體結束期的方案主體也由維持活動轉變為結束活動。為了強化團體系統中的社會力量的運作，在最後結束的方案裡應提供完成未竟的事務，封閉團體的經驗，協助團體成員成為一個獨立的個體及協助他們面對未來。團體結束活動應採取共同與分享的活動，意即從一個團體整體結束，仍然應由團體一起來完成。團體結束的活動，可採團體評鑑、經驗回顧、珍重再見等形式進行。

(5) 團體工作記錄

A. 記錄是每一位團體工作者於工作告一段落時應有的工作。好的態度是在每一次會期後保持完整的團體記錄。但是，實務上許多人不這樣做，大部分做不到的工作者都以時間不夠為理由搪塞或是記不下來等因素推諉，最後，只記下團體出席的次數，其他的一概付諸闕如。然而，這樣的後果卻無形中腐蝕了工作者的經驗與成效。

上榜關鍵 ★★★
請建立團體工作紀錄的基本觀念。

B. 團體工作紀錄的功能

榜首提點
團體紀錄的各項功能，務必熟記，測驗題經常以只選出錯誤或正確選項方式出現。

a. 紀錄是改善團體工作的一種工具，有助於思考、分析與評鑑。

b. 紀錄能協助團體工作者及其團體，在工作運用上更成功。

c. 紀錄有助於工作者更加認識團體中個別成員的情況，並協助個別需求的滿足。

d. 從紀錄中可以明瞭個人及團體發展的情況。
e. 工作者可以從紀錄中看到自己的態度與立場，並可依據紀錄做必要的檢討與改善。
f. 根據紀錄可以瞭解團體與改進團體與機構及社區間的關係。
g. 紀錄可以作為團體制定目標與方針的指南。
h. 紀錄可以給新進員工作為改善工作上的參考。
i. 紀錄中各事項可以作為改善團體服務品質的準繩。
j. 紀錄可以作為機構行政部門判斷與決定其服務品質的依據。
k. 紀錄可以明白工作者與團體建立的關係。
l. 紀錄可以作為教材與研究資料。

C. 團體工作紀錄的類型
a. 敘事過程紀錄：詳細紀錄每次活動的過程，敘事式的過程紀錄發生於團體會期中的互動。
b. 團體會期編年紀錄：是一種綜合性的紀錄，包括團體的社會力、個人行為、介入方法等。

上榜關鍵 ★★★
請以申論題準備，包括團體迷思之意涵、因素，以及阻止團體迷思之方式，強化完整論述之能力。

四、團體迷思

（一）團體迷思之意涵
1. 團體迷思是問題解決的過程，在這個過程中，提案在沒有經過嚴謹、小心的重新檢視下被接受，引發相當大的社會壓力，以反對表達不同觀點的人。團體迷思的發生一部分，是因為團體的規範認為支持團體士氣比嚴謹地評鑑所有替代方案重要。
2. 另一個增加團體迷思的規範，是藉著固守已經承諾的政策，成員應該保護忠誠，甚至當那些政策都沒有用時。

（二）促進團體迷思的因素（Janis 提出）
1. 成員有不受傷害的錯誤觀念，使得他們對選擇的行動過度樂觀。此錯誤觀念讓他們冒著極大的危險，並使他們無法對清楚的危險警告作出反應。
2. 成員對團體的道德正確性有不問是非的信仰，導致他們忽略決策的倫理結果。
3. 團體應用社會壓力，不認同任何短暫懷疑團體基本政策的成員，或不認同對多數人偏愛的政策選項提出疑問的成員。
4. 團體合理化地漠視警告和其他形式的負向回饋。如果嚴肅看待，此警告與負向回饋會讓成員重新考慮有關沒有效的政策之基本假設。

5. 團體成員對敵對團體的領導者有刻板印象，敵對的團體領導者不是被看作邪惡的，以致於嘗試協商差異被認為是錯誤的，要不然就是被看作又笨又軟弱，以致於他們無法阻止團體達成目標。
6. 成員有時會扮演「心靈保衛」（mind guard）的角色，在這個角色中，他們試圖保護領導者或團體，免於遭受可能讓他們懷疑過去決定的道德性和有效性的負向資訊。
7. 成員對他們的疑慮保持沉默，甚至極小化這些疑慮的重要性。透過自我審查，成員避免和團體共識脫軌。
8. 成員相信在團體的每個人都同意團體的政策和方案。

（三）阻止團體迷思發展的方法

　　為了阻止團體迷思發展，團體必須預防它的危險，成員必須了解他們所選擇的行動可能失敗，並知道他們決策的倫理結果。團體應該歡迎成員對基本政策的懷疑，以及實際上評估敵對團體觀點的優缺點。成員應該勇於表達對於團體基本政策和策略的疑慮，團體應該歡迎解決問題的創新策略提議。最後，團體需要一致地應用問題解決取向於評估問題、產生替代方案、評鑑這些選擇方案及選擇與執行策略。

五、計畫虛擬團體

> **上榜關鍵** ★★
> 請以申論題準備，並事先準備一個虛擬團體的案例備用。

（一）虛擬團體（virtual groups）

　　是一種成員不用面對面互動的團體，他們以電話或網路相互接觸。虛擬團體可替代面對面的團體，因為有些成員無法參加社會團體工作中的面對面團體，罹患罕見疾病而無法找到足夠的人數形成面對面團體。

（二）電話連線團體

　　電話連線團體：科技進步使得數人在電話線上同時談話成為可能，於是出現了所謂電話會議（teleconferencing）或電訊會議（conference call）。

（三）電腦連線團體

　　以電腦傳達支持的電腦連線團體（computer-mediated groups），只要具備下列四個條件就可以組成電腦連線團體：1.聊天室；2.電子布告欄；3.電子信箱；以及 4.論壇（listervs）。

（四）線上團體方案

> **榜首提點**
> 請以申論題準備，並思考規劃一個線上團體方案備用。

　　線上團體方案（online group programs）是利用網路即時通訊軟體作為溝通的平台，由領導者透過預先設計好的結構式團體活動，引導成員對各項議題進行即時溝通討論或分享。實務上，它是以線上團體為主，結合其他服務方式而成的一套服務方案，例如結合 e-mail、臉書的留言

板或課堂宣導等，故合併稱之為「線上團體方案」（online group programs）。類似的名詞有電腦中介團體（Computer mediated support groups）、網路團體（Web-based group）、E-learning 或遠距學習（distance learning）。

線上團體方案的設計範例

目標人口群	高中二年級同學八位				
對象之問題與需求	網路使用行為問題，包括網路時間管理、線上遊戲、網路犯罪、網路色情、網路交友等。				
投入	處遇	執行過程	產出	成果	
1. 高中電腦教室、輔導主任、導師、副導師、團諮室。 2. 社工系同學八位、指導老師、電腦二台、方案經費。	1. 線上團體 2. Yahoo 或 Facebook 社團 3. E-mail 4. 班級宣導	1. 需求預估 2. 前測 3. 方案說明會 4. 軟硬體設定 5. 處遇 6. 後測 7. 結束	1. 服務人數 2. 服務時數 3. 團體方案 4. 團體紀錄 5. 參與過程滿意度	1. 短期目標（立即效果）：在團體結束時，成員在網路的不良適用程度顯著降低。 2. 長期目標（長期效果）：在團體結束後六個月，成員能建立良好網路使用行為習慣。	

（引自：彭武德等。線上團體方案的設計與執行。《社區發展季刊第》。140 期：P72。）

練功坊

★ 近年來隨著科技發展，大大提高了線上團體工作方式的可能性。利用網路即時通訊軟體作為溝通的平臺，由領導者透過預先設計好的結構式團體活動，引導成員對各項議題進行即時溝通討論或分享，以線上團體為主，結合其他服務方式而形成一套的服務方案，即所謂的「線上團體方案」（online group programs）。欲進行「線上團體方案」，機構、領導者、成員和團體本身，需要進行相關的準備。請問在領導者方面，需要進行那些相關的準備？

解析

線上團體方案領導者須具備的能力：
最好有二位領導者共同帶領，一位負責主持與回應，另一位注意引導未發言者或維持秩序。領導者至少應具備個別諮商、團體領導及網路文化等三方面的能力，分述如下：
（1）諮商能力：至少需熟悉助人技巧及焦點解決理論，具有傾聽、鼓勵、催化、支持、幽默的態度與技巧。其次，能熟悉其他認知行為理論，並能以文字方式運用在網路上則更佳。
（2）團體領導能力：在領導能力上，應能發現與診斷成員及團體所在的情況，適時加以因應處理。在技巧方面，應能做到任務取向技巧，例如：開場、引導互動、發起議題、摘要及情感取向，例如：同理、真誠、接納等。
（3）網路文化能力：應熟知如何操作對話的軟體介面，能以文字及圖案符號做流暢地表達，打字速度不可太慢。對網路次文化有一定的理解，能敏感並尊重不同的次文化。

★（　）工作者在計畫組織團體時，有三方面主要因素需加以考量，下列何者除外？
(A) 個別成員的動機和期待
(B) 團體的環境因素（機構組織、社區和社會因素）
(C) 工作者本身的目的
(D) 團體本身的目的

解析

(C)。工作者在計畫組織團體時，有三個方面的因素要特別注意：(1) 個別的成員；(2) 團體本身；(3) 團體的環境因素。

> 練功坊

★ (　) 下列何者不是團體進行前,領導者與可能的團體成員面談的原因?
　　(A) 篩選適合的成員
　　(B) 說明團體進行方式
　　(C) 增強成員參與動機
　　(D) 工作者本身的目的

解析

(D)。團體前的會談主要是在於篩選成員、評估成員的期望與能量、問題的同質性及成員的目標;同時,團體前的會談以可以達成角色引導、溝通目標、建立契約及公布團體時間、地點、第一次會期的功能。選項 (D)「工作者本身之目的」不是領導者與可能的團體成員面談的原因。

重點 3 團體工作過程

閱讀完成：____月____日

一、團體開始階段必須做到的事項

上榜關鍵 ★★★★
團體開始階段必須做到的事項，請熟記各要項，測驗題考點。

項次	團體開始階段的須做到的事項
(一)	介紹新成員
(二)	定義團體之目的和功能。
(三)	討論和釐清「保密」的範圍。
(四)	協助成員感覺是團體的一份子。
(五)	引導團體的發展。
(六)	平衡團體過程中的任務性和社會情緒性因素。
(七)	確定團體的目標。
(八)	建立工作契約。
(九)	幫助成員在團體中有動機、有能力。
(十)	處理成員的矛盾和抗拒。
(十一)	預測對個人和團體目標的阻礙因素。

(一) 介紹新成員

　　當參加者來到團體準備開始，工作者的第一個任務是介紹成員彼此認識。介紹的活動是幫助成員分享彼此的興趣和所關心的事，並發展信任感。成員能夠分享共同的議題是團體工作獨特的方法之一，Yalom 稱此現象為普遍性（universality）。最常用的相互介紹方法是讓成員輪流發言。

(二) 定義團體之目的和功能

　　1. 開場白：在互相介紹之後，工作者應簡短陳述團體之目的及工作者在團體中的功能。如果成員不清楚團體之目的或工作者的動機，他們的焦慮將會升高，就不會參與關心的事或問題。

2. 協助團體定義目的之方式
   （1）簡單清楚地陳述團體目的。
   （2）團體目的之陳述宜以正向的語句描述成員能做到的事。
   （3）請成員一起討論並確定團體之目的，新成員加入時亦如此。
   （4）討論機構的政策，讓機構和成員都能獲益。
   （5）邀請成員對團體目的再次表達意見，以共同確認。
(三) 討論和釐清「保密」的範圍
   1. 工作者應帶領討論團體初期階段保密性（confidentiality）的議題。在處遇性團體，成員常關心他們分享的事是否在團體外被工作者和其他成員談論。除非他們能確定團體中所討論的事不會在團體之外談論，否則便不敢輕易坦露自己的私密感情或與他人在團體中發展出信任感。在整個團體進行期間，應不斷提醒成員保密性的重要。

   > **上榜關鍵** ★★★★
   > 這句話的意思是討論保密係在團體初期，而非在團體其他階段，為測驗題考點。

   2. 團體規則：工作者可以協助團體，讓成員決定一套行為的規則，並同意遵守；團體規則不宜由工作者來規定，而應由成員討論再加以確定，如此他們才會遵守。
(四) 協助成員感覺是團體的一份子
   工作者在團體初期的一個主要目的，是幫助不太確定自己要做什麼的成員，找到他們與眾不同之處，而且讓他們了解自己可以成為團體的一份子。工作者之目的主要在建立團體凝聚力和尊重個別差異。找到共通性並不意味工作者應忽略差異性。
(五) 引導團體的發展
   對團體發展的看法有不同的理論，有些人建議領導者只應提供少許或甚至完全不用指引團體初期的發展，而讓成員自己去討論、辯論出團體目的和目標，直到達成共識。
(六) 平衡任務性和社會情緒性因素
   工作者在開始階段的另一個主題是平衡團體過程中的任務性和社會情緒性因素。如果團體的焦點完全放在社會和情緒方面的互動，成員間雖會滿意彼此間的關係，但是對團體要他們完成什麼任務則可能無法滿意，所以，團體過程中的任務性和社會情緒性因素之平衡是很重要的。
(七) 確定團體工作的目標
   1. 通常在團體初期，會花幾次聚會時間討論及確定團體目標。當工作者討論團體目的之時，團體目標已開始形成。在團體過程中，繼續確定

   > **上榜關鍵** ★★★★
   > 這句話的意思是團體目標的確立係在團體初期，而非在團體其他階段，測驗題考點。

和修正目標，這也展現了團體的功能。
2. 團體目標之意涵：所有團體都有其目標，參加團體的每個人都有其個人目標，團體通常有短期目標和長期目標，短期目標是達成長期目標的墊腳石，團體目標的重要性有其理由，團體的效率、效或和程序是依其目標達成的程度加以評量。藉由提供團體方案和努力的方向，目標指引團體與其成員，團體成員之間的衝突通常依其有助於達成團體目標的地位以獲得解決。團體目標也是一種強而有力的動機力向，經歷成員一起合作。一旦成員投入達成某一目標，他們將會負起責任，盡其能力、努力、資源以達成目標。

(八) 建立工作契約

> **上榜關鍵** ★★★
> 請強化對契約的定義之瞭解。

1. 團體工作中所謂的契約（contracts），意指雙方同意的具體期望、職責和義務。
2. 契約的類型
   (1) 整個團體與機構之間。
   (2) 整個團體與工作者之間。
   (3) 整個團體和一位成員之間。
   (4) 一位成員和工作者之間。
   (5) 兩個或幾個成員之間。
3. 訂定契約仍需要具體且清楚的表述他們要完成的是什麼，由那些人來進行及如何判斷行動成功或失敗，Bertcher 和 Maple 稱此為訂定具體行為結果的目標。

(九) 幫助成員在團體中有動機、有能力

團體中廣泛的目的和目標初步釐清之後，工作者開始致力於增加成員達成目的和目標的動機。要成功地達到團體和個人的目標，動機是關鍵因素。

(十) 處理成員矛盾和抗拒

1. 有時成員面對工作者直接的詢問，會以模糊的方式反應，尤其是工作者在還沒有了解成員的動機和期待，卻清楚言明希望他們完成的工作是什麼的情況下，成員會更有此反應。
2. 處理團體成員矛盾和抗拒的技巧
   (1) 留意團體中明白說出的話或隱晦不明的話。
   (2) 確認成員的矛盾心理，積極提供並鼓勵具體的改變。
   (3) 協助成員克服他們的矛盾和抗拒。
   (4) 協助成員確認參與團體可以選擇的範圍。
   (5) 協助成員了解抗拒何以發生，然後努力克服這些挑戰。

（十一）預測對個人和團體目標的阻礙因素

在團體工作初期，幫助成員預測在團體發展過程中可能會遇到的阻礙因素是很重要的；也可以詢問成員他們預測的阻礙是什麼。當成員討論到會妨礙長期的、有意義的改變之因素時，工作者提供的討論是以如何克服這些妨礙因素為主。

二、團體的預估工作。

（一）預估之意涵

1. 預估的定義：「預估是過程也是結果，繼而形成助人過程的基礎」。預估是過程，因為它包括蒐集、整理和判斷資料。預估也是結果，因為它是對團體和其成員的功能予以口語或文字的敘述，以便將來擬定干預的計畫。

> **榜首提點**
> 請以申論題方式準備，並以預估（assessment）英文專有名詞準備。因學界名詞中譯未統一，致易混淆。考題通常會併附英文專有名詞，考生熟悉英文專有名詞，即使中譯名詞不同，亦不會混淆而錯答。

2. 使用預估（assessment）而不用診斷（diagnosis），係因「診斷」是借自醫療專業的名詞，其意涵有確認個人疾病之過程；「預估」則將焦點放在團體成員本身的助力和問題上，而也謹慎地了解整個團體與外在環境的相互影響。所以，整體的觀點是放在成員生理、心理、社會、文化、靈性和環境方面的功能。

（二）預估的過程

1. Fisher巧妙地形容預估像是一個通過漏斗的過程。團體初期，工作者面對的成員常是毫無組織，對團體只有精略印象的一群人，工作者忙著了解一些情況不明的問題與訊息。蒐集資料之後，工作者開始整理與分類，團體成員也應在此時一起與工作者了解並判斷資料，以便設定目標和決定要介入的問題。漸漸地，預估的過程由所蒐集、組織和研判的資料開始集中到希望介入、應付或減輕的問題。

2. 蒐集資料的原則
   （1）盡可能運用一種以上的方式蒐集資料。
   （2）區分問題、關心的事或任務的資料和其來源。
   （3）從不同的管道獲取相關的資料。
   （4）建立資料蒐集的結構化方式，以便迅速有效率地蒐集資料。
   （5）建立一個系統，使需要資料和提供資料者不致因負擔和壓力而招架不住。
   （6）不管是否因主觀性或選擇性，都要避免偏見。
   （7）讓所有成員都參與預估的過程，提供不同的觀點，將可補充工作者個人的主觀性。
   （8）與協同工作者或督導一起討論其預估的資料。

（三）預估的焦點

1. 工作者在做預估時，是依據成員的特殊需求和特別的情境，也依據團體之目的為其焦點，例如：一個團體可能將焦點放在家庭情境；而另一個團體可能將焦點放在成員的解決問題技巧。換句話說，預估的焦點因團體成員需求之改變而改變。

2. 工作者預估時應檢視成員功能之面向。⋯⋯⋯⋯**上榜關鍵** ★ 測驗題考點。

```
工作者預估時應檢視
成員功能之面向
├─ 1. 成員的社會生活方式
├─ 2. 成員的人際互動狀況
└─ 3. 促使成員具備功能的社會環境因素
```

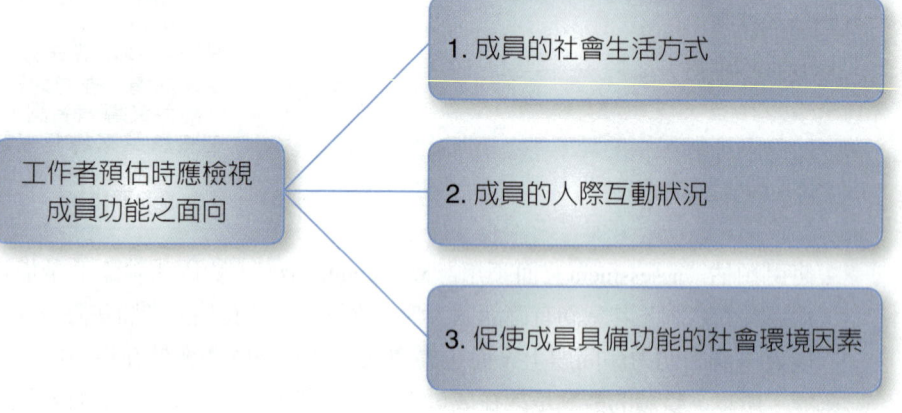

（四）預估團體成員的方法

1. 成員的自我觀察	2. 工作者的觀察
預估團體成員的方法	
3. 團體之外其他人對成員的觀察	4. 標準化的預估工具

1. 成員的自我觀察
   （1）自我觀察（self-observation）是成員檢視和預估自己行為的一種方法，通常成員只是回想和描述他們自己的行為，然後工作者和其他團體成員幫忙他對其行為做一番檢視和解釋。

   A. 回溯性的自我觀察和自我審視可以發展對個人行為的洞察，確認行為的類型，以及環境對行為的影響。然而，成員的回顧資料有可能不正確，原因可能是回顧不完整、模糊或扭曲。所以就開發出另一些自我觀察的方法，如自我檢測法（self-monitoring）。自我檢測法是成員

可以在團體之外，以有系統的方式記錄他們行為發生的次數、頻率、時間長度及行為產生的前因和結果，這個過程稱為自我檢測法。假如針對某一行為產生的前因和結果加以了解，便可能推測其發生問題行為的原因。

2. 工作者的觀察
   （1）自然的觀察：工作者可以在團體中觀察成員的行為而更瞭解成員。讓成員在團體中自由互動，則成員可以表現與團體之外的平常行為一般；工作者也可觀察所有團體成員的反應，而看到整個團體的現象。
   （2）角色扮演：角色扮演（role playing）、社會劇和心理劇的方式對團體的預估和處遇都很重要，這幾種方式讓工作者和成員可以觀察某成員在一特定情境中的反應狀況。
   （3）模擬：模擬（simulations）這個方法是在一個特定的角色扮演情境中去預估成員的功能。工作者徵求幾位自願者模擬出一個真實的生活情境，然後詢問一位正被預估的成員，當他面對這情境時會如何反應。
   （4）方案活動：有許多不同的方案活動可以預估團體成員的功能，但是需依賴工作者選擇適合的方案活動。

3. 團體之外其他人對成員的觀察
   除了案主的自我觀察和工作者的觀察報告，還可以使用團體之外與成員熟識之人的報告。當然在使用這類報告時，工作者要確定其可信和有效。

4. 標準化工具
   不論標準化工具對了解成員的問題有多大的功效，我們都應記住，一種工具不可能適用於所有人，例如：對一些特殊社會文化背景的人或發展遲緩者，這類標準化工具可能就缺乏信度與效度，甚至可能造成對成員能力的曲解。

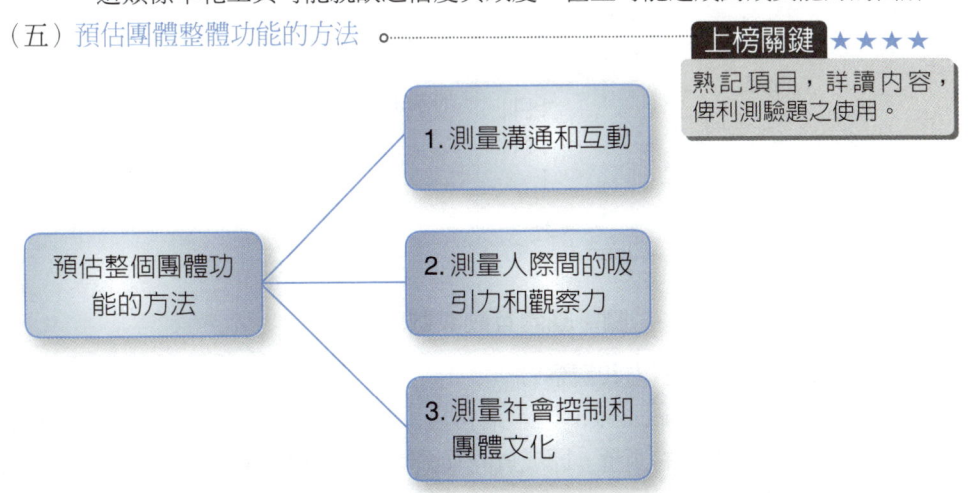

（五）預估團體整體功能的方法

上榜關鍵 ★★★★
熟記項目，詳讀內容，俾利測驗題之使用。

預估整個團體功能的方法
- 1. 測量溝通和互動
- 2. 測量人際間的吸引力和觀察力
- 3. 測量社會控制和團體文化

1. 測量溝通和互動
   （1）差別語意測量：要求成員對一個物體或一個人在七點尺度的態度量表上做選擇，兩極化的態度如好與壞、有價值與無用的。

   說明：請在下列空格處做記號，選擇最能形容你的感受之項目。

	7 完全的	6 經常的	5 偶爾的	4 皆非	3 偶爾的	2 經常的	1 完全的		
1. 大的	——	——	——	——	——	——	——	小的	（能力）
2. 無用的	——	——	——	——	——	——	——	有價值的	（評價）
3. 快的	——	——	——	——	——	——	——	慢的	（活動）
4. 冷的	——	——	——	——	——	——	——	熱的	（活動）
5. 快樂的	——	——	——	——	——	——	——	悲傷的	（評價）

   圖：差別語意測驗之實例

   （2）團體互動次數紀錄表：使用團體互動次數紀錄表，可以了解團體中溝通的型式。

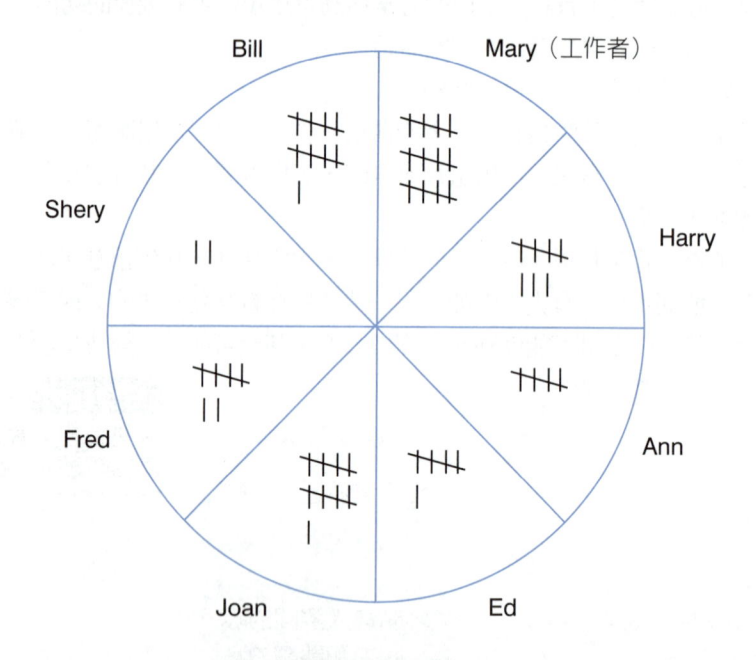

   圖：團體互動次數記錄表

2. 測量人際間的吸引力和觀察力
   （1）社會測量（sociometry）：最初是 1930 年由 Moreno 發展出來，主要是對社會偏好的測量，即成員間互相喜歡或拒絕的強度。社會測量方式包

括詢問成員在某些特殊活動中,彼此互動的偏好方式,也可以由觀察者記錄成員彼此的偏好,例如:團體活動是「一起玩耍」,一位兒童團體的成員表示很樂意與另一位成員一起玩;但是在「一起完成一件工作」的活動中,卻對與同一位成員互動表達較低的意願。

(2) 社會基圖(sociogram):實線表示有吸引力,虛線表示冷淡,截斷線表示嫌惡,而箭頭表示偏好的方向,而不是相互的。

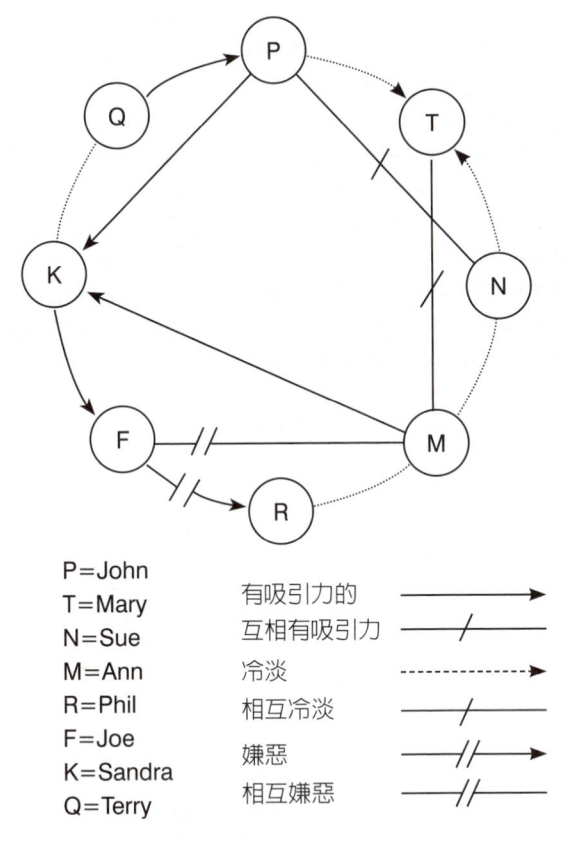

P=John
T=Mary
N=Sue
M=Ann
R=Phil
F=Joe
K=Sandra
Q=Terry

有吸引力的 ——→
互相有吸引力 —+—
冷淡 ------→
相互冷淡 —/—
嫌惡 —//→
相互嫌惡 —//—

圖:社會基圖

3. 測量社會控制和團體文化

「團體多層次系統觀察」(A System for the Multiple Level Observation of Groups, SYMLOG)可以是自我陳述的測量,成員互相以 26 種行為類型(如支配型、多話)來評分。每一種行為以三點尺度評分,從 0 —— 不常,到 2 —— 時常;或者由觀察者以了解團體功能的方式,對每一種行為加以評分。所以結果是以 SYMLOG 分析團體的功能,形成三個向度的圖形,顯示成員間彼此的關係。知

知識補給站

Sharon 的團體 SYMLOG 示意圖

1. 由 Sharon 所製的 SYMLOG 示意圖是一個教育性團體，成員是幾位要學習帶領處遇性團體的學生。橫軸代表友善與不友善的，縱軸代表工具性和情感性的表達。第三個向度代表支配和順從，是以圓圈的大小來看。大圈表示較支配性，小圈表示較順從。如圖，Ann 是團體中最具支配性的成員，而 Ed 是最友善和具情感表達的成員。
2. 成員以 SYMLOG 三個向度，對他們自己和所有其他成員評分，除了對外在行為的評分，成員也可以就價值取向對行為做評語，如那些行為要避免、拒絕、希望去做或必須去做（參閱圖中小圓圈中的避免、拒絕、希望、必須去做等字）。
3. 每一位成員個別的圖集合成整個團體的圖，如此可用來預估整個團體的功能，例如：誰是團體中最具支配性的成員，那一位成員屬於團體中支配性次團體的一份子，Bales 稱之為支配的三角關係（dominant triangle）。
4. SYMLOG 的方法有兩個限制。首先，它是一個複雜的方法，且需花時間才能學會有效地使用它。其次，更嚴重的限制是它的自我探索式，需花三個小時才得以完成。雖然時間因素提醒團體要在一天的活動中安排完成，但對短期之治療團體恐怕就難以使用。

圖：Sharon 的團體 SYMLOG 示意圖

(六)預估團體的環境
　　1.預估的層次焦點

> **上榜關鍵** ★★★
> 以申論題為主，並加強測驗題的選答能力。

預估的層次焦點
- 1.贊助和監督團體的組織因素
- 2.組織與組織之間的環境因素
- 3.社區環境因素

（1）預估贊助組織的狀況：當預估贊助團體的組織時，工作者檢視團體之目的是否受機構的影響，機構提供了那些資源給團體，工作者在機構中的地位與其他同仁之關係，以及機構之服務輸送流程對團體工作服務所持的態度等，這些對團體的功能都有很大的影響。

（2）預估社區機構間的資源：當工作者預估團體的週遭環境狀況時，除了所屬機構外，亦需留意其他機構之資源是否與團體有關。工作者可以詢問下列問題以預估社區機構間的資源：是否有其他機構提供相似的團體服務？其他機構的工作者是否提出相似的團體需求？其他機構提供的服務或方案是否對這個團體的成員有幫助？是否可能結合團體所需資源？

（3）預估社區環境：工作者也應預估社區環境對團體可能造成的影響及社區中其他團體對這個團體的支持情形。當然，焦點應在這個團體所顯示的問題是什麼及社區是以什麼態度來關心它。

三、團體評估（evaluation）

(一)團體工作者執行評估的理由／好處
　　1.評估能夠滿足工作者的好奇心及專業關懷，特別是了解他們所執行的社會團體工作之介入效果。
　　2.評估所得的資訊，能夠幫助工作者改善領導技巧。
　　3.評估能夠證明一特定團體或團體工作方法，對機構、資金來源及社會來說是有用的。

4. 工作者能夠評估團體成員的進度，檢視團體是否完成原先承諾的目標。
5. 評估能允許團體中的成員或其他人，表達他們對團體滿意及不滿意的地方。
6. 工作者能夠與其他有類似團體目標及情境的人，一同分享所獲得的知識。
7. 工作者能夠將假設形成（hypothesis-generating）和假設考驗（hypothesis-testing）的過程系統化及使其明顯呈現。
8. 評估能檢視團體工作服務的成本效益。

（二）團體評估之方法

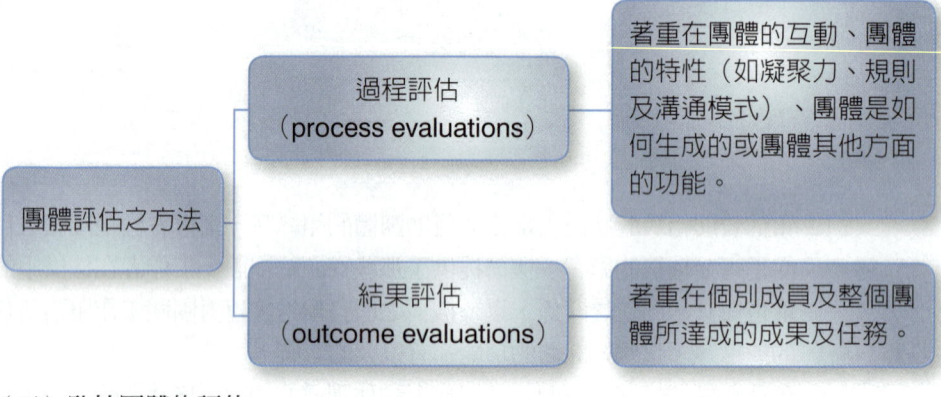

```
                    ┌─ 過程評估 ──── 著重在團體的互動、團體
                    │ (process evaluations)  的特性（如凝聚力、規則
                    │                及溝通模式）、團體是如
團體評估之方法 ──┤                何生成的或團體其他方面
                    │                的功能。
                    │
                    └─ 結果評估 ──── 著重在個別成員及整個團
                      (outcome evaluations)  體所達成的成果及任務。
```

（三）監控團體的評估

1. 監控（monitoring）：意指維持團體成員發展及團體過程的追蹤。
2. 監控的方法

   （1）由團體工作者監控

   榜首提點
   過程式紀錄、摘要式紀錄、問題導向式紀錄、每次聚會結束後就立即做紀錄，均為測驗題重要考點。

   A. 監控團體過程最簡單的一個方法，就是記錄每次聚會的活動過程，聚會一結束就撰寫完成或以口述方式完成。工作者可以用過程式紀錄（process-recording）或摘要式紀錄（summary-recording）。

   B. 過程式紀錄是敘事性，一步一步敘述團體的發展。過程式紀錄能幫助工作者分析團體的互動情況。然而，過程式紀錄是費時的，因此有經驗的工作者很少採用；通常用在訓練和督導新進工作人員，因為這種紀錄能提供豐富的細節，讓接受訓練的工作者有機會了解團體聚會中發生的事。

   C. 摘要式紀錄則比過程式紀錄花費時間較少，方式上更有選擇，也比較有焦點。摘要式紀錄將焦點放在團體中的重要事件，而且運用開放式的問句，其問法通常用在監控每次團體進行的過程，而較少用在描述

團體的發展。摘要式紀錄的開放性問題，有時會缺乏焦點或沒有清楚地界定所需訊息，尤其當工作者想要所有案主的相關訊息時，更是需要界定清楚。摘要式紀錄通常不是為了連結團體工作者執行的活動與團體目標、結果而設計。

D. 不論是摘要式或過程式紀錄，每次聚會結束後就立即做記錄是非常重要的，如此才能正確地記得團體中所發生的事件。

E. 問題導向式紀錄，是為了解決上述缺乏焦點的問題而設計。這樣的紀錄格式清楚指明團體所要處理的問題和設立的目標，而且資料蒐集和記錄方式都與每一特定問題有關。這樣的紀錄系統可以讓工作者呈現團體工作的介入與完成團體目標有關。

（2）由團體成員監控

A. 處遇性團體最常採用由團體成員監控的方式，是由成員自己記錄在家中的行為狀態，然後在下次聚會時向團體報告。

B. 成員也可以在每次團體結束或各次聚會之間來監控團體的進展。成員可以運用小型問卷或與工作者口頭討論團體的表現。這種方式鼓勵成員定期提供回饋意見，工作者可以在團體發展過程中多參考成員的意見。

（四）評估團體的發展

1. 發展性的評估（developmental evaluation）：主要在幫助工作者準備新的團體工作方案，發展新的團體工作方法或改進現有的團體工作方案。
2. 團體發展方案之發展性評估的過程，包括發展、試驗、評估、修正和再評估等介入方法。
3. 發展性評估的步驟

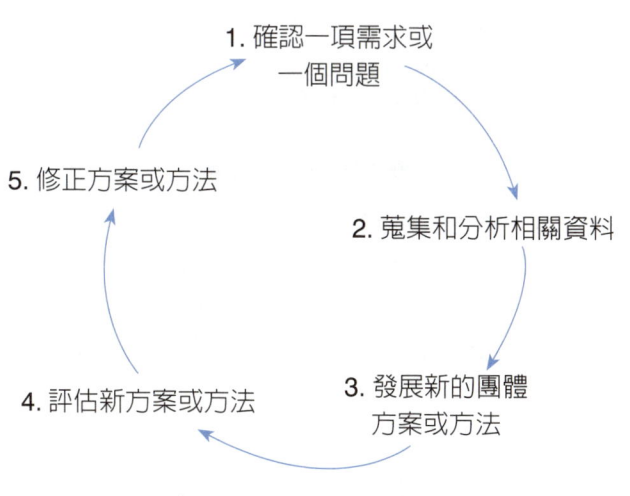

1. 確認一項需求或一個問題
2. 蒐集和分析相關資料
3. 發展新的團體方案或方法
4. 評估新方案或方法
5. 修正方案或方法

圖：發展性評估的步驟

4. 發展性評估的方法
  （1）單系統方法
      A. 單系統方法（亦稱單主題設計）是用以蒐集資料及評估團體這個單系統。從蒐集資料來看，主要是針對單獨一個成員或一整個團體；從評估來看，主要是比較基線資料（baseline data）和團體工作介入的資料。因此，蒐集基線時期或提供介入方法之前的資料，主要在了解團體的功能或個別成員的某一特定項目。基線期之後，提供一個介入方法，團體因此而產生的變化則是另一個資料蒐集的重點。

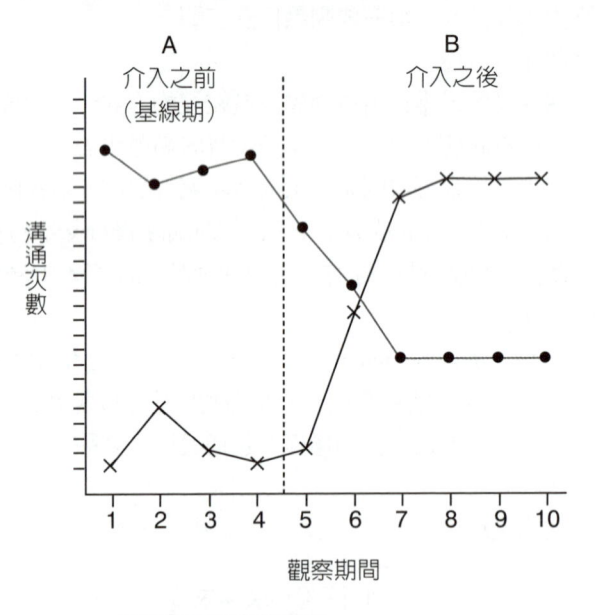

> **榜首提點**
> 請以申論題及測驗題兼具的方式加以準備，並請準備一個方案備用。

A：介入之前（基線期）　　B：介入之後

縱軸：溝通次數　　橫軸：觀察期間 1~10

● 成員與工作者的溝通
✕ 成員與成員的溝通

圖：單系統評估圖

      B. 「在基線期之後對團體介入所見到的改變」圖中，顯示在介入之後，有某種層次或斜度的改變。觀察並比較介入前後的資料。在「單系統評估圖」中，顯示上項介入之後的結果，亦稱為單系統方法中的 AB 設計（AB design），A 表示基線期的狀況，B 表示介入之後所蒐集的資料。

層次上的改變

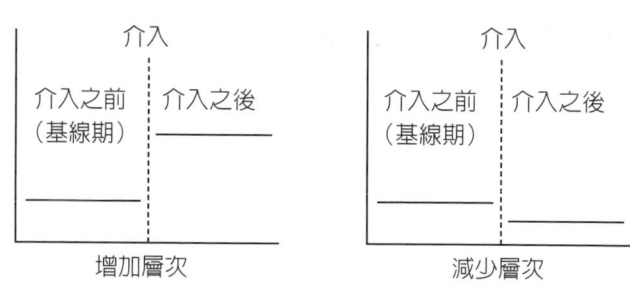

增加層次　　　　　　　減少層次

斜度上的改變

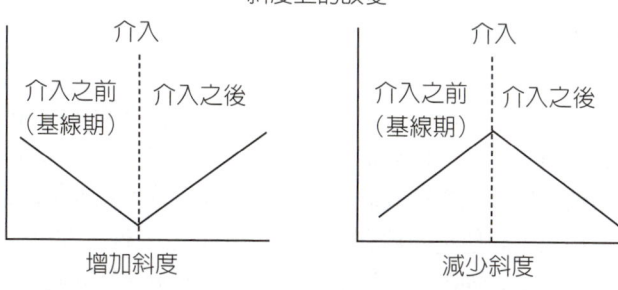

增加斜度　　　　　　　減少斜度

層次和斜度上的改變

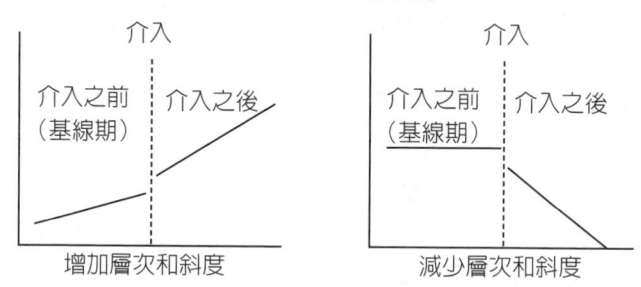

增加層次和斜度　　　　減少層次和斜度

圖：在基線期之後對團體介入所見到的改變

（2）個案研究法

> **榜首提點**
> 測驗題為重要考點，但亦為申論題有潛力考點。

A. 這種方法特別依賴精確的敘述、正確的觀察和詳細分析個案或單一事件。個案研究法是由對質化研究有興趣的人發展出來的。由於團體工作者慣常會記錄資料，並詳細分析他們的工作，因此個案研究法比起以量化為導向的單系統方法，更受到一些團體工作者的歡迎。

B. 個案研究方法與單系統方法一樣，需對個案作密集的分析。因此，資料的蒐集不像傳統的團體「控制組」設計，可能不太講求內在效度與

外在效度。然而,個案研究法的優點在於可以對團體過程提供清晰、詳細和生動的描述,而且在實務情境中實施比在控制組設計情境更好。

C. 單系統方法和個案研究法都提供工作者機會,去繼續發展和改進他們的團體工作實務。然而,這些方法嚴格地要求工作者花時間設計和完成評估的方法,以及蒐集資料的方法,都不是例行性的業務。工作者必須考慮他是否有額外的時間和精力,或採取發展性的評估是否值得,所得結果是否能改進他的服務方案。

> **榜首提點**
> 這是重要的觀念,易在測驗題出題混淆。

(五)效果和效率的評估

1. 基本觀念

（1）效果（effectiveness）評估主要是在了解一個團體達成目的之程度,讓工作者有機會客觀的得知他所用的方法是否有幫助。而效率（efficiency）評估則是比較成本和效益,試圖以財政預算來看團體結果的價值。

（2）效果和效率評估是依賴實驗設計和準實驗設計、信度和效度考驗及統計的程序,來看團體介入的結果對任務性或處遇性團體的影響。

2. 目標達成尺度（goal attainment scaling）

（1）如果將不同尺度予以加權計分,則可以發現在整個評估中那些目標是較重要的（如下圖）。因此,如果焦慮之目標達成是 4 分,以 5 來加權計分的話,該目標達成分數為 20 分；如果憂鬱問題之目標達成是 3 分,予以加權（25）之後,所得分數（75）就顯得比焦慮問題重要。將各項達成分數合計,可知個人或團體之目標達成情形。

（2）目標達成尺度成功地評估團體治療的有效性,主要是在確定問題分類上。在接案會談時,要求潛在成員提出他們想要在團體中處理的幾項問題,這些問題加上團體中後來確定的問題,形成一份問題清單。在聚會前和結束時,每一次都由每位成員評價比較因問題而產生的壓力及有效因應問題的程度如何,再加上測量對改變而產生的反應。

> **榜首提點**
> 這是重要的觀念,易在測驗題出題混淆。

尺度	問題範圍		
	焦慮	憂鬱	沒胃口
1. 最不期待的結果	自己發現每天焦慮感受有四次以上	自殺	每天拒絕吃任何東西
2. 次於期待的結果	自己發現每天焦慮感受有三次	至少一次企圖自殺	每天只吃一餐
3. 期待的結果	自己發現每天焦慮感受有兩次	未企圖自殺，與人談談憂鬱感受	每天可以吃兩餐
4. 高於期待的結果	自己發現每天焦慮感受只有一次	無自殺意圖，願意談談憂鬱原因	每天可吃三餐
5. 最期待的結果	自己發現每天已沒有焦慮感受	無自殺意圖，可找出兩個憂鬱原因	每天吃三餐並願意吃點心
加權	5	25	5
目標達成分數	4	3	3
加權目標達成分數	20	75	15

圖：目標達成尺度範例

（六）社會團體工作成效評鑑設計與測量一覽表

榜首提點：請藉此表建立完整的邏輯架構。

評鑑操作 \ 學者	Garvin	Toseland & Rivas	Zastrow
設計	基線測量： 1. 整個團體的前後測量 2. 單一樣本研究設計─個別成員（single subject design）	1. 目標達成尺度（goal attainment scaling） 2. 準實驗設計（quasi-experimantal design）	1. 單一樣本設計 2. 任務成就量表 3. 滿意度問卷
測量類型或技術	1. 行為測量 2. 目標達成記錄表 3. 情緒自我量表 4. 價值澄清量表 5. 瞭解自我和情境的技術量表 6. 任務達成 7. 心理測量工具	1. 自我陳述量表（self-report measures） 2. 觀察式量表（observational measures） 3. 團體互動結果測量	

引自：胡慧嫈。團體工作成效評鑑之量化測量實務操作相關議題探討。《社區發展季刊》。第 140 期：P57。

四、團體工作的結束

> 上榜關鍵 ★★★
> 團體結束的五種型態，項目請熟記。

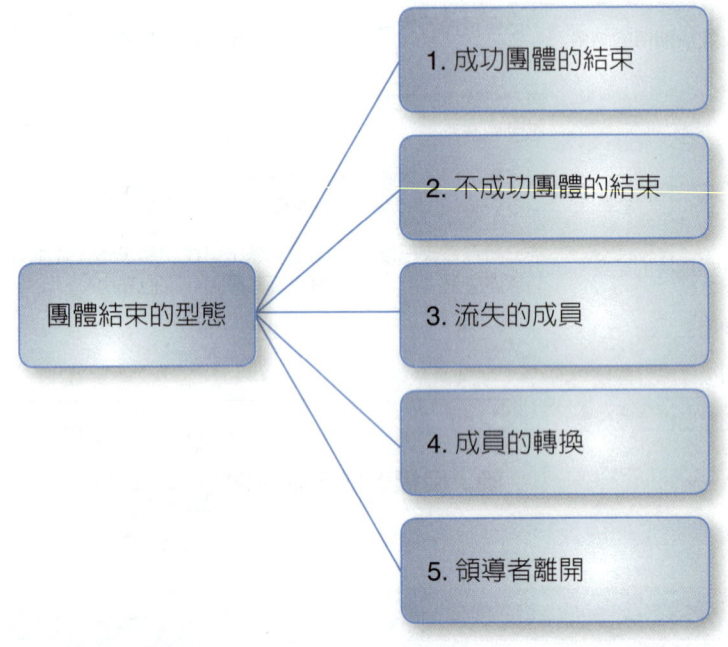

(一) 團體結束的型態
（引自：鄭凱芸譯。《社會團體工作》。雙葉。）

團體結束的型態：
1. 成功團體的結束
2. 不成功團體的結束
3. 流失的成員
4. 成員的轉換
5. 領導者離開

1. 成功團體的結束
   (1) 一個成功的團體是指團體和成員都達成他們的目標，此種團體的結束很容易產生「甜蜜的傷感」之反應。成員對於他們的成就都會很高興，這些成就可以增加他們自信與自尊的程度。成員也會經驗到失落感（不同的強度），因為他們將與情緒上投入許多的團體分離，這種團體可能會想要一起吃飯或以其他的儀式來慶祝與表揚團體及成員的成就。
   (2) 在結束一個成功的團體時，正式的結束應該在最後一次聚會前幾次就會開始，這是很重要的。理想上，最後一次聚會的日期應該在最後幾次的聚會前由成員討論出來並同意。

2. 不成功團體的結束
   (1) 一個不成功的團體是指團體與成員的目標幾乎沒有達成，成員對缺乏進步的反應可能相當不同：生氣、挫折、失望、自責（因為沒有生產力的努力或缺乏努力）。
   (2) 當一個不成功的團體突然地結束時，一些團體成員可能對領導者、其他

的團體成員或他們在團體中的經驗有強烈地批評。如果領導者與成員接觸並知道成員對團體的想法時，領導者應該準備好對這些強烈的批評予以回應。領導者準備好面對批評的方式可以是「想像」可能的批評，然後對每一個預期中的批評給予正向的與實際的反應。

3. 流失的成員
   （1）當成員中途退出團體時，即使團體持續進行，他也不再參與團體。成員退出團體的理由很多，成員可能對團體不抱希望，覺得團體無法達成已經設定的目標；成員可能不同意或不喜歡另外的團體成員；成員可能是在團體聚會的時間必須照顧小孩的父母；成員上班的工作時間可能與團體聚會的時間衝突及許多其他的原因。
   （2）理想上，離開的人應該告訴團體他離開的理由，不管是當面或書面都可以。如果成員沒有這麼做，領導者或其他團體成員應該要與此成員聯絡，以確定其離開的原因，然後告知團體。

4. 成員的轉換
   （1）團體成員被轉介到另一個團體或其他類型的專業服務，通常是團體領導者與成員間有計畫的安排。轉換可能有許多理由，在問題解決的團體中，機構可能認為，團體成員的天資和技能在其他地方有更好的發揮；在治療性團體中，領導者和團體成員可以共同決定，成員在其他治療模式下接受更專門的服務會更好。團體成員可能從任何類型的團體轉換過來，因為團體成員間無法解決的衝突，此衝突可能嚴重地干擾團體目標的達成（例如：可能因為宗教信仰、價值或語言差異所造成的嚴重與無法克服的了解與溝通障礙）。
   （2）當成員在團體間被轉換時，領導者要盡可能做一些事，避免這樣的轉換是非預期或突然的。被轉換的成員應該清楚地了解轉換的理由，並且接受這個轉換。此外團體應該接受成員解釋轉換的理由。此成員應該對團體解釋他轉換的原因，讓其他團體成員有機會祝福此成員，並且與離開團體的成員有個好的結束。

5. 領導者離開
   （1）有時候領導者必須結束團體與團體的工作，因為新委任的工作、換工作、健康的因素或家庭危機，這種結束對團體領導者及成員都很困難。
   （2）當領導者離開時，應鼓勵成員表達他們的感受。領導者可能藉由說明他離開的理由、列出許多團體的正向事物及表達離開團體的傷心與罪惡，來啟動這樣的情緒表達。離開前，領導者（或團體）應該選一個新的領導者。如果新的領導者不是團體的成員，即將離開的領導者應該（在團

體聚會以外的時間）告知新領導者團體的目標、成員的特徵、目前的任務與困難及達成團體目標的進展。新的領導者應被即將離開的領導者介紹給團體，盡可能地，順利地將之前領導者的責任轉換給新的領導者是重要的目標。

（二）影響團體結束的因素

1. 團體成員是屬於開放式或是封閉式的，會造成結束階段工作上的差異。在封閉式團體中，除非是非計畫性的結束，否則所有成員是在相同的時間終止對團體的參與。這些團體的工作者可以協助所有的成員面對因為團體結束在即，所產生的共同問題和感受。而開放式的團體則為工作者提供了較為困難的挑戰，某些成員也許會經歷團體結束時的反應，另一些成員則經歷團體開始階段時常見的反應。在開放式的團體中，工作者應該要針對每位成員提供個別化的服務，因為每位成員最終一定會脫離團體，工作者可以善用已經離開團體的成員之反應，協助團體中的成員了解，未來他們也會經驗到類似的反應。

2. 依照團體對成員的吸引力，團體結束時也會有所差異。被成員認為具有吸引力的團體，結束或許不會被視為是正向的；相反地，假使團體聚會被視為是需要忍耐的事情，那麼最後聚會將會讓成員感到如釋重負。

（三）有計畫的和非計畫的中止團體之情形

> **上榜關鍵 ★★★**
> 在準備方向上，以申論題為優先，測驗題次之。尤其是減少工作者提前中止帶領導致團體瓦解的方式，必須加強準備。

（引自：莫藜藜譯。《團體工作實務》。雙葉。）

1. 成員中途退出團體的因素

    （1）外在的因素，如時間安排上的衝突和地理位置的改變。

    （2）團體成員安排的誤差，如：團體中最有錢的成員或是唯一未婚的成員等。

    （3）有發展親密關係的困擾。

    （4）害怕情緒的感染。

    （5）不能參與工作者所安排的團體時間。

    （6）同時接受個別治療和團體治療所產生的複雜感。

    （7）早期的挑釁。

    （8）不當的治療取向。

    （9）次團體所產生的複雜性。

2. 工作者提前中止帶領團體

    （1）最常見的原因是學生機構實習的結束，而工作者換工作或更換工作職責，也會導致工作者提前結束參與團體。

    （2）減少工作者提前中止帶領導致團體瓦解的方式

第四章 重點3 團體工作過程

A. 應該盡可能及早告知團體成員，工作者要提前結束帶領團體。
B. 應該與團體分享提早中止的理由，並鼓勵成員坦誠地討論他們的感受。
C. 應該要想辦法完成尚未完成的事務。
D. 向團體介紹新的工作者，如果可能，可先以協同領導者的角色進入團體，與要提前離開的工作者共同帶領團體一段時間。

（四）每次團體聚會的結束

1. 每次團體聚會的結束，工作者的四項任務（Scheidel 和 Crowell 提出）

> **上榜關鍵** ★
> 請對任務之概念建立基礎觀念，測驗題考點。

1. 結束團體的工作	2. 安排另外的聚會
3. 準備一份摘要或團體工作的報告	4. 計畫團體未來的行動

（中間方框：每次團體聚會的結束，工作者的四項任務（Scheidel 和 Crowell 提出））

2. 在準備結束的同時，工作者應該要協助團體依照其既訂議程行事。工作者應該確保會充分注意工作的所有項目和所有成員關心的事；此時，團體不允許花太多時間討論某一工作項目或某位成員關心的問題。

3. 工作者為使團體能繼續運作之工作項目

1. 讓成員聚焦在某個主題的討論	2. 限制每位成員討論某個問題的時間
3. 摘述曾說過的話	4. 終止曾經討論過的事件或問題

（中間方框：工作者為使團體能繼續運作之工作項目）

311

4. 在每次團體聚會結束前，工作者應該要避免提出任何新的問題、重要事件或工作項目。

> **榜首提點**
> 這是相當重要的觀念，在細節上務必留意，測驗題考點。

5. 工作者可以努力運用結構化的方式，以減少在團體即將結束時討論任何重要的問題。在結束團體的活動時，工作者應該要協助成員解決尚未處理的衝突，解決衝突有助成員和諧地達成整個團體所作的決定。在結束的最後幾分鐘，工作者應該要協助團體計畫未來的聚會。

6. 假使團體已經完成了某一特定任務的所有行動，那麼在最後的時間，也可用來確保所有的成員都了解和同意針對團體工作的結果所提出的口頭或書面報告。工作者應該要協助成員繼續維持其在聚會期間同意去完成和執行任務的動機、承諾和責任。

（五）結束的過程

1. 在治療性、支持性和成長性的團體中，結束將會伴隨著強烈的情緒反應。然而，在教育性和社會化的團體中，結束很少會有強烈情緒反應的表達。

> **榜首提點**
> 在不同屬性的團體中，情緒的反應不同，請務必加強區辨，測驗題考點。

2. 對處遇性團體的成員而言，終止關係所帶來的影響，與任務性團體是完全不同的。對任務性團體而言，成員的自我揭露相對比較低，因為這種類型的團體是聚焦在成果。如一份報告或一個行動計畫的發展，成員通常會期待在團體結束時能擁有成就感，或是擁有工作完成後的解脫感。因為成員並未放鬆他們的防衛或分享太多私人關心的事情，在結束時自然也不會有強烈的情緒反應。而且，任務性團體的成員也許會在其他委員會、團隊或會議一起工作，所以任務性團體的結束，不會有如同處遇性團體成員般的終結感。

> **上榜關鍵** ★★★
> 不同的團體屬性，自我揭露的程度不同，請考生建立紮實的觀念，為測驗題考點。

（六）整個團體的結束的任務

> **榜首提點**
> 請以申論題的方式準備，其次為測驗題。

整個團體的結束的任務：
1. 維持和普及化（generalizing）團體改變的成效
2. 減低團體的吸引力，以促進個別成員的獨立功能
3. 協助成員處理面對結束的感受
4. 計畫未來
5. 提供轉介（referral）服務
6. 評估團體工作成效

> **榜首提點**
> 考生必須要能從這段文字描述中，知道所指稱的「維持和普及化改變」；其次，改變的方法一併準備，屬測驗題型。

1. 維持和普及化改變的成效
   (1) 在發展和實施處遇計畫之後，工作者應該要確保所達成的改變，能持續和普及至成員生活中各個重要的方面。
   (2) 維持和普及已達成的改變之方法
       A. 協助成員繼續在相關的情境下努力做些類似的嘗試。
       B. 協助成員發展對自己能力的信心。
       C. 運用各種不同情境和環境的設計，以協助成員學習新的行為。
       D. 善用各種自然發生的結果。
       E. 透過後續追蹤聚會，以延伸處遇的效果。
       F. 預防因身處冷漠無反應的環境中，而阻礙既有的進步和成效。
       G. 透過不同情況下資料建立和問題解決的架構，以協助成員能獨立地解決問題。

（3）維持和普及化改變的成效方法之說明

A. 相關的情境：為了讓改變能持續，並在成員類似的生活情況中普遍化，團體中所關心的問題和事件，都應該與成員在日常生活中所經驗到的真實狀況有所關聯。

B. 協助成員發展信心：在團體進展的過程中，工作者應該要鼓勵成員在面對問題情境時，將焦點放在找出適合的解決方法。工作者應該要協助成員覺察到自己的能力，鼓勵成員運用其能力和資源，去面對自己在離開團體後會遭遇到的各種問題情況。透過這些過程，可以漸進地協助成員在離開團體之後，對自己的能力有充分自信，確信其可以繼續發揮適切的功能。

C. 運用各種情境和環境的設計：另一個使改變成效普及化的方法，是為成員準備各種可能會干擾其繼續維持改變能力的情境。亦即維持改變成效的準備工作，會在結束階段的聚會時另被強調，透過成員對團體的參與，有不少的活動設計會不斷在進行這方面的提醒。在團體中，角色扮演的情境應由較簡單的設計到較困難的情境設計。方案活動也可以用來模擬成員可能會在團體外面對的情境。

D. 善用自然發生的結果：期待團體在開始時就有改變，並不容易；但是正向結果可以令改變持續和普遍化。協助成員聚焦在正向而非負向的結果。增加自然出現的偶發事件，以協助成員修正環境的狀況，使成員更有意願持續行為的改變。

E. 後續追蹤：協助確保治療結果得以繼續維繫和普及於生活的另一種方法，是於正式團體治療方案結束後，為成員提供後續聚會的機會。例如：接受精神治療的門診病患團體在進行十二週團體聚會後，又接著進行隔月一次，共計六次的後續追蹤聚會；之後，又進行一季一次共兩次的聚會，才真正結束了為期一年的治療合約。後續追蹤（follow-up）可以加強成員對維繫改變的承諾，可以提醒成員自從參加了這個團體之後，在他們的生命中確實有過改變。成員可以在後續追蹤聚會中分享他們在維繫改變時有的困難，以及後來如何將這些改變運用在新的情境和新的生活經驗中。

F. 預防在冷漠環境中的挫敗：我們需要很謹慎地注意到成員在團體以外所要面對的環境，即使現在處於一個充滿支持、信任、分享，且具有良好功能的處遇性團體中，但由於在團體中很難複製成員的家庭或社區環境，所以有必要協助成員準備面對其在團體外可能經驗到冷漠無反應的環境，而導致挫折。

G. 協助成員獨立解決問題：工作者在整個團體處遇的過程，可以透過協助成員對其現在所使用的因應技巧建立信心，協助成員發展和信賴新的因應技巧，以支持成員發展獨立的功能。

2. 減低團體的吸引力
   （1）在結束的階段，除了協助成員維持和普及其在團體中所學到的改變，推展至一般的生活層面，還應該要協助成員減少對團體的依賴。欲達成此一目標，可透過協助成員依賴他們自己的技巧和資源及來自團體外的支持。
   （2）適合團體結束的方案
       A. 示範或鼓勵成員反省在團體中所學的技巧。
       B. 鼓勵成員表達對團體和成員彼此之間的感受。
       C. 聚焦在未來的活動。
       D. 鼓勵個人和團體的參與。

3. 結束的感受
   （1）對團體結束的正向感受
       A. 成員被賦予權能，令成員發現到自己具有完成目標的能力。
       B. 對自己的生活有較多的掌控力量，可以使成員有獨立的感受。
       C. 完成團體的經驗，可以讓成員擁有滿意感和榮譽感。
       D. 團體互動過程可以對其他成員有所助益，使成員產生有用的感覺。
       E. 得以有效地因應或解決問題，使成為擁有自信。
   （2）在產生正向感受的同時，成員也許會對團體的結束有負向的感受，「否認」是常見的反應。為了不想表現出他們將會想念工作者或團體中其他的成員，有時成員會對工作者試圖為團體結束所作的準備，以「視而不見」來反應，例如：改變討論的話題或指出他們是如何期待結束。另外還有一些常見反應，如：失望、無力、被棄的或被拒的各種感受。成員會以憤怒或敵意來表現其感受，甚至在某些情況中，成員會出現退化的行為，將其最初進入團體時所具有的症狀或問題呈現出來。情緒上或心理上緊黏著工作者不放，以行動表現出依賴性，以及貶低團體經驗或工作者的技巧之價值。
   （3）工作者對團體結束的反應
       A. 對案主的成功所產生的滿足感和成就感。
       B. 引以自豪的治療技巧。
       C. 治療過程的重現。
       D. 悲傷、失落感或不再為案主提供服務的矛盾感。

E. 對案主的進步或獨立運作的能力，感到懷疑或失望。
　　　F. 重複經驗自己的失落。
　　　G. 對自己治療的效能感到安心、懷疑或有罪惡感。
4. 為未來做計畫

　　工作者如果鼓勵成員在團體結束後繼續自行聚會，意謂成員要發展自助團體。工作者要協助團體自然發展出領導者及協助團體獲得所需的任何資源，使成員可以繼續聚會。
5. 提供轉介服務
　（1）轉介（referral）服務只有在工作者和成員雙方都同意，成員有需要接受另外的服務或資源時才會展開；亦即，成員有意願尋求進一步的服務，才會著手進行轉介服務。
　（2）轉介原則
　　　A. 由工作者陪同該成員，以電話聯絡被轉介機構，確定聯絡人。
　　　B. 強調該成員所需要和期待的資源。
　　　C. 協助該成員了解如何獲得所需資源。
　　　D. 協助安排交通工具。
　　　E. 確定因身心障礙或有其他困難的成員能夠順利前往被轉介機構。
　　　F. 確定成員到達被轉介機構，並獲得資源或服務。
　（3）失敗轉介的原因
　　　A. 被轉介機構改變了其服務政策，例如：符合機構服務資格的申請者條件變得更嚴苛。
　　　B. 成員本人缺乏動機和意願。
　　　C. 成員缺乏獲得所需資源的必備技巧。
　　　D. 工作者給予成員不正確的資訊或在聯絡被轉介機構時無法提供足夠的協助。
6. 評估團體工作成效

　　評估團體工作時，工作者需要考慮執行評估所需的資源，例如，要先判斷機構能提供的資源及協助評估的能力；接著，決定他們進行評估所需的時間；之後有效結合資源和時間因素，為評估團體實務的基礎。

練功坊

★ (　) 下列有關團體評估（evaluation）的敘述，何者錯誤？
　　(A) 團體成效的測量可分為自陳式測量與觀察式測量，前者由成員提供資料，後者則是由工作者觀察
　　(B) 可分為過程評估與結果評估，前者可瞭解團體總目標的達成情況和團體最後的成效
　　(C) 考量服務的責信，工作者需對團體的過程、成效等面向，運用合適的方式進行評估
　　(D) 評估是動態的過程，在團體的每個階段（開始、中間、結束）都應該進行

解析

(B)。團體過程評估著重在團體的互動、團體的特性（如凝聚力、規則及溝通模式）、團體是如何生成的或團體其他方面的功能；團體結果評估著重在個別成員及整個團體所達成的成果及任務。選項 (B) 將兩種評估之目的前後錯置。

★ (　) 在團體結束階段，工作人員有許多重要的工作任務，「維持和普及化（generalizing）團體改變的成效」是其中一項，下列關於執行這個工作任務的技巧，何者錯誤？
　　(A) 由於成員的問題有很大的差異，工作人員針對某些類型的成員，難以持續維持正向的改變
　　(B) 工作人員可以運用各種不同情境和環境的設計，協助成員學習新的行為，增加新的能力
　　(C) 為了增加成員獨自解決問題的能力，當最後一次團體結束時，工作人員就應該結束所有的互動與處遇
　　(D) 工作人員應協助成員發展對自己解決問題、面對困境等能力的信心，才能有效維持改變的成效

解析

(C)。協助確保治療結果得以繼續維繫和普及於生活的另一種方法，即是繼續追蹤。正式團體治療方案結束後，為成員提供後續聚會的機會。例如，接受精神治療的門診病患團體在進行 12 週的團體聚會後，又接著進行隔月一次，共計 6 次的繼續追蹤聚會；之後，進行一季一次共兩次的聚會，才真正結束了一年的治療合約。選項 (C) 有誤。

> 練功坊

★（　） 下列何者屬於團體工作者在團體結束時應完成的工作？①維持和普及化團體改變的成效②協助成員處理面對結束的感受③澄清團體與個人目標的關聯性④與成員討論和釐清保密的範圍⑤低團體吸引力促進成員獨立
　　(A) ③④⑤ (B) ①②⑤
　　(C) ②③④ (D) ①②③

解析

(B)。
(1) 整個團體的結束的任務
　　A. 維持和普及化（generalizing）團體改變的成效。
　　B. 減低團體的吸引力，以促進個別成員的獨立功能。
　　C. 協助成員處理面對結束的感受。
　　D. 計畫未來。
　　E. 提供轉介（referral）服務。
　　F. 評估團體工作成效。
(2) ③澄清團體與個人目標的關聯性、④與成員討論和釐清保密的範圍等為團體發展初期的任務。

重點 4　團體工作技術

閱讀完成：＿＿＿月＿＿＿日

榜首提點
「個人在團體中產生行為變遷的主要來源」，請以申論題方式準備，其中「社會工作者與成員之互動」、「運用團體來改變個人的技術」已有申論題命題紀錄。

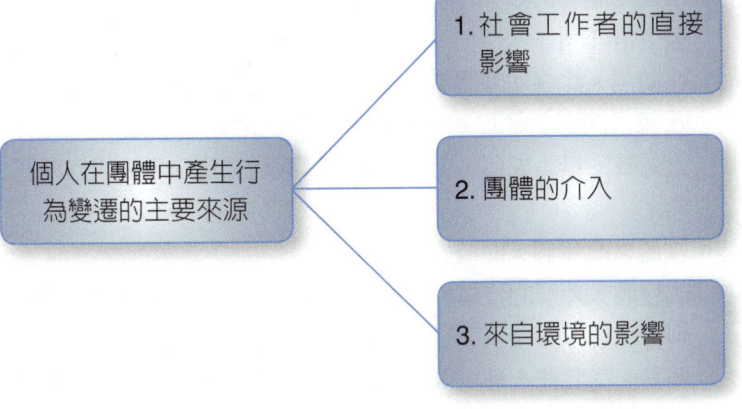

一、改變個人的技術

(一) 個人在團體中產生行為變遷的主要來源

個人在團體中產生行為變遷的主要來源：
1. 社會工作者的直接影響
2. 團體的介入
3. 來自環境的影響

1. 社會工作者與成員之互動

  許多團體工作者認為自己不應該與成員發生一對一的互動，因為那會破壞契約，因為，理想上，社工者總是希望透過團體參與而互助。佳文（Garvin）認為團體工作過程中是允許工作者與成員一對一的互動，但是，必須立基於以下幾個原則：

  (1) 要看團體是否已出現有助於成員行為改變的動力。例如：團體已開始形成任務，大部分成員均已能各自注意聚會，團體也能關懷到非治療的成員及有成員被認定為偏差個案。如此之下，工作者可直接與成員互動。

  (2) 危機情形發生，不即刻給予協助將發生不利後果時。如果該成員可以等待，則俟情況出現危急時再處理。工作者經常要衡量介入的代價，如果能提醒團體來協助成員，工作者可以將這個問題提出討論，以決定團體成員是否願意迅速地協助成員。

  (3) 考量成員被協助後的負效果。有些成員因被工作者協助之後而成為「老師寵愛的學生」（teacher's pet）；這種情況易引起其他成員的敵視。因

此，工作者要協助成員時，應視這個人在團體中是否能維持足夠的獨立性。

(4) 團體工作者協助個人是期望增強團體的資源，但不是為了個人偏好。在團體早期一對一的互動較多，工作者為了避免個別互動太多及被恥笑為「在團體中進行個案工作」，通常都會一再聲明鼓勵成員互動。

(5) 由於團體協助成員而傷害到其他的成員，如有成員因一提到性關係時即感到焦慮，工作者深知如果團體討論性行為就會傷害到這位成員。因此，可另外於會期之外單獨與這位成員討論。

(6) 合法的一對一信賴關係存在時，成員經常不合理的信任工作者，而較不信任團體。例如：有些成員想與工作者同享特殊地位或避免與其他成員發生信任關係。

(7) 協助個人比協助團體更有利於解決問題時。工作者單獨來影響成員是在團體已缺乏其他專家或經驗來處理該議題，或是成員已被孤立於團體之外時。無論如何，工作者應引導成員去追求資訊或協助個人減少疏離感。

2. 運用團體來改變個人的技術

(1) 改變個人理解的技術：團體的最佳情況是透過影響力而使成員有更高的現實理解。要產生高度的現實理解力是透過對事實的爭議，讓每個人的觀點能從其他人身上得到回饋，而再由每個成員表達對事實的看法。

(2) 改變個人認知的技術：成員的問題經常是因其對情境的歸因認知，有些成員喜歡將個人的行為歸因於環境、事件或他人。工作者為了協助成員建立適當的改變標的，成員有必要建立適當的歸因，然後工作者再協助其認定環境。如果行為的產生受制於環境的變異，成員習慣於改變自己的行為以獲致更好的結果；如果行為是團體所規定，而發生於此時此地的情境下，成員習慣於試圖去改變情境，而把結果歸因於情境。因此，團體是一個人學習認知歸因的理想情境。簡而言之，團體應該協助個人認定問題行為的起因，而澄清個人不當的歸因，使得改變的標的清楚顯現，才能進一步去改變引發問題行為的真正原因。

(3) 改變個人感動的技術：「感動」說得更明白些是「表達的感動」。團體主要影響成員的感動是使成員更能自我瞭解或表達自己。工作者可以透過請其他成員提供有關情緒的類型或溝通（語言與非語言）的資訊予特定個別成員。工作者也可以藉由安排操作機會以表達其感動。

(4) 改變個人行動的技術：

A. 成員能直接影響他人的行為、思想、理解、感受。他們能用增強的原

則來達到效果。例如，用語言的讚美或非語言的換贈卡（tokens）、糖果、金錢等來報償他們所喜愛的行為。用說「不」或用批評來反對不被喜歡的行為。工作者將協助成員提供此類的刺激。

B. 此外，示範（modeling）也是成員間相互影響行為的方式，由成員描述某成員在既定情境下的行為，而成員也可以在不是角色扮演下進行此種活動。行為的示範可由成員預演在團體或環境中的行為。嘗試錯誤（potential and error）也是一個可行的預演與建議，成員嘗試在角色扮演中行動或描述潛在的行為（potential behavior），然後由其他成員參與評估該行為的效果。

(5) 協助個人解決問題的技術

A. 問題解決被視為是一種理性的、認知的與可界定的過程，以及評估與抉擇的手段。解決問題可以針對某個成員的問題，或是同時解決幾個成員的問題。團體會同意解決個人的問題，問題在於誰是最後的決定者。如果涉及個人的私生活，個人可以拒絕團體的支持，以免產生個人的挫折感。如果是團體的問題，則可由多數決即可。又如果個人是問題解決的主責者而不是旁觀者時，他對問題的決定權就具有否決的權力。

B. 團體問題解決的過程中，成員們的經驗可以提供其他成員澄清對問題的理解。工作者也可以協助成員評估問題的相似性。相似性可以經由共同問題、年齡、社會背景，以及環境相似而擴展。工作者應建議使用成員的能量，以及環境的回應來達成問題的解決。

(6) 建構成員角色的技術：工作者透過特別設計的角色組來改變成員的行為。角色的指派可以由團體成員協助工作者瞭解成員與團體的需求而決定。成員透過角色履行而影響行為。有些角色是有特定的活動要去執行，例如設計者、執行者、組長等。有些角色是非正式的，雖然存在著，但不被承認。例如：偏差行為者、代罪羔羊等，有時是有害於團體的。另外有一些角色是建設性的，例如：仲裁人、緊張消除者等。如果角色有利於成員，工作者應當增強之；如果不利於成員時，通常透過討論，整個團體會要求成員放棄這個角色。

3. 社會工作者與環境的互動

(1) 環境在團體工作裡指的是被期待改變的外在目標，例如：家庭、社會制度、機構或朋輩團體等。工作者透過與環境之互動，形成個人改變的有利契機。

(2) 工作者直接干預環境立基之基礎

A. 環境的改變是個人直接改變的前提，且成員缺乏能力去改變它。

B. 成員應被仔細地考量是由自身來改變環境或是由工作者來改變環境，工作者應瞭解成員的偏好。
　　　C. 當成員不能以自己的方式行動時，工作者也必須認定適切的變遷媒介是工作者而不是團體。
　（3）當工作者進行環境介入時，所扮演之巧色包括辯護者或倡導者、調停者、中間人或經紀人、商議員等四種角色。

二、改變團體的技術

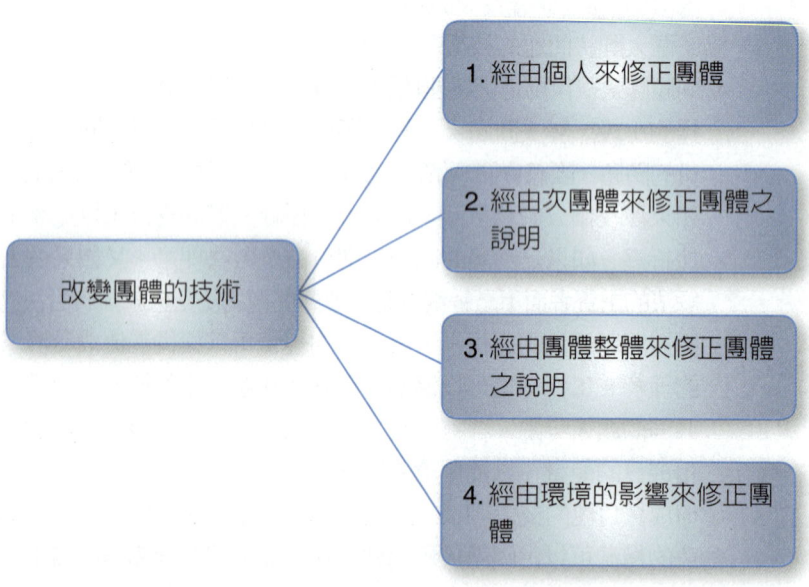

改變團體的技術：
1. 經由個人來修正團體
2. 經由次團體來修正團體之說明
3. 經由團體整體來修正團體之說明
4. 經由環境的影響來修正團體

（一）經由個人來修正團體
　　1. 個別成員能影響團體的三種機會

個別成員能影響團體的三種機會：
1. 為了達成團體的任務
2. 可觀的權力
3. 批判的能力

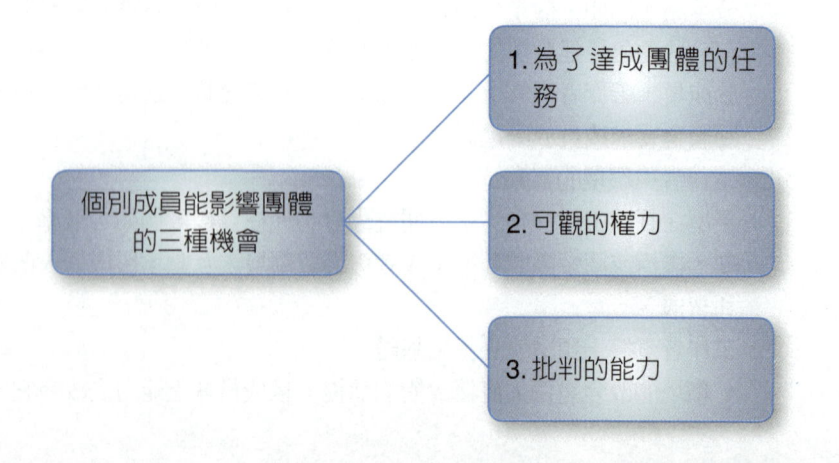

（1）成員擔任團體活動的安排、提供資源，以及觀察者、主席、祕書或者調解者的角色，都足以影響任務的達成。工作者應積極地決定誰適合擔任何種角色，也要激發成員去實踐其角色，以達成目標。工作者可透過訓練來激發成員的角色履行；工作者透過支持、回饋及點破工作方法來指導成員。

（2）其次，有關權力部分，當成員具有領導的功能時，工作者可以施加訓練。工作者有必要介入團體的權力結構，如果有人主宰團體決策且排斥他人，工作者應涉入整個團體，他可以與無力感及缺乏自信的成員互動，並指派其角色，以平衡成員的權力分配。工作者也可以透過提醒過分有權力的人認清主宰別人會傷害自己。

（3）當成員成為團體問題或過程的維持力量時，工作者要與之互動，以及修正團體情境。這種個人的維持力量來自本身的行為及團體的反應，最經常發生的是尋找代罪羔羊。工作者對代罪羔羊的反應可以提醒其本人對行為的關注，或是提醒團體注意在團體中已產生代罪羔羊的情況。

（二）經由次團體來修正團體之說明

1. 次團體是整個團體的一種形式或破壞事件（sabotage）。其產生的原因可能是團體中有人反對團體目標或活動，或者針對工作者的行動而來。次團體產生的作用是企圖在團體中安排自己或讓團體其他成員再認知他們的存在，次團體成員們大都期待能影響團體，甚至他們會以工作者為切口（undercutting）。

> **榜首提點**
> 首先請先建立「改變團體的技術」的四項技術層次架構觀念；其次，「經由次團體來修正團體之說明」項目，請以申論題方式準備，強化論述能力；請思考使用次團體修正之實務案例。

2. 工作者應針對次團體成員的需求，協助其完成任務，獲得應有的影響力，以及肯定其角色。工作者與次團體成員討論其渴望的地位與影響力，尋求合理的解決途徑。而不是經由「反擊」來達成期待。所以如何聯結次團體所祈求的，才是解決次團體問題的重點。

3. 相反地，次團體也會促成整體工作的完成；次團體能提供資訊、協助活動及協調觀察其他次團體。在團體工作中，一個重要的工作是企圖去影響「部分」及用「部分」來改變整體。所以，次團體是團體工作中相當重要的一環。

（三）經由團體整體來修正團體之說明

工作者如何來促使團體情況的改變或協助團體考慮未被考慮的變遷，以下幾種形態的改變是有必要的：

1. 改變成員的認知：成員了解團體情況通常是透過資訊的蒐集，而資訊的來源則是要靠結構圖，如溝通

> **榜首提點**
> 請以申論題的準備，務必完整，並思考實務案例之運用。

結構圖，或次團體模式。成員了解足夠的可能選擇或資訊才能促成問題解決的投注。團體成員應被教導去驗定團體過程。驗定團體過程的方法，除了透過溝通網路的分析與次團體的模式分析之外，交流分析（transactional analysis）也是一個可行的方式。

2. 修正成員的行為：改變行為的方式很多，例如用獎賞來鼓勵成員發言，以提高參與率；或用懲罰來制止某些成員的違反團體規範行為。像是信賴訓練活動，換贈卡的發給都可以改變成員的行為。團體成員行為的改變，不只是被改變對象會受到直接的行為修正，而其他成員也會間接地受到影響而自行修正其不被團體接納的行為。

3. 使用活動來修正團體：在團體工作是透過團體活動來驗定團體的近況與目標達成的情形。

4. 改變團體規範：為了修正團體情況，工作者要協助成員改變團體規範。改變團體規範的作法，可以透過價值澄清練習來協助成員界定與改變個人的信念。價值共識是團體過程中的重要步驟，不一定每一件事，每一個看法都得到全體成員的共識，但也要大多數人同意，所以決策要有一些標準化的方式，如文特（Vinter）所說的「操作與管理程序」。共識不可傷害到個人，尤其是在敏感的話題上。決策的規則包括會議、意見表達、修正意見與表決等，決策規則有賴於團體規範來支持，團體規範的差異性有助於使團體成為一個實體。

5. 改變團體的情緒狀態：工作者鼓勵成員面對緊張，並勇於暴露緊張的狀況，例如，討論謠言的來源，討論壓力的來源等。解除團體緊張的方法可以透過「鬆弛訓練」、「減敏感法」等。工作者要儘量使成員了解每一情緒所帶來的影響，情緒的普遍分享與討論是有益於團體的溝通的。

（四）經由環境的影響來修正團體

1. 影響團體環境的主要因素

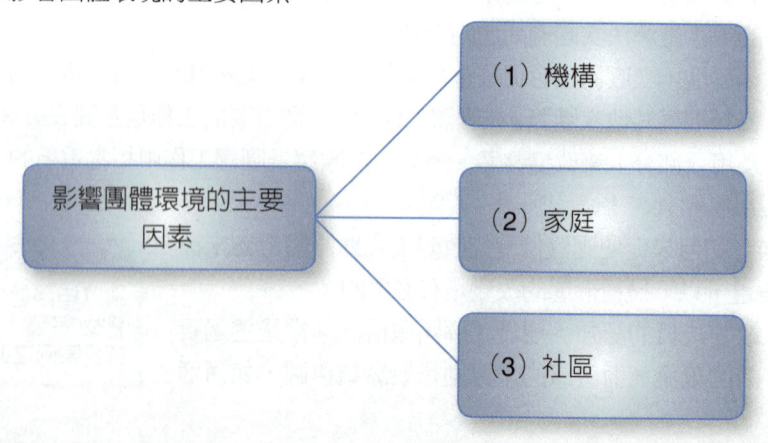

影響團體環境的主要因素
- （1）機構
- （2）家庭
- （3）社區

（1）機構：機構會影響團體的目標與內在情況。機構可以透過轉介不同需求的案主進入團體，而達到改變團體的組成；機構也可以透過資源的擁有來修正團體，例如房間、設備、財力與人員提供等；機構也可以透過與團體的互動來修正團體，如推薦顧問或外來專家為團體進行簡報或講演或擔任團體的諮詢者，以達到團體目標、活動與價值的改變。機構的偏好與專長也會影響團體，如擅長行為治療的機構，則會以行為途徑（behavior approach）來界定團體工作的進行。除了機構主管或顧問外，機構的幕僚也會影響團體的方向；團體間的競爭或工作者對機構目標的認知都足造成團體的影響。

（2）家庭：這裡的家庭是指案主的家庭，例如：兒童團體的家長經常介入團體目標與過程的決定。通常家長介入團體之目的，主要是促使團體協助其子女儘快成長，因此，有鼓勵子女勇於參與的增強作用。

（3）社區：社區對團體的影響主要有幾方面，一是社區提供參與機會，讓團體成員參與各種活動；其二是社區提供就業機會給團體的成員；第三是社區的歸屬感，為團體成員提供進入社會的墊腳石；第四是社區的文化特色造成團體的壓力，涉入團體界定規範的參考；最後，社區的資源是團體得以生存的依靠，團體很難脫離社區。社區環境中影響團體的最重要因素是文化與種族，工作者可以透過對文化的了解，促使成員發現共同的文化遺產，而得以提高團體的凝聚力。不過，文化也有負面影響的可能。

三、解決衝突的技術

> **榜首提點**
> 請以申論方式準備，包括衝突之意涵、解決衝突的九種技術，務必建立論述之能力。

（一）衝突之意涵

1. 衝突（conflict）是一種敵對的行動狀態，涉及分歧的想法或利益，在團體中是無法避免的。

2. Johnson 和 Johnson 提出團體衝突隱藏的優點和危險：團體成員間的衝突是團體效能的真實時刻、團體健康的試煉、減弱或增強團體的危機、可能帶給成員創造性理解和成員間更親密關係的重要事件或持續憎恨、鬱積敵意和心理傷痕的事件。衝突可以離間成員或是拉近彼此，且有更合作的關係。衝突可能包含破壞團體的種子或更統一與合作的種子。衝突是有潛力製造團體功能的高建設性和高毀滅性的後果。

（二）解決衝突的技術
1. 輸贏取向
在團體中，衝突常扮演相同的競爭模式，因為每一方都否定另一方的興奮和關注議題的正當性，所以成員意圖使別人接受他們的觀點，而不真正傾聽另一方的聲音。形成以權力支持一方反對另一方，當在議題上的「贏」成為雙方唯一的目標時，團體原始的目標和目的便退居幕後了。

2. 雙贏的問題解決
（1）雙贏（no-lose）的問題解決取向聲稱，在衝突情境中，總有可能滿足雙方的需求。雙贏取向的益處是，雙方滿足他們的需求，並增加團體和諧及凝聚力。在輸贏局面中的憎恨、敵意與破壞性的行動也減少了。
（2）雙贏的問題解決取向的六個步驟：

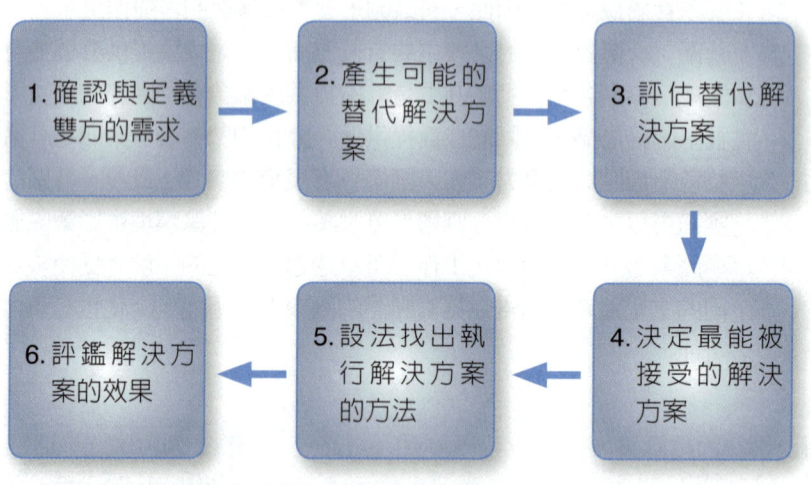

1. 確認與定義雙方的需求 → 2. 產生可能的替代解決方案 → 3. 評估替代解決方案
↓
6. 評鑑解決方案的效果 ← 5. 設法找出執行解決方案的方法 ← 4. 決定最能被接受的解決方案

（3）總結輸贏策略和問題解決策略的差異

輸贏策略	問題解決策略
衝突被定義為輸贏的情境	衝突被視為問題
雙方尋求解決之道只為自己的需求	每個人都尋求解決之道
雙方試圖強迫另一方順從	每個人互相合作，以發現彼此可接受的妥協
藉著強調獨立於另一方及另一方依賴自己，以增加自己的權力	藉由同理互賴，雙方權力平等

輸贏策略	問題解決策略
雙方不正確地、錯誤地及誤導溝通目標、需求與想法；不分享對另一方不一致或傷害性的訊息	每個人真誠地與開放地溝通目標、需要與想法
不表達同理或理解，形塑另一方的想法、價值與觀點	每個人努力地表達同理與彼此觀點、價值與想法的了解
威脅以強迫另一方順從	避免威脅以降低另一方的防衛
表達出快速遵從自己的立場	表達彈性的意願
緩慢改變立場，以強迫另一方讓步	改變位置以幫助問題解決
不尋求第三勢力的建議，聚焦於強迫另一方讓步	尋求第三勢力幫忙解決問題

3. 角色互換：一個解決團體內和團體間衝突的有用策略是角色互換（role reversal），角色互換的基本規則是：只有在重述敵對者的想法和感覺後，每個人才能表達自己的意見或觀點。這些意見和感覺應該以自己的話重述，而不是機械地模仿另一方確切的話。建議用這樣的話開始重述，如「你的立場是……」，「你似乎在說……」，或「你明顯地感受到……」。應該避免贊成或反對、責備、給予忠告、解釋或說服。

4. 同理心：一個和角色互換非常有關的技巧是表達同理心，同理心意味著設身處地站在與你衝突的立場來思考，表達對他人所想、所說的了解。

5. 詢問：如果你和某人有衝突，對於他的想法和感覺感到困惑，詢問技巧也許派得上用場。這個技巧意味著使用溫柔的、探索性的問題，以學習更多有關另一個人的所思與所感。詢問中聲音的語調非常重要，因為尖酸地或防衛性地問問題，容易引起與你衝突者的防禦性反應。

6. 我──訊息：使用我──訊息的技巧會促進衝突雙方更開放與誠實的溝通；相反地，你──訊息容易增加衝突雙方的防衛。

7. 解除敵意：當你與他人發生衝突時，使用解除敵意（disarming）的技巧時常是解決衝突的有效策略。解除敵意的技巧意味著，在另一個人（或另一方）所說之中找到一些真相，然後表達你的「同意」──即使你感到另一個人大部分是錯誤的、不合理的、不理性的，或不公平的。在另一個人所說之中總會獲得真相，即使聽起來令人討厭與無禮。當你用這個技巧解除另一個人的敵意，他將會了解你尊重他。一旦解除了敵意，另一個人將不會這麼堅持己

見，且比較不可能堅持他是完全正確，而你是完全錯誤，因此他更願意檢視你論點中的優點。在使用解除敵意的技巧時，真誠地說及誠心表達你的同意是很重要的。

8. 打擊：和解除敵意緊密有關，打擊（stroking）是真誠地向與你衝突的另一個人（或另一方）說正向的話，即使在爭鬥火熱時。打擊告訴另一個人說你尊重他，即使你們兩個都很生氣。在爭論或衝突中，在你被拒絕前，你需要先拒絕他人（為了「保住面子」）。人們常常反應過度，不同的意見常常不成比例地出現。為了避免被拒絕，只要讓另一個人知道，雖然你和他的意見不一致，你仍相當為他著想。這樣，他比較容易開放自己與聆聽別人，因為他比較不會受到威脅。

9. 調停：調停者主要使用的技巧之一是協調會議（caucus），有時調停者或任一方可能會中斷調停，並要求一個協調會議。在協調會議中，雙方完全被隔離，兩者間沒有直接溝通。藉著使用協調會議，調停者可以來回地轉達雙方的資訊，並試圖發展共識。Blades 提出調停過程的五個階段：介紹／承諾、定義、協商、同意、定契約。

四、團體討論技術

> **榜首提點**
> 非常重要的測驗題考點，考題量多不勝數，請務必詳加準備。

（一）團體討論的形式

型式	內容
1. 圓桌會議	這種團體討論沒有聽眾，所以非常隱密性，成員可以自由交換意見。它使用最適合於小型決策團體或是小型學習團體。圓桌會議的主席主要在扮演鼓勵交換意見的角色，同時，他也可以發表意見。由於人數少，所以討論的廣泛與多元機制就受到限制。然而，這種討論卻是最精簡有效，尤其是在決策上。
2. 陪席式討論	又稱為「代表式討論」。這是一種經常看到的討論會，在電視新聞的評論節目中及學術的討論上均可看到。由不同意見主張或代表不同利益的代表們組成發表人，另有一批對本主題關心或支持者在場。主席不包括在成員裡，所以不必加入討論，他是一個促成有效討論的媒介，在於引導討論、承接轉合、聚焦話題及做最後的結論。

型式	內容
3. 座談會	座談會是給予每個團體成員有機會公開發表對討論主題的某個領域或部分的意見。這是一種比較有組織而正式的討論方式，座談之目的與陪席式討論有某種程度的相似，如果，我們選定的主題很容易區分為若干小子題，那麼座談會是比較有利的方式；反之，若主題不易區分，則採陪席式討論較容易發揮。因此，採取座談會與陪席式討論端視討論的題目而定。
4. 對話	所謂對話就是由兩位成員公開或私下進行溝通。對話的是兩位或多位直接互動，且可以自由討論所熟悉的話題，大部分的對話都具有主從關係，就是一方為主要發話人，另一方來回應。
5. 自由討論	自由討論是所有團體討論中最獨特的一種，自由討論通常是由一群專家提供資料報告與問答，然後進行討論，但並非是最有效的討論方式。
6. 演講討論會	最常見的是在教室裡，由講者先講一段後，再由聽講者提出問題。聽眾要到演講完成之後才能提問題，演講者的回答與爭議或再詮釋是促成一個好的團體討論的基礎。

（二）團體討論的控制程度

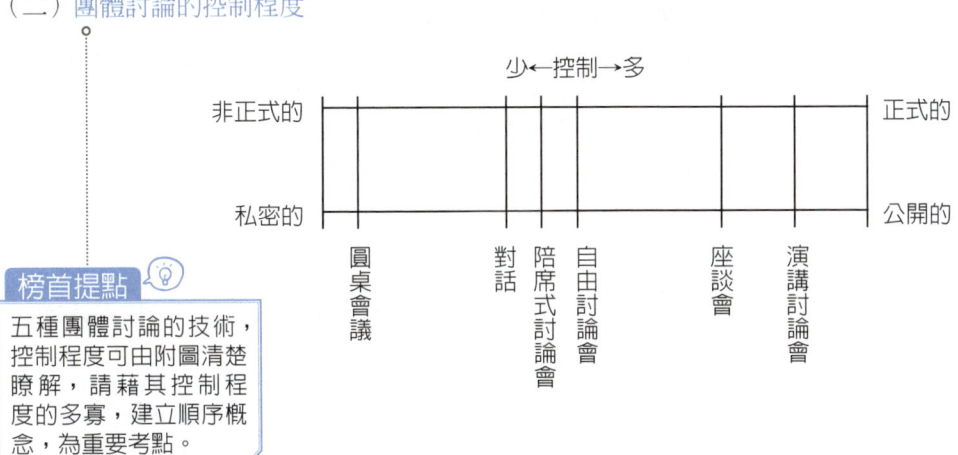

```
          少←控制→多
非正式的 ┼──┼──┼──┼──┼──┼ 正式的

私密的  ┼──┼──┼──┼──┼──┼ 公開的
       圓  對  陪  自  座  演
       桌  話  席  由  談  講
       會      式  討  會  討
       議      討  論      論
               論  會      會
               會
```

榜首提點

五種團體討論的技術，控制程度可由附圖清楚瞭解，請藉其控制程度的多寡，建立順序概念，為重要考點。

329

（三）團體討論的技術

技術	內容
1. 腦力激盪	1. 腦力激盪（brainstorming）主要目的在增加成員產出意見的數量，其主要元素最初是在暫時停止對意見的批判，繼而由 Osborn 發展出一系列創造意見的規則。知 2. 在腦力激盪時，大家一起致力於創造性的思考，而非分析或批判思考，因為後者會減低創造性的思考。 3. 腦力激盪之四個原則／程序 　（1）自由表達（freewheel）：鼓勵每一個人自由表達意見，成員會不因意見是粗糙、重複或平淡無的而被限制。 　（2）不批評：要求成員不分析、不批判別人的任何意見。成員也不要防衛或解釋他們的看法。 　（3）意見越多越好：Osborn 和 Clark 認為在一定時間內產生越多意見，越能形成更好的意見。 　（4）結合、重整和改善：有點像搭便車（hitchhiking），成員針對已有的意見繼續增加和改善。也就是成員可以結合已有的意見，加以修正，並建議如何改善。 4. 程序 不論團體的大小，皆可使用腦力激盪術；雖然較大的團體可能會限制成員的意見、減低成員參與的能力。因為腦力激盪鼓勵特殊、有創意的點子，故若選擇較異質性的成員，在團體過程中較可以獲得多樣性的意見。在短時間內（約 15 分鐘）便可完成討論的程序；但較長時間的會議，所獲的意見品質更好，因為會議時間進行到最後三分之一時，意見品質比會議開始進行三分之一時更好。 5. 運用 如果團體的問題已確定，並有清楚的範圍，則腦力激盪術會更有效。
2. 非正式小型座談	是將觀眾分為若干小團體，每個人均有參與機會。為了肯定參與，每個成員均給他對問題表達的機會，當非正式小組討論完成之後，由每一小組的主席將結論提交大團體報告，此時的非正式小型座談成員仍然是匿名的，因為，小組主席已經將所有意見整理為小組意見。主席所發表於大團體的看法也不能是個人的，而應以全組成員的意見為意見。

榜首提點

為非常重要的考點，熟讀要義，題目多以測驗題名詞內容描述方式出題，請考生選擇正確的技術為主。

技術	內容
3. 菲立浦六六討論法	菲立浦六六討論法的功能與非正式小型座談有些不同。但同樣都是運用小團體來發展某一領域的問題。菲立浦是該討論法的創始者，六六是代表六個人討論六分鐘，不過，不一定是如六六討論法所訂規定的一定是六個人討論六分鐘，運用時稍可適時地而彈性調整。如果問題範圍稍大時，並不拘泥於六分鐘，人數也不必一定六人，可以由三人到八人不等。
4. 標示法	在團體討論時經常發現一些未成熟的討論或超出範圍的問題，如此會造成團體的防衛與干擾討論。由於成員不能問一些尚未被討論到的部分之問題，主席只好將這些問題紀錄在黑板上或由電腦秀到螢幕上，讓成員或觀眾看得到。所以，標示法就是將成員或觀眾認定的問題或概念列於黑板上（或書面紙上）。標示法的功能包括：能夠引起參與者的興趣、能夠澄清問題、能夠決定問題的先後順序等。

知識補給站

腦力激盪之優缺點

腦力激盪的有利因素（優點）	腦力激盪的不利因素（缺點）
1. 減少依賴單一的權威體系。 2. 鼓勵開放式的分享意見。 3. 使高度競爭的團體成員感覺安全。 4. 在短時間內產出最大量的意見。 5. 成員的意見立即公布，讓每一個人都看到。 6. 意見的產生來自團體內部，而非外來，因而增進對團體的信賴和責任。 7. 腦力激盪常是自我激勵和享受的過程。	1. 經常還是不容易形成真正自由表達意見的氣氛；對某些不習慣自由表達和分享意見的成員來說，他們仍會覺得不舒服。如果團體中允許成員不提供意見，則使用腦力激盪將會破壞這項規則，並導致成員明顯或不明顯的受到懲罰。 有一些原因也會減低腦力激盪的效果。例如：團體開始時需要較多的時間進行暖身，但事實上常無法這樣做。如果團體不喜歡活動的慣性被打破，工作者可能覺得要對表示不願參與的成員或懷疑腦力激盪好處的成員提出辯解。

五、團體方案設計

（一）活動設計前的情境評估

1. 團體的目標是什麼

   團體成立之初由社會工作者與機構共同決定了團體的目標；再加上個別成員所提出的個別目標，而使團體在聚會初期即有了團體工作的目標。雖然，在團體中期會因衝突而修正團體目標，但是，無論如何，社會工作者要確知團體工作的目標為何，才不致於本團體成為無目標的航行。

2. 團體發展階段的動力特徵

   團體發展是一個螺旋狀的前進路徑。團體工作每一個階段有其不同的階段目標，而團體本身的發展也有其動力特徵。社會工作者可以促成此種動力特徵的改變。但是，在進行任何干預之前，也非得配合此種動力的發展不可，所謂借力使力，才能推動團體成長，任何活動的介入，應以納入團體動力發展的特徵為基本。

3. 由誰來設計此項活動

   並不是所有團體工作過程的活動都必須由社會工作者來提議或設定，然也不必是由社會工作者所主持。社會工作者應評量此時是否該由自己提出團體活動的建議，或是要求團體成員接納由工作者所預設的任何團體活動。亦可鼓勵團體成員自己來設計活動。

4. 考量參與者的能量

   多說少人將參加這個活動，性別、年齡、偏好、人格特質如何？亦即，這個團體活動的對象是誰。更應該考慮此時的成員適合進行何種特性的活動。

5. 參考關相關的活動資料

   目前已經有許多種團體活動被引介使用，社會工作者並不須在意採行他人已發展出來的活動設計，而貴在於是否用的洽到好處。如果已有現成活動設計在手邊，工作者應該去檢定這些活動的適用性。如果需要修正，仍應參照規則加以修改。

（二）團體活動設計

1. 目標設定

   團體活動設計的首要工作是設定本次活動的目標。活動目標一定要與團體階段目標相配合。任何活動方案均需有目標，目標可再區分為主目標、次目標、第三層目標，餘類推。

> **榜首提點**
> 團體活動設計的基本概念務必建立，實務題要有能力規劃團體活動方案。

2. 參與者

   考量參與者的人數及角色分工。不論如何,使團體成員都納入活動是不變的原則。如果有必要分成若干次團體時,務必考慮性別、年齡、背景、偏好與社會距離對活動的意義。

3. 時間分配

   通常每個團體會期不出一小時到二小時時間,除了馬拉松團體例外。而時間的選擇又以團體人數的多寡來決定,主要是考慮每一位成員能分配到的表達與治療時間是否足夠達成任務。而團體活動的時間又得考慮到團體會期的時間分配。

4. 物理環境

   空間對團體的影響,可從團體動力學的研究中得知。團體的物理環境包括房間、桌椅安排、燈光、牆壁顏色、溝通條件等。通常團體活動的物理條件,應優先考慮以團體原來使用的空間環境為宜,尤其在團體迫切需要有「我們的地方」的感受時,換場地是不必要的。

5. 資源供應

   團體所需要的資源包括經費、器材、人力等。

   上榜關鍵 ★★★
   測驗題基本概念題,請留意。

6. 活動限度

   團體活動有靜態、動態等。活動範圍的限制在團體初期的活動規定較多,到了團體逐漸產生共識後,團體已習慣開放的態度來互動,規範的界定也較能自主。工作者針對每個活動的規範應加以明示,以免引起不安全或誤解。

7. 活動內容

   這是團體活動設計的主要部分,有時慣稱為活動過程,這是將活動名稱加以運作化的說明,以利於執行。活動的設計者要將整個執行過程用最簡明的語言表達,如果執行者不是設計者本人時,仍然能一目瞭然。

8. 預期成果

   這是指成員的行為反應。也就是整個團體因活動的引入時,所展現出來的團體風貌,這一部分和目標有高度關聯。

9. 獎賞

   團體活動也應設計獎賞活動,增加團體的凝聚力。

(三)活動進行

1. 場地安排

   任何團體活動都應講求舒適與安全的物理環境,如果整個會期都以活動來進行,則應事先場地佈置好;反之,如果團體活動是中途插入,則應考慮場地的轉換是否引起太大的折騰。場地佈置最好由團體成員一起來分攤。

2.開場白

任何活動都要有一段或長或短的開場白,以引導活動進行。開場白的內容包括:寒喧詞、介紹活動的名稱、講解活動內容、角色安排、活動限制及獎懲規定等。開場白總是要清楚而肯定地表達活動的意義與內容。不過,開場白通常不對活動的結果加以暴露。

3.角色分派

活動角色扮演,除了刻意地權力分配與吻合治療目標外,通常是採取自願選擇角色履行。

4.意外事件之處理

意外事件包括:下雨或場地臨時不適用、肌膚碰觸過分劇烈而損傷、不可抗力的意外傷害、心理傷害而哭泣或離席、競爭過於激烈而衝突、外人介入而破壞團體的持續性等。一旦意外事件發生,工作者有責任儘速處理。但是,任何發生於團體中的事件,也是每一位成員的事務。基本解決方法是團體活動應有替代方案,作為第二選擇,以免因天候或場地不良的中斷。如果發生次團體的衝突,工作者的處理可依據團體衝突期的工作技巧加以解決。總之,團體的意外事件將帶來成員心理負面影響,如果不善加處理,會使成員的信任感受到損害。

5.經驗分享

在團體活動結束,工作者一定要預留若干時間作為經驗分享之用,經驗分享多以討論為主,包括:該項活動令人想到什麼?活動進行中,成員有什麼樣的感受?被接納的滋味如何?被拒絕的感受怎樣?輸贏的滋味如何?活動開始與結束的感覺有何異同。經驗分享的意義在於使成員回憶活動的經過,從活動中獲得啟示,並掌握此時此地的感受;同時,也作為工作者評鑑團體活動是否達成預期的目標之用。團體過程中若無經驗分享。是很難產生情感聯結的。

(四)團體方案設計範例

> **榜首提點**
> 請練習處遇性、任務性團體計畫書之撰寫,為非常重要的申論題考點。

(引自莫藜藜譯。《團體工作實務》。雙葉。)

1.團體通告類:新父母的支持團體

在此邀請您參加這個專為家中有六個月至兩歲兒童的家庭所舉辦的團體。這個團體將由參加的家長共同決定想要討論的主題,諸如嬰幼兒照顧、家務分工、教養子女、大小便訓練和幼兒照顧資源等。

(1)主辦單位

Greenwrich 社區心理衛生中心

49 Cambridge Avenue, Greenwrich, NY

（212）246-2468
（2）團體領導者

George Oxley，合格社會工作師，臨床社會工作部主任

Marybeth Carol，社會工作學士，臨床社工者

（3）參加人員

所有家中幼兒年齡在六個月至兩歲之家長

（4）期間和日期

三月至五月，每週四晚上 7：30-9：30

（5）臨時托育

我們鼓勵父母將孩子一起帶來本中心。兒童照顧工作將由 Hudson 中心社區學院的社會工作實習生負責。

（6）費用

每對夫妻三個月的費用共計 90 美元，可分月付給。

若想了解進一步的消息，可洽 Oxley 先生或 Carol 小姐，電話（212）246-2468。

2. 團體通告類：青少年中心籌備會議

凡是住在 Johnsonvulle、Pittstown 和 Valley Falls 地區的民眾，有興趣參與社區青少年中心籌備會譯者，都歡迎來參加。討論議題包括青少年服務中心的服務費用、募款、服務需求，以及如何支援青少年中心的服務。

（1）主辦單位

Rensselaer 社區服務委員會

（2）會議地點

Johnsonvulle 消防隊

（3）日期和時間

2010 年 3 月 25 日星期四，晚上 7：00-9：00

（4）聯絡人

Jim Kesser

（212）241-2412

敬備茶點招待

3. 團體工作計畫大綱（處遇性／任務性）

（1）前言

簡短敘述團體要點。

（2）目的

A. 簡單說明目的。

　　　　B. 團體如何進行。
　　　　C. 工作者的角色。
　（3）贊助單位
　　　　A. 機構名稱和宗旨。
　　　　B. 機構資源（設施、財務、人力）。
　　　　C. 機構地理位置和相關統計。
　（4）成員資格
　　　　A. 選擇成員的條件。
　　　　B. 說明為何訂出這些條件。
　（5）招募方式
　　　　簡述如何招募成員。
　（6）團體的組成
　　　　A. 篩選成員的指標。
　　　　B. 團體大小、開放式或封閉式、人口特質。
　（7）團體前的準備
　　　　說明所使用的方法和程序。
　（8）契約
　　　　聚會的次數、頻率、期間和時間。
　（9）環境條件
　　　　空間安排（聚會場地空間和設施）。
　　　　財務安排（預算、收入、支出）。
　　　　特殊安排（兒童照顧、交通）。
4. 一個處遇性團體的計畫書：青少年遷出準備團體
　兒童青少年護庇護中心
　（1）前言
　　　　一些青少年將離開庇護中心回到社區。這是一份青少年社會技巧訓練團體的計畫書。
　（2）目的
　　　　團體將討論每位成員回到社區後希望做些什麼。團體將強調社會學習的重要，希望成員能學習新的社會技巧，讓他們懂得如何與父母、老師和雇主相處。教導社會技巧的方法主要是角色演練、行為預演示範和強化（reinforcement）。
　（3）贊助機構
　　　　兒童青少年庇護中心是一個專為犯罪青少年所設立的收容機構，對不宜

住在家中的青少年提供服務。該中心有 200 位男孩，分住在 15 個「家」中。機構佔地 200 畝，設有中途學校，師生比是 1：4。直接服務的工作人員包括保育員、社工師、護理師、心理師、精神科醫師和職員。

（4）成員資格

每個月大約有 10 位男孩遷出中心回到社區，在這些男孩將遷出之前三個月組織成一個團體。

（5）招募方式

成員由每一個「家」的家長推薦自願參加者並張貼布告。此外，教師和社工師會與可能參加的人談一談，建議他們報名。

（6）團體的組成

團體成員包括 6-8 位 12 至 14 歲的男孩，他們預計在三個月後可以遷出庇護中心。此外，這個團體的成員是回到原生家庭或親戚家，而不是去寄養家庭。這是一個封閉式的團體，因為社會技巧的學習是以漸進且累積而成。

（7）團體前的準備

領導者將個別訪談每位成員，訪談中讓成員觀看一個兒童團體治療的錄影帶，然後與成員討論細節，讓成員有所準備。

（8）環境條件

團體的聚會場地在中途學校的一間教室，有錄影設備，可以錄下成員的角色演練。需要一筆約 120 美元的預算，以支付校外教學、材料和點心的費用。另外，兩捲空白錄影帶約需 60 美元。在每週一下午課外活動時間聚會。

5. 一個任務性團體的計畫書

矯治機構的合作研究計畫小組

（1）前言

這個計畫是由三個縣立的矯治機構組成，並發展研究合作的任務性團體，討論如何執行研究並運用研究資料。

（2）目的

團體的組成是希望討論出如何運用各矯治機構的研究資料。矯治機構的工作人員先前曾將期刊發表之文章運用於實務工作中，成為理論與實務整合之研究報告。團體領導者為 Siena 學院的 Robert Rivas。

（3）贊助機構

這個任務性團體由三個縣立矯治機構共同贊助，開會地點由 Rockwell 縣立機構提供，經費則由三家機構一起分擔。

（4）成員資格

　　每家機構推薦三位代表參加。

（5）招募方式

　　將邀請函寄給每家機構的主任，同時刊載在相關會訊上；然後機構主任以書面推薦三位代表。

（6）團體的組成

　　這個任務性團體指派下列代表參加：組長、督導（或資深社會工作者）和社會工作者各1位。所以團體成員包括九位來自機構的代表，兩位當地大學的研究顧問，所有成員必須具備一些研究的技術。這將是一個封閉式團體，如果有興趣參加某次會議，須取得領導者的同意。

（7）團體前準備

　　團體討論前，每位成員需閱讀幾份研究報告。領導者將與每位成員個別討論以蒐集意見，並決定議程。

（8）契約

　　團體每個月開會一次，時間為每個月的第四個星期一早上9：00-12：00，預計進行六次。團體結束前一個月提出初步報告。

（9）環境條件

　　Rockwell縣立機構提供內有桌椅、黑板，可進行團體工作的會議室。每家機構負擔三分之一的費用（至少30美元），還要編列100美元的預算做為印製成果報告之用（由協會補助）。另外，每家機構主任須負責交通費用的預算（每哩25美分）。

六、口語與非口語溝通

上榜關鍵 ★★★ 以測驗題方式準備，著重在細節的研讀。

（一）溝通模式

1. 單向溝通

（1）溝通第一件事是把你的想法和感受轉化為他人能了解的符號（通常是口語的形式，但也包括非口語的信號），這樣的歷程就叫作譯碼（encoding）。第二個步驟是發送訊息，發送訊息的方式有許多種，如：透過信件、電子郵件、電話、便條、口語、觸摸、動作、手勢及臉部的表情等。當你把訊息傳達給接收者（receiver）時，接收訊息者從他本身的經驗來詮釋你傳達的訊息，進行解碼（decoding）。

（2）單向溝通（one-way communication）：在單向溝通歷程中，聽者的角色只是接收訊息，並且依指示與命令行事而已。單向溝通中訊息會分

為三種心理歷程而被愈來愈簡化或扭曲，如：簡化（leveling）、加強（sharpening）及同化（assimilation）。
（3）單向溝通的問題：單向及指導性的溝通存在一些嚴重的缺點，有些團體成員可能具有建設性的意見足以改善團體的成果，但是因為沒有溝通的管道，好點子可能因此不被納入或考慮。再者，原始訊息的一些重要細節可能在同層級之間傳遞時被遺漏或曲解，這些曲解可能造成層級之間的合作無法有效執行領導者的指示。此外，當團體成員缺乏機會參與決策過程時，團體士氣與成員執行指示的投入度將會降低。

發送者 譯碼 → 訊息 → 接收者 解碼

圖：單向溝通

2. 雙向溝通
（1）雙向溝通（two-way communication）：雙向溝通讓所有人都可以完全參與，好處為由於少數人的意見被鼓勵而且經常表達出來，所以雙向溝通可以增進凝聚力、團體士氣、信任及開放度。衝突與對立可以透過高品質的方式解決，因為所有成員的資源與想法都可以集結起來。雖然雙向溝通比單向溝通更有生產性，也更有效，但卻需要花許多時間。大部分的溝通應該是雙向的歷程，當最初的訊息發送者發送訊息給接收者時，接收者會有所反應。
（2）雙向溝通的問題：權威階層影響雙向溝通，因為上位者通常說得比較多，而且訊息是直接傳達給地位高的人。通常擁有較少權力的人比較不願意冒險且避免直言，因為他們擔心直言的後果，高權力者不希望顯示他們的缺點，擔心被看到弱點而失去他們的地位，在上位者也容易降低誠實性與開放的溝通。

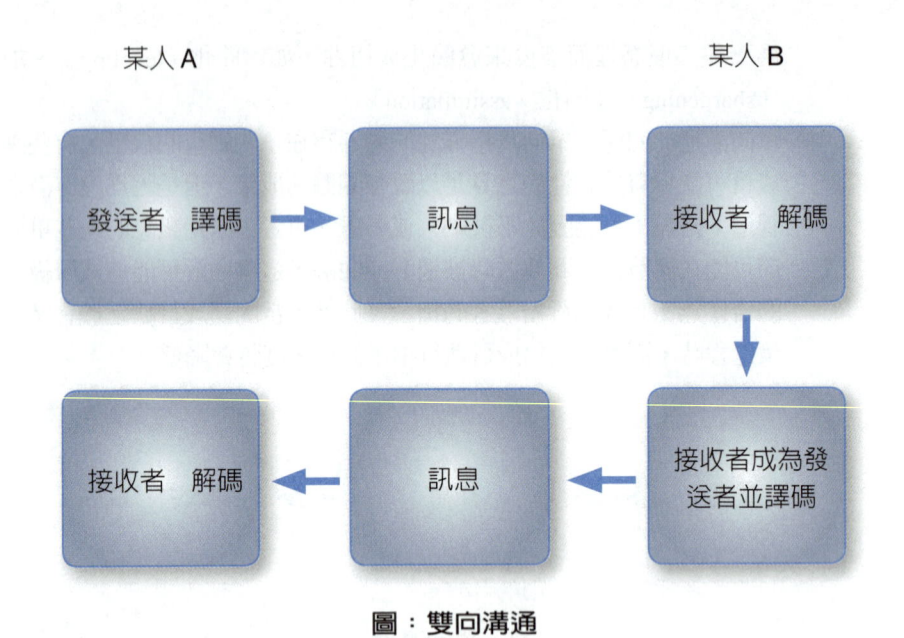

```
某人A                                          某人B
發送者 譯碼  →  訊息  →  接收者 解碼
                                                    ↓
接收者 解碼  ←  訊息  ←  接收者成為發送者並譯碼
```

圖：雙向溝通

（二）有效溝通的方式

方式	說明
發送者	如果口語與非口語的訊息能夠一致，接收者就能較佳地解釋訊息。當非口語及口語的訊息不一致時，雙重或矛盾的訊息會被傳達，訊息必須要完整且明確，如果你必須要某人幫你忙，通常必須說明理由，且要把你的要求明確化，模糊或不完整的資訊通常會被誤解。
接收者	當接收者私下接收到訊息時，溝通常常就終止了，接收者應該問問題以澄清發送者的意圖及理由，而非一下子就做出錯誤的結論。
傾聽的技巧	要達到有效的溝通，必須發展好的傾聽技巧，但是許多人都只關心他們自己的興趣和想法，當別人跟他們說話時，往往因關注自己而分心。

方式	說明
積極傾聽	Thomas Gordon 發展出四種改善溝通的技巧：積極傾聽（active Listening）、我－訊息（I-messages）、價值衝突（collisions of values）及雙贏的問題解決。 1. 積極傾聽：步驟包括訊息接收者試著了解發送者訊息的意義或他的感受，然後接收者理解，以自己的話複述一遍，以確認發送者的意思。 2. 我－訊息：當某人有問題時，也可以運用積極傾聽。當其他團體成員因為你而製造問題時，許多狀況就會發生，例如：另外一個團體成員可能對你惱怒或批評你，你可能保持沉默或送出一個「你－訊息」（you-massage），有兩種你－訊息：一種是解決的訊息（solution message），另一種是貶損的訊息（put-down message）。Gordon 認我－訊息比較好，我－訊息本質上是非責備性質的，它只是用來溝通訊息發送者相信接收者正在影響發送者。我－訊息並沒有提供解答，也沒有批評。 3. 價值衝突：Gordon 提出三種具有建設性的方式以解決價值衝突，首先，是珍視你所擁有的價值。第二種方式是，試著成為與你有衝突成員的諮詢者。第三種減低價值議題緊張的方式是修正自己的價值，檢視其他團體成員所持的價值，可以了解這些價值有什麼優點，你可以靠近這些價值或增加為什麼他們會持有這些價值的了解。 4. 雙贏的問題解決：雙贏（no-lose）的問題解決取向聲稱，在衝突情境中，總有可能滿足雙方的需求。

（三）非口語溝通

1. 非口語溝通的意涵

上榜關鍵 ★★★★
先熟記四項改善溝通技巧之項目，再加以詳讀，為測驗題考點。

（1）非口語的線索通常顯露一個人試圖隱藏的感覺，身體的反應，如冒汗、結巴、臉紅及皺眉頭，通常是情緒的表現 —— 害怕、難為情或不舒服 —— 那些人們想要隱藏不被別人知道的。藉由發展出閱讀非口語線索的技巧，團體領導者可以更容易覺察到其他人的感覺，知道如何與他們更有效的互動。因為感覺來自於想法，所以顯現人們感受的非口語線索也傳達了人們思考的訊息。

（2）非口語的訊息不能只當成事實來解釋，而必須當成一個線索，再配合口語的訊息，以決定發送者所想的與感受的。

（四）個人的界線

Hall 提出四種辨識日常生活互動的不同距離或範圍，以引導與他人的關係，這些範圍包括：親密的（intimte）、個人的（personal）、社會的（social）、公共的（public）。說明如下：

> **上榜關鍵** ★
> 各空間的距離請稍加留意，測驗題冷門考題。

界線類型	說明
親密空間	此範圍從肌膚接觸到大約 18 吋的距離，只有在情感上非常親密的人才可以進入這個領域，特別是在私密的情境－舒適、傳達關心、發生關係、示愛及表達情感。
個人空間	此範圍大約 18 吋到 4 呎，是公共區域中一對夫妻所彼此所站位置之間的距離。
社會空間	此範圍大約從 4 呎到 12 呎，包括生意上的溝通。
公共空間	此空間從 12 呎往外擴展，教師及大眾演講者通常利用此空間的較近距離。

練功坊

★ 團體工作常不可避免面臨衝突的情境，作為一個團體領導者，你如何看待團體中的衝突緊張現象？

解析

（1）衝突（conflict）是一種敵對的行動狀態，涉及分歧的想法或利益，在團體中是無法避免的。

（2）Johnson 和 Johnson 提出團體衝突隱藏的優點和危險：團體成員間的衝突是團體效能的真實時刻、團體健康的試煉、減弱或增強團體的危樓、可能帶給成員創造性理解和成員間更親密關係的重要事件或持續憎恨、鬱積敵意和心理傷痕的事件。衝突可以離間成員或是拉近彼此，且有更合作的關係。衝突可能包含破壞團體的種子或更統一與合作的種子。衝突是有潛力製造團體功能的高建設性和高毀滅性的後果。

練功坊

★ (　) 腦力激盪是任務性團體常運用的一種特殊的方法。下列那一項答案是正確的？
　　(A) 在腦力激盪時，團體成員透過分析或批判思考，一起致力於目標的達成
　　(B) 腦力激盪適用在較大的團體中，且成員的異質性越高，在團體中可獲得較多樣性的意見
　　(C) 在短時間內（約 15 分鐘）便可完成討論的程序，會議時間的長短與意見品質無關
　　(D) 如果團體的問題已經確定，並有清楚的範圍，則腦力激盪會更有效

解析

(D)。
(1) 選項 (A) 所述有誤。在腦力激盪時，大家一起致力於創造性思考，而非分析或批判的思考，因為後者會減低創造性的思考。
(2) 選項 (B) 所述有誤。不論團體大小，皆可使用腦力激盪術。
(3) 選項 (C) 所述有誤。腦力激盪在短時間內（約 15 分鐘）便可完成討論的程序；但較長時間的會議，所獲得的意見品質更好，因為會議進行到最後三分之一時，意見品質會比會議開始進行前三分之一更好。
(4) 選項 (D) 為正確答案。如果團體的問題已經確定，並有清楚的範圍，則腦力激盪會更有效。

★ (　) 下列那些對團體衝突的相關陳述是正確的？①衝突會造成團體成員間的焦慮②衝突是團體產生新能量的轉機③即使不處理，團體衝突也會自然地被解決掉④團體工作者必須冷靜判斷何時可以介入處理
　　(A) ①②④　　　　　　　　　　(B) ①②③
　　(C) ①③④　　　　　　　　　　(D) ②③④

解析

(A)。團體的衝突如不善加處理，非但衝突不會自然地被解決掉，反而會造成團體衝突加劇而使團體解散。題意③描述有誤。

重點便利貼

❶ 團體組成原則：(1) 成員個別目的和特質的同質性；(2) 成員的因應技巧、生活經驗和專長的異質性；(3) 整體的結構，包括成員的身分、地位、技術和專長等特質；(4) 團體成員的多樣性；(5) 團體大小；(6) 團體的封閉性和開放性。

❷ 社會工作團體的發展階段：(1) 團體啟動期；(2) 團體聚集期；(3) 團體形成期；(4) 團體衝突期；(5) 團體維持期；(6) 團體結束期。

❸ 社會工作團體的過程：(1) 團體啟動期；(2) 團體聚集期；(3) 團體形成期；(4) 團體衝突期；(5) 團體維持期；(6) 團體結束期。

❹ 社會團體工作的過程：(1) 團體前的工作準備；(2) 團體開始；(3) 團體形成；(4) 團體衝突；(5) 團體維持；(6) 團體結束。

❺ 預估整個團體功能的方法：(1) 測量溝通和互動；(2) 測量人際間的吸引力和觀察力；(3) 測量社會控制和團體文化。

❻ 團體結束的任務：(1) 維持和普及化團體改變的成效；(2) 減低團體的吸引力，以促進個別成員的獨立功能；(3) 協助成員處理面對結束的感受；(4) 計畫未來；(5) 提供轉介服務；(6) 評估團體工作成效。

擬真考場

申論題

在進入團體工作階段的時候,團體工作者可能在團體中採取一對一或運用團體過程來提供個別團體成員之幫助,或協助個人做適當改變。但是也有可能團體工作者未能掌握團體情況或未能做妥善處置時,而可能對個人和團體帶來傷害。試說明團體工作者決定將團體互動焦點(不論一對一或運用團體過程)擺在某一團體成員個人身上時,試問要有那些考慮或團體要有那些條件時,才能避免對此個別成員和團體帶來負面影響。

選擇題

( ) 1. 團體工作者在團體中自我表露感受和經驗,不是出於被迫而是為了有利於目標的達成。因此團體工作者在做自我表露時,應遵循下列那些原則?①團體初期宜鼓勵成員相互自我表露②團體工作者所表露的訊息,應與當時團體的情境有關③團體工作者最好避免分享私人的感受和經驗④團體工作者所表露的訊息,應具有正面意義
 (A) ①②③　　(B) ②③④　　(C) ①③④　　(D) ①②④

( ) 2. 以團體為實施的對象時,下列敘述何者正確?①治療團體的組成成員通常都有嚴重的情緒、行為或個人問題②任務團體是為了處理特別事務而成立的團體,組成成員愈同質性愈好③焦點團體是為單一主題的討論而形成的團體,通常是為了難以透過個別訪談而取得資訊及想法而成立的團體④成長團體在促進個人的身心發展,如少女的身心發展團體一定是混合性別的團體
 (A) ①③　　(B) ②④　　(C) ①④　　(D) ②③

解析

申論題：

許多團體工作者認為自己不應該與成員發生一對一的互動，因為那會破壞契約，因為，理想上，社工者總是希望透過團體參與而互助。佳文（Garvin）認為團體工作過程中是允許工作者與成員一對一的互動，但是，必須立基於以下幾個原則：

(一) 要看團體是否已出現有助於成員行為改變的動力。例如：團體已開始形成任務，大部分成員均已能各自注意聚會，團體也能關懷到非治療的成員及有成員被認定為偏差個案。如此之下，工作者可直接與成員互動。

(二) 危機情形發生，不即刻給予協助將發生不利後果時。如果該成員可以等待，則俟情況出現危急時再處理。工作者經常要衡量介入的代價，如果能提醒團體來協助成員，工作者可以將這個問題提出討論，以決定團體成員是否願意迅速地協助成員。

(三) 考量成員被協助後的負效果。有些成員因被工作者協助之後而成為「老師寵愛的學生」（teacher's pet）；這種情況易引起其他成員的敵視。因此，工作者要協助成員時，應視這個人在團體中是否能維持足夠的獨立性。

(四) 團體工作者協助個人是期望增強團體的資源，但不是為了個人偏好。在團體早期一對一的互動較多，工作者為了避免個別互動太多及被恥笑為「在團體中進行個案工作」，通常都會一再聲明鼓勵成員互動。

(五) 由於團體協助成員而傷害到其他的成員，如有成員因一提到性關係時即感到焦慮，工作者深知如果團體討論性行為就會傷害到這位成員。因此，可另外於會期之外單獨與這位成員討論。

(六) 合法的一對一信賴關係存在時，成員經常不合理的信任工作者，而較不信任團體。例如：有些成員想與工作者同享特殊地位或避免與其他成員發生信任關係。

(七) 協助個人比協助團體更有利於解決問題時。工作者單獨來影響成員是在團體已缺乏其他專家或經驗來處理該議題，或是成員已被孤立於團體之外時。無論如何，工作者應引導成員去追求資訊或協助個人減少疏離感。

選擇題：

1. B 團體初期由於團體成員信任關係尚未建立，此時期不宜鼓勵成員相互自我表露。題意①不適宜。

2. A (1) 任務團體是為了處理特別事務而成立的團體，經常被當作提出新點子、制定決策與解決組織的問題的團體，因此，任務團體尋找多元性成員是很重要的。題意②所述「組成成員愈同質性愈好」有誤。
   (2) 團體的性別組成是指團體組成性別關係的比例，通常區分為單一性別團體及混合性別團體二類。性別比例應依團體組成原則來決定。題意④所述「如少女的身心發展團體一定是混合性別的團體」有誤。

第五章　CHAPTER 5
社區工作直接服務（一）：基礎、理論、實施模式

榜·首·導·讀

- Rothman 的社區三大工作方法，分別是地區發展模式、社會計畫模式、社會行動模式等三種模式，是申論題非常重要的考點，考生務必建立清楚的分析架構；這三種模式在測驗題為必考題，歷屆試題命題數，不勝枚舉，請考生務必加強準備，並要有區辨三者差異之能力。

關·鍵·焦·點

- 社區的定義、要素、類型、假設為測驗的常見考點。
- 社區工作的相關理論，出題量雖不多，但通常出題就是決勝之關鍵。

命·題·趨·勢

年度	110年				111年				112年			
考試	1申	1測	2申	2測	1申	1測	2申	2測	1申	1測	2申	2測
題數		2		7		5		4		4		7

本·章·架·構

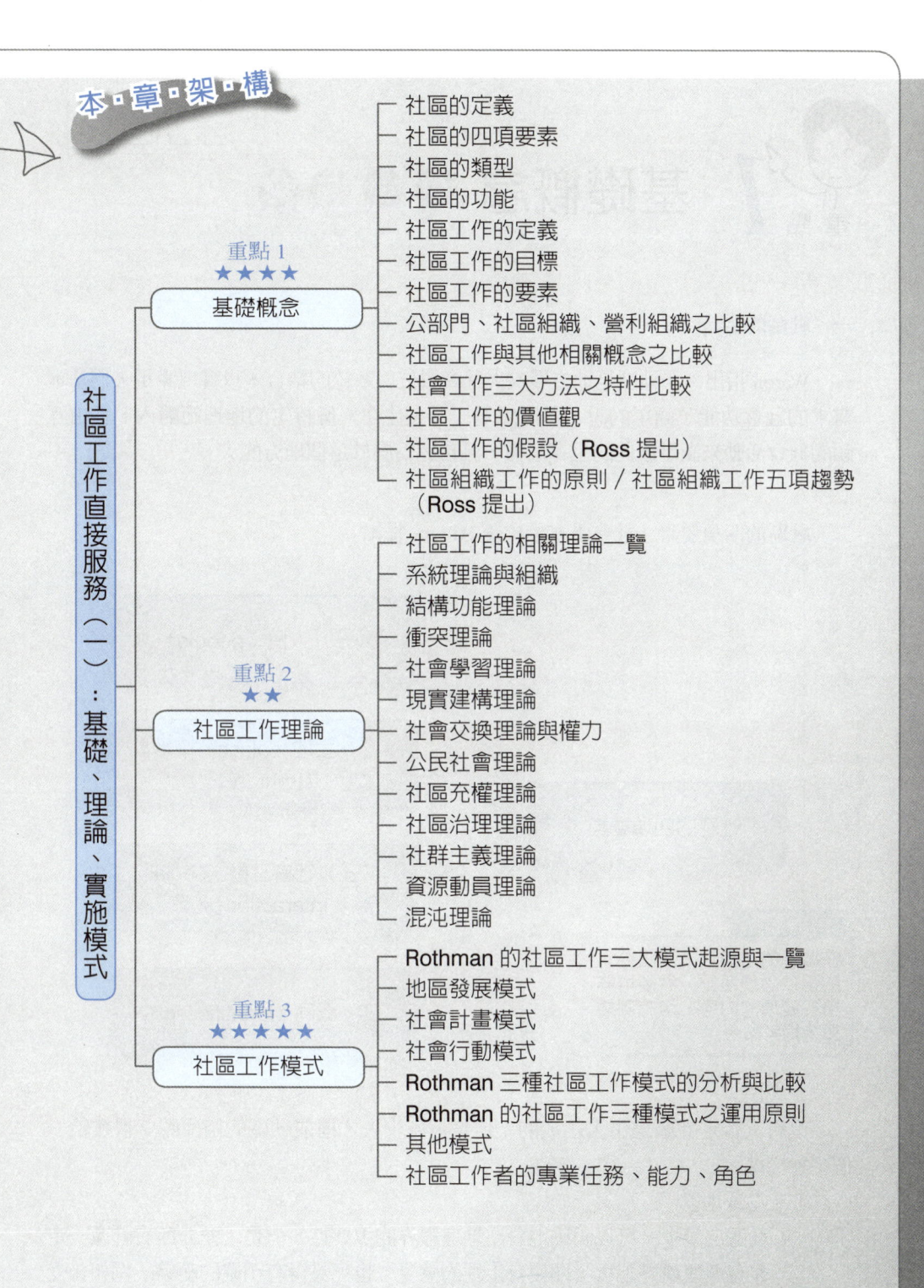

社區工作直接服務（一）：基礎、理論、實施模式

重點1 ★★★★ 基礎概念
- 社區的定義
- 社區的四項要素
- 社區的類型
- 社區的功能
- 社區工作的定義
- 社區工作的目標
- 社區工作的要素
- 公部門、社區組織、營利組織之比較
- 社區工作與其他相關概念之比較
- 社會工作三大方法之特性比較
- 社區工作的價值觀
- 社區工作的假設（Ross提出）
- 社區組織工作的原則／社區組織工作五項趨勢（Ross提出）

重點2 ★★ 社區工作理論
- 社區工作的相關理論一覽
- 系統理論與組織
- 結構功能理論
- 衝突理論
- 社會學習理論
- 現實建構理論
- 社會交換理論與權力
- 公民社會理論
- 社區充權理論
- 社區治理理論
- 社群主義理論
- 資源動員理論
- 混沌理論

重點3 ★★★★★ 社區工作模式
- Rothman的社區工作三大模式起源與一覽
- 地區發展模式
- 社會計畫模式
- 社會行動模式
- Rothman三種社區工作模式的分析與比較
- Rothman的社區工作三種模式之運用原則
- 其他模式
- 社區工作者的專業任務、能力、角色

重點 1　基礎概念

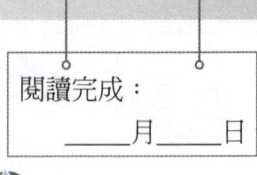

一、社區的定義

Waron 指出：「社區是地方層次上社會單位與系統的結合，以實現滿足人們基本需求的社會功能。簡單的說，社區應是一群人住在一個特定的地理範疇內，經由互賴的社會活動來滿足彼此的生存所需，且自認為屬於這個地方的人」。

二、社區的四項要素（社會學家希拉蕊 Hillery 提出）

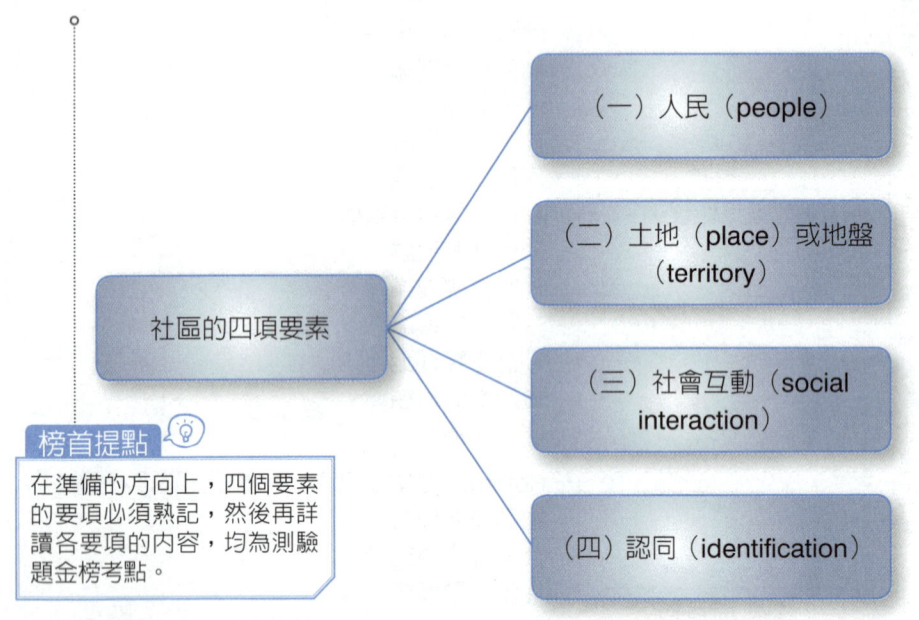

社區的四項要素：
- （一）人民（people）
- （二）土地（place）或地盤（territory）
- （三）社會互動（social interaction）
- （四）認同（identification）

> **榜首提點**
> 在準備的方向上，四個要素的要項必須熟記，然後再詳讀各要項的內容，均為測驗題金榜考點。

（一）人民

沒有人否定社區是由人組成的。但是，多少人才構成社區的條件呢？很難給一個絕對標準。

（二）土地或地盤

1. 社區定義中，可以明確地看出地理疆界的重要性。但是，並非所有社區一定非有地理疆界不可，即使有土地的感覺，也不見得有明確的範疇，例如普受

年輕人喜愛的 ICRT 電台（Internation Community Radio Taipei），就很難說出它的地理疆界是台北市，它的聽眾隨著音波到達的地方都收聽得到。
2. 至於地盤的感覺，不完全只是地理的面向，還有心理、社會的面向。心理的地盤是指因個人的歷史、文化、生活經驗、價值、信仰、特權而累積的尊榮感或優越感。

（三）社會互動

社會互動是指在上述特定地理範圍內的人們產生之互賴活動，如企業、教育、警察、消防、銀行、醫院、政府等維持基本生活的活動。這些互賴活動擁有共同可接受的規範、習慣，以及手段來獲得彼此之目的的達成。

（四）認同

認同是指居住在該地的人們對地區有心理的認同或共同的附著感。社區認同的感覺是一種社區感或是我屬感（we-feeling），或是社區意識。簡單的說就是我屬於這裡。

三、社區的類型

榜首提點：測驗題考題出題紀錄多不勝數，請加強各類型社區的區辨能力。

類型	說明
1. 地理社區（geographic community）	人們居住在一個特定的地方（location），共享在地感，如鄰里、街區即是。
2. 利益社區（community of interest）	人們因共同利益而結合成一個社區感，如運動、志願服務、旅遊等。參與這種社區的人們通常是經由申請加入或審查通過，他們從事共同的活動，以獲得利益，如棒球迷俱樂部、歌友會、股友社、網友俱樂部、直銷團體等。
3. 信仰社區（community of belives）	因共同的信仰、認同、種族、文化而構成的社區，如佛光會、慈濟功德會、聖母聖心會、長老教會等，有時又稱為宗教社區。但是，現代社會因共同信仰而結合的已不再是唯有宗教一途，同性戀所組成的同志社區也算是信仰社區。

類型	說明
4. 組織社區（organizational community）或工作社區（community of the workplace）	因共同的活動所形成的社區，如工廠、工業區、加工出口區、人民公社、監獄等。生活在這裡的人們花費大部分的時間從事相同的活動（工作、管訓、勞改等），個人也許沒有共識，但久而久之，會產生共同的社區感。
5. 功能性社區（functional community）	是有著共同生活方式、信仰、背景、利益及功能的一群人。

四、社區的功能

榜首提點
測驗題的金榜考點，基本要項必須熟記，並著重細節的研讀。

1. 生產、分配、消費
- 社區的第一個功能是透過各種活動滿足人們的物質需求，如食物、衣飾、住宅、休閒等。有人從事生產，如工廠或農場；有人專責行銷，如商店；有人單純做一位消費者，每個人依賴他人而生存。

2. 社會化
- 社區是個社會化機制。社區的規範、傳統、價值透過社會互動而傳遞給下一代，例如社區慶典、祭祀、教育。

3. 社會控制
- 社區透過社區公約、社區組織、守望相助、巡守隊、社區壓力、學校、警察等，達到人民行為之控制、價值引導。

4. 社會參與
- 包括參加社會團體、教會、志願服務等，讓社區居民參與社區公共事務，形成互動網絡，滿足基本需求。

> **5. 互助**
> ・透過鄰里、友伴、志願組織、教會、寺廟來協助有需求的個人與家庭，如老人照顧、身心障礙者的協助、兒童保護、治安維護。

> **6. 防衛**
> ・防衛是指社區可以保護它的人民免於受到傷害、欺壓，也就是透過社區的集體行動，人們的利益得以保存或擴張，如同志社區、原住民部落。

五、社區工作的定義

Twlvetrees：「社區工作」（community work）：「社區工作是一種藉由集體行動，協助人們促進其社區提升的過程。在這樣的界定中，突顯了幾個重要的面向：

（一）協助：誰來協助？意指專家、專業者，甚至是來自社區外的專家與專業者，而強調了專業社區工作者或社區工作員的角色。不但包含專家個別的協助，專家們更可能來自某些以推動社區工作為宗旨的組織。

（二）集體行動：指社區居民的集體行動。更進一步來說，是社區居民透過分工、協調來進行合作，達到提升社區、追求幸福的目標。

（三）社區：指的是空間及在這個空間的人們。社區中的居民並不僅是生活空間的聚集或集合，而是有共同關連的人群。所謂的共同關連可以是產業的共同性、共同歷史生活經驗或共同的生活需要。另外，社區中的居民未必是沒有組織、零散的人群。相對地，社區中的居民往往有其隸屬的組織，而這些居民的組織可能包括各種不同的性質（如宗教組織、康樂性團體）。當然，也會有一部分的居民並未歸屬於任何組織。

（四）提升社區：指社區工作的目標。而在這樣的目標概念中，進一步的問題是：誰的目標、目標如何決定，以及目標的特性。並在結合集體行動的意義中朝向訂定目標的民主過程，以及透過集體的行動，使得提升社區品質具有可執行性與具體性。尤其，目標是落實在社區空間與社區居民的範圍中。

（五）過程：過程的重要性不亞於目標的達成，尤其是達到目標的過程是透過集體行動的方式來達成的。透過社區居民集體合作的過程，作為一個小型社會的社區，可以累積屬於社區居民共同的能力與資本，以面對社會變遷的新需求。

> **榜首提點**
> 社區的定義與意義是非常基礎的觀念，但考生較常以測驗題的方式準備，而忽略申論題準備的必要性，以致於在歷屆試題中，以申論題出題時，難以完整論述。鑑古知今，請詳加準備。

六、社區工作的目標

上榜關鍵 ★★★★
請以測驗題型的基本準備，著重在測驗題各選項描述時，是否能區辨描述是否為真或有誤，是屬於觀念題的題型。

（一）促進居民參與解決自己的問題，改善生活素質

社區工作者相信，雖然居民可能缺乏處理問題的知識，但他們能夠學習去處理影響生計的多種問題。所以社區工作者應鼓勵居民參與解決問題，除了有助於問題解決外，還可以改善居民的自我形象。

（二）提升居民的社區意識

藉由社區工作者的協助，讓居民了解表達意見是居民的權利及義務，個人有責任拋開逆來順受的順民心態，應坐言起行，發揮公民美德。此外，社區工作亦著重居民覺醒，認識自己的問題，這些問題其實並非是個人問題，而是和整個社會、政治、經濟及階級制度有不可分的關係。

（三）加強居民對社區的歸屬感

社區工作可促進居民對社區的投入，從而令個人覺得生活豐富及圓滿。社區工作者在抗衡社區解體的趨勢，於重新建立社區意識及社區歸屬感方面，肩負著重大的使命。

（四）改進社區關係，改變權力分配

社區工作鼓勵受影響的居民，勇於做出反對及表達自己的意見，使得社會的資源及權力有較平均的分配。

（五）發揮居民的潛能

社區工作是透過居民集體行動，解決日常生活的問題，從而發揮居民的潛能。此外，又可加強居民的領導能力，令他們懂得開會技巧，強化居民自決及自立的能力。

（六）善用社區資源，滿足社區需要

將社區的需要及資源互相配對與協調，以使資源能得到充分的利用，避免重複和浪費，讓受助者儘快得到有效的服務，改進服務素質。社區工作亦著重社會政策的規劃、分析及改變，滿足受助者所需。

七、社區工作的要素

上榜關鍵 ★★★
社區工作的要素共有七項，請詳記，測驗題考點；社區工作的要素，與社區的四項要素不同，請區辨清楚，並須將整合與功能發揮一併準備，為申論題考點。

社區工作是「結合政府與民間的力量，透過專業者的協助，在社區民眾的集體合作中，改變社區及提升社區生活。」社區工作的要素，包括以下幾項：

1. 社區

    社區是社區工作最基本的概念,但它的意義也是最歧異的。Sanders 認為社區的概念包括三個層面:(1) 側重地理或結構的概念:指社區是一群居民共同生活的地區;(2) 側重心理或互動的概念:指社區是居民生活中互相關聯與依賴的共同體;(3) 側重行動或功能的概念:指社區是居民相互保衛與共謀福利的集體行動。然而,就地方社區而言,沒有一個單純的概念可以適用於社區一切的目的,三種考慮均必須計算在內;另有學者指出,就社區發展的觀點而言,應包括地理的、行動與心理的三種概念,意即以地理的社區為基礎、以行動的社區為方法、以心理的社區為目標;以及有學者認為社區是一種地理空間單元、社區是一種社會關係網、社區是一種集體認同的單元;以及晚近的社區概念內涵中,關係與歸屬的重要性更甚於空間(地域),社區的概念有二個意涵,其一指地理區域,其二指一群具有共同性質的人群,又稱共同體,社區工作的社區,是指後者的「具有共同性質的人群」。

2. 社區居民與組織

    社區工作的意義,不僅是達成特定的社區集體目標、滿足社區的共同需求,更強調以居民合作的方式達成集體的目標。社區工作是以社區民眾的集體合作為手段及方法來達成目標,而這指出了社區居民組織的重要性。當然,所謂的社區,並不是空間而已,社區中的居民更是社區的主體。而社區居民必須被組織起來,乃得以進行合作。就社區組織的概念來說,居民組織(即社區組織)及聯繫是社區組織的核心概念,即透過結合、整合既存的社區或居民組織來達成社區工作。因為社區組織是維持社區運作的社會關係系統,而社區居民組織在社區工作中,代表了地方居民集體行動的可能性。

3. 社區意識

    社區意識係指居住於某一地區的人,且這個地區及其鄰人有一種心理上的認同與融合,即所謂的歸屬感;亦即人們認為這個社區是屬於他的,而他也是屬於這個社區的,此又稱為社區情誼(community feeling)。社區意識之所以重要,是因為社區意識乃是社區發展的動力。而在社區意識的基礎及社區居民與社區意識的結合互動中,乃形成社區成員對於社區事務與環境的共同認識與意識,進而成為對社區 人、事、物的認同及參與行動之基礎。社區居民是否對社區具有認同感與貢獻的心,是社區功能良好與否的最佳指標。而這種使社區居民願意對社區事務盡心盡力的認同感,便是學者所稱的社區意識。社區意識包括為四個概念:熟悉感、認同感、歸屬感及榮譽感。

> **上榜關鍵** ★★
> 社區意義的四項概念,詳細說明請參本書第六章重點2之說明。

4. 願景

在社區工作中，對問題與需求的討論，係為導向行動的促進與改變，則轉變成為目標。若干目標的累積與抽象化，乃會成為願景，甚至經過社區人士的共同分享而有共識，進而成為社區願景。願景的產生，不但是由社區居民所共同發展出來的，進一步地說，所謂的願景不僅是一種長久的目標或未來的理想狀態。所謂有用、有意義的願景，必須包括有意義的目標、未來的圖像，以及清楚的價值觀等三個成分。因而，社區工作者在推行社區工作時，必須注意勿以問題、目標取代願景。而要能掌握住長遠性、更高層次的發展、理想的生活境界作為願景的本質，並藉由願景引導社區工作目標。

5. 資源

社會工作辭典將資源（resources）解釋為任何可以被用來協助解決需求的現有服務或商品。社區工作者常使用的資源，包括其他的社會機構、政府方案、其他的專業或志願人士、自助團體、非正式協助者，以及社區中具有才能與協助動機的個人。所謂的資源並不是一定或固定不變的，我們必須從利用者的角度來界定與思考，有助於達成目的者，稱之為資源；反之，有妨礙目之達成或負面的現象、不想要的情況者，則稱之為問題。

6. 社區工作者

在社區工作的諸要素中，社區工作者占有關鍵性的地位。特別是在社區工作的傳統中，社區工作者往往是來自於社區外的專家，可協助社區改變。在改變的過程中，社區工作者所從事的行為與活動，均是為了改變社區的努力。協助社區進行發展、推動社區工作的工作者未必是單獨的一位工作者，在不少的情況中，乃是以工作團隊的型式進入社區，整個工作團隊一起進行工作、協助推動發展的工作。

7. 方案與計畫

由於社區工作是「結合政府與民間的力量，透過專業者的協助，以及社區民眾的集體合作，改變社區，提升社區生活」。因此，社區工作的重點在改變，無論是改變外在的硬體環境或是社區居民的關係，都必須透過一些投入與努力來進行。而這些投入與努力，即需要用方案、計畫的方式來呈現與執行。

八、公部門、社區組織、營利組織之比較

表：公部門、社區組織、營利組織之比較

項目		公部門	社群組織	營利組織
目的	目標	維持公共秩序、解決社會問題、滿足社會需求	助人、公益或互益	營利、賺錢
	目標屬性特質	模糊、帶有價值判斷、必須是已成為有共識的	模糊、帶有價值判斷（包括有共識的和沒有共識的）	量化、絕對性標準、不須有共識，由少數人決定
	如何產生	政策辯論、決策	個人感動、團體互動發展	人性、欲望
	核心準則	法律依據、公權力	道德社會與專業價值、機構使命	是否有助於營利
收入	收入來源	稅收為最主要來源，另有規費、罰款、公營事業營收等。	接受捐助、會費、基金孳息或公益活動收入	產銷貨物或提供勞務之收益
組織	成員關係	隸屬監督關係，具權威性	志同道合	合作、共榮共利
	組織結構	複雜的垂直與水平分工制度	簡單分工以及內部正式結構	複雜的垂直與水平分工制度
	人員組合	指揮由上而下、權威	社會大眾、董事、機構員工、案主	平等、互相依賴
	領導與權威	科層式權威、決策集中	鬆散同盟式權威、民主性決策、專業領導	科層式權威、決策集中、基於所有權之領導

資料來源：李易駿。《當代社區工作：計畫與發展實務》。雙葉。

榜首提點

表格內的各部門之各項目比較，請務必建立清楚的比較概念，這部分為測驗題的重要考點。

九、社區工作與其他相關概念之比較

> **榜首提點**
> 請仔細的準備，各概念務必清楚，測驗題易有混淆選項出現。

表：社區工作相關的概念比較

項目	社區工作	社區總體營造	社區發展	社區組織	社區照顧	基層建設
概念屬性	學述概念、專業活動	施政計畫	學術概念、施政計畫	學術概念	學術概念、施政計畫	施政計畫
提升取向	結合外部資源與居民互助合作	結合外部資源與居民互助合作	結合外部資源與居民互助合作	以居民合作為主	有居民參與的服務輸送	服務輸送
對象社區的特性	弱勢且有改變意願社區	有改變、追求幸福意願社區	由上而下的政策對象（全面）、落後社區	沒落地區	福利資源不足的政策對象社區	由上而下的全面性地區
主要改變內容	人與環境改變並重	人與環境改變並重	環境改變為主、居民改變為輔	居民改變為主，環境改變為輔	公共資源擴充	環境改變
外部資源性質	專業人力、財務資源	專業人力、財務資源	財務協助為主、人力為輔	財務資源	財務協助	財務資源
專業者協助	必要	主張但非必要	主張但非必要	非必要但可納入	主張但非必要	無

項目	社區工作	社區總體營造	社區發展	社區組織	社區照顧	基層建設
居民參與	必要	必要	必要	必要	無（在社區中照顧）、部分（由社區照顧）	無
主要使用國家	各國	日本、台灣	聯合國、台灣、各第三世界國家	美國	美國、台灣	台灣

資料來源：李易駿。《當代社區工作：計畫與發展實務》。雙葉。

> **知識補給站**
>
> 「社區發展」與「社區組織」之異同（徐震提出）：
> 1. 相同點
>   （1）在服務對象上是相同的，同為社區居民。
>   （2）在工作目標上是相同的，同為改善社區生活。
>   （3）在工作方式上是相同的，同為由下而上的自治方式。
> 2. 相異點
>   起源十分不同，社區組織因改善濟貧制度而起，而社區發展則是因為協助經濟復興而起，因此，社區組織與社會福利相結合，社區發展與地方建設相結合，我們可以說：社區組織走的是專業化、病理化與服務導向，社區發展走的是普遍化、生活化與變遷導向。

十、社會工作三大方法之特性比較

> **榜首提點**
>
> 社會工作的三大方法之比較，李易駿與林勝義兩位老師分別有不同的分析項目，請考生詳讀，在測驗題的出題上，是非常重要的考點，且考題內容相當靈活，正確選答關鍵在於具有清晰的觀念。

表：社會工作三大方法之特性比較簡表

項目	個案工作	團體工作	社區工作
目標	改變個人行為或提升社會心理功能	改變個人行為或提升社會心理功能	實質解決社區問題、滿足社區需求、提升社區人民的自治與行動能力

項目		個案工作	團體工作	社區工作
資源		由社會工作者擁有	未必涉及資源	社區菁英擁有資源、社會工作者擁有一部分資源
專業關係及案主與社會工作者之互動	單位	個人及家庭	若干個人	團體
	案主意願	以有意願者為主，亦有非自願性案主	以有意願者為主，亦有非自願性案主	一部分居民（團體）有意願、一部分居民（團體）無意願
	案主特質	失功能、處於困難中的受助者	失功能、處於困難中的受助者	直接面對社區中領袖、菁英、志工；間接面對居民
	數量	一對一，或一對多（家庭在5人左右）	一對多（團體多在10人左右）	多對多（工作團隊面對社區居民及團體，以團體計在10個左右；以個人計在數百人以上）
	動力	家庭動力、專業關係	由個人間所形成的團體動力	由團體所形成的社區動力
	專業互動時間	每週若干時間、短期（如半年）	每週若干時間、短期（如半年）	接近全天候的互動、中期到長期（一到三年）
	專業權力	社會工作者是治療者與資源擁有者	社會工作者是治療者與資源擁有者	社會工作者是資源動員者與資源擁有者
	主要理論	社會心理理論、行為改變	社會心理理論、行為改變	社區動力、資源動員、權力理論、成人學習
	主要技術	支持、充權、傾聽、有目的之回應、面質、同理	充權、團體動力	方案規劃、動員、會議、社會衝突

資料來源：李易駿。《當代社區工作：計畫與發展實務》。雙葉。

表：三大方法的異同及其關聯性

異同點	比較項目	個案工作	團體工作	社區工作
相異處	獲得認定	1920 年代	1930 年代	1960 年代
	指涉層面	微觀系統（micro）	中觀系統（mezzo）	宏觀系統（macro）
	服務對象	個人或家庭	團體	社區
	實務的中心論點	人在情境中（person in situation）	團體過程（group process）	社區改變（community change）
	理論基礎	精神分析學 家庭動力學	團體動力學 社會學習理論	生態觀點 社會系統理論
	主要模式	■ 功能模式 ■ 心理暨社會模式 ■ 問題解決模式 ■ 行為修正模式	■ 社會目標模式 ■ 治療目標模式 ■ 交互目標模式	■ 地方發展模式 ■ 社會計畫模式 ■ 社區行動模式
	工作者主要角色	■ 使能者（enabler） ■ 促進者（facilitator）	■ 催化者（catalyst） ■ 協調者（coordinator）	■ 組織者（organizer） ■ 動員者（mobilize）
相同處	先鋒運動	COS 運用友好訪問員進行貧困者個別化調查、登記、救濟。	COS 運用團體方案協助貧困者	COS 透過較佳的協調與整合，消弭重複救濟，改善社區整體的服務。
	價值觀	相信人的尊嚴、價值、自我決定權。	重視團體成員的尊嚴、參與及團體的自決。	強調社區居民的自動、自發、自決、合作。
	專業倫理	遵守倫理標準	遵守倫理標準	遵守倫理標準
	獨特性	每一個人都是獨立的個體	每一個團體有其獨特性	每一個社區的背景及需求不同

異同點	比較項目	個案工作	團體工作	社區工作
關聯性	與個案工作之關聯		例如：團體前期須個別會談，治療性團體須考量個人生命史	例如：社區工作應先關注每一弱勢居民的福祉、尊嚴及選擇權。
	與團體工作之關聯	例如：具有同樣問題的案主，轉由團體工作實施干預。		例如：社區組織包含許多團體，社區經常透過團體聚會進行協調及動員居民。
	與社區工作之關聯	例如：個案工作須考量案主所處社區環境的特色，並尋求社區的支持。	例如：團體的存在，受到社區的支持、贊助和認可的影響。	

資料來源：林勝義。《社區工作》。五南。

十一、社區工作的價值觀

> **上榜關鍵** ★★★★
> 社區工作的價值觀，請以申論題的方式準備，屬於記憶型的申論題型，題目無變化性，熟讀即可取得高分。

（一）人有其尊嚴和價值

雖然社區工作的對象是「社區」、「社群」或人群，而非「個人」，但社區工作真正關懷的終極對象是社區中的個人，此與社會工作的價值有連貫性。社區工作者認為人是有尊嚴的，應該被尊重、不可侵犯；人是有價值的，應該被重視，不可輕忽或漠視。因此，社區工作者是在重視個人發展和以人為考量中心的社區或社會環境中，進行社區工作。

（二）人要互助並具社會責任

社區工作者認為人與人之間的不信任、疏離冷漠，正是社會異化、解體的原因。社區工作者相信，社區中的人們相互關懷協助，將使社區問題得以解決；且人們對其所在的社區或社會負有責任，人人皆應關心社區問題，共同建構美好的社區與社會。

（三）民主與參與

社區工作者相信公共事務不應由一個人或少數人決定，而是要由會受到影響的多數人表達意見後，才能予以決策。人民自己才是表達及詮釋自身需要和感受的最佳人選，人們應有權利參與、制定會影響其生活的事務，同時也應該致力於公共事

務的完成。

（四）社會正義

社區工作者以社會正義為理想、希望創造一個公平合理的社會。社區工作者期望為弱勢族群謀求較平等的社會資源分配，甚至是較佳的差別待遇。社區工作者協助一般社區能得到平等待遇，也協助弱勢社群得到差別（較佳）的對待。

十二、社區工作的假設（Ross 提出）

上榜關鍵 ★★★★
留意細節，為測驗題考點。

（一）社區中的人們能發展出處理社區問題的能力

社區工作者相信，社區成員即使在充滿絕望的社區中，亦能培養出一些態度與技能，讓他們能有效地處理社區問題、滿足社區的需求。

（二）人們希望改變，亦能有所改變

一般人以為人們皆安於現狀，不願改變，甚至拒絕改變；但社區工作者相信，人們會希望事情變得更好，只是這種改變的意願常受某些個人內在因素阻礙，或外在社會力量的挑戰，而使人們變得冷漠、不關心、安於現狀。因此，社區工作者必須協助人們排除那些阻礙改變的障礙、激發人們改變的意願，並且促使人們參與促進改變的組織。

（三）社區民眾應該參與自己社區中所發生的事

社區工作者認為社區民眾有參與社區行動的權利與義務，因為當居民參與自己生活上的事務時，便可以有所成長並獲得滿足；反之，若人們無法參與和自己相關的事務，則容易失去認同感、歸屬感及生活意義。再者，沒有社區民眾的參與，民主制度即失去了意義。

（四）社區的自發性改變有其意義，並具有恆久性

當社區的人們有了改變的意願，也確定了改變的目標，並致力於達成此一目標時，他們會配合目標而修正，並發展自己的能力及調整態度，也因此具備了應付後續問題的能力。

（五）「全面方式」能成功地解決問題，「片段式」則否

社會工作者認為社區中大多數的問題肇因是多元的，以治標不治本的方式來處理問題，只能收一時之效。社區工作方法尋求的是本、標兼治，以全方位的方式來處理問題，如此方能長治久安。

（六）民主制度需要合作參與，社區民眾必須學習合作參與

這是指社區民眾必須積極地相互溝通，尋求社區的共識及共同目標，這才是民主參與解決問題的方式。

（七）必須協助社區民眾進行組織，以解決社區問題

如同個案工作是協助案主用自己的力量去解決個人的問題，社區工作者視整個社區為其協助標的，將其成員組織起來，激發其解決問題的潛能，進而共同採取必要行動。

十三、社區組織工作的原則／社區組織工作五項趨勢（Ross 提出）

上榜關鍵 ★★
測驗題細微考點，哪五項必須詳記。

1. 社區自決：指在社區組織的過程中，社區民眾充分參與問題之討論與解決的過程，由他們來決定「要」或「不要」改變。社區工作者或其他專家只從旁提供意見，而不是決定者。
2. 社區步調：社區工作者要體認社區中大部分的民眾，對其生活事務的處理有其自己的步調。社區工作者應意識到社區民眾所體認或習慣的步調，不宜太激烈的改變，否則可能擾亂他們的生活，或引發抗拒的副作用。
3. 社區參與計畫：社區中任何一項工作計畫，必須是社區民眾所認同的，這些計畫也應由社區民眾參與擬定，如此社區工作才會受民眾的重視。社區工作計畫與行動，應讓社區民眾參與討論。
4. 社區能力的成長：一個社區若能成功解決某一問題，則可增加往後應付其他問題的能力；也就是說，可以在社區解決問題的過程中，一併培養解決問題的能力。故社會工作者要能利用社區問題解決過程，藉此培養社區能力。
5. 激發社區改變的意願：在進行任何一項計畫以促使社區改變以前，社會工作者應先培養民眾改變的意願。因為只有當改變的意願完全發自民眾內心，才能克服各種困難去達成目標。

練功坊

★ 請敘述社區工作的價值觀內涵。

解析

（1）人有其尊嚴和價值：雖然社區工作的對象是「社區」、「社群」或人群，而非「個人」，但社區工作真正關懷的終極對象是社區中的個人，此與社會工作的價值有連貫性。社區工作者認人是有有尊嚴的，應該被尊重、不可侵犯；人是有價值的，應該被重視，不可輕忽或漠視。因此，社區工作者是在重視個人發展和以人為考量中心的社區或社會環境中，進行社區工作。

練功坊

(2) 人要互助並具社會責任：社區工作者認為人與人之間的不信任、疏離冷漠，正是社會異化、解體的原因。社區工作者相信，社區中的人們相互關懷協助，將使社區問題得以解決；且人們對其所在的社區或社會負有責任，人人皆應關心社區問題，共同建構美好的社區與社會。

(3) 民主與參與：社區工作者相信公共事務不應由一個人或少數人決定，而是要由會受到影響的多數人表達意見後，才能予以決策。人民自己才是表達及詮釋自身需要和感受的最佳人選，人們應有權利參與、制定會影響其生活的事務，同時也應該致力於公共事務的完成。

(4) 社會正義：社區工作者以社會正義為理想、希望創造一個公平合理的社會。社區工作者期望為弱勢族群謀求較平等的社會資源分配，甚至是較佳的差別待遇。社區工作者協助一般社區能得到平等待遇，也協助弱勢社群得到差別（較佳）的對待。

★（　）社區工作有其特定的目標，但並不在於：
(A) 實質解決社區問題
(B) 改變社區民眾個人行為或提升其社會心理功能
(C) 提升社區人民的自治與行動能力
(D) 滿足社區需求

解析

(B)。改變社區民眾個人行為或提升其社會心理功能是屬於個案工作的目標。

★（　）由於社會變遷的多元複雜性，有些社區已超越了地理空間的架構，例如棒球迷組成的「王健民俱樂部」應屬於何種類型社區？
(A) 地理社區　　　　　　(B) 信仰社區
(C) 利益社區　　　　　　(D) 組織社區

解析

(C)。利益社區（community of interest）是指人們因共同利益而結合成一個社區感，如運動、志願服務、旅遊等。參與這種社區的人們通常是經由申請加入或審查通過，他們從事共同的活動，以獲得利益，如棒球迷俱樂部、歌友會、股友社、網友俱樂部、直銷團體等。

重點 2 社區工作理論 ★★

一、社區工作的相關理論一覽

社區工作的相關理論一覽：

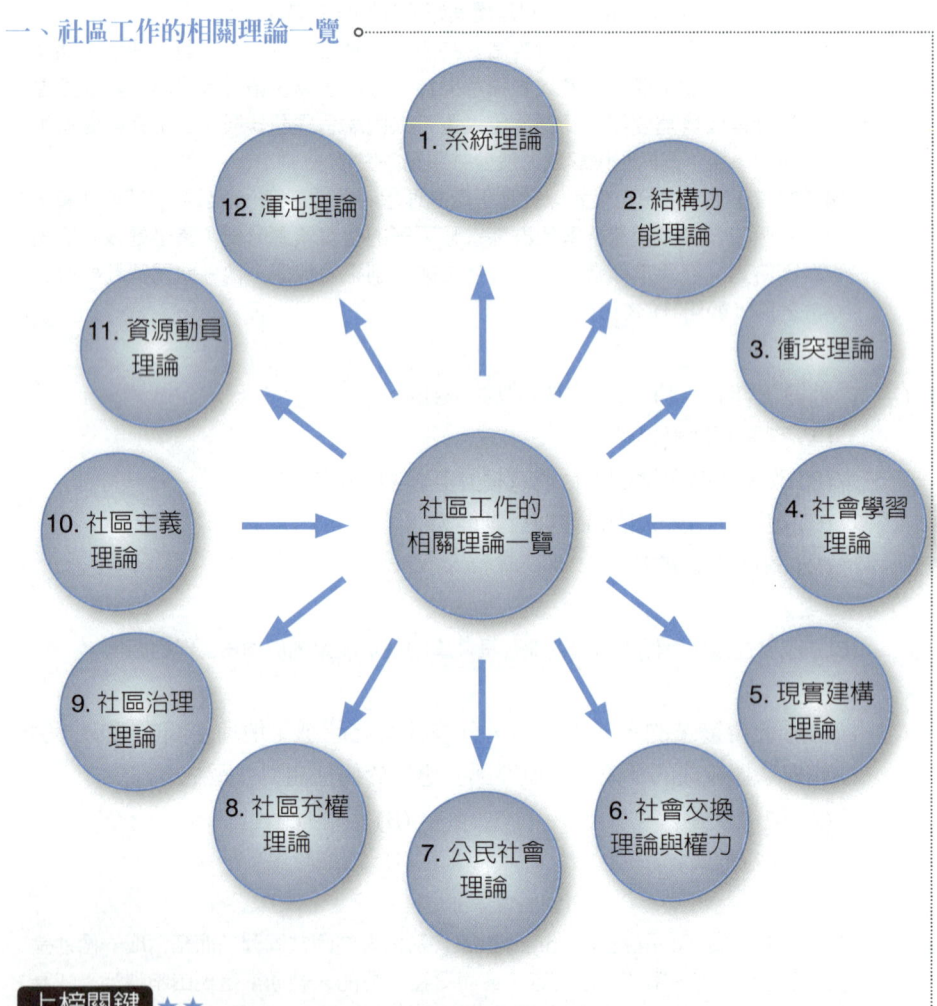

1. 系統理論
2. 結構功能理論
3. 衝突理論
4. 社會學習理論
5. 現實建構理論
6. 社會交換理論與權力
7. 公民社會理論
8. 社區充權理論
9. 社區治理理論
10. 社區主義理論
11. 資源動員理論
12. 渾沌理論

上榜關鍵 ★★

社區工作的相關理論，出題率並不高，並不表示這部分不重要，而應思考的是，如何在冷門出題中，取得致勝的關鍵分數，請考生仍須周延準備，一分都不能少，謹慎為要。

二、系統理論

（一）系統可被視為整體與相關的部分，其假設是：一個整合完好、邏輯運作順暢的系統是可能的，也是需要的。但因為人類、社會系統本質上是不可能完全封閉的，通常是開放的，因此也是雜亂的、無法完美地加以整合。

（二）系統之間需要有界線，以區分彼此，一方面需要開放，一方面也需要封閉，系統藉由開放，與其他系統、環境間有所連結以交換訊息、資源，並使組織充滿活力；但在某種程度上，人類系統需要封閉以維持其完整性，因此，每個系統都在開放與封閉之間努力地取得平衡。不過，系統是可以學習的，人類系統必須與環境作談判、交涉，若系統無法開放、傳遞訊息，將會處於一個過度封閉的環境中，甚至趨向於組織的死亡。

三、結構功能理論

（一）基本概念：整合與均衡
  1. 功能論觀點可追溯到孔德、史賓賽、涂爾幹等人的思想，特別是史賓賽的社會有機論，而在帕深思（Talcott Parsons）、墨頓（R. Merton）時達到成熟階段。
  2. 結構是社會的格局，它是製造功能，是放置功能之處，也是一種效果，因此往往將結構與功能放在一起。在功能論裡，體系（system）是基本的中心概念，是由相互依賴之各個部門所組成的整體；而各個部門為了維持整體的生存與運作，必須履行不同的要求與功能。

（二）功能論的基本命題

功能論強調社會各部門的有機關係，在這種有機關係下，社會產生了功能體系，社會在功能體系的作用下，出現了下列四個基本命題：
  1. 每一個社會體系內的各個部門裡，其在功能上的關係是相互關連的。
  2. 每一體系內的組成單位之所以存在，通常是有助於體系的持續操作運行。
  3. 社會各個部門也可自成一體系，而且可視為是整個大體系的副體系（subsystem）。
  4. 社會體系內的現象是穩定和諧的，不易有變遷。

四、衝突理論

（一）基本觀點

人們或機構尋求社會秩序、生存時，需要不斷的社會化與進行社會控制，在工作過程當中就會發生利益或觀點上的衝突。或許衝突是不舒服的，但衝突也是不可避免的，失序本身也是生活自然中的一部分，因此以馬克思階級鬥爭等理論為基礎的「衝突學派」，也逐漸形成社會工作實務當中必須思考的觀點。

（二）衝突學派的基本假設

1. 社會系統必然衝突，衝突滲透於社會當中。
2. 衝突來自於社會結構中相對立的兩方。
3. 相對立的兩方是基於資源權力分配的不對等。
4. 對立的兩方形成衝突的群體。
5. 衝突需要辯證，解決方法將導致下一個新的對立。
6. 透過不斷的衝突，社會達到改變。

五、社會學習理論

社會學習理論的基本假設是：人類行為是在與他人或與社會環境互動之下學習而來。社會學習理論的重要概念是：「線索、認知、結果」，即以社會學習理論來瞭解社會行動時，要注意時間上的重要線索，心理的過程（認知）以及導致獎賞或懲罰的結果，因此，本理論是用來瞭解人與環境的互動中，何種行為方式可以影響個人或團體。社會團體中集體行動的成功經驗會影響成員的自我效能感，提升個人價值及增權。

上榜關鍵 ★★★★
藍字部分是核心觀念，務必清楚。

六、現實建構理論

（一）社會工作實務中重要目標即在於透過機構或組織協助案主獲得更大的權力感，形塑出他們日常的生活態樣。而案主與工作者需要視這個世界是潛在可改變的，進而皆需要採取行動。實務工作即是社會工作者、案主與文化相遇的過程，必須對於案主所建構之個人或集體的世界抱持著開放的態度，透過社會過程來理解案主所建構的每日生活。

（二）建構理論對於社會工作實務的運用，在於需要對案主所假設的世界進行溝通交流及瞭解，必須要用這樣的能力以對案主問題、刻板印象與不適切的診斷進行更敏感的評估。

七、社會交換理論與權力

　　人的行為在與他人互動下，產生經濟、社會或心理上價值的交換。交換理論奠基於社會學習論的制約概念，並以經濟觀點來看人類的行為，即最大利益、最小成本／懲罰原則。交易需要談判的技巧、團隊工作與市場機制等概念。交換的情形包括：競爭／對抗、重新評估、互惠、結盟與強制。簡言之，社會交換理論重視人際關係間的建立、連結與權力交換。若個人或團體無法有效地促成生活改變的決定，便需要與其他人／團體連結或交換，如此便能創造新的資源及影響力。

八、公民社會理論

　　公民社會或稱之為市民社會或民間社會。公民社會指稱一種「非政府體制」，且其力量足以與國家相抗衡。1990年代以來，即建立在國家／經濟／公民社會三分基礎上的「公民社會」之定義，將公民社會分為三個層次：
（一）在最低限度上，只要存在不受權力支配的自由社團，公民社會即存在。
（二）較嚴格的定義是整個社會能夠經由那些不受國家支配的社團，來自我建構並協調其行為。
（三）當這些自由的社團能夠有效地決定或影響國家政策時，乃稱為「公民社會」。

九、社區充權理論

（一）依聯合國人群發展報告，充權是讓人們有穩定的管道，可以運用權力介入決策，而在個人（心理與行為）、組織（資源動員和參與機會）和社區（社會經濟結構和社會變遷）等三層面建構充權過程。
（二）社區充權的工具（Osborne & Plastrik 提出）
　　1. 社區治理結構（govermance bodies）：將主導權由民選官員和公務人員身上轉而給予社區成員。
　　2. 合作式規劃：著重於接納住民及倡導團隊，而與公務員一起進行社區共識建立，以及公共事務的規劃作業。
　　3. 社區投資基金：強調公務預算是由社區團隊來主導，允許他們運用這些資源來改善社區的物理環境，甚至發展社區產業與就業方案。
　　4. 由社區管理組織：主張由社區團隊來管理和操作公共事務，而不是由政府機關來承擔。專業者與社區學習者在充權過程中，逐漸進行角色功能和責任的對換。有時候，這些社區組織也可以成為像房地產等公共事務的所有權人。

5. 社區／政府的夥伴關係：指稱由社區與政府共同分擔公共事務的經營標的與實際操作。政府可以採取的步驟包括：除去社區主導的障礙，鼓勵有組織的社區主導服務，提供經費、訓練和技術支援，轉移所需資源，讓社區組織主導並對應問題。
6. 社區組織的規範配套：將規範功能轉交社區團隊，包括企業或鄰里組織。

十、社區治理理論

（一）公民、民意代表與基層官員可以一起來治理社區，個人或集體地自由選擇自決程度，並能主導自己的在地公共生活。包括四項治理原則：規模、民主、責信與理性。

（二）社區治理原則
  1. 規模原則：主張以規模社區為治理基礎，以接近公民，面對面溝通，少數人可以由下而上的表達意見。
  2. 民主原則：強調直接民主精神，決策資訊公開化，可以自由與開放的討論決策，而不是依菁英團體或民意代表的偏好來決定。
  3. 責信原則：主張居民應作為社區的主人，而由社區居民來決定公共服務的提供與運作，並由公民、民選代表和基層官員共同進行決策與行動。
  4. 理性原則：透過前述三項原則的集體努力，理解並清楚表達決策的價值、假設和理由，並能夠在治理團隊中，相互尊重所表述的不同意見。

十一、社群主義理論

> **上榜關鍵 ★★★**
> 請以申論題的方式準備，曾有申論題命題紀錄。

（一）社群主義（Communitarianism），亦被譯為公共社團主義、共同體主義、社區主義等。在北美和歐洲興起，強調社區聯繫、環境和傳統的積極價值，以及共同利益的理論思潮。

（二）社群主義者認為個人都是許多社群的成員—家庭、鄰里、社會性社團的成員，國家政體本身也是一個社群。相互離開依賴、交叉的各種社群，個人的自由都不可能維持很久。社群主義強調普遍的公共利益，認為個人的自由選擇能力，以及建立在此基礎上的各種個人權利都離不開個人所在的社群。個人權利既然不能離開群體自發地實現，也不會自動地導致公眾利益的實現；反之，只有公共利益的實現，才能使個人利益得到最充分的實現；所以，只有公共利益，而不是個人利益，才是人類最高的價值。

（三）社群主義強調共同利益和價值，反對純個人化的福利概念，強調擴大社會工作的視野，推動建立積極的鄰里關係和社區照顧網絡。其激起的民間社團力量逐漸擴大，出現了為數眾多，以公民身分所組成的各種社團、非營利組織，這使得社會產生的一股源自於公民自主意識的龐大力量。

十二、資源動員理論

（一）資源動員理論，是社會運動理論中的一環，也常被運用在社區工作中。此一理論在社區發展或社區工作上的運用，乃同樣將社區發展（社區工作）視為是一種社區居民的社會運動/行動。在將社區工作視為一種社會運動的性質中，資源動員係社區工作者及社區組織的領導者所從事的社區工作，乃在於組織、引導、帶領一個社會運動，其職責與任務乃在於動員及組織資源與社區居民，以達成任務。

（二）資源動員理論運用於社區工作中，關心於社區居民及居民所擁有的資源，如何被動員及投入社區所需，以及社區組織動員聚集外部資源而投入社區居民所投入的行動/社區計畫。

十三、混沌理論（Chaos Theory）

來自於生理/身體的科學，強調系統間的關係，系統強調邏輯，但混沌理論較難以圖示說明，具有複雜現象，也非僅單一模式的知識所能處理，需要較多元的分析，因此也強調社區工作非一致性的考量因素，社區現象是多面向的，需要結合不同的觀點，才能瞭解全貌。

練功坊

★ ( ) 「在社區工作中，我們不能簡單的依據經驗和客觀事實來定義社區問題，而必須嵌入有意義的網絡中，不僅是透過個別化的處置方案為其提供諮詢服務，還必須進行背景闡釋。」這段話是何種理論的觀點？
(A) 社會學習理論　　　　　　(B) 組織相互關係理論
(C) 結構功能理論　　　　　　(D) 現實建構理論

解析

(D)。
（1）社會學習論：人類的行為是在與他人或社會環境的互動過程中，學習而來的。
（2）組織相互關係理論：每個組織都嵌入一個更大的群體和組織網絡之中，為了生存和發展，這些組織必須與不同的網絡保持聯繫。
（3）結構功能論：說明制度中各個不同部分的相互關係，以及制度本身的關係，各個部分都有秩序地一起運作，不同的部分通常呈現平衡狀態，或是朝平衡的狀態發展。
（4）現實建構理論：社會工作者必須對於案主所建構之個人或集體的世界抱持著開放的態度，透過社會過程來理解案主所建構的每日生活。社區工作者在社區所推動的各項服務活動，是否在案主的文化脈絡之下進行考量，是現實建構理論所強調的重點。

重點 3 社區工作模式

一、Rothman 的社區工作三大模式起源與一覽

（一）社區發展的三種實務模式的起源

1. 樓斯曼（Rothman）於 1968 年提出「社區發展的三種實務模式」，將社區發展界定為 A、B、C 三種，模式 A 為「地區發展／地方發展」（local development）、模式 B 為「社會計畫」（social planning）、模式 C 為「社會行動」（social action）。

2. 樓斯曼（Rothman）與崔普曼（Tropman）於 1987 年共同發表「社區組織的策略：宏觀實務觀點」論文中，將原先相互重疊的部分加以調整，確定為社區工作三大模式為：地區發展模式（locallity development）、社會計畫模式（social planning）、社會行動模式（social action）。

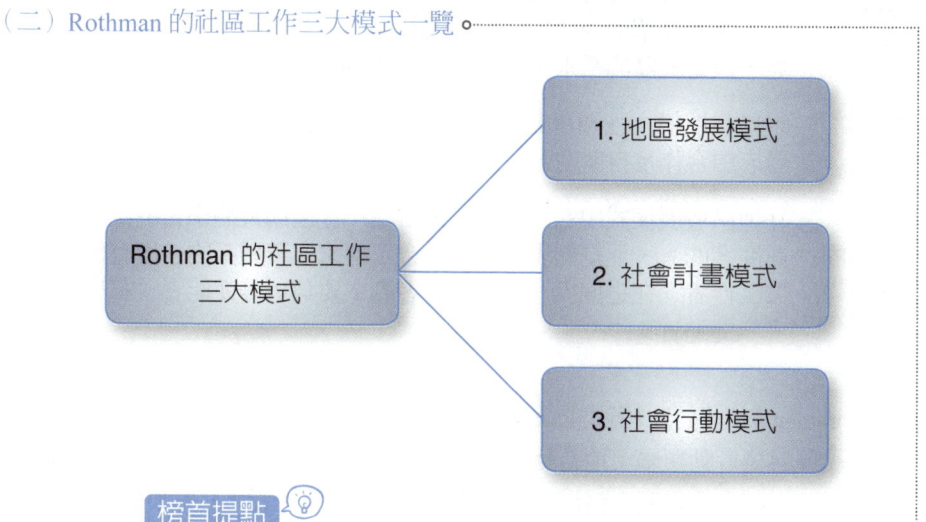

（二）Rothman 的社區工作三大模式一覽

```
Rothman 的社區工作三大模式
├── 1. 地區發展模式
├── 2. 社會計畫模式
└── 3. 社會行動模式
```

> **榜首提點**
> 1. Rothman 的社區工作三大模式是本章的經典必考重點，在申論題、測驗題均為金榜出題熱點。
> 2. 申論題部分必須將各模式的架構及內涵全部熟讀，並要能有架構的完整論述；請考生詳讀各模式的個別論述後，思考在實務上的運用（歷屆試題採考生自行舉例及考題已指定的議題等二種方式出題）。
> 3. 測驗題在考生完整的準備申論題後，即可正確選答。測驗題出題量高出申論題許多。

二、地區發展模式

> **榜首提點**
> 申論題必備考點,請思考實務案例解析之運用。

(一) 模式內涵

項目	說明
基本概念	地區發展模式在於透過社區民眾廣泛地參與社區事務,共同決定社區目標與行動方案,在解決社區問題、進行社會變遷之目的上形成共識。社區工作者的核心概念為採用民主的方法,鼓勵社區民眾與社區團體以志願合作、自助的方式促進社區整合,並透過此過程來培養當地的領導人才。
目標	地區發展模式的工作目標在於建立社區自助能力與社區整合;著重於推動社區居民的廣泛參與、界定自身的需要,並採取行動去改善社區問題,從而改變社區。亦即,地區發展模式係透過社區居民的自助、整合及發展社區的能力,是一種過程性的目標。
關注的問題	地區發展模式將關注的焦點,放在協助團體改善社區的冷漠與疏離,以增進社區成員生活品質的技能及信心。
改變的策略	社區工作者的主要策略,是透過民主的程序,引導社區內所有的個人、團體踴躍參與社區活動,讓社區成員有機會共同討論社區的問題、決定社區的需求,並提出解決問題的行動方案。
改變的技術	地區發展模式強調藉由社區教育工作,培養在地人才,促進社區成員志願合作及自助助人,以凸顯社區工作的獨特性。
工作者的角色	在地區發展模式中的工作者,通常是一位協助人們學習解決其所確認問題的人,他是熱衷於透過社會工程來改革體系的一個有酬的專業工作者。在這個模式中,工作者的主要角色是使能者、鄰里工作者、促進者。

(二) Rothman 對地區發展模式的說明

1. 社區目標行動類屬:地區發展模式所界定的行動目標,是朝向社區人士及團體的自助,在自助中整合及提升社區的能力,是一種過程性質的目標。
2. 對社區結構與問題狀況的假設:在社會快速變遷的過程中,發生社區瓦解、疏離等情況,部分社區乃成為變遷中的受害者。缺乏人力資源、社區居民缺乏適當的合作關係、缺乏民主解決問題之能力等,為這類社區所遭遇的問題及困境,而此類社區多屬靜態的傳統社區。

3. 改變的基本策略：採取將各部門的人整合到行動委員會，藉由共同商議來解決問題，也是「共同來討論如何解決它」。
4. 改變技術與技巧的特色：主要作法為形成社區共識，透過社區內各團體及關心社區事務人士的溝通與團體討論，整合意見並形成共識。整合及共識的形成乃是改變社區的核心機制。
5. 專業執行者的角色：在地區發展模式中，社區工作者運用非指導性的方法，扮演使能者的角色。專業的社區工作者所扮演的角色為使能者、催化者與協同工作者，協助社區居民表達對社區問題的不滿，鼓勵及協助社區居民形成組織，催化共同目標的產生。在解決問題的過程中，社區工作者也可以扮演中介者的角色，協調團體及個人，促進溝通與合作，以調動社區資源；並協助訓練居民解決問題和組織的技巧，在解決問題時，同時也是技術與倫理價值的教導者。易言之，社區工作者並不會過於積極地主導社區共識的形成或提出意見，而是留給社區人士與團體較大的運作空間，在必要時予以協助。
6. 變遷的媒介：在地區發展模式中，主要是透過小型的、任務取向的團體運作而進行。在小團體的運作中，社區工作者協助社區人士發覺社區的問題，並取得共識、激發行動，進而成為改變社區、社區變遷的機制。
7. 權力結構的性質：地區發展模式認為社區內不同團體的利益是可以調和的，因此可以整合不同團體的領袖。即將權力結構中的成員整合到工作團隊中，共同協同合作。權力擁有者被視為夥伴，扮演著協助者和資源提供者的角色。
8. 對社區體系及範圍的界定：地區發展模式將整個地理社區均納入工作的範圍及對象，在整合社區團體時也採取盡可能周全的態度。
9. 對社區次級團體與既得利益關係的假設：認為社區內的團體及不同人口群體固然有不同的利益或關懷取向，但其中仍存在共同利益；或即使外顯的利益並不同，但仍是可調和的。
10. 對社區案主群體組成的想像：地區發展模式認為社區工作者服務的對象是公民，即所有人都有其權利與義務，人們可以有適當的功能性運作，且彼此之間的關係是和諧、平等的。
11. 對案主群體角色的想像：認為社區中的居民是彼此互動的參與者，參與社區問題的解決過程。

三、社會計畫模式

> **榜首提點**
> 申論題必備考點，適用情況與地區發展模式不用，請思考實務案例解析之運用。

（一）模式內涵

項目	說明
基本概念	社會計畫模式強調以科學理性的方法與技術解決實際的社區問題，在這個模式中，理性、周延、科學的計畫方法是重要的核心技術，透過計畫促使問題解決與社區變遷。
目標	社會計畫模式著重於解決具體或實質的社區問題，強調任務性的目標。
關注的問題	社會計畫模式所關注的焦點，是社區實質問題的解決。這個模式在計畫過程所著重的問題，包括：誰需要？要滿足何種需求？有何替代方案？誰曾嘗試過？問題出在何處？成功的可能性如何？需要何種資源？評估上有何阻礙？是否需要結盟？需要何種組織結構？等。
改變的策略	社會計畫模式是一種有計畫的變遷，首先是客觀地分析各種情境，接著進行理性決策，產生作最佳的方案設計，並有效地加以執行。
改變的技術	社會計畫模式大量採用現代化科技，其主要的工作過程，包括：蒐集資料、分析事實、草擬計畫、決定方案、採取行動。
工作者的角色	在社會計畫模式之中，工作者的主要角色，是以專家的身分，提供社會診斷、研究、資訊、組織運作、評估等建議。

（二）Rothman對社會計畫模式的說明

1. 社區行動類屬：社會計畫模式關心社區實質問題的解決，強調具體的任務目標。而工作目標往往在於協助政府特定部門調整、修補某些特定的社會問題，例如：心理衛生、住宅等。
2. 對社區結構與問題狀況的假設：社區工作者的身分為規劃者，乃視社區為諸多問題的結合；或社區同時是由部分實質問題與部分利益糾結所組成的。
3. 改變的基本策略：社會計畫模式認為理性的規劃是解決問題的最佳方式。即從對問題之相關事實資訊的蒐集，建立備選方案，方案預估到選擇最理性的行動方式，乃為促使社區變遷、解決問題的最佳方法。因此，改變社區的基本策略即在於完整的理性規劃程序，包括蒐集與問題的各種資料，以了解問題的事實真相與緣由，以理性的態度決定解決問題的行動方案，社區工作者

須具備發現事實與分析的技術，社區工作者（即社會計畫者）在蒐集資料、分析事實、決定方案、採取行動等過程中居於主要位置，可以要求或不要求社區民眾參與此過程。簡言之，社會計畫模式的核心策略在於「發現事實且有邏輯地採行後續步驟」。

4. 改變技術與技巧的特色：在以理性規劃為核心歷程的社會計畫中，社區人士對社區問題之認識有其重要性；即社區人士對問題及所採行的方案，需有一定程度的共識，以便採取行動。然而，社會計畫模式有時也承認社區的問題係源自於利益分配的問題，必須利用適當的衝突去除執行或變革時的阻撓。

5. 專業執行者的角色：在社會計畫模式中，社區工作者主要是扮演專家的角色。社區工作者在社會計畫中進行問題之相關資訊蒐集與分析，同時也是發展計畫、方案的規劃者與執行者。有些情況下，計畫的執行統合是由社區人員進行，此時社區工作者亦扮演協助者的角色。

6. 變遷的媒介：社會計畫模式有時是在協助政府特定部門調整、修補某些特定社會問題，因而運用正式組織的資源與機制，是促成變遷的重要媒介之一。同時，妥善利用社區內外的資料，對社區進行「診斷」，可以促使社會及政府認清社會問題，並透過正式體系輸送資源與解決問題。

7. 權力結構的性質：在社會計畫模式中，主張權力的擁有者往往是社會變遷計畫的支持者，或必須爭取他們成為支持者。若社會計畫是由擁有權力者所發動，則其為社區工作者、規劃者的雇主。

8. 對社區體系及範圍的界定：由於社會計畫模式採取的是理性的計畫與變遷的理念，因而在規劃時往往將整個社區納入；或為解決特定的問題，而僅納入社區中的一部分；或以功能性社區的方式來界定社區的範圍。

9. 對社區次級團體與既得利益者關係的假設：理性計畫的架構中，認為社區次級團體的利益可能是可調和的，也可能是衝突的，必須視問題而定，並不存在一定的結構。

10. 對社區案主群體組成的想像：在社會計畫模式中，案主被視為服務的消費者，那些接受及使用服務方案的人，即計畫造成變遷後的目標受益人口群。

11. 對案主群體角色的想像：在社會計畫模式中，並不期待案主人口群積極地參與計畫。在整個社會計畫及變遷的過程中，即使案主群參與其中，角色亦未必是主動的，是以使用者、接受者或消費者的角色參與，而非社區活動方案或目標的決策者。

四、社會行動模式

> **榜首提點**
> 申論題必備考點，社會工作會常使用的社區工作模式，必須具備應用於實務案例論述之能力。

（一）模式內涵

項目	說明
基本概念	社會行動模式是針對弱勢社區及社區中的弱勢地位者提供協助。基本上是假設弱勢者需要被組織，然後與社會中的同情者、支持者相聯合，再以社會正義或民主的理念，對整體的大社會環境提出適當要求（公平合理的對待或公正的資源分配等），甚至是社會制度的根本變革。
目標	社會行動模式的核心任務，在於結合社區的力量，尋求權力關係與相關資源的改變，甚至於根本制度的改變，而這種工作的進行，可能同時是任務性的目標，也是過程性的目標。
關注的問題	這個模式所關心的問題，是弱勢人口遭到不公平對待、不公義的情況。它比較像是針對父權式社區工作的一種反動，以及為了協助那些相對弱勢群體從社區得到更多利益而做出來的必要回應。
改變的策略	傳統上，社會行動模式被視為一種立基於階級的工作方式。同時，為了能與權力擁有者進行談判，乃將居民未能有效透過本身力量進行改善的問題加以具體化，然後再將那些處於弱勢地位者組織起來，採取具體行動去對抗壓迫者。
改變的技術	社會行動模式所運用的技術，包括對質、談判、協商、直接行動。其中，直接的行動，可以是杯葛、聯合抵制、示威遊行、站哨監視等等。
工作者的角色	在社會行動模式中，社區工作者聚焦於居民感到不滿的事項，尤其是某些重要政策突發性的改變，他的角色是倡導者與行動者。

（二）Rothman 對社會行動模式的說明

1. 社區行動的目標類屬：社會行動模式的核心任務，在於改變權力關係與資源，甚至是根本制度性改變。這種工作的進行，可能同時是任務性的目標，也可能是過程性的目標。
2. 對社區結構與問題狀況的假設：社會行動模式適用的對象通常是弱勢群體，像是社會的下層階級人口或被邊緣化的人口群體。這些弱勢群體所分配到的社會資源不但極為貧乏，且通常也未能擁有權力及社會地位，必須面對生活的壓迫，受到不公平政策的壓制及剝削。受壓迫的弱勢者往往受到社會的不

正義、剝奪、不公平的對待，處於孤立的位置；而社會行動是針對實質的病態現象或問題加以改善。

3. 改變的基本策略：在社會行動模式中，弱勢群體、行動者與工作者要能妥善地處理對抗的議題，議題必須經過反覆思辨，加以精鍊，進而組織人們採取行動，以對抗敵對的目標與任務。這些對抗目標與任務可能是單一的企業、政府單一的政策，也可能是持續的不公平制度。簡言之，社會行動的核心策略在於「組織起來去對抗我們的壓迫者」。

4. 改變技術與技巧的角色：社會行動在過程中強調適當的衝突，常用的衝突技術包括直接行動，如示威遊行、聯合抵制、站哨杯葛，以及採用談判的方法來爭取權利與資源，達成改變制度的目標。

5. 專業執行者的角色：在社會行動中，專業者往往是積極倡議者的角色，在整個議題與行動的發展過程中扮演鼓舞士氣者、資源仲介者（特別是外部資源）、不同意見協調者，更是行動的同伴。

6. 變遷的媒介：社會行動模式之所以可能促進改變，其中的重要媒介通常是大眾、集體性的組織；適當地運用政治方法及進入政治過程，往往也是關鍵因素。即擴大規模的集體行動，使其主張的議題為大眾所接受，進而進入政治的資源分配與決策議程中，達成設定之目標與變遷效果。

7. 權力結構的性質：社會行動模式關注權力結構與權力對社區及弱勢人口群體的作用。權力及權力結構的本質是造成壓迫及不利的源頭，也是行動的外部目標，即關心的是外部的權力結構而非限於案主群體。而在權力的行動上，強調造成壓迫現象的壓迫者必須被壓制或反轉。

8. 對社區體系及範圍的界定：社會行動模式所界定的案主，通常是指遭受到社會傷害的人，這些受害的案主需要社區工作者特別的協助。在概念上來說，可以是地理社區，也可以是功能社區。對社區的人口而言，如果受害者是整個社區，則包括社區中所有人口；受害者亦可能是空間社區中的一部分人口、弱勢人口。

9. 對社區次級團體與既得利益關係的假設：由於社區行動模式強調的是衝突，而衝突往往源於資源的稀少性。因此，社區中弱勢者與壓迫者間的利益衝突不易調和，必須透過衝突來解決。

10. 對社區案主群體組成的想像：在社區行動模式中，將工作的對象設定及想像為體系制度下的受害者。

11. 對案主群體角色的想像：在社區行動模式中，案主有時也是志願性的行動者。若案主群體與實務行動者之間存有委任關係，則案主群體也可能是實務工作者的雇主或決策委員。

五、Rothman 三種社區工作模式的分析與比較

表：Rothman 三種社區工作模式的綜合分析

項目	地區發展模式	社會計畫模式	社會行動模式
社區行動的目標類屬	自助；社區能力及整合（過程性目標）	社區實質問題的解決（任務性目標）	改變權力關係與資源；根本的制度性改變（任務或過程性目標）
對社區結構與問題狀況的假設	社區瓦解、疏離、缺乏關係及民主解決問題之能力；靜態的傳統社區	實質的社會問題：心理的、身體的健康，住宅或休閒問題	弱勢人口群體，遭受社會不正義的對待、剝削、不平等
改變的基本策略	跨部門的人口群參與委員會，以解決問題	蒐集資訊之相關事實資訊，以選擇最理性的行動方式	精鍊議題，組織人們採取行動以對抗敵對目標
改變技術與技巧的角色	共識：社區內各團體及關心者的溝通與團體討論	共識或衝突	衝突或論戰：對質、直接行動、協商
專業執行者的角色	使能者、催化者、協同工作者，解決問題的技術與倫理價值之教導者	資訊蒐集者與分析者、方案執行者、協助者	積極的倡議者、鼓勵者、中介者、協調者、行動的夥伴
變遷的媒介	小型任務取項團體的運作	正式組織及資料的運作	大眾組織及政治過程的運作
權力結構的性質	將權力結構中的成員整合於一個工作團隊，協同工作	權力結構是支持者及雇主	權力結構是外在的行動目標，壓迫者必須被壓制或反轉

榜首提點
測驗題的絕佳考點，為必考重點，各學者比較的項目不同，請務必仔細研讀。

項目	地區發展模式	社會計畫模式	社會行動模式
對社區體系及範圍的界定	整個地理社區	整個社區或社區的一部分（包括功能性的社區）	社區中的部分
對社區次級團體與既得利益關係的假設	有共同的利益或利益是可調和的	利益是可調和的或衝突的	利益的衝突不易調和，資源是稀少的
對社區案主群體組成的想像	公民	消費者	受害者
對案主群體角色的想像	彼此互動，參與解決問題的過程	消費者或接受者	行動成員、雇主、委員會成員

引自：李易駿。《當代社區工作：計畫與發展實務》。雙葉。

表：Rothman 三種模式的比較

項目	地區發展模式	社會計畫模式	社會行動模式
目標	過程性目標：社區能力的整合與發展	任務性目標：社區實質問題的解決	過程性目標與任務性目標：改變權力關係、資源或制度
關注的問題	社區的冷漠、疏離、以民主方式解決問題的能力	實質的社區問題：老人照顧問題、住宅問題、休閒問題	弱勢人口群遭受到不公平的對待、剝削
改變的策略	引導社區居民關心、參與社區問題的解決	了解問題事實並提出理性的解決方法	將議題具體化、然後組織民眾，採取對抗的具體行動
改變的技術	溝通、團體討論，以取得共識的技術	事實發現與分析的技術	對質、直接行動、談判、協商的技術
工作者的主要角色	使能者	專家	倡導者、行動者
變遷的媒介	社區團體	正式組織（機構）	民眾團體

項目	地區發展模式	社會計畫模式	社會行動模式
範圍的界定	整個地理社區	地理社區與功能性社區的一部分	地理社區與功能性社區的一部分
案主的角色	參與者	消費者、接受者	雇主或選民

引自：林勝義。《社區工作》。五南。

表：社區組織實務的三個模型比較

項目	地區發展	社會計畫	社會行動
社區行動的目標	自助、社區能量與整合（過程目標）	實質社區問題的解決（任務目標）	權力關係與資源的改變、基礎制度的變遷（任務與過程目標）
社區結構與問題條件的假設	社區衰敗、失序、缺少關係與民主解決問題的能量，屬靜態傳統的社區	存在實質的社會問題：心理與身體健康、住宅、休閒	弱勢人口、社會不正義、剝奪、不均
基本變遷策略	各方人士涉入決定與解決他們自己的社區問題	依最理性的行動程序來蒐集有關問題與程序的事實資料	議題具體化，以及組織人民採取行動對抗敵對標的
變遷策略與技術性的特性	共識：社區團體與利益的溝通、團體討論	共識或衝突	衝突或抗爭：面質、直接行動、協商
實務工作者明顯的角色	使能者—觸媒者、協調者、問題解決技巧與倫理價值的教導者	事實調查與分析者、方案執行者、催化者	行動者—倡導者、策動者、中間人、協商者、黨羽
變遷中的仲介	小型任務取向團體的操盤	正式組織與資料的操弄	大眾組織與政治過程的操作

項目	地區發展	社會計畫	社會行動
權力結構的導向	權力結構的成員在共同冒險中是合作者	權力結構是僱主與受僱者的關係	權力結構是行動者的外部標的，壓迫者將被施壓或推翻
社區案主體系或居民的界限範定	整個地理社區	整個社區或社區的一部分（包括功能社區）	社區的部分
關於社區次部門的利益假設	共同利益或可調解的差異	利益可調解或衝突	不易調解的衝突利益：稀少資源
公共利益的概念	理性主義者	理想主義者	現實主義者－個人主義
案主群體或居民的概念	市民	消費者	犧牲者
案主角色的概念	互動的問題解決過程的參與者	消費者或受益人	僱主、選民、成員
機構形態	睦鄰之家、海外社區發展：和平工作團、友善服務委員會	福利委員會、都市計畫委員會、聯邦機構	公民權力、黑權、新左派、福利權、社會運動團體、工會
實務位置	鄉村工作者、鄰里工作者、社區發展團隊顧問、農業推廣工作	計畫部門主管、規劃師	地方組織者
相近專案	成人教育家、非臨床團體工作者、團體動力專家、農業推廣專家	人口專家、社會調查專家、公共行政人員、醫療規劃專家	勞工組織者、公民權力工作者、福利權組織者

引自：林萬億。《當代社會工作——理論與方法》。五南。

六、Rothman 的社區工作三種模式之運用原則

> **榜首提點**
> 在歷屆試題中，這部分是相當細節的考點，請把二個原則及相關內容詳細研讀，融會貫通，尤其是藍字的部分。

（一）Rothman 的三種工作模式並不是唯一的社區工作模式，也未必是最佳的社區工作模式。但作為一名社區工作者，有必要熟悉工作模式；更重要的是，模式係源於社區工作者對問題的假設、工作目標、工作原則等而衍生出來的，即社區工作者在為社區提供協助時，可以參酌不同模式中的社區情況與問題核心，進而運用不同的工作模式來協助社區解決問題。

（二）Rothman 曾對三種模式的運用方法加以說明，當中包括混合原則及階段原則，說明如下：

1. 「混合原則」是指三種社區工作模式在運用上並非互斥的，而是利用模式作為工作者的架構，在實際運用上可以混合使用。例如社區工作者在面對社區問題時，可能運用社區模式來激發居民的意識及對社會問題的重視，同時運用社會計畫模式來進行規劃。在運用地區發展模式來激發社區居民之合作與共識的同時，也能透過社會計畫模式針對社區問題規劃出妥善的工作方案。同樣地，亦可能會有社會行動模式與地區發展模式併用的情況。

2. 「階段原則」則指社區工作在一個較長時間的工作歷程中，社區情況與特性可能在工作過程中因產生效果而改變，社區工作者有必要因應不同的發展階段，而採行不同的工作模式。例如對於弱勢社區，可能先採取是社會計畫模式，解決社區中的立即與明顯之問題，進而運用社會行動模式擴大並調整社會的不公正制度；或者利用社會行動模式成功地區取得資源，進而運用社會計畫模式來推動工作方案。

（三）不過，社區工作者要明白，所謂的混合使用與階段使用，並不是指社區工作者在運用時可以拼湊地使用各種模式，而是在模式的架構中，參考模式來進行協助工作。

七、其他模式

(一) 波普羅八種社區工作實務模式之比較

模式類型	策略	工作人員的主要角色/頭銜	工作/機構的例子
1. 社區照顧	發展社會網絡與志願服務，推展自助的概念。	組織者 志工的帶領	老年人及身心障礙者、五歲以下兒童的照顧工作
2. 社區組織	促進不同福利機構之間的合作。	組織者 觸媒者 管理者	志願服務委員會 種族平等委員會 徙置區（Settlement）
3. 社區發展	協助社區團體獲得改善生活品質的技術和信心。 鼓勵居民積極參與社區事務。	使能者 鄰里工作者 促進者	社區團體 租屋者團體 徙置區（Settlement）
4. 社會/社區計畫	分析社區狀況。 設定目標和優先順序 對服務與方案加以執行及評估。	使能者 促進者	地方景觀再造或再發展
5. 社區教育	試圖將教育與社區導入一個緊密及更加平等的關係。	教育者 促進者	社區學校/學院 補習教育 勞工階級/女性的成人教育工作
6. 社區行動	通常在地方層次，以階級為基礎，以衝突為焦點，付諸直接行動。	行動主義者	活化閒置空間運動 福利權運動 抵制社區規劃及再發展 租屋者運動

上榜關鍵 ★★
屬於較冷門的出題，已有出題的機率，仍請細心準備，多一份準備，常為上榜的關鍵。

模式類型	策略	工作人員的主要角色／頭銜	工作／機構的例子
7. 女性主義社區工作	改善婦女福利。透過集體的努力，去挑戰及根除女性所遭受的不平等。	行動主義者 使能者 促進者	婦女庇護所 婦女健康團體 婦女治療中心
8. 黑人及反種族主義社區工作	設置及經營一些支持黑人需求的團體。挑戰種族主義。	行動主義者 志工的帶領者	種族平等委員會與種族平等方案贊助委員會

(二) 克里茲曼與麥克奈（Kretzmann & Mcknight）「以資產為基礎的社區發展／社區資產累積／資產（能力）觀點」模式

1. 社區資產累積／資產（能力）觀點
   (1) 基本觀點
      A. 克里茲曼與麥克奈（Kretzmann & Mcknight）於1993年以社區的資產與能力為取向（capacity/asset approach），提出「以資產為基礎的社區發展」／社區資產累積／資產（能力）觀點（Asset Based Community Development, ABCD）的模式。
      B. ABCD模式的主要重點，在於了解到社區資產的存在及社區本身具有改革的能力，它與傳統的「社區資源缺乏取向」（Deficiency of-Community-Based Approach, DCBA）形成強烈對比。

榜首提點
已有申論題命題紀錄，社區資產累積與社區資源缺乏之比較，必須清楚；另亦為測驗題考點，考生請掌握關鍵得分。

知識補給站

半空玻璃杯／半滿玻璃杯

DCBA → 社區資源缺乏

ABCD → 社區資產累積

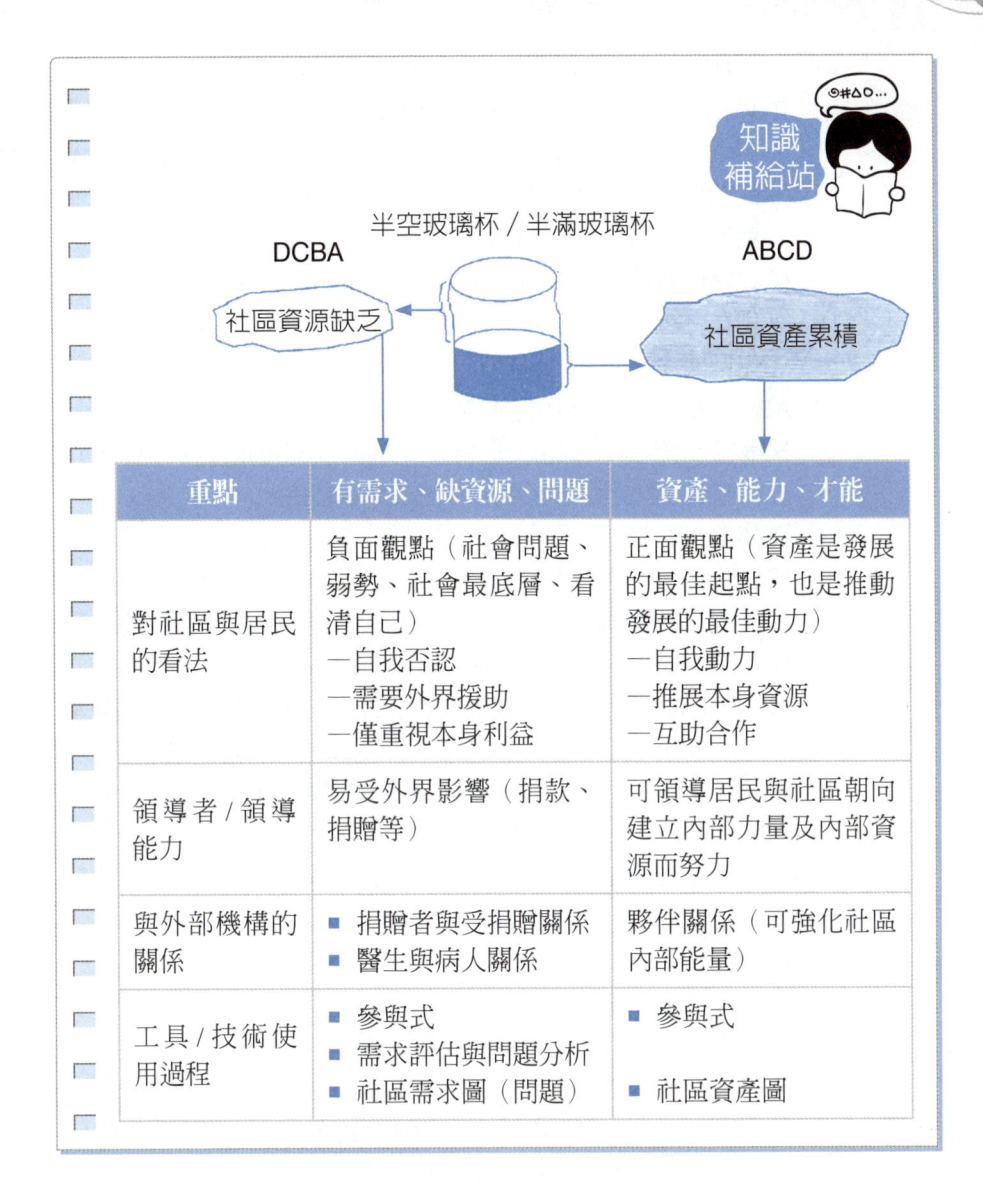

重點	有需求、缺資源、問題	資產、能力、才能
對社區與居民的看法	負面觀點（社會問題、弱勢、社會最底層、看清自己） —自我否認 —需要外界援助 —僅重視本身利益	正面觀點（資產是發展的最佳起點，也是推動發展的最佳動力） —自我動力 —推展本身資源 —互助合作
領導者／領導能力	易受外界影響（捐款、捐贈等）	可領導居民與社區朝向建立內部力量及內部資源而努力
與外部機構的關係	■ 捐贈者與受捐贈關係 ■ 醫生與病人關係	夥伴關係（可強化社區內部能量）
工具／技術使用過程	■ 參與式 ■ 需求評估與問題分析 ■ 社區需求圖（問題）	■ 參與式 ■ 社區資產圖

（2）基本原則

　A. 以社區資產為基礎（asset-based）：社區所擁有的資產，是推動社區發展工作的起點和動力。社區資產包括：

　　（A）居民：知識、技術、態度、才能、教育等。

　　（B）硬體：居家設備、可用以增加收入之其他硬體設備（土地、水資源、建築物、學校、交通運輸、天氣等）。

　　（C）組織：正式組織與非正式組織、政府機構與非營利組織。

（D）生活：收入來源、收入水準、信用、市場等。
B. 以社區內部為焦點（internally focused）：社區不論其規模大小，都有一些固有的資源，而社區及其居民也有想要自立自強的動機。他們的領導者通常會先嘗試以社區居民本身的力量來推動社區發展工作，而不會一開始就尋求外界的援助。
C. 以夥伴關係去推動（relationship drive）：社區居民是夥伴關係，會團結在一起，集結大家的資源，合力推動社區發展工作。
(3) 工作目標
ABCD 模式的工作目標，包括：改變社會環境、經濟結構思維，以及公民參與，讓社區居民可由服務的消費者（consumers of services）轉變為社區方案的設計者，甚至成為社區的創造者。
(4) 工作者的角色
雖然克里茲曼與麥克奈對於以資產為基礎的社區發展模式，沒有特別提出社區工作者的角色，但是從該模式的實施過程，我們不難看到社區工作者的主要角色，是倡導者（advocate）、促進者（facilitator）與動員者（mobilize）。其中，鼓勵社區居民從資產觀點去蒐集與分享成功的案例，須扮演倡導者；協助社區熱心人士組成核心團體及訂定發展計畫的委員會，必須扮演促進者；推動社區資產發展計畫、尋求外部組織的支持，則必須動員社區核心團體的成員及社區居民。

2. 以資產為基礎的社區發展／社區資產累積／資產（能力）觀點 VS. 社區資產累積／社區資源缺乏取向／問題（需求觀點）之比較
(1) 發展策略
A. 問題／需求觀點者對於社區的觀察，往往著重於社區的問題與需求，特別是會藉由專家的需求調查來蒐集社區所面對的各項問題，如犯罪、失業、貧困、福利依賴、空屋、廢棄土地、廢棄屋……等。儘管這些負面的現象僅是社區的部分事實，但卻可能令社區居民或外人以偏概全地誤認為是社區的整體現象，並對該社區形成一種「問題社區」的圖像，進而採取失調取向的策略（deficiency-oriented strategies）。
B. 資產／能力觀點者認為，社區發展的策略是始於社區所擁有的，以及居民、團體和機構的能力，而不是社區的問題或需求。本觀點認為，社區中存在著各式各樣的資產，社區中有許多具備各項才能、技術或能力的個人，也可能有一些公、私或非營利團體、機構（如學校、圖書館、警察局、醫院、社會服務機構）或場地（如公園、運動場或活

動中心），且可能潛存著宗教、文化、運動、休閒或為其他目的而設置的各種協會中的重要成員，這些個人、團體、機構或設施設備皆為社區的資產，社區營造者應該善用這些資產，並採取資產／能力為焦點的發展策略（asset-capacity focused development strategy）。

(2) 主要路徑

　A. 問題／需求觀點之失調取向的發展策略，將可能使得公共服務體系中的公、私及非營利部門，將解決問題的相關方案轉化為社區的活動，活動過程中可能藉由政府部門的規劃，或協助社區引進外部專家，以教導人們瞭解問題的本質與程度，甚至提供社區所需要的服務，一種「由上而下」（top-down）的科層及「由外而內」（outside in）的專家運作模式，成為主導社區發展的主要路徑。

　B. 資產／能力觀點認為，社區發展若要能夠有重大的進展，唯有當地方社區居民承諾自己及其資源願意投入社區始可能發生，因而，資產／能力觀點認為，發展必須由社區內部出發，「由下而上」（bottom up）及「由內而外」（inside out）的路徑是別無選擇的，發展的工作必須奠基在對社區資產、能力及才能之拼圖（mapping）的瞭解。這種著重於內部取向的路徑，並不是要降低或排除外部的力量或角色，而是要去強調地方的釋義、投資、創造力、希望與控制的重要性。

(3) 居民角色

　A. 問題／需求觀點的「由上而下」及「由外而內」的路徑，其服務提供即在回應政府或專家所界定的問題與需求，這不僅將使得居民認為自己是需要外人或專家協助之具有特殊需求的「案主」，甚至影響其處事的態度與行為，成為沒有誘因也無意願去從事生產的服務消費者，而將其聰明才智運用於如何取得公、私及非營利機構所提供的服務，進而陷入依賴服務的陷阱中。

　B. 資產／能力觀點認為，社區資產的拼圖應始於對社區居民之才能、技術及能力的盤點，每個人的「天賦才能」（giftedness）應該要能獲得重視，特別是社區中那些被邊緣化的人口群（如老人、貧民或身障者），他們的能力或資產若能被充分地辨識及動員，這些人將不會被視為是案主或援助的接受者，而是能夠在社區營造過程中參與部分行動的貢獻者。

(4) 關係導向

　A. 問題／需求觀點關注外部專家或組織能夠提供的實質協助，社區居民所重視的並非社區內鄰里的相互支持，或社區內相關的團體及組織共

同解決問題的關係，反而強調的是與外部專家、社會工作者、健康服務提供者及資金贊助者的關係，這種外部關係重於內部關係的結果，將無益於社區意識及社區凝聚力的養成。

B. 資產／能力觀點將社區內部鄰里、團體或機構彼此關係的經營，視為是不可或缺的一環，社區組織者或社區發展者要體認關係建立的重要性，他們要不斷地建立地方居民、地方社團和地方機構之間的互動與網絡關係。然而，這種對於外部關係的強調並不是說內部關係是不重要的，如前所述，社區意識與社區凝聚力仍是社區能力不可或缺的一環，能力／資產觀點之所以特別提醒外部關係，乃是在於強調外部關係的不可忽略性。

表：問題／需求觀點（社區資源缺乏模式）與資產／能力觀點社區發展模式（社區資產累積模式）之比較

比較面向	需求／問題觀點（社區資源缺乏模式）	資產／能力觀點（社區資產累積模式）
發展策略	始於社區缺乏的事務	始於社區現存的事務
主要路徑	由上而下／由外而內	由下而上／由內而外
居民角色	個案、服務接受者	參與者、行動者
關係重心	外部關係導向	內部關係導向

3. 結論

需求／問題與資產／能力之間的區分並非意味著實務工作者要在兩者之間做一選擇，在許多社區發展的案例裡，剛開始可能是由確認社區資產著手，接著再評估其需求，特別是在社區發展過程中，對於問題和需求的討論幾乎是難以避免的，且它往往有助於動員社區居民採取解決問題的行動。然而，若僅著重於需求往往可能使得社區直接跳至問題的解決，而忽略了對其目標和優勢的確認，其結果即可能造成社區的依賴，而忽略社區長遠的策略性規劃與發展，畢竟社區工作所追求的並不僅是「成長」（growth），更重要的是要能讓社區邁向永續的「發展」（development）。

4. 以資產為基礎的社區發展／社區資產累積／資產（能力）觀點的工作目標

此模式的工作目標，包括：改變社會環境、經濟結構思維，以及公民參與，讓社區居民可由服務的消費者轉變為社區方案的設計者，甚至成為社區的創造者。

5. 以資產為基礎的社區發展／社區資產累積／資
產（能力）觀點的實施過程。

> **上榜關鍵** ★★★
> 過程順序必須清楚，為測驗題考點。

此模式，是一個以自我動員與自我組織的方式來追求社區變遷或社區改善的過程。其主要過程包括：

(1) 蒐集成功的案例：向居民蒐集其推動以資產為基礎的社區發展具有績效的成功案例，提供居民分享其工作過程的甘苦談及成就感，藉以增強居民的自我肯定，並提供其他未參與的居民仿做學習。

(2) 成立一個核心團體：在熱心社區服務的居民之中，找出具改革社區使命感、領導特質及溝通協調能力者，組成推動社區發展的核心團體。

(3) 完整分析資產的組合成分：將社區多樣型態的資產，按照硬體與軟體的資產資料，分門別類，確實登錄，以備運用。

(4) 與其他資產建立連結：將社區內各種不同單位的資產資源，建立相互連結的關係，一方面促使成員擴大資源運用範圍，另一方面促使成員了解其在社區發展過程的角色。

(5) 組成委員會擬定社區願景及發展計畫：由社區核心團體成員的代表，針對建造理想社區的有益方案，進行審慎可行的規劃，清楚勾勒社區未來的願景，作為激勵大家共同努力的動力。

(6) 推動資產發展計畫：將社區發展計畫付諸實施，並且成立一個行政管理小組負責監督計畫的推動，以確保相關工作能順利推行。

(7) 尋求外部組織的支持：透過槓桿活動（leveraging activities）、投資計畫及資源分享等方面，來尋找外部支持，藉以支援社區資產發展計畫的推動，進而達成預期目標。

八、社區工作者的專業任務、能力、角色

(一) 社會工作者的主要專業任務

1. 協助社區建立目標，以及排定各項社區事務的輕重緩急：社區工作者的主要任務之一，是協助社區依其人力、物力與財力之許可，建立社區組織或社區展中各項事務的先後順序，以使社區工作者能依序完成其計畫。

2. 協助社區團體或組織採取有效的行動：在從事社區工作持，社工作者要協助社區團體或組織採取適當有效的行動，經由正確且迅速的途徑，解決社區工作上的困難。

3. 指導參與社區工作的人員克服困難：在參與社區工作的人員遭遇困難時，社區工作者要指導參與人員克服困難，提供解決問題的有效方法。同時給予工

作人員精神上的鼓勵和支持，使其不致因遭遇挫折而氣餒喪志。
4. 經由教育、示範和其他方法和技巧，來創造與領導新的行動：社區工作者須依社區組織或社區發展工作的實際需要，設計活動或行動來配合工作需求。社區工作者主要任務為引導者、推動者與指導者。

(二) 社區工作者的角色

提出者	角色類別
Sanders	分析者、規劃者、組織者、行政者。
Kraner & Specht	使能者、組織者、促進者、專家、諮商者、規劃者、教育者、協商者、引導者、治療者。

(三) 社區工作者的專業能力

表：社區工作者的專業能力

核心能力／面向	內容
1. 溝通與參與：建立、發展維持工作關係；網絡連結、自我覺察	與居民維持良好關係、獲居民認同、了解他人立場、與居民討論社區事務、向居民說明社區工作計畫的發展方向、接納他人的意見、將不同意見予以彙整、願意接受他人意見作適當修正、將不同意見作協調、幫助居民發展出共識
2. 促進與使能：協助危機狀態的案主爭取權益；提供訊息及建議；協助案主改善其生活機會	引發居民關心社區事務、鼓勵居民追求自己的幸福、動員社區居民參與社區事務、凝聚社區居民對社區的認同、支持居民（志工）發揮自己所長、安排工作給居民（志工）參與、即時給予居民（志工）鼓勵、增進居民（志工）面對問題的解決能力、促進居民（志工）之間的和諧、培訓志工進行成長學習
3. 評估與計畫：預估並檢視其問題、需求；確認、分析其風險的傷害為何；依法定的準則進行；協調和計畫回應；發展關心支持、保護及控制的方法	蒐集社區背景相關知識、了解社區現在發展情形、分析社區現存的問題（需求）、針對社區整體特性進行評估、對社區內的特殊議題進行評估、依社區問題，提出可能的解決方法、在眾多的方案中，分析其優缺點、對方案所需資源進行正確評斷、覺察可用資源、將工作計畫分配給夥伴負責

核心能力／面向	內容
4. 干預與提供服務：展開關心支持、保護及控制的行動或計畫；採取行動	形塑社區發展的願景、以身作則、組織志工團隊、善用社區內既有資源、執行計畫、讓計畫依進度進行、計畫執行中能因應突發事務、處理人際衝突、在社區面臨危機時能立即作出判斷、協助社區採取行動維護應有的權利
5. 與機構的合作：促進服務輸送體系；協助計畫監督及資源管控；評估效果及效益	將其他資源與社區作適當的連結、與合作對象發展共同目標、建立起與其他社區之間的合作管道、了解合作對象的立場需求、對合作效果進行判斷、與其他資源維持良好合作關係、與社區內各組織共同推動社區工作、有效運用資源、開發新社會資源、與居民分享資源合作後的經驗
6. 發展專業能力：運用督導系統管理工作；提供法庭及案主資訊；維持品質；處理所獲得的資訊；協助解決利益及衝突；達成決議並作出選擇；提升自我專業發展	認知社區發展的真正意涵、認識政府對於社區的相關政策、撰寫工作計畫書、使用多媒體（電腦）處理工作事務、具有初級會計核銷的基本概念、依會務規定處理組織行政事務、持續吸收新的專業知能、對所執行的工作進行反省、對工作事項予以記錄、與其他工作夥伴交流工作經驗

資料來源：李易駿，《當代社區工作：計畫與發展實務》。雙葉。

（四）社區工作者在工作歷程階段中的不同角色

表：社區工作者在工作歷程階段中的不同角色

階段期程	社會工作者角色	任務
1. 起步階段	親善者、資料蒐集者、研究者	1. 透過文獻與訪談認識社區。 2. 對社區進行研究。 3. 分析社區（包括產業、人口、特色等）。 4. 初步評估社區的需求。 5. 發覺社區特色。 6. 釐清社區居民對社區背景、需求的態度。 7. 評估社區組織的能力。

上榜關鍵 ★★★
請以測驗題方式準備。

階段期程	社會工作者角色	任務
2. 評估階段	評估者、資料蒐集者、分析者、判斷者、策略分析者	1. 評估社區的能力。 2. 評估社區組織的能力。 3. 評估社區居民參與公共事務的態度。 4. 評估社區的需求。 5. 評估社區領袖對社區需求的態度。 6. 釐清社區居民對社區背景、需求的態度。 7. 構想工作計畫。 8. 評估工作計畫所需的資源及代價。
3. 工作階段	個案工作者、團體工作者、組織者、策略分析者、行政者（會議、文書、財務）、連結者、使能者、規劃者	1. 組織社區工作團體。 2. 帶領一個社區組織（團體），促使其成員成為社區工作的核心人員。 3. 從社區背景、特色、需求，選擇工作起點。 4. 組織及動員社區居民。 5. 組織合法社區組織。 6. 進行組織與行政性的運作。 7. 促進居民對社區公共事務的關心。 8. 鼓勵居民擴大參與。 9. 透過計畫方案進行社區工作（包括硬體、合作制度、服務等）。
4. 持續與擴張	策略分析者、規劃者、執行者、行政者、資源連結與開發者、溝通協調者、倡導者、訓練與教育者、培力者	1. 發展社區願景。 2. 擬定中程工作計畫。 3. 排序工作計畫。 4. 結合外部資源。 5. 執行計畫。 6. 面對衝突及進行溝通協調。 7. 理念與願景之倡導、傳播。 8. 進行幹部培力。 9. 社區能力培養溝通協調。
5. 永續工作	支持者、傾聽者、諮詢者、顧問	1. 傾聽社區幹部的工作困境。 2. 系統性表達隱性知識。 3. 後續的顧問。

資料來源：李易駿。《當代社區工作：計畫與發展實務》。雙葉。

練功坊

★ 從社區發展的實務模式來看，可以分為地區發展、社會計畫與社會行動三種，請說明「社會計畫模式」的相關內涵。

解析

社會計畫模式強調以科學理性的方法與技術解決實際的社區問題，在這個模式中，理性、周延、科學的計畫方法是重要的核心技術，透過計畫促使問題解決與社區變遷。茲將相關內涵說明如下：

(1) 目標：社會計畫模式著重於解決具體或實質的社區問題，強調任務性的目標。

(2) 關注的問題：社會計畫模式所關注焦點，是社區實質問題的解決。這個模式在計畫過程所著重的問題，包括：誰需要？要滿足何種需求？有何替代方案？誰曾嘗試過？問題出在何處？成功的可能性如何？需要何種資源？評估上有何阻礙？是否需要結盟？需要何種組織結構？等。

(3) 改變的策略：社會計畫模式是一種有計畫的變遷，首先是客觀地分析各種情境，接著進行理性決策，產生作最佳的方案設計，並有效地加以執行。

(4) 改變的技術：社會計畫模式大量採用現代化科技，其主要的工作過程，包括：蒐集資料、分析事實、草擬計畫、決定方案、採取行動。

(5) 工作者的角色：在社會計畫模式之中，工作者的主要角色，是以專家的身分，提供社會診斷、研究、資訊、組織運作、評估等建議。

★ (　　) 社會行動是社區工作的工作模式之一，下列陳述何者為真？
(A) 社會工作者在社會行動工作模式中，可以代替居民進行組織工作
(B) 使用非建制的途徑或策略是社會行動裡很典型也是唯一的工作方法
(C) 社會行動通常都要求居民團結起來，參與集體行動來加強行動聲勢
(D) 社會行動與衝突模式（conflict approach）或抗議行動（protest action）不一樣

解析

(C)。社會行動模式的核心任務，在於結合社區的力量，尋求權力關係與相關資源的改變，甚至於根本制度的改變，而這種工作的進行，可能同時是任務性的目標，也是過程性的目標。改變的策略是將議題具體化、然後組織民眾，採取對抗的具體行動。

練功坊

★（　）以社區工作三大模式：①社區發展②社會計畫③社會行動，來觀察國光石化開發失敗的案例，該案中涉入了下列那些模式？
(A) 僅①②　　　　　　　　　　(B) 僅②③
(C) 僅①③　　　　　　　　　　(D) ①②③

解析

(B)。

表：Rothman 三種模式的比較

項目	地區發展模式	社會計畫模式	社會行動模式
目標	過程性目標：社區能力的整合與發展。	任務性目標：社區實質問題的解決。	過程性目標與任務性目標：改變權力關係、資源或制度。
關注的問題	社區的冷漠、疏離、以民主方式解決問題的能力。	實質的社區問題：老人照顧問題、住宅問題、休閒問題。	弱勢人口群遭受到不公平的對待、剝削。
改變的策略	引導社區居民關心、參與社區問題的解決。	了解問題事實並提出理性的解決方法。	將議題具體化、然後組織民眾，採取對抗的具體行動。
改變的技術	溝通、團體討論，以取得共識的技術。	事實發現與分析的技術。	對質、直接行動、談判、協商的技術。
工作者的主要角色	使能者	專家	倡導者、行動者
變遷的媒介	社區團體	正式組織（機構）	民眾團體
範圍的界定	整個地理社區	地理社區與功能性社區的一部分。	地理社區與功能性社區的一部分。
案主的角色	參與者	消費者、接受者	雇主或選民

練功坊

★ （ ） 某一老舊社區的居民藉由居民大會討論其「社區更新與再造計畫」，並動員社區資源實踐此計畫，試問前述社區工作歷程係屬於那一社區工作模式？
(A) 地區發展（locality development）
(B) 社會計畫（social planning）
(C) 社會行動（social action）
(D) 社區能力（community capacity）

解析

(A)。

表：社區發展模式內涵

項目	說明
目標	地區發展模式係透過社區居民的自助，整合及發展社區的能力，是一種過程性的目標。
關注的問題	地區發展模式將關注的焦點，放在協助團體改善社區的冷漠與疏離，以增進社區成員生活品質的技能及信心。
改變的策略	社區工作者的主要策略，是透過民主的程序，引導社區內所有的個人、團體踴躍參與社區活動，讓社區成員有機會共同討論社區的問題、決定社區的需求，並提出解決問題的行動方案。
改變的技術	地區發展模式強調藉由社區教育工作，培養在地人才，促進社區成員志願合作及自助助人，以凸顯社區工作的獨特性。
工作者的角色	在地區發展模式中的工作者，通常是一位協助人們學習解決其所確認問題的人，他是熱衷於透過社會工程來改革體系的一個有酬的專業工作者。在這個模式中，工作者的主要角色是使能者、鄰里工作者、促進者。

397

重點便利貼

❶ Rothman 三種模式的比較

項目	地區發展模式	社會計畫模式	社會行動模式
目標	過程性目標：社區能力的整合與發展。	任務性目標：社區實質問題的解決。	過程性目標與任務性目標：改變權力關係、資源或制度。
關注的問題	社區的冷漠、疏離、以民主方式解決問題的能力。	實質的社區問題：老人照顧問題、住宅問題、休閒問題。	弱勢人口群遭受到不公平的對待、剝削。
改變的策略	引導社區居民關心、參與社區問題的解決。	了解問題事實並提出理性的解決方法。	將議題具體化、然後組織民眾，採取對抗的具體行動。
改變的技術	溝通、團體討論，以取得共識的技術。	事實發現與分析的技術。	對質、直接行動、談判、協商的技術。
工作者的主要角色	使能者	專家	倡導者、行動者
變遷的媒介	社區團體	正式組織（機構）	民眾團體
範圍的界定	整個地理社區	地理社區與功能性社區的一部分。	地理社區與功能性社區的一部分。
案主的角色	參與者	消費者、接受者	雇主或選民

擬真考場

申論題

請說明Rothman提出之地區發展模式之內涵。

選擇題

(　) 1. 有關社區工作的目標，不包括：
　　　(A) 促進居民參與及解決自己的問題
　　　(B) 帶動社區派系力量的成長
　　　(C) 提升居民的社區意識
　　　(D) 善用社區的資源

(　) 2. 下列那一項服務，最接近社區工作的假設？
　　　(A) 醫務社工到社區推廣癌症篩檢宣傳
　　　(B) 民間基金會設立社區老人食堂，提供供餐服務給獨居老人
　　　(C) 政府成立「身心障礙福利資源個案管理中心」以連結社區服務網絡
　　　(D) 社區婦女成立「叮叮噹噹我最夯」護幼隊，推動學童安全保護行動

(　) 3. 若社區或社區中的部分人口群，受到不公平政策的壓制及剝削，例如，雲林毛巾業者因大陸毛巾傾銷所造成的影響，此時宜採取的社區工作模式是：
　　　(A) 地區發展模式　　　　　　(B) 社會計畫模式
　　　(C) 社會行動模式　　　　　　(D) 宏觀實務模式

解析

申論題：

　　地區發展模式在於透過社區民眾廣泛地參與社區事務，共同決定社區目標與行動方案，在解決社區問題、進行社會變遷之目的上形成共識。社區工作者的核心概念為採用民主的方法，鼓勵社區民眾與社區團體以志願合作、自助的方式促進社區整合，並透過此過程來培養當地的領導人才。茲將核心內涵說明如下：

（一）目標：地區發展模式的工作目標在於建立社區自助能力與社區整合；著重於推動社區居民的廣泛參與、界定自身的需要，並採取行動去改善社區問題，從而改變社區。亦即，地區發展模式係透過社區居民的自助，整合及發展社區的能力，是一種過程性的目標。

（二）關注的問題：地區發展模式將關注的焦點，放在協助團體改善社區的冷漠與疏離，以增進社區成員生活品質的技能及信心。

（三）改變的策略：社區工作者的主要策略，是透過民主的程序，引導社區內所有的個人、團體踴躍參與社區活動，讓社區成員有機會共同討論社區的問題、決定社區的需求，並提出解決問題的行動方案。

（四）改變的技術：地區發展模式強調藉由社區教育工作，培養在地人才，促進社區成員志願合作及自助助人，以凸顯社區工作的獨特性。

（五）工作者的角色：在地區發展模式中的工作者，通常是一位協助人們學習解決其所確認問題的人，他是熱衷於透過社會工程來改革體系的一個有酬的專業工作者。在這個模式中，工作者的主要角色是使能者、鄰里工作者、促進者。

選擇題：

1. **B** 社區工作的目標：
   1. 促進居民參與居民參與解決自己的問題，改善生活素質。
   2. 提升居民的社區意識。
   3. 加強居民對社區的歸屬感。
   4. 改進社區關係，改變權力分配。
   5. 發揮居民的潛能。
   6. 善用社區資源，滿足社區需要。

2. **D** 社區工作方面的假設（Ross 提出）：
   1. 社區中的人們能發展出處理社區問題的能力。

2. 人們希望改變，亦能有所改變。
3. 社區民眾應該參與自己社區中所發生的事。
4. 社區的自發性改變有其意義，並具有恆久性。
5. 「全面方式」能成功地解決問題，「片段式」則否。
6. 民主制度需要合作參與，社區民眾必須學習合作參與。
7. 必須協助社區民眾進行組織，以解決社區問題。

3. C 社會行動模式：
   1. 目標：社會行動模式的核心任務，在於結合社區的力量，尋求權力關係與相關資源的改變，甚至於根本制度的改變，而這種工作的進行，可能同時是任務性的目標，也是過程性的目標。
   2. 關注的問題：這個模式所關心的問題，是弱勢人口遭到不公平對待、不公義的情況。它比較像是針對父權式社區工作的一種反動，以及為了協助那些相對弱勢群體從社區得到更多利益而做出來的必要回應。

第六章

CHAPTER 6
社區工作直接服務(二)：過程、技術、實務議題

榜·首·導·讀

- 請建立撰寫社區實務方案之能力，意即有關社區方案計畫書應包含的要項必須清楚，並預為撰寫方案，提升撰寫方案的熟練度。

關·鍵·焦·點

- 社區參與、社區能力建構、培力/充權等均是申論題關鍵考點。
- 社區（地區）產業，觀念必須清晰。

命·題·趨·勢

年度	110年				111年				112年			
考試	1申	1測	2申	2測	1申	1測	2申	2測	1申	1測	2申	2測
題數		12	1	4		7		8		10		6

本·章·架·構

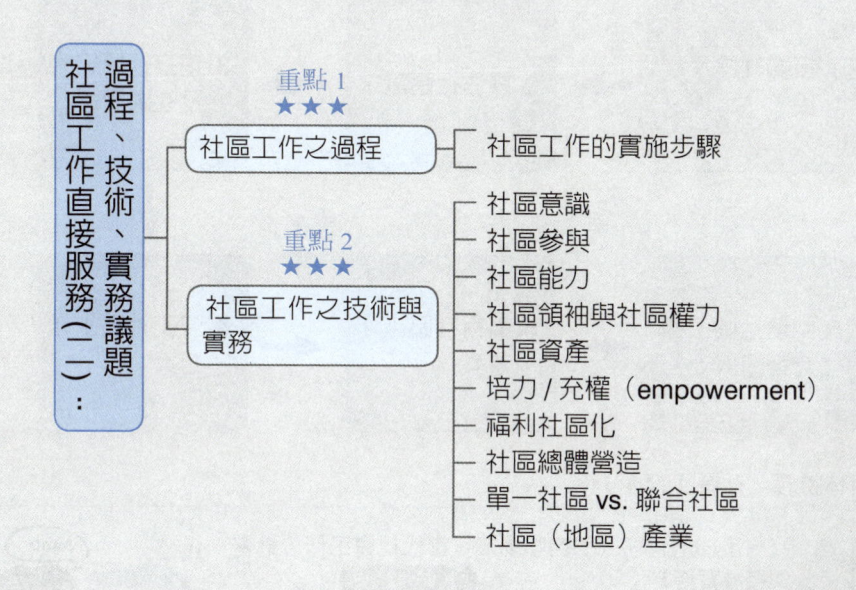

社區工作直接服務（二）：過程、技術、實務議題

- 重點1 ★★★ 社區工作之過程 ── 社區工作的實施步驟
- 重點2 ★★★ 社區工作之技術與實務
  - 社區意識
  - 社區參與
  - 社區能力
  - 社區領袖與社區權力
  - 社區資產
  - 培力／充權（empowerment）
  - 福利社區化
  - 社區總體營造
  - 單一社區 vs. 聯合社區
  - 社區（地區）產業

重點 1 社區工作之過程

一、社區工作的實施步驟

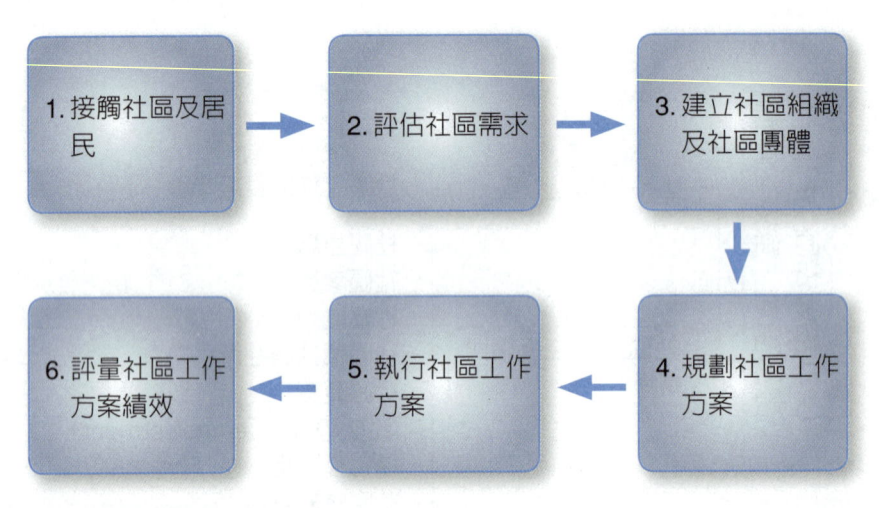

1. 接觸社區及居民 → 2. 評估社區需求 → 3. 建立社區組織及社區團體

↓

6. 評量社區工作方案績效 ← 5. 執行社區工作方案 ← 4. 規劃社區工作方案

（引自林勝義《社區工作》）

知識補給站

社區工作的程序（引自李易駿《當代社會工作：計畫與發展實務》）：

1. 起步階段
   (1) 開始前準備期
   (2) 進入社區與瞭解社區
   (3) 認識社區及整理社區資訊
2. 評估階段
   (1) 評估社區能力
   (2) 對社區問題及需求評估
   (3) 評估社區人士對社區議題與需求的態度
3. 發展專業服務規劃階段
   (1) 發展專業服務規劃的考量
   (2) 專業服務規劃架構的內涵
4. 工作階段
   (1) 組織核心工作夥伴
   (2) 進行初步工作
   (3) 形成合法組織
   (4) 持續修正社區方向及發展計畫

上榜關鍵 ★★
各階段的內容，為測驗題細微考點，請詳加區辨。

　　　　（5）持續執行計畫
　　　　（6）維持與擴張
　　5. 擴大工作階段
　　　　（1）持續修正社區方向與發展計畫
　　　　（2）持續執行計畫
　　　　（3）維持與擴張
　　6. 永續工作階段
　　　　（1）持續調整社區組織及提出社區願景
　　　　（2）劃分各社區方案優先順序，列出分年度計畫
　　　　（3）社區人才的訓練與培力
　　　　（4）循環性的社區組織能力增長
　　7. 結案階段

（一）接觸社區及居民
　　1.接觸社區居民之主要目的
　　（1）建立初步關係：透過面對面接觸，一方面認識社區意見領袖及居民，另一方面也讓社區居民認識我們、知道我們是誰？要來社區做什麼？這些，都是為了日後的工作先行建立一種接納與信任的關係。
　　（2）進行探索互動：藉以了解社區居民生活的地方及有關他們的一些基本資料。
　　（3）認識社區的空間分布：社區工作者事先在社區走一趟，或與當地居民非正式的交談，認識社區的空間分布，以備將來進行社區需求評估時，有個大致的範圍可以參考。
　　（4）探查社區的交通網絡：在與社區初步接觸時，親自查看社區的交通路線以備運用。
　　（5）了解社區的文化、風俗、語言：社區工作者與當地居民接觸，可以從觀察、交談、詢問之中，對於使用的語言，風土民情進行了解，以利得以順利推展社區工作。
　　（6）蒐集社區人口相關資訊：可由人口統計資料得知，但對於社區內的弱勢人口，因為未來可能是主要的服務對象，應加以了解。
　　（7）觀察社區權力結構的情況：從權力的角度觀察社區，設法找出在地方具有影響力的人，接觸他們並觀察他們在社區的影響力。
　　（8）留意社區可能發生的問題：社區工作者可以利用初次接觸的機會，詢問社區意見領袖及居民，了解社區弱勢者目前遭遇到何種困難或問題？先行思考哪些問題應該要優先處理？哪些問題可以慢慢來？
　　（9）留意社區內的資源：為了因應社區弱勢居民的需求，社區工作者必須從接觸社區及居民的初期，就留意社區資源的相關資訊，找出可用的資源。

2. **與社區成員接觸的原則** 　　　　　　　　　　　上榜關鍵 ★★★
測驗題考點。

(1) 不要錯過進行接觸或再次接觸的任何機會。
(2) 考量每次在進行接觸中有什麼感覺。
(3) 學習如何去傾聽和觀察。
(4) 為建立接觸而開創機會。
(5) 為了「獲得」必須「給予」。
(6) 切勿輕信人們所說的每一件事。

(二) 評估社區需求

1. 社區背景調查的主要原因

(1) 社區調查是以認識社區、瞭解社區為目的之社區背景調查，常被與社區需求調查相混淆 知 。在外來專家的社區工作架構中，社區調查是一個非常重要的過程。

知識補給站

社區調查與社區需求調查之區別

區別項目	社區調查	社區需求調查
功能	是一種對社區的廣泛性背景認識。	限定在特定主題，以提供服務、進行建設、改變社區公共資源分配與服務為目的之資料蒐集。
範圍	主要係提供相關人員對社區有基礎的認識，故調查範圍較為廣泛，包括地理、歷史、人文、產業結構、公共服務。	主要係提供公共服務設計參考，範圍乃限於公共服務中的教育、交通建設、醫療社福、衛生等。
方法	方法較為廣泛，包括文獻資料、訪談、實地調查等。	以在公共服務方案規劃中較常使用的統計數據、民意調查為主。

(2) 外來專家對所進入將協助的社區並不熟悉，有必要藉著社區調查的過程來認識社區並建立社區的基本資料 知 。

第六章 重點 1 社區工作之過程

> **知識補給站**
>
> ### 社區調查的類型
>
> | 類型 | 說明 |
> |---|---|
> | 第一類型 | 是為認識社區而對社區資源、特性所進行的調查。在以居民為中心的社區工作中,重視第一類型的調查。 |
> | 第二類型 | 是為推行社區行動或方案所進行的社區需求與問題調查。從地區發展模型或社會計畫模型出發的社區工作,多強調第二類型。 |

（3）即使社區工作者對社區已有若干認識,但基於理性規劃或社會計畫的工作模型,往往必須經由社區調查過程來論述,並向社區民眾與經費贊助單位說明計畫或方案的必要性,且在工作順位上是優先的。

2. 社區需求調查之目的。

社區需求調查之目的
1. 檢視所有關係人所關心的議題是否被納入政策或服務方案。
2. 為既存的方案或政策辯護。
3. 評估服務使用者對於服務提供的滿意情況。
4. 就幾個備選方案中,選出最被人們所期待的方案或政策。
5. 釐清需求是否已被滿足、方案效果是否貼近於目標。

上榜關鍵 ★★★★
建立對測驗的選答能力。

3.需求的類型

需求的類型（Bradshaw 所提的四項需求）

1. 規範性需求（normative need）
2. 感覺性需求（perceived need）
3. 表達性需求（expressed need）
4. 比較性需求（relative need）

需求類型	說明
1. 規範性需求（normative need）	1. 即專家學者所界定的需求，係依據現有之資料作為規劃之基礎。從類似的社區調查報告或專業人士的意見，均可用來研判標的人口群為何，且一般是透過以比率（ratio）的方式與現有資料之間做對照比較來表達需求的程度。如果實際的比率低於特定標準，就可以據以認定需求的存在。 2. 例如：某社區可能需要的醫院或養護中心之床位數量（常以每千人需要幾床表示）。 3. 優點：能使方案規劃者以較客觀的方式建立標的人口群。 4. 限制：知識、技術、價值觀的改變，需求的程度也會隨之改變。
2. 感覺性需求（perceived need）	1. 即標的人口群透過想像與感受覺知的需求。人們透過想像和感受來覺知自己有何種需求。若以客觀標準而論，生活品質較高的人，可能比生活貧困的人會有更多的需求。因此，方案規劃者必須對服務對象的處境具有敏感度，同樣重要的是，也必須考慮以其他的需求觀點來詮釋此現象。 2. 例如：在社區中自認為健康不佳的人數。 3. 限制：感受性需求沒有絕對唯一的標準（不像規範性需求有一定的標準），亦即判別感受性需求的標準會有因人而異的現象。

需求類型	說明
3. 表達性需求 （expressed need）	1. 即有需求者實際嘗試或接受滿足需求的服務。方案規劃者以實際尋求協助的人數來界定需求。 2. 例如：社區中正在等候家庭諮商的人數。 3. 優點：它著重人們將感受實際轉化成行動的情況而未滿足的需求或要求，自然而然就成為規劃所要改變的標的。
4. 比較性需求 （relative need）	1. 亦稱為相對性需求。亦即比較類似的情境與服務差距所存在的需求。比較性需求的測量是比較類似之兩社區或兩地理區域間現有服務的差距來說明需求的存在。 2. 例如：與乙社區相較，甲社區中已安置於庇護所的遊民比例。其分析必須同時考慮人口組成及社會問題形成方面的差異，不同於規範性需求的測量，最後提供的是一套絕對判定需求的標準，比較性需求關注的是對等性、公正性的議題。

4.社區需求的評估類型

1. 綜合性評估

・是指透過各種評估方法，歸納社區相關層面的原始資料及數據，以便對社區有通盤的了解。
・具體言之，評估的項目、方法、對象，都儘量擴大其涵蓋面，藉收綜合評估的效果。

2. 熟悉性評估

・為了利用第一手資料和數據，達到全面性了解之目的，乃優先詢問熟悉某些特定評估項目的社區居民，進行全面調查，稱為「熟悉性評估」。
・換言之，請教那些對於社區某些事務熟悉的居民，比較能夠獲得有用的答案，否則問道於盲，其結果如何，可想而知。

3. 問題取向評估

・以問題為取向的評估，是全面性了解社區的情況後，集中於社區相關問題上的評估。

4. 次級系統評估

- 評估一個次級系統，意味著我們了解社區的整體面後，也必須檢視社區某些具有獨立功能的部分，譬如企業部門、宗教組織、服務機構、學校系統及那些所用語言與眾不同的族群。

（三）描繪社區問題／需求之方法（需求評量）

> **上榜關鍵** ★★★★
> 這部分曾有申論題的出題紀錄，二位學者的觀點均請詳讀；測驗題部分亦為出題的重點。

1. 林萬億的觀點
   （1）訪問（interview）：透過面對面或電話來了解當事人對社區問題或需求的看法，可採結構式或非結構式的訪談。
   （2）問卷調查（survey）：採用問卷（questionnaires）作為蒐集資料的工具以了解社會現象或需求。方式有三種，一是自填問卷，二是訪談問卷，三是電話調查。
   （3）實地觀察（field observation）：分為參與觀察（participant observation）與非參與觀察。前者又依參與程度可分為完全參與、參與觀察、觀察兼參與，後者純粹是個觀察者。
   （4）次級資料（secondary data）：又稱二手資料，亦即非由你本人蒐集到的統計資料。通常就既有的統計資料檔（data archives）中去擷取所須資料來再分析。
   （5）社會指標（social indicators）
   是指將各種既存統計資料，選取足以呈現社會整體現象的項目，編製長期累積的表格與圖形，以利比較時期變動的趨勢的一種統計報告。
   （6）服務統計（service statistics）
   是指各公共服務機構所蒐集到的資料，如社會福利機構的個案統計，學校的輔導紀錄統計等，也可以看出社區的問題所在。
   （7）會議（meetings）：開會不但是蒐集社區意見的技術，如社區委員會、里民大會、公聽會、更專業的會議方式是名目團體技術。名目團體技術是一種理念蒐集、解決問題與集體判斷的結構性集會技術。名目團體技術的作法是邀請 20～30 位參與者，代表不同的觀點來參加決策。
2. Siegel 的觀點（引自李易駿《當代社區工作：計量與發展實務》）
   （1）社會與健康指標分析法（social and health indicator analyses）：是指透過政府既有的關於對象社區的社會及公共衛生統計數據來認識社區、以

利對社區的人口、社會結構有基本了解。
（2）服務需要法（demands for services）：此法乃是透過社區中的福利機構及福利使用者的觀點來理解社區，其資訊來源包括既有的統計與相關的文獻。
（3）服務提供與資源分析（anslysis of providers and resources）：此法乃是藉由福利機構所持續提供的服務、服務使用的性質，間接地推論社區的特性。
（4）民意調查（citizen survey）：此法乃是直接運用問卷調查等方法來蒐集社區民眾的需求，但此法僅探討絕對性的需求，而不同時考慮代價及服務使用的可能性。
（5）社區公聽會（community forums）：此法乃透過公眾集會的方法，以互動的方法蒐集有關社區居民需求的資訊，但因為具有互動性，而易被情境所引導。
（6）名目團體技術（nominal group techniques）：所謂名目團體是指不具團體動力，而乃為特定功能任務而臨時性產生的，具有團體的外型但不具有團體動力的團體。社區中的各種團體領袖的集會即是一種名目團體。此法乃是透過召集暫時性的團體（通常是社區各團體的代表），以蒐集有關社區的資訊。
（7）德菲法（Delphi technique）：以社區意見領袖為對對象，一再地向社區領袖請益及釐清相關問題，以蒐集社區資訊的方法。
（8）社區印象法（community umpressions）：此法乃結合社區資訊、意見領袖訪談、社區居民訪談及實地進行，而獲得的對社區的綜合印象。此法所獲得對社區的理解，可能可以掌握社區的特性，但亦可能是偏誤的印象。

3. 由硬體、軟體評估社區需求的方式（Twelvetrees 提出）。

上榜關鍵 ★★★
測驗題的考點，考生必須要能區辨硬體、軟體評估的各類別。

（1）社區硬體資訊（hard information）的蒐集及需求分析，是對「物」蒐集資料。歸納如下表：

類別	蒐集方式	需求分析舉例
1. 機構紀錄	向本機構與相關機構洽借。	機構重要會議對於社區政策、福利服務、失業、住宅等問題的決議。
2. 研究報告	在公共圖書館或典藏單位閱覽。	關於失業、疾病的研究報告。

類別	蒐集方式	需求分析舉例
3. 官方資料	閱讀政府公報、統計要覽、施政報告、施政計畫書。	人口統計、失業率、犯罪率、中輟生人數、住宅政策等。
4. 服務案例	向服務輸送單位商請提供資料。	分別進行兒少、婦女、老人、障礙者等服務使用者分析。
5. 地方報紙	閱讀報章雜誌、收看社區電視。	有關社區民生問題之報導。
6. 網路資訊	利用圖書資訊網絡查詢，或直接以關鍵字上網檢索。	兒少、婦女、老人、障礙者等弱勢族群的問題及福利需求。
7. 其他	非營利組織系統圖、學校點名簿、聯合勸募專案等。	分析機構服務之分組、學生缺曠課原因、接受補助機構屬性及服務的主要對象等。

（2）軟體資訊（soft information）的蒐集，主要是對「人」蒐集社區相關資訊，然後據以評估社區的需求。歸納如下表：

類別	蒐集方式
1. 問卷調查	想要瞭解社區目標人口的需求，最直接的方式就是透過問卷調查去問這些人需要什麼？
2. 重要人物訪談	任何社區，都有一些「重量級」人物或意見領袖，例如：地方政府官員、政黨領袖、民意代表、牧師、教師、記者、村里長、社區發展協會理事長、社會福利機構主管、非營利組織負責人，以及曾經長時間參與地方鄰里或社區相關活動的人。
3. 焦點團體	從社區相關人員的意見去發現社區的需求及問題，更積極的一種做法，是邀請他們進行小團體的討論，詢問他們一系列有關社區的問題，並記錄他們的答案，作為需求評估的依據。目前，社區工作已逐漸重視焦點團體的運用，藉以進入需求評估。
4. 社區會議	透過開會的方式，召集社區居民討論大家關切的議題，這也是短時間之內發現社區需求的一種方法。這種社區會議，也稱為社區論壇，社區會議的用意，在於傾聽社區居民與社區團體領袖的聲音，所以邀請前來參加會議的對象，最好具有代表性。

類別	蒐集方式
5.登門拜訪	社區工作的基本精神,強調由下而上,傾聽基層民眾的聲音。而且,在理論上,蒐集資訊的範圍愈普及,將來評估結果愈接近事實。因此,有計畫地挨家挨戶登門拜訪,成為蒐集社區軟體資訊的另一種方法。

4.「社區整備程度模式」(Community Readiness Model, CRM)
是指社區針對某些議題在採取行動前的準備程度。社區整備程度乃從六面向來評估社區人士對所關心之議題的投入及準備程度,這六個面向為:
(1) 社區對該議題既有的努力程度:社區人士在所討論的該項議題(或問題、需求)上已做了那些努力計畫和方法,進行到什麼程度。
(2) 社區對該議題既有努力的認知:社區成員對各項努力及其成效知道多少?這些努力是社區裡每個部門及其成員都知道或接受到(這些資訊)的嗎?
(3) 領導:負責的領導者和具影響力的社區成員,他們在這個議題上的支持是在哪一個程度。
(4) 社區氣氛:社區裡普遍對該議題的態度為何?是感到無可奈何,還是感到有責任和有參與感。
(5) 社區對該議題的認知:社區成員對於問題產生的原因、後果,以及對社區的影響程度了解多少?
(6) 與該議題相關的資源:地方上的資源―人、時間、金錢、空間等,在該議題上能支援到什麼程度。

上榜關鍵 ★★
測驗題考點,尤其是六個面向的項目要記清楚。

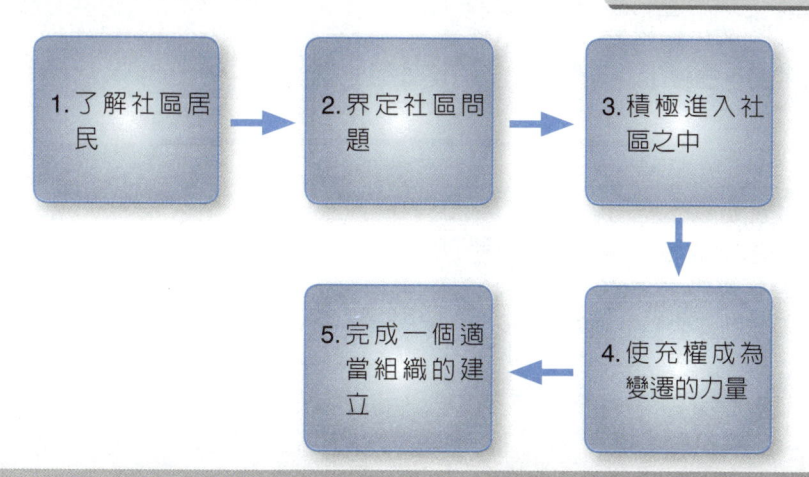

(四)建立社區組織與社區團體
　　1.建立社區組織的步驟

1.了解社區居民 → 2.界定社區問題 → 3.積極進入社區之中 → 4.使充權成為變遷的力量 → 5.完成一個適當組織的建立

2.建立社區團體的步驟

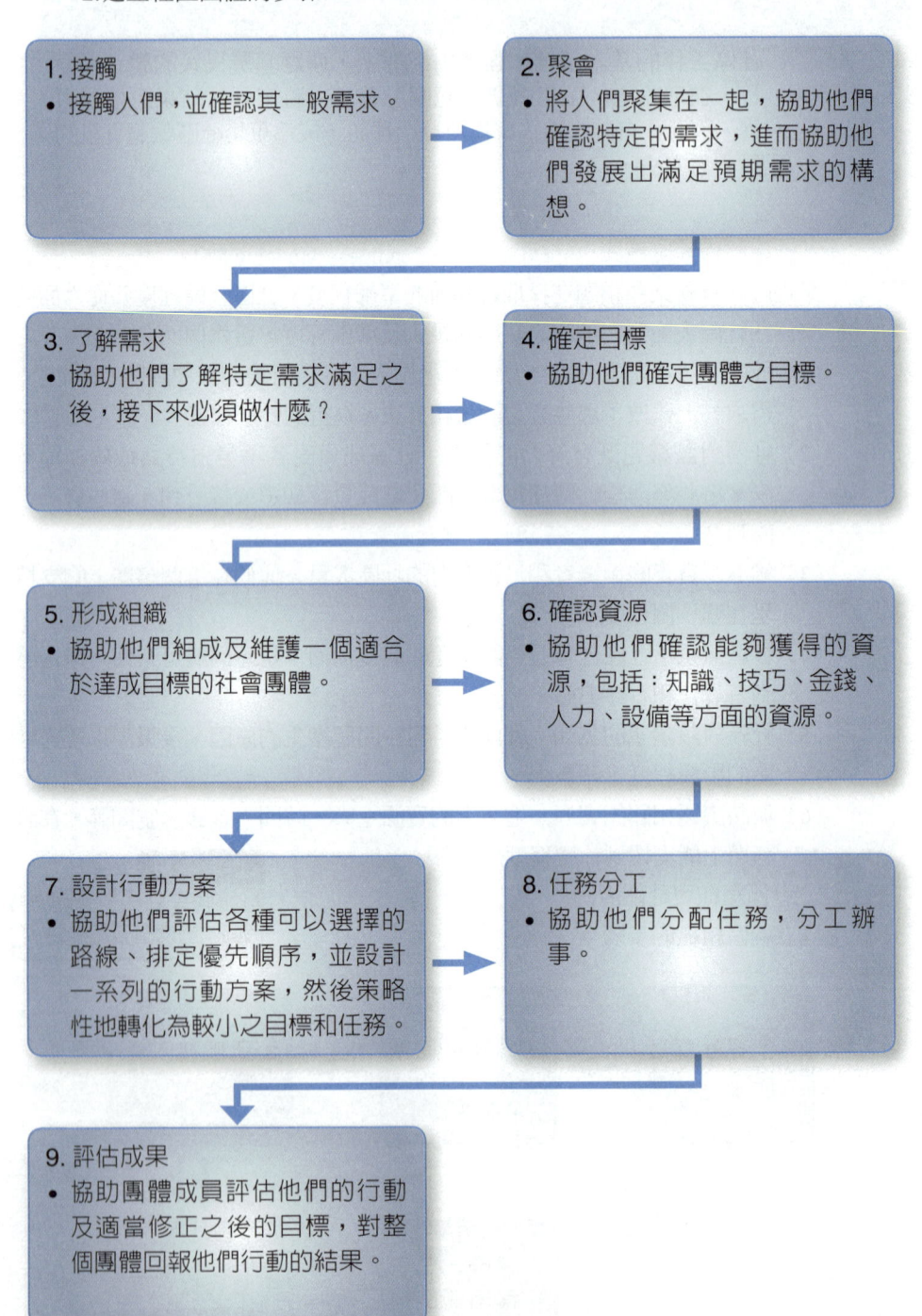

1. 接觸
- 接觸人們，並確認其一般需求。

2. 聚會
- 將人們聚集在一起，協助他們確認特定的需求，進而協助他們發展出滿足預期需求的構想。

3. 了解需求
- 協助他們了解特定需求滿足之後，接下來必須做什麼？

4. 確定目標
- 協助他們確定團體之目標。

5. 形成組織
- 協助他們組成及維護一個適合於達成目標的社會團體。

6. 確認資源
- 協助他們確認能夠獲得的資源，包括：知識、技巧、金錢、人力、設備等方面的資源。

7. 設計行動方案
- 協助他們評估各種可以選擇的路線、排定優先順序，並設計一系列的行動方案，然後策略性地轉化為較小之目標和任務。

8. 任務分工
- 協助他們分配任務，分工辦事。

9. 評估成果
- 協助團體成員評估他們的行動及適當修正之後的目標，對整個團體回報他們行動的結果。

（五）外來組織

1. 外來組織進入社區的意涵

社區工作者在社區中推動社區工作，係因應社區人士的請求，而以外來專家的身分進入社區提供協助。作為外來專家的社區工作者，往往隸屬於某個以推動社區工作為宗旨的機構或組織，可能是政府出資的機構、非營利組織或接受政府委託或補助的非營利組織。

2. 外來組織在推動社區工作上的優勢

（1）有專業人力的之支援：此類組織內有推動社區工作所需要的各種專業人才，而這些專業者多具備推動社區工作的基礎專業知識，也各自具備若干不同的特殊知識，故此類的社區工作組織，有專業人力的後盾與支援。

（2）資源上的協助：此類組織或由政府設置或接受政府補助或委託社區工作，往往握有一些解決社區實質問題所需的資源。即或不然，此一組織僅係單純的非營利組織，也可以扮演對外匯集社會資源的角色，如同社區工作發展起源的湯恩比館，成為與社區之外的媒介窗口，引進外在社區資源。

（3）配合社區的發展與工作進程，提供社區人士專業訓練：社區工作不僅是事件式的一次活動或只解決單一問題，而是系列的、不斷推演發展的過程。但對社區居民或社區內的領袖而言，在單一問題解決之後，往往未必能同時兼顧新目標與人員組織的動力變化。反之，在專業的社區工作服務組織協助下，則較可能同在時兼顧新目標與人員組織的動力變化中，引導發展進程，並利用組織的力量與資源，提供社區人士與領袖相關的專業訓練，朝向社區自立的方向發展。

（六）規劃社區工作方案

1. 社區工作方案規劃的程序

（1）目標的確立

A. 在完成社區需求評估之後，方案規劃設計者可以根據需求評估的結果，形成方案所欲達到的目標。

B. 就執行期間而言，社區工作方案有中長程計畫、年度計畫與單項方案之分，其作用不同，內容有異，再加上社區居民或福利人口群的需求亦有程度上的差異，所以方案的目標自然不同，但是方案目標的基本原則仍應依：方案目標的設定必須根據需求評估的結果、方案目標的陳述必須特定明確、方案目標的結構必須表明一定的層次（活動目標、過程目標、結果目標）等原則進行。

上榜關鍵 ★★★★
藍字部分，請著重在測驗題的準備。

（2）工作的進度
　　A.擬定方案的實施進度，具體設計方案運作的步驟。就社區工作方案而言，其工作進度之規劃，一般可採時間序列法、計畫評核術、甘特圖等來呈現。
　　B.經費的編列
　　社區工作方案的規劃設計者，可以依方案的類別，採取適當的方式來編列預算。基本的編列方式有三種：依項目取向編列，也就是單項預算法；依功能取向編列，也就是方案預算法；依收支並列取向編列，也就是功能預算法。
（3）方案的評估
　　A.原則上，針對方案進行評估，必須先擬定評估的指標，作為可行性評估的依據。方案評估指標的擬定，則依據社區工作方案的目標，衡量整體社區或特定福利人口群的需求，擬出評估的項目，並賦予各個評估項目預期達到的標準。
　　B.通常，擬定評估指標的方法，比較常見的是目標管理法與目標達成法，兩者均以衡量目標之達成為依據。

2.社區服務方案計畫書的撰寫內容

> **榜首提點**
> 請將方案計畫書撰寫的各要項熟記，並預為練習寫出一個社區實務方案備用，以免考場時間匆促無法完整論述；即使屆時考題所指定的論述方案非事前練習的對象人口，亦因事前練習增加熟練度，而提升得分。

（1）方案名稱：為了令人印象深刻，吸引大眾注意，方案名稱不宜八股，反而應該發揮創意，以達畫龍點睛之效，其原則是「簡潔有力，引人入勝」、「感性、知性、靈性兼具」，而且字數不宜太多。
（2）緣起：明確指出為何要舉辦此一方案，即所謂「Why」，內容可包括背景分析、現存問題及應行策略，讓相關人員一目了然本方案的真正動機。
（3）依據：說明實施之依據，可以取得支持，並表示活動不是臨時起意，而是有縝密的規劃。例如：本方案依據本會本年度工作計畫辦理。
（4）宗旨或目的：即本方案所欲達到的效果、價值與功能，通常「宗旨」較為抽象，「目的」則應該「具體、明確、可行」，以作為未來評估之依據。例如：本社區工作人員預計在三個月內，由20位社區工作人員，每週2次，拜訪40位獨居老人。如此表達就很具體，也易於瞭解是否達到目的。

（5）辦理單位：通常分為主辦單位、承辦單位與協辦單位，基於分工合作及榮譽共享的原則，應該明確的加以羅列。另外，尚有指導單位及贊助單位，指導單位通常是政府主管機關，如能邀請政府行政人員共襄盛舉，可增加對該社區的瞭解；贊助單位通常提供經費、器材或人力的協助，基於榮譽歸於資源提供者的原則，也應清楚明列。

（6）實施時間或期間：實施的開始時間與結束時間，應該加以說明，是一次或連續的活動維持多久。如果可能的話，將時程表或進度表附上，也是很好的方法。

（7）實施地點：適當的地點難尋，幾乎是辦理活動者常遇到的問題，有些地點交通方便，但價格高昂；有些地點價格便宜，但偏僻遙遠，因此，平常就要注意是否有適當地點，並且存檔備查。活動舉辦最好能在風景優美之處，休閒兼受訓，場地大小適宜、地點適中、交通便利、環境舒適，如此辦起活動將會受人歡迎。

（8）參加對象：每個方案所針對的人口群不一，要依據活動性質加以篩選，數量也需要適當的控制，人數太多，人員紛雜，秩序不易維持；人數過少，門可羅雀，場面冷清，使參加者意興闌珊，均非所宜。

（9）實施要項：包括實施步驟或流程，以說明方案如何進行的具體陳述，通常配合圖表說明，活動內容以生動活潑為原則。其設計的內容宜配合參加對象的年齡、性別、教育程度、職業類型、宗教信仰與政治態度等對象予以考量。

（10）預期效益：方案達成後，預定交付的成果及具體內容與形式。例如：社區工作人員進行社區環保工作之預期成果為建立社區資源回收系統。

（11）預算經費：計畫所需的經費應覈實編列，不要浮編或虛報，以崇尚節約、撙節開支為原則，否則下一次申請經費，就會讓人產生質疑。

（12）附則：整個方案的條件限制或未盡周延須補充之處，例如：核定或修正方案的程序。

（七）執行社區工作方案

　　1.社區工作方案的執行

```
1. 動員組織
   在於啟動社區組織的機制，確認人力分工、
   協調責任分擔，以集體的力量來執行方案。

         ↓

2. 動員居民
   在於發動社區居民積極參與社區工作的執行。

         ↓

3. 動員資源
   在於動用社區內外的相關資源，增強方案執
   行能量。
```

2.組織及動員居民實務
（1）組織及動員居民實務意涵

「組織及動員居民」是指將分散的居民透過某種連結形成組織，甚至是形成正式的、固定的社區組織，而達成體系化的組織。即形成在社區與社會中具有一定的法人地位，亦即向公部門完成登記（立案或備案），有永續經營發展的承諾，一定的組織規模與正式的組織規章等。

> 西卡恩（SiKahn）特別提醒社區工作者：你可以在「協助建立一個屬於社區成員的組織」的基礎上，清楚表達你的想法，但絕對不可以將自己的想法硬梆梆地加在社區裡面，或者試圖操控社區，你不是建立一個組織去達成你個人的目的，組織是為社區居民的利益而存在的。因此，社區工作者必須在建立社區組織的過程，不斷地促使社區成員持續成長，學習知識和技巧，在社區裡擔當主要責任，逐步發展一個有效能的組織。

知識補給站

(2) 實務方法做法

> **上榜關鍵** ★
> 測驗題的冷門題，請作基本的準備。

A. 社區工作者在促進居民籌組社區組織的過程中，往往先形成社區團體，再視情況發展為尚未達到相當規模程度的非正式組織。這種非正式組織，通常是尚未向公部門登記（立案或備案），未必已在社區或社會中取得公共的信賴，也未必有永續經營的承諾。

B. 社區團體的籌組程序包括聚集少數民眾、推行某些討論及教育活動、擴大團體成員人數，再進一步設定初期工作目標，進行公開性的社區活動，成為社區人士所知悉的團體。

C. 在實務工作上，社區工作者常運用讀書會、互助團體或各級學校的「愛心媽媽」、「志工媽媽」等方式作為經營起點。例如：社區工作者先以組織讀書會的方式召集社區人士，一方面進行特定主題的研習，藉由研習活動而與參與者熟識，進而在團體中進行成員個人層次及團體層次的「充權」（empowerment）。在此一階段，要鼓勵團體成員邀請更多人前來參與，擴大團體的規模。俟團體規模發展到一定程度，且成員彼此具有一定的凝聚力與權能之後，社區工作者便可以視社區問題與需要，提出可能激發行動驅力的議題，而鼓勵團體成員思考問題解決的行動構想，並發展為行動方案。這時，社區工作者扮演「使能者」的角色，亦即在促使社區熱心人士站出來參與，投入社區事務。工作方式是非指導式的鼓勵，並非是要指揮、命令團體成員。

D. 而社區團體在經過活動與行動化後，將可獲得社區居民的關心與支持，進而吸引更多社區居民樂於參與社區團體，一旦社區團體擴張到一定規模，就必須考慮組織的正式化，進行組織的籌設。

3. 社區資源管理的方式

（1）盤點社區資源：包括社區的人力、物力、財力、文獻資源等進行盤點，以掌握資源。

（2）發掘社區資源：根據社區工作方案的實際需要，透過各種管道找出相關資源，其常用的方法，包括：檢索、訪視、交換、現場蒐集、隨時留意。

（3）建立資源檔案：在發掘社區資源之後，應該立即將資源分類，並且利用電腦建立資源檔或資料庫，以備運用。通常，社區資源的檔案或資料庫可視實際需要分別建檔，包括：人力資源檔、場地資源檔、經費資源檔、社團資源檔、文獻資源檔等。

（4）規劃社區資源：在實際運用資源之前，必須對社區工作方案執行過程所需社區資源，配合已經建置的各類資源檔案，妥善地規劃資源運用的相關措施。

（5）維繫社區資源：社區資源得來不易，必須要做有效的運用，且對於貢獻資源者給予充分尊重，才能細水長流，源源不絕。為了保持社區資源長久維繫，應注意幾項原則：切合社區的需要、顧及資源的負荷、重視社會的責信、統合資源的使用與資源提供者建立永續的關係。

4.資源的管理活動實務

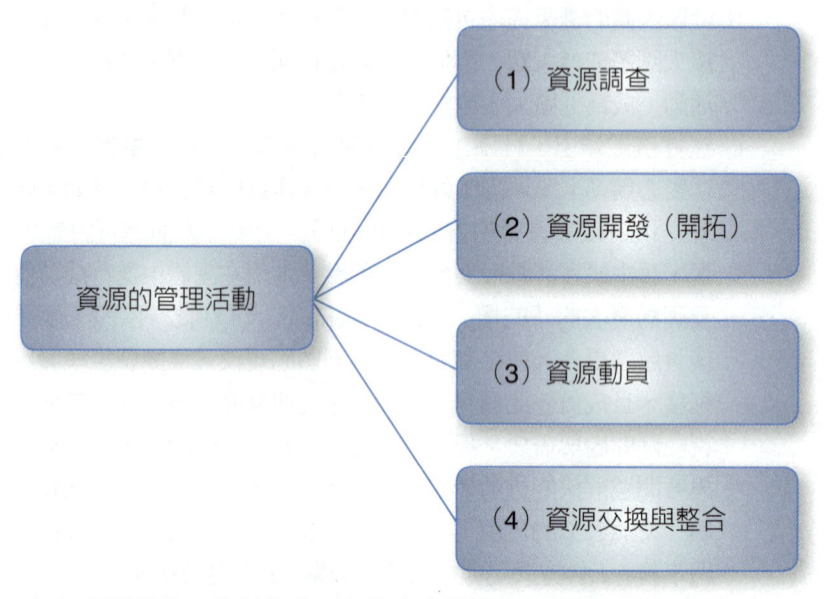

```
資源的管理活動 ─┬─ （1）資源調查
              ├─ （2）資源開發（開拓）
              ├─ （3）資源動員
              └─ （4）資源交換與整合
```

（1）資源調查：社區的資源有的來自機構、組織及團體，有的則來自個人或家庭；進而認為，社區資源調查的內容應包含各服務機構、組織、團體、工作性質、服務範圍、調查社區內的人力、物力及可動員人數及社區內的人才、技術與志願服務團體。

（2）資源開發：資源開發或資源開拓，是指社區工作者必須先了解社區存在哪些資源。透過資源調查，可以清楚的認識社區中存在的資源，在確認資源存在之餘，乃得進行資源的開發。事實上，資源開發的核心工作是爭取認同與支持。社區工作者藉由過去的工作實效、未來的工作願景與可行的方案，以爭取資源擁有者或控制者的認同與支持，進而讓他們願意將所擁有的資源提供或投入到社區工作中，此即開發的原本不屬於社區工作的新資源。此外，實務專家強調在資源開發之外，更應重視活化資源，是指從使用、利用的角度來看待事物，將可被利用的事物都當作資源來看待，而不侷限於金錢或特定的工具或設備，再從中確認方案、活動、社區工作中所需的設備、工具，及確認所需的資源，亦即關心資源的「利用與使用」。

(3) 資源動員：在資源開發的同時，另一方面要進行資源動員。資源的存在是資源動員與資源整合的前提。社區工作者在進行社區動員時，必須立基於人們對社區組織、社區工作的認同之上，即必須仰賴過去、經常性的公信力培養及爭取認同，而於需要之時再進行資源（包括人力、物力、金錢）的動員。

(4) 資源交換與資源整合

社區組織在掌握或動員若干資源之後，開始進行資源交換或資源整合，說明如下：

A. 資源交換：是以自己所擁有的資源去交換自己所沒有的、缺乏但有需要的資源。

B. 資源整合：係指不同的資源相互配合，以投入特定的任務而被運用而達成目標。因此，**進行資源整合時，要先滿足二個重要前提：必須有足夠的資源，而這些資源只是還未被充分或合宜地使用；其次，要有整合者，須考量哪一個人或哪一個部門組織適合成為資源整合者。**

> **上榜關鍵** ★
> 測驗題考點。

5. 社區支持網絡的運用策略

1. 個人網絡

- 這種策略集中在與案主有聯繫且有支持作用之人，例如：家人、朋友、鄰居等。使用的方法是社會工作者與上述案主有關之人士接觸、商議，動員這些有關人士提供資源以解決問題。另外，社會工作者也提供相關人士諮詢與協助，以維持及擴大案主的社交關係與對外聯繫。

2. 志工網絡

- 這個策略主要用在擁有較少個人聯繫的案主身上，是要為案主尋求並分配可提供的志願工作者，讓志工與案主發展個人對個人的支持（支援）關係。例如：定期探訪、情緒及心理支持、護送或購物等。社會工作者可為志工提供訓練並給予所需的督導支持。

3. 互助網絡

- 此一策略重點是將具有共同問題或有共同背景的案主群，集合在一起，為他們建立同儕支持小組。這個策略可加強案主群彼此之間的支持系統，增加夥伴關係、資訊及經驗交流，集合集體力量，加強共同解決問題能力。

4. 鄰居網絡

- 主要是協助案主與鄰居建立支持關係、召集、推動鄰居為案主提供幫助，尤其是一些即時性、危機性或非長期性的協助。

5. 社區網絡

- 主要是為案主建立一個網絡或小組，為網絡（小組）中的成員反應需要爭取資源去解決本身的問題，並倡導案主權益。另外，更要協助該網絡（小組）與地區領袖或重要人物建立聯繫。

6. 社區組織與相關單位之間互動的層次。

互動層次	說明	關係的型態	特徵	自主層次
1. 溝通	溝通，可以是不同組織間正式的溝通，也可以是其間非正式的	友善、誠懇	彼此分享理念、相互諮商	高度自主
2. 合作	合作，是社區內不同的組織或團體，同意一起努力，以達成相同的目的。	如同入會的關係	一起規劃，執行獨立方案	高度自主
3. 協商	協商，是指不同的社區組織或社區團體，為了關切某一議題而一起努力。	聯合、社團或結合的關係	避免重複、彼此分享資訊、宣傳、轉介	中度自主
4. 夥伴	夥伴，是參考企業合併的概念，由社區內兩個以上的組織或團體，基於共同的意願而建立一個新的方案或服務。	可能是聯合、網絡、合併企業	一起加入單一的計畫或服務，分享資源	中度自主
5. 聯盟	聯盟，是兩個以上的組織或團體，在實際運作上相互融合，甚至合併成為單一的組織。		合併為一體	放棄自主

上榜關鍵 ★★

測驗題的考點，考生必須要能區辨互動層次的內涵。

（八）評量社區工作方案績效
　　1.評量社區工作的基本原則
　　　（1）受評單位對於評量指標有清楚的了解：實施評量或評鑑單位，應該將評量指標事先告知接受評鑑的社區，以便準備評量資料及相關事項。
　　　（2）評量的實施過程必須公平：評量委員必須遵守利益迴避原則，如果平日接受該社區聘為督導或接受委託辦理社區發展相關業務，就應該自動迴避。
　　　（3）評量標的是工作面而不是個人：評量工作績效評量之目的，是在檢視計畫的實施情況，而非為社區內各職務人員是否盡職進行評鑑，亦即對事不對人。
　　　（4）評量應在合作的氣氛下進行：評量委員與受評單位必須開誠佈公，坦誠相待，在合作的氣氛下，使評量的工作順利進行，而評量的結果也才具有促使改進的作用。
　　　（5）受評單位應該有完成指定工作所需資訊和資源：評量之目的是在找出問題，以利改進，所以評量之前與之後，必須讓受評單位有充分的資訊和資源，可以成功地完成所指定的工作。否則，為評量而評量，如何產生評量的作用？
　　2.社區評量的實施方式。

榜首提點：申論題、測驗題考點。

項目	內部評鑑	外部評鑑
優點（續）	1. 評鑑人員：比較容易就近洽請。 2. 經費：交通及評量費成本較低 3. 角色：可能球員兼裁判，易混淆。 4. 地位：人際地位一致性較高。 5. 方案內容：有較佳機會了解。 6. 訊息：易掌握方案的第一訊息。 7. 深度：經驗類似，可了解問題發生的深層因素。	1. 可信度：具方案有關的專業知識及評量技巧，有助於提高可信度。 2. 自主性：與受評量單位較少利害關係，易於排除干預，保持專業自主性。 3. 客觀性：與受評量單位成員沒有直接關係，褒貶較客觀。 4. 中立性：強調專業倫理，保持價值中立。

項目	內部評鑑	外部評鑑
缺點	1. 可信度：較缺乏方案有關的專業知識及評量技巧，被信賴的程度較低。 2. 自主性：評量之後同事仍須朝夕相處，評分可能較難保持中立。 3. 客觀性：若受評者與評量者有特殊關係，容易影響評量的客觀性。 4. 中立性：容易受到行政倫理的壓力，不容易保持絕對中立。	1. 評鑑人員：專家學者較難尋找。 2. 經費：交通及評量費用成本較高。 3. 角色：可能臨時受邀，角色不清。 4. 地位：可能自以為地位高人（高於受評者）一等。 5. 方案內容：評量前才有機會了解。 6. 訊息：較難獲得方案的第一訊息。 7. 深度：較缺乏類似經驗，易流於走馬看花，不易挖掘問題發生的底蘊。

練功坊

★ 社區評量的實施方式可區分為內部評鑑及外部評鑑兩種方式，試說明外部評鑑之優缺點為何？

解析

外部評鑑之優缺點，說明如下：

1. 優點
   （1）可信度：具方案有關的專業知識及評量技巧，有助於提高可信度。
   （2）自主性：與受評量單位較少利害關係，易於排除干預，保持專業自主性。
   （3）客觀性：與受評量單位成員沒有直接關係，褒貶較客觀。
   （4）中立性：強調專業倫理，保持價值中立。

練功坊

2. 缺點
   (1) 評鑑人員：專家學者較難尋找。
   (2) 經費：交通及評量費用成本較高。
   (3) 角色：可能臨時受邀，角色不清。
   (4) 地位：可能自以為地位高人（高於受評者）一等。
   (5) 方案內容：評量前才有機會了解。
   (6) 訊息：較難獲得方案的第一訊息。
   (7) 深度：較缺乏類似經驗，易流於走馬看花，不易挖掘問題發生的底蘊。

★ (　) 社區工作進行方案設計時，常需要進行需求評量。瞭解社區中需要正在等候家庭諮商的人數，是屬於那一種需求觀點？
　　(A) 規範性需求　　　　　　(B) 感受性需求
　　(C) 表達性需求　　　　　　(D) 相對性需求

解析

(C)。表達性需求（expressed need）即有需求者實際嘗試或接受滿足需求的服務。方案規劃者以實際尋求協助的人數來界定需求。例如：社區中正在等候家庭諮商的人數。

★ (　) 以下何者不是調查社區需求的方法？
　　(A) 問卷調查　　　　　　　(B) 訪問居民
　　(C) 團康活動　　　　　　　(D) 文獻資料

解析

(C)。社區問題／需求評量方法：(1) 訪問（interview），選項 (B) 屬之；(2) 問卷調查（survey），選項 (A) 屬之；(3) 實地觀察（field observation）；(4) 次級資料（secondary data），選項 (D) 屬之；(5) 社會指標（social indicators）；(6) 服務統計（service statistics）；(7) 會議（meetings）。選項 (C) 不屬之。

重點 2　社區工作之技術與實務

閱讀完成：＿＿＿月＿＿＿日

一、社區意識

上榜關鍵 ★★★
測驗題考點，社區意識基本觀念，以及其四個概念，必須完全清楚理解。

(一)社區意識

社區意識是指居住於某一地區的人，對這個地區及其鄰人有一種心理上的認同與融合，即所謂的歸屬感；亦即人們認為這個社區是屬於他的，而他也是屬於這個社區的，此又稱為社區情誼（community feeling）。

(二)「社區意識」構念的四個概念

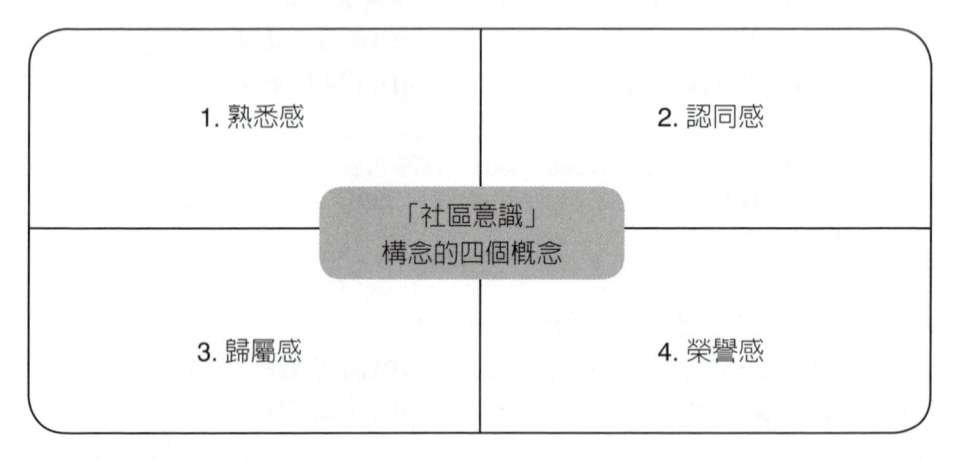

```
1. 熟悉感          2. 認同感

       「社區意識」
       構念的四個概念

3. 歸屬感          4. 榮譽感
```

1. 熟悉感

對社區的熟悉，至少分為：對人的熟悉、對空間的熟悉及對歷史與文化制度的熟悉。而無論是對社區中的人、空間，還是對歷史文化與制度的熟悉，均涉及居民是否經常與這些人、事、物接觸。尤其現代繁忙的工商社會，都市人的生活多為就業、就學所限制，未必有充足的時間可以接觸社區。在這種情形下，資訊的提供就變得非常重要，因此，社工者協助居民認識社區的首要工作，就是適當的提供社區居民有關社區的資訊。

2. 認同感

認同感比熟悉感更進一步，即不但知道社區的人、事、空間與文化，且更進一步正面肯定。認同感是社區居民心理上對社區的一種正面感受，形成對社

區的正面情感;也就是在熟悉之外再加上正面觀感。當然,所謂的「正面」,也涉及到一些價值判斷,即對社區環境內的人、事、物及社區組織有正面感受。

3. 歸屬感

所謂的歸屬感是在熟悉、認同之外,再加上習慣,即居民在熟悉、認同社區空間與人、事、物之餘,並形成於特定空間從事某種經常性活動的習慣;樂於在社區中的某些空間從事某些活動,感到自在且被接納。通常參與社區中附屬團體(特別是社團)的活動,有助於達成形成歸屬感的效果。

4. 榮譽感

榮譽感是居民因為被稱為某鄉、某社區、某團體的居民或一份子而引以為榮。認同感和榮譽感相關,在有認同感的情況下,若同時伴隨外在的肯定,則更容易感到光榮。

(三)增進社區意識的方法

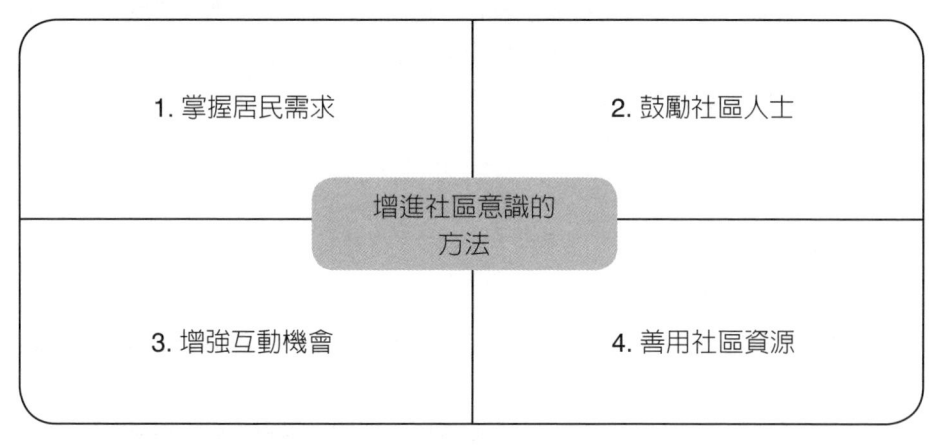

1. 掌握居民需求	2. 鼓勵社區人士
增進社區意識的方法	
3. 增強互動機會	4. 善用社區資源

1. 增進社區意識的方法:葉至誠觀點

(1) 掌握居民需求:要使一個社區能趨向團結合作,結合共識,已非單純的運用文化的統合能力所能完成,尚必須了解居民的共同需要,共同利益及共同的發展目標,方足以促使社區居民,放棄為個人一己之私的念頭,而投入有利於社區之公益行為。

(2) 鼓勵社區人士:社區建設與社區發展,雖然是由政府的行政力量介入參與,但如果經由地方人士參與地方的事,由地方人士與之配合,則方能形成持續、整合的力量。而喚醒社區居民參與的最佳方式,即由地方意見領袖的領導,配合具有專業知識的社會工作者,鼓勵居民投入與參與。

（3）增強互動機會：在典型的現代化都會社區，由於社會流動之頻繁，社區住民的異質性提高，加上彼此溝通機會的減少，往往出現相互隔離的現象，因為謀新、舊居民的認識與了解，則增進社區居民彼此互動的機會有其必要。

（4）善用社區資源：每一個社區往往有其的獨特的人文景觀、生產品、特有的建築及具歷史意義的紀念物等，透過這些活動的儀式，可促進社區情感，提升民眾對社區居民的歸屬感。

2. 提升社區意識的實務方法：李易駿觀點
（1）透過社區內的文宣品或媒體，持續介紹社區內的人、事、物與歷史文化，提高居民對社區的熟悉感。
（2）藉由社區活動促進居民互動及動態性認識社區人、事、物的機會，提高居民對社區的熟悉。
（3）透過社區人、事、物、歷史文化的正面介紹與宣揚，以及社會中的權威組織、人物或傳播媒體的肯定，提高居民的認同感與榮譽感。
（4）經由社區內的社團活動，吸引居民於社區內自在活動，並融入社區團體，形成歸屬感。

二、社區參與

（一）社區參與

1. 社區參與的特性（特點）
（1）參與是一種由下而上、影響上層決策者的活動，無論是支持或反對政策均屬參與。
（2）參與的主角是一般市民；透過參與，他們可以對政策表達意見，並企圖影響政策。
（3）參與之目的是監督政府的工作，促使政府對市民的需要作出有效的回應及交代。因此，市民參與是一種政治活動，有別於一般的參與（如宗教、興趣）及社交層面的參與。
（4）參與的架構及活動可以由市民自發性地組織，透過一些非正式的途徑（例如抗議、請願）表達意見。參與亦可由政府推動及贊助，其參與的架構也可以附屬於政府行政部門之內（例如：一些諮詢委員會）。

2. 社區參與的內容
（1）社區參與已成為活化社區、改造社區的主要動力，是社區居民基於共同生活經驗分享與歷史文化傳承的責任，自動自發參與社區環境的改造活

動。
(2) 社區參與應該是一種自發性、自主性的民主過程，政府的最大責任在於設法營造自發性參與機制的平等機會；故社區參與的層面可以包括生活環境、社會福利、社會教育、衛生健康、地方產業、文化藝術、犯罪防治等，也涉及公共政策制定。
(3) 社區參與的核心要素為社區居民的認同感，認同感是一種發自於社區居民內心深處休戚與共的集體意識，是一種出於「我們」意識的團體情感，同時也是一種生命共同體的感覺。
(4) 社區居民的參與正如其日常活動，展現出各種不同形式的社會互動型態。這種植基社會角色、社會地位、社會階層、任務分工與交互依賴的社會結構，它可能是強調社會參與和社會控制的行為，也可能出現利益相互衝突的情形。
(5) 社區居民可以共同分享社區參與的成果，且參與成果的擴散將有助於整體國家發展與社會進步。

3. 社區參與的功能（Water & Knevitt 提出）
(1) 參與改變人們習以為常的觀點：人們在參與中往往會聽到不同的意見及以不同的眼光重新觀看自己的環境與相關的事務，進而改變自己所習以為常的觀點。
(2) 參與改變了參與者之間的彼此關係：人們在參與中會逐漸與其他人一同互動，進而打破冷漠、陌生的關係，而朝向體驗共同工作的樂趣。
(3) 在參與中社區居民形塑集體意識：社區居民從參與中逐步關心社區事務及朝向行動發展，在這過程中，居民將共同發展出對環境的觀點、行動的策略，而成為集體意識。
(4) 參與行動中深化居民與環境的感情：在參與、特別是在轉化為行動的參與中，人們直接為其社區環境投入行動。這些行動中，人們與其環境有更為密切的互動，而建立親密的關係，形成與環境間的感情。

4. 社區參與程度類型

上榜關鍵 ★★★★
請將社區參與的類型、方式等，詳加準備，俾利測驗題選答之用。

社區參與程度的類型：參與包括不同程度的參與，有程度上不同，即參與是有不同程度的，而非僅有「參與」及「不參與」二種分類。學者認為可從公民影響公共決策制定的程度，將參與劃分為三組共發共八個層級，由低至高分別是：
(1) 非參與：包括兩個層級，最低層次的是操控（manipulation）；其次是治療（therapy）。

（2）表面作用：包括三個層級為通知（informing）、諮詢（consultation）、安撫（placation）。
（3）公民權：包括三個層級為夥伴關係（partnership）、授與權力（delegated power）、公民控制（citizen control）。

知識補給站

Rowe & Frewer 的社區參與方式

參與方式	參與的本質	持續時間	特性與機制
公民投票	全國或特定地區所有民眾皆可參與；可明確及實際得知支持或反對者的比例。	單一時間點的投票。	針對不同方案進行投票；所有投票者皆有同等的投票權。
公聽會／諮詢	只限於有興趣的市民，參與的人數有限，真正參與且有決策權的為專業者、政策菁英。	可能持續數週／月或數年。	藉由公開場合讓相關市民或代表發表意見，但對於決議不一定有影響。
民調	依不同的利益團體、地理區域、族群等進行抽樣調查。	針對單一事件持續數週或數月，但調查時間只有數分鐘。	藉由問卷訪談或電話問卷調查完成，主要的作用在蒐集資料。
協商機制	少數利益團的協商。	不確定，依案例而定。	各利益團體組成委員會，針對單一議題進行協商。

參與方式	參與的本質	持續時間	特性與機制
公議會	通常由相關的推動團體中選出代表性之10-16位成員組成。	由代表人藉由議題發表、演講的方式表達，通常持續2-3天。	由相關利益團體選擇代表人與議題，藉由公開會議讓一般民眾參與，特定議題可藉由報告與議程紀錄得出部分結論。
市民審議／小組	一般由公眾從相關團體中選出12-20人組成小組，以粗略地代表公眾。	不確定，會議一般持續數天。	對於特定議題進行諮詢、溝通與監督，會議進行過程不一定公開，結論常藉由報告或會議紀錄達成。
市民諮議委員會	由不同支持者、團體或社區選出一小團體組成。	持續時間不確定。	對特定議題進行檢驗與諮詢，並與政府或相關業者進行溝通。
焦點團體	由公眾選出5-12人組成的團體，亦可同時由數個次團體組成。	單一會議，通常持續數小時。	對一般性議題進行自由討論，藉由錄音、錄影等方式記錄，通常運用於公眾觀念或態度的觀察與諮商。

引自：李易駿。《當代社區工作：計畫與發展實務》。雙葉。

5. 阻礙社區參與之結構性影響因素（曾華源提出）
(1) 社區現有權力結構的阻饒：要居民參與社區事務，則涉及「誰會來參與」、「參與什麼」、「如何參與」、「參與後會怎樣」的課題，顯然的，社區工作的順利與否，需要社區中有權力的人能夠配合，所以社區參與之動能涉及誰在推動。因此，社區工作自然會直接和間接挑戰現有

潛在之權力結構。所以，社區工作就要思考「是什麼人擔任領袖？」社區參與「會不會威脅到現有社區領袖之權力和社會地位？」「現有的社區領袖對居民參與社區問題處置是阻礙還是助力？」「要不要培養新的人來擔任社區領袖」。

（2）行政父權意識型態之束縛：對社區公共事務之處理，政府會相當矛盾。一方面希望居民要能關心和進一步參與社區環境、衛生醫療、治安、文化教育等面向之事務，充分與社區居民協商、溝通、徵求意見，再做決策，是社區居民積極主動，能夠將活力激發出來，並有助於培養居民的社區歸屬感，也有助於提高居民的社區參與度。而不是靠政府力量和資源來處理社區事務，或很偏狹地從少數幾個觀點或立場去考量決策的結果，將眼光侷限於短期的效果。另一方面，擔心社區居民是否關心過多，擔心居民要求或期待政府過多，表達出的意見能隨時轉化成行動，甚至挑戰權威，超出控管範圍。

（3）社區人情關係的文化結構：要居民參與社區工作，處理社區問題，自然會牽涉到人際互動的形式。由於文化「規定」人與人之間和環境之間必須保持何種適當關係；並且在人際文化脈絡中，皆有其問題解決方式及其目標的特殊性，所以在推展社區工作上，社區的整體環境脈絡所具有的文化價值是相當重要的環節。然而，社會工作源自於英美的民主思想，並認為社區工作要以民主、平等、參與、互助和自決的價值為原則和根基；如果是這樣，在儒家文化的華人社會中，以西方民主價值為主要理念的方法和原則推動社區工作行得通嗎？由於社區參與涉及利益（內外在資源）取得與分配的透明化，那麼社區居民應該對社區參與有興趣？人情關係與面子問題成為影響社區生活需求與資源運用的處理。此外，華人社會講求以和為貴，為了顧及社區生活的和諧，習慣於「就人論事」、「看人說話」，甚至逃避直接衝突的情境。

6. 增進社區參與之方式

（1）觀察並善用社區權力結構的情況：從權力的角度觀察社區，設法找出在地方具有影響力的人，接觸他們並觀察他們在社區的影響力。社區中的正式組織通常具有權力，例如：社區發展協會、老人會；社區中的非正式組織亦具有影響力，例如：寺廟。所以，社區工作者在增進社區參與之前，必須先對幾個課題進行分析，包括：誰是社區中的權力擁有者、影響人物及領袖；這些人物的關係如何？結盟、對抗或互不侵犯；他們可以動員的人力、物力、影響力有多大的範圍；當權派的人物是誰？誰有意圖改變社區權力結構？可能性有多高，以便擬定提升社區參與的策略。

（2）掙脫行政父權意識型態之束縛，凝聚社區意識與培力社區：台灣的社區工作推動多係政府由下而上的指導性提案，因此限制了社區創新與社會進步力量，夠降低了社區居民參與的動機。提升社區參與應採用非指導性（non-directive approach）的方式，意即不企圖說服或指引社區接受政府所期盼發展的方向，而是刺激社區居民思考他們自己的需求是什麼？政府及社區工作者只是提供各種達成需求的訊息，並鼓勵社區居民勇於實踐以滿足需求而已。因此，社區發展之目的不只是回應社區在地問題，提出一套社區自主的解決模式，更重要的是社區發展是要反應當時社會結構的矛盾與困境，同時培養社區能力，方能增進社區參與。

（3）社區衝突的管理：社區衝突受到文化的影響，衝突是在特定時空內具體事件發生的過程，也就是沒有永遠不會衝突的人口群，亦即，即使是華人社會，在社區面臨某些權力或資源嚴重分配不均時，仍會有衝突事件之發生。社區衝突可以是計畫性的衝突，也可以是非計畫性的，計畫性的衝突是指人們刻意使用衝突來改變社區現狀，其目的是為了社區更好。衝突也可能因為利益分配不均而自然產生，弱勢的一方採取社會抗爭來防衛其利益。社區衝突沒有價值中立的問題，會產生衝突就表示利益、資源、權力分配不均。社區工作者應應用衝突處理的策略，將社區衝突所產生的結果引導為有利於是社區參與的面向上，亦及，引導社區居民參與議題的解決，以強化社區意識與凝聚力，提升居民之社區參與。

三、社區能力

（一）社區能力意涵

1. Rubin 認為「社區能力」係指在一個社區內的許多個人的集體知識，以及可用於解決問題的經濟、物質、社會和組織的資源。
2. 所謂的「社區能力」，是指社區具有以下幾種能力：
   （1）一種可以進行公共事務討論的機制：這種機制往往是社區居民可以接受的，這個機制可以討論公共事務，人們並在機制中妥協利益、分擔責任及達成共識。這個機制未必與政治制度相一致，但必須是居民所習慣或可以自己運作的。
   （2）建立居民間的正式或非正式組織：居民間可以運用其所習慣的組織進行相互溝通、學習、形成領導、採取行動，而這些組織可以是正式的或非正式的。

(3) 發生作用：透過意見表達、倡議及助選，影響政策及決策發生，進而對所在的社區里鄰產生作用。
(4) 維持連結：與公、私資源擁有者、分配者產生連結。
(5) 建立諮詢與交流機制：可以透過正式與非正式的管道，與衝突者、相關資源影響者間有對話的管道，而可以有助於鄰里社區意見的表達與溝通。

（二）社區能力的特色／面向／因素　　　**上榜關鍵** ★★
測驗題考點。

1. 社區意識 反映成員間連結程度及彼此對環境的認知，包含：集體共享的價值、規範和願景。	2. 社區成員間的相互依賴／委身（commitent）的程度 指特定的個人、群體或組織對於在社區內發生的事負責的程度。
3. 解決問題的能力 化承諾為行動，在規劃與執行時，社區扮演關鍵的角色。	4. 資源的可近性 除了解社區既有資產外，也要有能力連結並取得外部資源，支援社區的發展。

社區能力的特色／面向／因素

（三）社區能力應包之五項能力／組成要素（吉利克曼與莎蒙，Glickman & Servon 提出）　　**上榜關鍵** ★★★★
5項能力務必詳記，並思考實務案例之應用。

1. 資源能力（resource capability）
・包括藉由補助、契約、貸款及其他機構來取得資源，且須適當的管理及維持資金去達成社區的目標。

2. 組織能力（organizational capability）
・包括管理方式、技能、規模及組織所扮演的角色及財務能力。

3. 方案能力（programmatic capability）
・有能力去建構管理方案，提供人群服務進行經濟發展，提供技術協助，致力於其他角色以領導關係發展及文化、教育活動。

4. 網絡能力（networking capability）

・藉由與其他社區為基礎的組織、私人公司、慈善、教育及政治等合作，為方案或計畫進行募款，以接近非財務資源，並增加政治影響力。

5. 政治上的能力（political capability）

・涉及鄰里的權力，有時必須主動於支持社區內關心的議題。

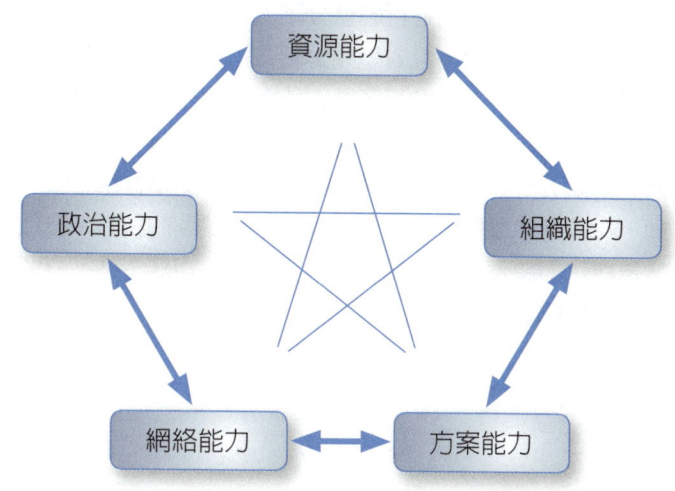

圖：社區能力構成要素之間的互動關係

（四）社區能力建構

1. 社區能力建構之意涵

（1）社區能力建構（Community Capacity-Bullding；CCB）是英國自90年代以來主要的社區工作議題。社區能力建構這個概念已經成為英國新工黨對抗社會排除與進行落後地區重建的核心概念之一。

（2）社區能力建構：包括個人、組織和社區三層次的能力，且社區能力乃建立在個人與組織能力之上，而組織能力則以個人能力提升為基礎。個人層次的能力建立，則是透過能力的培養及培力方式，並在社區及組織能力的建立中進行組織層次的能力建構，亦即組織層次的能力建構是指志願性組織強化其內部的統理能力及責信能力，以及適應公部門組織的角色。社區層次的能力建構是指建立活力、資源及支持三方面的能力，以強化人們的技術與/能力，促使人們有效地行動及扮演社區發展的角色。

2.社區能力建構之學習方式

> **上榜關鍵** ★★★
> 為測驗題的考點，須先建立學習方式類別，再詳讀內容，建立具有區別那些項目屬於社區能力建構之學習方式，以及辨別題意的描述何者為真或有誤。

（1）社區刊物：雖屬於較靜態的經驗分享，但是可以較不受時空的限制，可以提供人們參與、表達學習經驗及對公共事務的看法，也可以保留給社會領導者、社區幹部較多的發言空間。

（2）自由分享空間：包括實體與抽象的空間。實體的空間乃是指提供一個場所，可以方便社區居民聚集，並在這個空間交換意見、訊息，分享感受及學習經驗。所謂抽象空間，是指在言論自由與解放的意思，亦即居民可以自由、無拘束地進行經驗分享。在自由分享中，開創社區居民經驗及反思對話的機會，且對這些對話乃是依循社區事務為主軸的，並且這些對話分享更自然地進行了社區能力面向中的幾部分活動，包括參與、組織、動員、問題預估、實事求是等，並在演練這些活動中發生學習。

（3）共同行動／學習：乃是在面對社區中的實際事件或方案，進行共同的行動，在行動中凝結、形成及演練社區居民間的組織，自然發生領導、組織結構、問題預估、資源動員、人際網絡連結、外部資源連結、方案管理等工作的實際演練。

四、社區領袖與社區權力

（一）社區領袖

1.社區領袖的定義

所謂「社區領袖」，是泛指對社區事務有影響力的人。通常包括當地的民意代表、士紳、村里長、機構或團體的負責人等。

2.社區領袖的類型

（1）草根性領袖

> **上榜關鍵** ★
> 測驗題考點。

是自然發展的自然領袖或非正式領袖，這類領袖的形成主要條件是具有草根的基礎，且深受基層民眾的愛戴。草根領袖通常有優於他人的見識，如知識、能力、性格與道德等，頗受眾人信服而自然被推舉出來。例如傳統農業社會的長老、族長等。草根性領袖的功能，多半屬於人身或單方面事務的影響力，同時其領導功能也僅限於地方性，較少能超出社區範圍之外。草根性領袖功能之發揮，對於促進社區的和諧及社區發展有很大的影響力。這類領袖不領薪水，是非正式的義務領導者。

（2）制度性的領袖

是指按組織規則與制度而來領袖，屬於社區性的制度領袖，例如：社區委員會理事長、理監事、村里長或社區各附屬系統的領導人。此類領袖是制度化的、正式的，故其功能是較固定且較缺乏彈性。為使制度性領袖能充分發揮功能，在制度上都賦予領袖某些法定權威，使其有權力來行使領導權。

（3）權力優秀分子

是指少數不尋常的權力人士，因握有充分的權力資源，如雄厚的經濟、政治或軍事實力，而令人心甘情願或不得不服從其指揮、領導。常見的社區權力優秀分子，有屬於社區上層機關的權力人士且居住在該社區中也是社區公民者，如居住於社區中的總統、部長、縣市長或中央及地方之民意代表等。由於此類權力精英人士的領導資源有來自真本事的、也有來自於社會地位及政治關係的，其領導權力或影響力是受社區居民所承認且具有聲望的。社區中權力優異分子之間若能和諧，能相輔相成，則對社區建設的領導功能將趨強化；若彼此之間立場或意見分歧，則衝突關係將使社區建設的領導功能相互抵銷。

（二）社區權力結構

> **上榜關鍵** ★
> 測驗題考點。

通常研究社區領袖時，社區權力結構是一個焦點議題。要找出真正的社區領袖，必須瞭解社區之權力結構，才能發掘出對社區事務產生影響力的領袖。在分析社區權力結構時，可採用以下方法：

1. 職位法：指在正式或非正式組織中，依職位的重要性來找出領導人。
2. 聲望法：是假設聲望能代表某種權力關係，聲望象徵某種程度的影響力或說服力，認為組織中聲望最高者就是該組織的領導者。
3. 決策法：係以問題為導向，又稱問題法。認為在組織或社區團體中決策影響力最大的人。
4. 綜合法：是指運用職位、聲望與決策各方面去衡量領導人權力的大小。

五、社區資產

> **上榜關鍵** ★★★★
> 請詳讀各種社區資產類型之內容，建立各類型之區辨能力，俾利測驗題使用；另請思考如何將社區資產應用於實務案例與論述中，以提升論述亮點。

（一）社區資產的類型

任何一個社區皆有其有形或無形的資源，這些資源有些是外顯的，有些則可能是隱藏的，資產觀點的社區工作者往往會從社區資源的盤點著手，使得社區的寶貴資產能真正成為社區營造或發展工作的資源庫。Green and Haines 認為，內容說明如下：

437

社區資產七大類型

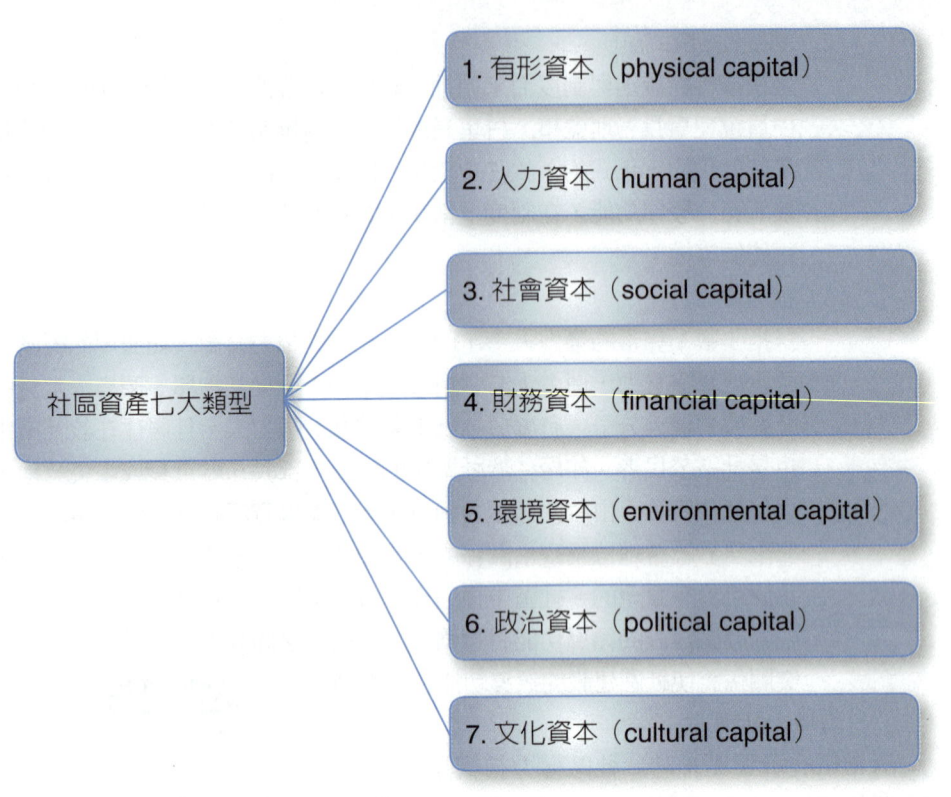

1. 有形資本（physical capital）
2. 人力資本（human capital）
3. 社會資本（social capital）
4. 財務資本（financial capital）
5. 環境資本（environmental capital）
6. 政治資本（political capital）
7. 文化資本（cultural capital）

1. 有形資本（physical capital）

　　人們對於一個地方的感覺，往往受到其有形的資本所影響，在社區發展的脈絡裡，有形資本係指建築物（如：住宅、零售店、工廠、社區活動中心等）、基礎建設（如：道路、自來水、排水溝等），有形資本的特色在於它的不可移動性，它會持續且固定在一個地方很長的時間，因此，社區有形資本的品質是相當重要的，特別是社區的住宅是否是居民所負擔得起的？社區內的工廠是否對社區環境造成污染？社區活動中心設施設備能否符合社區舉辦各類活動？社區道路是否有利於農產品的運銷？以及自來水的普及率有多少？

2. 人力資本（human capital）

　　在大多數的社區裡，人力資本是一項必要的資產，人力資本包括勞動市場的技能、領導的技能、藝術的發展和欣賞、衛生及其他的技能和經驗，特別是個人的勞動市場技能往往是社區發展方案關注的焦點。然而，人力資本的好處並非僅在於獲得高報酬的工作，它也關係其他生活品質的面向。傳統觀點的人力資本發展強調的是個別的回應，個人要承受取得教育和訓練的成本和負擔；資產觀點則建立在個人和社區的利益和經驗，以及將其經驗和利益與地方的需求和機會相結合，特別是隨著社區工作趨於多元化，社區營造工作

需要各領域工作者（如社福醫療、環境景觀、人文教育等）技術和經驗的投入。

3. 社會資本（social capital）

> **榜首提點**
> 社會資本的完整準備，非常重要；此部分較不容易理解，須多加用心準備。

(1) 社會資本的定義

A. Bourdieu：社會資本為「彼此熟悉或認可的制度化關係之永久網絡的實質或潛在資源的總和」。依此定義，社會資本是由個人藉由參與團體及團體本身的關係所取得之利益所組成。Bourdieu 進一步指出，產生社會資本之社會網絡建立的最終目的在於提升經濟資本；且任何個人所擁有之社會資本的多寡，部分是由其他形式的資本所決定（經濟、文化或符號）。

B. Putnam：社會資本為「能夠藉由促進協調的行動來改善社會效率之社會組織的特性，例如：規範、信任和網絡」，他將社會資本視為一種公共財（社會和經濟活動的副產品），且其本質也是為了大眾的福祉，也認為好的治理與公民承諾有密切的關係，社區內的社會凝聚力端視社會網絡、規範和信任而定，這些構成要素對社區生活品質的改善和社區發展是必要的。顯然，在社區的脈絡裡，透過社會資本與社會和文化活動的連結，其所產生的效應對社區的福祉與生活品質會有一定程度的影響。

C. Giddens：社會資本係指個人能夠用於社會支持的信任網絡，猶如財務資本能夠用於投資般。如同財務資本，社會資本可被擴張—投資和再投資。

(2) 社會資本的意涵

研究者指出，若一項方法方案要能有效且永續，單單靠有形和人力的資本是不夠的，它需要社會資本予以增進；特別是當社區的發展面臨到威脅時，社會資本是建立連結、溝通和凝聚所必要的要素，它使得文化能夠再造，並提升環境保護以追求永續。社會資本即是社會關係，這種以信任與網絡為基礎的關係，一向被社區發展實務工作者認為它在動員社區居民或成就社區方案上，扮演著極為重要的角色。社會科學家們也將社會關係和聯繫（即社會資本）視為是促進社區集體行動的一種資本類型，甚至將社會資本視為是有助於啟動或發展其他資產類型的要素，且具有社會高資本的社區可能比低社會資本的社區有較高的生活品質。

(3) 社會資本的類型

A. 結合型社會資本（bonding social capital）：基於一種獨特的認同且同質性成員彼此間之多面向的關係，成員有緊密的接觸，且具有強烈的

相互承諾，例如：家人、親友或鄰居。Putnam 將這種連結視為一種「我群」（like-me）的連結。

B. 橋接型社會資本（bridging social capital）：主要係指由異質性的個人之間所形成之較弱、較疏遠及橫斷面的社會連結，例如：同儕、工作上的同事或社區內之公民組織或宗教團體。Putnam 將這種連結視為一種「非我群」（unlike me）的連結。

C. 連結型社會資本（linking social capital）：指的是人們或組織跨越既有的界限、地位的連結，是一種垂直的連結，特別是指社區成員和直接或間接影響社區之個體、社區、市場或公共組織之間的連結，它促使人們或團體跨越既有的疆界，透過與不同層級的個人、組織或團體的連結來獲取資源。

(4) 社會資本對社區的影響

A. 在社區的脈絡裡，社會資本對其居民的生活與社區的發展會有一定程度的影響。社會資本不僅被視為對貧困社區情境的改善有其重要性，也是強化社區生活品質及社區永續發展的必備要素。相關實證研究即發現，較多社會資本的地方（居民關係、信任、有組織的利他主義和慈善施捨），學校的運作較佳、學童較少看電視、暴力犯罪較少、社會包容度較高與更公平、可促進經濟發展以及讓政府更加的有效能，因而，社會資本較佳的社區，將可能帶給社區更佳的生活品質。

B. 反之，社會資本的缺乏可能是導致社區貧困的部分原因，甚至可能惡化社會排除的現象。這主要是因為一個缺乏社會資本的地方，即可能出現僅有零星的社會網絡、缺乏信任、很少有效的互動、沒有共同的規範和對區域的承諾、社會凝聚力衰退以及社會低度開發；這將使得該地方出現治安惡化、想要搬離該區域、相互猜忌、缺乏訊息、很少社會設施、較低的健康標準、退化的物理環境，簡言之，即是一個劣勢社區的所有標記。

C. 顯然，社區具備社會資本能量的多寡，對社區生活的許多面向皆產生影響，無論是社區經濟、環境、治安、健康等，或許是透過社會資本之「膠」與「潤滑劑」功能之發揮，而將社區緊緊地扣緊在一起，以使其居民能為社區利益而採取集體行動，進而有利於該社區之發展工作的運作。同樣地，當社區的發展面臨到威脅時，社會資本是建立連結、溝通和凝聚所必要的要素，它使得文化能夠再造，並提昇環境保護以追求永續。因而，無論是社區欲往前推動，抑或是社區遭遇到困境時，社會資本都將扮演著重要的角色。

D. 社會資本要如何能對社區帶來正向的影響呢？結合型和橋接型社會資本可透過規範的分享，將一些正向的社會價值（如：信任、尊重等）內化於社區成員日常生活中，使其成為一項非正式的控制工具，藉以降低對社區成員採取諸如契約或法律之正式和明顯的控制方式。連結型社會資本對社區培力和伙伴關係的運作是必要的，透過外部的連結，將可讓社區居民跨越居住地和社會空間，以為社區居民開創就業的機會，或獲得社區開發所須的外部資源。Gilchrist 即指出，與社區內、外不同的資源維持連結是一種訊息的蒐集，它使得我們能夠獲得我們所不知或不能夠影響的建議、服務和資源。顯然，社會資本對社區確實有其重要性，尤其是當一個劣勢社區處於分歧或衰退的情境，社會資本可能會是挽回頹勢的一項策略，且是分歧社會的黏合劑；在積極的一面，社會資本亦可活化人際之間的信任度，降低經濟活動的交易成本，進而為社區帶來正向的經濟效益。

4. 財務資本（financial capital）

資產觀點的基本假設之一即是：大多數社區存在著一些尚未被使用的資源，特別是財務資本的可用性。許多相當貧困或少數民族社區，其居民可接觸信貸市場的機會相對是較有限的。事實上，這類社區仍有許多家庭將其儲蓄存放或投資在其他地區的機構，對社區而言，這些財務是未被善加利用的，若能夠將這些資金動用於服務地方的需求，對社區的發展將有相當重大的貢獻。如同其他資本般，財務資本也與其他資本有密切的關聯，在許多方面，我們或許可以說財務資本即是社區活力的泉源。

5. 環境資本（environmental capital）

環境資本即一個社區的天然資源，包括空氣、水、土地、植物和動物；何以社區要關注環境資本，這主要是基於下列幾項原因：（1）社區必須要關注到天然資源所扮演的生態功能，例如：洪水控制、河川排水和廢棄物分類等；（2）天然資源有直接使用的價值，主要是市場的產出（如：木材、農作物、再生能源）和難以估價的利益（如休閒、景觀）；（3）天然資源也許會有未使用的價值，例如：能留給後代一個自然區域或知道自然資源被保存的滿足感。因為天然資源也許會有許多的價值，因而，考量如何讓善用這些資源以促進社區長久的生存能力是相當重要的。

6. 政治資本（political capital）

權力（power）為政治資本的核心，政治資本係指決策的影響力。政治資本可區分為工具性與結構性政治資本，工具性政治資本係由行動者能夠利用於影響與其自身利益相關之決策的資源所組成；結構性政治資本係指構成參與

決策之政治體系的屬性。「權力」往往被視為是負向的用詞，它往往被認為是用於圖一己之私而非公共利益的事物。然而，對社區組織者而言，權力是不可避免的，它是民主社會的一項基本要素，也是社區發展過程的一項主要特性，瞭解如何在一個社區的權力結構運作或如何組織以獲得權力，對社區發展方案的成功與否，將具有關鍵性的影響。透過其所處的組織、協會和機構，社區權力（community power）是一項存在於大多數社區的資產，傳統的制度模式（institutional model）視這些組織為可以將人們結合在一起，以解決公共議題或問題之權力的潛在來源。

7. 文化資本（cultural capital）

文化資產不應該只是高級文化（high culture），它應該包括貧窮社區的文化資產；若一個社區能夠建立在其獨特的屬性和資源，將可為其社區提供發展所需之最大的潛在資源。資產營造觀點的優勢，即是在於鼓勵人們對有關社區應該提供甚麼給其居民或他人做正面的思考。一個社區的文化資產往往是強化社區認同的一項重要媒介，如歷史建物、考古場址、博物館、農產市集和民族節慶等，若能夠經過仔細的盤點與分類，將可更具體地展現出社區文化的樣貌，這類文化發展與確認，對於社區意識與社區凝聚力的提升，將有很大的貢獻。

（二）資產拼圖

1. 即便是一個匱乏的社區，社區內仍可能存在著各類外顯與潛在的社區資源，若能夠對這些資源進行盤點，它們將可能成為有助於社區發展的重要資產，資產拼圖（asset mapping）即是在自己社區裡找尋可用資源的一種資源盤點的過程。資產拼圖對社區發展有其潛在的功能，例如：透過社區居民之可用的技術和工作經驗的拼圖，將有助於確認經濟發展的機會；透過社區天然資源的拼圖，將可能透過旅遊或提升居家價值而促進經濟發展；評估消費者的花費狀況，將可確認社區開發新企業之可能性；社區資源盤點的發展，可確認社區提供之服務對居民的便利性（如兒童照顧），且可得知開發社區內更多服務提供的可能性。

2. 資產的擁有者往往是個人、組織或機構，他們或多或少皆具備有助於展現社區能力的要素。就個人而言，除了個人在勞動市場的技術和經驗之外，社區往往可藉由調查來獲取社區中某些個體的特定資訊，如志願行為、業餘嗜好或照顧經理等，這些資訊的掌握，可讓社區將個人的技術、經驗、志願行為或其他專長之處，與社區的發展目標進行連結，進而促進社區的發展。此外，儘管社會上一些易受忽略的弱勢者或邊緣人物，如老人、身心障礙者或年輕人，若能善加予以納入所拼湊的圖中，他們對社區也可能有潛在的貢獻。

3. 就組織而言，社區中集體問題的解決或目標的達成，需要藉助於社團或組織的動員，資產為基礎的發展工作，通常皆會試圖地去勾勒出社區內的正式與非正式組織，正式組織通常是可見性的，且可透過相關的指南予以確認；然而，對於沒有正式名冊可供查詢的非正式組織，若要獲得其相關訊息，最有效的方式可能要直接針對個人進行調查，以確認其所有的成員。這些資產名冊將可協助我們與這些組織的接觸，它將有助於我們編輯理事會、領導和組織之可用資源的名冊。
4. 就機構而言，社區中可能或多或少存在著一些機構，例如：學校、醫院、圖書館、廟宇和教堂，這些機構是社區發展重要且潛在的資產。若社區內學校的營養午餐或醫院的伙食，所選用的食材是以地方生產者為首選，將可貢獻於地方的經濟；若社區機構的空間及設施設備願意提供地方居民辦理活動之用（如開會、教育訓練、球類比賽等），且其員工能優先考慮雇用社區居民，不僅可提升社區生活品質，亦可提供居民更多的就業機會。這些機構的資產拼圖主要是能確認有助於社區營造和社區發展之機構資產的評估。
5. 社區資產的拼圖是一種社區之外顯與潛在資源的總匯，社區組織者要能夠將這些資產與社區的願景和目標產生連結，亦即，社區組織者要能建立整個社區的關係，讓這些資產形成一種網絡關係，進而動員社區資產投入社區方案的願景與目標的執行。資產的動員需要獲得利害關係人廣泛的支持，過程中除了要能權衡地方資產以獲得內部的支持外，必要時，也亦能獲得外部力量的協助，以使得社區資產能發揮其最大的效用。為此，建構並連結社區內、外部資源的網絡，將是動員社區資產及促進社區邁向永續不可或缺的重要媒介。

六、培力／充權

（一）培力（empowerment）

上榜關鍵 ★★★
基本觀念的建立，非常重要。

培力（empowerment），或稱為充權、賦權、權能賦予，是社會工作等助人專業領域中廣泛運用的概念。在社區工作的過程中，往往強調專業團隊進入社區中協助社區居民發展社區及解釋社區問題，並培養、重建社區組織居民的能力，而習以「培力」稱之，以強調能力的培養與建立。而社會工作者則係習慣以「充權」、「賦權」、「權能賦予」稱之。

（二）社區培力的原則（Hardina 提出）

1. 社區居民為資源而非案主。社區居民均為獨特的，他們擁有資源或具有優勢，社區工作者乃致力於協助居民發現及肯定自己所擁有的資源，並協助居

民進行資源交換。
2. 培力或充權不僅發生於個人或人際間，更可包括團體與鄰里的社會資源。社區工作者同樣要協助居民的非正式組織發現及確認資源，並進行交換與整合。
3. 組織中的個人必須先被培力，而後才能協助社區組織中的成員與社區居民充權。
4. 社區組織的角色乃為中介者，在於協助居民與資源相連結。藉由非正式網絡的建立，進而對居民的生活發生助益。
5. 對抗不正義乃組織的重要責任之一。組織透過居民的集體合作，協助居民改善生活。
6. 組織協助居民習得組織與自我充權的能力。

(三) 社區培力的提升欲促進社區內所具有的特性

> **上榜關鍵** ★★
> 各項特性要項請詳記，測驗題考點。

1. 信任：社區居民間存在著信任關係，並在信任關係中生活，及發展合作關係。
2. 包容：社區居民間是互相包容的，包括在種族、生活習慣、不同意見立場間的包容。
3. 組織化：社區居民是有組織的，並可以透過組織化而行動。
4. 合作的：社區居民願意及有合作的基礎或合作的經驗，社區居民相信透過合作可以改變其社區及生活。
5. 有影響力：社區居民相信彼等的合作、組織化是有影響力的。包括其行動可以發生直接的影響力發生改變，以及可以透過其作用在政治系統發生影響力的作用。

(四) 社區培力過程的實務特性

> **上榜關鍵** ★★★
> 申論題記憶型考點。

1. 培力是一個連續的過程：培力與失力（或消力）並不是二項次的二項，而是權能光譜的二端，亦即受助者或社區往往是處於二端中的一個位置。意指從消力朝向培力改變乃是一個連續、漸進的改變歷程。
2. 培力是一連串的階梯：正如失力到培力是連續的過程，在專業協助的過程中，也是如同階梯般是一階階的發生正向的發展。專業助人者則是一階階地對受助社區予以評估及設計有助於社區能力提升及實踐的行動，俾系統性的獲得權能。
3. 培力是一種反思的實踐：培力乃是助人者協助受助者及社區不斷的行動與反思過程中進行，進而協助受助者心理或社區組織能力發生正向的改變，亦即改變來自於反思與實踐的結合循環。
4. 培力是經由對話而意識覺醒：在行動與反思中，助人者進一步協助受助者個

人及社區居民進行行動經驗分享,在促進社區居民的相互對話中,進而發生意識覺醒。透過社區居民在意識覺醒中,居民乃重新詮釋與外在的關係、自我的權利及權益。

5. 培力乃反抗壓迫的綜合性方法:當社區居民與對外關係進行意識覺醒及重新詮釋,而對權力、政治有較多的認識,培力乃成為反壓迫的綜合方法。也因此,在社會行動的架構中,壓迫是導致社區困境的主要原因,因而與壓迫權力對抗,即是獲得權力及進行社區培力的工作關鍵。

七、福利社區化

榜首提點
福利社區化的相關內容請仔細研讀,為申論題及測驗題之重要考點。

(一)「社區化」的四個概念
1. 地方化:具有因地制宜的特色,著重滿足地方個別需求,而不必然有一個共同的服務供給內容或輸送體系。
2. 分權化:由社區作為福利供給體系的主體,落實到鄰里層次,而不是由中央或地方政府做過多的干預。
3. 去機構化:讓那些必須要被照顧的人,得到適當的支持性或資訊服務,俾能有尊嚴、獨立地生活在自己的家裡(或類似家庭環境)及社區內,即使必須居住在機構中得到照顧,機構也必須符合「社區化」、「小型化」的標準,而不是大型的社會福利機構。
4. 以社區為基礎的服務:服務的輸送或供給,均以社區為單位,盡量避免過大的範圍。「社區化」的意涵雖包含了「去機構化」,但是並不排斥所有的福利機構;只是照顧方式須秉持「正常化」的原則,也就是全控式(total institution)社會福利機構減少或轉型成為社區型的照顧方式。

(二)福利社區化之分析向度
1. 第一種看法:認為這是「社區為基礎」(community-based)的服務措施,滿足社區居民對福利的需求。
2. 第二種看法:強調「社區照顧」(community care)的理念,倡導「去機構化」、「正常化」,希望由社區或家庭提供照顧服務。
3. 第三種看法:認為福利社區化就是政府與民間資源在社區結合,成為「社區夥伴關係」(community partnership)來推展社會福利。

(三)福利社區化之目的
我國「推動社會福利社區化實施要點」則指出,福利社區化之目的是:
1. 增進有組織、有計畫的福利輸送體系,迅速有效照顧社區內之兒童、少年、婦女、老年、身障及低收入之福利。

2. 強化家庭及社區功能，運用社會福利體系力量，改善受照顧者之生活品質。
3. 結合社會福利體系與社區發展工作，整合社區內外資源，建立社區福利服務網路，以確保福利服務落實於基層。

(四) 福利社區化強調的重點
1. 受服務者：對於社會弱勢群體所提供的一套服務方案或照顧措施。
2. 服務場域：這群弱勢群體所居住的社區或家庭。
3. 服務輸送：強調迅速有效的服務，並希望建立起社區福利服務網絡。
4. 服務供給者：服務的資源來自社區內外，包括政府與民間提供。
5. 服務方法：其工作方法包括社會工作與社區發展工作的方法。

(五) 福利社區化涵蓋層面
1. 非正式的社區照顧服務：支持的服務、諮詢性的服務、工具性的服務及合作的團體活動。
2. 機構性的社區福利活動：公私立社會福利機構或公益團體將一項或多項社區福利工作落實於社區之中。
3. 整合性社區服務網絡：如轉介服務。

(六) 福利社區化的內涵
　　以「在社區內服務」（service in the community）、「由社區來服務」（service by the community）、「為社區而服務」（service for the community）及「使社區能服務」（service of the community）四項工作來統攝福利社區化的內涵。

1. 在社區內服務 即希望案主返回家庭或鄰近社區。	2. 由社區來服務 即希望由社區的民間小型福利設施或服務團體以及案家等，以小型化的服務或社區自助互助的方式來提供照顧或服務。
福利社區化的內涵	
3. 為社區而服務 就是進行資源整合或服務整合，使各種機構式、社區式和居家式照顧及服務可以連結成一個連續的服務光譜，使社區福利生態可以逐漸達到完整和周延的目標與期許。	4. 使社區能服務 在強調如何加強開發及提高社區內外各相關福利機構團體或社區組織的服務容量或庫存，才能使社區真正具有照顧與服務的能力。

（七）福利社區化與社區照顧的關係

社會福利與社區工作交集之下產生福利社區化的工作，代表以社區工作的方法，在社區推動福利服務工作，而福利社區化的核心工作，即是「社區照顧」。福利社區化與社區工作及社區照顧的關係，三者相同之處在均以「社區」為工作的場域，強調結合社區資源，解決社區問題，並有部分業務的重疊，最大的不同在於工作重點與實施方案。不過三者的關係仍至為密切，構成福利社區化的基礎結構。

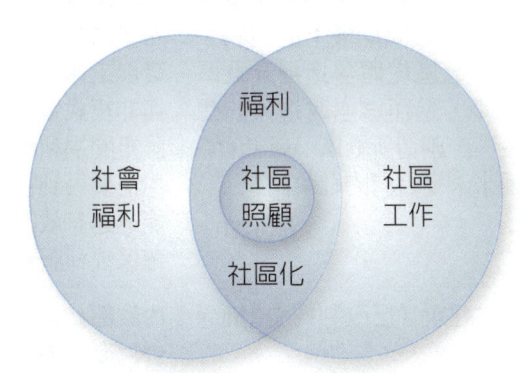

圖：社會福利、社區工作、福利社區化與社區照顧關係圖

八、社區總體營造

（一）社區總體營造基本概念。……………………………………………… 上榜關鍵 ★
測驗題考點。

1. 「社區總體營造」的名詞，第一次正式出現是 1994 年 10 月 3 日，當時文建會（已改制為文化部）首次提出這個概念與計畫，主要是延續先前文建會（已改制為文化部）對於社區文化、社區意識、生命共同體的觀念，並加以整合轉化為一項可以在政策和行政上，實際操作出來的方案。

2. 「社區總體營造」其實是具有濃厚社會批判與社會改造的意圖在內，尤其是對資本主義在台灣發展所帶來的弊端，例如：工業化與都市化的結果，使人際疏離，缺乏土地認同的現象逐漸浮現。復加上標準化的取向，使地方特色逐漸消失，文化藝術不再凸顯社群或社區向心力的行動。

3. 「社區總體營造」政策理念是要營造一個新社區、新社會與新人種。換句話說，社區總體營造的本質，其實是在「造人」，希望透過人的品質提升，重新塑造台灣的社會與政治行政體系，實現一個真正現代化的公民國家理想。

4. 「社區營造」與「福利社區化」名詞的出現與政策發展均在 1990 年代，但是政策的問題點截然不同，社區營造顯然不自限於文化建設的層次，而希望透過社區改造進而改造人，因此，對台灣當前的社會結構變遷與社會現象採

447

取批判角度。福利社區化的政策重點是在解決福利供給與輸送體系未落實於基層的問題，雖然具有理念的層次，惟其影響力僅及於社政單位，屬於緩和漸進的社會改革工程。

(二) 社區總體營造與社會福利社區化推動模式比較一覽表。

榜首提點：在測驗題中，易有比較型的混淆題型。

比較項目	社區總體營造	社會福利社區化
政策理念	對本土文化認同危機下的產物，冀求推動社區總體營造提升社區文化水準，進而透過改造人的想像與企圖，創造新社區、新社會、新人種來改變台灣的社會問題。	希望結合社會福利體系與社區發展工作，整合社區內外正式與非正式資源，建立有組織有計畫的福利輸送體系，使社區內需要得到福利服務的民眾，能迅速有效的滿足其需求，以確保福利服務落實於基層。
政策倡導者	行政院文建會（已改制為文化部）	內政部社會司（已與衛生署合併為衛生福利部）
政策表現方式	文建會（已改制為文化部）於國民黨中常會報告「文化建設與倫理重建」、「充實省（市）縣（市）鄉鎮及社區文化軟硬體計畫」、「充實鄉鎮展演社區計畫」、「輔導美化地方傳統文化建築空間計畫」、「社區文化活動發展計畫」、「社區總體營造實施計畫」	「社會福利政策綱領」、「加強推展居家服務實施方案」、「加強老人安養服務方案」
法規	社區總體營造獎助辦法	推動社會福利社區化實施要點
經費來源	行政院文建會（已改制為文化部）	內政部社會福利經費（已與衛生署合併為衛生福利部）
主要推動策略	社會運動	社區發展
切入點	尋找具有地方特色的景觀、產業、古蹟、祭典、文史、藝術、遊憩社區、商店街或形象識別系統。	依據當地民眾福利需求，擬定計畫推動。
主要策劃單位	縣（市）文化中心	縣（市）社會局

比較項目	社區總體營造	社會福利社區化
執行單位	街坊、社區、村里、鄉鎮、文史工作室	鄉鎮、社區、社會福利組織
諮詢人員	社區工作、文史工作、藝術工作、都市計畫、建築景觀計畫等專家學者。	社會福利專家學者
專業工作者的角色	社區特色的發掘與倡導者、計畫輔導者、技術提供者。	實驗方案的評估者、計畫輔導者。
資源的結合	社區居民與團體、專業工作者、行政體系、企業界、傳播媒體、學術單位。	社區居民與團體、行政體系、學術單位
後續發展	持續推動,惟經費大幅縮減,熱潮漸退。	持續推動,惟實驗社區數減少,不再專案補助,回歸獎助作業要點一般獎助項目之規定。

引自:賴兩陽。《社區工作與社會福利社區化》。洪葉。

九、單一社區 vs. 聯合社區

上榜關鍵 ★★
請留意測驗題及申論題考點,尤其兩者面臨的困擾。

(一) 單一社區

1. 傳統以來台灣社區發展工作對社區的範定,均以村里作為範圍,制度設計之初,有其行政管理的方便性,村里幹事兼社區總幹事亦是常見情形,且被加以鼓勵。但學者認為,社區與村里重疊的現象,如果村里長和社區發展協會理事長不是同一人,而且對社區缺乏共識,就難免發生衝突,各自結合地方派系,互相牽制,嚴重影響社區發展業務推動。

2. 傳統社區發展工作除社區範圍與村里因具有重複性,易生衝突之外,仍有一些缺點:
   (1) 社區範圍太小,人力與物力資源有限,難以自立。
   (2) 社區資源發掘與運用不理想,如社區內學校、教會、廟宇、工商企業等之人力、設施、財力未能尋求支援,過於仰賴政府補助。
   (3) 社區發展協會會員人數太少,由少數人把持,難具代表性,甚至派系介入嚴重,無法持平處理社區事務。
   (4) 缺乏專人整合規劃推動,專業能力亦不足,計畫欠缺完整性與長遠性。

（5）社區工作仍侷限於辦理傳統社區活動，如媽媽教室、交通指揮、清潔環保、守望相助等，牽涉到更多專業及人力的社區工作，仍難依賴社區人士辦理。

3. 在傳統社區發展工作的陰影下，福利社區化自不想重蹈覆轍，其心態可以理解，不過，這種範圍狹小的社區最接近「鄰里」（neighborhood）的觀念，Baldwin 將「鄰里」與「社區」加以區分。如以人口數作為「社區」與「鄰里」區分的主要標準，顯然社區發展協會的人口數較為接近一千人至一萬人的範圍，以鄉（鎮市區）為範圍其人口數均遠多於一萬人。Bulmer 則認為「鄰里」的人數約在五千人以下，而其地理區域的範圍大小，會影響服務提供的項目，例如正式體系的護理與社會工作團隊就較不適合街坊與鄰里層次。

（二）聯合社區

1. 聯合社區的模式被視為推動福利社區化較為成功的模式，主要的著眼點在具有較為豐富的社區資源，包括福利機構、社團、學校、寺廟、教會等，這些資源建構起推動福利社區化的支持網絡，使社區民眾多元的福利需求，可以得到滿足。學者認為，福利社區的推動，應破除以單一社區為福利社區化推動的單位，至少應建立在數個相互連結或具生命共同體的社區，形成推動福利社區化的聯合社區，抑或以「鄉鎮」行政轄區為「社區」，將比期待單一社區更為務實。

2. 聯合社區的模式固然提供福利社區化較為豐富的資源，有利於服務的推動，不過仍然產生一些困擾：
（1）部分社區的派系因素與本位主義作祟，使資源的分配仍然集中在某些特定社區，其他社區參與的程度相對減少，甚至退出。
（2）牽涉單位較為繁多，必須花費更多的時間在聯繫協調。
（3）服務方案與受服務對象較多，服務的績效與特色較無法凸顯。
（4）即使資源較為豐富，但仍然無專職人員提供服務，持續性不足。

3. 聯合社區模式在資源結合層面，比單一社區模式明顯占有優勢，也是福利社區化推動過程的突破，不過，因社區範圍較大，要花較多的時間溝通協調。

十、社區（地區）產業

上榜關鍵 ★★★
測驗題的關鍵得分考點，關鍵觀念，請細心研讀。

（一）地區（社區）產業發展之意義

1. 所謂的社區產業（或地區產業）（communtiy enterprise）的意義，是指：「以社區生活共同體為基礎所發展出來的產業。由社區團體根據地方上特有的文化傳統、環境風貌，創造具有社區特色的體驗活動、創意商品或服務。著重

地方自主性及獨特性，具有故事性、創意性、體驗性且富涵生命力，獲得消費者認同，創造在地就業及增進生活福祉的公共效益。」
2. 社區產業（或地區產業），包括「社區」（或「地區」）與「產業」兩個概念的結合。所謂的「社區」（或「地區」）不但意指著空間的一致性與集合，更附帶有社群的意義，即共同特性及合作的意思，而「產業」則同時包括相同生產活動及相關連之生產與經濟活動的連結。

(二) 社區（地區）產業發展的類型。

> **上榜關鍵** ★★★
> 各型別，對應其類型說明，及案例，觀念必須清晰。

型別	類型說明	案例
型Ⅰ：名特產型	在一定的空間中，居民從事相同的產業經濟活動，且相對於其他的地區具有特性。	臺灣鹿谷的茶、臺灣彰化和美鎮的紡織、臺灣部分都市中的婚紗街、觀光區（例如：臺灣的日月潭）。
型Ⅱ：合作型	此一型又可分為合作促進型（Ⅱ-1）與合作社型（Ⅱ-2）兩個亞型。在一定的空間中存在的相同（或關連）的產業經濟活動，這些經濟活動不但相對於其他的地區具有特性，且從業者組成合作、自治性的組織，以促進該等產業的發展。	1. 合作促進型（Ⅱ-1）：臺中太平的頭汴坑地區的產業者組成的觀光產業促進協會、苗栗南庄鄉居民組成產業促進會，以促進地區內居民的產業活絡。 2. 合作社型（Ⅱ-2）：社區內從事相同（或關連）產業活動的居民，進一步組織成為正式的合作社。例如：宜蘭礁溪的林美社區居民組成金棗產銷合作社、嘉義阿里山之山美社區居民組織社區合作社經營達娜依谷生態公園。
型Ⅲ：公共資產開發利用（維護）型	社區居民基於運用社區的公共資產（公共財），而開創活化經濟活動的產業，並組成組織持續經營及維護該等產業。	臺灣有不少社區以生態特色發展民宿，並組生態保護團體，以維持社區生態及有利於民宿經營。
型Ⅳ：共同事業型	是由社區組織直接經營企業。	蘇澳白米社區創設木屐產業、嘉義竹崎的紫雲社區童玩館，進而居民以受僱者的角色被此一企業（商號）所僱用。

（三）地區（社區）產業發展的原則（策略）

> 上榜關鍵 ★★★
> 各原則（策略）之內容必須清楚理解，多有測驗題命題紀錄。

Giloth 以七個隱喻（metaphor）說明提振社區（地區）經濟的可能原則（策略）：

1. 塞住漏洞（plugging the leaks）：強調要讓落後地區的資源（特別是貨幣）留在當地。
2. 中介連結（brokering connections）：是指與主題經濟活動失去連結，也是造成社區經濟落後的重要原因之一。相對地，協助社區經濟發展，則必須將社區的經濟活動重新與主流經濟活動建立連結。
3. 資產管理（asset management）：是指對社區有價值的資產進行創新的、活化經營，以作為社區經濟的資本之一。題意所述屬之。
4. 構築梯子與網絡（building ladders and web）：要在社區經濟發展中設定目標是容易的，但於達成過程中的若干中間步驟，則有賴工作者一步步設定，並建立或修補社區內的社會網絡，以合作及集體的方式來達成目標。
5. 開創平台與場域（creating level playing fields）：協助社區發展經濟時，必須先提供一個公共場域供人們聚集或議事，或讓這個公共場域成為社區大眾可以接近的入口，而具有可接近性，進而成為資源聚集的場所。
6. 提振市場（enhancing markets）：社區中往往已存在著市場運作，社區工作者透過觀察社區中的市場運作，予以活絡利用，進而與社區經濟發展相結合。
7. 透過基礎建設支持多樣創新（infrastructure to support multiple innovations）：透過創新方案來活動社區內涵與活絡經濟，創造社區價值。

（四）地區（社區）產業發展中的可能矛盾面向

> 上榜關鍵 ★★★
> 測驗題考點，請詳加區辨。

1. 社區發展模式與經濟發展模式的矛盾。
2. 社區產業發展與經濟發展的可能衝突。
3. 社區產業發展中的獲利者與承擔者。
4. 地區產業發展中的合作與永續問題。

練功坊

★ 推動社區工作一再強調的是「社區居民自主、自助和自決的參與」,但是阻礙社區居民參與的可能因素有那些?

解析

阻礙社區居民參與之結構性影響因素說明如下:
(1) 社區現有權力結構的阻饒:要居民參與社區事務,則涉及「誰會來參與」、「參與什麼」、「如何參與」、「參與後會怎樣」的課題,顯然的,社區工作的順利與否,需要社區中有權力的人能夠配合,所以社區參與之動能涉及誰在推動。因此,社區工作自然會直接和間接挑戰現有潛在之權力結構。所以,社區工作就要思考「是什麼人擔任領袖?」社區參與「會不會威脅到現有社區領袖之權力和社會地位?」「現有的社區領袖對居民參與社區問題處置是阻礙還是助力?」「要不要培養新的人來擔任社區領袖」。
(2) 行政父權意識型態之束縛:對社區公共事務之處理,政府會相當矛盾。一方面希望居民要能關心和進一步參與社區環境、衛生醫療、治安、文化教育等面向之事物,充分與社區居民協商、溝通、徵求意見,再做決策,是社區居民積極主動,能夠將活力激發出來,並有助於培養居民的社區歸屬感,也有助於提高居民的社區參與度。而不是靠政府力量和資源來處理社區事務,或很偏狹地從少數幾個觀點或立場去考量決策的結果,將眼光侷限於短期的效果。另一方面,擔心社區居民是否關心過多,擔心居民要求或期待政府過多,表達出的意見能隨時轉化成行動,甚至挑戰權威,超出控管範圍。
(3) 社區人情關係的文化結構:要居民參與社區工作,處理社區問題,自然會牽涉到人際互動的形式。由於文化「規定」人與人之間和環境之間必須保持何種適當關係;並且在人際文化脈絡中,皆有其問題解決方式及其目標的特殊性,所以在推展社區工作上,社區的整體環境脈絡所具有的文化價值是相當重要的環節。然而,社會工作源自於英美的民主思想,並認為社區工作要以民主、平等、參與、互助和自決的價值為原則和根基;如果是這樣,在儒家文化的華人社會中,以西方民主價值為主要理念的方法和原則推動社區工作行得通嗎?由於社區參與涉及利益(內外在資源)取得與分配的透明化,那麼社區居民應該對社區參與有興趣?人情關係與面子問題成為影響社區生活需求與資源運用的處理。此外,華人社會講求以和為貴,為了顧及社區生活的和諧,習慣於「就人論事」、「看人說話」,甚至逃避直接衝突的情境。

🔍 **練功坊**

★ (　) 有關社區能力建構（community capacity building）的觀點，其敘述何者錯誤？
　(A) 社區能力是一個社區之各項「資產」或「屬性」的總和
　(B) 社區資產的類型不包括政治的資產，以免產生派系紛爭
　(C) 一個社區的資產是否能夠有效使用，端視社區的組成分子對此「資產」的運用
　(D) 社區資產是靜態的能力，社區力量則是動態的能力

解析

(B)。社區資產包括七大類型：（1）有形資本（physical capital）；（2）人力資本（human capital）；（3）社會資本（social capital）；（4）財務資本（financial capital）；（5）環境資本（environmental capital）；（6）政治資本（political capital）；（7）文化資本（cultural capital）。選項 (B) 所述有誤。

重點便利貼

❶ 社區工作的實施步驟：(1)接觸社區及居民；(2)評估社區需求；(3)建立社區組織及社區團體；(4)規劃社區工作方案；(5)執行社區工作方案；(6)評量社區工作方案績效。

❷ 需求的類型（Bradshaw 所提的四項需求）：(1)規範性需求（normative need）；(2)感覺性需求（perceived need）；(3)表達性需求（expressed need）；(4)比較性需求（relative need）。

❸ 社區服務方案計畫書的撰寫內容：(1)方案名稱；(2)緣起；(3)依據；(4)宗旨或目的；(5)辦理單位；(6)實施時間或期間；(7)實施地點；(8)參加對象；(9)實施要項；(10)預期效益；(11)預算經費；(12)附則。

❹ 福利社區化的內涵：(1)「在社區內服務」（service in the community）；(2)「由社區來服務」（service by the community）；(3)「為社區而服務」（service for the community）；(4)「使社區能服務」（service of the community）。

擬真考場

申論題

推動社區工作一再強調的是社區參與，試說明如何增進社區的參與？

選擇題

(　　) 1. 社區意識是社區工作要素之一，其包括熟悉感、認同感、歸屬感與榮譽感四項構念，下列敘述何者錯誤？
(A) 熟悉感是此四構念的重要基礎
(B) 有認同感必可轉化為社區行動
(C) 榮譽感有賴於來自社區外部的肯定
(D) 社區報或通訊可增加熟悉感

(　　) 2. 根據 L. M. Siegel 等人指出，常用的社區需求調查方法有八種，下列何者「不屬於」這些常見方法？
(A) 實驗法（Experiment design）
(B) 社區公聽會（Community forums）
(C) 德菲法（Delphi technique）
(D) 社會與健康指標分析法（Social and health indicator analysis）

(　　) 3. 由宏觀的角度觀察，目前臺灣社區發展的重要問題是：
(A) 社區範圍的劃定係由社區民眾自主決策
(B) 官方主導性弱
(C) 對公部門資源依賴太深
(D) 社區發展的工作項目完全由協會自訂

解析

申論題：

茲將增進社區參與之方式說明如下：

(一) 觀察並善用社區權力結構的情況：從權力的角度觀察社區，設法找出在地方具有影響力的人，接觸他們並觀察他們在社區的影響力。社區中的正式組織通常具有權力，例如：社區發展協會、老人會；社區中的非正式組織亦具有影響力，例如：寺廟。所以，社區工作者在增進社區參與之前，必須先對幾個課題進行分析，包括：誰是社區中的權力擁有者、影響人物及領袖；這些人物的關係如何？結盟、對抗或互不侵犯；他們可以動員的人力、物力、影響力有多大的範圍；當權派的人物是誰？誰有意圖改變社區權力結構？可能性有多高，以便擬定提升社區參與的策略。

(二) 掙脫行政父權意識型態之束縛，凝聚社區意識與培力社區：台灣的社區工作推動多係政府由下而上的指導性提案，因此限制了社區創新與社會進步力量，降低了社區居民參與的動機。提升社區參與應採用非指導性（non-directive approach）的方式，意即不企圖說服或指引社區接受政府所期盼發展的方向，而是刺激社區居民思考他們自己的需求是什麼？政府及社區工作者只是提供各種達成需求的訊息，並鼓勵社區居民勇於實踐以滿足需求而已。因此，社區發展之目的不只是回應社區在地問題，提出一套社區自主的解決模式，更重要的是社區發展是要反應當時社會結構的矛盾與困境，同時培養社區能力，方能增進社區參與。

(三) 社區衝突的管理：社區衝突受到文化的影響，衝突是在特定時空內具體事件發生的過程，也就是沒有永遠不會衝突的人口群，亦即，即使是華人社會，在社區面臨某些權力或資源嚴重分配不均時，仍會有衝突事件之發生。社區衝突可以是計畫性的衝突，也可以是非計畫性的，計畫性的衝突是指人們刻意使用衝突來改變社區現狀，其目的是為了社區更好。衝突也可能因為利益分配不均而自然產生，弱勢的一方採取社會抗爭來防衛其利益。社區衝突沒有價值中立的問題，會產生衝突就表示利益、資源、權力分配不均。社區工作者應應用衝突處理的策略，將社區衝突所產生的結果引導為有利於社區參與的面向上，亦及，引導社區居民參與議題的解決，以強化社區意識與凝聚力，提升居民之社區參與。

選擇題

1. **B** 社區意識包括熟悉感、認同感、歸屬感與榮譽感四項構念,其中,熟悉感是四個部分的基礎,即在長久、持續的熟悉中產生歸屬情感,並在正面的歸屬中產生認同。而歸屬感與認同感均屬於團體內的自發情感,此時的認同未必可轉化為行動。在歸屬與認同的共同作用中,若再加上外部團體的肯定,則會產生榮譽感,即可轉化為行動,使居民為維護社區榮譽而付出,此乃社區意識在社區工作中的主要作用。

2. **A** L. M. Siegel 的社區需求調查的八種方法:(1) 社會與健康指標分析法(social and health indicator analyses);(2) 服務需要法(demands for services);(3) 服務提供與資源分析(anslysis of providers and resources);(4) 民意調查(citizen survey);(5) 社區公聽會(community forums);(6) 名目團體技術(nominal group techniques);(7) 德菲法(Delphi technique);(8) 社區印象法(community umpressions)。選項 (A) 不屬之。

3. **C** 台灣的社區發展一直被認為是有績效但不夠落實,不但無法協助社區組織自主運作,且政府單位輔導社區三、五年後,一旦政府資源不再投入,社區工作無法持續發展及維持成果,亦即對公部門的資源依賴太深。

Note.

CHAPTER 7
第七章 社會工作價值與倫理

榜·首·導·讀

- 在考選部公布的社會工作直接服務命題大綱中,將社會工作的倫理分別在個案工作、團體工作中以「個案工作之倫理」、「團體工作之倫理」之分項呈現,並未將「社會工作價值與倫理」獨立列為一部分。雖未獨立列出,但在歷屆的考試命題中,卻常出現實務案例的倫理兩難抉擇考題,包括申論題及測驗題,且題目難度有一定的深度,顯見命題老師對倫理兩難抉擇的鍾愛,不因未單獨在命題大綱獨立而有所改變。究其原因,係因倫理抉擇是在直接服務時,經常必須面對的問題,更凸顯社會工作價值與倫理議題在本考科的重要性,請考生切勿疏漏準備。

- 社會工作法定義務、倫理抉擇之步驟之補強等,是必備的基礎觀念,在申論題中,以倫理的兩難是最重要的考點,要考生就其意進行倫理的抉擇,故考生必須在個案的情況中,選擇適合的干預方式,說明及所選擇之干預方式所持之理由,並就所面臨的倫理議題詳加說明,請考生務必紮實準備。

關·鍵·焦·點

- 義務論、目的論、倫理原則、Reamer對處理倫理抉擇的步驟等,均為測驗題的重要考點,在測驗題時,選項較不易區辨,請在作答時詳細判斷。

命·題·趨·勢

年度	110年				111年				112年			
考試	1申	1測	2申	2測	1申	1測	2申	2測	1申	1測	2申	2測
題數		2		3		2		3	1	2		3

本·章·架·構

社會工作價值與倫理 — 重點 1 ★★★ 社會工作價值與倫理
- 社會工作價值
- 社會工作專業倫理
- 社會工作的法定義務
- 義務論與目的論
- 社會工作價值與倫理抉擇
- 社會工作倫理難題
- 倫理困境的倫理抉擇步驟

重點 1 社會工作價值與倫理

閱讀完成：____月____日

一、社會工作價值

> **上榜關鍵** ★★
> 申論題記憶型考點。

(一) 社會工作的基本價值

1. 人有獲得資源以解決問題並發展潛能的權利。服務的價值是在這一原則之中，社會工作者的服務是被期待要高於他個人的利益。社會工作這些增進社會正義活動，必須要能夠有敏銳度與知識。對於受壓迫、文化與種族差異要有敏感度與知識，並且社會工作要努力確保每一個人可以取得所需要的知識、服務與資源、平等的機會，以及有意義的公平參與決策。

2. 人的價值和尊嚴是與生俱來的。社會工作者要尊重每一個人的尊嚴與價值。社會工作者要盡量去檢驗個人的偏見與態度，並加以消除，以實踐尊重案主的個別性。

3. 社會工作者必須視人際關係為幸福的本質，是改變的重要工具。此一價值將影響社會工作者與案主建立關係的方式及影響社會工作者改善生活中人際關係品質。

4. 正直的價值意指社會工作者的行為必須以被信任的方式來表現行為，要以公平、尊重的方式對待同仁，且是誠實、負責任、對他人有倫理的行為表現。

5. 勝任的價值是指社會工作者所做的實務工作必須在能力範圍之內，且要不斷的發展與強化專業知能。作為一位專業人員，社會工作者必須負責任地確保他的能力不會因為個人問題、藥物濫用或其他困難而喪失服務能力。同時也必須要對其喪失能力、非倫理行為及損害其他專業人員，採取行動改善。

(二) 助人專業人員與科層體制間的價值衝突

1. 科層體制
   科層體制（bureaucracy）是組織的一種次類型（或型態），科層體制可以定義為一種社會組織的型態，它的主要特徵包括：集中於上層的垂直權力階層；特定任務的分工；清楚定義的規則；正式的溝通管道；基於技術能力的選任、薪資、升遷與保留。

2. 助人專業人員與科層系統間有著基本的結構性衝突 知
   助人專業人員重視創造力與對系統的改變，如此才能服務個案。沒有人攻擊

時是最有效的。助人專業人員藉由傳達給每個個案「你被視為人」的訊息，來提供個別化的服務，科層體制是高度去個人化的（depersonalized）、情緒疏離的系統，視每個員工及個案為大系統中的一個小元素。在一個巨大的科層體制下，員工並不被視為「人」，而是系統中有功能的部分。

知識補給站

助人專業人員與科層體制間的價值衝突

助人專業的取向	科層系統的取向
期望民主系統來做決定。	大部分的決定是專制的決定。
期望權力可以公平地分配在員工身上（水平的結構）。	權力的分配是垂直的。
期望個案在系統中有相當的權力。	權力是由高層的人員所擁有的。
期望一個彈性且持續改變的系統。	系統是僵直與穩定的。
期望強調創造力與成長。	強調結構與現狀。
期望以個案為取向的焦點。	系統是以組織為中心的。
期望溝通是由個人到個人的個別化層次。	溝通是由一個階層到另一個階層。
期望共享的決策與共享的責任結構。	有層級的決策結構與責任結構是主要特徵。
期望由最有知識的人來做決定。	決定是依據每個層級的位置所分配到的決策權來做的。
期望共享式的領導。	系統採用專制的領導
相信個案與員工的感覺應該被系統高度的看重。	程序與歷程被高度看重。

二、社會工作專業倫理

> **上榜關鍵** ★★
> 本質、定義、目的，均須明瞭。

(一) 社會工作專業倫理之本質

1. 專業倫理是職業道德的表現。專業倫理即是專業社團或專業實務工作之社會價值觀念和行為。社會工作倫理規範了社會工作者在助人關係中對案主、對同僚、對機構、對專業及對社會大眾的義務與職責，以確保社會工作充分發揮服務功能和實現使命。
2. 社會工作專業倫理守則便是事先被設計來陳述社會工作者所應具備的「某種社會學上被肯定的行為」。故社會工作專業倫理的具體表現，乃是社會工作者服務過程中確實遵守專業倫理守則。

(二) 社會工作專業倫理定義

1. 專業社團或專業實務者為了達成專業目的，形成某一種專業行為之標準，就是所謂的「專業倫理」。而，社會工作倫理就是社會工作者的一種哲理思想或道德標準，用來體認專業行為和指揮其專業行為的道德標準。
2. 社會工作者面對專業與機構的雙重規範，需要同時對機構與個案負責，當兩者不一致時，社會工作者就會陷入「倫理兩難」之境。「倫理兩難」是指一種情境，立基於某特定專業基本價值之上的專業義務與責任彼此相衝突，而社會工作者必須要決定與其專業義務與責任相關的價值當中，哪些是比較重要的。

(三) 社會工作專業倫理之目的

1. 實踐社會工作理想上可以應用之原則
   倫理守則規範社會工作者的服務行為，即是專業所信守的價值信念之具體表現。例如社會工作並非是為案主做事的人，其重要原則是共同協助案主從過程中自立與自主，以及表現出社會工作尊重人與潛能之價值觀。
2. 社會工作者提供專業服務的指南
   專業倫理對於如何提供服務以避免爭議，以及社會工作者必須在能力範圍內提供服務；或者社會工作者必須秉持專業對從業人員的約束和對自我的約束等，均是提供專業上最主要和重要的道德規範，亦是實務工作的最高指標。而這也是案主判斷要求社會工作者提供服務的依據。例如：社會工作專業倫理提出須以案主最大利益來提供服務，就是一個判斷專業社會工作者是否盡責的準則。所以社會工作倫理可以判斷服務行為之適當性，得以管理專業社會工作者。
3. 評判社會工作實務適當與否之標準
   當社會工作者的服務發生爭議時，專業倫理是用來作為實施工作適當性的評

斷標準。此舉不但可以保障專業形象，同時也在保障被服務者和提供服務者，以便產生互信，並避免社會工作者無所適從。
4. 提供社會信任對社會工作專業之基礎
專業倫理是社會大眾或政府機關一種公益性與專業性之社會服務公約。社會工作倫理在於保障被服務社會大眾之權益，以便取得案主之信任，進而獲得社會認可，也是獲得被信託的重要依據，具有對社會宣示和建構形象之功能。
5. 專業倫理規範適當行為
專業倫理雖看似在管束社會工作者的行為適當性，但實質上卻在保護專業社會工作者之權利。例如：倫理明確指出，社會工作者可以也應該拒絕案主不當之要求，其實就可以預防社會工作者可能發生的業務過失。

三、社會工作的法定義務

榜首提點
測驗題的重要考點，請加強準備；另相關概念亦請適時應用在申論題論述中。

（一）照顧的義務
個案有權期待一個有品質、符合標準的照顧服務。而所謂有品質的照顧意謂在評估、診斷和介入的過程中，社會工作者是依據理論和實證的支持採取的行動，而不是僅憑社會工作者的直覺經驗。

（二）尊重隱私的義務
隱私包括了個案的物理空間，例如住家、皮夾、抽屜、皮包等，以及個案告訴社會工作者的生活事件，除非社會工作者有足夠的理由，否則不應介入或洩漏。

（三）保密的義務
由於個案和社會工作者之間的溝通是屬於一種優勢溝通，因為相對於個案，社會工作者具有一種優勢地位，在這種不對等的情況下獲得個人資料，除非有個案的允許，否則不得告訴第三者。社會工作者如要運用個案提供的資料，必須要有書面的同意信函。

（四）告知的義務
社會工作者有必要告知個案他可以接受到的服務內容、時間的長短，可能有的危險和成功的可能性，以及費用和機構相關的政策。

（五）報告的義務
社會工作者對於某些政府指定的個案類型，基於人身安全和人性保護的立場有報告的義務。

（六）提出警告的義務
在會談過程中，個案可能與社會工作者討論到一些報復或企圖傷害他人的事情。此時，社會工作者可以採取的方式有三：第一，安排個案在保護性的監督之下暫時

性的住院或隔離;第二,告知可能被施暴的對象;第三,請求司法單位處理。在爭取第二項措施時,與前述的保密義務相違,此時社會工作者要視個案的憤怒狀況來判斷有沒有必要提出警告。

> **榜首提點**
> 在測驗題中,是重要的考點,因兩者觀點互異;但這二個觀點,如在申論題適時引用,將可達到畫龍點睛的加分效果。

四、義務論與目的論

(一) 義務論及目的論的主要觀點

理論 項目	義務論	目的論
觀點	1. 義務論認為規則、權利和原則是神聖不可違反的。故對於為了達到目的,不可以或不需要不擇手段;特別是違反某些重要原則、權利或法律,均是違反道德原則的行為。 2. 就康德的義務論來說,信守對個案的承諾是必要的,這也適用於遵守與個案、同事、組織定下的契約。義務論也否認相當流行的所謂「目的使得手段正當」的這種說法。	1. 目的論(導致結果或目的)對倫理的選擇採取不同取向。依其看法,任何行動是否具有正當性,決定在「後果」為「善」的程度。 2. 對於此派觀點的人而言,認為不考慮潛在後果而做的倫理是天真的,這也是 Reamer 批評「義務論」是一種規則崇拜,只是死命遵從各種規定而不視情況做衡量。行為結果論者認為負責的策略要試圖列出各種行動可能之後果,以及其相對優缺點來做決策。
案例	社會工作者不可以對案主說謊,甚至如果說謊可能對團體更有利時,亦不可以。例如:為了案主的身心健康而欺騙是不對的;案主故意隱瞞事實,以便騙取生活中所需的社會救助金時,社會工作者知道此一情形之後,如果社會工作者有答應案主保密的諾言,義務論認為有保密的義務。	案主故意隱瞞事實,以便騙取生活中所需的社會救助金時,目的論者可能會看此一行為後果,辯稱正確的做法是案主和他的小孩得到保護而不會受到傷害,這才是助人之目的。

(二)「消極義務」與「積極義務」

上榜關鍵 ★★★★
請建立測驗題區辨兩者不同的能力。

義務類型	說明	舉例
消極義務	是倫理守則比較具體「禁制」與「命令」的規範，最常使用「不」、「不得」、「不應」、「不可以」、「不准」，甚至強烈的「決不」或者「無論何種情況下都不」等語調。	舉例：我國社會工作守則中的「絕不與案主產生非專業的關係」、「不圖謀私人利益或私事請託」。
積極義務	是倫理守則中比較不明確或絕對的條文，強調工作者必須盡力努力達成但卻沒有具體指出的理想目標，這類條文多數落在社會行政、機構關係、對專業的責任，和對社會整體的倫理責任等領域。	我國的社會工作守則「應將專業福利服務擴大普及於社會大眾，造福社會」、「應以負責態度，維護社會正義，改善社會環境，增進整體社會福利」。

(三) 效益主義/效用主義（utilitarianism）的主要觀點

榜首提點
基本觀念建立非常重要，本觀點強調行動的後果，是屬於目的論觀點。

1. 基本觀念
  (1) 效益/效用主義屬於目的論派別。Mill 於 1861 年出版《效益主義》一書，其主張道德內涵與最高原則乃是謀求最多數人的最大福利，所以行為結果決定行為的道德善惡。
  (2) 效益/效用主義或功利主義強調行動的後果要帶給整體社會最大的快樂（或數小的痛苦）。

2. 效益/效用主義的假設
  (1) 社會之善乃個人之善的總合，據此，所有個人得到最大快樂，即是最佳社會的寫照。
  (2) 最大的快樂包括行動的立即後果與可預測、長期的後果，要以後果來論斷行動，亦即行動結果促進了多少大眾福祉。
  (3) 假如每個人計算最大的快樂是依理性、深思熟慮的過程，則其結果將有有關快樂本質的基本同意。
  (4) 人類的本質是相互競爭的，我們的競爭是溫和的，是依循理性的自利。
  (5) 因為每個人對快樂的計量都一樣，效用主義的觀點是以民主的方式來公平地處理每個人的福祉。

（6）利他主義（altruisn）被視為一種相互的自利。就長期言，促進自身利益也會同時促進他人利益，這使不同的利他主義變成多種可能，端賴我們如何建構理性利益。從某個角度來看，我們依循自己的理性自利來行事，他人的利益將因此也獲得提升；從另個角度來，個人理性自利是依個人設法尋求協助他人的方法來斷定。

3. **效益/效用主義的分類（種類、形式）**

> **榜首提點**
> 非常重要的考點，請謹記在心，較不容易融會貫通，請加強研讀。

（1）全體善果效益主義或集中多數效益主義

A. 就效益主義來說，社會工作者應盡力去考慮決定何種後果會有最大的利益。所以當人們面對衝突職責時，應採取的行動要是要能產生最大（或最佳）利益（或價值）為依據。但是是誰的最大利益？Reamer 指出社會工作要能進一步區別效益主理論中「全體善果效益主義」（good-aggregative utilitarianism）和「集中多數效益主義」（locus-aggregative utilitarianism）兩種形式的差異。

B. 「全體善果效益主義」指最適當的行動是能增進全體的或整體的好處，例如：是否分配一個固定數目的公眾救助來產生最大集合的滿足。相同的，如果能帶來整個鄰里經濟上的復甦，那麼不顧少數居民之情感和購屋經濟能力，拆毀市區中的破爛房舍而安置居民是正當的。

C. 「集中多數效益主義」，指最適當的行動是能增進最大好處給最多人分享，亦即所考慮的不只是所產生的好處有多少，而是有越多人能分享到這些好處越好。例如：給最多人最大滿足感（給予較少錢但人數最多）。當然這種區分涉及道德判斷者對於公平分配的認知為何。

（2）規則效益主義和行動效益主義

A. Moor 等人提出理想的效益主義，強調不應該是任意之目標或價值之追求，而是應該以正義原則作為比效益更基本的倫理原則，要尊重每個人的尊嚴和基本權利，並且以人性整體的價值實現為依據。

B. 由於任何道德理論都不能迴避價值衡量和價價值評量的難題，為了獲得支持，效益主要強調大部分的情況下，人是應該遵從受公認的道德規範。不過，傳統的道德法則都以價值化為內涵，所以行為還是要進行效益主義的評量。

C. 評量不應針對個別行為，而是針對行為種類；即某一類行為（a kind of act），這是由行為種類是否符合「效益原則對最佳化價值之要求」，而視之是否屬於善的行為。換言之，不是將效益直接用在考量某一個別行為，評量什麼是對的行為時，主要問題重點在於「如果每一個人

在這種情形下都表現此一行為，其結果是善或惡？」
D. 規則的效益主義者認為，在某一情境下，我們所該做的行為是訴諸於一般性的通則，而非特定行為，例如：立案合法的機構才能避免問題叢生和保障權益、或合理化干預案主權益來面對保密責任，因此有人認為此一觀點乃規則效益主義之論點，而稱之為「規則效益主義」。雖然如此，不過，如果不能對個別行為進行價值評量，亦即不在個別行為上考量價值而承認有例外的話，那麼這就不是義務論的主旨了。然而，如果接受有例外的話，那又和行動效益主義有何差別。
E. 行動和規則效益之間的區別為：行動效益將效益原則應用到個別的行為上，也就是說，當一個人在反省什麼是道德上對的行為時，他會自問「我在這個情境下，做這個行為會產生什麼結果？善、惡衡量後的結果為何？」，亦即依行動效益主義的看法，行動的正確性是視個別案例或哪一個特定行動所產生的好處為何而定。所以器官捐贈可以使人受益，那麼就應該積極影響案主家屬同意。故行動效益主義在於說明某一行動會有夠大的好處。
F. 效益主義的問題在於不同的人可能考慮不同的因素，而且給予不同的加權。這是因為他們不同的生活經驗、價值、政治意識形態等等。例如：在案主欺騙社會福利金的案例中，某個社會工作者可能重視案主的隱私的重要性，而某個社會工作者可能較偏重在遵守法律的考量。

五、社會工作價值與倫理抉擇

> **上榜關鍵 ★★★**
> 六項原則務必看懂，並觀念清楚，才可在測驗題正確選答。

（一）Reamer 提出處理價值倫理與職責衝突的六項原則

1. 原則一：基本上防止傷害人們生存行動（如健康、食物、心理平衡、保護和生活）必要先決條件之規則優先於說謊、洩密、威脅和累加善（如娛樂、教育和財富）之規則

   就此而論，保護個人生存的必要條件，如生活、食物、庇護和精神平衡是最高原則，優先於保障因說謊、詐欺或失信而帶給案主的傷害，也優先於增強生活品質（如娛樂、生活更富裕和藝術活動）所帶來的威脅。這與 Lowenberg 和 Dolgoff 的觀點一致。因此，為了防止案主傷害他人，對案主所分享的訊息可以不視為祕密保守。所以如果施暴者向社會工作者詢問受虐太太與子女行蹤時，社會工作者可以不告訴他。

2. 原則二：個人基本幸福權利優先於另一個人的自由權

   個人自由權應受尊重，但是個人自由權威脅到他人福利或幸福時，則不在此

限。故案主不接受治療而有傷害他人之潛在威脅時，社會工作者就要干預。施虐者不可以因孩子是他生的，所以是他的財產而任意對待自己的孩子。

3. 原則三：個人自由權優先於他自己的幸福權

   當個人是在理性情況下能估算行為後果時，就算有對自己比較不利的行為，社會工作者亦不得干涉。例如：繼續喝酒導致經常上班遲到。不過，社會工作者要注意如何判定案主是理性的和有足夠資訊來做選擇？例如：一位受虐者決定要離開庇護所回到先生旁邊，她說相信先生已經改過而願意給先生一個機會時，社會工作者應先確認案主是否在自由意願下所做之決定，而且是否評估過這種可能的後果會嚴重威脅到生命，最後才要尊重這種可能帶來自我傷害的行為。

4. 原則四：個人在自願與自由下同意遵守法律、規則和規定的義務是凌駕於違反這些規定的權利

   個人有義務遵守在自由意願下同意的法律、規則和規定，不得違反。因此，專業組織可以訓示和檢查違反標準之成員。當然，有時成員不同意的機構規則，而認為個人應扮演改變的激進角色。但是，機構社會工作者不可因個人價值觀與機構不同，反對機構的政策，而利用新聞媒體來散布個人言論，公開攻擊認為機構「不當的作法」。

5. 原則五：在衝突時，個人幸福的權利是超越法律、規則、規定和志願組織的安排

   遵從法律、規定和規則不是絕對的。如果威脅到案主幸福或使社會工作者生命受到威脅時，機構之規定不是優先要被遵守的。為救護受傷命危病患而闖紅燈是可以被接受的。

6. 原則六：防止如飢餓等基本傷害與推行如房舍、教育及公共救助等公共善的義務優先於保護個人財產

   為維護夠多人需求滿足或預防基本傷害，徵稅或其他形式的強制性作為，均是合理的作為。

（二）社會工作倫理優先原則順序（Lowenberg 和 Dolgoff）

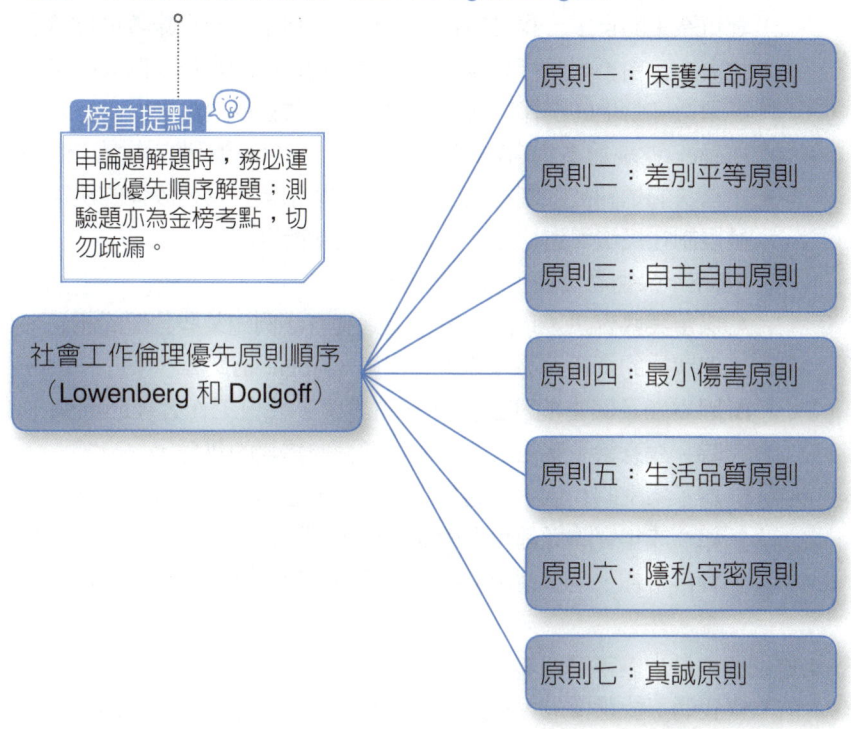

榜首提點
申論題解題時，務必運用此優先順序解題；測驗題亦為金榜考點，切勿疏漏。

社會工作倫理優先原則順序（Lowenberg 和 Dolgoff）
- 原則一：保護生命原則
- 原則二：差別平等原則
- 原則三：自主自由原則
- 原則四：最小傷害原則
- 原則五：生活品質原則
- 原則六：隱私守密原則
- 原則七：真誠原則

1. 原則一：保護生命原則
   （1）保護個案生命是最基本，也是最重要的原則，排列位置在其他倫理原則之上。在考量案主生命原則優先下，違反其他倫理原則的行為是可以被接受的。
   （2）例如：案主告訴社會工作者，他想殺了前任女友，那麼社會工作者應該立即採取行動，以保護這位可能有生命危險的女孩；一位獨居老人堅持住在不良且危害生命的環境裡，實有必要採取照顧生命之措施；積極處理案主自殺，即使可能違反其他的義務，也是立即要做的事情。

2. 原則二：差別平等原則
   （1）這是公平與不公平的原則。簡言之，就是有同等權力的人應該受到同樣的對待或責任，至於處於權力之間不均等的人，應該受到不同的對待。
   （2）例如：雙方都是成年人，彼此同意下的性行為沒有人可以阻止，但是成人與孩子之間發生性行為，雖然得到孩子的許可，但是成年人也沒有這種權力，因為雙方地位不平等；弱勢家庭子女或身心障礙者可以獲得社會救助特別津貼。

3. 原則三：自主自由原則
   （1）尊重案主的自主、獨立與自由。當然，自主並不意味著可以奪取自己的生命，自由不表示可以傷害別人或放棄自己的責任。個人的自主或自由必須遵守當地的法律，而且不能侵害公共善或他人之權力為前提。
   （2）Biestek 曾經為案主自決權利定義出一個行使權利的範圍，他指出「案主自決的權利被限制在案主有能力可以積極且具建設性的決策之下，也被限制在民法與道德之下，以及機構功能限制之下」。
   （3）Reamer 歸納之父權主義的三種方法
      A. 保留某些資訊，以防止案主受到傷害。例如某些診斷的訊息、有關心理狀態的資料、心理健康的預後（prognosis）等。
      B. 因為顧及案主的利益而向案主說謊，社會工作者在回應案主的疑問時，故意給予案主有關他們生活面向錯誤的訊息。
      C. 為了案主的利益，強迫案主做出有違意願而有身體上的強迫干涉。例如：成年智障者都無力照顧自己，卻堅持要生育，那麼案主是否有生育自主權，這種情況除了按實際情形來判斷之外，也要從法律面來檢視。

4. 原則四：最小傷害原則
   （1）當我們不能選擇最大利益時，倫理困境上考慮的是最小傷害。專業服務應該選擇一個限制最小或最後結果較少負面的影響發生，抑或最容易回復到原來生活型態的安置環境。
   （2）例如：身心障礙的兒童讓外國人收養，可能比在國內安置機構中成長的傷害還少；當案主離婚時，孩子是跟父親或母親。

5. 原則五：生活品質原則
   （1）維護和增進案主與社區的生活品質為重要倫理守則；亦即以維護案主生活的幸福或提升社區的公共利益和環境品質是重要的。當然，不能因為要維持案主的生活品質而給案主傷害。
   （2）例如：如果社會工作者未能幫助案主保守外遇之祕密，將使案主的夫妻感情和家庭生活受到影響，甚至子女無法在社區中立足。

6. 原則六：隱私守密原則
   （1）社會工作者要保守案主吐露一切事情的祕密，這是獲取案主信任最重要的行為。但是保密原則不是最優先的，如果發現案主要自殺或傷害他人等，則不應該為案主保密。
   （2）個案研討可以選擇或督導者知道案主問題，其目的是想提供（或學習）更好的專業服務，所以特定專業從業者開放是合理的。

7. 原則七：真誠原則
   (1) 誠實並非絕對的義務。如果誠實會帶給案主生命威脅，影響案主自決，甚至破壞生活品質時，則真誠不具有優先性。
   (2) 例如：案主的先生詢問社會工作者是否知道案主過去有無從娼行為，則真誠原則的優先性就必須在保密原則之後。

上榜關鍵 ★★★ 基本概念為測驗題考點。

(三) Gewirth 倫理架構、職責衝突之優先順序
1. Gewirth 倫理架構中「幸福權」之三種核心的善（goods）

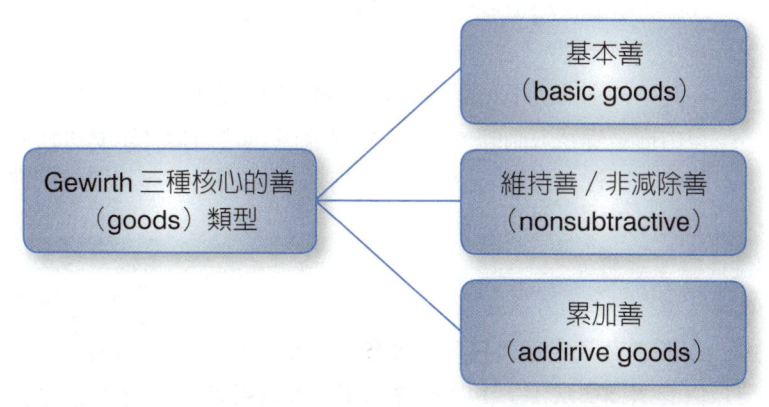

```
                           ┌─ 基本善（basic goods）
Gewirth 三種核心的善       │
（goods）類型        ─────┼─ 維持善／非減除善（nonsubtractive）
                           │
                           └─ 累加善（addirive goods）
```

Gewirth 的倫理架構對研判倫理所提之處遇是相當有用之架構，他認為人有自由的基本權利（很相似於社會工作所說的自決概念）和幸福權。在「幸福權」，人類應有三種核心的「善」說明如下：
(1) 基本善（basic goods）：指每個人在從事有目的之活動中所必要的幸福（如生活、健康、實務、庇護所、心理平衡）。
(2) 維持善／非減除善（nonsubtractive）：指無此好處，將會減損個人追求個人目標之能力（如個人會因此結果而處於較差的生活條件之中，會使人去偷、欺騙等）。
(3) 累加善（addirive goods）：指此利益能增強個人追求其目標之能力（如知識、自尊、物質財富、教育）。

2. Gewirth 提出職責衝突之優先順序
   Gewirth 認為衝突的責任可以排出優先順序或以善為基礎，排出行為抉擇的優先順序。以下原則可以用來排列出這些衝突之優先順序：
   (1) 如果某人或團體侵犯到另一個人的自由或幸福權時，採取預防或去除這種侵犯行動是適當的。其預防行動或去除行動是否合理適當，端視這種侵犯危害個人未來行動能力之範圍而定。如果案主因信賴社會工作者而說出他計畫傷害他的夥伴，那麼社會工作者保護其夥伴免於受傷是優先

於為案主保密的權利，也是最小傷害原則優先於保密權。其夥伴幸福權利將合理的侵犯到案主自我決定和隱私權。

（2）由於每個人都有職責去尊重他人行動所必要的善的權利（如自由、幸福），如果他人行動有善之意向，則是必要的行動，並且此一職責的權利是無法在不侵犯到後者的職責時得到保護。這是意指個人之幸福權優先他人自由與幸福權利，也是一個人自由權不能影響他人之生存。故保護案主的夥伴免於受到傷害是優先於案主的隱私權，因為善包括在前者的職責中（保護免於受到身體傷害），是人們表現善的行為與功能上比隱私更為重要。

（2）在某些特別情況下，限制人們互動的規則優先於不強制別人職責。人的自由權是受到限制的，然而這種限制規則應有條件限制：任何規則所允許的強制性必須要防止不當的強制和嚴重的傷害，這種強制性不應超過這種保護所必要的基本要求。

（四）關鍵性倫理原則

> **榜首提點**
> 常見的測驗題考點，請著重細節的研讀；另再次提醒，適時運用在申論題解題中，可彰顯考生的倫理論述功力。

1. 自我決定

   Biestek 將自我決定定義為「認可案主有權利和需要自由的選擇與決定」。「社會工作者應尊重並增進案主自我決定的權利，以協助案主指認和澄清他們的目標。當社會工作者依據其專業判斷，認為案主的行動對自己或他人會造成嚴重、錯誤或立即性危險時，社會工作者則可限制案主自我決定的權利」。

2. 知情同意

   知情同意（informed consent），其本質是要社會工作者「以清楚和可了解之語言告知案主服務目的、服務可能涉及的冒險、服務之限制、有關的花費、合理的各種選擇、案主拒絕或退出之權利及時間架構，社會工作者應給案主機會問問題」。

3. 保有專業界線

   專業界線指社會工作者與案主之間的不同有清楚界線，而保持工作關係。此一界線有助於澄清彼此之關係不是社交性質，而是帶有高度信任和案主的自我表露（self-disclosure），雖然受到彼此像朋友、夥伴、家人一樣，但不是親密性的。當案主相信社會工作者維持一界線存在，他更能把重點放在尋求協助的問題上，自在地分享他自己和信任社會工作者。不論社會工作者的反應和說詞是支持、面質、同理心，都是為了工作的關係，而非社交、性暗示或是一種朋友性質的個人反應。

4. 保密
(1) 保密是助人過程中不可或缺的，保密不是由案主提出的要求，而是社會工作者要表明對案主所陳述的內容會加以保密。
(2) 保密之限制
    A. 督導與諮詢：案主保密的權利不是絕對的。有時，社會工作者會與督導討論案主的狀況，或是在工作會報中提出個案報告。這是為了提升對案主的服務，因此這些目的澄清之後，案主會同意這些資料外流。案主當然有權利知道資料在何種情況下可能外流，社會工作者有責任保密，只有在絕對必要的情況下才透露案主的資料。不論考核或何種原因，有機會接觸記錄的人都有保密的義務。這些人包括：督導、管理者、志工、其他專業者、祕書和辦事員、顧問、理監事、研究員、法律顧問以及一些機構外的人員。接觸資料的人必須是為了提供更好的服務，也必須簽定書面同意書，不得不當使用保密資料。
    B. 案主必須放棄的保密：有時其他的社會工作者、專業者或其他的機構，也會因為案主向他們尋求協助，而須向社會工作者要求提供案主的相關資料。社會工作者面對這種情況時，需取得書面同意書後，告知案主將以可靠的方式提供資料給他們。社會工作者只要提供必要性的訊息即可，而不應提供全部的會談記錄。社會工作者可以在未取得案主的同意之通知或兒童虐待之舉報。當社會工作者無法取得案主書面同意時，得到督導或法律的認可是很重要的。另外一種情況就是案主提出社會工作者服務過失之告訴，也可以免除案主同意。案主這種行為是「案主特權終結」，而能不受限制公開資料，以作為答辯訴訟之用。
    C. 危及自己或他人：當案主計畫或行為會嚴重傷害人而告訴社會工作者時，他人的權利就比案主資料保密的權利更優先。例如：當案主計畫綁架、傷害和謀殺時，社會工作者有義務透露訊息給受害者和執法單位，以便能及時採取預防措施。
    D. 懷疑虐待兒童或老人：高過保密原則的其他權利是兒童及老人保護。當社會工作者根據法律規定而必須違反保密的專業守則時，會受到民法和刑法的保護，不會因為呈報受虐兒童、老人而受到處罰。雖然社會工作者呈報兒童受虐案件會受到法律的保護，然而呈報受虐案件而違反保密原則時，最好的方式之一就是知情同意，因為案主應該知道社會工作者能夠保密之限度。如果案主知道社會工作者有舉報之責，那麼對舉報行為就不會有背叛的感覺，而不會傷害專業關係。
    E. 溝通特權：「溝通特權」係指「在法律所保障的範圍內」傳遞「在沒有案主同意溝通下，不能在法庭上說出來」的資料。

六、社會工作倫理難題

（一）倫理難題定義

倫理難題不是指因為對專業服務處遇或過失錯誤，而導致違反專業倫理之問題。倫理難題是指面對案主問題處遇或需求滿足上，有兩種以上的價值、規範或倫理守則必須同時存在，而不容易做出適當抉擇。

（二）社會工作倫理實踐難題之種類

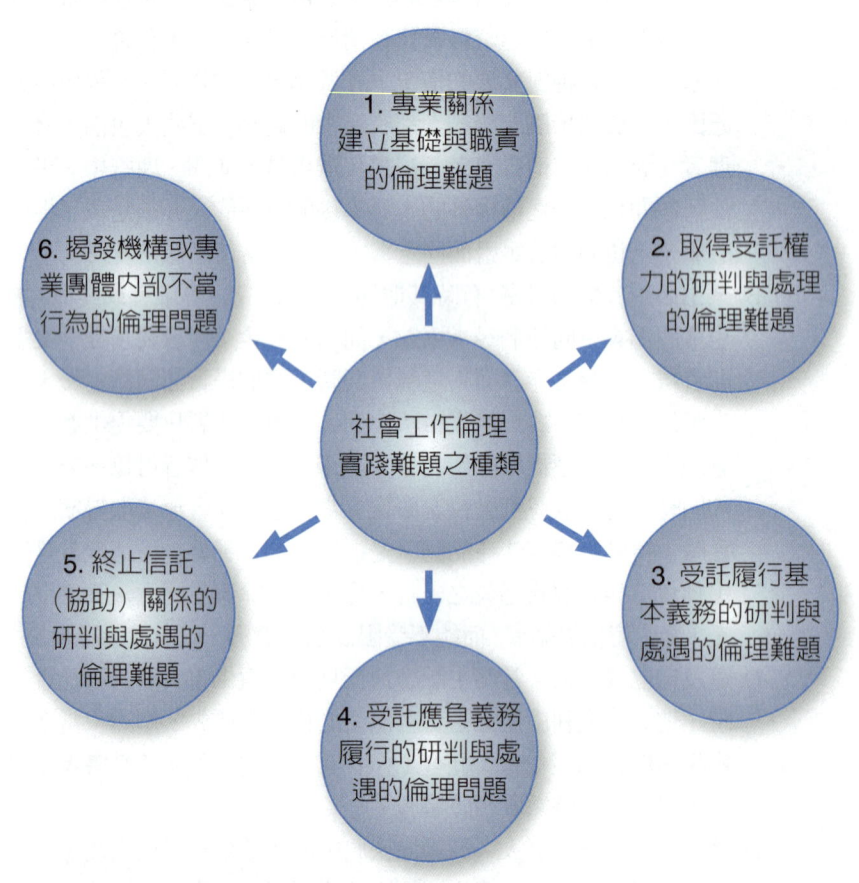

```
                    1. 專業關係建立基礎與職責的倫理難題

6. 揭發機構或專業團體內部不當行為的倫理問題                    2. 取得受託權力的研判與處理的倫理難題

                    社會工作倫理實踐難題之種類

5. 終止信託（協助）關係的研判與處遇的倫理難題                    3. 受託履行基本義務的研判與處遇的倫理難題

                    4. 受託應負義務履行的研判與處遇的倫理問題
```

1. 專業關係建立基礎與職責的倫理難題

   （1）欺騙：有些案主可能會以為，如果把自己說的很可憐，社會工作者就一定會幫助他們。當他們得到協助之後，案主也可能繼續說謊，以便能持續獲得協助或服務。案主之所以欺騙社會工作者，是為了要獲取社會工作者的支持與資源。此時，社會工作者該如何處理？案主與社會工作者建立信託關係的動機，或是在處遇過程中，再次對社會工作者不誠實，極可能會使社會工作者陷入角色職責的衝突。

（2）不合作：有時，社會工作者會遇到一些認為自己是無助和可憐的，所以別人應當幫助他們的案主，並將解決問題的責任全部歸於社會工作者；或是表現反抗社會價值的行為，甚會觸犯法律問題的案主，他們堅持自己沒有問題，行為並無不妥，例如：非自願性案主。這些案主雖對問題有不同的認知，但都可能對於信託關係之下所協議的契約承諾，以不同的藉口合理化其不合作的態度。此時，社會工作者應當如何處理以使其遵守協議？或是能否拒絕提供服務？或者轉介給其他工作人員或是機構提供服務？社會工作者在信託責任上，是否擁有處理的權力？

2. 取得受託權力的研判與處理的倫理難題
（1）在本質上，因為專業信託是基於案主信託而促成的權力交付。以信託為前提的助人服務中，能夠較不受質疑合法取得案主權力交付的方式，是忠誠地告知案主有關問題解決的相關情形（不論是已發生的或未來可能發生的事情）。社會工作者主張對案主的告知，能夠協助案主做出對最符合自己利益的決定，而這是一種尊重自我決定權的表現。當案主缺乏對問題相關的知識，草率做出決定時，極可能會因為所獲得的結果與期望不符，和社會工作者產生糾紛或有被欺騙感覺。因此，在徵得案主同意權之前，對案主充分告知或告知真相，是相當必要的。
（2）實務中，社會工作者因為告知同意所面臨的困境是，當社會工作者的告知將明顯地影響案主的決定或往後的行為時，例如：當重症患者（如癌症）的家屬不願意當事人知道病情時，在患者的信託下，社會工作者應是否該冒著被家屬責備的可能，告訴患者真相？

3. 受託履行基本義務的研判與處遇的倫理難題
（1）含糊及不確定的情境：社會工作者對於一件問題的情況不夠清楚明白時就去處理它，往往會產生後遺症並對案主及其他人造成傷害。但是社會工作者常會面臨情況緊急，必須要在狀況不清楚，以及思慮未及周密下，就必須作出決策或提供服務，包括干預後的可能結果、是否達成預定目標等、是否與案主原先的期望及有何意義等。例如：是否鼓勵受虐婦女告發，以減少可能的傷害？
（2）轉介的處理：社會工作者為能讓案主得到完整而適當的服務，主張當社會工作者或機構沒有足夠能力時，可將案主轉介至有助於案主解決問題的機構。那麼，社會工作者認為自己或所處的機構能力有限，需要將案主轉介時，所依據的標準是什麼？在不任意辭去受託和顧及案主權益的兩大前提之下，社會工作者如何尋求之間的平衡點？在處理轉介過程中，社會工作者應該要徵得同意哪些事宜？社會工作者如何研判該機構

是否適合轉介案主？同時，社會工作者在轉介之後的追蹤工作，要如何決定執行判定的處遇指標？這些都是社會工作者履行轉介的信託義務需要考量的議題。

(3) 適當處遇方法的選擇：當社會工作者以其專業培訓所獲得的能力與身分來提供協助時，確實擁有某些處遇案主問題的權力。通常那些需要專業協助的人，並沒有能力去評估他們所得到的服務或是和專業中的社會工作者相較量。也許社會工作者個人有使用某一些方法的專長或偏好，但是可能同時有其他的方法，也許對案主獲得問題解決更為有效，所以社會工作者要依據什麼來研判適合提供案主的處遇，就是社會工作展示專業助人能力的重要依據。

4. 受託應負義務履行的研判與處遇的倫理問題

(1) 案主自決或是慈善父權

A. 社會工作專業倫理守則強調社會工作者提供服務時，必須尊重案主的選擇，認為只有在案主使用自動思考、自訂計畫、自作決定與選擇時，方能達到社會工作的真正處遇效果。當社會工作者面對的是一個對問題解決有正向思考、態度積極的案主時，要社會工作者尊重案主自決的權利並沒有困難。但若是一般人認為自我抉擇有困難，例如：兒童、心智障礙者，社會工作者常產生猶豫，若完全尊重案主自決的權利，又可能導致社會工作者是否有未應用專業知識幫助案主的心理負擔和疑慮。這是專業知識與案主權利衝突的情境，亦即在作決定時，社會工作者認為最好的決定與案主所做的決定不一致時，社會工作者要如何選擇呢？如果案主是無知的或有限的知識，而做出對自己較不利的選擇時，是要以社會工作者的知識和經驗為主？還是要尊重案主的權利選擇？自我決定是絕對的權利嗎？

B. 在專業討論裡，有些社會工作者深信案主有權冒險和從事自我毀滅的行為。反之，其他社會工作者則基於對案主負有照顧的義務，主張當案主已失去了對「好的」判斷力時，為了當事人的利益，則仁慈的專制或慈善父權（paternalism）將具有正當性。例如：未成年少年因性剝削防制條例被強制輔導，藥癮者被判定菸毒勒戒或積極防護案主一直出現的自殺傾向，都是一種慈善父權的表現。

C. 但是，由於案主本人的意願與社會工作者所依據機構或法令所提供的處遇相違背時，社會工作者要如何去評判「好的」判斷能力？倫理理論可以提供參考的標準又是什麼？尊重案主的自我決定與為保護案主所做的干涉，要以什麼做為平衡點？當案主的自我決定與其他重要的第三者，例如：家屬、配偶或照顧者，甚至是經濟負擔者或保險費用

給付者相違背時，社會工作者要以什麼樣的準則來處理？如何認定案主的最大利益？

（2）保密或溝通特權

A. 保密是社會工作者必須履行的專業信託義務。但有時，保密是有條件的，當案主被懷疑危及自己或他人、虐待兒童、老人或社會工作者與督導討論案主的情況，抑或是在工作會報中提出個案報告時。此外，案主資料外流之目的是為了提升對案主的服務品質，而其他機構的社會工作者或是專業者，也會因為案主向他們尋求協助，而向社會工作者要求提供案主的相關資料。

B. 然而，社會工作者也被允許可以因為「專業上不得不的理由」而透露保密的訊息，例如：透露訊息給會遭受到案主傷害的第三者或法庭命令必須提供案主資料等，所以保密與隱私之間會有衝突發生。

（3）分配有限的資源

A. 社會工作的專業價值觀認為，所有的案主都有同樣的權利分享有效的資源，而且社會工作者也應致力於協助案主及其系統所獲得之資源。但是，社會工作者在提供服務時，卻往往需要處理資源不足的問題，這些資源包括緊急的食物和庇護所、方案基金、進入復健方案的許可或個案社會工作者的時間。根據何種條件判斷是否提供案主資源才是公平與公正？如果案主的情況特殊，是否依其需求分配更多資源給他？這是公平分配之原則與運用的倫理課題。

B. 有限資源的分配方式（Reamer）

a. 平等原則

將資源分成每一份大小平等（例如金錢或是社會工作者的時間），或是提供案主平等的機會去申請或競爭資源（先來先服務），有時會用抽籤提供案主平等的機會。

b. 需求原則

也就是提供給最需要此方案服務的人，而不是分派均等的份數或是為他們提供均等的機會去申請服務。

c. 補償原則

對於那些受某種不公平或是以前受到差別待遇的人，給予優先服務。

d. 償還原則

以案主在未來償還能力，或其對社區有所貢獻為依據來分配有限的資源。在許多的例子裡，那些較為持續、顯而易見和有聲音的案主，將會成為有限社會服務資源的領受者。

（4）專業關係的界線

專業關係的形成涉及互動雙方應有的社會規範和各種規則，其實是為了有效協助案主解決問題。因此，它是一種有目的、兼具情感和工具性、暫時性、不平等與非互助關係。當社會工作者與案主或同僚產生一種以上的關係（如社交性、性關係、宗教性或商業性關係），就稱之為「雙重」或「多重」關係。並非所有的雙重關係都是不符合倫理的，不過在雙重或多重關係中，如果面臨利益衝突時，就會產生專業界線不清的難題。「界線的侵犯」，意指對雙重關係的對象有害，例如：剝削、操縱、欺騙或壓迫等。「界線的跨越」，則指社會工作者與對方產生另一種關係時，並沒有剝削、操縱、欺騙或壓迫等意圖。

（5）義務與期望的衝突

社會工作者常會面臨來自各種不同或相對應的角色，包括案主、同事、督導、雇主、社會與其他人職責的要求和期望，這些多方面的角色期望衝突將產生壓力事件而影響其專業判斷；尤其在次級領域社會工作中的從業人員。例如：在醫療領域的社會工作者面臨醫療過失的問題和處遇，如何扮演專業角色？到底是應該擔任情緒照顧者、病患權益保障者或醫生生涯保護與醫院形象維護者？企業社會工作者如何平衡廠方要求平撫過度加班的不滿情緒及員工要求捍衛工作權益？學校社會工作者面對老師及學生家長間的衝突，應如何處遇？這些問題和社會工作者認定誰才是他的案主有關係，這也是社會工作者應對誰忠誠的倫理問題。

（6）個人價值的涉入

A. 由於社會工作協助案主的方式，社會工作者的個人價值大都會在過程裡影響對案主的看法、處遇的策略等，甚至影響他們對專業價值認同的意願，或是否要表現專業行為。例如，以受虐兒童為例，當社會工作者認為虐待兒童的父母是無法改變的，應當接受懲罰，而受虐的兒童可能是很可憐的，需要受到保護時，極可能會對這些父母採取放棄處遇的措施態度。

B. 當社會的價值越來越多元化，專業工作的處理標準又無法完整地明確規範，社會工作者在面對一些義務研判和處理困境時，就越有可能產生個人價值涉入的情形。令人擔心的是，目前為止，社會工作者要執行專業角色時，擺脫個人價值也只能靠著不斷地檢視他們個人價值的本質，以及這些價值影響他們理解案主問題、社會問題、應用社會工作知識和干預策略的方式。可是，如果社會工作者並未察覺自己的價值觀正在影響提供給個案的處遇服務，那麼價值涉入的情形將會一直存在。

(7) 案主的利益或社會工作者的利益優先
  A. 案主的利益優先是社會工作專業一直強調的倫理原則，但是在某些時候，社會工作者還是有可能以自己的工作方便或利益做為工作處遇的考量。例如：社會工作者因為職業倦怠感，造成以自己為主的情形；機構社會工作者因為薪資與工作量不對等，造成心理不平衡，可能會出現注重自己經濟利益，而不關心案主之情形發生，例如減少會面的次數。
  B. 另一個牽涉到是社會工作者利益的，就是性命安全層面的問題。例如：處理家暴案件的社會工作者，受到案家以徵信社日夜跟蹤社會工作者及家屬，使其面臨工作、生命與財產的威脅時，社會工作者該如何做抉擇？當社會工作者面對案主保障案主權益的義務需要履行及保護自己與家人生命安全的兩者衝突時，社會工作者是很難做出抉擇的。

(8) 同僚關係
  A. 在此，所稱的同僚關係是指社會工作者被僱用之機構內與社會工作者一同工作的社會工作者與非社會工作者。但案主履行職務信託時，社會工作者可能在同僚關係中面臨的困境之一，是社會工作者和同僚有不同的意見，例如：醫務社會工作者與醫師或其他醫療團隊人員，對於提供案主的服務有不同的意見，此時社會工作者究竟該如何處理較為恰當？或與督導或同僚對於個案的問題研判不一致時，即使社會工作者認為自己比較了解個案的情況，但要如何與督導或同僚溝通，是要爭取督導同意自己的看法？還是和督導再協調一個彼此都能接受的處遇？或放棄自己的看法，接受督導的意見？這當中，是否又牽涉到損害案主權益的問題？
  B. 另一個問題是，當同僚有違反倫理或信託義務時，社會工作者應當如何處理？或者不需要處理？這也是一般所稱的糾舉同僚（whustle-blowing）的困境。事實上，社會工作者糾舉同僚是一件困難的事，社會工作者必須小心地衡量他們對專業和委託人的職責，將之與對同僚、機關的承諾和個人職涯風險一起做比對。有時，社會工作者會因為考慮到友誼、事業忠誠和個人工作安全與名聲的危機，而打消原來欲揭露在專業錯誤作為的念頭；但相對的，社會工作者可能也會違反以案主利益為優先，保障案主的利益的工作原則。

(9) 法律、政策和規則
  A. 社會工作者廣泛信守的信念之一是，在執行專業服務工作時，應該遵循法律和政策與規則，這確實也是社會工作者實務工作上履行對機構和社會信託義務的表現。

B. 在實務工作上，社會工作者感到最難處理的義務履行問題，就是機構政策與規定對專業服務的影響，包括對機構營運的影響（例如：成本效益）、機構的政策規定、團隊的合作關係等三方面。例如：機構為了提高床位使用率，而接受了不符合安置的個案；機構本身的資源和能力無法滿足個案的需求，但礙於機構政策和上級的要求，不得不勉強順從；醫務社會工作者受僱的機構發生醫療糾紛，即使知道醫療團隊有疏失，但是院方希望保護醫療人員、維護醫院形象時，社會工作者該如何處理才能保障案主的權益？

C. 另外，有關法律的衝突為，如果案主的問題因為遵守規定而被舉報，卻可能導致第二次傷害時，是否還應該遵守法律、政策和規範的要求。雖然，大多數的社會工作者並不能接受違反法律、政策和規範的行為，但有些人則為他們辯護，認為任何保護案主福利的行動都是適當的，即使他違反其他倫理原則、法律或政策。在許多時候，社會工作者會面臨保障案主權益，執行對案主的照顧義務和遵循法律要求之間的衝突。

5. 終止信託（協助）關係的研判與處遇的倫理難題

（1）除非委託人、受益人於中途終止信託關係，否則當信託之目的已經完成或不能完成，則信託便會終止或消滅。社會工作者和案主要終止關係時，如何評估案主的問題解決情形（即關係建立之目的），將是一件非常重要的工作。特別是社會工作者認為助人的意義，不僅限於案主問題的解決，還希望案主能從遭遇的過程中，將所學習的能力轉化到日常生活中，應付日後人生可能遭遇的類似事件。如此一來，社會工作者勢必需要在結案前瞭解案主、統整處遇中所得之感受、想法和行為的改變，轉換到實際生活情境的狀況。

（2）因此，社會工作者更應該擬定明確的指標來協助研判關係的終止與否。例如：經法院判定而被強制安置在教養機構接受輔導的不幸受少女，社會工作者要以哪些指標或原則來評估其已達到被強制輔導的目標，而被允許出院？還只是因為案主被強制輔導的期限已到，所以就能結束服務（出院）？

6. 揭發機構或專業團體內部不當行為的倫理問題

社會工作者因為參與機構方案或某些場合中得知機構或組織內部在服務上侵犯案主權益、洩漏案主秘密、不當結案、未追蹤個案卻核銷經費、使用公務經費不當購買私人物品和其他違法、不道德或業務過失之情事。再者。這種因為業務獲得之資料，是否應該保守秘密？尤其是專業服務團隊中，其他專業人員業務過失的因應。

七、倫理困境的倫理抉擇步驟（Reamer 提出）

> **榜首提點**
> 熟記相關的倫理抉擇步驟，並在實務案例時加以應用。

1. **釐清倫理議題是什麼**
   - 是哪兩種或多種倫理產生衝突，如保密與保護案主免於受傷害，自決與個人基本福祉權、機構規定與案主福祉權的保障等。

2. **誰將被倫理抉擇所影響**
   - 是案主？案主的子女？機構？或是社會大眾？誰是相對弱勢者？找到各種可能的相對方案，並評估其利弊得失。例如，如果把案主要殺人的消息告訴警方會有何後果？不告訴警方會有何後果？

3. **找到各種可能的相對方案（alternative），並評估其利弊得失**
   - 如果把案主要殺人的消息告知警方會有何後果？不告訴警方又會有何後果？如果揭發案主詐領保險金會有何後果？不揭發或晚些揭發又會有何後果？如果讓案主回到男友身邊會有何後果？不回去又會有何後果？

4. **審慎地檢視支持或反對每種行動的理由**
   - 不同的角度、理念、觀點分析每一種抉擇有哪些法律、倫理、理論支持或反對這些行動。

5. **諮詢專家的意見**
   - 應向專家、督導、諮詢機構、主管、同事等提出諮詢，透過他人的經驗來解惑，做出較好的決定。其次，可以責任分攤，保護自己的權益。

6. **進行抉擇並紀錄倫理的抉擇過程**
   - 倫理抉擇如同社會工作介入般，都屬社會工作實施的一部分，應做成紀錄，以利查證；同時，也可作為社會工作實務經驗轉換為知識的一部分。有時因為倫理議題被提告時，紀錄扮演非常重要的角色。

7. **評鑑倫理抉擇所帶來的後果**
   - 倫理抉擇做了之後，案主、案家、機構、社區、社會大眾、社會工作專業有何反應，對社會工作介入的成效影響，應加以評鑑，並做成紀錄。

練功坊

★ 試說明「義務論」和「目的論」的核心觀點。

解析

茲將「義務論」和「目的論」的核心觀點說明如下：
(1) 義務論認為規則、權利和原則是神聖不可違反的。故對於為了達到目的，不可以或不需要不擇手段；特別是違反某些重要原則、權利或法律，均是違反道德原則的行為。就康德的義務論來說，信守對個案的承諾是必要的，這也適用於遵守與個案、同事、組織定下的契約。義務論也否認相當流行的所謂「目的使得手段正當」的這種說法。
(2) 目的論：對倫理的選擇採取不同取向，依其看法，任何行動是否具有正當性，決定在「後果」為「善」的程度。對於此派觀點的人而言，認為不考慮潛在後果而做的倫理是天真的，這也是 Reamer 批評「義務論」是一種規則崇拜，只是死命遵從各種規定而不視情況做衡量。行為結果論者認為負責的策略要試圖列出各種行動可能之後果，以及其相對優缺點來做決策。

★ (　) 當專業倫理發生兩難狀況時，在處理原則上，工作者應決定那一個原則為優先？
(A) 最小傷害原則　　　　　　(B) 隱私保密原則
(C) 自主自由原則　　　　　　(D) 保護案主生命原則

解析

(D)。保護個案生命是最基本，也是最重要的原則，排列位置在其他倫理原則之上。在考量案主生命原則優先下，違反其他倫理原則的行為是可以被接受的。

練功坊

★ (　) 社會工作倫理的學者 Frederic Reamer 提供了一個解決倫理兩難的架構和步驟，請針對下列步驟依先後次序加以排序：①釐清倫理的議題，找出所有可能被倫理抉擇影響到的個人團體和組織②徵詢同儕以及專家的意見③嘗試找出各種可採取的行動以及參與者，並評估每種行動的利弊得失④做抉擇並記錄抉擇的過程，監督評估和記錄抉擇的結果
(A) ①②③④　　　　　　　　　(B) ①③②④
(C) ②①③④　　　　　　　　　(D) ②①④③

解析

(B)。補強倫理困境的倫理抉擇步驟：（1）釐清倫理議題是什麼；（2）誰將被倫理抉擇所影響；（3）找到各種可能的相對方案（alternative），並評估其利弊得失；（4）審慎地檢視支持或反對每種行動的理由；（5）諮詢專家的意見；（6）進行抉擇並紀錄倫理的抉擇過程；（7）評鑑倫理抉擇所帶來的後果。

重點便利貼

1. 義務論：認為規則、權利和原則是神聖不可違反的。故對於為了達到目的，不可以或不需要不擇手段；特別是違反某些重要原則、權利或法律，均是違反道德原則的行為。

2. 目的論：任何行動是否具有正當性，決定在「後果」為「善」的程度。

3. 社會工作倫理優先原則順序（Lowenberg和Dolgoff）：(1) 原則一：保護生命原則；(2) 原則二：差別平等原則；(3) 原則三：自主自由原則；(4) 原則四：最小傷害原則；(5) 原則五：生活品質原則；(6) 原則六：隱私守密原則；(7) 原則七：真誠原則。

4. 補強倫理困境的倫理抉擇步驟：(1) 釐清倫理議題是什麼；(2) 誰將被倫理抉擇所影響；(3) 找到各種可能的相對方案（alternative），並評估其利弊得失；(4) 審慎地檢視支持或反對每種行動的理由；(5) 諮詢專家的意見；(6) 進行抉擇並紀錄倫理的抉擇過程；(7) 評鑑倫理抉擇所帶來的後果。

擬真考場

申論題

Lowenberg和Dolgoff提出社會工作倫理優先原則順序，試說明其內容。

選擇題

( ) 1. 社會工作非常強調專業關係的界線，尤其不得與案主有雙重的關係。但也有學者以為關係受文化脈絡影響，要清楚判定關係界線並不容易。在考慮國情文化的脈絡之下，試問下列何者是清楚違反專業關係界線情況的？
(A) 同時提供案主服務並發生性關係
(B) 為鼓勵案主，送自己準備的獎品
(C) 接受案主感謝協助所餽贈的土產
(D) 與案主分享個人興趣來拉近關係

( ) 2. 在倫理學的理論中主張：行為的正確性是決定於針對該個案或該特定行為所帶來的結果，不需要再探討行為產生的隱含意義。例如，社會工作者對於特定的兒虐事件，不依法舉發可帶來更大的益處，則認為該不舉發行為是合理的。請問這是那一個學派的觀點？
(A) 規則的效益主義（rule utilitarianism）
(B) 行為的效益主義（act utilitarianism）
(C) 利益累積式的效益主義（good-aggregative utilitarianism）
(D) 集中累積式的效益主義（locus-aggregative utilitarianism）

解析

申論題：

（一）原則一：保護生命原則。保護個案生命是最基本，也是最重要的原則，排列位置在其他倫理原則之上。在考量案主生命原則優先下，違反其他倫理原則的行為是可以被接受的。例如：案主告訴社會工作者，他想殺了前任女友，那麼社會工作者應該立即採取行動，以保護這位可能有生命危險的女孩；一位獨居老人堅持住在不良且危害生命的環境裡，實有必要採取照顧生命之措施；積極處理案主自殺，即使可能違反其他的義務，也是立即要做的事情。

（二）原則二：差別平等原則。這是公平與不公平的原則。簡言之，就是有同等權力的人應該受到同樣的對待或責任，至於處於權力之間不均等的人，應該受到不同的對待。例如：雙方都是成年人，彼此同意下的性行為沒有人可以阻止，但是成人與孩子之間發生性行為，雖然得到孩子的許可，但是成年人也沒有這種權力，因為雙方地位不平等；弱勢家庭子女或身心障礙者可以獲得社會救助特別津貼。

（三）原則三：自主自由原則。尊重案主的自主、獨立與自由。當然，自主並不意味著可以奪取自己的生命，自由不表示可以傷害別人或放棄自己的責任。個人的自主或自由必須遵守當地的法律，而且不能侵害公共善或他人之權力為前提。Biestek 曾經為案主自決權利定義出一個行使權利的範圍，他指出「案主自決的權利被限制在案主有能力可以積極且具建設性的決策之下，也被限制在民法與道德之下，以及機構功能限制之下」。

（四）原則四：最小傷害原則。當我們不能選擇最大利益時，倫理困境上考慮的是最小傷害。專業服務應該選擇一個限制最小或最後結果較少負面的影響發生，抑或最容易回復到原來生活型態的安置環境。例如：身心障礙的兒童讓外國人收養，可能比在國內安置機構中成長的傷害還少；當案主離婚時，孩子是跟父親或母親。

（五）原則五：生活品質原則。維護和增進案主與社區的生活品質為重要倫理守則；亦即以維護案主生活的幸福或提升社區的公共利益和環境品質是重要的。當然，不能因為要維持案主的生活品質而給案主傷害。例如：如果社會工作者未能幫助案主保守外遇之祕密，將使案主的夫妻感情和家庭生活受到影響，甚至子女無法在社區中立足。

（六）原則六：隱私守密原則。社會工作者要保守案主吐露一切事情的祕密，這是獲取案主信任最重要的行為。但是保密原則不是最優先的，如果發現案

主要自殺或傷害他人等，則不應該為案主保密。個案研討可以選擇或督導者知道案主問題，其目的是想提供（或學習）更好的專業服務，所以特定專業從業者開放是合理的。
(七) 原則七：真誠原則。誠實並非絕對的義務。如果誠實會帶給案主生命威脅，影響案主自決，甚至破壞生活品質時，則真誠不具有優先性。例如：案主的先生詢問社會工作者是否知道案主過去有無從娼行為，則真誠原則的優先性就必須在保密原則之後。

選擇題：

1. A 專業關係的形成涉及互動雙方應有的社會規範和各種規則，其實是為了有效協助案主解決問題。因此，它是一種有目的、兼具情感和工具性、暫時性、不平等與非互助關係。當社會工作者與案主或同僚產生一種以上的關係（如社交性、性關係、宗教性或商業性關係），就稱之為「雙重」或「多重」關係。並非所有的雙重關係都是不符合倫理的，不過在雙重或多重關係中，如果面臨利益衝突時，就會產生專業界線不清的難題。「界線的侵犯」，意指對雙重關係的對象有害，例如剝削、操縱、欺騙、壓迫、性關係等。選項 (A) 違反專業關係界線。

2. B 行動（行為）效益主義（act utilitarianism）認為行動的正確性是視個別案例或哪一個特定行動所產生的好處為何而定。所以器官捐贈可以使人受益，那麼就應該積極影響案主家屬同意。故行動（行為）效益主義在於說明某一行動會有夠大的好處。題意所述屬於行動（行為）效益主義（act utilitarianism）之觀點。

附錄 最新試題

114年第一次專門職業及技術人員高等考試 社會工作師考試試題

- 等別：高等考試
- 類科：社會工作師
- 科目：社會工作直接服務

本書章節	命題重點	申論題 考題編號	申論題 題數	測驗題 考題編號	測驗題 題數	配分
第1章	個案工作直接服務（一）：基礎、實施理論			2,3,4,5,6,12,31	7	8.75
第2章	個案工作直接服務（二）：過程、技術	2	1	1,7,8,9,14	5	31.25
第3章	團體工作直接服務（一）：基礎、實施理論			10,17,18,26	4	5
第4章	團體工作直接服務（二）：過程、技術			19,20,21,22,23,24,25,27,28	9	11.25
第5章	社區工作直接服務（一）：基礎、實施模式			13,30,32,33,36	5	6.25
第6章	社區工作直接服務（二）：過程、技術、實務議題	1	1	11,29,34,35,37,38,39,40	8	35
第7章	社會工作價值與倫理			15,16	2	2.5

甲、申論題部分

一、「組織社區」是社區組織成為重要的過程，試申述「組織社區」的意義以及要達成的功能。

二、作為社福中心的社會工作者，遇年滿82歲中風且無家屬之獨居長輩，試說明可運用社會資源的種類以及運用社會資源時的考量與原則。

乙、測驗題部分

(　) 1. 關於社會工作的責信（accountability）之敘述，下列何者正確？
(A) 社會工作的責信是確保服務品質的必要措施
(B) 責信是案主覺察自我優勢與自決的一種責任
(C) 內部責信是指社會工作者須取信於案主、社區、捐款人
(D) 外部責信是指案主須取信於服務機構與補助單位

(　) 2. 問題解決學派社會工作於 1950 年代由波爾蒙（H. Perlman）創始，此學派的論述下列何者錯誤？
(A) 認為案主的問題來自角色執行的困難與焦慮
(B) 主張案主問題的原因來自於動機、能力與機會的不足
(C) 相信案主雙重矛盾的溝通方式造成角色扮演的不安
(D) 假設人類生活是一連串問題解決的過程

(　) 3. 臺灣社會個案工作的發展與整個社會工作的發展休戚相關，下列說明何者錯誤？
(A) 民國 53 年「基督教兒童福利基金會」開始在各縣市設立家庭扶助中心，以社會個案工作方法扶助貧童
(B) 民國 62 年公布施行的「兒童福利法」除了是第一個以單一對象為主的社會福利法外，也規範了社會工作者的角色
(C) 民國 76 年，內政部將社會工作納入編印的「職業分類典」中，共分為 12 類，並分別將其從事的任務加以描述
(D) 民國 86 年「社會工作師法」通過，臺灣的社會工作界開始朝專業化前進

(　) 4. 社會工作者欲強化老年服務對象的復原力，下列作法何者錯誤？
(A) 辨識服務對象的個人資產與優勢
(B) 盤點可能支持或削弱復原力的生活情境
(C) 基於服務對象能力的改變，重新評估復原力
(D) 協助服務對象掌握已經失去控制的領域

(　) 5. 服務對象家庭在經歷過 921 大地震後，其中兩位家庭成員受傷住院，住屋

全毀。請問服務對象及其家庭面臨那一種「逆境」？
(A) 環境長期的壓迫
(B) 身體障礙的烙印
(C) 重大創傷事件
(D) 個人長期行為困境

( ) 6. 依據學者 Gitterman & Germain，有關生態觀點中的「生活模型」及其所稱「生活中的問題」敘述，下列何者錯誤？
(A) 生活中的問題指的是人與環境交流過程中，因失衡所引發的壓力或危機感
(B) 生活中的問題與生活轉變或創傷帶來的生活壓力事件、環境壓力、人際失功能有關
(C) 生活模型挑戰了社會系統中的權力和知識霸權
(D) 生活模型主張社會工作專業功能應兼具直接服務與鉅視介入兩個層次

( ) 7. 有關家庭結構中「家庭界限（family boundary）」的描述，下列何者錯誤？
(A) 界限是家庭理論中的核心概念，不會隨時間改變，是一種固定的分界
(B) 通常家庭中的權威者扮演著維持界限的角色功能
(C) 家庭界限受成員互動關係所影響，具有彈性或滲透性
(D) 檢查家庭界限的方法就是檢查家庭和其他系統互動的程度

( ) 8. 下列何者不是個案工作結案時的工作重點？
(A) 完成服務成效評估、結案紀錄及追蹤計畫
(B) 陪伴服務對象一起回顧服務過程及其收穫
(C) 處理服務對象因結案產生的複雜感受
(D) 與服務對象討論未來的處遇目標減少再次使用服務

( ) 9. 有關預估（assessment）的敘述，下列何者正確？①因為是診斷，所以可以使用徵兆、病症、障礙等來描述服務對象情形　②是包括對服務對象的優點、能力與健康功能跟其他正面的優勢敘述　③從接案開始以後的各種會談資料都是預估階段需要的　④預估是由工作者來蒐集資料，並不需要服務對象參與這個過程

(A) ①④ (B) ②③ (C) ①③ (D) ②④

( ) 10. 1920年代社會團體工作出現時與當時個案工作的差別，下列敘述何者正確？
(A) 個案工作重視民主決策、分享權力與互動過程
(B) 團體工作把焦點放在案主身上，為其提供處遇與資源
(C) 團體工作較依賴心理動力來激發成員的行動
(D) 團體工作視團體活動為一種享受與解決問題的雙重功能

( ) 11. 以社區意見領袖為對象，蒐集社區資訊的方法，下列何者正確？
(A) 社區公聽會
(B) 社區印象法
(C) 服務需求法
(D) 德菲法

( ) 12. 有關社會工作專業關係的助力，下列敘述何者錯誤？
(A) 工作者的理論與知識
(B) 工作者人性化的態度
(C) 工作者避免自我揭露
(D) 工作者運用專業自我

( ) 13. 下列何者不是權力理論運用在社區工作時的主要關注？
(A) 關注社區與外部環境的權力關係
(B) 關心社區內部的權力關係
(C) 社區與外部環境、社區內部的權力關係兩者並重，和諧是核心
(D) 關注動態與流動的權力與資源，了解權力與資源會發生交換及暫時結盟

( ) 14. 有關同理心的敘述，下列何者錯誤？
(A) 面質是低層次的同理心
(B) 同理心是一種會談能力
(C) 接受當事人的不一致
(D) 傾聽對方流露出的感受

(　　) 15. 傳統倫理道德大多偏向用男性道德觀點推理，缺乏女性的聲音，下列那位的理論觀點中比較有女性的「聲音」？
(A) Carol Gilligan
(B) Lawrence Kohlberg
(C) John Rawls
(D) Erik Erikson

(　　) 16. 有關個案工作者的倫理價值與決策之敘述，下列何者錯誤？
(A) 個案工作者的倫理價值系統既獨立運作，又同時受到外部環境的影響
(B) 個案工作者在倫理決策過程中，需考量服務對象的動機、方法、目的及其影響
(C) 個案工作者的倫理決策需聚焦於對服務對象之承諾，不會涉及不同系統的利害關係人
(D) 個案工作者決策時，需檢視個人的、社會的、機構的、服務對象的，以及專業的相關價值

(　　) 17. 規劃腦性麻痺兒少家長團體應該要至少滿足下列那三種處遇團體的目標？
①支持　②教育　③成長　④治療　⑤社會化　⑥自助
(A) ①④⑥　　(B) ①②⑥　　(C) ①③④　　(D) ②④⑤

(　　) 18. 系統理論是社會團體工作的重要理論基礎，有關系統理論的敘述，何者正確？　①對團體的觀察需包括外在環境與內在功能　②團體為一個有機體、一個整體　③團體在適應外在環境與注意內在的整合間搖擺，形成靜態性的平衡　④團體會影響團體成員的行為，團體成員較難影響團體
(A) ②③　　(B) ①②　　(C) ①③　　(D) ②④

(　　) 19. 有關團體發展階段的敘述，下列何者錯誤？
(A) 團體階段是指在團體發展過程中不同的期間，或是可辨識的程度
(B) 團體發展階段分為開始、中間和結束三大階段
(C) 不同團體經歷的階段並不一致，團體發展階段理論在實務上的參考價值不大
(D) 團體的發展不一定會進入親密、連結階段

( ) 20. 有關團體工作的規劃與準備,下列何者正確?
(A) 團體工作中途一定要有休息時間,以利團體的進行
(B) 團體工作的活動時間需依團體的目的與性質來決定
(C) 團體聚會頻率越密集,團體成員越不易流失
(D) 團體聚會的頻率會影響團體工作的連貫性,較不會影響團體經驗的深刻程度

( ) 21. 針對形成團體開始前的工作準備,工作者應該進行的工作,下列何者錯誤?
(A) 採行團體工作的構思
(B) 克服心理障礙
(C) 建立互惠契約
(D) 考量相關的倫理

( ) 22. 下列何者不是在計畫階段增進非志願性服務對象參與動機和完成團體目標的作法?
(A) 熟悉成員法律問題和有關倫理議題,了解成員參與阻礙
(B) 回報交付單位
(C) 針對特殊需求,提供額外支持
(D) 接受成員可能同時存在抗拒與意願共存

( ) 23. 團體領導者幫助成員發展角色行為,下列觀點或作法何者錯誤? ①有些失功能行為是無心的,沒有特別意義 ②邀請成員說明自己表現行為的緣由或意圖 ③邀請成員對他人行為狀態提出解釋 ④要求成員用理解自我方式予以反應
(A) ①② (B) ②③ (C) ③④ (D) ①④

( ) 24. 下列何者可達到溫和鼓勵團體成員的發言? ①採用繞圈發言 ②採用配對發言 ③領導者點名甚少發言的成員發言 ④凝塑安全的氣氛,同時接納成員依自己的安全感受發言
(A) ①②③ (B) ②③④ (C) ①②④ (D) ①③④

( ) 25. 有關團體工作者處理非自願或抗拒的成員之作法,下列何者錯誤?

(A) 鼓勵抗拒的成員使用「我」語言陳述與表達，對自己的行為、感覺和想法負責
(B) 儘量使用面質技術，以降低抗拒
(C) 初期避免談論抽象的結果，而將焦點放在成員沒有真正去面對的問題
(D) 協助成員設定期望目標，增加他們選擇的機會

( ) 26. 領導者必須避免「文化封裝」（cultural encapsulation）的作法，下列敘述何者錯誤？
(A) 領導者學習經檢驗的多元文化知識
(B) 意識到多元文化知識仍然有可能存在族群刻板印象
(C) 重視不同群體間的差異性，強化群體內部一致性
(D) 領導者要能跨越文化鴻溝，涉及到不排斥、理性瞭解和認知接受、洗禮和體驗等層次

( ) 27. 在評鑑過程，評鑑委員若需調閱團體工作紀錄，應如何處理以符合倫理原則？ ①評鑑屬於保密原則之例外，評鑑委員有權自由調閱團體工作紀錄 ②提供去除可辨識個人身分資訊的團體工作紀錄 ③評鑑委員必須簽署保密同意書，並僅能在機構內閱讀團體工作紀錄 ④經團體工作者同意後，可調閱團體工作紀錄
(A) ②④　　　(B) ①②　　　(C) ③④　　　(D) ②③

( ) 28. 下列何者屬於團體工作實施倫理中告知同意或告知暨徵求同意（informed consent）的內涵？ ①在團體中所揭露的訊息，可能會被團體中其他成員在團體外討論 ②法院強制的非自願性成員，中途退出團體的影響 ③在團體規劃階段招募成員時，評估成員的個人需求與其他成員不同時，提供適當的轉介 ④所有參與團體的成員的個人目標
(A) ②④　　　(B) ①④　　　(C) ②②　　　(D) ②③

( ) 29. 「永續城市與社區」是聯合國永續發展目標（SDGs）之一，下列何者並非社區工作者達成此目標的作法？
(A) 激發社區居民改變的意願，從生活中實踐低碳交通
(B) 鼓勵社區參與，邀請居民共同發想永續發展的對策

(C) 運用社區問題解決的過程，培養社區居民自治能力
(D) 落實決策者角色，敦促居民加速改善社區環境品質

( ) 30. 關於社區擁有的功能，下列何者錯誤？
(A) 生產、分配、消費
(B) 社會參與
(C) 社會控制
(D) 社會階層化

( ) 31. 有關社會個案工作的敘述，下列何者正確？
(A) 社會個案工作就是一個助人的過程
(B) 是第二個發展成形的社會工作專業方法
(C) 個案工作的介入範圍在現代與 20 世紀初都是相同
(D) 個案工作的演進是為達成復健的目的

( ) 32. 某社區有知名的鑄刀師傅作為一種社區資產，是屬於 Kretzmann and McKnight 發展的「立基於資產社區發展」(asset-based community development) 模式中那一層面的資產？
(A) 機構層次
(B) 鄰居之間的交流
(C) 街區性質的資產
(D) 個人層面的資產

( ) 33. 下列何者是權力理論運用在社區工作的主要關注？
(A) 重視成人學習，個人改變即達到社區變遷
(B) 強調社區與外在環境的平衡關係，達到兩者的適配
(C) 人會在權力與規範下改變，故要爭取權力擁有者的支持
(D) 喚起受助者認清不平等的權力關係，協助受壓迫者重新取得權力，達到平等的對待

( ) 34. 實務社區工作技術包括「基礎入門」及「公民組織」兩大部分，下列敘述何者錯誤？
(A) 觀察社區屬於「基礎入門」

(B) 社區領導者角色的認識屬於「基礎入門」
(C) 招募社區志工屬於「公民組織」
(D) 形成社區願景屬於「公民組織」

( ) 35. Henderson（2005）指出歐盟各國中落後社區存在共同特性，不包括下列何者？
(A) 貧窮與失業
(B) 不安全、高犯罪及對犯罪的恐懼
(C) 孤立與公共設施的不足
(D) 互不往來的關係和較低度的衝突

( ) 36. 在「社區失落理論」相對應的是「社區保存理論」，有關社區保存理論的敘述，下列何者錯誤？
(A) 家庭的親密關係與心理的支持，在鄉村社區較都市社區重要
(B) 居住於都市社區仍然保有親戚、鄰居及朋友的支持
(C) 市居民投入初級網絡與鄉村居民無分軒輊
(D) 都市居民的個人網絡分布較廣，特殊性的功能稍微多一些

( ) 37. 社區方案經費之基本編列方式，下列何者錯誤？
(A) 依項目取向編列
(B) 依功能取向編列
(C) 依收支並列取向編列
(D) 依目標管理取向編列

( ) 38. 有關社區方案的規劃及運作原則，下列何者錯誤？
(A) 方案內容可規劃為單次型或帶狀型活動
(B) 短期方案目的需對應社區發展的中長期目標
(C) 方案目標需兼顧社區問題解決及社區幹部能力培植
(D) 將社區方案外包給具有專業的團隊是永續的作法

( ) 39. 發展地方文化產業和在地特色旅遊業，結果可能是社區一部分人獲利，一部分人承擔改變的代價。上述情形屬於下列何種矛盾？
(A) 集體經營與個體經營的矛盾

498

(B) 社區發展與經濟發展間的矛盾
(C) 社區產業發展中獲利者與承擔者的矛盾
(D) 社區經濟與世界經濟的矛盾

(　　) 40. 2010年後我國政府推動各縣市設立社區培力中心，下列何者不是該中心的主要任務和運作方式？
(A) 運用專業人力
(B) 對社區發展組織進行輔導
(C) 分為公設民營與公設公營兩類
(D) 在各縣市命名不一，如社區培力中心、社區資源中心、社區願景中心等

解析

甲、申論題部分：

第一題
考點分析：
「組織社區」在申論題係第一次命題，為記憶型命題方式。考題出處為林萬億主編「社區工作：理論與實務工作手冊」，雙葉。

解析：
(一)「組織社區」的意義
　　社區如果沒有組織就會成為一盤散沙，無法發揮功能。團結力量大，讓一群人組合起來，努力完成任務，就是組織社區重要的意義。社區工作者著重於發展支持的力量和設計實際行動所需的策略，以有效的集結群體力量，並提供行動的支撐力。同時，為能保有良好的公共生活品質，社區需要建立組織，因為「有組織的人群就有權力」。

(二)「組織社區」要達成的功能
　　將社區組織起來，就能夠發揮集體的力量，達到社區問題預防與解決的功能。因此，組織社區有以下的功能：
1. 凝聚社區的共識：透過組織的過程，將社區的問題攤在陽光下進行討論，經由不同的社區人士與團體對社區議題作意見的溝通反映，建立社區的共識。
2. 提供社區需求的服務：透過對社區需求的了解，以社區組織的方式向擁有資源的政府或民間團體爭取，使社區的民眾可以獲得所需要的福利或服務。
3. 建立對外的聯繫窗口：以社區組織代表社區的民眾作為與政府部門或其他民間團體聯繫的窗口，建立對外溝通的管道，即可發揮引進資源、爭取資源、交流學習或彼此互助等功能。
4. 形塑民眾對社區的認同：社區是民眾所生養作息的場域，也是民眾在地認同的來源，社區組織能夠使民眾得到一個具體認同的場域，增強榮譽感。

第二題
考點分析：
本題有二個提問。第一個提問有關案例可運用社會資源的種類，考生須思考「以案主為主體」的資源類型，將案例所需的相關的資源，結合社會工作實務上可用的資源加以論述，即可順利應答；第二個提問考題出處為許臨高主編「社會個案

工作理論與實務」，五南。

解析：

（一）題意案例可運用的社會資源種類

題意案主為年滿82歲中風且無家屬之獨居長輩，社福中心的社會工作者應以案主為主體，加以運用以下的社會資源：

1. 縣市政府社會局資源：由於案主為滿82歲中風且無家屬之獨居長輩，可依社會救助法申請社會救助，提供生活扶助；並依據其行動能力，提供申請輔具服務。
2. 長期照顧資源：案主目前中風，可聯繫縣市長期照顧管理中心，評估案主的行定能力，如果案主的行動能力能符合生活所需，且案主希望仍居住在自宅，則引進長照中心資源加以評估，擬定照顧計畫及連結服務，提供居家服務，包括身體清潔、基本日常照顧、測量生命徵象、餵食、餐食照顧、協助沐浴及洗頭、陪同外出或就醫、到宅沐浴車等服務；另經評估案主的身體狀況、行動能力、生活自理能力，如不適合居家照顧，則應與案主溝通，建議案主可考慮機構照顧，以協助提供案主24小時的服務。
3. 社區關懷據點資源：因為案主獨居，連結社區關懷據點資源，提供關懷訪視、電話問安等服務，以了解案主的每日生活情況，適時提供及時的服務。
4. 非營利組織的資源：了解案主所在區域的非營利組織的現況，如有提供老人服務的機構，透過轉介，請該機構評估可否提供的其他服務。例如：送餐服務，或是其他生活上的協助與關懷。

（二）運用社會資源時的考量與原則

社會工作者如何妥善運用社會的資源，往往涉及資源管理的問題。資源的管理並不只是如何使用資源，也包括對資源的品質與數量進行評估。因此從管理資源的立場，在運用社會資源時的考量與原則如下：

1. 了解個人所擁有的所有資源：個案工作者為了妥善運用社會的資源，必須先了解案主所擁有的各項資源，以及了解每一種資源的可近性、可用性與可能使用方法。Payne認為，若要求讓案主本身的資源化為行動，其有效的做法需要考慮到下列幾個重點：（1）讓案主有運用其所能發揮之資源空間；（2）對目前尚未有效運用的資源之指導；（3）強調案主更有幫助的活動力。

2. 訂定個人目標與需要的優先順序：在了解案主的所有資源後，接著就必須把案主的「目標與需要」按優先順序的排列，然後根據此優先順序來分配資源、使用資源。有效的資源管理，往往可幫助案主達成大多數的目標與需要，並在心理上獲得較高的滿足。
3. 考慮機會成本的因素：當案主利用某項資源來完成一件工作、目標與需要時，也同時減少了此資源未來的可近性與可用性，故社會工作者在分配及使用資源時，尚需考慮到「機會成本」的因素。
4. 了解資源在分配與使用時的限制因素：個案工作者在分配與使用資源時，應注意以下兩種限制情形：
   (1) 個人對資源的分配與使用，有時只有「極少」或「有限」的掌控權。所以，為了做好資源管理的工作，社會工作者就應了解各項影響資源分配與使用的限制因素。
   (2) 個人在生活中所隱含的「角色期望」也會對資源的分配與使用有不同之影響。
5. 發展一套資源分配與使用的計畫：在資源運用過程中，社會工作者要發展一套資源分配與使用的計畫是非常重要的。因為計畫可幫助個案工作者確立資源的分配與使用方式，如此資源才能被使用在一種最有效率的方式下，達到預期的目標。計畫應隨時視情況調整內容，而在執行時如遇到一些限制，例如：資源可近性與可用性受到限制便應該適度改善或修訂計畫，以達到預期的目標與結果。

乙、測驗題部分：

1. A （1）選項 (B) 有誤。「責信」一般指確保服務對象所需要的服務被充分且完整的提供。

   （2）選項 (C) 有誤。內部責信是指案主須取信於服務機構與補助單位。

   （3）選項 (D) 有誤。外部責信是指社會工作者須取信於案主、社區、捐款人。

2. C 問題解決學派認為人的一生是一連串問題解決的過程（選項 (D) 屬之），人亦從其日常生活解？所面臨的問題中，不斷地運用其選擇、判斷、認知、控制等自我能力，形成其問題解決的常模，以適應各種問題情境。人之所以會遭遇其所無法解決的問題，通常是因缺乏動機、能力、機會

或是問題超出其問題解決常模的範圍（選項 (B) 屬之），使得個人無法解決自己所面臨的問題。此學派認為案主的問題來自角色執行的困難與焦慮，透過服務的過程，案主可於學習的過程中，獲得問題解決之能力或方法，提供案主在解決問題時所需的資源或機會（選項 (A) 屬之）；選項 (C) 有誤。

3. C 選項 (C) 有誤。內政部於民國 67 年將社會工作納入編印的「職業分類典」中，並分為一般社會工作、公共救助社會工作、學校社會工作、醫院社會工作、精神醫療社會工作、公共衛生社會工作、矯治服務社會工作、團體生活社會工作、社區社會工作、其他社會工作等十類，並分別將其從事的工作與專業的任務加以描述。

4. D 選項 (D) 有誤，應為協助服務對象掌握那些能為個人所用來對抗逆境、困境和風險之各種社會支持與機會。

5. C 逆境是指對一個系統造成功能或生存的障礙，或是對適應或發展造成威脅的經驗。例如：貧窮、無家可歸、兒童虐待、政治衝突、災難事件等，以及重大創傷經驗、個人身心行為困境與環境長期的壓迫困難等。題意所述之務對象及其家庭面臨的逆境為創大創傷事件。

6. C 選項 (D) 有誤。生態觀點中的「生活模型」重視人與環境間交流的協調程度主，強調案主適應環境，並不強調挑戰社會系統中的權力和知識霸權。

7. A 選項 (A) 有誤。家庭界限是指家庭及其成員間有明確的界域，是將系統、次系統或個人與外界環境分離的一道隱而不見的障壁，其功能在使人和人的接觸、互動有規則，區分出每一個體之間的差異及限制，並保護系統的完整性。界限包括代與代間的界限、角色的界限等。家庭界限會隨時間改變。

8. D 選項 (D) 與服務對象討論未來的處遇目標減少再次使用服務，為擬定處遇目標階段，非屬結案階段。

9. B 預估（assessment）雖係源自於 1917 年 Richmond 的社會診斷（social diagnosis）一書中「診斷」的概念，但並非是使用徵兆、病症、障礙等來描述服務對象情形，依據 Max Siporin 定義預估為「一種了解的過程

及結果，是行動的基礎」（題意①有誤）；社會工作在預估的過程中，藉由人群相關的專業知識技術（如家庭系統、人類發展、人際互動等），與案主共同界定生命情境中的需求、問題，解釋其意義與模式的歷程，才進一步擬定計畫（題意④有誤）。

10. **D** （1）選項(A)有誤。團體工作重視民主決策、分享權力與互動過程。

　　（2）選項(B)有誤。個案工作把焦點放在案主身上，為其提供處遇與資源。

　　（3）選項(C)有誤。團體工作較依賴團體動力來激發成員的行動。

11. **D** 德菲法（Delphi technique）係以社區意見領袖為對象，一再地向社區領袖請益及釐清相關問題，以蒐集社區資訊的方法。

12. **C** 選項(C)有誤。社會工作者可藉著接納和適當的自我揭露，能夠增進案主的自我覺察和現實感。

13. **C** 權力理論認為權力是社會關係的中心，而在運用於社區工作的情況上，首先關注於社區與外部的社會存在著權力關係（選項(A)屬之）。從權力觀點來看，弱勢社區的困境是來自不平等對待、被差別待遇、被剝奪而致。其次，權力觀點也關心於社區內部的權力關係（選項(B)屬之）。包括社區領袖、優勢者與社區中弱勢者間的關係。第三、無論是與外部的權力關係，或社區內的權力關係，動態（dynamic）與衝突是權力關係的重要特性（選項(C)有誤）。同時，權力理論認為權力與資源間亦存在動態流動關係，即權力與資源間會發生交換及暫時的結盟關係（選項(D)屬之）。

14. **A** 同理（心）（empathy）是正確瞭解會談對象所說的內容及感受，並將此瞭解以符合案主當下感受的語言表達出來，以展現對會談對象的關切、溫暖、信任與尊重。面質（confrontation）是挑戰案主去發展新觀點、改變內在或外在行為的負責任作法。工作者具體描述案主情緒、想法或行為方面的不一致、矛盾或混雜的訊息，協助案主用不同的觀點看自己、覺察自己的不一致，引發自我瞭解，進而教育、挑戰案主發展出新的、不同的行為表現，促成改變。簡單地說，面質就是協助案主克服自己的盲點，同時發展出新的策略來面對自己或處理問題。同理心與面

質概念不同,面質不是低層次的同理心,選項 (A) 有誤。

15. A　Gilligan 認為人們在描述道德兩難時,有兩種「道德意見」(moral voices)。Gilligan 將與「正義倫理學」(ethic of justice) 相對的概念,稱為「關懷倫理」(ethic of care)。正義倫理學指的是倫理的原則為本取向,例如:康德論與效益主義道德,以個人權利與職責為架構系統,強調抽象的道德原則、公正性及理性。Gilligan 認為那是一個以男性取向的道德系統,並未將女性常有的倫理觀考慮進去,女性取向重視的是責任(responsibility),而非職責(duty),是關係而非原則,即是所謂的「關懷倫理」。Gilligan 指出,一直以來社會上的分工多是男主外、女主內,這種社會安排與秩序影響男、女孩成長經驗,尤其在道德發展上,她認為女性是傾向關懷倫理為構思道德問題及採取相應行動的架構,相反地男性則傾向「正義倫理」。

16. C　選項 (C) 有誤。個案工作者的倫理決策需聚焦於對服務對象之承諾,常會涉及不同系統的利害關係人。

17. B　以題意所述規劃腦性麻痺兒少家長團體,應該要至少滿足支持、教育、自助等三種團體的目標。此團體的目標為透過團體的運作,提供腦性麻痺兒少家長團體相關的支持(例如:情緒和實質的支持),並達到對於教育的功能(例如:對於腦性麻痺兒少的照顧知識的分享與資訊知能的支持,及在團體每個人與其他人分享共同的問題與擔心,並且為人所接納),並獲得其他成員已經歷相同的困難,並成功地因應問題的經驗,達成自助的目標(自願組成、自主參與)。

18. B　團體在適應外在環境與注意內在的整合間搖擺,形成動態性的平衡(題意③有誤);團體會影響團體成員的行為,團體成員也會影響團體,兩者相互影響(題意④有誤)。

19. C　選項 (C) 有誤。團體的發展,因為每一個團體的成員性格不同,互動也會有差異,所以,每個團體都會經歷不同的發展。即使學者對團體發展歷程分法各異,但團體發展階段理論在實務上仍具有相當重要的參考價值。

20. B　(1)選項 (A) 有誤。團體工作中途是否需要有休息時間,視團體進行的時間長度、團體成員的年紀、團體的性質等因素而異。

(2) 選項 (C) 有誤。團體成員是否會流失，包括團體凝聚力、團體是否符合團體成員期待等因素，團體頻率密集度非絕對因素。

(3) 選項 (D) 有誤。團體聚會的頻率會影響團體工作的連貫性，也會影響團體的深刻程度，次數增加，則團體的互動可以提高。

21. C 團體前的工作準備（引自林萬億著《團體工作：理論與技術》，五南）：

(1) 採行團體工作的構思（選項 (A) 屬之）。

(2) 召募與選擇成員。

(3) 團體前的會談。

(4) 協商互惠的契約：在團體會談前，工作者也同時開始將團體工作契約由個別契約轉換到互惠契約。當成員揭露與討論到其個人的生活目標時，這些目標隱含著「到時候我有些事想要去做」的需要感；若再配合團體發起時的目標，則團體逐漸形成互惠的契約。互惠的契約是存在於潛在成員與工作者間對需要與需求的同意。一開始，工作者先同意或拒絕預期的成員有關於團體能提供的服務；然後，工作者與預期成員交換每一個人能有的與期待於他人的觀點。在建立互惠契約時，透過會談由工作者告訴預期的成員團體的功能是什麼？在可以預期的範圍內，工作者要提醒成員如何參與團體的功能，包括交換訊息、期待某些人進入團體、成員將如何被安排、成員被期待的行為等。工作者也要說明其他在程序方面的期待，如要求定期出席、準時出席、缺席或遲到的請假方式、如何參與及如何表達自己。依考選部公布標準答案，選項 (C) 建立互惠契約，不屬於團體開始前的工作者應該進行的工作，但依林萬億著《團體工作：理論與技術》則將其列入團體開始前的工作者應該進行的工作，本題考選部公布的標準答案，有疑義討論的空間。

(5) 倫理的考量（選項 (D) 屬之）。

(6) 聚會前的籌備工作。

(7) 克服心理障礙（選項 (B) 屬之）。

22. B 所謂「非志願性案主」，是指非出於個人意願前往機構接受專業工作人

員協助的案主。許多的機構在提供非志願案主服務時，被法律邀求必須回報案主的相關事項。非志願性的案主應該清楚對他們的要求是什麼？並知道如果他們不符要求時可能的後果，案主應清楚這些到底是法律的要求、機構的要求或是社會工作者的要求。因此，回報交付單位是依法律的規定，機構不會因為要提供非志願案主參與團體的動機及完成團體的目標，而違反法律不依法回報交付單位，故選項 (C) 並非為在計畫階段增進非志願性服務對象參與動機和完成團體目標的做法。

23. D 團體領導者應採用連接成員間溝通的技巧，包括要求成員分享自己對團體中他人所傳遞的訊息之反應。此技巧也包括要求成員對其他人的請求協助能加以反應，因為協助成員彼此回應可促進資料的分享、互助和建立某特定問題的共識。團體活動中，鼓勵團體成員的自我揭露是相當重要的，而非由團體者要求成員說明自己表現行為的緣由或意圖方式加以進行（題意②有誤），且不應要求成員成員對他人行為狀態提出解釋（題意③有誤），團體領導者應運用團體的討論方式加以催化團體進行。

24. C 題意③領導者點名甚少發言的成員發言，係針對某一團體成員個別性的指名發言，不具溫和性。

25. B 面質的技巧可以幫助成員克服抗拒。最好是由成員彼此間面質，而不是由領導者面質。如果是後者，可能導致成員聯合一起對付領導者；若採用前者，則因成員之間是根據他們本身的經驗面質，因而比工作者的面質更有力。選項 (B) 有誤，面質是有其應考慮的相關因素，而非領導者儘量使用面質技術，以降低抗拒。工作者要努力營造一種團體文化，鼓勵成員對彼此參加團體的動機予以面質。然而，由於抗拒的成員想逃避責任，要他們帶領面質是不太可能的，因此工作者要先示範建設性的面質方法。建設性的面質要注意下列六項要點：(1) 引導而非強迫；(2) 溫和、關懷的；(3) 描述性的，而不是批判性的；(4) 詳細、具體的；(5) 信任的氣氛；(6) 選擇時機。如此便可以讓成員透過互動而聽到並經驗到建設性的面質。

26. C 選項 (C) 有誤。領導者對於自我文化認同或所屬族群的認識和瞭解，與對多元文化胭體成員的文化和背景的覺知或深入瞭解，兩者必須同時進行，並且緊密連結。在認識團體成員的多元文化特質方面，Mann 和 Duan 提醒實務工作者必須避免「文化封裝」（cultural encapsulation）

的做法，簡單的說，「封裝」就是把所有的事物都包裝在另一個事物裡，使得前者完全被掩蓋；在多元文化的情境裡，「封裝」是指團體領導者接受沒有經過仔細檢驗的多元文化知識，這些知識充滿了對少數族群的刻板印象，以為任何一個多元文化的群體內部都是一致的，忽略了群體內部的多元化和差異性，這種現象的結果就是團體領導者很容易將自己的價值和期待加諸在團體成員的經驗裡。

27. D 題意①所述有誤，評鑑不屬於保密原則之例外，評鑑委員非經機構同意並簽有相關保密文件或遵守相關保密承諾，無權自由調閱團體工作紀錄；題意④有誤，評鑑委員若需調閱團體工作紀錄，應經機構有權作決定的主管同意後，始得調閱，而非經團體工作者同意後即可調閱。

28. C 告知同意（informed consent）就是「事先講清楚」，以免日後有爭議。這包含告知成員團體工作的目的、目標及相關訊息。在實務操作上之細節，說明如下：

(1) 參與團體工作可能的潛在風險。例如：戶外體驗的團體工作有無對身體特殊情況或疾病（高血壓、氣喘、心臟病等）的限制存在，應事先說明。或團體工作會分享何種經驗，討論何種行為（虐待、藥物使用），或是有可能被團體成員在團體外討論等。或是會不會有身體接觸的團體活動，均應事先說明。題意①屬之。

(2) 參加團體工作的費用、時間及期程等，或是參與意願的說明。

(3) 成員在參與團體工作期間擁有的權利，或可對團體工作產生的期待等。例如：團體過程是否錄影錄音、可否自由退出團體、參與計畫與執行之程度等。尤其是對法院強制的非自願成員，更應該事前讓他們了解中途退出的可能影響，以及在團體工作中的參與是否會影響提早解除法律監護，作較為詳細的告知，以便降低對抗性行為。題意②屬之。

29. D 選項(D)有誤。社區工作者應充權社區、建構社區能力，社區的事務之決策，由社區居民共同決定，而非由社區工作者擔任決策者的角色。

30. D 社區的六種功能：

(1) 生產、分配、消費：社區能夠透過各種活動滿足人們的物質需求，

如食物、衣飾、住宅、休閒等。有人從事生產，如工廠或農場；有人專責行銷分配，如商店；有人單純作一位消費者，每個人依賴他人而生存。選項 (A) 屬之。

(2) 社會化：社區如同家庭、學校、社團，是社會化的機制。社區的規範、傳統、價值等透過社會互動而傳遞給居民與下一代，例如，社區慶典、祭祀、教育。

(3) 社會控制：社區透過社區公約、社區組織、守望相助、巡守隊、社區壓力、學校、警察、耳語等，達到人民行為控制、價值引導的目的。選項 (C) 屬之。

(4) 社會參與：包括參加社會團體、教會、廟宇、志願服務等，讓社區居民參與社區公共事務，形成互動網絡，滿足基本需求。選項 (B) 屬之。

(5) 互助：透過鄰里、友伴、志願組織、教會、寺廟來協助有需求的個人與家庭，如老人照顧、身心障礙者的協助、兒童保護、社區治安維護。

(6) 防衛：社區可以保護它的人民免於受到傷害、欺壓，也就是透過社區的集體行動，人們的利益得以保存或擴張，如同志社區、原住民部落。

31. A (1) 選項 (B) 有誤。1917 年，芮奇孟出版《窮人的友善訪問》、《社會診斷》。1921 年，社會工作者需要有倫理守則，以禁止去做不應該做的事。她發表《何謂社會個案工作》。芮奇孟的《社會診斷》是第一本有系統的書籍奠定社會個案工作可傳授的技術基礎。社會個案工作是第一個發展形成的社會工作專業方法。

(2) 選項 (C) 有誤。個案工作的介入範圍會因為時代的演進，社會、經濟、政治等環境的變遷而有所不同，故現代與 20 世紀初，個案工作的介入範圍未盡相同。

(3) 選項 (D) 有誤。個案工作的演進並非僅以達成復健為目的，其所有達成之目，主要為協助個人及家庭達成如下目的：

A. 增加社會生活之適應力。

B. 發揮潛在能力及充實其社會生活之功能。

C. 預防新的困難或問題之產生。

D. 預防原有之困難或問題之再發生。

E. 確實有效處理困難和解決問題。

32. D 以資產為基礎的社區發展模式（Asset-Based Community Development，簡稱 ABCD 模式）係相對於傳統路徑（traditional path）——needs driven dead end，ABCD 模式強調能力核心路徑（capacity-focused path）。以資產為基礎的社區發展模式主張從發掘社區的能力和資產出發，不只看社區弱項，不將社區當作需要幫助的受體，而是將社區視為具有能力的主體。這些資產（asset），可以是天賦，也可以是技能或能力。資產可以被儲存、延伸、建構或發展，可被代代相傳。資產的類型，包括：

(1) 個人（individuals）：具備才能和技術的社區居民，社區要能辨識和認同居民的個人才能和資產。題意所述屬之。

(2) 團體（associations）：小型非正式團體，例如志工、興趣社團，對社區動員有相當程度的貢獻。

(3) 機構（institutions）：通常是具有受薪人士所組成的正式組織，包括政府機構、私人企業及學校等，其所具備的資源，可為社區帶來豐沛資產，且可建立企業社會責任感。

(4) 有形資產（physical assets）：有形可見，包括土地、空間、資金等，是可被運用的實際資產。

(5) 關係（connections）：無形，指人或群體間的關係，可能會用以貨易貨的形式建立關係，貨可包括有形和無形，均可透過交換建立關係。亦可透過文化傳承建立關係。

33. D 在 1970 年代以後，受助者在社會中的不平等對待受到社會工作者的注意。在社會工作中，正視權力作用的理論包括有基進主義（radical perspective）、馬克思主義（Marxist）觀點、女性主義（feminist）、反歧視（anti-discriminatory）、反壓迫（anti-oppressive）等理論，以及有

社會工作常為人運用的培力理論。這些不同的理論對於權力的來源與作用有不同的看法，但同樣認為權力的作用是重要且關鍵的，因此認為權力作用進一步產生壓迫與不平等待遇，這些壓迫與不平等待遇是受助者處於困境或弱勢地位的原因。專業助人者的任務在於喚起受助者認清不平等的權力關係，並協助受壓迫者、被不平等對待的人們重新建立自信與取得權力，改變不平等的權力關係，進而得到資源與平等的對待。

34. B 實務的社區工作技術應包括二大部分：

(1) 基礎入門：包括觀察社區；引導對社區公眾事務有興趣的社區夥伴從關心生活環境開始；調查社區資源；社區居民以異鄉者的眼光重新認識社區，以發現社區的文化與價值；透過社區會議鼓勵社區居民參與社區事務；社區方案與活動的規劃與執行。選項 (A) 屬之。

(2) 公民組織：包括尊重與溝通；社區領導者對角色的認識與適當的扮演，組織招募社區志工團隊；社區動員與組織運作；社區居民的自我學習；形成社區願景。選項 (B) 有誤；選項 (C)、(D) 屬之。

35. D Henderson 指出歐盟各國中落後社區存在共同特性：

(1) 貧窮與失業（選項 (A) 屬之）。

(2) 孤立與公共設施的不足（選項 (C) 屬之）。

(3) 不安全、高犯罪及對犯罪的恐懼（選項 (B) 屬之）。

36. A (1) 社區失落理論認為社會分工使得凝聚力衰微，都市中的人際關係是非人性化、無常與片斷的，由於人們分屬多元的社會網絡，各自間的關係鬆散，一旦產生突發狀況，鬆散的網絡關係將無法發揮協助的作用，都會就是由許多次級性的網絡所組成。選項 (A) 有誤，家庭的親密關係與心理的支持，在都市社區較鄉村社區重要。

(2) 社區保存理論質疑都市是否真的產生前述現象，並指出在現代工業社會體系中，都市內的鄰里跟親緣凝聚並沒有隨之下降，仍然存在著初級性的網絡關係，發揮社會化、支持與社會控制等功能。

37. D 依據社區工作方案的實際需要，選擇預算編列的方式。對於單項方案，以支出項目編列，或是以功能式預算方式編列；對於綜合性方案，分別

511

列出單項支出的經費，或者以收支並列的方式，逐一列舉，而且收入與支出必須平衡。選項 (D) 不屬於社區方案經費之基本編列方式。

38. D 為培養社區永續的能力，應透過培力社區能力的方式，使得社區具有規劃與執行社區方案的能力，才是社區永續的做法。選項 (D) 有誤。

39. C 地區（社區）產業發展中的可能矛盾面向：

（1）社區發展模式與經濟發展模式的矛盾。

（2）社區產業發展與經濟發展的可能衝突。

（3）社區產業發展中的獲利者與承擔者。題意所述屬之。

（4）地區產業發展中的合作與永續問題。

40. C 隨著政府的社區型政策日益蓬勃發展，以及台灣社會工作專業的成熟，透過委託外包專業組織（選項 (C) 有誤），由專業者執行社區輔導或協助推動社區發展的做法已漸為縣市政府所採行。縣市政府經由設置一個中心，引進一些專業人力對社區發展組織進行輔導（選項 (A) 屬之）。事實上，以台灣近年的做法或稱謂，有稱為「社區培力中心」、「社區育成中心」、「社區願景中心」或「社區資源中心」者（選項 (D) 屬之）。在委辦工作內容方面，專業工作以「社區調查」、「社區幹部訓練」（辦理社區培力課程）、「社區能力評估及分類」、「資源連結」、「社區會務輔導」、「安排專業講座研習」、「實地社區輔導」、「提供專業諮詢」（及福利社區化觀念及技術導入）（選項 (B) 屬之）。

國家圖書館出版品預行編目資料

社會工作直接服務／陳思緯編著. -- 九
版. -- 臺北市：考用出版股份有限公司,
2025.06
　面；　公分
　ISBN 978-626-7551-17-2(平裝)

1.CST: 社會工作

547　　　　　　　　　　114007868

4K76

社會工作直接服務

| 編 著 者 — 陳思緯 |
| 編輯主編 — 李貴年 |
| 責任編輯 — 江莉瑩、李敏華、何富珊 |
| 封面設計 — 王麗娟、封怡彤、張明真 |
| 出 版 者 — 考用出版股份有限公司 |
| 發 行 人 — 楊榮川 |
| 總 經 理 — 楊士清 |
| 總 編 輯 — 楊秀麗 |
| 地　　　址：106臺北市大安區和平東路二段339號4樓 |
| 電　　　話：(02)2705-5066 |
| 傳　　　真：(02)2706-6100 |
| 網　　　址：https://www.wunan.com.tw |
| 電子郵件：wunan@wunan.com.tw |
| 法律顧問　林勝安律師 |
| 出版日期　2014年11月初版一刷 |
| 　　　　　2021年 7月六版一刷 |
| 　　　　　2022年10月七版一刷 |
| 　　　　　2024年 3月八版一刷 |
| 　　　　　2025年 6月九版一刷 |
| 定　　　價　新臺幣650元 |

※版權所有・欲利用本書內容，必須徵求本社同意※

全新官方臉書

五南讀書趣

WUNAN Books since 1966

Facebook 按讚
1秒變文青

五南讀書趣 Wunan Books

★ 專業實用有趣
★ 搶先書籍開箱
★ 獨家優惠好康

不定期舉辦抽獎
贈書活動喔！！！

經典永恆・名著常在

五十週年的獻禮——經典名著文庫

五南,五十年了,半個世紀,人生旅程的一大半,走過來了。
思索著,邁向百年的未來歷程,能為知識界、文化學術界作些什麼?
在速食文化的生態下,有什麼值得讓人雋永品味的?

歷代經典・當今名著,經過時間的洗禮,千錘百鍊,流傳至今,光芒耀人;
不僅使我們能領悟前人的智慧,同時也增深加廣我們思考的深度與視野。
我們決心投入巨資,有計畫的系統梳選,成立「經典名著文庫」,
希望收入古今中外思想性的、充滿睿智與獨見的經典、名著。
這是一項理想性的、永續性的巨大出版工程。
不在意讀者的眾寡,只考慮它的學術價值,力求完整展現先哲思想的軌跡;
為知識界開啟一片智慧之窗,營造一座百花綻放的世界文明公園,
任君遨遊、取菁吸蜜、嘉惠學子!